中财传媒版 2023 年注册会计师全国统一考试辅导系列丛书 · 注定会赢®

财务成本管理高频考点精讲

注册会计师考试编写组 编

中国财经出版传媒集团
中国财政经济出版社

图书在版编目（CIP）数据

财务成本管理高频考点精讲／注册会计师考试编写组编．--北京：中国财政经济出版社，2023.2（2023.3重印）
（中财传媒版2023年注册会计师全国统一考试辅导系列丛书．注定会赢）
ISBN 978－7－5223－1966－7

Ⅰ.①财… Ⅱ.①注… Ⅲ.①企业管理－成本管理－资格考试－自学参考资料 Ⅳ.①F275.3

中国国家版本馆CIP数据核字（2023）第020088号

责任编辑：宋学军 白 静　　责任校对：齐 杰
封面设计：孙俪铭　　责任印制：党 辉

财务成本管理高频考点精讲
CAIWU CHENGBEN GUANLI GAOPIN KAODIAN JINGJIANG

中国财政经济出版社 出版
URL：http：//www.cfeph.cn
E－mail：cfeph@cfeph.cn

社址：北京市海淀区阜成路甲28号 邮政编码：100142
营销中心电话：010－88191522
天猫网店：中国财政经济出版社旗舰店
网址：https：//zgczjjcbs.tmall.com
北京鑫海金澳胶印有限公司印刷 各地新华书店经销
成品尺寸：185mm×260mm 16开 32.5印张 811 000字
2023年2月第1版 2023年3月北京第2次印刷
定价：95.00元
ISBN 978－7－5223－1966－7
（图书出现印装问题，本社负责调换，电话：010－88190548）
本社图书质量投诉电话：010－88190744

前　言

中国注册会计师制度自恢复至今已经走过四十多个春秋，四十多年的风雨历程见证了注册会计师事业的辉煌，而注册会计师考试是其很重要的组成部分。注册会计师考试科目多、章节内容广、知识点覆盖庞杂，考生常常反映考试难度大，甚至有的考生在备考过程中就选择了放弃。其实，考生如果能够掌握正确的复习方法和应试技巧，顺利通过考试并没有想象中那么难。复习时，首先应当按考试大纲规定的范围和相应的辅导教材进行全面、系统的学习；其次抓住考试中高频出现的重点章节和重点内容强化知识储备；最后有针对性地多做练习，以掌握答题思路和技巧，并加深对高频考点的理解和把握，方法得当，教辅应手，往往事半功倍！

注册会计师考试编写组通过对注册会计师考试辅导教材和历年注会考试真题的详细解读与针对性研究，深度梳理与分析了教材中的知识点和考试中的高频考点。在本系列丛书中，我们将教会考生如何备考、如何抓住高频考点以及如何理解以前年度真题。通过对本系列丛书的学习，考生可以更加深入地了解历年考试的重点，更好地把握2023年教材的新变化，书中还附有针对高频考点的练习题，帮助考生巩固所学知识、顺利通过考试。

注册会计师考试编写组以注册会计师考试教材为起点，认真剖析知识点与考试的关系，精准把握考试定位，方便考生理解和记忆，书中主要包含以下三部分：

第一部分：命题规律及本科目学习指导

本部分总结了历年来本科目注册会计师考试命题的规律，具体分析了题型与分值分布及主客观题的主要考点等，分析了注册会计师考试命题中题型与能力考核的对应关系，提醒考生在复习中不仅应关注知识点，更应注重各方面能力的培养。同时，本部分还为考生提供了本科目的学习指导，以使考生掌握科学的学习方法，按部就班、循序渐进地进行本科目学习，提高学习效率与效果。

第二部分：高频考点精讲及进阶练习

一是2023年教材各章内容的主要变化。这一部分主要是解读新教材的变化，帮助考生了解2023年教材与以往的不同之处，把握教材新动向。

二是各章近五年考试高频考点分布。这一部分主要是对每一章节近五年的考试分值分布与考点分布进行了统计，帮助考生了解重点所在，使考生复习时有的放矢。

三是各章的高频考点精讲。这一部分是对教材知识点进行深度解析，为了考生使用方便，我们对每个考点标有不同的星级，以此来对其重要程度进行区分，且后面设有包括真题的经典例题讲解，以求更好地帮助考生理解和掌握考试知识点。

四是进阶练习。这一部分旨在帮助考生巩固所学知识点，掌握答题的思路和技巧。

五是进阶练习答案及解析。

第三部分：跨章节综合题演练

本部分内容包括跨章节综合练习题和跨章节综合练习题答案及解析。这部分以对历年考试真题的详尽分析为基础，全面、系统、综合地将跨章节的考点加以涵盖，有助于考生通过练习掌握知识链，提高应试的综合能力和水平。

本系列丛书的撰写倾注了编写团队大量的心血和情感，团队成员经验丰富、熟悉专业、了解考生的需求。我们的最终目标就是希望能真正帮助考生攻克每一个难关，提高考生的应试能力，让考生轻松通过考试，顺利拿下证书。

预祝各位考生取得好成绩！

目　录

第一部分　命题规律及本科目学习指导

一、本科目命题规律 …………………… 3
二、本科目学习指导 …………………… 3

第二部分　高频考点精讲及进阶练习

第一章　财务管理概述 ……………………… 7
2023 年教材内容主要变化 ………… 7
本章近五年考试高频考点分布 ……… 7
高频考点精讲 ………………………… 7
进阶练习 …………………………… 18
进阶练习答案及解析 ……………… 20

第二章　财务报表分析和财务预测 …… 23
2023 年教材内容主要变化 ………… 23
本章近五年考试高频考点分布 …… 23
高频考点精讲 ……………………… 23
进阶练习 …………………………… 42
进阶练习答案及解析 ……………… 51

第三章　价值评估基础 ………………… 59
2023 年教材内容主要变化 ………… 59
本章近五年考试高频考点分布 …… 59
高频考点精讲 ……………………… 60
进阶练习 …………………………… 78
进阶练习答案及解析 ……………… 86

第四章　资本成本 ……………………… 96
2023 年教材内容主要变化 ………… 96
本章近五年考试高频考点分布 …… 96
高频考点精讲 ……………………… 97
进阶练习 …………………………… 105
进阶练习答案及解析 ……………… 111

第五章　投资项目资本预算 …………… 117
2023 年教材内容主要变化 ……… 117
本章近五年考试高频考点分布 …… 117
高频考点精讲 ……………………… 117
进阶练习 …………………………… 129
进阶练习答案及解析 ……………… 136

第六章　期权价值评估 ………………… 145
2023 年教材内容主要变化 ……… 145
本章近五年考试高频考点分布 …… 145
高频考点精讲 ……………………… 145
进阶练习 …………………………… 161
进阶练习答案及解析 ……………… 166

第七章 企业价值评估…………………… 171
2023 年教材内容主要变化 ……… 171
本章近五年考试高频考点分布…… 171
高频考点精讲………………………… 171
进阶练习……………………………… 181
进阶练习答案及解析……………… 188

第八章 资本结构……………………… 197
2023 年教材内容主要变化 ……… 197
本章近五年考试高频考点分布…… 197
高频考点精讲………………………… 197
进阶练习……………………………… 205
进阶练习答案及解析……………… 209

第九章 长期筹资……………………… 214
2023 年教材内容主要变化 ……… 214
本章近五年考试高频考点分布…… 214
高频考点精讲………………………… 214
进阶练习……………………………… 238
进阶练习答案及解析……………… 244

第十章 股利分配、股票分割与股票回购
…………………………………… 251
2023 年教材内容主要变化 ……… 251
本章近五年考试高频考点分布…… 251
高频考点精讲………………………… 251
进阶练习……………………………… 260
进阶练习答案及解析……………… 264

第十一章 营运资本管理……………… 270
2023 年教材内容主要变化 ……… 270
本章近五年考试高频考点分布…… 270
高频考点精讲………………………… 270
进阶练习……………………………… 284
进阶练习答案及解析……………… 292

第十二章 产品成本计算……………… 302
2023 年教材内容主要变化 ……… 302
本章近五年考试高频考点分布…… 302
高频考点精讲………………………… 302
进阶练习……………………………… 321
进阶练习答案及解析……………… 331

第十三章 标准成本法………………… 339
2023 年教材内容主要变化 ……… 339
本章近五年考试高频考点分布…… 339
高频考点精讲………………………… 339
进阶练习……………………………… 348
进阶练习答案及解析……………… 352

第十四章 作业成本法………………… 355
2023 年教材内容主要变化 ……… 355
本章近五年考试高频考点分布…… 355
高频考点精讲………………………… 355
进阶练习……………………………… 365
进阶练习答案及解析……………… 371

第十五章 本量利分析………………… 376
2023 年教材内容主要变化 ……… 376
本章近五年考试高频考点分布…… 376
高频考点精讲………………………… 376
进阶练习……………………………… 388
进阶练习答案及解析……………… 393

第十六章 短期经营决策……………… 399
2023 年教材内容主要变化 ……… 399
本章近五年考试高频考点分布…… 399
高频考点精讲………………………… 399
进阶练习……………………………… 409
进阶练习答案及解析……………… 412

第十七章 全面预算…………………… 416
2023 年教材内容主要变化 ……… 416
本章近五年考试高频考点分布…… 416
高频考点精讲………………………… 416
进阶练习……………………………… 425

进阶练习答案及解析 ······ 430

第十八章 责任会计 ······ 436
2023 年教材内容主要变化 ······ 436
本章近五年考试高频考点分布 ······ 436
高频考点精讲 ······ 436
进阶练习 ······ 448
进阶练习答案及解析 ······ 453

第十九章 业绩评价 ······ 458
2023 年教材内容主要变化 ······ 458
本章近五年考试高频考点分布 ······ 458
高频考点精讲 ······ 458
进阶练习 ······ 468
进阶练习答案及解析 ······ 472

第三部分 跨章节综合题演练

跨章节综合练习题 ······ 479
跨章节综合练习题答案及解析 ······ 494

本书高频考点索引

第一章　财务管理概述

01　企业的三种组织形式★ …… 8
02　财务管理的三大部分内容★ …… 9
03　财务管理的目标★ …… 10
04　利益相关者的利益要求与协调★★★ …… 11
05　财务管理的两大核心概念★ …… 12
06　财务管理的五大基本理论★ …… 13
07　金融工具的三种类型★ …… 14
08　四种不同角度的金融市场分类★★★ …… 15
09　三大金融市场的参与者★ …… 15
10　两大类金融中介机构★ …… 16
11　金融市场的基本功能与附带功能★ …… 16
12　资本市场的效率★★★ …… 16

第二章　财务报表分析和财务预测

01　现代财务报表分析的四个维度★ …… 24
02　财务报表分析的两种方法★★ …… 24
03　短期偿债能力比率★★ …… 26
04　长期偿债能力比率★★ …… 28
05　营运能力比率★★ …… 29
06　盈利能力比率★★ …… 30
07　市价比率★★ …… 30
08　杜邦分析体系★★ …… 31
09　管理用财务报表体系★★★ …… 32
10　财务预测的方法★★ …… 37
11　内含增长率的测算★★★ …… 37
12　可持续增长率的测算★★★ …… 38
13　外部融资需求的测算★★★ …… 39

第三章　价值评估基础

01　利率与基准利率★ …… 60
02　影响利率的五项因素★★ …… 60
03　利率期限结构及三大解释理论★★ …… 61
04　货币时间价值的概念及基本计算★★ …… 63
05　风险的含义★★ …… 66
06　单项投资的风险与报酬★★ …… 66
07　投资组合的风险与报酬★★★ …… 67
08　债券的分类★ …… 71
09　债券价值的评估方法★★★ …… 72
10　债券的期望报酬率★★ …… 75
11　普通股价值的评估方法★★★ …… 75
12　普通股期望报酬率★★★ …… 76
13　优先股的特殊性★ …… 77

第四章　资本成本

01　资本成本的概念及分类★ …… 97
02　资本成本的用途★ …… 98
03　资本成本的影响因素★★ …… 99
04　债务资本成本的概念★★ …… 99
05　债务资本成本的估计★★★ …… 100
06　普通股资本成本的估计★★★ …… 102
07　混合筹资资本成本的估计★ …… 103
08　加权平均资本成本的估计★★ …… 103

第五章　投资项目资本预算

01　投资项目的分类★ …… 118
02　投资项目的评价顺序★ …… 118
03　独立项目的评价方法★★★ …… 118
04　互斥项目的优选问题★★ …… 121
05　总量有限时的资本分配★★ …… 123
06　投资项目的现金流量构成★★ …… 124
07　投资项目现金流量的估计方法★★★ …… 124
08　投资项目折现率的估计★★★ …… 127
09　投资项目敏感分析的含义与分析方法★★★ …… 128

第六章　期权价值评估

01　衍生工具的种类、特点及交易目的★★ …… 145
02　期权的概念★ …… 146
03　期权的类型★ …… 147
04　期权的投资策略★★★ …… 148
05　期权的内在价值和时间溢价★★★ …… 150
06　影响期权价值的主要因素★★★ …… 152
07　期权估值原理★★★ …… 154
08　二叉树定价模型★★★ …… 157
09　布莱克-斯科尔斯期权定价模型（B－S模型）★★ …… 158
10　实物期权★★ …… 160

第七章　企业价值评估

01　企业价值评估的目的★ …… 171
02　企业价值评估的对象★★★ …… 172
03　企业价值评估与投资项目评价的异同★ …… 174
04　现金流量折现模型的参数和种类★★ …… 174
05　现金流量折现模型参数的估计★★★ …… 175
06　现金流量折现模型的应用★★★ …… 177
07　相对价值模型的原理★★★ …… 178
08　相对价值模型的应用★★★ …… 180

第八章　资本结构

01　资本结构理论★★★ …… 198
02　资本结构的影响因素★★ …… 199
03　资本结构决策的分析方法★★ …… 200
04　杠杆系数的衡量★★★ …… 201

第九章　长期筹资

01　长期债务筹资的特点★★ …… 214
02　长期借款的保护性条款★★ …… 215
03　长期借款筹资的优缺点★★ …… 216
04　长期债券筹资★★ …… 216
05　普通股筹资的优缺点★★★ …… 217
06　普通股的发行方式★★ …… 218
07　普通股的发行条件和发行定价★ …… 220
08　股权再融资★★★ …… 221
09　优先股筹资与永续债筹资★★ …… 223
10　认股权证的特征★★★ …… 225
11　附认股权证债券的筹资成本★★ …… 226
12　附认股权证债券的优缺点★★ …… 228
13　可转换债券的主要条款★★★ …… 228
14　可转换债券的筹资成本★★★ …… 229
15　可转换债券的优缺点★★ …… 231
16　可转换债券和附认股权证债券的区别★★ …… 231
17　租赁的概念及原因★★ …… 232
18　租赁的会计处理和税务处理★★★ …… 234
19　租赁的决策分析★★★ …… 234
20　售后租回★ …… 237

第十章　股利分配、股票分割与股票回购

01　股利理论★★★ …… 252
02　股利政策的类型★★★ …… 253
03　股利政策的影响因素★★ …… 255
04　股利的种类、支付程序与分配方案★★ …… 256
05　股票分割与股票回购★★★ …… 258

第十一章　营运资本管理

01　营运资本投资策略★★ …… 271
02　营运资本筹资策略★★★ …… 271
03　现金管理的目标及方法★ …… 273
04　最佳现金持有量分析★★★ …… 273
05　应收款项产生的原因及管理方法★ …… 277
06　信用政策分析★★★ …… 277
07　存货管理的目标及构成★★ …… 278
08　存货经济批量分析★★★ …… 279
09　短期债务筹资的特点★ …… 282
10　商业信用筹资★★ …… 282
11　短期借款筹资★★ …… 282

第十二章　产品成本计算

01　成本分类★ …… 303
02　辅助生产费用的分配方法★★★ …… 303
03　完工产品和在产品的六种成本分配方法★ …… 305
04　约当产量法中在产品完工程度的确定★★★ …… 306

05 约当产量法中相关费用发生时间问题★★★ …… 307
06 联产品的成本分配★★★ …… 308
07 副产品的成本分配★ …… 310
08 产品成本计算基本方法的各自特征★★★ …… 310
09 产品成本计算的分步法★★ …… 311
10 分步法的特点★★★ …… 316
11 逐步综合结转分步法的成本还原★★★ …… 317
12 分步法中完工产品与在产品的区分★★★ …… 318

第十三章 标准成本法

01 标准成本的概念★ …… 339
02 标准成本法的种类★★★ …… 340
03 标准成本的制定★★★ …… 341
04 变动成本差异分析★★★ …… 343
05 变动成本差异的责任归属问题★★★ …… 345
06 固定制造费用差异分析★★★ …… 346

第十四章 作业成本法

01 作业成本法的含义★ …… 355
02 作业成本法的三大核心概念★ …… 356
03 作业成本法的特点★★ …… 357
04 作业成本库的设计★★★ …… 358
05 资源成本分配到作业★ …… 359
06 作业成本分配到成本对象★★★ …… 360
07 作业成本的计算★★★ …… 361
08 完全成本法与作业成本法的比较★★★ …… 362
09 作业成本法的优点、局限性及适用情景条件★★★ …… 363
10 作业成本管理★ …… 364

第十五章 本量利分析

01 成本性态的含义与分类★★ …… 376
02 混合成本分解的两种方法★ …… 378
03 产品成本计算的完全成本法与变动成本法★★ …… 379
04 本量利分析基本模型的假设★ …… 381
05 本量利分析基本模型★★★ …… 382
06 保本分析★★★ …… 383
07 保利分析★★★ …… 385
08 利润敏感分析★★★ …… 386

第十六章 短期经营决策

01 短期经营决策的含义★ …… 400
02 相关成本与不相关成本★★ …… 400
03 生产决策的主要方法★ …… 402
04 保留或关闭生产线或其他分部决策★★★ …… 403
05 零部件自制或外购的决策★★★ …… 404
06 特殊订单是否接受的决策★★★ …… 405
07 约束资源最优利用决策★★★ …… 407
08 出售或深加工的决策★★★ …… 407
09 产品销售定价决策原理★ …… 408
10 产品销售定价的方法★★ …… 408

第十七章 全面预算

01 全面预算体系与分类★ …… 417
02 全面预算的编制方法★★ …… 418
03 营业预算的编制★★★ …… 420
04 财务预算的编制★★★ …… 423

第十八章 责任会计

01 责任会计与责任中心划分★ …… 437
02 企业组织结构划分★ …… 437
03 成本中心的划分和类型★★ …… 439
04 成本中心的考核指标★★★ …… 439
05 责任成本★★★ …… 440
06 利润中心的划分和类型★★ …… 442
07 利润中心的考核指标★★★ …… 443
08 内部转移价格★★★ …… 444
09 投资中心的划分★ …… 444
10 投资中心的考核指标★★★ …… 445
11 三大责任中心特征对比★★★ …… 446
12 责任中心业绩报告★★ …… 447

第十九章 业绩评价

01 财务业绩评价与非财务业绩评价★ …… 459
02 关键绩效指标法（KPI）★★ …… 459
03 经济增加值概述（EVA）★★ …… 461
04 不同类型经济增加值的计算★★★ …… 461

05 简化的经济增加值的计算（国资委考核办法）★★★ …… 462
06 经济增加值评价的优点和缺点★★ …… 464
07 平衡计分卡的四个维度★★★ …… 465
08 平衡计分卡的四个平衡★★ …… 466
09 平衡计分卡与企业战略管理★ …… 466
10 战略地图架构★ …… 467
11 平衡计分卡与传统业绩评价系统的区别★ …… 467
12 平衡计分卡的优点和缺点★★ …… 467

第一部分

命题规律及本科目学习指导

一、本科目命题规律

注册会计师考试命题以考试大纲为依据。考试大纲中明确提出专业阶段考试总体目标是测试考生是否具备注册会计师执业所需要的专业知识、是否掌握基本的职业技能和职业道德规范。据此，财务成本管理科目对考生能力的考核分为以下三个等级：

一是考核知识理解能力，是指考生应当理解财务成本管理的基本概念和基本原理。基本概念如：货币时间价值、风险、资本结构、企业价值等；基本原理如企业估值的基本原理等。

二是考核基本应用能力，是指考生应当在理解财务成本管理基本概念和基本原理的基础上，在相对简单的职业环境中，能够坚持正确的职业价值观，遵从职业道德要求，保持正确的职业态度，运用财务成本管理知识解决实务问题。例如，能够运用货币时间价值及风险与报酬相权衡等基本概念与基本原理，计算投资项目的净现值、获利指数、内含报酬率等，并依据定量计算结果与定性考量，在不违反职业道德、公平竞争的基础上选择可行的投资方案。

三是考核综合运用能力，是指考生应当在理解基本概念和基本原理、具备基本应用能力的基础上，在相对复杂的职业环境中，综合运用财务成本管理知识和职业技能解决实务问题。例如，在给定的复杂财务环境下，结合企业的财务状况及现金流量等情况，综合运用财务成本管理的投资决策方法、筹资成本、风险管理等内容，解决一系列实务问题。

对应这三种能力，财务成本管理科目有三个考试题型，要求考生在2.5小时内完成题目的要求。第一种题型是选择题，重点考查考生的知识理解能力。第二种题型是计算（分析）题，重点考查考生的基本应用能力。第三种是综合题、案例分析题，重点考查考生的综合运用能力。出题的范围不出离大纲，但涉及面广，不拘泥于重点与难点问题。同时，考生要注意对重点与难点问题的掌握离不开对基本概念与基本原理的深入理解，考生应以教材为主，全面系统、按部就班地学习所有章节的内容，而不是只复习大家认为的重点内容。

二、本科目学习指导

财务成本管理科目特点是计算多、公式多，但是考生要注意的是计算结果只是决策的依据，计算出某些指标的结果后，如何利用该结果，结合其他因素作出正确决策才是本科目学习与考核的目的，所以财务成本管理科目复习需要多算多练多思考。结合以往考生的经验，复习该科目要经过以下几个步骤：

（一）通读教材第一遍，不要求记忆，但尽量理解

在学习新章节时，先快速阅读教材，配套本书了解该章节的重难点，然后做本章的习题，通过做题来检查自己对书中内容的理解是否有误，将答案当作复习，结合习题答案分析自己的问题

所在，加以修正，并标记做错的习题，以便后续进行重点巩固。对于看了答案仍然不能完全理解的问题，建议大家看一下相应的配套讲解视频。不建议大家不看书直接看视频课，这样不便于养成思考问题的习惯。如视频也无法解决疑问，则建议标注后暂时跳过，避免死磕。

（二）通读教材第二遍，要求对重点概念、原理、方法进行记忆

仍然是从头开始学习教材，以本书为基础扩大知识范围，对重点概念、原理与方法进行记忆，并能在脑海中将相关的概念、章节进行联想。每看完一章后仍然做章后习题，但重点关注第一次做错的习题，检查对有关知识点的掌握程度。这一轮还需要做跨章节练习题，以培养综合分析问题的能力。

（三）通读教材第三遍，查漏补缺，然后在掌握真题的基础上做考前模拟题

此时考生已经将全书内容熟记于心，知识点与各章节的联系也熟悉掌握，无论出什么考题，万变不离其宗，就不会感到出题偏或者出题怪。

最后想要跟考生说的是，注册会计师职业道德中最重要的就是正直诚实，准备考试时应当使用正版教材及考试辅导材料，将来才能成为名副其实的注册会计师！

祝愿考生学完本书，能顺利通过财务成本管理科目考试！

第二部分

高频考点精讲及进阶练习

第一章 财务管理概述

2023 年教材内容主要变化

2023 年第一章教材在以下方面进行了修改和补充：

增加“短期金融决策也经常用利润最大化作业决策目标。”；增加每股收益最大化目标的局限性“现实中每股股票投入资本差别也很大，不同公司的每股收益不可比。”；将每股收益最大化目标的接受前提改为“取得时间、承担风险、投入资本相同”；明确利益相关者范围；其余为文字表述调整，无实质性变化。

本章近五年考试高频考点分布

本章考题以单项选择题或多项选择题形式出现，属于不重要的考试章节之一，最近五年平均考试分值为 1.8 分。

高频考点内容	年度及题型分布
企业的三种组织形式	2021 年单选、2020 年单选
金融市场的类型	2020 年多选
有效资本市场	2022 年多选、2018 年单选

高频考点精讲

本章内容是财务管理基本原理，对教材中财务管理部分的后续章节具有统驭作用。本章主要内容包括：企业的三种组织形式、财务管理的三大部分内容、财务管理的目标、利益相关者的利益要求与协调、财务管理的两大核心概念、财务管理的五大基本理论、金融工具的三种类型、四种不同角度的金融市场分类、三大金融市场的参与者、两大类金融中介机构、金融市场的基本功能与附带功能、资本市场的效率等。

高频考点1：企业的三种组织形式★

（一）三种组织形式的比较

企业组织形式有三种：个人独资企业、合伙企业与公司制企业。

企业组织形式	特点及优缺点	约束条件
个人独资企业	特点： （1）创立便捷；（2）维持成本较低；（3）不需要缴纳企业所得税。 缺点： （1）规模比较小；（2）抵御经济衰退和承担经营失误损失的能力不强；（3）平均存续年限较短	（1）业主对企业债务承担无限责任；（2）企业的存续年限受制于业主的寿命；（3）难以从外部获得大量资本用于经营
合伙企业	与个人独资企业类似，只是程度不同	与个人独资企业类似，只是程度不同
公司制企业	教材优点： （1）无限存续；（2）股权可以转让；（3）有限责任。 引申优点： （1）更容易在资本市场上筹集到资本；（2）降低了投资者的风险；（3）提高了投资者资产的流动性	（1）双重课税；（2）组建成本高，花费时间较长，监管比较严格；（3）存在代理问题

命题点拨

命题角度：辨析企业不同组织形式

这部分内容要求考生掌握每一种组织形式的特点、优点及约束条件，并能在三者之间进行对比分析，从而在面对不同的情形时能正确选择适当的企业组织形式。需要说明的是，教材在这部分对特点及优点的区分不是很明确，因此以特点及优点来出题的可能性极小。约束条件及缺点可以考虑出题的可能性。

（二）合伙企业的分类

合伙企业，包括普通合伙企业与有限合伙企业。普通合伙企业由普通合伙人组成，合伙人对合伙企业债务承担无限连带责任；有限合伙企业由普通合伙人和有限合伙人组成，普通合伙人对合伙企业债务承担无限连带责任，有限合伙人以其认缴的出资额为限对合伙企业债务承担责任。在普通合伙企业下还包括一种特殊类型的合伙企业。

（三）特殊普通合伙的特殊要求

适用范围	以专门知识和专门技能为客户提供有偿服务的专业服务机构，如律师事务所、会计师事务所、设计师事务所等
名称要求	名称中应当标明“特殊普通合伙”字样
因故意或者重大过失造成的合伙企业债务的责任	造成债务的合伙人，对债务承担无限责任或无限连带责任，对造成的损失，按合伙协议约定承担赔偿责任；其他合伙人以其在合伙企业中的财产份额为限对债务承担责任
非因故意或者重大过失造成的合伙企业债务的责任	全体合伙人承担无限连带责任
对风险控制的要求	企业应当建立执业风险基金、办理职业保险
执业风险基金用途的要求	用于偿付合伙人执业活动造成的债务，且应当单独立户管理

经典例题

【真题·单选题】（2021）下列关于有限合伙企业与公司制企业共同点的说法中，正确的是（　　）。

A. 都是独立法人

B. 都需要缴纳企业所得税

C. 都需要两个或两个以上出资人

D. 都可以有法人作为企业的出资人

【答案】D

【解析】有限合伙企业由普通合伙人和有限合伙人组成，普通合伙人对合伙企业债务承担无限连带责任，有限合伙人以其认缴的出资额为限对合伙企业债务承担责任，因此有限合伙企业非独立法人，选项A错误。有限合伙企业不需要缴纳企业所得税，仅缴纳个人所得税，选项B错误。在符合有关规定的前提下，可以成立一人有限责任公司，选项C错误。选项D表述正确。

【真题·多选题】（2020）与个人独资企业相比，公司制企业的特点有（　　）。

A. 存续年限受制于发起人的寿命

B. 容易从资本市场筹集资金

C. 以出资额为限承担有限责任

D. 不存在双重课税

【答案】BC

【解析】公司制企业有三大优点：（1）无限存续；（2）股权可以转让；（3）有限责任，所以选项C正确。正是由于公司具有以上三个优点，其更容易在资本市场上筹集到资本，选项B正确。

【例题·多选题】与个人独资企业相比，公司制企业存在的约束条件有（　　）。

A. 双重课税　　B. 有限责任

C. 组建成本高　　D. 存在代理问题

【答案】ACD

【解析】公司制企业的约束条件包括：（1）双重课税；（2）组建成本高，花费时间较长，监管比较严格；（3）存在代理问题。选项B有限责任是公司制企业的优点。

【例题·多选题】下列关于特殊普通合伙企业的说法，正确的有（　　）。

A. 名称中应当标明“特殊普通合伙”字样

B. 因非故意或重大过失造成合伙企业债务的合伙人，以其在合伙企业中的财产份额为限对债务承担责任

C. 其他合伙人以其在合伙企业中的财产份额为限对债务承担责任

D. 应当建立执业风险基金、办理职业保险

【答案】AD

【解析】造成债务的合伙人对因故意或者重大过失造成合伙企业债务的责任承担无限责任或无限连带责任，其他合伙人以其在合伙企业中的财产份额为限对债务承担责任，而对于非因故意或者重大过失造成的合伙企业债务，所有合伙人都需承担无限连带责任。所以选项B和选项C不正确。

高频考点2：财务管理的三大部分内容★

财务管理的三部分内容包括长期投资、长期筹资与营运资本管理。其中营运资本管理包括短期投资与短期筹资两方面内容。长期筹资决策包括筹资规模决策、筹资结构即资本结构决策，也包括筹资方式决策，这方面内容涉及股利分配决策，因为股利分配与留存收益此消彼长，而留存收益属于内部筹资方式。

财务管理内容	概念	特点	各部分内容涉及的基本概念	特殊关注点
长期投资	长期投资指公司对经营性长期资产的直接投资	（1）投资主体是公司；（2）投资对象是经营性长期资产；（3）投资直接目的是获取经营活动所需的实物资源	（1）直接投资与间接投资；（2）长期资产与短期资产；（3）经营性资产与金融资产；（4）经营性投资与证券投资；（5）净现值原理与投资组合原理；（6）资本预算	以下三类活动性质的界定：（1）对子公司的长期股权投资；（2）对联营企业、合营企业的投资；（3）购买作为现金替代品的证券

续表

财务管理内容	概念	特点	各部分内容涉及的基本概念	特殊关注点
长期筹资	长期筹资是指公司筹集生产经营所需的长期资本	（1）筹资主体是公司；（2）筹资的对象是长期资本；（3）筹资的目的是满足公司的长期资本需要	（1）直接筹资与间接筹资；（2）长期资本与营运资本；（3）权益资本与长期债务资本；（4）内部筹资；（5）资本结构	股利分配决策属于长期筹资决策，因为其涉及内部筹资问题；投资结构与筹资结构的匹配问题
营运资本管理	营运资本是流动资产（短期资产）和流动负债（短期负债）的差额。营运资本管理主要是制定营运资本投资政策和营运资本筹资政策		（1）营运资本；（2）营业现金流	营运资本管理的目标：（1）有效运用流动资产；（2）选择最合理的流动负债，最大限度地降低营运资本的资本成本；（3）加速营运资本周转

名师解惑

问：老师，如何学习财务管理的三大部分内容？

答：在学习这一知识点的时候，不仅应关注长期投资与长期筹资的特点及营运资金管理的目标等内容，还应关注并区分各部分所涉及的基本概念，掌握各个部分之间的联系，同时要看到这三大部分财务管理内容与财务报表各部分的对应关系。

经典例题

【例题·多选题】下列表述中，属于财务管理内容的有（　　）。

A. 对联营企业的投资

B. 营运资本管理

C. 发行股票

D. 股利分配决策

【答案】ABCD

【解析】上述内容均属于财务管理的内容，其中选项 A 属于长期投资决策，选项 C、D 属于长期筹资决策。

【例题·多选题】下列关于财务管理内容的表述，错误的有（　　）。

A. 公司购买固定资产是直接投资，个人或专业投资机构购买股票属于间接投资

B. 公司进行经营性资产投资决策时应采用投资组合原理

C. 提高存货储备以应对通货膨胀，追加存货投资属于长期投资

D. 对子公司的长期股权投资属于证券投资

【答案】BCD

【解析】公司购买固定资产是直接投资，个人或专业投资机构购买股票属于间接投资，选项 A 说法正确，所以不选；公司进行经营性资产投资决策时应采用净现值原理，追加存货投资属于营运资本投资，对子公司的长期股权投资属于经营性投资，选项 B、C、D 说法错误，当选。

高频考点 3：财务管理的目标★

财务管理目标决定财务管理所采用的原则、程序和方法，是建立财务管理体系的逻辑起点。

公司财务管理的目标与公司的目标一致，投资者创立公司的目的是营利。关于公司财务管理基本目标的具体表述和衡量标准，有不同的观点。公司采取什么样的财务管理目标与公司的资本结构、治理结构以及经济社会政策等多种因素有关。

财务管理的目标有四个：利润最大化、每股收益最大化、股东财富最大化、公司价值最大化。

财务管理目标	局限性	适用性或优点	可以接受的前提
利润最大化	(1) 没有考虑利润的取得时间；(2) 没有考虑所获利润和所投入资本额的关系；(3) 没有考虑获取利润和所承担风险的关系	适合作为短期目标	投入资本相同；利润取得的时间相同；获得利润承担的风险也相同
每股收益最大化	(1) 仍然没有考虑每股收益取得的时间；(2) 仍然没有考虑每股收益的风险；(3) 现实中每股股票投入资本差别也很大，不同公司的每股收益不可比	考虑了所获利润和所投入资本额的关系	每股收益的取得时间相同；承担风险、投入资本也相同
股东财富最大化（股价最大化）	考虑股东财富，有可能忽略其他利益相关者的利益	(1) 以每股价格最大化为目标，反映了资本和获利之间的关系；(2) 每股价格受预期每股收益的影响，反映了每股收益的大小和取得时间；(3) 每股价格受企业风险的影响，反映了每股收益的风险	如果股东投资资本不变，股价最大化与增加股东财富具有同等意义
公司价值最大化		考虑了债务价值与股东权益价值；反映的是股东权益的市场增加值，即公司为股东创造的价值	如果债务价值不变，公司价值增加与股东权益价值增加具有相同意义；假设股东投资资本和债务价值不变，公司价值最大化与增加股东财富具有相同的意义

名师解惑

问：老师，股东财富的衡量指标包括哪些？

答：教材在不同议题的讨论中，分别使用股东财富最大化、股价最大化和公司价值最大化作为企业的理财目标。

经典例题

【例题·单选题】在股东投资资本和债务价值不变的情况下，下列各项中能够体现股东财富最大化这一财务管理目标的是（　　）。

A. 利润最大化

B. 每股收益最大化

C. 每股股价最大化

D. 公司价值最大化

【答案】D

【解析】假设股东投资资本和债务价值不变，公司价值最大化与股东财富最大化具有相同的意义，所以选项D正确。如果仅是股东投资资本不变，则每股股价最大化与股东财富最大化意义相同。无论何时股东财富最大化也不等同于利润最大化与每股收益最大化。所以选项A、B、C均不正确。

高频考点4：利益相关者的利益要求与协调★★★

利益相关者是指除了股东外，那些对企业的现金流量有潜在索取权的人，如债权人、职工、顾客、供应商甚至政府。不同的利益相关者有不同的利益要求，与其他利益相关者利益可能存在冲突，为了维护自身利益，也会进行一定的协调。

（一）主要利益相关者及其利益要求与协调

主要利益相关者	利益要求	利益冲突表现	利益协调方法
经营者	(1) 增加报酬；(2) 增加闲暇时间；(3) 避免风险	道德风险与逆向选择	对经营者的监督与激励，监督主要是通过完善公司治理结构与会计师事务所审计来实现
债权人	到期时收回本金，并获得约定的利息收入	不经债权人的同意，股东 (1) 投资于比债权人预期风险更高的新项目；(2) 发行新债，致使旧债券的价值下降，使旧债权人蒙受损失	(1) 破产时先行接管、先于股东分配剩余财产；(2) 在借款合同中加入限制性条款；(3) 发现公司有损害其债权利益意图时，拒绝进一步合作，不再提供新的贷款或提前收回贷款

（二）其他利益相关者

除股东、债权人和经营者之外，还有一些利益相关者，如产品市场利益相关者（客户、供应商、所在社区和工会组织）和公司内部利益相关者（经营者和其他员工）。

根据利益来源，公司的利益相关者可以分为两类：一类是合同利益相关者，包括客户、供应商和员工，他们和企业之间存在法律关系，受到合同的约束；另一类是非合同利益相关者，包括社区居民以及其他与公司有间接利益关系的群体。

股东和合同利益相关者之间既有共同利益，也有利益冲突。股东和合同利益相关者之间的利益冲突可以通过立法与道德规范来协调。而公司的社会责任政策，对非合同利益相关者影响很大。

经典例题

【例题·多选题】为防止经营者背离股东目标，股东可以采取的监督性制度措施有（　　）。

A. 给予经营者股票期权奖励

B. 对经营者实行固定年薪制

C. 要求经营者定期披露信息

D. 聘请注册会计师审计财务报表

【答案】CD

【解析】为了防止经营者背离股东目标，一般有两种制度性措施：监督和激励。选项 A 为激励，选项 C、D 为监督。选项 B 起不到激励作用，也不是一种监督手段，所以不选。

【例题·多选题】公司的下列行为中，可能损害债权人利益的有（　　）。

A. 降低股利支付率

B. 加大为其他企业提供的担保

C. 加大风险投资的比例

D. 提高资产负债率

【答案】BCD

【解析】降低股利支付率，增加了未来可以用来归还债务本金和利息的现金流，选项 A 不正确。加大为其他企业提供的担保（承担连带付款责任）和提高资产负债率，均会增加企业的偿债风险，可能损害债权人的利益，选项 B、D 正确。加大高风险投资的比例，等同于拿债权人的资本去冒险，也会损害债权人的利益，选项 C 正确。因此，本题答案是选项 B、C、D。

高频考点 5：财务管理的两大核心概念★

财务管理的两大核心概念包括货币的时间价值及风险与报酬。

（一）货币具有时间价值

货币的时间价值，是指货币在经过一定时间的投资和再投资后所增加的价值。

货币时间价值原则的首要应用是**现值**概念。财务估值中，广泛使用现值进行价值评估。货币时间价值的另一个重要应用是**“早收晚付”**观念。

如果不考虑货币的时间价值，就无法合理地决策和评价财富的创造。

（二）风险与报酬的权衡

风险与报酬的权衡关系，是指高收益的投资机会往往伴随巨大风险，风险小的投资机会则往往带来的收益也较低。

在财务活动中，当其他一切条件相同时，人们倾向于高报酬和低风险。如果两个投资机会除了报酬不同以外，其他条件（包括风险）都相同，人们会选择报酬较高的投资机会；如果两个投资机会除了风险不同以外，其他条件（包括报酬）都相同，人们会选择风险小的投资机会，这是风险厌恶决定的。

风险厌恶，是指人们普遍认为风险是不利的事情。

人们都倾向于高报酬和低风险，竞争则带来风险和报酬之间的平衡。不可能在低风险的同时获取高报酬。市场中必然是高风险同时高报酬、低风险同时低报酬的投资机会。

风险与报酬的关系，是股票、债券、项目及企业等价值评估的关键因素。

命题点拨

命题角度：

财务管理的两大核心概念货币时间价值与风险报酬相权衡是学习财务管理相关章节的基础，所以特别重要。但是在第一章节中考这两大概念的可能性几乎没有，基本上需要结合以后章节的具体运用来考核。

经典例题

【例题·单选题】为了把未来的收入和成本折现，必须确定货币的机会成本或利率，利率是基于（　　）确定的。

A. 资金时间价值

B. 风险水平

C. 报酬率水平

D. 风险和报酬的权衡关系

【答案】D

【解析】为了把未来的收入和成本折现，必须确定货币的机会成本或利率。利率是基于风险和报酬的权衡关系确定的。

高频考点6：财务管理的五大基本理论★

财务管理的五大基本理论包括现金流量理论、价值评估理论、风险评估理论、投资组合理论、资本结构理论。这部分内容也是为以后章节学习奠定基础，考试基本不会单独考核。

（一）现金流量理论

现金流量理论是关于现金、现金流量和自由现金流量的理论。

现金是公司流动性最强的资产，是公司生存的“血液”，“现金为王”已被广泛认知。现金流量包括现金流入量和现金流出量，在同一时点的现金流入量与现金流出量的差额称为现金净流量。对于公司整体及其经营活动、投资活动和筹资活动都需计量现金流量，进行现金流量分析、现金预算和现金控制。依据现金流量建成的现金流量折现模型，应用于证券投资、项目投资等的价值评估。自由现金流量是指真正剩余的、可自由支配的现金流量。以自由现金流量为基础的现金流量折现模型，已成为价值评估领域理论最健全、使用最广泛的评估模型。

（二）价值评估理论

价值评估理论是关于内在价值、净增加值和价值评估模型的理论，是财务管理的一个核心理论。

价值主要是指内在价值、净增加值。内在价值、净现值是以现金流量为基础的折现估计值，而非精确值。

价值评估模型是对特定证券现值和特定项目净现值的评估模型。从投资决策的角度，证券投资者需要评估特定证券的现值，以与其市场价格相比较，作出相应的投资决策；项目投资者需要评估特定项目的净现值，作出相应的决策。

价值评估除了研究现金流量，还需要确定折现率。资本资产定价模型就是用于估计折现率的一种模型。按照该模型，金融资产投资的风险分为两类：一种是可以通过分散投资来化解的可分散风险（非系统风险），另一种是不可以通过分散投资化解的不可分散风险（系统风险）。在有效市场中，可分散风险得不到市场的补偿，只有不可分散风险能够得到补偿。证券的不可分散风险可用β系数来表示，β系数计量的是该证券报酬率对市场组合报酬率的敏感程度。市场组合是指包含市场上全部风险证券的投资组合。据此，形成了资本资产定价模型。资本资产定价模型解决了股权资本成本的估计问题，为确定加权平均资本成本扫清了障碍，进而使得计算现值和净现值成为可能。

（三）风险评估理论

风险导致财务收益的不确定性。在理论上，风险与收益成正比。在实务中，风险无时不在，无处不在。投资、筹资和经营活动都存在风险，需要进行风险评估。

项目投资决策过程中采用的敏感性分析，资本结构决策中对经营风险和财务风险的衡量，均属于风险评估范畴。

（四）投资组合理论

投资组合是投资于若干种证券构成的组合，其收益等于这些证券收益的加权平均值，但其风险并不等于这些证券风险的加权平均数。因为组合投资具有风险分散效应，能降低非系统性风险。

风险和报酬存在某种关系：一是承担风险会得到报酬，这种报酬称为风险溢价；二是风险越高，风险溢价越大。投资组合的价格变化是随机变量，以它的均值来衡量收益，以它的方差来衡量风险，可以揭示投资组合风险和报酬的函数关系。通过投资的分散化可以在不提高投资组合预期收益的情况下降低风险，也可以在不提高投资组合风险的情况下增加预期收益。

（五）资本结构理论

权益资本与长期债务资本的组合，形成一定的资本结构。资本结构理论是关于资本结构与财务风险、资本成本以及公司价值之间关系的理论。资本结构理论主要有MM理论、权衡理论、代理理论和优序融资理论等。

经典例题

【例题·多选题】资本结构理论主要有（　　）。

A. MM理论　　B. 权衡理论

C. 代理理论　　D. 优序融资理论

【答案】ABCD

【解析】依据教材，资本结构理论主要有MM理论、权衡理论、代理理论和优序融资理论。

高频考点7：金融工具的三种类型★

金融工具是资金融通过程中载明双方当事人权利义务的具有法律效力的凭证。

金融工具包括债券、股票、外汇、保单等。公司可以借助金融工具进行筹资和投资。

金融工具具有下列基本特征：（1）期限性；（2）流动性；（3）风险性；（4）收益性。需要注意的是股票没有约定的偿还期限，投资风险更大。

金融工具按其收益性特征可分为三类，第一类是固定收益证券，是指能够提供固定或根据固定公式计算出来的现金流的证券，包括固定利率债券、浮动利率债券、优先股、永续债等。第二类是权益证券，代表特定公司所有权的份额，典型的如普通股。第三类是衍生证券，如远期合约、期货合约、互换合约和期权合约等。它既可以用来套期保值，也可以用来投机。

命题点拨

命题角度：

这部分内容主要考核不同金融工具类别的归属问题，如判断具体金融工具是固定收益性证券还是权益证券或衍生证券等。尤其应引起关注的是浮动利率债券属于固定收益性证券，不要受其债券名称的影响。即使利率是浮动的，仍然可事先根据本金与利率计算其固定的收益数额。另外还是关注一下可转换证券也是衍生工具，包括可转换债券与可转换优先股等。

经典例题

【例题·单选题】关于权益证券，下列说法错误的是（　　）。

A. 权益证券的收益与发行人的经营成果相关程度高，其持有人非常关心公司的经营状况

B. 收益的多少不确定，要看公司经营的业绩和公司净资产的价值

C. 权益证券是公司筹资的最基本形式，任何公司都必须有股权资本

D. 权益证券的风险低于固定收益证券

【答案】D

【解析】权益证券收益的多少不确定，要看公司经营的业绩和公司净资产的价值，因此风险高于固定收益证券，选项D表述错误，当选；其他选项表述正确，不选。

高频考点8：四种不同角度的金融市场分类★★★

分类标准	分类	概念及特点
所交易的金融工具的期限是否超过1年	货币市场	货币市场是指短期金融工具交易的市场，交易的证券期限不超过1年。货币市场的主要功能是保持金融资产的流动性，货币市场工具包括短期国债、可转让存单、商业票据和银行承兑汇票等
	资本市场	资本市场是指期限在1年以上的金融工具交易市场。资本市场的主要功能是进行长期资本的融通。资本市场的工具包括股票、公司债券、长期政府债券和银行长期贷款等
证券的不同属性	债务市场	债务市场交易的对象是债务凭证，例如公司债券、抵押票据等。债务凭证是一种契约，借款者应当按期支付利息和偿还本金
	股权市场	股权市场交易的对象是股票。股票是分享一个公司净利润和净资产权益的凭证。持有人的权益按照公司总权益的一定份额表示，随公司经营状况而变化。股票的持有者可以不定期地收取股利且股票没有到期期限
所交易证券是否初次发行	一级市场	一级市场，也称初级市场或发行市场，是资本需求者将证券首次出售给投资者时形成的市场。它是新证券和票据等金融工具的买卖市场
	二级市场	二级市场，是各种证券发行后在不同投资者之间买卖所形成的市场，也称次级市场或流通市场
交易程序	场内交易市场	场内交易市场是指各种证券的交易所
	场外交易市场	场外交易市场没有固定场所，由持有证券的交易商分别进行

命题点拨

命题角度：

这部分内容主要考核各种市场上的交易工具，如判断具体金融工具是货币市场还是资本市场的交易工具；是属于债务市场还是股票市场的交易工具；是一级市场还是二级市场上流通的证券；是场内还是场外交易证券等。

经典例题

【真题·单选题】（2020）下列各项中，属于资本市场工具的是（　　）。

A. 短期国债　　B. 商业票据

C. 公司债券　　D. 银行承兑汇票

【答案】C

【解析】货币市场工具包括短期国债、可转让存单、商业票据和银行承兑汇票等；资本市场工具包括股票、公司债券、长期政府债券和银行长期贷款等。

高频考点9：三大金融市场的参与者★

金融市场的参与者主要是资金的提供者和

需求者，主要包括居民、公司和政府。

高频考点 10：两大类金融中介机构★

金融中介机构包括商业银行、专业银行、保险公司、投资基金、证券公司等。不同的金融机构从事不同的金融业务。与公司投资、筹资等财务管理活动联系比较密切的金融中介机构有商业银行、保险公司、投资基金、证券交易所和证券公司等。

高频考点 11：金融市场的基本功能与附带功能★

金融市场的功能包括资金融通功能、风险分配功能、价格发现功能、调节经济功能、节约信息成本功能。

经典例题

【例题·多选题】金融市场的基本功能包括（　　）。

A. 资金融通功能

B. 价格发现功能

C. 调节经济功能

D. 风险分配功能

【答案】AD

【解析】金融市场的基本功能包括资金融通功能与风险分配功能。金融市场的附带功能包括价格发现功能、调节经济功能、节约信息成本功能。选项 B、C 是金融市场的附带功能，不是基本功能。

高频考点 12：资本市场的效率★★★

（一）有效资本市场的含义

所谓“有效资本市场”，是指资本市场上的价格能够同步地、完全地反映全部的可用信息。

在一个有效的资本市场中，经营业绩优良的公司能够吸引较多的资本发展壮大，提高公司的价值；而经营业绩较差的公司难于吸收更多的资本，公司价值随着经营业绩下降而下跌，甚至陷入被并购或破产的境地。资本市场上的有关信息对每个投资者都是均等共享的，而且每个投资者都能根据自己掌握的信息及时地进行理性的投资决策，任何投资者都不能获得超额收益。价格会对新的信息作出迅速、充分的反应。当新的信息传播到一个竞争市场上，投资者对信息会立即作出反应。

（二）资本市场有效的外部标志

资本市场有效的外部标志有两个：一是证券的有关信息能够充分地披露和均匀地分布，使每个投资者在同一时间内得到等质等量的信息；二是价格能迅速根据有关信息变动，而不是没有反应或反应迟钝。

（三）资本市场有效的基础条件

资本市场有效的决定条件有三个：理性的投资者、独立的理性偏差和套利行为。

理性的投资者。假设所有投资者都是理性的，当资本市场发布新的信息时所有投资者都会以理性的方式调整自己对股价的估计。

独立的理性偏差。资本市场的有效性并不要求所有投资者都是理性的，总有一些非理性的人存在。如果假设乐观的投资者和悲观的投资者人数大体相同，他们的非理性行为就可以互相抵消，使得股价变动与理性预期一致，市场仍然是有效的。

套利。现实中，并非所有的非理性预期都会相互抵消，有时他们的人数并不相当，市场会高估或低估股价。非理性的投资者的偏差不能互相抵消时，专业投资者会理性地重新配置资产组合，进行套利交易。专业投资者的套利活动，能够控制业余投资者的投机，使市场保持有效。

以上三个条件只要有一个存在，资本市场就会是有效的。

（四）有效资本市场对财务管理的意义

1. 管理者不能通过改变会计方法提升股票价值；

2. 管理者不能通过金融投机获利；

3. 关注自己公司的股价是有益的。

（五）与证券价格有关的信息的分类

与证券价格有关的信息分为三类：

1. 历史信息，指证券价格、交易量等与证券交易有关的历史信息；

2. 公开信息，指公司的财务报表、附表、补充信息等公司公布的信息，以及政府和有关机构公布的影响股价的信息；

3. 内部信息，指没有发布的只有内幕人知悉的信息。

（六）资本市场按有效程度的分类与比较分析

资本市场按有效程度可以分为弱式有效市场、半强式有效市场与强式有效市场。

资本市场类别	价格所反映信息	交易策略	检验方法
弱式有效市场	历史信息	技术分析无效，可以利用基本面分析、估值模型与内部信息获得超额收益	随机游走模型与过滤检验
半强式有效市场	历史信息与公开信息	只能利用内部信息获得超额收益	事件研究法和投资基金表现研究法
强式有效市场	历史信息、公开信息与内部信息	不能获得任何超额收益	内幕交易

经典例题

【真题·多选题】（2022）某投资者利用内幕信息在市场上交易甲公司股票并获得了超额收益。下列有效性不同的资本市场中，会出现上述情况的有（　　）。

A. 无效市场

B. 弱式有效市场

C. 半强式有效市场

D. 强式有效市场

【答案】ABC

【解析】强式有效市场的特征是无论可用信息是否公开，价格都可以完全地、同步地反映所有信息。对于投资者来说，不能从公开和非公开的信息分析中获得超额收益，即内幕信息无用。因此选项 D 错误，选项 A、B、C 正确。

【真题·单选题】（2018）如果当前资本市场弱式有效，下列说法正确的是（　　）。

A. 投资者不能通过投资证券获取超额收益

B. 投资者不能通过分析证券历史信息进行投资获取超额收益

C. 投资者不能通过分析证券公开信息进行投资获取超额收益

D. 投资者不能通过获取证券非公开信息进行投资获取超额收益

【答案】B

【解析】如果当前资本市场弱式有效，股价只反映历史信息，也就是不能通过历史信息获得超额收益，但是可以通过公开信息和非公开信息获得超额收益，因此选项 B 正确，选项 A、C、D 错误。

【真题·单选题】（2018）如果投资基金经理根据公开信息选择股票，投资基金的平均业绩与市场整体收益率大体一致，说明该资本市场至少是（　　）。

A. 弱式有效

B. 完全无效

C. 强式有效

D. 半强式有效

【答案】D

【解析】投资基金经理根据公开信息选择股票，投资基金的平均业绩与市场整体的收益率大体一致，说明该资本市场不能利用公开信息来获取超额收益，因此至少是半强式有效。

进阶练习

（一）单选题

1. 如果资本市场是强式有效的，下列表述中错误的是（　　）。

A. 股价可以综合反映公司的业绩

B. 公司的财务决策会影响股价的波动

C. 投资者只能获得与投资风险相称的报酬

D. 运用会计方法改善公司业绩可以提高股价

2. 下列有关半强式有效资本市场的表述中，错误的是（　　）。

A. 投资基金没有“跑赢大盘”，每年的平均业绩甚至略低于市场业绩

B. 超额收益率只与当天披露的事件相关

C. 技术分析、基本面分析和各种估值模型都是无效的，各种投资基金不能取得超额收益

D.“内幕信息获得者”参与交易时不能获得超额收益

3. 根据有效市场假说，下列说法中错误的是（　　）。

A. 只要所有的投资者都是理性的，市场就是有效的

B. 只要投资者的理性偏差具有一致倾向，市场就是有效的

C. 只要投资者的理性偏差可以互相抵消，市场就是有效的

D. 只要有专业投资者进行套利，市场就是有效的

4. 投资者可以利用分析历史信息获取超额收益的市场是（　　）。

A. 无效资本市场

B. 弱式有效资本市场

C. 半强式有效资本市场

D. 强式有效资本市场

5. 下列经营者的行为不属于逆向选择的是（　　）。

A. 装修豪华的办公室，购置高档汽车

B. 借口工作需要乱花公司的钱

C. 蓄意压低股票价格买入股票

D. 利用职权增加自己的闲暇时间

6. 不属于资本市场工具的是（　　）。

A. 股票　　B. 公司债券

C. 商业票据　　D. 银行长期借款

7. 如果当前资本市场处于半强式有效，下列说法正确的是（　　）。

A. 投资者不可以通过投资证券获取超额收益

B. 投资者可以通过分析证券历史信息进行投资获取超额收益

C. 投资者可以通过分析证券公开信息进行投资获取超额收益

D. 投资者可以通过获取证券非公开信息进行投资获取超额收益

8. 下列金融资产中，不属于固定收益证券的是（　　）。

A. 浮动利率债券　　B. 可转换债券

C. 永续债　　D. 固定利率债券

9. 下列属于资本工具的是（　　）。

A. 商业票据

B. 大额可转让存单

C. 公司股票

D. 短期国债

10. 下列选项中，不是导致市场有效的条件的是（　　）。

A. 理性的投资者

B. 套利行为

C. 投机行为

D. 独立的理性偏差

11. 下列各项中，属于货币市场工具的是（　　）。

A. 可转换债券

B. 银行承兑汇票

C. 优先股

D. 银行长期贷款

12. 在股东投资资本不变的情况下，下列各项中能够体现股东财富最大化这一财务管理目标的是（　　）。

A. 利润最大化

B. 每股收益最大化

C. 每股股价最大化

D. 企业价值最大化

（二）多选题

1. 从财务管理的角度，依据价值评估理论，价值是指（　　）。

A. 净现值　　B. 内在价值

C. 重置价值　　D. 公允价值

2. 公司的下列财务活动中，符合债权人目标的有（　　）。

A. 提高利润留存比率

B. 降低财务杠杆比率

C. 发行公司债券

D. 非公开增发新股

3. 甲投资基金利用市场公开信息进行价值分析和投资，在下列效率不同的资本市场中，该投资基金不可获取超额收益的有（　　）。

A. 无效市场

B. 半强式有效市场

C. 弱式有效市场

D. 强式有效市场

4. 如果股票价格的变动与历史股价相关，资本市场不可能有（　　）。

A. 无效　　B. 弱式有效

C. 半强式有效　　D. 强式有效

5. 下列有关企业财务管理目标的说法中，错误的有（　　）。

A. 在投入资本与风险不变的前提下，企业的财务管理目标是利润最大化

B. 在债务价值不变的前提下，企业价值最大化即为股东财富增加

C. 在股东投资资本不变的前提下，股价最大化是可以接受的财务管理目标

D. 财务管理目标的实现程度应用股东权益的市场价值衡量

6. 下列有关金融工具分类的表述，错误的有（　　）。

A. 固定收益证券的收益与发行人的财务状况相关程度高

B. 浮动利率债券不属于固定收益证券

C. 金融工具按收益性特征可以分为固定收益证券和权益证券两种

D. 金融期权、期货和利率互换合约属于衍生证券

7. 投资者可以利用分析内部信息获取超额收益的市场有（　　）。

A. 无效资本市场

B. 弱式有效资本市场

C. 半强式有效资本市场

D. 强式有效资本市场

8. 经营者损害股东利益的行为包括（　　）。

A. 做假账增加净利润，以获得更好的薪金待遇

B. 利用职务便利成立自己的同业竞争公司

C. 擅自披露公司商业机密

D. 发放高额现金股利，未能按期偿还贷款利息

9. 丙投资基金利用市场历史信息进行价值分析和投资，在下列效率不同的资本市场中，该投资基金不可获取超额收益的有（　　）。

A. 无效市场

B. 半强式有效市场

C. 弱式有效市场

D. 强式有效市场

10. 公司的下列行为中，可能损害债权人利益的有（　　）。

A. 提高股利支付率

B. 提高资产负债率

C. 加大高风险投资比例

D. 加大为其他企业提供的担保

11. 为防止经营者背离股东目标，股东可以采取的措施有（　　）。

A. 对经营者实行固定年薪制
B. 给予经营者股票期权奖励
C. 要求经营者定期披露信息
D. 聘请注册会计师审计财务报告

12. 在有效资本市场，管理者可以通过（　　）。
A. 财务决策增加公司价值从而提升股票价格
B. 从事利率、外汇等金融产品的投资交易获取超额收益
C. 改变会计方法增加会计盈利从而提升股票价格
D. 关注公司股价对公司决策的反映而获得有益信息

13. 下列金融工具中，属于固定收益证券的有（　　）。
A. 固定利率债券
B. 可转换债券
C. 浮动利率债券
D. 优先股

进阶练习答案及解析

（一）单选题

1. 【答案】D

【解析】强式有效的资本市场上，运用会计方法不能真正地改善公司业绩来提高股价，选项D表述错误，当选；强式有效的资本市场上，公司的业绩、公司的财务决策都会反映到股价中，选项A、B表述正确，不选；投资者在强式有效资本市场，不能利用任何信息获得超额报酬，只能获得与投资风险相称的报酬，选项C表述正确，不选。

2. 【答案】D

【解析】在半强式有效资本市场上，不能利用除内幕信息之外的所有可得信息来获取超额收益，投资基金没有内幕消息，不可能跑赢大盘，选项A表述正确，不选；在半强式有效市场，技术分析、基本面分析、各种估值模型都无效，选项B表述正确，不选；依据教材，在半强式有效资本市场上，超额收益率只与当天披露的事件有关，与之前披露的任何信息无关，选项C表述正确，不选；在半强式有效资本市场中，“内幕信息获得者”参与交易时可以利用内部信息获得超额收益，选项D表述错误，当选。

3. 【答案】B

【解析】资本市场有效的决定条件有三个：理性的投资者、独立的理性偏差和套利行为，只要有一个条件存在，资本市场就是有效的；理性的投资者是假设所有的投资者都是理性的，选项A表述正确；独立的理性偏差是假设乐观的投资者和悲观的投资者人数大体相同，他们的非理性行为就可以相互抵消，选项B表述错误，选项C表述正确；专业投资者的套利活动，能够控制业余投资者的投机，使市场保持有效，选项D表述正确。所以表述错误的是选项B，当选。

4. 【答案】A

【解析】无效资本市场可以利用所有可得信息获取超额收益，包括历史信息、公开信息与内部信息；弱式有效资本市场可以利用除历史信息以外的其他信息获取超额收益，包括公开信息与内部信息，选项B不正确；半强式有效资本市场可以利用内部信息获取超额收益，强式有效市场不能利用任何信息获取超额收益，选项C、D错误；可以利用分析历史信息获取超额收益的市场只有无效资本市场，选项A正确。

5. 【答案】D

【解析】逆向选择是指经营者为了自己的目标而背离股东的目标。例如，装修豪华的办公室，购置高档汽车等；借口工作需要乱花公司的钱；或者蓄意压低股票价格买入股票，导致股东财富受损，选项A、B、C都属于逆向选择，不选。利用职权增加自己的闲暇时间是道德风险，是经营者为了实现自己的目标，不

去尽最大努力去实现企业的目标，这么做只是道德问题，很难追究经营者的责任，不属于逆向选择，选项 D 正确。

6. 【答案】C

【解析】资本市场的工具包括股票、公司债券、长期政府债券和银行长期贷款等，选项 A、B、D 均不选。商业票据是货币市场工具，选项 C 正确。

7. 【答案】D

【解析】半强式有效市场不但反映了所有历史信息，而且反映了所有公开发表的信息。投资者不能通过历史信息和公开信息获得超额收益，但是可以通过获取和分析非公开信息获取超额收益，因此选项 D 正确。

8. 【答案】B

【解析】固定收益证券是指能够提供固定或根据固定公式计算出来的现金流的证券。浮动利率债券虽然利率是浮动的，但也固定有明确的计算方法，因此属于固定收益证券。固定收益证券包括浮动利率债券、固定利率债券、永续债、优先股等，所以选项 A、C、D 属于固定收益证券，不选，只有可转换债券属于衍生证券，所以选 B。

9. 【答案】C

【解析】选项 A、B、D 属于货币市场工具。选项 C 属于资本市场工具，正确。

10. 【答案】C

【解析】资本市场有效的决定条件有 3 个：理性的投资者、独立的理性偏差和套利行为，所以选项 A、B、D 不选；投机行为不是导致市场有效的条件，所以选 C。

11. 【答案】B

【解析】货币市场是短期金融工具交易的市场，交易的证券期限不超过 1 年，包括短期国债、可转让存单、商业票据、银行承兑汇票等。因此，选项 B 正确。

12. 【答案】C

【解析】在资本市场有效的情况下，假设股东投资资本不变，则股价上升反映股东财富的增加，股价下跌反映股东财富的减少。因此，每股股价最大化能够体现股东财富最大化这一财务管理目标。

（二）多选题

1. 【答案】AB

【解析】从财务管理的角度看，价值主要是指内在价值、净增加值。例如，股票的价值实质上是指股票的内在价值即现值，项目的价值实质上是指项目的净增现值即净现值。内在价值、净现值是以现金流量为基础的折现估计值，而非精确值。选项 C、D 是两种会计的计量属性，不是财务管理意义上的价值。

2. 【答案】ABD

【解析】债权人的目标是到期收回本金，并获得约定的利息收入，选项 C 发行新债会使旧债券的价值下降，使旧债权人蒙受损失，不选。选择 A、B、D 都有利于债权人收回本息，符合债权人目标，当选。

3. 【答案】BD

【解析】在半强式有效资本市场中，历史信息和公开信息已反映于股票价格，不能通过对历史信息和公开信息的分析获得超额收益，选项 B 正确；在强式有效资本市场中，对投资者来说，不能从历史信息、公开和非公开的信息分析中获得超额收益，选项 D 正确；投资基金可以在无效市场与弱式有效市场中利用公开信息获取超额收益，因为股价未反映公开信息，不选 A、C。

4. 【答案】BCD

【解析】如果有关证券的历史价格对证券的价格变动仍有影响，则证券市场尚未达到弱式有效，更不可能达到半强式与强式有效，选项 B、C、D 正确；无效市场上股票价格会受到历史价格影响，选项 A 错误。

5. 【答案】ABD

【解析】只有在投入资本相同、利润取得的时间相同、相关的风险也相同的情况下，利润最大化才是一个可以接受的观念，选项 A 表述错误，当选。假设股东投资资本和债务价值不变，企业价值最大化与增加股东财富才具有相同的意义，选项 B 表述错误，当选。假设股东投资资本不变，股价最大化与增加股东财富具有同等意义，选项 C 表述正确，不当选。选项 D 表述错误，当选。选项 D 的正确表述应为：财政管理目标的实现程度应用股东权益的市场价值增加值衡量。

6. 【答案】ABC

【解析】固定收益证券的收益与发行人的财务状况相关程度低；有些债券的利率是浮动的，但也规定有明确的计算方法，所以属于固定收益证券；金融工具按收益性特征可以分为固定收益证券、权益证券与衍生证券三种。所以选项 A、B、C 的表述错误，当选。

7. 【答案】ABC

【解析】无效资本市场可以利用所有可得信息获取超额收益，包括历史信息、公开信息与内部信息；弱式有效资本市场可以利用除历史信息以外的其他信息获取超额收益，包括公开信息与内部信息；半强式有效资本市场可以利用内部信息获取超额收益，强式有效市场不能利用任何信息获取超额收益。所以可以利用分析内部信息获取超额收益的市场是无效资本市场、弱式有效资本市场与半强式有效资本市场，选项 A、B、C 正确。

8. 【答案】ABC

【解析】做假账欺骗股东为自己谋利、利用职务便利成立自己的同业竞争公司、擅自披露企业商业机密都会损害股东的利益，选项 A、B、C 当选；选项 D 损害的是债权人的利益，不选。

9. 【答案】BCD

【解析】在弱式有效市场中，市场中包含了历史信息，投资者不能通过历史信息获取超额收益。投资者在半强式有效市场中，历史信息和公开信息已反映于股票价格，不能通过对历史信息和公开信息的分析获得超额收益。在强式有效市场中，对投资者来说，不能从公开和非公开的信息分析中获得超额收益，因此选项 B、C、D 正确。

10. 【答案】ABCD

【解析】债权人的利益要求是按期收回本金和利息。无论是提高股利支付率、资产负债率，还是加大高风险投资比例或为其他企业提供的担保，都会降低公司的支付能力，影响对债权人的还本付息。因此，上述行为都会损害债权人利益。

11. 【答案】BCD

【解析】为防止经营者背离股东目标，股东可以采取激励与监督两类措施。要求经营者定期披露信息与聘请注册会计师审计财务报告属于监督，给予经营者股票期权奖励是激励。而对经营者实行固定年薪制起不到激励的效果。

12. 【答案】AD

【解析】在有效的资本市场上管理者不能通过金融投机获益，也就不能通过从事利率、外汇等金融产品的投资交易来获取超额收益；在有效的资本市场上管理者不能通过改变会计方法提升股票价值，所以不能改变会计方法增加会计盈利从而提升股票价格。因此选项 B、C 不正确。

13. 【答案】ACD

【解析】金融工具可以分为三种：固定收益证券、权益证券和衍生证券。固定利率债券顾名思义一定是固定收益证券。浮动利率债券的利率虽然是浮动的，但规定有明确的计算方法，因此也属于固定收益证券。可转换债券由于有选择转换为普通股股票的选择权，因此不属于固定收益证券，属于附期权的衍生证券，选项 B 错误。优先股的股息通常是固定的，因此归为固定收益证券。

第二章　财务报表分析和财务预测

2023 年教材内容主要变化

2023 年第二章教材仅为部分文字性调整，无实质性变化。

本章近五年考试高频考点分布

本章考题以单项选择题、多项选择题、计算分析题及综合题形式出现，属于一个比较重要的章节，最近五年的平均分值为 6.4 分。

高频考点内容	年度及题型分布
短期偿债能力指标	2021 年多选、2018 年单选
长期偿债能力指标	2019 年综合
营运能力比率	2018 年多选
市价比率	2019 年计算分析
管理用财务报表体系	2022 年综合、2020 年综合、2018 年计算分析
内含增长率	2022 年多选
可持续增长率的测算	2019 年单选

高频考点精讲

本章内容是财务报表分析和财务预测，主要内容包括现代财务报表分析的四个维度、财务报表分析的两种方法、短期偿债能力比率、长期偿债能力比率、营运能力比率、盈利能力比率、市价比率、杜邦分析体系、管理用财务报表体系、财务预测的方法、内含增长率的测算、可持续增长率的测算、外部融资需求的测算等内容。

高频考点1：现代财务报表分析的四个维度★

报表分析的一般目的是将财务报表数据转换成有用的信息，以帮助信息使用者改善决策。

基于哈佛分析框架，现代财务报表分析一般包括战略分析、会计分析、财务分析和前景分析等四个维度。

维度	具体分析目的	分析内容
战略分析	确定主要的利润动因及经营风险并定性评估公司盈利能力	宏观分析；行业分析；公司竞争策略分析
会计分析	评价公司会计反映其经济业务的程度	评估公司会计的灵活性和恰当性；修正会计数据
财务分析	运用财务数据评价公司当前及过去的业绩	比率分析；现金流量分析
前景分析	预测企业未来	财务报表预测和公司估值

经典例题

【例题·单选题】下列各项中，不属于现代财务报表分析维度的是（　　）。

A. 战略分析

B. 会计分析

C. 财务分析

D. 历史数据分析

【答案】D

【解析】现代财务报表分析一般包括战略分析、会计分析、财务分析和前景分析等四个维度，不包括历史数据分析维度，选项D正确。

高频考点2：财务报表分析的两种方法★★

财务报表分析有两种方法，比较分析法与因素分析法。这些方法必须掌握，它们是本章其他重难点的基础。

（一）比较分析法

比较分析法，是对两个及两个以上有关的可比数据进行对比，从而揭示趋势或差异的一种方法。

比较分析法可以按照比较对象与比较内容进一步分类。

分类标准	类别	解释	用途
比较对象	趋势分析	与本企业历史的比较分析	看趋势
	横向分析	本企业与同类企业的比较分析	看与其他企业差距
	预算差异	本企业实际执行结果与计划预算的比较分析	看实际与计划差距
比较内容	总量比较	报表项目的总金额的比较	看增长潜力，分析相对规模与竞争地位的变化
	结构比较	把资产负债表、利润表、现金流量表转换成结构百分比报表	发现占比不合理的项目，揭示进一步分析的方向
	比率比较	财务比率比较分析	排除了规模的影响，具有较好的可比性，用于比较分析

（二）因素分析法

因素分析法，是依据财务指标与其驱动因素之间的关系，从数量上确定各因素对指标影响程度的一种方法。

步骤	(1) 确定分析对象，即确定需要分析的财务指标，比较其实际数额和标准数额（可以是上年实际数额、本年预算数或其他企业实际数），并计算两者的差额；(2) 确定该财务指标的驱动因素，即根据该财务指标的内在逻辑关系，建立财务指标与各驱动因素之间的函数关系模型；(3) 确定驱动因素的替代顺序；(4) 按顺序计算各驱动因素脱离标准的差异对财务指标的影响
替代顺序确定规则	(1) 实物量指标在前，价值量指标在后；(2) 绝对数指标在前，相对数指标在后；(3) 数量指标在前，质量指标在后；(4) 基本指标在前，衍生指标在后；(5) 简单指标在前，综合指标在后
两驱动因素分析实例	(1) 确定分析对象：实际营业收入 S_1 与计划营业收入 S_0 的差异 Δ。(2) 营业收入的驱动因素有两个：销量 Q 与单价 P。(3) 确定驱动因素的替代顺序：按照确定规则 (1)，先分析销量，再分析单价，即 $S=Q\times P$。(4) 按顺序计算差异对财务指标的影响。 $S_0=Q_0\times P_0$　① 先替换 Q：$Q_1\times P_0$　② 再替换 P：$S_1=Q_1\times P_1$　③ ②－①是销量变动对差异的影响，即 $(Q_1-Q_0)\times P_0$； ③－②是单价变动对差异的影响，即 $Q_1\times(P_1-P_0)$； 两者之和是总差异 Δ
三驱动因素分析实例	(1) 确定分析对象：实际直接材料成本 DMC_1 与计划直接材料成本 DMC_0 的差异 Δ。(2) 直接材料成本的驱动因素有三个：产量 Q、材料单耗 UMQ、单价 P。(3) 确定驱动因素的替代顺序：按照确定规则 (1)，先分析产量与单耗，再分析单价。产量与单耗按规则 (3)，先分析产量，再分析单耗。所以最终顺序是产量、单耗与单价，即等式为 $DMC=Q\times UMQ\times P$。(4) 按顺序计算差异对财务指标的影响。 $DMC_0=Q_0\times UMQ_0\times P_0$　① 先替换 Q：$Q_1\times UMQ_0\times P_0$　② 再替换 UMQ：$Q_1\times UMQ_1\times P_0$　③ 最后替换 P：$DMC_1=Q_1\times UMQ_1\times P_1$　④ ②－①是产量变动对差异的影响，即 $(Q_1-Q_0)\times UMQ_0\times P_0$； ③－②是单耗变动对差异的影响，即 $Q_1\times(UMQ_1-UMQ_0)\times P_0$； ④－③是单价变动对差异的影响，即 $Q_1\times UMQ_1\times(P_1-P_0)$； 三者之和是总差异 Δ。 注意：简化分析式中已替换的因素下标为 1，未替换的因素下标为 0

经典例题

【例题·计算分析题】某企业 3 月所耗材料费用（R）的实际数是 6 720 元，而其计划数是 5 400 元，实际比计划增加 1 320 元。材料费用是由产品产量（A）、单位产品材料消耗用量（B）、材料单价（C）三个因素的乘积构成的。请分析材料费用实际超计划的影响因素。

项目	驱动因素			财务指标
	A：产品产量	**B：材料单耗**	**C：材料单价**	**R：材料费用**
单位	件	千克/件	元/千克	元
计划数	120	9	5	5 400
实际数	140	8	6	6 720
差异	20	－1	1	1 320

【答案及解析】

项目	驱动因素					财务指标		
	A：产品产量		B：材料单耗		C：材料单价	R：材料费用		
计划数	120	×	9	×	5	=	5 400	(0)
第一次替代	140	×	9	×	5	=	6 300	(1)
第二次替代	140	×	8	×	5	=	5 600	(2)
实际数	140	×	8	×	6	=	6 720	(3)

(1) - (0) = 6 300 - 5 400 = +900（元）	产量增加的影响
(2) - (1) = 5 600 - 6 300 = -700（元）	材料节约的影响
(3) - (2) = 6 720 - 5 600 = +1 120（元）	价格提高的影响
(3) - (0) = 900 - 700 + 1 120 = +1 320（元）	全部因素的影响

高频考点3：短期偿债能力比率★★

（一）表内指标分析

衡量方法		指标	指标计算公式	分析时应注意问题
可供偿债资产与债务的存量比较	差额比较	营运资本	流动资产－流动负债	营运资本是绝对数，不便于不同历史时期及不同企业之间的比较
	比率比较	营运资本配置比率	营运资本÷流动资产	与流动比率反映的偿债能力相同
		流动比率	流动资产÷流动负债＝1÷（1－营运资本配置比率）	流动比率是相对数，更适合纵横向比较；营业周期越短的行业，合理的流动比率越低；流动比率假设全部流动资产都可以变为现金并用于偿债，全部流动负债都需要还清，与实际可能不符
		速动比率	速动资产÷流动负债	不同行业的速动比率差别很大；影响速动比率可信性的重要因素是应收款项的变现能力
		现金比率	货币资金÷流动负债	现金是广义的现金，即货币资金
经营活动现金流量与偿债所需现金的流量比较	比率比较	现金流量比率	经营活动现金流量净额÷期末流动负债	流动负债采用期末数而非平均数，因为实际需要偿还的是期末金额，非平均金额；克服了可偿债资产未考虑未来变化及变现能力问题；与实际债务支付相符

名师解惑

问：老师，为什么本章的财务分析比率指标有的直接用期末数计算，有的需要先计算期初与期末的平均数呢？

答：这一章的比率指标计算中，如果分子分母可比，即均为时点数或时期数，则可以直接从报表中取数进行计算，时点数取自资产负债表，时期数取自利润表或现金流量表；如果分子分母一个为时点数，一个为时期数，则需要将时点数进行平均处理，即（期初数＋期末数）÷2。这是为了保证分子分母的一致性。如有特殊情况本书在总结时会标明，如上表中的现金流量比率。

（二）短期偿债能力的表外影响因素

类别	具体因素
增强短期偿债能力的表外因素	可动用的银行授信额度
	可快速变现的非流动资产
	偿债能力的声誉
降低短期偿债能力的表外因素	与担保有关的或有负债事项

经典例题

【真题·多选题】（2021）下列各项影响因素中，能够增强公司短期偿债能力的有（　　）。

A. 良好的公司声誉

B. 可动用的银行授信额度

C. 可快速变现的非流动资产

D. 公司股价上涨

【答案】ABC

【解析】增强企业短期偿债能力的表外因素有：（1）可动用的银行授信额度。（2）可快速变现的非流动资产。（3）偿债的声誉。原因在于：（1）企业尚未动用的银行授信额度，可以随时借款，增加企业现金，提高支付能力。（2）企业可能有一些非经营性长期资产可随时出售变现，这未必列示在“一年内到期的非流动资产”项目中。（3）如果企业的信用记录优秀，在短期偿债方面出现暂时困难，比较容易筹集到短缺资金。

【例题·单选题】现金流量比率是反映企业短期偿债能力的一个财务指标。在计算年度现金流量比率时，通常使用流动负债的是（　　）。

A. 年初余额

B. 年末余额

C. 年初余额和年末余额的平均值

D. 各月末余额的平均值

【答案】B

【解析】在计算年度现金流量比率时，通常使用流动负债的年末数而非平均数，原因是实际需要偿还的是年末金额，而非平均金额。

【例题·单选题】下列事项中，有助于提高企业短期偿债能力的是（　　）。

A. 利用短期借款增加对流动资产的投资

B. 为扩大营业面积，与租赁公司签订一项新的长期房屋租赁合同

C. 补充长期资本，使长期资本的增加量超过长期资产的增加量

D. 提高流动负债中的有息负债比率

【答案】C

【解析】短期借款与流动资产同时增加时，营运资本总额不变，流动比率却会下降，会降低短期偿债能力；签订新的长期房屋租赁合同，增加的是长期资产与长期负债，不影响企业短期偿债能力；长期资本＝非流动负债＋所有者权益，而总资产＝负债＋所有者权益，把资产分成非流动资产与流动资产，负债分成流动负债与非流动负债，进行重新组合，可以得出营运资本＝长期资本－长期资产，当长期资本增加高于长期资产增加时，可以导致净营运资本增加，所以选项C正确；提高流动负债中的有息负债比率，也不能增加短期偿债能力。

【例题·多选题】某公司当前的速动比率为0.8，在其他条件不变的情况下，会降低公司短期偿债能力的经济业务有（　　）。

A. 支付应付账款

B. 用银行存款支付广告费

C. 赊购材料

D. 增加短期借款

【答案】ABC

【解析】速动资产减少，流动负债减少，

因为速动比率小于1，则速动比率下降，公司短期偿债能力降低，选项A正确；速动资产（银行存款）减少，广告（销售）费用增加，流动负债不变，则速动比率下降，公司短期偿债能力降低，选项B正确；存货增加不影响速动资产，赊购使流动负债增加，所以速动比率下降，公司短期偿债能力降低，选项C正确；速动资产增加，流动负债增加，因为速动比率小于1，速动比率上升，公司短期偿债能力增加，选项D不正确。

高频考点4：长期偿债能力比率★★

（一）表内指标分析

衡量方法	指标	指标计算公式	分析时应注意问题
总债务存量比率	资产负债率	总负债/总资产×100%	资产负债率越低，企业偿债越有保证，负债越安全，举债越容易；各类资产变现能力有显著区别，房地产的变现价值损失小，专用设备则难以变现
	产权比率	总负债/股东权益	与资产负债率一样，是常用的财务杠杆比率，能表明负债的比例，与偿债能力相关；影响总资产净利率和权益净利率之间的关系，表明权益净利率风险的高低，与盈利能力相关
	权益乘数	总资产/股东权益	
	长期资本负债率	非流动负债/(非流动负债+股东权益)×100%	长期资本负债率是反映公司资本结构的一种形式
总债务流量比率	利息保障倍数	息税前利润/利息支出=(净利润+利息费用+所得税费用)/利息支出	分子的“利息费用”是指计入本期利润表中财务费用的利息费用；分母的“利息支出”是指本期的全部利息支出，不仅包括计入利润表中财务费用的费用化利息，还包括计入资产负债表固定资产等成本的资本化利息
	现金流量利息保障倍数	经营活动现金流量净额/利息支出	利息支出相当于利息保障倍数中的分母；是现金基础的利息保障倍数，比利润基础的利息保障倍数更为可靠
	现金流量与负债比率	(经营活动现金流量净额/负债总额)×100%	该比率中的负债总额采用期末数而非平均数，因为实际需要偿还的是期末金额，而非平均金额；该比率表明企业用经营活动现金流量净额偿付全部债务的能力；比率越高，偿还负债总额的能力越强

（二）影响长期偿债能力的其他因素

1. 债务担保。

担保项目的时间长短不一，有的影响公司的长期偿债能力，有的影响公司的短期偿债能力。在分析公司长期偿债能力时，应根据有关资料判断担保责任可能带来的影响。

2. 未决诉讼。

未决诉讼一旦判决败诉，可能会影响公司的偿债能力，因此在评价公司长期偿债能力时要考虑其潜在影响。

经典例题

【例题·单选题】在“利息保障倍数=(净利润+利息费用+所得税费用)/利息支出”计算式中，分子的“利息费用”是（　　）。

A. 计入本期利润表的费用化利息

B. 计入本期现金流量表的利息支出

C. 计入本期资产负债表的资本化利息

D. 计入本期利润表的费用化利息和资产负债表的资本化利息

【答案】A

【解析】利息保障倍数公式中分子的“利息费用”是计入本期利润表的费用化利息，而分母的“利息支出”是计入本期利润表的费用化利息和资产负债表的资本化利息。

【例题·单选题】下列事项中，既可能影

响短期偿债能力又可能影响长期偿债能力的事项是（　　）。

A. 为子公司提供债务担保

B. 与客户发生经济纠纷而产生的未决诉讼

C. 经营租赁

D. 保修期为一年的产品售后服务

【答案】A

【解析】担保项目的时间长短不一，有的影响公司的长期偿债能力，有的影响公司的短期偿债能力，选项 A 正确，当选；经营租赁影响的是偿债能力，所以选项 C 不选；依据教材未决诉讼只影响长期偿债能力，选项 B 不选；保修期为一年的产品售后服务只影响短期偿债能力，选项 D 不选。

高频考点 5：营运能力比率★★

指标	计算方法或表现形式	计算公式	分析时应注意问题
应收账款周转率	应收账款周转次数	赊销收入净额/应收账款平均余额	不能取得赊销收入时只能用营业收入代替，此时赊销比例会影响指标的可比性；计算时如以应收账款期末余额替代平均余额时，容易受季节性、偶然性和人为因素影响；公式中的应收账款余额是未扣除坏账准备前的余额，资产负债表中的应收账款是扣除了坏账准备的净额，以其来计算会受到坏账准备的影响；应收账款分析应与赊销分析、现金分析相联系；当赊销比现销更有利时，周转天数就不是越少越好，要结合信用政策来分析
	应收账款周转天数	365/应收账款周转次数	
	应收账款与收入比	应收账款平均余额/赊销收入净额	
存货周转率	存货周转次数	营业收入或营业成本/存货平均余额	可依据分析目的决定使用“营业收入”还是“营业成本”作为周转额。短期偿债能力分析与总资产周转率分解时，使用“营业收入”，评估存货管理的业绩，使用“营业成本”；存货周转天数不是越少越好；应注意应付账款、存货和应收账款（或营业收入）之间的关系及存货各项目的结构比率
	存货周转天数	365/存货周转次数	
	存货与收入比	存货平均余额/营业收入	
流动资产周转率	流动资产周转次数	营业收入/流动资产平均余额	
	流动资产周转天数	365/流动资产周转次数	
	流动资产与收入比	流动资产平均余额/营业收入	
营运资本周转率	营运资本周转次数	营业收入/营运资本平均余额	营运资本周转率是一个综合性的比率。严格意义上，应仅有经营性资产和负债被用于计算这一指标，短期借款、交易性金融资产和超额现金等不是经营活动必需的应被排除在外
	营运资本周转天数	365/营运资本周转次数	
	营运资本与收入比	营运资本平均余额/营业收入	
非流动资产周转率	非流动资产周转次数	营业收入/非流动资产平均余额	非流动资产周转率反映非流动资产的管理效率，主要用于投资预算和项目管理，以确定投资与竞争战略是否一致，收购和剥离政策是否合理等
	非流动资产周转天数	365/非流动资产周转次数	
	非流动资产与收入比	非流动资产平均余额/营业收入	
总资产周转率	总资产周转次数	营业收入/总资产平均余额	总资产由各项资产组成，在营业收入既定的情况下，总资产周转率的驱动因素是各项资产；通过驱动因素分析，可以了解总资产周转率变动是由哪些资产项目引起的，以及哪些是影响较大的因素，为进一步分析指出方向；总资产周转率的驱动因素分析，通常使用“资产周转天数”或“资产与收入比”指标，不使用“资产周转次数”
	总资产周转天数	365/总资产周转次数	
	总资产与收入比	总资产平均余额/营业收入	

名师解惑

问：老师，计算应收账款周转率时，是否应考虑应收票据呢？计算营运能力比率涉及各类资产时用期末余额还是用平均余额计算呢？

答：在计算应收账款周转率时，应收账款净额包括应收票据在内。上述营运能力比率中资产余额正常计算应使用平均数，教材公式中未体现是期末余额还是平均余额，考试时可以视已知数据和要求而定。

经典例题

【真题·多选题】（2018）下列各项措施中，可降低应收账款周转天数的有（　　）。

A. 延长信用期限

B. 提高信用标准

C. 提高现金折扣率

D. 提高坏账准备计提比率

【答案】BC

【解析】延长信用期限，会增加应收账款周转天数，选项 A 错误；提高坏账准备计提比率会增加坏账准备计提数额，会影响应收账款净额，但不影响应收账款余额，不会降低应收账款周转天数，选项 D 错误；提高信用标准，可以减少信用品质差的客户，会提高应收账款的周转效率，进而降低应收账款周转天数，选项 B 正确；提高现金折扣率会使客户提前付款，也能降低应收账款周转天数，选项 C 正确。

高频考点 6：盈利能力比率★★

指标	计算公式	驱动因素	分析时应注意问题
营业净利率	净利润/营业收入×100%	利润表各个构成项目	可进行金额变动分析、结构变动分析与利润表各项目分析，应关注变动较大的项目
总资产净利率	净利润/平均总资产×100%＝营业净利率×总资产周转次数	营业净利率与总资产周转次数	可进行两因素分析
权益净利率	（净利润/股东权益）×100%＝总资产净利率×权益乘数	两因素包括总资产净利率与权益乘数，三因素包括营业净利率、总资产周转次数与权益乘数	可进行两因素分析，也可以进行三因素分析

高频考点 7：市价比率★★

指标	计算公式	计算分析时应注意问题
市盈率	每股市价/每股收益，其中每股收益＝（净利润－优先股股息）/流通在外普通股加权平均股数	每股市价实际上反映了投资者对未来收益的预期，相当于每股收益的资本化
市净率	每股市价/每股净资产，其中每股净资产＝普通股股东权益/流通在外普通股股数	每股净资产的计算需分两步完成。首先，从股东权益总额中减去优先股权益，包括优先股的清算价值及全部拖欠的股息，得出普通股权益。其次，用普通股权益除以资产负债表日流通在外普通股股数，确定普通股每股净资产
市销率	每股市价/每股营业收入，其中每股营业收入＝营业收入/流通在外普通股加权平均股数	市盈率、市净率和市销率主要用于公司整体的价值评估；不考虑优先股股利的情况下，市销率等于市盈率乘以营业净利率

名师解惑

问：老师，计算每股收益与计算每股净资产时分母都涉及普通股股数，其计算口径是否一致呢？

答：计算每股收益用的是流通在外普通股加权平均股数，计算每股净资产用的是资产负债表日流通在外普通股股数，以保证分子分母数据的可比性。如果在指标计算年度中不涉及流通在外普通股股数的变化，则二者数额是一致的，如果在计算年度中流通在外的普通股股数有增减变化，则二者就会产生差异。

经典例题

【例题·单选题】下列有关表述中，错误的是（　　）。

A. 市盈率反映了投资者对公司未来前景的预期，市盈率越高，投资者对公司未来前景的预期越差

B. 每股收益的分子应从净利润中扣除当年宣告或累积的优先股股利

C. 计算每股净资产时，如果存在优先股应从股东权益总额中减去优先股的权益，包括优先股的清算价值及全部拖欠的股利，得出普通股权益

D. 不考虑优先股股利的情况下，市销率等于市盈率乘以营业净利率

【答案】A

【解析】市盈率反映了投资者对公司未来前景的预期，市盈率越高，投资者对公司未来前景的预期越高，选项A表述错误，当选；计算每股收益时，分子是归属于普通股股东的收益，因此应扣除当年宣告或累积的优先股股利，选项B表述正确，不选；计算每股资产时分子是普通股权益，因此如果存在优先股应从股东权益总额中减去优先股的权益，选项C表述正确，不选；不考虑优先股股利的情况下，市销率等于市盈率乘以营业净利率，选项D表述正确，不选。

高频考点8：杜邦分析体系★★

（一）第一层次的分解

核心指标	分解指标	对企业的战略启示	反映内容
权益净利率	营业净利率	营业净利率和总资产周转次数，可以反映公司的经营战略。可以是“高盈利、低周转”，也可以是“低盈利、高周转”	“营业净利率”可以概括企业经营成果，“权益乘数”反映企业最基本的财务状况；“总资产周转次数”把利润表和资产负债表联系起来，使权益净利率可以综合分析评价整个企业经营成果和财务状况
	总资产周转次数		
	权益乘数	财务杠杆（以权益乘数表示）可以反映企业的财务政策。一般而言，总资产净利率较高的公司，财务杠杆较低	

（二）其他层次的分解

二层核心指标	三层分解指标	四层分解指标	五层分解指标
营业净利率	净利润		
	费用	营业成本、税金及附加、投资损失、所得税	
	营业收入		

第二章

续表

二层核心指标	三层分解指标	四层分解指标	五层分解指标
总资产周转次数	营业收入		
	总资产	流动资产	货币资金、应收账款、存货等
		非流动资产	
权益乘数	总资产		
	总负债	流动负债、非流动负债	

（三）杜邦分析体系的局限性

1. 计算总资产净利率的“总资产”与“净利润”不匹配；
2. 没有区分金融活动损益与经营活动损益；
3. 没有区分金融资产与经营资产；
4. 没有区分金融负债与经营负债。

高频考点9：管理用财务报表体系★★★

（一）管理用财务报表体系的基本概念

概念类别	基本概念	概念解释	举例
管理类报表下的企业活动	经营活动	销售商品或提供劳务等营业活动以及与此有关的生产性资产投资活动	销售商品、提供劳务及生产性资产投资
	金融活动	筹资活动以及多余资本的利用	筹资及多余资本的利用
	经营资产	销售商品或提供劳务所涉及的资产	货币资金、应收票据及应收账款、预付款项、扣除应收利息的其他应收款、存货、固定资产、长期股权投资、无形资产、商誉等
管理类资产负债表基本概念	金融资产	利用经营活动多余资金进行投资所涉及的资产，可以看作负的金融负债	交易性金融资产、其他应收款（应收利息）、其他债权投资、其他权益工具投资、投资性房地产
	经营负债	销售商品或提供劳务所涉及的负债	应付票据及应付账款、预收款项、应付职工薪酬、应交税费、其他应付款（扣除应付利息、应付股利）
	金融负债	金融负债是筹资活动所涉及的负债	短期借款、交易性金融负债、其他应付款（应付利息）、其他应付款（应付股利）、长期借款、应付债券、优先股
管理类资产负债表衍生概念	净经营资产	经营资产与经营负债的差额，也叫净投资资本	
	经营营运资本	经营性流动资产与经营性流动负债的差额	
	净经营性长期资产	经营性长期资产与经营性长期负债的差额	
	净金融负债	金融负债与金融资产的差额，也叫净负债	
管理类利润表基本概念	金融损益	金融负债利息与金融资产收益的差额，也叫净金融损益	扣除利息收入、金融资产公允价值变动收益等以后的税后利息费用
	经营损益	除金融损益以外的当期损益，也叫税后经营净利润	营业收入、营业成本、税金及附加、管理费用、销售费用等

续表

概念类别	基本概念	概念解释	举例
管理类现金流量表基本概念	经营现金流量	企业因销售商品或提供劳务等营业活动以及与此有关的生产性资产投资活动产生的现金流量，也叫实体现金流量	从来源看包括营业现金流量（净流入）、经营营运资本增加及资本支出（流出），从去向看就是金融现金流量
	金融现金流量	企业因筹资活动和金融市场投资活动而产生的现金流量	包括债务现金流量与股权现金流量
管理类现金流量表衍生概念	营业现金毛流量	未扣除经营营运资本增加的营业现金流量	从来源上看，是税后利润与折旧
	营业现金净流量	扣除了经营营运资本增加的营业现金流量	
	债务现金流量	与债权人之间的交易形成的现金流	支付利息、偿还或借入债务以及购入和出售金融资产
	股权现金流量	与股东之间的交易形成的现金流	股利分配、股份发行和回购

名师解惑

问：老师，判断一个项目是金融资产还是经营资产的关键是什么？应收票据是否一定是经营资产呢？

答：哪些项目是金融资产，哪些项目是经营资产，关键看资产是用于经营活动还是金融活动。负债的判断也是同样道理。有息的应付票据就是金融负债，有息的应收票据属于金融资产，而无息的应付票据就是经营负债，无息的应收票据就是经营资产。

（二）管理用财务报表体系中的关系式

关系式类别	关系式
管理用资产负债表关系式	资产＝经营资产＋金融资产 ＝(经营性流动资产＋经营性长期资产)＋(短期金融资产＋长期金融资产)
	负债＝经营负债＋金融负债 ＝(经营性流动负债＋经营性长期负债)＋(短期金融负债＋长期金融负债)
管理用资产负债表关系式	净经营资产＝经营资产－经营负债 ＝(经营性流动资产＋经营性长期资产)－(经营性流动负债＋经营性长期负债) ＝(经营性流动资产－经营性流动负债)＋(经营性长期资产－经营性长期负债) ＝经营营运资本＋净经营性长期资产 ＝净负债＋股东权益＝净投资资本
	净金融负债＝净负债＝金融负债－金融资产
管理用利润表关系式	净利润＝经营损益＋金融损益 ＝税后经营净利润－税后利息费用 ＝税前经营利润×(1－所得税税率)－利息费用×(1－所得税税率)
管理用现金流量表关系式	营业现金毛流量＝税后经营净利润＋折旧与摊销
	营业现金净流量＝营业现金毛流量－经营营运资本增加
	实体现金流量＝经营现金流量＝金融现金流量 ＝营业现金毛流量－经营营运资本增加－资本支出 ＝营业现金净流量－资本支出 ＝债务现金流量＋股权现金流量

（三）改进后管理用财务分析体系的基本指标、衍生指标及公式

指标类别	序号	指标	计算公式
基本指标	①	营业收入	
	②	税后经营净利润	
	③	税后利息费用	
	④=②-③	净利润	净利润=税后经营净利润-税后利息费用
	⑤	净负债	净负债=金融负债-金融资产
	⑥	股东权益	
	⑦=⑤+⑥	净经营资产	=净负债+股东权益=经营资产-经营负债
衍生指标	⑧=②/①	税后经营净利率	=税后经营净利润/营业收入
	⑨=①/⑦	净经营资产周转次数	=营业收入/净经营资产
	⑩=②/⑦ =⑧×⑨	净经营资产净利率	=税后经营净利润/净经营资产 =税后经营净利率×净经营资产周转次数
	⑪=③/⑤	税后利息率	=税后利息费用/净负债
	⑫=⑩-⑪	经营差异率	=净经营资产净利率-税后利息率
	⑬=⑤/⑥	净财务杠杆	=净负债/股东权益
	⑭=⑫×⑬	杠杆贡献率	=经营差异率×净财务杠杆
	⑮=④/⑥ =⑩+(⑩-⑪)×⑬ =⑩+⑫×⑬ =⑩+⑭	权益净利率	=净利润/股东权益 =净经营资产净利率+杠杆贡献率 =净经营资产净利率+经营差异率×净财务杠杆 =净经营资产净利率+(净经营资产净利率-税后利息率)×净财务杠杆

经典例题

【例题·单选题】甲公司2021年营业收入2 000万元，税后经营净利润240万元，税后利息费用72万元，平均净负债800万元，平均股东权益1 600万元。甲公司2021年的经营差异率是（　　）。

A. 1%　　B. 3%　　C. 6%　　D. 9%

【答案】A

【解析】经营差异率=净经营资产净利率-税后利息率=税后经营净利润/净经营资产-税后利息费用/净负债=240÷(800+1 600)-72÷800=1%。

【真题·计算分析题】（2018）甲公司是一家动力电池生产企业，拟采用管理用财务报表进行财务分析。相关资料如下：

（1）甲公司2018年主要财务报表数据。

单位：万元

资产负债表项目	2018年末
货币资金	200
应收账款	800
存货	1 500
固定资产	5 500

续表

资产负债表项目	2018 年末
资产总计	8 000
应付账款	2 000
长期借款	2 000
股东权益	4 000
负债及股东权益总计	8 000
利润表项目	**2018 年**
营业收入	10 000
减：营业成本	6 000
税金及附加	320
销售和管理费用	2 000
财务费用	160
利润总额	1 520
减：所得税费用	380
净利润	1 140

（2）甲公司货币资金全部为经营活动所需，财务费用全部为利息支出。甲公司的企业所得税税率为25%。

（3）乙公司是甲公司的竞争对手，2018年相关财务比率如下：

净经营资产净利率	税后利息率	净财务杠杆（净负债/股东权益）	权益净利率
22%	8%	60%	30.4%

要求：

（1）编制甲公司2018年管理用财务报表（结果填入下方表格中，不用列出计算过程）。

单位：万元

管理用财务报表项目	2018 年
经营资产	
经营负债	
净经营资产	
金融负债	
金融资产	
净负债	
股东权益	
净负债及股东权益总计	
税前经营利润	
减：经营利润所得税	
税后经营净利润	

续表

管理用财务报表项目	2018 年
利息费用	
减：利息费用抵税	
税后利息费用	
净利润	

（2）基于甲公司管理用财务报表，计算甲公司的净经营资产净利率、税后利息率、净财务杠杆和权益净利率（注：资产负债表相关数据用年末数计算）。

（3）计算甲公司与乙公司权益净利率的差异，并使用因素分析法，按照净经营资产净利率、税后利息率和净财务杠杆的顺序，对该差异进行定量分析。

【答案及解析】

（1）编制甲公司 2018 年管理用财务报表如下：

单位：万元

管理用财务报表项目	2018 年
经营资产	8 000
经营负债	2 000
净经营资产	6 000
金融负债	2 000
金融资产	0
净负债	2 000
股东权益	4 000
净负债及股东权益总计	6 000
税前经营利润	1 680
减：经营利润所得税	420
税后经营净利润	1 260
利息费用	160
减：利息费用抵税	40
税后利息费用	120
净利润	1 140

计算说明：

经营资产 = 200 + 800 + 1 500 + 5 500 = 8 000（万元）

（2）净经营资产净利率 = 1 260/6 000 = 21%

税后利息率 = 120/2 000 = 6%

净财务杠杆 = 2 000/4 000 = 50%

权益净利率 = 1 140/4 000 = 28.5%

（3）权益净利率的差异 = 28.5% − 30.4% = −1.9%

净经营资产净利率差异引起的权益净利率差异 = 21% + (21% − 8%) × 60% − 30.4% = 28.8% − 30.4% = −1.6%

税后利息率差异引起的权益净利率差异 = 21% + (21% − 6%) × 60% − 28.8% = 30% − 28.8% = 1.2%

净财务杠杆差异引起的权益净利率差异 = 21% + (21% − 6%) × 50% − 30% = 28.5% − 30% = −1.5%

高频考点 10：财务预测的方法★★

（一）财务预测的步骤

序号	步骤	具体内容
第一步	销售预测	根据历史数据与未来环境变化进行预测，未来的营业收入将决定预计经营资产总量
第二步	估计经营资产和经营负债	找到经营资产与营业收入、大部分经营负债与营业收入的函数关系；根据函数关系预测所需经营资产金额及营业收入变动后经营负债的自发增长额
第三步	估计各项费用和利润留存额	根据各项费用与营业收入的函数关系，估计费用和损失，并在此基础上确定净利润；根据净利润和利润留存率确定利润留存额
第四步	估计所需外部融资需求	以预计经营资产总量，减去已有的经营资产、自发增长的经营负债、可动用的金融资产和留存收益便可得出外部融资需求

（二）财务预测的方法（确定函数关系的方法）

1. 销售百分比法，是根据资产负债表和利润表中有关项目与营业收入之间的依存关系预测资金需求量的一种方法。

2. 回归分析法，是利用一系列历史资料以最小平方法求得各资产负债表项目和营业收入的函数关系，并据此预测资产、负债数量及融资需求的一种方法。

3. 运用信息技术预测，是使用“电子表格软件”、数据挖掘等信息技术确定资金需求量的方法。

经典例题

【例题·多选题】销售百分比法是预测企业未来融资需求的一种方法。下列关于应用销售百分比法的说法中，正确的有（　　）。

A. 根据预计存货/销售百分比和预计营业收入，可以预测存货的资金需求

B. 根据预计应付账款/销售百分比和预计营业收入，可以预测应付账款的资金需求

C. 根据预计金融资产/销售百分比和预计营业收入，可以预测可动用的金融资产

D. 根据预计营业净利率和预计营业收入，可以预测净利润

【答案】ABD

【解析】在销售百分比法下，经营资产和经营负债通常和营业收入呈正比例变动，但是金融资产和营业收入之间不存在正比例变动的关系，因此不能根据金融资产与营业收入的百分比来预测可动用的金融资产，所以，选项C不正确。

高频考点 11：内含增长率的测算★★★

<table>
<tr><td colspan="2">内含增长率的含义</td><td>只靠内部积累（即增加留存收益）实现的销售增长率</td></tr>
<tr><td rowspan="2">测算原理
基础公式</td><td>原理</td><td>使外部融资销售增长比为 0</td></tr>
<tr><td>基础公式</td><td>外部融资额 = 营业收入增加 ×（经营资产销售百分比 − 经营负债销售百分比）− 预计营业收入 × 预计营业净利率 ×（1 − 预计股利支付率）
外部融资销售增长比 = 经营资产销售百分比 − 经营负债销售百分比 −［（1 + 增长率）/增长率］× 预计营业净利率 ×（1 − 预计股利支付率）
= 净经营资产销售百分比 −［（1 + 增长率）/增长率］× 预计营业净利率 × 预计利润留存率</td></tr>
<tr><td colspan="2">内含增长率的测算公式</td><td>（预计净利润/预计净经营资产 × 预计利润留存率）/［1 −（预计净利润/预计净经营资产 × 预计利润留存率）］</td></tr>
</table>

经典例题

【真题·多选题】（2022）假设其他因素不变，下列变动中会导致企业内含增长率提高的有（　　）。

A. 预计营业净利率的增加

B. 预计股利支付率的增加

C. 经营资产销售百分比的增加

D. 经营负债销售百分比的增加

【答案】AD

【解析】根据内含增长率的测算公式，即使外部融资额为 0 时，0 = 经营资产销售百分比 - 经营负债销售百分比 - [(1 + 内含增长率)/内含增长率] × 预计营业净利率 × (1 - 预计股利支付率)，可知经营负债销售百分比、预计营业净利率与内含增长率成正比，经营资产销售百分比、预计股利支付率与内含增长率成反比，选项 A、D 正确，选项 B、C 错误。

【例题·多选题】影响内含增长率的因素有（　　）。

A. 经营资产销售百分比

B. 经营负债销售百分比

C. 营业净利率

D. 股利支付率

【答案】ABCD

【解析】内含增长率是根据“外部融资销售百分比 = 0”计算的，即根据 0 = 经营资产销售百分比 - 经营负债销售百分比 - 计划营业净利率 × [(1 + 增长率) ÷ 增长率] × (1 - 股利支付率）计算，由此可知，正确答案为选项 A、B、C、D。

高频考点 12：可持续增长率的测算★★★

（一）可持续增长率的概念

可持续增长率是指不增发新股或回购股票，不改变经营效率（不改变营业净利率和资产周转率）和财务政策（不改变权益乘数和利润留存率）时，其所能达到的销售增长率。

（二）传统可持续增长的假设

1. 公司营业净利率将维持基期水平，并且可以涵盖新增债务增加的利息；

2. 公司总资产周转率将维持基期水平；

3. 公司基期的资本结构是目标资本结构，并且打算继续维持下去；

4. 公司基期的利润留存率是目标利润留存率，并且打算继续维持下去；

5. 不愿意或者不打算增发新股（包括股份回购，下同）。

（三）传统可持续增长假设的推论

1. 在可持续增长的状态下，销售增长率与资产、负债和股东权益的增长率相同；

2. 在可持续增长的状态下，销售增长率与净利润的增长率相同；

3. 在可持续增长的状态下，不愿意或者不打算增发新股，股东权益的增加额为当期的留存收益额；

4. 如果公式中的四个比率已经达到企业的极限，只有通过增发新股增加资金，才能提高销售增长率。

（四）传统可持续增长率的计算公式

可持续增长率 = 股东权益增长率 = 股东权益本期增加额/期初股东权益 = 本期留存收益/期初股东权益 = (本期净利润 × 本期利润留存率)/期初股东权益 = 本期净利润/期初股东权益 × 本期利润留存率 = **期初权益净利率** × 本期利润留存率 = (本期净利润/期末股东权益 × 本期利润留存率)/[1 - (本期净利润/期末股东权益 × 本期利润留存率)] = 营业净利率 × 期末总资产周转次数 × **期末总资产期初权益乘数** × 本期利润留存率 = (营业净利率 × 期末总资产周转次数 × **期末总资产权益乘数** × 本期利润留存率)/(1 - 营业净利率 × 期末总资产周转次数 × **期末总资产权益乘数** × 本期利润留存率)

（五）基于管理用财务报表的可持续增长率

1. 调整后变化的两个假设。

(1) 企业**净经营资产周转率**将维持基期

水平；

（2）企业目前的资本结构是目标资本结构（净财务杠杆不变），并且打算继续维持下去。

2. 调整后的计算公式。

可持续增长率 = 本期净利润/期初股东权益 × 本期利润留存率 =（本期净利润/期末股东权益 × 本期利润留存率）/[1 -（本期净利润/期末股东权益 × 本期利润留存率）]

上两个公式中股东权益 = 净经营资产 - 净负债 = 营业净利率 × 期末净经营资产周转次数 × 期末净经营资产期初权益乘数 × 本期利润留存率 =（营业净利率 × 期末净经营资产周转次数 × 期末净经营资产权益乘数 × 本期利润留存率）/(1 - 营业净利率 × 期末净经营资产周转次数 × 期末净经营资产权益乘数 × 本期利润留存率)

经典例题

【真题·单选题】（2019）甲公司处于可持续增长状态。预计 2019 年末净经营资产 1 000 万元，净负债 340 万元，2019 年营业收入 1 100 万元，净利润 100 万元，股利支付率 40%。甲公司 2019 年可持续增长率是（　　）。

A. 6.5%　　B. 6.1%

C. 9.1%　　D. 10%

【答案】D

【解析】期末股东权益 = 净经营资产 - 净负债 = 1 000 - 340 = 660（万元）。可持续增长率 =（本期净利润/期末股东权益 × 本期利润留存率）/[1 -（本期净利润/期末股东权益 × 本期利润留存率）] = 100/660 ×（1 - 40%）/[1 - 100/660 ×（1 - 40%）] = 10%。还有一种解法是先求期初股东权益。期初股东权益 = 期末股东权益 - 本期留存收益 = 660 - 100 × 60% = 600（万元）。可持续增长率 = 本期净利润/期初股东权益 × 本期利润留存率 = 留存收益/期初股东权益 = 60/600 = 10%。

【例题·单选题】甲公司不进行外部融资，预计 2019 年末净经营资产 1 000 万元，净负债 340 万元，2019 年营业收入 1 100 万元，净利润 100 万元，股利支付率 40%。2019 年内含增长率是（　　）。

A. 6.38%　　B. 6.12%

C. 9.1%　　D. 10%

【答案】A

【解析】利润留存额 = 净利润 ×（1 - 股利支付率）= 100 ×（1 - 40%）= 60（万元）。期末净经营资产 = 1 000 万元，可持续增长率 = 60/(1 000 - 60) = 6.38%。

高频考点 13：外部融资需求的测算

★★★

（一）外部融资需求的计算步骤

1. 计算外部融资销售增长比。

外部融资销售增长比 = 经营资产销售百分比 - 经营负债销售百分比 - [(1 + 增长率)/增长率] × 预计营业净利率 ×（1 - 预计股利支付率）= 净经营资产销售百分比 - [(1 + 增长率)/增长率] × 预计营业净利率 × 利润留存率

2. 计算外部融资额。

外部融资额 = 外部融资销售增长比 × 销售增长额

（二）外部融资需求的敏感性分析

外部融资需求的多少，不仅取决于销售增长，还受营业净利率和股利支付率的影响。在股利支付率小于 1 的情况下，营业净利率越大，外部融资需求越少；在营业净利率大于 0 的情况下，股利支付率越高，外部融资需求越大。

敏感性分析就是在其他因素不变的情况下，探讨某一个因素的变化对外部融资需求的影响有多大。

经典例题

【例题·计算分析题】甲公司是一家新型建筑材料生产企业，为做好 2023 年财务计划，拟进行财务报表分析和预测。相关资料如下：

甲公司 2022 年主要财务数据如下：

单位：万元

资产负债表项目	2022 年末
货币资金	600
应收账款	1 600
存货	1 500
固定资产	8 300
资产总计	12 000
应付账款	1 000
其他流动负债	2 000
长期借款	3 000
股东权益	6 000
负债及股东权益总计	12 000
利润表项目	**2022 年度**
营业收入	16 000
减：营业成本	10 000
税金及附加	560
销售费用	1 000
管理费用	2 000
财务费用	240
利润总额	2 200
减：所得税费用	550
净利润	1 650

（1）公司没有优先股且没有外部股权融资计划，股东权益变动均来自留存收益。公司采用固定股利支付率政策，股利支付率为60%。

（2）销售部门预测2023年公司营业收入增长率为10%。

（3）甲公司的企业所得税税率为25%。

要求：

（1）假设2023年甲公司除长期借款外所有资产和负债与营业收入保持2022年的百分比关系，所有成本费用与营业收入的占比关系维持2022年水平，用销售百分比法初步测算公司2023年融资总需求和外部融资需求。

（2）假设2023年甲公司除货币资金、长期借款外所有资产和负债与营业收入保持2022年的百分比关系，除财务费用和所得税费用外所有成本费用与营业收入的占比关系维持2022年水平，2023年新增财务费用按新增长期借款期初借入计算，所得税费用按当年利润总额计算。为满足资金需求，甲公司根据要求（1）的初步测算结果，以百万元为单位向银行申请贷款，贷款利率8%，贷款金额超出融资需求的部分计入货币资金。预测公司2023年末资产负债表和2023年度利润表（结果填入下方表格中，不用列出计算过程）。

单位：万元

资产负债表项目	2023 年末
货币资金	

续表

资产负债表项目	2023 年末
应收账款	
存货	
固定资产	
资产总计	
应付账款	
其他流动负债	
长期借款	
股东权益	
负债及股东权益总计	
利润表项目	**2023 年度**
营业收入	
减：营业成本	
税金及附加	
销售费用	
管理费用	
财务费用	
利润总额	
减：所得税费用	
净利润	

【答案及解析】

（1）融资总需求 =［12 000 －（1 000 +2 000）］×10% =900（万元）

2023 年留存收益 =1 650 ×（1 +10%）×（1 －60%）=726（万元）

外部融资需求 =900 －726 =174（万元）

（2）

单位：万元

资产负债表项目	2023 年末
货币资金	688.4
应收账款	1 760
存货	1 650
固定资产	9 130
资产总计	13 228.4
应付账款	1 100
其他流动负债	2 200
长期借款	3 200

续表

资产负债表项目	2023 年末
股东权益	6 728.4
负债及股东权益总计	13 228.4
利润表项目	**2023 年度**
营业收入	17 600
减：营业成本	11 000
税金及附加	616
销售费用	1 100
管理费用	2 200
财务费用	256
利润总额	2 428
减：所得税费用	607
净利润	1 821

计算说明：

长期借款 = 3 000 + 200 = 3 200（万元）

财务费用 = 240 + 200 × 8% = 256（万元）

净利润 =（17 600 − 11 000 − 616 − 1 100 − 2 200 − 256）×（1 − 25%）= 1 821（万元）

股东权益 = 6 000 + 1 821 ×（1 − 60%）= 6 728.4（万元）

负债及股东权益总计 = 1 100 + 2 200 + 3 200 + 6 728.4 = 13 228.4（万元）

货币资金 = 13 228.4 − 1 760 − 1 650 − 9 130 = 688.4（万元）（倒挤计算得出）

进阶练习

（一）单选题

1. 甲公司无法取得外部融资，只能依靠内部积累增长，在其他因素不变的情况下，下列说法中错误的是（　　）。

A. 净经营资产周转次数越高，内含增长率越高

B. 经营负债销售百分比越高，内含增长率越高

C. 股利支付率越高，内含增长率越高

D. 营业净利率越高，内含增长率越高

2. 下列事项中，有可能降低企业短期偿债能力的是（　　）。

A. 利用长期借款增加对流动资产的投资

B. 将固定资产卖掉，以所获得的资金购买原材料

C. 增加长期资产，使长期资产的增加量超过长期资本的增加量

D. 提高流动负债中的无息负债比率

3. 下列业务中，会降低企业短期偿债能力的是（　　）。

A. 企业采用分期付款方式购置一台大型机械设备

B. 企业从某国有银行取得 3 年期 500 万元的贷款

C. 企业向战略投资者进行定向增发

D. 企业向股东发放股票股利

4. 甲公司 2019 年的营业净利率比 2018 年下降 5%，总资产周转次数提高 10%，假定其他条件与 2018 年相同，在权益乘数不变的情况下，甲公司 2019 年的净资产收益率比 2018

年提高（ ）。

A. 4.5%　　B. 5.5%

C. 10%　　D. 10.5%

5. 不影响应收账款周转率指标利用价值的因素是（ ）。

A. 销售折让与折扣的波动

B. 季节性经营引起的营业收入波动

C. 大量使用分期付款结算方式

D. 大量使用现金结算的销售

6. 某公司2004年度营业收入净额为6 000万元。年初应收账款余额为300万元，年末应收账款余额为500万元，坏账准备按应收账款余额10%提取。每年按360天计算，则该公司应收账款周转天数为（ ）天。

A. 15　　B. 17

C. 22　　D. 24

7. 假设市场是充分的，企业在经营效率和财务政策不变时，同时筹集权益资本和增加借款，以下指标不会增长的是（ ）。

A. 营业收入　　B. 税后利润

C. 销售增长率　　D. 权益净利率

8. 甲公司是一家非金融企业，在编制管理用资产负债表时，下列资产中不属于金融资产的是（ ）。

A. 短期债券投资　　B. 长期债券投资

C. 短期股票投资　　D. 长期股权投资

9. 在“利息保障倍数”计算式分母中的“利息支出”是（ ）。

A. 计入本期利润表的费用化利息

B. 计入本期现金流量表的利息支出

C. 计入本期资产负债表的资本化利息

D. 计入本期利润表的费用化利息和资产负债表的资本化利息

10. 下列关于营运资本的说法中，正确的是（ ）。

A. 营运资本越多的企业，流动比率越大

B. 营运资本越多的企业，短期偿债能力越强

C. 营运资本增加，说明企业短期偿债能力提高

D. 营运资本越多，长期资本用于流动资产的金额越大

11. 甲公司生产经营存在季节性，6月到10月是旺季，11月到次年5月是淡季，如果使用应收账款年初余额和年末余额的平均数计算应收账款周转次数，这将导致应收账款周转速度被（ ）。

A. 高估　　B. 低估

C. 正确反映　　D. 无法判断其影响

12. 甲公司2022年经营资产销售百分比70%，经营负债销售百分比15%，营业净利率8%。假设甲公司2023年上述比例保持不变，没有可动用的金融资产，不打算进行股票回购，采用内含增长方式支持销售增长。为了实现10%的销售增长目标，预计2023年股利支付率为（ ）。

A. 37.5%　　B. 62.5%

C. 42.5%　　D. 57.5%

13. 某企业2022年的销售增长率等于2021年的可持续增长率，经营效率和财务政策与上年相同，且不增发不回购股票。该企业2021年末所有者权益为2400万元，可持续增长率为10%。若2022年的净利润为600万元，则其股利支付率是（ ）。

A. 30%　　B. 40%

C. 50%　　D. 60%

14. 甲公司是一家电器销售企业，每年6至10月是销售旺季，管理层拟用存货周转次数评价全年存货管理业绩，适合使用的公式是（ ）。

A. 存货周转次数＝营业收入/［（年初存货＋年末存货）/2］

B. 存货周转率次数＝营业成本/［（年初存货＋年末存货）/2］

C. 存货周转率次数＝营业收入/（各月末存货之和/12）

D. 存货周转次数＝营业成本/（各月末存货之和/12）

15. 甲公司2022年初流通在外普通股8 000万股，优先股500万股；2022年6月30

日增发普通股4 000万股，无其他股份变动。2022年末股东权益合计35 000万元，优先股每股清算价值10元，无拖欠累积优先股股息。2022年末公司普通股每股市价12元，市净率是（　　）。

A. 2.8　　B. 4.8

C. 4.0　　D. 5.0

16. 甲公司流通在外的普通股的加权平均股数为100万股，优先股为50万股，上年净利润为250万元，优先股股息为每股1元。如果上年末普通股的每股市价为30元，甲公司市盈率为（　　）。

A. 15　　B. 18

C. 22.5　　D. 12

17. 2022年某企业总资产净利率为20%，产权比率为1，则权益净利率为（　　）。

A. 15%　　B. 20%

C. 30%　　D. 40%

18. 甲公司2022年的营业净利率比2021年下降5%，总资产周转率提高10%，假定其他条件与2021年相同，那么甲公司2022年的权益净利率比2021年提高（　　）。

A. 4.5%　　B. 5.5%

C. 10%　　D. 10.5%

（二）多选题

1. 甲公司是一家非金融企业，在编制管理用财务报表时，下列项目中属于金融负债的有（　　）。

A. 应付利息

B. 应付普通股股利

C. 应付优先股股利

D. 融资租赁形成的长期应付款

2. 假设其他因素不变，下列变动中不利于减少企业外部融资额的有（　　）。

A. 提高存货周转次数

B. 提高产品毛利率

C. 提高权益乘数

D. 提高股利支付率

3. 在不增发新股的情况下，企业上年的股东权益增长率为8%，本年的经营效率和财务政策与上年相同，以下说法中正确的有（　　）。

A. 企业本年的销售增长率为8%

B. 企业本年的可持续增长率为8%

C. 企业本年的权益净利率为8%

D. 企业本年的营业净利率为8%

4. 下列关于可持续增长率的说法中，错误的有（　　）。

A. 可持续增长率是指企业仅依靠内部筹资时，可实现的最大销售增长率

B. 可持续增长率是指不改变经营效率和财务政策时，可实现的最大销售增长率

C. 在经营效率和财务政策不变时，可持续增长率等于实际增长率

D. 在可持续增长状态下，企业的资产、负债和权益保持同比例增长

5. 除了销售百分比法以外，财务预测的方法还有（　　）。

A. 回归分析法

B. 利用电子表格软件来进行预测

C. 利用数据挖掘技术来进行预测

D. 可持续增长率模型

6. 下列各项中，影响企业长期偿债能力的事项有（　　）。

A. 未决诉讼

B. 债务担保

C. 短期借款

D. 一年内的产品质量担保

7. 下列计算可持续增长率的公式中，正确的有（　　）。

A. 利润留存率×营业净利率×(1+负债/期初股东权益)/{总资产/营业收入－[利润留存率×营业净利率×(1+负债/期初股东权益)]}

B. 利润留存率×营业净利率×(1+负债/期末股东权益)/{总资产/营业收入－[利润留存率×营业净利率×(1+负债/期末股东权益)]}

C. 本期净利润/本期营业收入×本期营业收入/期末总资产×期末总资产/期初股东权益×本期利润留存率

D. 营业净利率×总资产周转次数×利润留存率×期末权益期初总资产乘数

8. 假设企业本年的经营效率、资本结构和股利支付率与上年相同，目标营业收入增长率为30%（大于可持续增长率），则下列说法中正确的有（　　）。

A. 本年权益净利率为30%

B. 本年净利润增长率为30%

C. 本年新增投资的报酬率为30%

D. 本年总资产增长率为30%

9. 企业销售增长时需要补充资金。假设每元销售所需资金不变，以下关于外部融资需求的说法中，正确的有（　　）。

A. 股利支付率越高，外部融资需求越大

B. 营业净利率越高，外部融资需求越小

C. 如果外部融资销售增长比为负数，说明企业有剩余资金，可用于增加股利或短期投资

D. 当企业的实际增长率低于本年的内含增长率时，企业不需要从外部融资

10. 在企业可持续增长的情况下，下列计算各相关项目的本期增加额的公式中，正确的有（　　）。

A. 本期资产增加=(本期销售增加/基期营业收入)×基期期末总资产

B. 本期负债增加=基期营业收入×营业净利率×利润留存率×(基期期末负债/基期期末股东权益)

C. 本期股东权益增加=基期营业收入×营业净利率×利润留存率

D. 本期销售增加=基期营业收入×(基期净利润/基期期初股东权益)×利润留存率

11. 假设其他条件不变，下列计算方法的改变会导致应收账款周转天数减少的有（　　）。

A. 从使用赊销额改为营业收入

B. 从使用应收账款平均余额改为应收账款平均净额

C. 从使用应收账款全年日平均余额改为应收账款旺季日平均余额

D. 从使用已核销应收账款坏账损失后的平均余额改为核销应收账款坏账损失前的平均余额

12. 甲公司是制造业企业，采用管理用财务报表进行分析。下列各项中，属于甲公司金融负债的有（　　）。

A. 优先股

B. 应付股利

C. 无息应付票据

D. 融资租赁形成的长期应付款

（三）计算分析题

1. A企业近两年营业收入超常增长，下表列示了该企业2018年和2019年有关财务数据：

金额单位：万元

项目	2018年	2019年
营业收入	12 000	20 000
净利润	780	1 400
本年留存收益	560	1 180
期末总资产	16 000	22 000
期末股东权益	8 160	11 000
可持续增长率	7.37%	
实际增长率	46.34%	66.67%

要求：

（1）计算该企业2019年的可持续增长率（计算结果精确到万分之一）。

（2）计算该企业2019年超常增长的营业

收入（计算结果取整数，下同）。

（3）计算该企业2019年超常增长所需的资金额。

（4）请问该企业2019年超常增长的资金来源有哪些？并分别计算它们的数额。

2. 甲公司是一家机械加工企业，采用管理用财务报表分析体系进行权益净利率的行业平均水平差异分析。该公司2019年主要的管理用财务报表数据如下：

单位：万元

项目	2019年
资产负债表项目（年末）：	
净经营资产	1 000
净负债	200
股东权益	800
利润表项目（年度）：	
营业收入	3 000
税后经营净利润	180
减：税后利息费用	12
净利润	168

为了与行业情况进行比较，甲公司收集了以下2019年的行业平均财务比率数据：

财务比率	行业平均数据
净经营资产净利率	19.50%
税后利息率	5.25%
净财务杠杆	40.00%
权益净利率	25.20%

要求：

（1）基于甲公司管理用财务报表有关数据，计算下表列出的财务比率（结果填入下方表格中，不用列出计算过程）。

财务比率	2019年
税后经营净利率	
净经营资产周转次数	
净经营资产净利率	
税后利息率	
经营差异率	
净财务杠杆	
杠杆贡献率	
权益净利率	

（2）计算甲公司权益净利率与行业平均权益净利率的差异，并使用因素分析法，按照净经营资产净利率、税后利息率和净财务杠杆的顺序，对该差异进行定量分析。

3. 甲公司是一家汽车销售企业，现对公司财务状况和经营成果进行分析，以发现与主要竞争对手乙公司的差异。相关资料如下：

（1）甲公司2022年的主要财务报表数据：

单位：万元

资产负债表项目	2022年末
货币资金	1 050
应收账款	1 750
预付账款	300
存货	1 200
固定资产	3 700
资产总计	8 000
流动负债	3 500
非流动负债	500
股东权益	4 000
负债和股东权益总计	8 000
利润表项目	**2022年度**
营业收入	10 000
减：营业成本	6 500
税金及附加	300
销售费用	1 400
管理费用	160
财务费用	40
利润总额	1 600
减：所得税费用	400
净利润	1 200

假设资产负债表项目年末余额可代表全年平均水平。

（2）乙公司2022年相关财务比率：

营业净利率	总资产周转次数	权益乘数
24%	0.6	1.5

要求：

（1）使用因素分析法，按照营业净利率、总资产周转次数、权益乘数的顺序，对2022年甲公司相对乙公司权益净利率的差异进行定量分析。

（2）说明营业净利率、总资产周转次数、权益乘数3个指标各自的经济含义及各评价企业哪方面能力，并指出甲公司和乙公司在经营战略和财务政策上的差别。

4. E公司经营多种产品，最近两年的财务报表数据摘要如下：

单位：万元

利润表数据	上年	本年
营业收入	10 000	30 000
营业成本	7 300	23 560
管理费用	600	800
销售费用	500	1 200
财务费用	100	2 640
利润总额	1 500	1 800
所得税	500	600
净利润	1 000	1 200
资产负债表数据	**上年末**	**本年末**
货币资金	500	1 000
应收账款	2 000	8 000
存货	5 000	20 000
其他流动资产	0	1 000
流动资产合计	7 500	30 000
固定资产	5 000	30 000
资产总计	12 500	60 000
资产负债表数据	**上年末**	**本年末**
短期借款	1 850	15 000
应付账款	200	300
其他流动负债	450	700
流动负债合计	2 500	16 000
长期负债	0	29 000
负债合计	2 500	45 000
股本	9 000	13 500
盈余公积	900	1 100
未分配利润	100	400
股东权益合计	10 000	15 000
负债和股东权益总计	12 500	60 000

要求：请进行以下计算、分析和判断（提示：为了简化计算和分析，计算各种财务比率时需要的存量指标如资产、股东权益等，均使用期末数；一年按360天计算）：

（1）净利润变动分析：该公司本年净利润比上年增加了多少？按顺序计算确定股东权益变动和权益净利率变动对净利润的影响数额（金额）。

（2）权益净利率变动分析：确定权益净利率变动的差额，按顺序计算确定资产净利率和权益乘数变动对权益净利率的影响数额（百分点）。

（3）资产净利率变动分析：确定资产净利率变动的差额，按顺序计算确定营业净利率变动和总资产周转次数对资产净利率的影响数额（百分点）。

5. 甲公司的 2021 ~ 2022 年年度利润表和年末资产负债表部分数据如下表所示（单位：万元）。

假设公司没有金融资产，所得税税率为 40%。

要求：计算甲公司 2022 年度的债务现金流量和股权现金流量。

单位：万元

序号	利润表节选	2021 年度	2022 年度	序号	资产负债表	2021 年末	2022 年末
1	折旧费用	20.00	42.42	1	短期借款（金）	118.20	127.45
2	财务费用	20.00	21.40	2	应付账款（经）	15.00	15.91
3	利润总额	140.00	156.18	3	长期借款（金）	50.00	46.81
4	所得税费用	56.00	62.47	4	股本	200.00	200.00
5	净利润	84.00	93.71	5	未分配利润	116.80	140.09

6. A 公司是一家上市公司，该公司 2018 年和 2019 年的主要财务数据以及 2020 年的财务计划数据如下表所示。

单位：万元

项目	2018 年实际	2019 年实际	2020 年计划
营业收入	1 000.00	1 411.80	1 455.28
净利润	200.00	211.77	116.42
股利	100.00	105.89	58.21
本年收益留存	100.00	105.89	58.21
总资产	1 000.00	1 764.76	2 910.57
负债	400.00	1 058.87	1 746.47
股本	500.00	500.00	900.00
年末未分配利润	100.00	205.89	264.10
股东权益	600.00	705.89	1 164.10

假设公司产品的市场前景很好，营业收入可以大幅增加，贷款银行要求公司的资产负债率不得超过 60%。董事会决议规定，以权益净利率高低作为管理层业绩评价的尺度。

要求：

（1）计算该公司上述 3 年的资产周转率、营业净利率、权益乘数、利润留存率、可持续增长率和权益净利率，以及 2019 年和 2020 年的销售增长率（计算时资产负债表数据用年末数，计算结果填入给定的表格内，不必列示财务比率的计算过程）。

项目	2018 年实际	2019 年实际	2020 年计划
资产周转率			
营业净利率			

续表

项目	2018 年实际	2019 年实际	2020 年计划
权益乘数			
利润留存率			
可持续增长率			
权益净利率			
销售增长率			

（2）指出 2019 年可持续增长率与上年相比有什么变化，其原因是什么。

（3）指出 2019 年公司是如何筹集增长所需资金的，财务政策与上年相比有什么变化。

（4）假设 2020 年预计的经营效率是符合实际的，指出 2020 年的财务计划有无不当之处。

（5）指出公司今年提高权益净利率的途径有哪些。

7. 甲公司是一家制造业企业，为做好财务计划，甲公司管理层拟采用管理用财务报表进行分析。相关资料如下：

（1）甲公司 2019 年的主要财务报表数据：

单位：万元

资产负债表项目	2019 年末
货币资金	300
应收账款	800
存货	750
长期股权投资	500
固定资产	3 650
资产总计	6 000
应付账款	1 500
长期借款	1 500
股东权益	3 000
负债及股东权益总计	6 000
利润表项目	**2019 年度**
营业收入	10 000
减：营业成本	6 000
税金及附加	320
管理费用	2 000
财务费用	80
加：投资收益	50
利润总额	1 650
减：所得税费用	400
净利润	1 250

（2）甲公司没有优先股，股东权益变动均来自利润留存；经营活动所需的货币资金是当年营业收入的 2%；投资收益均来自长期股权投资。

（3）根据税法相关规定，甲公司长期股权投资收益不缴所得税，其他损益的所得税税率为 25%。

（4）甲公司采用固定股利支付率政策，股利支付率 60%；经营资产、经营负债与营业收入保持稳定的百分比关系。

要求：（1）编制甲公司 2019 年的管理用财务报表（提示：按照各种损益的适用税率计算应分担的所得税。结果填入下方表格中，不用列出计算过程）。

单位：万元

管理用财务报表项目	2019 年
经营资产总计	
经营负债总计	
净经营资产总计	
金融负债	
金融资产	
净负债	
股东权益	
净负债和股东权益总计	
税前经营利润	
减：经营利润所得税	
税后经营净利润	
利息费用	
减：利息费用抵税	
税后利息费用	
净利润	

（2）假设甲公司目前已达到稳定状态，经营效率和财务政策保持不变且不增发新股和回购股票，可以按照目前的利率水平在需要的时候取得借款，不变的营业净利率可以涵盖不断增加的负债利息。计算甲公司 2020 年的可持续增长率。

（3）假设甲公司 2020 年销售增长率为 25%，营业净利率与 2019 年相同。在 2019 年末金融资产都可动用的情况下，用销售百分比法预测 2020 年的外部融资额。

（4）从经营效率和财务政策是否变化角度，回答上年可持续增长率、本年可持续增长率和本年实际增长率之间的联系。

进阶练习答案及解析

（一）单选题

1.【答案】C

【解析】外部融资销售增长比 = 经营资产销售百分比 − 经营负债销售百分比 − 计划营业

净利率×[(1+增长率)÷增长率]×(1-股利支付率)=经营资产销售百分比-经营负债销售百分比-计划营业净利率×(1+1/增长率)×(1-股利支付率)，由上式可知，外部融资销售增长比与经营资产销售百分比、增长率和股利支付率呈同向变动，而与经营负债销售百分比和计划营业净利率呈反向变动。内含增长率是根据"外部融资销售百分比=0"计算的，即内含增长率与经营资产销售百分比和股利支付率呈反向变动，而与经营负债销售百分比和计划营业净利率呈同向变动。净经营资产周转次数越高，其倒数"净经营资产销售百分比"越低，内含增长率越高。因此选项A、B、D均正确，错误的是选项C。

2.【答案】C

【解析】利用长期借款增加对流动资产的投资，会提高营运资本及流动比率，有助于提高短期偿债能力；将固定资产卖掉，以所获得的资金购买原材料，增加了流动资产，也有助于提高短期偿债能力；净营运资本=长期资本-长期资产，增加长期资产超过了增加长期资本，可以导致净营运资本下降，所以，会降低企业短期偿债能力；提高流动负债中的无息负债比率，不影响流动负债总额，因此不会影响某一时点的短期偿债能力。

3.【答案】A

【解析】采用分期付款方式购置大型机械设备，同时增加了固定资产与长期应付款，在分期付款时又会减少货币资金，所以会降低企业短期偿债能力。选项B增加了银行存款，也增加了长期借款。流动负债没有增加的情况下，增加了流动资产，会提高短期偿债能力。向战略投资者进行定向增发，会增加企业的货币资金和长期资本，有利于提高短期偿债能力；向股东发放股票股利不会影响短期偿债能力。

4.【答案】A

【解析】净资产收益率=营业净利率×总资产周转次数×权益乘数。所以2019年的净资产收益率比2018年提高4.5%［(1+10%)×(1-5%)-1］。

5.【答案】A

【解析】应收账款是特定时点的存量，容易受季节性、偶然性和人为因素影响，选项B不选；应收账款周转率计算中因无法取得赊销收入，因而用全部营业收入代替，如果大量使用分期付款结算方式或使用现金结算，必然影响该指标的质量，选项C、D不选。而销售折让与折扣不影响营业收入净额，所以不影响应收账款周转率的利用价值，因此应选择选项A。

6.【答案】D

【解析】应收账款平均余额=(300+500)/2=400（万元），应收账款周转次数=营业收入净额/应收账款平均余额=6 000/400=15（次），应收账款周转天数=360/应收账款周转次数=360/15=24（天）。

7.【答案】D

【解析】经营效率不变是指营业净利率与总资产周转率不变，财务政策不变是指资产负债率、权益乘数与股利支付率不变，权益净利率是营业净利率、总资产周转次数与权益乘数的积，所以也保持不变，选项D正确。在总资产周转次数不变的情况下，筹集的资金额越多，总资产越多，营业收入就越高，选项A错误。在营业净利率不变的情况下，营业收入越高，税后利润越多，选项B错误。因为同时筹集权益资本与增加借款，又有留存收益，所以增长率一定高于可持续增长率，会增加，选项C错误。

8.【答案】D

【解析】对于非金融企业，债券和其他带息的债权投资都是金融性资产，包括短期和长期的债权性投资，所以，选项A、B错误；短期权益性投资不是生产经营活动所必需的，只是利用多余现金的一种手段，因此是金融资产，所以，选项C错误；长期股权投资是经营性资产，所以，选项D正确。

9.【答案】D

【解析】利息保障倍数计算公式分母中的

“利息支出”是计入本期利润表的费用化利息和资产负债表的资本化利息，分子中的“利息费用”是计入本期利润表的费用化利息。

10. 【答案】D

【解析】营运资本 = 流动资产 - 流动负债 = 长期资本 - 长期资产。营运资本是绝对数，营运资本多，不意味着流动比率高，因而不便于直接评价不同时期与不同企业的短期偿债能力；营运资本为正数，说明长期资本的数额大于长期资产，营运资本数额越大，财务状况越稳定。所以选项 D 正确。

11. 【答案】A

【解析】使用应收账款年初余额和年末余额的平均数计算应收账款周转次数，意味着计算时都是采用淡季应收账款余额，会低于企业真实的全年应收账款平均余额，进而会虚增应收账款周转次数，高估其周转速度，选项 A 正确。

12. 【答案】A

【解析】（1）公式法：①解方程，求出三连乘积。设三连乘积为 X，则 $X/(1-X)=10\%$，$X=1/11$。即净经营资产周转率 × 营业净利率 × 利润留存率 = 1/11；②从三连乘积出发，求出利润留存率。净经营资产周转率 = 1/(70% - 15%)，营业净利率 = 8%，利润留存率 = 1/11 ÷ [8% × 1/(70% - 15%)] = 62.50%。（2）简易方法：设利润留存为 X，$X/(55-X)=10\%$，$X=5$，股利支付率 = (8 - 5)/8 = 37.5%。

13. 【答案】D

【解析】可持续增长率 = 权益增长率 = 10%。2022 年所有者权益增加 = 2 400 × 10% = 240（万元）。因为不增发不回购股票，2022 年利润留存为 240 万元，所以股利支付率 = 1 - 240/600 = 60%。

14. 【答案】D

【解析】为了评价存货管理的业绩，应当使用“营业成本”计算存货周转率。而存货的年初余额在 1 月初，年末余额在 12 月末，都不属于旺季，存货的数额较少，采用存货余额年初年末平均数计算出来的存货周转次数较高，数据不准确，应该按月进行平均，以反映经营现实，所以选项 D 正确。

15. 【答案】B

【解析】2022 年每股净资产 = 普通股股东权益/期末流通在外普通股股数 = (35 000 - 10 × 500)/(8 000 + 4 000) = 2.5（元/股），市净率 = 12/2.5 = 4.8，因此选择选项 B。

16. 【答案】A

【解析】因为每股收益 = (净利润 - 优先股股利)/流通在外的普通股加权平均股数 = (250 - 50 × 1)/100 = 2（元/股），所以市盈率 = 每股市价/每股收益 = 30/2 = 15，即应当选择选项 A。

17. 【答案】D

【解析】从总资产净利率到权益净利率，需要用权益乘数。产权比率为 1，假设负债为 1，权益为 1，则资产为 2，权益乘数 = 资产/权益 = 2，权益净利率 = 总资产净利率 × 权益乘数 = 20% × 2 = 40%，因此选择选项 D。

18. 【答案】A

【解析】因为权益净利率 = 营业净利率 × 总资产周转率 × 权益乘数，所以变化后的权益净利率/变化前的权益净利率 = (1 - 5%) × (1 + 10%) × 1 = 104.5%，所以 2022 年的权益净利率比 2021 年提高了 104.5% - 1 = 4.5%，因此选择选项 A。

（二）多选题

1. 【答案】ABCD

【解析】应付利息是债务筹资的应计费用，属于金融负债；“应付股利”（包括优先股的应付股利和普通股的应付股利），均为筹资活动的应计费用，因此属于金融负债；融资租赁引起的长期应付款属于金融负债，因为它被视为企业因购买资产而发生的借款。

2. 【答案】CD

【解析】外部融资额 = (经营资产销售百分比 × 营业收入增加) - (经营负债销售百分比 × 营业收入增加) - 预计营业收入 × 营业净利率 × (1 - 预计股利支付率)，提高产品毛利率则会提高营业净利率，从而减少外部融资额；提高存货周转率，则会减少存货占用资金，即减少经营资产占用资金，从而减少外部融资额。提高权益乘数，就会提高资产负债率，不利于减少外部融资额。提高股利支付率，就会减少留存收益，不利于减少外部融资额。

3. 【答案】AB

【解析】不增发新股，本年的经营效率和财务政策与上年又相同，所以满足可持续增长，因此销售增长率 = 资产增长率 = 股东权益增长率 = 可持续增长率。

4. 【答案】ABC

【解析】可持续增长率是指企业不发行新股（包括回购股票），不改变经营效率（即不改变营业净利率和资产周转率）和财务政策（即资本结构和利润留存率）时，其销售所能达到的增长率。可持续增长率必须同时满足不发行新股和不改变经营效率和财务政策，所以，选项 A、B、C 错误。在可持续增长状态下，企业的资产、负债和权益保持同比例增长，所以，选项 D 正确。

5. 【答案】ABC

【解析】根据教材，财务预测的方法包括销售百分比法、使用回归分析法、使用信息技术进行财务预测。其中使用信息技术进行财务预测又包括使用“电子表软件”、数据挖掘技术进行财务预测等，所以本题正确答案为选项 A、B、C。

6. 【答案】AB

【解析】教材中影响企业长期偿债能力的因素为两项，未决诉讼、债务担保，因此选择选项 A、B。

7. 【答案】BC

【解析】计算可持续增长率，总资产始终用的都是期末数，长公式中股东权益用的是期末数，短公式用的是期初数。选项 A 是长公式，却用的是期初股东权益，应当用期末股东权益，选项 A 错误；选项 B 也是长公式，股东权益用的是期末数，选项 B 正确。选项 C 是短公式，用了期初股东权益，选项 C 正确。选项 D 也是短公式，错在用期初总资产的同时用了期末股东权益，应该用期末总资产与期初股东权益，选项 D 错误。

小贴士 计算可持续增长率，大家可以把几个比率直接相乘的公式看成短公式，以 SE（short equation）表示，则长公式可以写成 SE/(1 - SE)。只不过将短公式变成长公式的时候，要把涉及的股东权益、权益系数的股东权益都变成期末股东权益。

8. 【答案】BD

【解析】经营效率指的是资产周转率和营业净利率，资本结构指的是权益乘数，由此可知，本年的权益净利率与上年相同，不能推出“权益净利率 = 销售增长率”这个结论，所以，选项 A 错误；另外，新增投资的报酬率与销售增长率之间没有必然的关系，所以，选项 C 错误；根据资产周转率不变，可知资产增长率 = 销售增长率 = 30%，选项 D 正确；根据营业净利率不变，可知净利润增长率 = 销售增长率 = 30%，选项 B 正确。

9. 【答案】ABCD

【解析】股利支付率越高，留存收益越少，外部融资需求越大，选项 A 正确；营业净利率越高，净利越多，留存收益就可能越多，外部融资需求越小，选项 B 正确；外部融资销售增长比为负数，说明不需要进行外部融资，而且有剩余资金，可以用于增加股利或短期投资，选项 C 正确；当企业实际增长率低于本年的内含增长率时，企业的留存收益就可以满足营业收入增加所需要的融资额，选项 D 正确。

10. 【答案】AD

【解析】因为满足可持续增长，所以销售增长率 = 资产增长率 = 股东权益增长率，增加的留存收益 = 增加的股东权益，因此：（本期销售增加/基期营业收入）× 基期期末总资产 = 销售增长率 × 基期期末总资产 = 资产增长率 × 基期期末总资产 = 本期资产增加，所以选项 A 正确；基期营业收入 ×（基期净利润/基期期初股东权益）× 利润留存率 = 基期营业收入 × 基期增加的留存收益/基期期初股东权益 = 基期营业收入 × 股东权益增长率 = 基期营业收入 × 销售增长率 = 本期销售增加，因此选项 D 正确。选项 B、C 的错误在于用的是基期营业收入，应该用预计本期营业收入计算。

11. 【答案】AB

【解析】应收账款周转天数减少意味着应收账款周转次数（率）增加。从使用赊销额改为营业收入，会增加周转次数计算的分子，使周转率增加，进而使周转天数下降，选项 A 正确；从使用应收账款平均余额改为应收账款平均净额，会降低周转次数计算的分母，使周转率增加，进而使周转天数下降，选项 B 正确；从使用应收账款全年日平均余额改为应收账款旺季日平均余额，会增加周转次数计算的分母，周转率下降，周转天数增加，选项 C 不正确；从使用已核销应收账款坏账损失后的平均余额改为核销应收账款坏账损失前的平均余额，则应收账款余额会增加，使得周转次数增加，周转天数下降，选项 D 错误。

12. 【答案】ABD

【解析】金融负债是债务筹资活动所涉及的负债，而经营负债是销售商品或提供劳务所涉及的负债。优先股、应付股利与融资租赁形成的长期应付款是筹资活动所涉及的负债，是金融负债，选项 A、B、D 正确；无息应付票据是销售商品或提供劳务所涉及的负债，是经营负债，不是金融负债，选项 C 错误。

（三）计算分析题

1. 【答案及解析】

（1）可持续增长率 =（1 400/11 000 × 1 180/1 400）/（1 − 1 400/11 000 × 1 180/1 400）× 100% = 12.02%

（2）超常增长的营业收入 = 12 000 ×（66.67% − 7.37%）= 7 116（万元）

或 = 20 000 − 12 000 ×（1 + 7.37%）= 7 116（万元）

（3）超常增长所需资金 = 22 000 − 16 000 ×（1 + 7.37%）= 4 821（万元）

（4）超常增长增加的负债筹资 =（22 000 − 11 000）− 7 840 ×（1 + 7.37%）= 2 582（万元）

超常增长增加的留存收益 = 1 180 − 560 ×（1 + 7.37%）= 579（万元）

超常增长增加的外部股权融资 = 4 821 − 2 582 − 579 = 1 660（万元）

2. 【答案及解析】

（1）

财务比率	2019 年
税后经营净利率	6%
净经营资产周转次数	3
净经营资产净利率	18%
税后利息率	6%
经营差异率	12%
净财务杠杆	25%
杠杆贡献率	3%
权益净利率	21%

税后经营净利率 = 180/3 000 × 100% = 6%

净经营资产周转次数 = 3 000/1 000 = 3（次）

净经营资产净利率 = 180/1 000 × 100% = 18%

税后利息率 = 12/200 × 100% = 6%

经营差异率 = 18% − 6% = 12%

净财务杠杆 = 200/800 × 100% = 25%

杠杆贡献率 = 12% ×25% = 3%

权益净利率 = 18% + 3% = 21%

(2) 权益净利率 = 净经营资产净利率 + (净经营资产净利率 - 税后利息率) × 净财务杠杆

2019 年行业平均权益净利率 = 19.50% + (19.50% - 5.25%) × 40% = 25.20% ①

替换净经营资产净利率：18% + (18% - 5.25%) × 40% = 23.1% ②

替换税后利息率：18% + (18% - 6%) × 40% = 22.8% ③

替换净财务杠杆：18% + (18% - 6%) × 25% = 21% ④

净经营资产净利率降低对于权益净利率变动影响 = ② - ① = 23.1% - 25.2% = -2.1%

税后利息率提高对于权益净利率变动的影响 = ③ - ② = 22.8% - 23.1% = -0.3%

净财务杠杆下降对于权益净利率变动的影响 = ④ - ③ = 21% - 22.8% = -1.8%

2019 年甲公司权益净利率 - 2019 年行业平均权益净利率 = 21% - 25.2% = -4.2%

综上可知：净经营资产净利率降低使得权益净利率降低 2.1%，税后利息率提高导致权益净利率下降 0.3%，净财务杠杆下降导致权益净利率下降 1.8%。三者共同影响使得 2019 年甲公司权益净利率比 2019 年行业平均权益净利率低 4.2%。

3.【答案及解析】

(1) 甲公司营业净利率 = 1 200/10 000 × 100% = 12%

甲公司总资产周转次数 = 10 000/8 000 = 1.25 (次)

甲公司权益乘数 = 8 000/4 000 = 2

甲公司权益净利率 = 12% × 1.25 × 2 = 30% (或者：= 1 200/4 000 = 30%)

乙公司权益净利率 = 24% × 0.6 × 1.5 = 21.6%

甲公司相对乙公司权益净利率的差异 = 30% - 21.6% = 8.4%

营业净利率差异的影响 = 12% × 0.6 × 1.5 - 21.6% = 10.8% - 21.6% = -10.8%

总资产周转次数差异的影响 = 12% × 1.25 × 1.5 - 10.8% = 22.5% - 10.8% = 11.7%

权益乘数差异的影响 = 12% × 1.25 × 2 - 22.5% = 30% - 22.5% = 7.5%

(2) 营业净利率是净利润与营业收入的比值，表明每 1 元营业收入带来的净利润，反映企业的盈利能力；总资产周转次数是营业收入与平均总资产的比值，表明 1 年中总资产周转的次数 (或者表明每 1 元总资产支持的营业收入)，反映企业的营运能力；权益乘数是总资产与股东权益的比值，表明每 1 元股东权益控制的资产额，反映企业的长期偿债能力。两公司在经营战略上存在较大差别：甲公司采取的是"低盈利、高周转" (或薄利多销) 的策略；乙公司采取的是"高盈利、低周转" (或多利薄销) 的策略。在财务政策上，两公司也有很大不同：甲公司采取的是相对高风险的财务政策，财务杠杆较大；乙公司采取的是相对低风险的财务政策，财务杠杆较小。

4.【答案及解析】

(1) 净利润变动分析。

净利润 = 股东权益 × 权益净利率

净利润增加 = 1 200 - 1 000 = 200 (万元)

股东权益的变动 = 15 000 - 10 000 = 5 000 (万元)

股东权益增加影响利润数额 = 5 000 × (1 000/10 000) = 500 (万元)

权益净利率变动 = 1 200/15 000 - 1 000/10 000 = 8% - 10% = -2%

权益净利率下降影响利润数额 = 15 000 × (-2%) = -300 (万元)

(2) 权益净利率变动分析。

权益净利率 = 资产净利率 × 权益乘数权益净利率的变动 = -2%

资产净利率的变动 = 1 200/60 000 - 1 000/12 500 = 2% - 8% = -6%

权益乘数的变动 = 60 000/15 000 - 12 500/10 000 = 4 - 1.25 = 2.75

资产收益率下降对权益净利率的影响 =

$-6\% \times 1.25 = -7.5\%$

权益乘数上升对权益净利率的影响 $=2\% \times 2.75 = 5.5\%$

（3）资产净利率变动分析。

资产净利率 = 营业净利率 × 总资产周转次数

资产净利率的变动 $=-6\%$

营业净利率变动 $=1\ 200/30\ 000-1\ 000/10\ 000=4\%-10\%=-6\%$

总资产周转次数变动 $=30\ 000/60\ 000-10\ 000/12\ 500=0.5-0.8=-0.3$（次）

营业净利率变动对资产净利率的影响 $=(-6\%)\times 0.8=-4.8\%$

总资产周转次数变动对资产净利率的影响 $=4\% \times (-0.3)=-1.2\%$

5.【答案及解析】

（1）计算债务现金流量。

债务现金流 = 税后利息费用 − 净负债的增加 $=21.40\times(1-40\%)-[(127.45+46.81)-(118.20+50)]=6.78$（万元）

（2）计算股权现金流量。

算法 1：

股权现金流量 = 净利润 − 所有者权益的增加 $=93.71-[(200.00+140.09)-(200.00+116.80)]=70.42$（万元）

算法 2：

股权现金流量 = 现金股利 − 股份发行 $=70.42-(200.00-200.00)=70.42$（万元）

6.【答案及解析】

（1）财务比率的计算。

项目	2018 年实际	2019 年实际	2020 年计划
资产周转率	1	0.8	0.5
营业净利率	0.2	0.15	0.08
权益乘数	1.67	2.5	2.5
利润留存率	0.5	0.5	0.5
可持续增长率	0.2	0.1765	0.0526
权益净利率	0.334	0.3	0.1
销售增长率	—	0.4118	0.0308

（2）可持续增长率在 2019 年度下降了 2.35 个百分点（20% − 17.65%），原因是营业净利率下降和总资产周转次数下降。

（3）通过增加负债 658.87 万元筹集所需资金。财务政策方面权益乘数扩大（或提高了财务杠杆）。

（4）由于本公司评价业绩的标准是权益净利率，该指标受营业净利率、总资产周转次数和权益乘数影响。已知 2020 年预计的经营效率（以营业净利率、资产周转率反映）符合实际，而资产负债率（反映财务政策）已经达到贷款银行所要求的上限，故计划的权益净利率已经是最好的，无论提高利润留存率或追加股权投资，都不能提高权益净利率，因此，2020 年度的财务计划并无不当之处。

（5）提高权益净利率途径：提高售价、降低成本费用，以提高营业净利率；加强资产管理、降低资产占用、加速资金周转，以提高总资产周转率。

7.【答案及解析】

（1）编制甲公司 2019 年的管理用财务报表如下：

单位：万元

管理用财务报表项目	2019 年
经营性资产总计	5 900

续表

管理用财务报表项目	2019 年
经营性负债总计	1 500
净经营资产总计	4 400
金融负债	1 500
金融资产	100
净负债	1 400
股东权益	3 000
净负债和股东权益总计	4 400
税前经营利润	1 730
减：经营利润所得税	420
税后经营净利润	1 310
利息费用	80
减：利息费用抵税	20
税后利息费用	60
净利润	1 250

计算说明：

金融资产 = 300 - 10 000 × 2% = 100（万元）

经营资产 = 10 000 × 2% + 800 + 750 + 500 + 3 650 = 5 900（万元）

[或者：经营资产 = 6 000 - 100 = 5 900（万元）]

税前经营利润 = 10 000 - 6 000 - 320 - 2 000 + 50 = 1 730（万元）

经营利润所得税 = (1 730 - 50) × 25% = 420（万元）

利息费用抵税 = 80 × 25% = 20（万元）

（2）可持续增长率 = 1 250/3 000 × (1 - 60%)/[1 - 1 250/3 000 × (1 - 60%)] = 20%

（3）可动用的金融资产 = 300 - 10 000 × 2% = 100（万元）

外部融资额 = 4 400 × 25% - 1 250 × (1 + 25%) × (1 - 60%) - 100 = 375（万元）

（4）如果某一年的经营效率和财务政策与上年相同，在不增发新股和回购股票的情况下，实际增长率、上年的可持续增长率以及本年的可持续增长率三者相等；如果某一年的营业净利率、总资产周转率、权益乘数和利润留存率四个财务比率中一个或多个升高，在不增发新股和回购股票的情况下，实际增长率就会超过上年的可持续增长率，本年的可持续增长率也会超过上年的可持续增长率；如果某一年的营业净利率、总资产周转率、权益乘数和利润留存率四个财务比率中一个或多个下降，在不增发新股和回购股票的情况下，实际增长率就会低于上年的可持续增长率，本年的可持续增长率也会低于上年的可持续增长率；如果上述四个财务比率已经达到企业极限，只有通过发行新股增加资金，才能提高实际的销售增长率。

第三章　价值评估基础

2023 年教材内容主要变化

2023 年第三章教材在以下方面进行了修改和补充：删除了流动性溢价理论中关于收益率曲线下降幅度与流动性溢价比较的内容表述；将原第六章“债券、股票价值评估”合并至本章第四节；其余仅为部分文字性调整，无实质性变化。

本章近五年考试高频考点分布

本章主要考题为客观题，出题点集中在货币时间价值的基本计算和风险与报酬的衡量，最近五年的平均分数为 4.2 分。

高频考点内容	年度及题型分布
影响利率的五项因素	2018 年多选
利率期限结构及三大解释理论	2018 年单选
货币时间价值的概念及基本计算	2022 年计算分析、2019 年单选
投资组合的风险与报酬	2022 年多选 2021 年多选 2020 年单选、2020 年多选 2019 年多选 2018 年多选
债券估值的影响因素	2021 年多选 2020 年单选、2020 年多选 2018 年单选
债券的期望报酬率	2018 年多选
普通股价值的评估方法	2022 年单选
普通股期望报酬率	2021 年单选、2019 年单选
优先股的特殊性	2019 年多选

高频考点精讲

本章涉及各种价值评估的影响因素以及运用，与财务管理后面的章节联动性较强。主要内容包括基准利率及其三大基本特征、影响利率的五项因素、解释利率期限结构的三大理论、货币时间价值的概念及基本计算、风险的含义、单项投资的风险与报酬、投资组合的风险与报酬、债券及股票价值评估等内容。

高频考点1：利率与基准利率★

（一）利率及利率水平的决定因素

利率的概念	利率是资本的价格，表示一定时期内利息与本金的比率，通常用百分比表示，又称利息率
利率的计算公式	利率 = 利息/本金 × 100%
利率的表示方法	年利率、月利率、日利率
利率水平的决定因素	产业平均利润水平、货币供给与需求状况、经济发展状况、物价水平、利率管制、国际经济状况和货币政策因素
利率管理手段	法律、法规、经济和货币政策

（二）基准利率及其三大基本特征

基准利率的概念	基准利率是中国人民银行对国家专业银行和其他金融机构规定的存贷款利率，是在金融市场上具有普遍参照作用的利率
基准利率的地位和重要性	基准利率是利率市场化机制形成的核心，其他利率水平或金融资产价格均受这一基准利率水平的影响；基准利率是央行实现货币政策目标的重要手段之一
基准利率的特征	（1）市场化。基准利率必须是由市场供求关系决定，而且不仅反映实际市场供求状况，还要反映市场对未来供求状况的预期。 （2）基础性。基准利率在利率体系、金融产品价格体系中处于基础性地位，它与其他金融市场的利率或金融资产的价格具有较强的关联性。 （3）传递性。基准利率所反映的市场信号，或者中央银行通过基准利率所发出的调控信号，能有效地传递到其他金融市场和金融产品价格上

经典例题

【例题·多选题】下列各项中属于基准利率的基本特征的有（　　）。

A. 市场化　　B. 基础性

C. 传递性　　D. 收益性

【答案】ABC

【解析】基准利率的特征包括：（1）市场化；（2）基础性；（3）传递性，不包括收益性。

高频考点2：影响利率的五项因素★★

影响因素		含义	启示
无风险利率	纯粹利率	纯粹利率，也称真实无风险利率，是指在没有通货膨胀、无风险情况下资金市场的平均利率	没有通货膨胀时，短期政府债券的利率可以视作纯粹利率
	通货膨胀溢价	通货膨胀溢价，是指证券存续期间预期的平均通货膨胀率	

续表

影响因素		含义	启示
风险溢价	违约风险溢价	违约风险溢价，是指债券因存在发行者到期时不能按约定足额支付本金和利息的风险而给予债权人的补偿，违约风险越大，债权人要求的利率越高	对政府债券而言，通常认为没有违约风险，违约风险溢价为零；对公司债券来说，发行公司评级越高，违约风险越小，违约风险溢价越低
	流动性风险溢价	流动性风险溢价，是指债券因存在不能短期内以合理价格变现的风险而给予债权人的补偿	国债的流动性好，流动性溢价较低；小公司发行的债券流动性较差，流动性溢价相对较高
	期限风险溢价	期限风险溢价，是指债券因面临存续期内市场利率上升导致价格下跌的风险而给予债权人的补偿，因此也被称为“市场利率风险溢价”	有人认为债券的期限越长，期限风险越高，但也存在相反观点

经典例题

【真题·多选题】（2018）利率是资本的价格，由无风险利率和风险溢价构成。在确定利率时，需要考虑的风险溢价有（　　）。

A. 汇率风险溢价

B. 违约风险溢价

C. 期限风险溢价

D. 流动性风险溢价

【答案】BCD

【解析】利率 = 纯粹利率 + 通货膨胀溢价 + 违约风险溢价 + 流动性风险溢价 + 期限风险溢价，选项 B、C、D 正确，不包括汇率风险溢价，选项 A 错误。

高频考点 3：利率期限结构及三大解释理论★★

（一）利率期限结构的含义与表现

利率期限结构是指某一时点不同期限债券的到期收益率与期限之间的关系，反映的是长期利率和短期利率的关系。该关系可以用曲线来表示，该曲线被称为债券收益率曲线，简称收益率曲线。

（二）研究利率期限结构的用途

1. 有助于了解不同期限债券的供求关系；

2. 揭示市场利率的总体水平和变化方向；

3. 为投资者从事债券投资和政府部门加强管理提供参考依据。

（三）解释利率期限结构的三大理论

1. 三大理论的主要观点。

解释利率期限结构的理论		主要观点
无偏预期理论		利率期限结构完全取决于市场对未来利率的预期，即长期债券即期利率是短期债券预期利率的函数。也就是说长期即期利率是短期预期利率的无偏估计
有偏预期理论	市场分割理论	由于法律制度、文化心理、投资偏好等不同，投资者会比较固定地投资于某一期限的债券，即每类投资者固定偏好于收益率曲线的特定部分，从而形成了以期限为划分标志的细分市场。由此，不同期限的即期利率水平完全由各个期限市场上的供求关系决定；单个市场上的利率变化不会对其他市场上的供求关系产生影响
	流动性溢价理论	短期债券的流动性比长期债券高，因为债券到期期限越长，利率变动的可能性越大，利率风险就越高。投资者为了减少风险，偏好于流动性好的短期债券，因此，长期债券要给予投资者一定的流动性溢价。即长期即期利率是未来短期预期利率平均值加上一定的流动性风险溢价

2. 三大理论对收益曲线的解释。

收益率曲线可能表现为上斜、下斜、水平或者是峰型。不同的理论对不同表现形式的收益率曲线解释也不同。

理论	上斜收益率曲线	下斜收益率曲线	水平收益率曲线	峰型收益率曲线
无偏预期理论	市场预期未来短期利率会上升	市场预期未来短期利率会下降	市场预期未来短期利率保持稳定	市场预期近期短期利率会上升，在较远的将来，市场预期短期利率会下降
市场分割理论	短期债券市场的均衡利率水平低于长期债券市场的均衡利率水平	短期债券市场的均衡利率水平高于长期债券市场的均衡利率水平	市场预期各个期限市场的均衡利率水平持平	中期债券市场的均衡利率水平最高
流动性溢价理论	市场预期未来短期利率既可能上升，也可能不变，还可能下降	市场预期未来短期利率将会下降	市场预期未来短期利率将会下降，且下降幅度等于流动性溢价	较近一段时期短期利率可能上升，也可能不变，还可能下降；而在较远的将来，市场预期短期利率会下降

命题点拨

命题角度：

在流动性溢价理论对收益率曲线的解释中，除了水平收益率曲线，其他曲线都可能预示短期利率下降，一是上斜收益率曲线，其意味着短期利率的下降幅度小于流动性溢价；二是下斜收益率曲线，其意味着短期利率不仅下降，且下降幅度大于流动性溢价；三是峰型收益率曲线，其意味着在较近时期短期利率下降的幅度小于流动性溢价，而在较远的将来，其下降幅度会大于流动性溢价。考试的时候无论多选题还是单选题都可能涉及短期利率下降对收益率曲线的影响。

经典例题

【真题·单选题】（2018）下列各项说法中，符合流动性溢价理论的是（　　）。

A. 长期即期利率是短期预期利率的无偏估计

B. 不同期限的债券市场互不相关

C. 债券期限越长，利率变动可能性越大，利率风险越高

D. 即期利率水平由各个期限债券市场上的供求关系决定

【答案】C

【解析】选项A符合纯粹预期理论。选项B、D符合市场分割理论。选项C符合流动性溢价理论。

【例题·单选题】下列关于利率期限结构的表述中，属于纯粹预期理论观点的是（　　）。

A. 不同到期期限的债券无法相互替代

B. 长期债券的利率等于在其有效期内人们所预期的短期利率的平均值

C. 到期期限不同的各种债券的利率取决于该债券的供给与需求

D. 长期债券的利率等于长期债券到期之前预期短期利率的平均值与随债券供求状况变动而变动的流动性溢价之和

【答案】B

【解析】选项A、C属于市场分割理论的观点，强调不同到期期限债券的不可替代性和差异性，不选；选项D属于流动性溢价理论的观点，不选；只有选项B是预期理论的观点。

【例题·多选题】下列各项说法中，符合流动性溢价理论的有（　　）。

A. 收益率曲线上斜时，市场预期未来短期利率既可能上升，也可能不变，还可能下降，但下降幅度大于流动性溢价

B. 收益率曲线下斜时，市场预期未来短

期利率会下降，但下降幅度大于流动性溢价

C. 峰型收益率曲线反映较近一段时期短期利率可能上升，也可能不变，还可能下降，但下降幅度小于流动性溢价

D. 峰型收益率曲线反映在较远的将来，市场预期短期利率会下降，下降幅度小于流动性溢价

【答案】BC

【解析】依据流动性溢价理论，除了水平收益率曲线，其他曲线都可能预示短期利率下降，但是上斜收益率曲线意味着下降幅度小于流动性溢价，选项A错误；下斜收益率曲线不仅下降，且下降幅度大于流动性溢价，选项B正确；峰型收益率曲线在较近时期如果下降，幅度小于流动性溢价，选项C正确；而在较远的将来，下降幅度会大于流动性溢价，选项D错误。

高频考点4：货币时间价值的概念及基本计算★★

这部分内容直接出题的可能性不大，会与以后章节相结合一起来考核。

（一）货币时间价值的概念及表现形式

概念解释	货币经历一定时间的投资和再投资所增加的价值
表现形式	（1）货币的时间价值率是没有风险和没有通货膨胀下的社会平均利润率；（2）货币的时间价值额是货币在生产经营过程中带来的真实增值额，即一定数额的货币与时间价值率的乘积
替代指标	（1）利率；（2）报酬率

（二）与货币时间价值计算有关的概念

与货币时间价值计算有关的基本概念包括单利与复利、报价利率、有效年利率与计息期利率、终值与现值、年金，由年金概念衍生出普通年金、预付年金、递延年金、永续年金四种年金，由复利、终值、现值与各种年金又衍生出复利终值、复利现值及四种年金的现值与终值。

1. 与货币时间价值计算有关的基本概念。

项目	基本概念	含义
计息方法	单利	仅就本金计算利息的一种计息方法
	复利	本息皆生利的一种计息方法
利率口径	报价利率	银行等金融机构在为利息报价时，通常会提供一个年利率，并且同时提供每年的复利次数。此时金融机构提供的年利率被称为报价利率，有时也被称为名义利率
	计息期利率	计息期利率是指每一个计息期内的利率。它可以是年利率，也可以是半年利率、季度利率、每月或每日利率等
	有效年利率	在按照给定的计息期利率和每年复利次数计算利息时，能够产生相同结果的每年复利一次的年利率被称为有效年利率，或者称为等价年利率
按价值的发生时点与规律	终值	现在的特定资金在将来一定时间的价值，或现在的一定本金在将来一定时间的本利和
	现值	未来一定时间特定资金的现在价值，或者说是为取得将来一定本利和现在所需要的本金
	年金	年金是指等额、定期的系列收支。例如，分期付款赊购、分期偿还贷款、发放养老金、分期支付工程款、每年相同的营业收入等

2. 四种年金。

按照收付时点和方式的不同可以将年金分为普通年金、预付年金、递延年金和永续年金。

年金种类	含义
普通年金	普通年金又称后付年金，是指各期期末收付的年金
预付年金	预付年金是指在每期期初收付的年金，又称即付年金或期初年金
递延年金	递延年金是指第一次收付发生在第二期或第二期以后的年金
永续年金	无限期定额收付的年金，称为永续年金

（三）各种终值与现值的计算公式

因为查表计算的系数只包括复利现值系数、复利终值系数、普通年金现值系数和普通年金终值系数，所以一定要掌握其他年金终值与普通年金终值、其他年金现值与普通年金现值的关系。

计算对象	计算公式	对公式的解释
复利终值	$F=P\times(1+i)^n=P\times(F/P,\ i,\ n)$	$(F/P,\ i,\ n)$ 是复利终值系数
复利现值	$P=F\times(1+i)^{-n}=F\times(P/F,\ i,\ n)$	$(P/F,\ i,\ n)$ 是复利现值系数
普通年金终值	$F=A\times[(1+i)^n-1]/i$ $=A\times(F/A,\ i,\ n)$	$(F/A,\ i,\ n)$ 是年金终值系数，其倒数叫偿债基金系数，可以在已知 F 的时候求 A
普通年金现值	$P=A\times[1-(1+i)^{-n}]/i$ $=A\times(P/A,\ i,\ n)$	$(P/A,\ i,\ n)$ 是年金现值系数，其倒数叫投资回收系数，可以在已知 P 的时候求 A
预付年金终值	$F=A\times[(1+i)^n-1]/i\times(1+i)$ $=A\times(F/A,\ i,\ n)\times(1+i)$ $=A\times\{[(1+i)^{n+1}-1]/i-1\}$ $=A\times[(F/A,\ i,\ n+1)-1]$	n 期预付年金终值是 n 期普通年金终值的 $(1+i)$ 倍；期数加1，系数减1
预付年金现值	$P=A\times[1-(1+i)^{-n}]/i\times(1+i)$ $=A\times(P/A,\ i,\ n)\times(1+i)$ $=A\times\{[1-(1+i)^{-(n-1)}]/i+1\}$ $=A\times[(P/A,\ i,\ n-1)+1]$	n 期预付年金现值是 n 期普通年金现值的 $(1+i)$ 倍；期数减1，系数+1
递延年金现值	$P=A\times[1-(1+i)^{-n}]/i\times(1+i)^{-m}$ $=A\times(P/A,\ i,\ n)\times(P/F,\ i,\ m)$ $=A\times[1-(1+i)^{-(m+n)}]/i-A\times[1-(1+i)^{-m}]/i$ $=A\times[(P/A,\ i,\ m+n)-(P/A,\ i,\ m)]$	n 期（递延期为 m）递延年金现值是 n 期普通年金现值乘以 m 期复利现值系数
永续年金现值	$P=A/i$	n 趋近于无穷大时普通年金现值的极限值

名师解惑

问：老师，如何理解货币时间价值计算中如上表所示的 n 与 i 的口径？

答：上表中所有公式的利率 i 是每一个计息期的利率，n 是整个时间线上的计息次数，等于年数乘以每年的计息次数 m。可以通过备注的内容理解记忆这些公式以及它们之间的关系。

（四）三个口径利率及计算公式

遇到决策问题时，要注意所给利率的口径。根据利率间的关系，找到对应的利率，解决所面临的问题。

利率	含义	利率间的关系
报价利率	银行等金融机构在为利息报价时，通常会提供一个年利率，并且同时提供每年的复利次数。此时金融机构提供的年利率被称为报价利率，有时也被称为名义利率	报价利率 = 计息期利率 i × 每年复利次数 m
计息期利率	计息期利率是指每一个计息期内的利率。它可以是年利率，也可以是半年利率、季度利率、每月或每日利率等	计息期利率 i = 报价利率/每年复利次数 m
有效年利率	在按照给定的计息期利率和每年复利次数计算利息时，能够产生相同结果的每年复利一次的年利率被称为有效年利率，或者称为等价年利率	有效年利率 = $[1+(报价利率/m)^m]-1=(1+计息期利率)^m-1$

经典例题

【真题·计算分析题】（2022）甲基金主要投资政府债券和货币性资产，目前正为5 000万元资金设计投资方案。三个备选方案如下：

方案一：受让银行发行的大额存单A，存单面值4 000万元，期限10年，年利率为5%，单利计息，到期一次还本付息。该存单尚有3年到期，受让价格为5 000万元。

方案二：以组合方式进行投资。其中，购入3万份政府债券B，剩余额度投资于政府债券C。

B为5年期债券，尚有1年到期，票面价值1 000元，票面利率为5%，每年付息一次，到期还本，刚支付上期利息，当前市价为980元；该债券到期后，甲基金计划将到期还本付息金额全额购买2年期银行大额存单，预计有效年利率为4.5%，复利计息，到期一次还本付息。

C为新发行的4年期国债，票面价值1 000元，票面利率为5.5%，单利计息，到期一次还本付息，发行价格为1 030元；计划持有三年后变现，预计三年后债券价格为1 183.36元。

方案三：平价购买新发行的政府债券D，期限3年，票面价值1 000元，票面利率为5%，每半年付息一次，到期还本。

假设不考虑相关税费的影响。

要求：分别计算三个投资方案的有效年利率，并从投资收益率角度指出应选择哪个投资方案。

【答案及解析】

方案一：

(4 000 + 4 000 × 5% × 10) × (P/F, r, 3) = 5 000（万元）

(P/F, r, 3) = 0.8333，使用内插法，计算得出 r = 6.27%

方案二：

C投资的初始金额为5 000 − 3 × 980 = 2 060（万元），份数 = 2 060/1 030 = 2（万份）

B投资三年后终值 = 3 × 1 000 × (1 + 5%) × $(1+4.5\%)^2$ = 3 439.88（万元）

C投资三年后终值 = 2 × 1 183.36 = 2 366.72（万元）

5 000 = (2 366.72 + 3 439.88) × (P/F, r, 3)

(P/F, r, 3) = 0.8611，使用内插法，计算得出 r = 5.11%

方案三：

$r=(1+5\%/2)^2-1=5.06\%$

方案一投资收益率（有效年利率）最高，所以选择方案一。

【真题·单选题】（2019）甲商场某型号电视机每台售价7 200元，拟进行分期付款促销活动，价款可在9个月内按月分期，每期期初等额支付。假设年利率12%。下列各项金额中，最接近该电视机月初分期付款金额的是（　　）元。

A. 832　　B. 800

C. 841　　D. 850

【答案】A

【解析】月利率 = 12%/12 = 1%，月初分期付款金额 = 7 200/[(P/A, 1%, 9) × (1 +

1%)] =832(元)。

高频考点5：风险的含义★★

对风险的理解，首先要区分危险与风险。同时要注意不同的理论下会产生不同的风险概念，但对于财务管理来讲，最关键的是找到与决策相关的风险，并用适当的指标来衡量风险。

项目	解释	应对措施和启示
风险与危险	危险专指负面效应，是损失发生及其程度的不确定性	识别、衡量、防范和控制
	风险是预期结果的不确定性。风险不仅包括负面效应的不确定性，还包括正面效应的不确定性	识别、衡量、防范和控制危险，识别、衡量、选择和获取机会
非系统风险与系统风险	非系统风险是可以通过投资多样化来消除的，影响个别资产和公司经营的特殊因素。也称为特有风险、特殊风险或可分散风险	通过分散化投资来消除，与决策不相关
	系统风险是没有有效的方法来消除的、影响所有资产的风险，它来自整个经济系统，影响公司经营的普遍因素，也称为市场风险或不可分散风险	不能通过分散化投资来消除的投资者必须承担并可以获得相应的投资回报，与决策相关
单项资产系统风险衡量指标	一项资产最佳的风险度量，是一项资产对投资组合风险的贡献程度，即单项资产的系统风险程度，也就是β值	
客观风险与主观风险	客观风险是指投资对象本身固有的风险，它具有客观性，可以用客观尺度来衡量	投资于国库券，其收益的不确定性较小；而投资于股票，其收益的不确定性大得多
	主观风险是指投资者需要承担的风险，它是可以选择的，是主观决定的	作为投资者的企业，承担的风险可能会小于企业单项资产的风险；作为股东个人所承担的风险可能会小于他投资的各个企业的风险。投资者可以决定在什么时间、投资于什么样的资产，各投资多少

经典例题

【例题·单选题】如果组合中包括了全部股票，则投资者（　　）。

A. 只承担可分散风险

B. 只承担特有风险

C. 只承担非系统风险

D. 只承担系统风险

【答案】D

【解析】如果组合中包括了全部股票，则投资者只承担系统风险，可分散风险、特有风险、非系统风险都不是系统风险。所以选项A、B、C均错误。

高频考点6：单项投资的风险与报酬★★

项目	衡量指标	公式	对决策的启示
单项投资的报酬	期望报酬率	$\bar{K}=\sum_{i=1}^{n}(P_i \times K_i)$	当两个投资项目期望报酬率不同时，不能直接以标准差来比较风险的大小，应使用变异系数； 投资者的选择可以是风险相同报酬率高、报酬相同风险小、风险虽大报酬率也高、报酬率低但是风险较小的项目，但是不可以选择风险大报酬率低的项目
单项投资的整体风险（包含系统风险与非系统风险）	方差	$\sigma^2=\sum_{i=1}^{n}(K_i-\bar{K})^2 \times P_i$	
	标准差	$\sigma=\sqrt{\sum_{i=1}^{n}(K_i-\bar{K})^2 \times P_i}$	
	变异系数	变异系数 $=\frac{\sigma}{\bar{K}}$	

续表

项目	衡量指标	公式	对决策的启示
单项投资的系统风险	β 值（系统风险）	$\beta_J=\frac{\operatorname{cov}(K_J,K_M)}{\sigma_M^2}=\frac{r_{JM}\sigma_J\sigma_M}{\sigma_M^2}=r_{J,M}\left(\frac{\sigma_J}{\sigma_M}\right)$ $\beta_J=\frac{n\sum_{i=1}^{n}x_iy_i-\sum_{i=1}^{n}x_i\times\sum_{i=1}^{n}y_i}{n\sum_{i=1}^{n}x_i^2-(\sum_{i=1}^{n}x_i)^2}$	不管多样化有多充分，都不可能消除全部风险，即使购买的是全部股票的市场组合，也必须承担系统风险；β 反映了该股票报酬率波动与整个市场报酬率波动之间的相关性及程度，即系统风险的大小

经典例题

【例题·计算分析题】假设资本资产定价模型成立，表中的数字是相互关联的。求出表中“?”位置的数字（请将结果填写在给定的表格中，并列出计算过程）。

证券名称	期望报酬率	标准差	与市场组合的相关系数	β
无风险资产	?	?	?	?
市场组合	?	0.1	?	?
A 股票	0.22	?	0.65	1.3
B 股票	0.16	0.15	?	0.9
C 股票	0.31	?	0.2	?

【答案及解析】

证券名称	期望报酬率	标准差	与市场组合的相关系数	β
无风险资产	0.025	0	0	0
市场组合	0.175	0.1	1	1
A 股票	0.22	0.2	0.65	1.3
B 股票	0.16	0.15	0.6	0.9
C 股票	0.31	0.95	0.2	1.9

计算过程如下：

A 股票的 $\sigma=1.3\times0.1/0.65=0.2$

B 股票与市场组合的相关系数 $r=0.9\times0.1/0.15=0.6$

根据：$0.22=R_f+1.3\times(K_m-R_f)$

$0.16=R_f+0.9\times(K_m-R_f)$

可知：$K_m=17.5\%$；$R_f=2.5\%$

C 股票的 $\beta=(31\%-2.5\%)/(17.5\%-2.5\%)=1.9$

C 股票的 $\sigma=1.9\times0.1/0.2=0.95$

因为无风险资产与市场组合不相关，因此其 σ、相关系数 r、β 值均为 0。

高频考点 7：投资组合的风险与报酬

★★★

教材在这一部分主要分析了证券组合的报酬率与风险。证券组合的期望报酬率是构成组合的单个证券期望报酬率的加权平均数，但是证券组合的标准差就不是单个证券标准差的加权平均数。证券组合的风险相对于单项投资而言更为复杂，它会受到三个因素的影响：构成证券组合的单个证券的风险程度、构成组合的证券协同变动的程度与方向、证券组合的结构比例。

因为通过分散化投资可以分散掉非系统风险，所以投资者需要承担的仅是系统风险，所以尽管我们可以衡量证券组合的整体风险（即标准差），但是在建立证券组合报酬率与风险关系时，我们仅考虑系统风险的影响，这就是资本资产定价模型。

（一）证券投资组合风险与报酬计算的相关公式与启示

项目	衡量指标	公式	对决策的启示
证券组合的报酬	期望报酬率	$r_p = \sum_{j=1}^{m} r_j A_j$	在风险相同的情况下，期望报酬率越高的组合越好
证券组合风险的影响指标	两只证券的相关系数	$r_{xy} = \dfrac{\sum_{i=1}^{n}[(x_i - \bar{x}) \times (y_i - \bar{y})]}{\sqrt{\sum_{i=1}^{n}(x_i - \bar{x})^2} \times \sqrt{\sum_{i=1}^{n}(y_i - \bar{y})^2}}$ $r_{xy} = \dfrac{n\sum_{i=1}^{n} x_i y_i - \sum_{i=1}^{n} x_i \sum_{i=1}^{n} y_i}{\sqrt{n\sum_{i=1}^{n} x_i^2 - (\sum_{i=1}^{n} x_i)^2} \times \sqrt{n\sum_{i=1}^{n} y_i^2 - (\sum_{i=1}^{n} y_i)^2}}$	（1）当 $r_{xy} = -1$ 时，组合的风险被全部抵消；（2）当 $r_{xy} = 1$ 时，组合的风险不减少也不扩大，是构成组合证券风险的加权平均数；（3）当 $-1 < r_{xy} < 1$ 时，不同证券的投资组合可以降低风险，但不能完全消除风险，相关系数为0.2时，两种证券构成的组合的标准差比任何一个证券的标准差都要小；（4）证券的种类越多，风险越小。（5）相关系数会影响投资组合机会曲线的弯曲程度，相关系数越大，弯曲程度越低，因为分散风险的效果越差
	投资比例	A_j = 某种证券的投资额/全部投资额	投资比例变化了，投资组合的期望报酬率和标准差也会发生变化
	协方差（或方差）	$\text{cov}(K_j, K_k) = \sigma_{jk} = r_{jk}\sigma_j\sigma_k$	当 $j = k$ 时，该式计算结果为方差，代表某个证券报酬率的离散程度；当 j 不等于 k 时，计算结果为两个证券报酬率的协方差，即协同变动程度
证券组合的风险	证券组合的标准差（整体风险）	$\sigma_p = \sqrt{\sum_{j=1}^{m}\sum_{k=1}^{m} A_j A_k \sigma_{jk}}$	证券组合标准差不仅取决于单个证券的方差，而且还取决于证券之间的协方差；随着组合中证券个数的增加，协方差项比方差项越来越重要；充分投资组合的风险，只受证券之间协方差的影响，而与各证券本身的方差无关
	证券投资组合的 β 值	$\beta_p = \sum_{j=1}^{n} A_j \beta_j$	一个证券的 β 值可以度量该证券对整个组合风险的贡献，β 值可以作为这只股票风险程度；如果一个高 β 值证券（$\beta > 1$）被加入到一个平均风险组合中，则组合风险将会提高；反之，如果一个低 β 值证券（$\beta < 1$）加入到一个平均风险组合中，则组合风险将会降低

续表

项目	衡量指标	公式	对决策的启示
存在无风险投资的情况（资本市场线）	投资组合报酬率	总期望报酬率 = Q × 风险组合的报酬率 + $(1-Q)$ × 无风险报酬率	存在无风险资产的情况下，投资者可以通过贷出资金减少自己的风险，降低期望报酬率；最厌恶风险的人可以全部将资金贷出；偏好风险的人可以借入资金，增加购买风险资产的资本，以使期望报酬率增加
	投资组合标准差	总标准差 = Q × 风险组合的标准差	
投资者的必要报酬与风险的关系	必要报酬率（证券市场线）	$R_i = R_f + \beta_i(R_m - R_f)$ R_f：无风险报酬率，即证券市场线的截距；$R_m - R_f$是市场风险补偿程度，即证券市场线的斜率	投资者的必要报酬率不仅仅取决于β，还取决于R_f和$R_m - R_f$；预计通货膨胀提高时，R_f会随之提高，进而导致证券市场线的向上平移；风险厌恶感的加强，会提高证券市场线的斜率

名师解惑

问：老师，上表中相关系数的计算与高频考点6中β的计算有什么区别与联系？

答：上表中相关系数公式中x与y可以是任何两只证券的历史报酬率，但是β值最后一个计算公式中的x必须是市场报酬率，因为此时的β值就是运用最小平方法确定$y = a + bx$回归式中的斜率b，它反映的是某一个证券的收益率随着市场收益率变化而变化的程度。

问：老师，如何理解存在无风险投资情况下Q大于1的情形？

答：在存在无风险投资的情况下，当投资者借入资金投入股市时，Q是大于1的。因为Q是风险投入资本与自有资本的比例。此时$1-Q$就小于0，总标准差大于风险组合的标准差，是风险组合标准差的Q倍。

（二）资本市场线与证券市场线

证券市场线与资本市场线是两条完全不同的直线，它们之间有着明显的区别。

资本市场线描述的是由风险资产和无风险资产构成的投资组合的有效边界。其中最优投资组合由两部分组成：一部分是无风险资产；另一部分则是风险资产组合有效集上的一个风险组合。资本市场线上的M点代表的就是这一风险组合；而资本市场线上的其他点，则表示由M点与无风险资产以不同比例所构成的投资组合。其测度风险的工具是整个资产组合的标准差，此直线只适用于有效组合。也就是说当存在无风险资产并可按无风险报酬率自由借贷时，市场组合优于所有其他组合，市场组合是唯一最有效的风险资产组合。

证券市场线描述的则是在市场均衡条件下单项资产或资产组合（不论它是否已经有效地分散风险）的必要报酬率与风险之间的关系。测度风险的工具是单项资产或资产组合对于整个市场组合方差的贡献程度即β值。

名师解惑

问：老师，如何理解不同证券组合的机会集曲线图？

答：关于不同证券组合的机会集曲线图的理解，一是要注意最小方差组合代表风险最小的机会；二是要注意相同风险下要选择期望报酬率高的方案，相同报酬率下要选择风险小的方案；三是机会集不是有效集，机会集中包含着无效集，即风险大但报酬率不高的方案。

经典例题

【真题·多选题】（2022）下列关于资本市场线的说法中，正确的有（　　）。

A. 市场组合代表唯一最有效的风险资产组合

B. 存在无风险资产是资本市场线的假设条件之一

C. 投资者个人对风险的态度影响最佳风

险资产组合

D. 分离定理表明企业管理层在决策时不必考虑每位投资者对风险的态度

【答案】ABD

【解析】资本市场线反映持有不同风险比例无风险资产与市场组合情况下风险报酬的权衡关系。市场组合是唯一有效（最有效/最佳）的风险资产组合。市场组合是所有投资者共同决定的，不受个人风险偏好影响。因此，管理者在决策时也不必考虑每位股东对风险的态度（分离定理）。因此 C 错误。

（三）期望报酬率与必要报酬率

期望报酬率则是使净现值为零的报酬率。必要报酬率也称最低要求报酬率，是指准确反映预期未来现金流量风险的报酬率，是等风险投资的机会成本。

期望报酬率和必要报酬率的关系，决定了投资者的行为。当期望报酬率大于必要报酬率时，表明投资会有超额回报，投资者应购入股票；当期望报酬率等于必要报酬率时，表明投资获得与所承担风险相应的回报，投资者可选择采取或不采取行动；当期望报酬率小于必要报酬率时，表明投资无法获得应有回报，投资者应卖出股票。在完美的资本市场上，投资的期望报酬率等于必要报酬率。

经典例题

【真题·多选题】（2022）某投资者以 100 万元构建投资组合，该组合由 50 万元甲股票和 50 万元乙股票组成。甲、乙股票期望报酬率的相关系数为 0.2，无风险报酬率为 2%，市场风险溢价为 8%，其他相关信息如下：

股票	期望报酬率	标准差	β 系数
甲股票	10%	12%	0.8
乙股票	18%	20%	1.2

下列关于该投资组合的说法中，正确的有（　　）。

A. 期望报酬率为 14%

B. 标准差为 16%

C. β 系数为 1

D. 必要报酬率为 10%

【答案】ACD

【解析】投资组合期望报酬率 = 10% × 50% + 18% × 50% = 14%，选项 A 正确。投资组合标准差 = $(0.5\times0.5\times1\times0.12\times0.12+2\times0.5\times0.5\times0.2\times0.12\times0.2+0.5\times0.5\times1\times0.2\times0.2)^{0.5}$ = 12.65%，选项 B 错误。投资组合 β 系数 = 0.8% × 50% + 1.2 × 50% = 1，选项 C 正确。投资组合必要报酬率 = 2% + 1 × 8% = 10%，选项 D 正确。

【真题·多选题】（2021）甲证券的期望报酬率是 12%，标准差是 10%；乙证券的期望报酬率是 20%，标准差是 15%。假设不允许买空卖空，下列关于甲乙证券投资组合的说法中，正确的有（　　）。

A. 期望报酬率介于 12% 和 20% 之间

B. 标准差介于 10% 和 15% 之间

C. 最小方差组合是 100% 投资于甲证券

D. 最大期望报酬率组合是 100% 投资于乙证券

【答案】AD

【解析】投资组合的期望报酬率是单个证券期望报酬率的加权平均数，因此，介于甲证券和乙证券的期望报酬率之间，即介于 12% 和 20% 之间，选项 A 正确。最大期望报酬率组合是 100% 投资于乙证券，选项 D 正确。

证券投资组合的标准差可采用公式 $\sigma_p=\sqrt{A_j^2\sigma_j^2+A_k^2\sigma_k^2+2A_j\sigma_jA_k\sigma_kr_{jk}}$，而不能直接加权平均计算。由于题目未给出甲证券和乙证券的相关系数，因此，无法判断最小方差组合和标准差的取值范围，选项 B、C 错误。

【真题·单选题】（2020）一项投资组合由两项资产构成。下列关于两项资产的期望收益率相关系数与投资组合风险分散效应的说法中，正确的是（　　）。

A. 相关系数等于 1 时，不能分散风险

B. 相关系数等于 0 时，风险分散效应最强

C. 相关系数等于 -1 时，才有风险分散效应

D. 相关系数大小不影响风险分散效应

【答案】A

【解析】相关系数的取值范围在 0 ~ 1 之间，相关系数 = 1，意味着两项资产的收益率呈完全正相关，两项资产组合在一起不能分散任何风险；相关系数 = -1，意味着两项资产收益率呈完全负相关，两项资产组合在一起能最大限度地分散风险，相关系数介于 0 ~ 1 之间，意味着两项资产组合在一起既能分散风险，又不能分散全部风险；相关系数越趋近于 -1，风险分散效果越好。

【真题·多选题】（2020）投资组合由证券 X 和证券 Y 各占 50% 构成。证券 X 的期望收益率 12%，标准差 12%，β 系数 1.5。证券 Y 的期望收益率 10%，标准差 10%，β 系数 1.3。下列说法中，正确的有（　　）。

A. 投资组合的 β 系数等于 1.4

B. 投资组合的期望收益率等于 11%

C. 投资组合的标准差等于 11%

D. 投资组合的变异系数等于 1

【答案】AB

【解析】投资组合的 β 系数 = 1.5 × 50% + 1.3 × 50 = 1.4，投资组合的期望收益率 = 12% × 50% + 10% × 50 = 11%。

【真题·多选题】（2019）甲投资组合由证券 X 和证券 Y 组成，X 占 40%，Y 占 60%。下列说法中，正确的有（　　）。

A. 甲的期望报酬率 = X 的期望报酬率 × 40% + Y 的期望报酬率 × 60%

B. 甲的 β 值 = X 的 β 值 × 40% + Y 的 β 值 × 60%

C. 甲期望报酬率的标准差 = X 期望报酬率的标准差 × 40% + Y 期望报酬率的标准差 × 60%

D. 甲期望报酬率的变异系数 = X 期望报酬率的变异系数 × 40% + Y 期望报酬率的变异系数 × 60%

【答案】AB

【解析】组合标准差受相关系数影响，不等于组合内各单项资产标准差的加权平均数，而变异系数 = 标准差/期望值，也不可以加权平均计算，所以选项 C、D 错误。

【真题·多选题】（2018）下列关于投资者对风险的态度的说法中，符合投资组合理论的有（　　）。

A. 不同风险偏好投资者的投资都是无风险资产和最佳风险资产组合的组合

B. 投资者在决策时不必考虑其他投资者对风险的态度

C. 当存在无风险资产并可按无风险利率自由借贷时，市场组合优于其他风险资产组合

D. 投资者对风险的态度不仅影响其借入或贷出的资金量，还影响最佳风险资产组合

【答案】ABC

【解析】投资者个人对风险的态度仅仅影响借入或贷出的资金量，而不影响最佳风险资产组合，选项 D 错误。当存在无风险资产并可按无风险报酬率自由借贷时，市场组合优于所有其他组合，市场组合是唯一最有效的风险资产组合，选项 C 正确。按照分离定理，个人的投资行为可分为两个阶段：先确定最佳风险资产组合，后考虑无风险资产和最佳风险资产组合的理想组合，选项 A 正确。分离定理在理财方面非常重要，它表明企业管理层在决策时不必考虑每位股东对风险的态度，选项 B 正确。

高频考点 8：债券的分类★

债券是发行者为筹集资金发行的、在约定时间支付约定金额的利息，并在到期时偿还本金的一种有价证券。

名师解惑

问：票面利率和有效年利率是否一致？

答：债券计息和付息方式的多样性，会导致票面利率可能不等于有效年利率。当计息期（付息频率）为一年一次时，票面利率等于有效年利率。

分类标准	分类
按债券是否记名分类	记名债券和无记名债券
按债券能否转换为发行公司股票分类	可转换债券和不可转换债券
按债券能否提前赎回分类	可提前赎回债券和不可提前赎回债券
按有无财产抵押分类	抵押债券和信用债券
按能否公开上市交易分类	上市债券和非上市债券
按偿还方式分类	到期一次债券和分期债券
按债券的发行人分类	政府债券、地方政府债券、公司债券、国际债券

命题点拨

命题角度：债券不同分类标准的辨析

债券的分类单独命题概率不高，但是不排除在选择题中出现一到两个选项的可能性，因为该内容难度较小，因此仍然建议各位考生予以了解，不要在这方面丢分。

经典例题

【例题·单选题】将债券分类为政府债券、地方政府债券、公司债券、国际债券所依据的标准是（　　）。

A. 债券是否记名　　B. 债券能否上市

C. 债券的信用等级　　D. 债券的发行人

【答案】D

【解析】按债券是否记名，分为记名债券和无记名债券；按能否上市，分为上市债券和非上市债券；按债券的发行人，分为政府债券、地方政府债券、公司债券、国际债券，选项A、B、C错误，选项D正确。

【例题·多选题】关于债券的分类，下列说法中不正确的有（　　）。

A. 按能否提前赎回分为到期一次债券和分期债券

B. 一般来说，可提前赎回的债券比不可提前赎回的债券利率要高

C. 可转换债券的利率要低于不可转换债券的利率

D. 按债券能否上市可以将债券分类为政府债券、地方政府债券、公司债券、国际债券

【答案】AD

【解析】债券按能否提前赎回，分为可提前赎回债券和不可提前赎回债券，选项A错误，当选。债券按能否上市，分为上市债券和非上市债券；按照债券发行人不同，分为政府债券、地方政府债券、公司债券、国际债券，选项D错误，当选。选项B、C表述正确。

高频考点9：债券价值的评估方法★★★

债券的价值是发行者按照合同规定从现在至债券到期日所支付的款项的现值。

（一）债券的估值模型

基本模型	定义	典型的债券是固定利率、每年计息并支付利息、到期归还本金的债券
	公式	$V_d=\frac{I_1}{(1+r_d)^1}+\frac{I_2}{(1+r_d)^2}+\cdots+\frac{I_n}{(1+r_d)^n}+\frac{M}{(1+r_d)^n}$ 【小贴士】债券的价值体现了债券投资者要求的报酬

续表

其他模型	平息债券	定义	平息债券是指利息在期间内平均支付的债券。支付频率可能是一年一次、半年一次或每季度一次等（**分期付息，到期还本**）
		公式	$V_d = \sum_{t=1}^{mn} \frac{I/m}{[(1+r_d)^{\frac{1}{m}}]^t} + \frac{M}{[(1+r_d)^{\frac{1}{m}}]^{mn}} = \sum_{t=1}^{mn} \frac{I/m}{(1+r_d)^{\frac{t}{m}}} + \frac{M}{(1+r_d)^n}$
	纯贴现债券	定义	纯贴现债券是指承诺在未来某一确定日期按面值支付的债券，也称零息债券，这种债券在到期日前购买人不能得到任何现金支付（**到期一次性还本付息**）
		公式	$V_d = \frac{F}{(1+r_d)^n}$
	流通债券	定义	流通债券是指已发行并在二级市场上流通的债券
		特点	（1）到期时间小于债券发行在外的时间； （2）估值的时点不在发行日，可以是任何时点，会产生“非整数计息期”问题
		说明	流通债券的价值在两个付息日之间呈周期性变动。如果发行后市场利率不变，对于折价发行债券来说，总的趋势是波动上升，越临近付息日，利息的现值越大，债券的价值有可能超过面值。付息日后债券的价值下降，会低于其面值
以上公式中，V_d——债券价值；I——每年的利息；M——面值；r_d——年折现率，一般采用当前等风险投资的市场利率；m——年付息次数；n——到期前的年数；F——到期日支付额			

名师解惑

问：在计算债券价值时，应当考虑的现金流量有哪些？

答：计算债券价值时，只需要考虑未来现金流入的利息、本金以及其他可能出现的现金流量，已经支付的利息属于非相关流量，在计算时不予考虑。

（二）债券估值的影响因素

影响因素	债券估值的影响	影响方向
债券面值	面值越大，债券价值越大	**同向变动**
票面利率	票面利率越高，债券价值越大	**同向变动**
计息期（付息频率）	溢价发行的债券，计息期缩短（即加快付息频率），价值上升	反向变动
	折价发行的债券，计息期缩短，价值下降	**同向变动**
	平价发行的债券，计息期缩短，价值不变	无影响
折现率	折现率越高，债券价值越小	反向变动
到期时间	对于连续付息债券，当折现率一直保持至到期日不变时，随着到期时间的缩短，债券价值逐渐接近其票面价值。其中： （1）折价发行的债券其价值是波动上升的，在到期日之前，债券价值有可能高于其面值； （2）溢价发行的债券其价值是波动下降的，但在整个债券的持有期，债券价值始终高于面值； （3）平价发行的债券在每个付息周期，越接近付息日，其价值越高，付息后又降为面值	

债券发行时定价的**基本原则**是：折现率等于债券票面利率时，债券价值等于其面值；如果折现率高于债券票面利率，债券价值就低于面值；如果折现率低于债券票面利率，债券价

值就高于面值。

名师解惑

问：债券定价的基本原则所述折现率和债券利率的关系对债券价格的影响应当如何理解？

答：折现率即市场利率，可看作一种机会成本，当市场利率高于债券利率时，理性投资者会选择市场上的其他产品来获得更高的收益。因此，为了保证债券的顺利发行，售价就要低于面值，反之同理。

应当注意，当一年内要复利几次时，报价利率应除以年内付息次数得出计息期利率，年折现率为有效年折现率，应开年计息次数方得出计息周期折现率（如2020年单选题）。

随着到期时间的缩短，折现率变动对债券价值的影响越来越小。

经典例题

【真题·多选题】（2021）关于连续付息的平息债券，下列说法中正确的有（　　）。

A. 当折现率等于票面利率时，债券价值一直等于票面价值

B. 当折现率大于票面利率时，债券价值到期前一直低于票面价值

C. 当折现率小于票面利率时，债券价值到期前一直高于票面价值

D. 随着到期时间的缩短，折现率变动对债券价值的影响越来越小

【答案】ABCD

【解析】对于连续付息的平息债券，当折现率等于票面利率时，债券为平价债券，债券价值一直等于票面价值，选项A正确。当折现率大于票面利率时，债券为折价债券，债券价值到期前一直低于票面价值，随着到期时间的缩短，债券价值逐渐上升至面值，选项B正确。当折现率小于票面利率时，债券为溢价债券，债券价值到期前一直高于票面价值，随着到期时间的缩短，债券价值逐渐下降至面值，选项C正确。对于平息债券，当折现率一直保持至到期日不变时，随着到期时间的缩短，折现率变动对债券价值的影响越来越小，选项D正确。

【真题·单选题】（2020）某两年期债券，面值1 000元，票面年利率8%，每半年付息一次，到期还本。假设有效年折现率是8.16%，该债券刚刚支付过上期利息，其价值是（　　）元。

A. 994.14　　B. 997.10

C. 1 000　　D. 1 002.85

【答案】C

【解析】计息期利率 $=8\%\div2=4\%$，计息期折现率 $=\sqrt{1+8.16\%}-1=4\%$，债券的计算期利率与计息期折现率相等，债券价值就是其面值1 000元。

【真题·多选题】（2020）在市场有效的情况下，下列影响平息债券价格的说法中，正确的有（　　）。

A. 假设其他条件不变，债券期限越长，债券价格与面值的差异越大

B. 假设其他条件不变，债券期限越短，市场利率变动对债券价格的影响越小

C. 假设其他条件不变，当市场利率高于票面利率时，债券价格高于面值

D. 假设其他条件不变，市场利率与票面利率的差异越大，债券价格与面值的差异越大

【答案】BD

【解析】对于平息债券而言，当市场利率与票面利率相等时，债券的价值就是其面值；市场利率高于票面利率时，债券价值低于其面值；市场利率低于票面利率时，债券价值高于其面值，并且市场利率与票面利率差异越大，债券价值越偏离其面值，选项C错误，选项D正确。只有当市场利率不等于票面利率时，才会存在债券期限越长，债券价格与面值的差异越大的情况，选项A错误。随着到期时间的缩短，折现率变动对债券价值的影响越来越小，也就是说债券价值对折现率特定变化的反应越来越不灵敏，选项B正确。

【真题·单选题】（2018）假设其他条件不变，当市场利率低于票面利率时，下列关于拟发行平息债券价值的说法中，错误的是（　　）。

A. 市场利率上升，价值下降

B. 期限延长，价值下降

C. 票面利率上升，价值上升

D. 计息频率增加，价值上升

【答案】B

【解析】折现率越高，债券价值越小，市场利率与债券价值呈反向变动，选项A表述正确，不选。如果折现率低于债券利率，债券价值就高于面值，即溢价发行。溢价发行的债券，期限延长，价值上升，选项B表述错误，当选。票面利率越高，债券价值越大，两者同向变动，选项C表述正确，不选。溢价发行的债券，计息期缩短（即加快付息频率），价值上升，选项D表述正确，不选。

高频考点10：债券的期望报酬率★★

债券的期望报酬率通常用到期收益率来衡量。到期收益率是指以特定价格购买债券并持有至到期日所能获得的报酬率。它是使**未来现金流量现值**等于债券**购入价格**的折现率。

计算到期收益率的方法是求解含有折现率的方程：

购进价格＝每年利息×年金现值系数＋面值×复利现值系数，即

$$P_0 = I \times (P/A, r_d, n) + M \times (P/F, r_d, n)$$

式中：P_0——债券的价格；I——每年的利息；M——面值；n——到期的年数；r_d——折现率。

经典例题

【真题·多选题】（2018）甲公司折价发行公司债券，该债券期限5年，面值1 000元，票面利率8%，每半年付息一次。下列说法中，正确的有（　　）。

A. 该债券的到期收益率等于8%

B. 该债券的报价利率等于8%

C. 该债券的计息周期利率小于8%

D. 该债券的有效年利率大于8%

【答案】BCD

【解析】折价发行债券的，到期收益率（折现率）大于票面利率，选项A错误。该债券的票面利率即是报价利率，即报价利率＝8%，选项B正确。该债券每半年付息一次，计息周期利率＝报价利率÷每年复利次数 m＝8%/2＝4%＜8%，选项C正确。该债券的有效年利率＝$(1+计息周期利率)^m-1=(1+4\%)^2-1=8.16\%>8\%$，选项D正确。

高频考点11：普通股价值的评估方法★★★

普通股价值评估有两种常用方法：现金流量折现模型、相对价值评估模型。

股票估值的基本模型	股票的内在价值由一系列的股利和将来出售股票时售价的现值所构成。简言之，就是你持有该股票所获得的所有现金流的现值（现金流包括股利和出售时的股价）。所使用的折现率一般采用资本成本率或投资的必要报酬率
零增长股票价值	假设未来股利不变，其支付过程可视为一个永续年金，则股票价值 $V_0=D/r_s$，其中 D 是每年支付的股利，r_s 为投资的必要报酬率
固定增长股票价值	固定增长股票的股价计算公式如下：$V_0=\sum\frac{D_0\times(1+g)^t}{(1+r_s)^t}$，当 g 为常数，并且 $r_s>g$ 时，上式可简化为：$V_0=\frac{D_0\times(1+g)}{r_s-g}=\frac{D_1}{r_s-g}$
非固定增长股票的价值	对于有些公司而言，其股利在一段时间内会高速增长，在另一段时间内则为正常增长或固定不变，此时需要分段计算，实质上也是进行折现，原理与上述一致

命题点拨

命题角度：股票估值模型和固定增长股票价值的计算

无论是债券还是股票，估值模型的实质都是根据未来的现金流入进行折现。从命题来说，理解该原理是一方面，关键要牢记简化公式，即 $V_0=D_0\times(1+g)/(r_s-g)=D_1/(r_s-g)$。因为虽然其单独出题的频率较低，但是经常和其他知识点相结合进行考查，难度不大，简单记忆即可得分。

经典例题

【真题·单选题】（2022）甲公司每半年发放一次普通股股利，股利以每半年3%的速度持续增长，最近刚发放上半年股利每股1元。甲公司普通股等风险投资的年必要报酬率为10.25%，该公司股票目前每股价值是（　　）元。

A. 13.73　　B. 24.96

C. 48.47　　D. 51.5

【答案】D

【解析】甲公司每半年必要报酬率 $=\sqrt{1+10.25\%}-1=5\%$，根据固定增长股票价值的计算公式，甲公司股票价值 $=1\times(1+3\%)/(5\%-3\%)=51.5$（元），选项D正确。

【例题·单选题】甲公司进入稳定增长状态，固定股利增长率4%，股东必要报酬率10%。公司最近一期每股股利0.75元，预计下一年的股票价格是（　　）元。

A. 7.5　　B. 13

C. 12.5　　D. 13.52

【答案】D

【解析】注意题目问的是下一年股票的价格而并非今年的价格，因此分子要用 D_2 而并非 D_1，则下一年的股票价格 $=\dfrac{D_0\times(1+g)^2}{r_s-g}=\dfrac{0.75\times(1+4\%)^2}{10\%-4\%}=13.52$（元），选项D正确。

高频考点12：普通股期望报酬率

★★★

根据固定增长股利模型可知 $P_0=D_1/(r_s-g)$，移项得 $r_s=D_1/P_0+g$，也就是说，股票的总报酬率可以分为两部分：第一部分是 D_1/P_0，叫做股利收益率；第二部分是增长率 g，叫做股利增长率，在资本市场有效的前提下，g 也可以解释为股价增长率或资本利得收益率。

命题点拨

命题角度：股票报酬率公式的分解

股利收益率和股利增长率的辨析属于高频考点，既可以单独考查，也可以结合计算考察，建议理解记忆，如 D_1/P_0 可以根据其形式为股利/股价明确其含义为股利收益率；增长率 g 即为股利增长率。同时需注意，在资本市场有效的前提下，股利增长率、股价增长率或资本利得收益率三者为同义表述。

经典例题

【真题·单选题】（2021）甲公司普通股股票每股价格50元，每半年发放一次股利。刚刚发放上半年股利每股1元，该股利将以每半年5%的速度持续增长。该股票年期望报酬率是（　　）。

A. 14.49%

B. 14.70%

C. 14.20%

D. 12.46%

【答案】B

【解析】该股票半年期望报酬率 $=1\times(1+5\%)/50+5\%=7.1\%$，则股票年期望报酬率 $=(1+7.1\%)^2-1=14.70\%$。

【真题·单选题】（2019）甲、乙公司已进入稳定增长状态，股票信息如下：

项目	甲	乙
最近一期每股股利	0.75 元	0.55 元
股利稳定增长率	6%	8%
股票价格	15 元	18 元

下列关于甲、乙股票投资的说法中，正确的是（　　）。

A. 甲、乙股票股利收益率相同

B. 甲、乙股票期望报酬率相同

C. 甲、乙股票股价增长率相同

D. 甲、乙股票资本利得收益率相同

【答案】B

【解析】甲股票股利收益率 =0.75×(1+6%)/15 =5.3%，乙股票股利收益率 =0.55×(1+8%)/18 =3.3%，选项 A 错误。甲股票期望报酬率 =5.3% +6% =11.3%，乙股票期望报酬率 =3.3% +8% =11.3%，选项 B 正确。因为股利增长率 = 股价增长率 = 资本利得收益率，且由题知甲公司股利增长率≠乙公司股利增长率，所以选项 C、D 错误。

高频考点 13：优先股的特殊性★

相对于普通股，优先股具有如下特殊性：

1. 优先分配利润。

即优先股股东按照约定的票面股息率，优先于普通股股东分配公司利润。公司应当以现金形式向优先股股东支付股息，在完全支付约定的股息之前，不得向普通股股东分配利润。

2. 优先分配剩余财产。

公司因解散、破产等原因进行清算时，优先股股东对剩余财产优先受偿。

3. 表决权限制。

除以下情况外，优先股股东不出席股东大会会议，所持股份没有表决权：

（1）修改公司章程中与优先股相关的内容；

（2）一次或累计减少公司注册资本超过 10%；

（3）公司合并、分立、解散或变更公司形式；

（4）发行优先股；

（5）公司章程规定的其他情形。

名师解惑

问：优先股股东出席股东大会行使表决权的情形，如何进行记忆？

答：优先股股东出席股东大会行使表决权的情形中，“修改公司章程中与优先股相关的内容”和“发行优先股”是与优先股相关的事项，“一次或累计减少公司注册资本超过10%”和“公司合并、分立、解散或变更公司形式”为可能影响公司发展的大事，为保障优先股股东权益需要其参与，“公司章程规定的其他情形”则属于兜底条款。

经典例题

【真题·多选题】（2019）优先股股东比普通股股东的优先权体现在（　　）。

A. 优先取得剩余财产

B. 优先获得股息

C. 优先出席股东大会

D. 公司重大决策的优先表决权

【答案】AB

【解析】公司因解散、破产等原因进行清算时，优先股股东对剩余财产优先受偿，选项 A 正确。优先股股东按照约定的票面股息率，优先于普通股股东分配公司利润，选项 B 正确。除以下情况外，优先股股东不出席股东大会会议，所持股份没有表决权：（1）修改公司章程中与优先股相关的内容；（2）一次或累计减少公司注册资本超过 10%；（3）公司合并、分立、解散或变更公司形式；（4）发行优先股；（5）公司章程规定的其他情形。选项 C、D 错误。

【例题·多选题】下列情形中，优先股股

东有权出席股东大会行使表决权的有（　　）。

A. 公司增发优先股

B. 公司一次或累计减少注册资本超过10%

C. 修改公司章程中与优先股有关的内容

D. 公司合并、分立、解散或变更公司形式

【答案】ABCD

【解析】除以下情况外，优先股股东不出席股东大会会议，所持股份没有表决权：（1）修改公司章程中与优先股相关的内容；（2）一次或累计减少公司注册资本超过10%；（3）公司合并、分立、解散或变更公司形式；（4）发行优先股；（5）公司章程规定的其他情形。选项A、B、C、D均正确。

进阶练习

（一）单选题

1. 投资于国债时可不必考虑的因素是（　　）。

A. 违约风险　　B. 期限风险

C. 通货膨胀　　D. 流动性风险

2. 某人退休时有现金10万元，拟选择一项回报比较稳定的投资，希望每个季度能收入2 000元补贴生活。那么，该项投资的实际年报酬率应为（　　）。

A. 2%　　B. 8%

C. 8.24%　　D. 10.04%

3. 在证券投资组合中，为分散利率风险应选择（　　）。

A. 不同种类的证券搭配

B. 不同到期日的债券搭配

C. 不同部门或行业的证券搭配

D. 不同公司的证券搭配

4. 某企业向银行取得五年期贷款4 000万元，年利率6%，每月等额偿还本息，则该项借款的有效年利率大约为（　　）。

A. 6%　　B. 12%

C. 6.17%　　D. 18%

5. 下列关于资本资产定价原理的说法中，错误的是（　　）。

A. 股票的预期收益率与β值线性相关

B. 在其他条件相同时，经营风险较大的公司β值较大

C. 在其他条件相同时，财务风险较高的公司β值较大

D. 投资组合的β值等于1，表明该组合没有市场风险

6. 某企业面临甲、乙两个投资项目。经衡量，它们的期望报酬率相等，甲项目的标准差小于乙项目的标准差。对甲、乙项目可以作出的判断为（　　）。

A. 甲项目取得更高报酬和出现更大亏损的可能性均大于乙项目

B. 甲项目取得更高报酬和出现更大亏损的可能性均小于乙项目

C. 甲项目实际取得的报酬会高于其预期报酬

D. 乙项目实际取得的报酬会低于其预期报酬

7. 关于证券投资组合理论的以下表述中，正确的是（　　）。

A. 证券投资组合能消除大部分系统风险

B. 证券投资组合的总规模越大，承担的风险越大

C. 最小方差组合是所有组合中风险最小的组合，所以报酬最大

D. 一般情况下，随着更多的证券加入到投资组合中，整体风险降低的速度会越来越慢

8. 下列事项中，能够改变特定企业非系统风险的是（　　）。

A. 竞争对手被外资并购

B. 国家加入世界贸易组织

C. 汇率波动

D. 货币政策变化

9. 下列关于两种证券组合的机会集曲线的说法中，正确的是（　　）。

A. 曲线上的点均为有效组合

B. 曲线上报酬率最低点是最小方差组合点

C. 两种证券报酬率的相关系数越大，曲线弯曲程度越小

D. 两种证券报酬率的标准差越接近，曲线弯曲程度越小

10. 证券市场线可以用来描述市场均衡条件下单项资产或资产组合的期望报酬与风险之间的关系。当无风险报酬率不变时，投资者的风险厌恶感普遍减弱时，会导致证券市场线（　　）。

A. 向上平行移动

B. 向下平行移动

C. 斜率上升

D. 斜率下降

11. 甲商场进行分期付款销售活动，某款手机可在半年内分 6 期付款，每期期初付款 600 元。假设年利率 12%。该手机价款如果购买时一次性付清，下列各项金额中最接近的是（　　）元。

A. 3 437　　B. 3 471

C. 3 512　　D. 2 912

12. 下列有关利率期限结构的各种理论阐述中，不正确的是（　　）。

A. 预期理论认为长期即期利率是短期预期利率的无偏估计

B. 流动性溢价理论是市场分割理论与预期理论相结合的产物

C. 预期理论假定投资者对某种到期期限的债券具有特别的偏好

D. 市场分割理论认为即期利率水平完全由各个期限市场上的供求关系决定

13. 某公司设立一项偿债基金项目，连续 10 年于每年年末存入 500 万元，第 10 年年末可以一次性获取 9 000 万元，已知（F/A，8%，10）= 14.487，（F/A，10%，10）= 15.937，（F/A，12%，10）= 17.549，（F/A，14%，10）= 19.337，（F/A，16%，10）= 21.321，则该基金的收益率介于（　　）。

A. 12% ~ 14%　　B. 8% ~ 10%

C. 10% ~ 12%　　D. 14% ~ 16%

14. 甲公司投资于某项长期基金，本金为 5 000 万元，每季度可获取现金收益 50 万元，则其年收益率为（　　）。

A. 1.00%　　B. 4.06%

C. 2.01%　　D. 4.00%

15. 已知（P/A，8%，5）= 3.9927，（P/A，8%，6）= 4.6229，（P/A，8%，7）= 5.2064，则 5 年期、折现率为 8% 的预付年金现值系数是（　　）。

A. 2.9927　　B. 4.2064

C. 4.3121　　D. 6.2064

16. 现有甲、乙两个投资项目，已知甲、乙项目的预期收益率分别为 20%、30%，收益率的标准差分别为 40%、55%，那么（　　）。

A. 甲项目的风险程度大于乙项目的风险程度

B. 甲项目的风险程度小于乙项目的风险程度

C. 甲项目的风险程度等于乙项目的风险程度

D. 不能确定

17. 投资组合由证券 X 和证券 Y 分别占 40% 和 60% 构成。证券 X 的期望收益率 10%，标准差 14%，β 系数 1.6。证券 Y 的期望收益率 14%，标准差 16%，β 系数 1.8，下列说法中，正确的是（　　）。

A. 投资组合的期望收益率等于 12.4%

B. 投资组合的 β 系数等于 2.51

C. 投资组合的变异系数等于 1

D. 投资组合的标准差等于 11%

18. 下列因素中，不影响资本市场线中市场均衡点位置的是（　　）。

A. 风险组合的期望报酬率

B. 无风险报酬率

C. 风险组合的标准差

D. 投资者个人的风险偏好

19. 下列关于利率期限结构的表述中，属于纯粹预期理论观点的是（　　）。

A. 不同到期期限的债券无法相互替代

B. 长期债券的利率等于在其有效期内人们所预期的短期利率的平均值

C. 到期期限不同的各种债券的利率取决于该债券的供给与需求

D. 长期债券的利率等于长期债券到期之前预期短期利率的平均值与随债券供求状况变动而变动的流动性溢价之和

20. 当存在无风险资产并可按无风险报酬率自由借贷时，下列关于最有效风险资产组合的说法中正确的是（　　）。

A. 最有效风险资产组合是投资者根据自己风险偏好确定的组合

B. 最有效风险资产组合是风险资产机会集上最高期望报酬率点对应的组合

C. 最有效风险资产组合是风险资产机会集上最小方差点对应的组合

D. 最有效风险资产组合是所有风险资产以各自的总市场价值为权数的组合

21. 下列关于债券的说法中，错误的是（　　）。

A. 平息债券是指利息在期限时间内平均支付的债券

B. 纯贴现债券是指承诺在未来某一确定日期按面值支付的债券

C. 平息债券和纯贴现债券都属于流通债券

D. 流通债券的价值在两个付息日之间呈周期性变动

22. 假设其他条件不变，当市场利率高于票面利率时，下列说法正确的是（　　）。

A. 计息期缩短，债券价值上升

B. 计息期缩短，债券价值下降

C. 计息期缩短，债券价值不变

D. 如果此时市场利率上升，则债券价值上升

23. 某两年期债券，面值 1 000 元，票面利率 8%，每半年付息一次，到期还本，假设有效年折现率是 8.16%，该债券刚刚支付过上期利息，其价值是（　　）元。

A. 997.10　　B. 994.14

C. 1 002.85　　D. 1 000

24. 甲公司溢价发行期限为 3 年、面值为 1 000 元的公司债券，该债券票面利率为 10%，每半年付息一次。下列说法中，正确的是（　　）。

A. 该债券的到期收益率等于 10%

B. 该债券的报价利率大于 10%

C. 该债券的计息周期为 3 年

D. 该债券的有效年利率等于 10.25%

25. 甲上市公司平价购买刚发行的面值为 1 000 元（3 年期、每半年支付利息 50 元）的债券，该债券按年计算的到期收益率为（　　）。

A. 5%　　B. 5.125%

C. 10%　　D. 10.25%

26. 假设折现率保持不变，溢价发行的平息债券自发行后债券价值（　　）。

A. 逐渐下降，至到期日等于债券面值

B. 波动下降，到期日之前一直高于债券面值

C. 波动下降，到期日之前可能等于债券面值

D. 波动下降，到期日之前可能低于债券面值

27. 已知甲公司的股利增长率为 10%，且在可预见的未来将保持稳定，最近一次支付的股利金额为 2 元。股东要求的必要报酬率为 15%，则甲公司股票的现值为（　　）元。

A. 40　　B. 23

C. 44　　D. 14.67

28. 债券到期收益率计算的原理是（　　）。

A. 到期收益率是购买债券后一直持有至到期的内含报酬率

B. 到期收益率是能使债券每年利息收入的现值等于债券买入价格的贴现率

C. 到期收益率是债券利息收益率与资本

利得收益率之和

D. 到期收益率的计算要以债券每年末计算并支付利息、到期一次还本为前提

29. 某公司发行面值为 1 000 元的 5 年期债券，债券票面利率为 10%，半年付息一次，发行后在二级市场上流通，假设必要投资报酬率为 10.25%并保持不变，以下说法正确的是（　　）。

A. 债券溢价发行，发行后债券价值随到期时间的缩短而逐渐下降，至到期日债券价值等于债券面值

B. 债券折价发行，发行后债券价值随到期时间的缩短而逐渐上升，至到期日债券价值等于债券面值

C. 债券按面值发行，发行后债券价值一直等于票面价值

D. 债券按面值发行，发行后债券价值在两个付息日之间呈周期波动

30. 假设资本市场有效，在股利稳定增长的情况下，股票的资本利得收益率等于该股票的（　　）。

A. 股利增长率

B. 预期收益率

C. 风险收益率

D. 股利收益率

31. 甲公司为科创板上市公司，主营业务为第三代芯片半导体的研发和制作。由于现阶段发展十分迅速，可以达到每年 30% 的增长率。考虑到未来的市场情况，经专家预估，2 年之后公司的股利增长率就将趋于平稳，大约可以保持 10% 的速度。已知公司最近一次支付的股利为每股 3 元，必要报酬率为 15%。有关该公司的说法中，正确的是（　　）。

A. 评估甲公司普通股价值时采用的是固定增长股票价值模型

B. 甲公司当前的股票价值为 91.56 元

C. 预计第一年末支付的股利现值为 3.9 元

D. 第二年末甲公司的普通股价值为每股 84.34 元

32. 甲公司发行面值为 100 元的优先股，股息率为 4%，乙公司以 110 元的价格购买，甲公司和乙公司适用的所得税税率均是 25%，则该优先股给乙公司带来的报酬率为（　　）。

A. 3%　　　　B. 3.64%

C. 4%　　　　D. 5.33%

33. 在其他条件不变的情况下，下列事项中能够引起股票期望报酬率上升的是（　　）。

A. 当前股票价格上升

B. 资本利得收益率上升

C. 预期现金股利下降

D. 预期持有该股票的时间延长

（二）多选题

1. A 证券的预期报酬率为 12%，标准差为 15%；B 证券的预期报酬率为 18%，标准差为 20%。投资于两种证券组合的机会集是一条曲线，有效边界与机会集重合，以下结论中正确的有（　　）。

A. 最小方差组合是全部投资于 A 证券

B. 最高预期报酬率组合是全部投资于 B 证券

C. 两种证券报酬率的相关性较高，不能分散风险

D. 可以在有效集曲线上找到风险最小、期望报酬率最高的投资组合

2. 假设甲、乙证券收益的相关系数接近于零，甲证券的预期报酬率为 6%（标准差为 10%），乙证券的预期报酬率为 8%（标准差为 15%），则由甲、乙证券构成的投资组合（　　）。

A. 最低的预期报酬率为 6%

B. 最高的预期报酬率为 8%

C. 最高的标准差为 15%

D. 最低的标准差为 10%

3. 下列行为中，通常会导致纯粹利率水平提高的有（　　）。

A. 中央银行提高存款准备金率

B. 中央银行降低存款准备金率

C. 中央银行发行央行票据回笼货币

D. 中央银行增加货币发行

4. 下列关于资本资产定价模型β值的表述中，正确的有（　　）。

A. β值可以为负数

B. β值是影响证券收益的唯一因素

C. 投资组合的β值一定会比组合中任一单只证券的β值低

D. β值反映的是证券的系统风险

5. β值和标准差都能衡量投资组合的风险，下列关于投资组合的β值和标准差的表述中，正确的有（　　）。

A. β值度量的是投资组合的系统风险

B. 标准差度量的是投资组合的非系统风险

C. 投资组合的β值等于被组合各证券β值的算术加权平均值

D. 投资组合的标准差等于被组合各证券标准差的算术加权平均值

6. 甲投资组合由证券X和证券Y各占50%组成。下列说法中，正确的有（　　）。

A. 甲的期望报酬率＝X的期望报酬率×50%＋Y的期望报酬率×50%

B. 甲期望报酬率的标准差＝X期望报酬率的标准差×50%＋Y期望报酬率的标准差×50%

C. 甲期望报酬率的变异系数＝X期望报酬率的变异系数×50%＋Y期望报酬率的变异系数×50%

D. 甲的β值＝X的β值×50%＋Y的β值×50%

7. 投资组合由证券X和证券Y各占50%构成。证券X的期望收益率11%，标准差11%，β系数1.4，证券Y的期望收益率9%，标准差9%，β系数1.2。下列说法中，正确的有（　　）。

A. 投资组合的β系数1.3

B. 投资组合的变异系数等于1

C. 投资组合的标准差等于10%

D. 投资组合的期望收益率等于10%

8. 下列关于利率期限结构的表述中，不属于无偏预期理论观点的有（　　）。

A. 长期即期利率是未来短期预期利率平均值加上一定的流动性风险溢价

B. 即期利率水平完全由各个期限市场上的供求关系决定

C. 假定人们对未来短期利率具有确定的预期

D. 假定资金在长期资金市场和短期资金市场之间的流动完全自由

9. 下列各项中，能计算出准确结果的有（　　）。

A. 普通年金终值

B. 预付年金终值

C. 永续年金终值

D. 递延年金终值

10. 某公司取得6 000万元的贷款，期限为5年，年利率8%，每年年初偿还等额本息，则每年年初应支付的金额的计算正确的有（　　）。

A. 6 000/[(P/A，8%，4)＋1]

B. 6 000/[(P/A，8%，4)－1]

C. 6 000/[(P/A，8%，5)/(1＋8%)]

D. 6 000/[(P/A，8%，5)×(1＋8%)]

11. 假设甲、乙证券收益率的相关系数接近于零，甲证券的期望报酬率为8%（标准差为12%），乙证券的期望报酬率为10%（标准差为17%），则由甲、乙证券构成的投资组合（　　）。

A. 最低的期望报酬率为8%

B. 最高的期望报酬率为10%

C. 最高的标准差为17%

D. 最低的标准差为12%

12. 下列表述正确的有（　　）。

A. 年度内的复利次数越多，则有效年利率高于报价利率的差额越大

B. 连续复利的有效年利率＝$e^{报价利率}-1$

C. 证券报酬率之间的相关系数越大，风险分散化效应就越弱，机会集是一条直线

D. 按照资本资产定价模型，某股票的β系数与该股票的必要报酬率正相关

13. 影响某股票β值大小的因素有（　　）。

A. 整个股票市场报酬率的标准差

B. 该股票报酬率的标准差

C. 整个股票市场报酬率与无风险报酬率的相关性

D. 该股票报酬率与整个股票市场报酬率的相关性

14. 下列关于证券市场线的说法中，正确的有（　　）。

A. 无风险报酬率越大，证券市场线在纵轴的截距越大

B. 证券市场线描述了由风险资产和无风险资产构成的投资组合的有效边界

C. 投资者对风险的厌恶感越强，证券市场线的斜率越大

D. 预计通货膨胀率提高时，证券市场线向上平移

15. 市场上有两种有风险证券 X 和 Y，下列情况下，两种证券组成的投资组合风险低于两者加权平均风险的有（　　）。

A. X 和 Y 期望报酬率的相关系数是 0

B. X 和 Y 期望报酬率的相关系数是 -1

C. X 和 Y 期望报酬率的相关系数是 0.5

D. X 和 Y 期望报酬率的相关系数是 1

16. 下列关于单个证券投资风险度量指标的表述中，正确的有（　　）。

A. β 值度量投资的系统风险

B. 方差度量投资的系统风险和非系统风险

C. 标准差度量投资的非系统风险

D. 变异系数度量投资的单位期望报酬率承担的系统风险和非系统风险

17. 债券按不同的分类标准，可以分为不同的类别。关于债券的分类，下列说法正确的有（　　）。

A. 按能否提前赎回，分为可提前赎回债券和不可提前赎回债券

B. 按债券能否转换为股票，分为可转换债券和不可转换债券

C. 按债券的信用等级，分为抵押债券和信用债券

D. 按债券能否上市，分为政府债券、地方政府债券、公司债券、国际债券

18. 假设其他因素不变，下列关于债券估值的影响因素中，说法正确的有（　　）。

A. 债券面值和票面利率对于债券价值的影响均为正向变动

B. 溢价发行的债券，计息期缩短，价值下降

C. 如果市场利率高于债券利率，债券价值就低于面值

D. 当一年内要复利多次时，报价利率即为计息期折现率

19. 对于平息债券而言，假设折现率一直保持至到期日不变，下列关于债券价值的说法中正确的有（　　）。

A. 随着到期时间的缩短，债券价值逐渐接近其票面价值

B. 溢价发行的债券价值波动下降，到期日之前有可能等于其面值

C. 折价发行的债券价值波动上升，到期日之前有可能高于其面值

D. 平价发行的债券价值始终等于面值

20. 假设其他因素不变，下列事项中，会导致折价发行的平息债券价值下降的有（　　）。

A. 提高付息频率

B. 延长到期时间

C. 提高票面利率

D. 等风险债券的市场利率上升

21. 某企业准备发行三年期企业债券，每半年付息一次，票面年利率 6%，面值 1 000 元，平价发行。以下关于该债券的说法中，正确的有（　　）。

A. 该债券的实际周期利率为 3%

B. 该债券的年实际必要报酬率是 6.09%

C. 该债券的名义利率是 6%

D. 该债券的名义利率小于名义必要报酬率

22. 甲公司是一家创业板上市公司，目前正处于爆炸式发展阶段，股利可以达到每年

20%的增长率。但是经过估算，该水平可持续3年，预计3年之后公司将步入平稳，股利也将转为12%的正常增长率。公司最近一次支付的股利为2元，股东要求的必要报酬率为15%。下列说法中，正确的有（　　）。（各步骤计算结果均保留2位小数）

A. 甲公司当前的股票价值为91.47元

B. 甲公司当前的股票价值为84.93元

C. 甲公司前三年需要支付的股利现值之和为8.74元

D. 甲公司第三年需支付的股利现值为2.27元

23. 在有效资本市场中，已知某公司的股利稳定增长，则该公司股票的股价增长率等于该股票的（　　）。

A. 股利增长率

B. 预期收益率

C. 资本利得收益率

D. 股利收益率

24. 下列情形中，不属于优先股股东有权出席股东大会行使表决权的特殊事项的有（　　）。

A. 公司增发普通股

B. 公司一次或累计减少注册资本超过5%

C. 修改公司章程中与优先股有关的内容

D. 公司合并、分立、解散或变更公司形式

25. 相对于普通股而言，下列各项中，属于优先股特殊性的有（　　）。

A. 当公司破产清算时，优先股股东优先于普通股股东求偿

B. 当公司分配利润时，优先股股息优先于普通股股利支付

C. 当公司选举董事会成员时，优先股股东优先于普通股股东当选

D. 当公司决定合并、分立时，优先股股东表决权优先于普通股股东

26. 现有甲、乙两种债券，面值均为1 000元，票面利率均为10%。甲债券发行日为2018年1月1日，到期日为2023年1月1日；乙债券发行日为2018年1月1日，到期日为2022年1月1日。市场利率为8%，假设其他因素不变，下列说法正确的有（　　）。

A. 发行日，甲债券的价格高于乙债券的价格

B. 假设市场利率上升，则发行日乙债券的价格下降，甲债券的价格上升

C. 假设市场利率上升，则发行日甲债券和乙债券的价格均下降，但甲债券下降幅度更大

D. 如果票面利率为6%，则发行日，甲债券的价格高于乙债券的价格

27. 债券A和债券B是两支刚发行的平息债券，债券的面值和票面利率相同，票面利率均高于必要报酬率，以下说法中，正确的有（　　）。

A. 如果两债券的必要报酬率和利息支付频率相同，偿还期限长的债券价值低

B. 如果两债券的必要报酬率和利息支付频率相同，偿还期限长的债券价值高

C. 如果两债券的偿还期限和必要报酬率相同，利息支付频率高的债券价值低

D. 如果两债券的偿还期限和利息支付频率相同，必要报酬率与票面利率差额大的债券价值高

28. 为了保障优先股股东的各项利益，法律赋予其一定的特殊权益。以下关于优先股的说法中正确的有（　　）。

A. 优先股股东优先分配剩余财产，指的是公司因解散、破产等原因进行清算时，对剩余财产具有优先受偿权

B. 公司累计减少公司注册资本15%，但单次减少公司注册资本均不超过5%，则优先股股东不可以出席股东大会会议，所持股份没有表决权

C. 公司一次减少公司注册资本15%，优先股股东可以出席股东大会会议，所持股份具有表决权

D. 优先股股东对于公司重大决策具有优先表决权

（三）计算分析题

1. 股票 A 和股票 B 的部分年度资料如下（单位为%）：

年度	A 股票收益率（%）	B 股票收益率（%）
1	26	13
2	11	21
3	15	27
4	27	41
5	21	22
6	32	32

要求：

（1）分别计算投资于股票 A 和股票 B 的平均收益率和标准差；

（2）计算股票 A 和股票 B 收益率的相关系数；

（3）如果投资组合中，股票 A 占 40%，股票 B 占 60%，该组合的期望收益率和标准差是多少？

2. 资料：2019 年 7 月 1 日发行的某债券，面值 100 元，期限 3 年，票面年利率 8%，每半年付息一次，付息日为 6 月 30 日和 12 月 31 日。

要求：

（1）假设等风险证券的市场利率为 8%，计算该债券的实际年利率。

（2）假设等风险证券的市场利率为 10%，计算 2019 年 7 月 1 日该债券的价值。

（3）假设等风险证券的市场利率为 12%，2020 年 7 月 1 日该债券的市价是 85 元，试问该债券当时是否值得购买？

3. A 公司 2019 年初对甲设备投资 100 000 元，该项目 2021 年初完工投产，2021 年、2022 年、2023 年末预期报酬分别为 30 000 元、50 000 元、60 000 元，银行存款年利率为 12%。

要求：

（1）按单利计算，并按年计息，计算投资额在 2021 年初的终值。

（2）按复利计算，并按年计息，计算投资额在 2021 年初的终值。

（3）按单利计算，并按年计息，计算投产后各年预期报酬在 2021 年初的现值之和。

（4）按复利计算，并按年计息，计算投产后各年预期报酬在 2021 年初的现值之和。

（5）计算投资报酬率（按复利计算）。

4. 甲公司有一笔闲置资金，可以进行为期一年的投资，市场上有三种债券可供选择，相关资料如下：

（1）三种债券的面值均为 1 000 元，到期时间均为 5 年，到期收益率均为 8%；

（2）甲公司计划一年后出售购入的债券，一年后三种债券到期收益率仍为 8%；

（3）三种债券票面利率及付息方式不同。

A 债券为零息债券，到期支付 1 000 元；B 债券的票面利率为 8%，每年末支付 80 元利息，到期支付 1 000 元；C 债券的票面利率为 10%，每年末支付 100 元利息，到期支付 1 000 元。

（4）甲公司利息收入适用的所得税税率为 30%，资本利得适用的所得税税率为 20%，发生投资损失可以按 20% 抵税，不抵销利息收入。

要求：

（1）计算每种债券当前的价格。

（2）计算每种债券一年后的价格。

（3）计算甲公司投资于每种债券的税后收益率。

5. C公司在2019年1月1日发行5年期债券，面值1 000元，票面年利率10%，于每年12月31日付息，到期时一次还本。

要求：

（1）假定2019年1月1日金融市场上与该债券同类风险投资的利率是9%，该债券的发行价应当定为多少？

（2）假定1年后该债券的市场价格为1 049.06元，该债券于2019年1月1日的到期收益率是多少？

（3）该债券发行4年后该公司被揭露出会计账目有欺诈嫌疑，这一不利消息使得该债券价格在2023年1月1日由开盘的1 018.52元跌至收盘的900元。跌价后该债券的到期收益率是多少（假设能够全部按时收回本息）？

6. 小张因个人消费向甲银行借款20万元，年利率6%，每半年计息一次，期限为5年，自2020年1月1日起至2025年1月1日止。小王选择等额本息还款方式偿还贷款本息，还款日在每年的7月1日和1月1日。

2021年12月末，小王收到单位发放的一次性年终奖6万元，正在考虑这笔奖金的两种使用方案：

（1）购买乙国债并持有至到期。乙国债为5年期债券，每份债券面值为1 000元，票面利率为4%，单利计息，到期一次还本付息。乙国债还有3年到期，当前价格1 020元。

（2）2022年1月1日提前偿还银行借款6万元（当日仍需偿还原定的每期还款额）。

要求：

（1）计算投资乙国债到期收益率，小王应选择提前偿还银行借款还是投资国债，为什么？

（2）计算当前每期还款额，如果小王选择提前偿还银行借款，计算提前还款后的每期还款额。

7. 2019年7月1日发行的某债券，面值100元，期限3年，票面年利率8%，每半年付息一次，付息日为6月30日和12月31日。

要求：

（1）假设等风险证券的市场利率为8%，计算该债券的实际年利率和单利计息下全部利息在2019年7月1日的现值。

（2）假设等风险证券的市场利率为10%，计算2019年7月1日该债券的价值。

（3）假设等风险证券的市场利率为12%，2020年7月1日该债券的市价是85元，试问该债券当时是否值得购买？

（4）假设某投资者2021年7月1日以97元购入该债券，试问该投资者持有该债券至到期日的收益率是多少？

8. 甲公司拟通过发行5年期债券筹集资金用于公司生产经营，发行日定为2020年12月31日，每张债券面值1 000元，票面利率8%，每年12月31日支付利息，到期归还本金。

要求：

（1）经过调研，2020年12月31日资本市场中等风险的债券利率为10%，则该债券的发行价应当定为多少？

（2）假设2年后该债券的市场价格变为962.47元，则该债券在发行日的到期收益率为多少？

（3）如在2024年12月31日突然出现大量上市公司无法支付到期债券的情形，引发投资者的担忧，导致出现了大量的恐慌性抛售，债券市场普遍下跌。该日，甲公司债券的收盘价为720元。假设甲公司偿债能力无变化，到期能够按时支付全部本息，则以该日收盘价计算的该债券的到期收益率是多少？

进阶练习答案及解析

（一）单选题

1. 【答案】A

【解析】国债的信誉很高，通常假设不存在违约风险，所以不必考虑。投资于国债也会受到通货膨胀的影响；虽然国债的流动性好，但也存在流动性风险；国债的持有期间内也会存在利率发生波动的风险，也就是期限风险。选项 B、C、D 都属于需要考虑的因素。

2.【答案】C

【解析】根据永续年金现值的计算公式 $P=A/i$，$i=A/P$，所以季报酬率 $=2\ 000/100\ 000=2\%$，所以年实际报酬率即有效报酬率 $=(1+2\%)^4-1=8.24\%$。

3.【答案】B

【解析】分散利率风险，也就是分散期限风险，所以需选择不同到期日的债券进行搭配。不同种类、不同部门或行业、不同公司的搭配是为了分散流动性风险或者违约风险。

4.【答案】C

【解析】每月等额偿还本息，即为 1 月复利一次。名义年利率为 6% 的情况下，有效年利率 $=(1+6\%/12)^{12}-1=6.17\%$。

5.【答案】D

【解析】若投资组合的 β 值等于 1，表明该组合的市场风险与整个市场的平均风险一致，不能表明没有市场风险。

6.【答案】B

【解析】两个投资项目的期望报酬率相等，甲项目的标准差小于乙项目的标准差，说明甲项目期望报酬率的风险小，所以甲项目取得更高报酬和出现更大亏损的可能性均小于乙项目。

7.【答案】D

【解析】证券投资组合不能消除系统风险，选项 A 错误；衡量证券投资组合风险的指标是标准差和 β 值，不是规模，选项 B 错误；最小方差组合是所有组合中风险最小的组合，但不意味着报酬最大，选项 C 错误；随着投资组合中加入的证券数量逐渐增加，开始时抵消的非系统性风险较多，以后会越来越少，当投资组合中的证券数量足够多时，可以抵消全部风险，选项 D 正确。

8.【答案】A

【解析】竞争对手被外资并购是公司特有的非系统风险影响因素，其他三个因素都是影响所有企业的系统风险影响因素。

9.【答案】C

【解析】机会集曲线上的点包括有效组合和无效组合，所以，选项 A 错误；对于两种证券组合的机会集曲线，曲线上报酬率最低点可能不是最小方差组合点，最小方差组合点可能比组合中报酬率较低的那项资产的标准差还要小，所以，选项 B 错误；两种证券报酬率的相关系数越大，机会集曲线弯曲程度越小，分散风险的效应越小，所以，选项 C 正确；机会集曲线的弯曲程度主要取决于两种证券报酬率的相关系数，而不取决于两种证券报酬率标准差的差异程度，所以，选项 D 错误。

10.【答案】D

【解析】无风险报酬率不变，证券市场线在纵轴上的截距不变，即不会引起证券市场线向上或向下平行移动，所以，选项 A、B 错误；当投资者的风险厌恶感普遍减弱时，市场风险溢价降低，即证券市场线斜率下降，所以，选项 C 错误、选项 D 正确。

11.【答案】C

【解析】月利率 $=12\%/12=1\%$。购买时一次性支付的金额 $=600\times(P/A,1\%,6)\times(1+1\%)=3\ 512$（元）。

12.【答案】C

【解析】预期理论认为长期即期利率是短期预期利率的无偏估计，选项 A 说法正确，不选；假定投资者对某种到期期限的债券具有特别的偏好属于市场分割理论，选项 C 说法错误，当选；同时市场分割理论还认为即期利率水平完全由各个期限市场上的供求关系决定，选项 B 说法正确，不选。流动性溢价理论是预期理论与市场分割理论结合的产物，选项 D 说法正确，不选。

13.【答案】A

【解析】假设该基金的收益率为 i，则 $500\times(F/A,i,10)=9\ 000$，求得 $(F/A,i,10)=18$；同时 $(F/A,12\%,10)=17.549$，$(F/A,14\%,10)=19.337$，所以，$12\%<i<14\%$，选项 A 正确。

14.【答案】B

【解析】季度收益率 = 50/5 000 × 100% = 1%，年收益率 = $(1+1\%)^4-1$ = 4.06%，故选项 B 正确。

15.【答案】C

【解析】预付年金现值系数 = 普通年金现值系数 ×(1 + 折现率)，即 6 年期、折现率为 8% 的预付年金现值系数 = (*P/A*，8%，5) × (1 + 8%) = 3.9927 × (1 + 8%) = 4.3121，选项 C 正确。

16.【答案】A

【解析】标准差仅适用于预期值相同的情况，在预期值相同的情况下，标准差越大，风险越大。变异系数适用于预期值相同或不同的情况，变异系数越大，风险越大。甲项目收益率的变异系数（40%/20% × 100% = 200%）大于乙项目收益率的变异系数（55%/30% × 100% = 183%），选项 A 正确。

17.【答案】A

【解析】投资组合的期望收益率 = 10% × 40% + 14% × 60% = 12.4%，投资组合的 β 系数 = 1.6 × 40% + 1.8 × 60% = 1.72，因此选项 A 正确，选项 B 错误。因为题中没有给出证券 X 和证券 Y 收益率的相关系数，因此无法计算投资组合的标准差和变异系数，选项 C、D 错误。

18.【答案】D

【解析】资本市场线的市场均衡点取决于各种可能风险组合的期望报酬率和标准差，所以选项 A、C 错误，不当选；无风险报酬率越高，期望报酬率也越高，选项 B 错误，不当选；市场均衡点的确定不受投资者风险偏好的影响，因此选项 D 正确。

19.【答案】B

【解析】选项 A、C 属于市场分割理论的观点，强调不同到期期限债券的不可替代性和差异性，不选；选项 D 属于流动性溢价理论的观点，不选；只有选项 B 是预期理论的观点。

20.【答案】D

【解析】如果存在无风险证券，新的有效边界是从无风险资产的报酬率开始并和机会集有效边界相切的直线，该直线称为资本市场线。切点是市场均衡点，它代表唯一最有效的风险资产组合，它是所有证券以各自的总市场价值为权数的加权平均组合，选项 D 正确。最有效风险资产组合既不是最高期望报酬率点对应的组合，也不是最小方差点对应的组合，是加权平均的风险资产组合，不取决于投资者偏好，投资者根据自己的偏好只能确定无风险资产与风险资产的比例，选项 A、B、C 错误。

21.【答案】C

【解析】流通债券是指已发行并在二级市场上流通的债券，因此，只有当平息债券和纯贴现债券满足以下两个条件时，才算是流通债券：（1）已发行；（2）在二级市场上流通。否则不属于流通债券，选项 C 表述错误，当选。选项 A、B、D 表述正确。

22.【答案】B

【解析】计息期缩短即付息频率加快，市场利率高于票面利率，债券折价发行。折价发行的债券，计息期缩短，债券价值下降，选项 A、C 错误，选项 B 正确。折现率越高，债券价值越小，市场利率与债券价值呈反向变动，选项 D 错误。

23.【答案】D

【解析】该债券每半年付息一次，则计息期利率 = 8%/2 = 4%，计息期折现率 = $(1+8.16\%)^{1/2}-1$ = 4%，所以该债券平价发行，且刚刚支付过上期利息，则目前的债券价值 = 债券面值 = 1 000 元，选项 D 正确。

24.【答案】D

【解析】溢价发行的债券，到期收益率（折现率）小于票面利率，选项 A 错误。报价利率等于票面利率，即 10%，选项 B 错误。该债券的有效年利率 = $(1+5\%)^2-1$ = 10.25%，选项 D 正确。该债券每半年付息一次，计息周期为半年，选项 C 错误。

25.【答案】D

【解析】到期收益率是指以特定价格购买债券并持有至到期日所能获得的报酬率。它是使未来现金流量现值等于债券购入价格的折现率。计算到期收益率的常规方法是求解含有折现率的方程：$P_0 = I \times (P/A, r_d, n) + M \times (P/F, r_d, n)$。但本题可以由 $r_d > 10\%$ 直接锁定答案为选项D。此外，也可以通过计算该债券的有效年利率来求得到期收益率，即 $r_d = (1+5\%)^2 - 1 = 10.25\%$。

26.【答案】B

【解析】溢价发行的平息债券发行后，随着到期日的临近，债券价值是波动下降的。首先，无论是溢价发行还是折价发行，随着到期日的临近债券价值都会逐渐接近债券面值。其次，由于平息债券是分期付息，到期还本，因此在每个付息日之前价值上升，付息后会下降，然后重复这一过程，因此是波动下降。同时溢价发行的债券在发行日和付息时点债券的价值都是高于面值的，因此到期日之前其价值会一直高于面值，选项B正确。

27.【答案】C

【解析】$V = \frac{D_0 \times (1+g)}{r_s - g} = \frac{2 \times (1+10\%)}{15\% - 10\%} = 44$（元）。

28.【答案】A

【解析】到期收益率是指以特定价格购买债券并持有至到期日所能获得的报酬率，它是使未来现金流量现值等于债券购入价格的折现率，即内含报酬率，选项A正确。

29.【答案】D

【解析】票面利率为10%，每半年付息一次，则计息期利率为5%。计息期折现率 $= \sqrt{(1+10.25\%)} - 1 = 5\%$，与计息期利率相等，则债券为平价发行。且流通债券的价值在两个付息日之间呈周期性变动：对于折价发行债券来说，发行后价值逐渐升高，在付息日由于割息导致价值下降，割息后又逐渐上升，总的趋势是波动上升；溢价发行的债券其价值是波动下降。所以选项A、B错误。平价发行的债券其价值的总趋势是不变的，但在每个付息日之间，越接近付息日，其价值升高，即呈现周期性波动，所以选项C错误，选项D正确。

30.【答案】A

【解析】股票的总报酬率可以分为两部分：第一部分是 D_1/P_0，叫做股利收益率；第二部分是增长率 g，叫做股利增长率，在资本市场有效的前提下，g 也可以解释为股价增长率或资本利得收益率，选项A正确。

31.【答案】B

【解析】由题知甲公司前两年股利高速增长，两年后才恢复平稳，因此需采用非固定增长股票价值模型分段计算，选项A错误。预计第一年需支付的股利为 $3 \times (1+30\%) = 3.9$（元），其现值为 $3.9 \times (P/F, 15\%, 1) = 3.39$（元），选项C错误。预计第二年需支付的股利为 $3.9 \times (1+30\%) = 5.07$（元），其现值为 $5.07 \times (P/F, 15\%, 2) = 3.83$（元）。甲公司前两年需要支付的股利现值之和为 $3.39 + 3.83 = 7.22$（元），第二年末的普通股价值 $= 5.07 \times (1+10\%)/(15\% - 10\%) = 111.54$（元），其现值为 $111.54 \times (P/F, 15\%, 2) = 84.34$（元），选项D错误。股票目前的价值为 $7.22 + 84.34 = 91.56$（元），选项B正确。

32.【答案】B

【解析】当优先股存续期内采用相同的固定股息率时，每期股息就形成了无限期定额支付的年金，即永续年金，优先股则相当于永久债券。其估值公式如下：$V_p = D_p/r_{pd}$，则 $r_{pd} = 100 \times 4\%/110 = 3.64\%$，选项B正确。优先股是用税后净利润发放的，不涉及所得税税率。

33.【答案】B

【解析】由 $r_s = D_1/P_0 + g$ 可以看出，股票的总报酬率可以分为两部分：第一部分是 D_1/P_0，叫做股利收益率；第二部分是增长率 g，叫做股利增长率，也就是资本利得收益率。因此，预期现金股利和资本利得收益率与股票期望报酬率成正比，股票价格与股票期望报酬率成反比，选项A、C、D错误，选项B正确。

（二）多选题

1.【答案】AB

【解析】如果投资于两种证券组合的机会集是一条曲线，有效边界与机会集重合，意味着以风险最小来决策，就全部投资于 A 证券；以预期报酬率最大来选择组合，就全部投资于 B 证券，选项 A、B 正确。也因此找不到同时满足风险最小、期望报酬率最高的投资组合，选项 D 错误；即使相关性高，只要不等于 1，也可以分散部分风险，选项 C 错误。

2. 【答案】ABC

【解析】投资组合的预期报酬率等于单项资产预期报酬率的加权平均数，由此可知，选项 A、B 的说法正确；如果相关系数小于 1，则投资组合会产生风险分散化效应，并且相关系数越小，风险分散化效应越强，投资组合最低的标准差越小，根据教材例题可知，当相关系数为 0.2 时投资组合最低的标准差已经明显低于单项资产的最低标准差，而本题的相关系数接近于零，因此，投资组合最低的标准差一定低于单项资产的最低标准差（10%），所以，选项 D 不是正确答案。由于投资组合不可能增加风险，所以，选项 C 正确。

3. 【答案】AC

【解析】中央银行提高存款准备金率，会减少金融市场上资金的供应量，中央银行发行央行票据回笼货币，也会降低资金供应量，在资金需要量不变的条件下，降低供应量会提高资金的价格，即提高纯粹利率水平。

4. 【答案】AD

【解析】当某证券投资报酬率与市场报酬率负相关时，β 值为负，选项 A 正确；影响证券收益的因素还有无风险报酬率与市场风险溢价，选项 B 错误；投资组合的 β 值是组合中证券 β 值的加权平均数，所以不可以比任一单只证券的系数低，选项 C 错误；β 值反映的是证券的系统风险，选项 D 正确。

5. 【答案】AC

【解析】β 值专门度量系统风险，所以，选项 A 正确；标准差度量的是投资组合的全部风险，既包括非系统风险，也包括系统风险。所以，选项 B 错误；投资组合的 β 值等于组合中各证券 β 值的加权平均数，所以，选项 C 正确；投资组合的标准差不等于组合中各证券标准差的加权平均数，只有在两种证券构成的投资组合，而且两种证券的报酬率完全正相关的前提下（相关系数为 1），投资组合的标准差等于组合中两种证券标准差的加权平均数，所以，选项 D 错误。

6. 【答案】AD

【解析】组合标准差受相关系数影响，不等于组合内各单项资产标准差的加权平均数，而变异系数 = 标准差/期望值，所以选项 B、C 错误。

7. 【答案】AD

【解析】投资组合 β 系数 $= 1.4 \times 50\% + 1.2 \times 50\% = 1.3$，选项 A 正确。投资组合的期望收益率 $= 11\% \times 50\% + 9\% \times 50\% = 10\%$，选项 D 正确。由于只有在完全正相关的情况下，选项 B、C 的说法才正确，本题中并没有说 X 和 Y 完全正相关，所以，选项 B、C 不是本题答案。

8. 【答案】AB

【解析】选项 C、D 属于无偏预期理论的观点，不当选。选项 A 属于流动性溢价理论的观点。选项 B 属于市场分割理论的观点，二者均不属于无偏预期理论，当选。

9. 【答案】ABD

【解析】四个选项中只有永续年金持续期无限，没有终止时间，不能计算出准确结果，因此没有终值，所以选项 C 不当选，选项 A、B、D 正确，当选。

10. 【答案】AD

【解析】方法一：预付年金现值 $= A \times [(P/A, i, n-1) + 1]$，即 $6\,000 = A \times [(P/A, i, n-1) + 1]$，$A = 6\,000/[(P/A, 8\%, 4) + 1]$，选项 A 正确。方法二：预付年金现值 $= A \times (P/A, i, n) \times (1+i)$，即 $6\,000 = A \times (P/A, 8\%, 5) \times (1+8\%)$，$A = 6\,000/[(P/A, 8\%, 5) \times (1+8\%)]$，选项 D 正确。

11. 【答案】ABC

【解析】投资组合的期望报酬率等于单项资产期望报酬率的加权平均数，因此由甲、乙证券构成的投资组合的期望报酬率必然大于等于甲证券的期望报酬率，同时必然小于等于乙证券的期望报酬率，选项 A、B 正确。结合机会集曲线可知，组合的最高标准差一定是组合中风险较高的那项资产的标准差，因此选项 C 正确。只要相关系数不等于 1，则组合的机会集一定会向左弯曲，既然向左弯曲，那么左侧最弯曲的那一点就是组合的标准差最小的点，而该点的标准差可能比组合中风险较低的那项资产的标准差还要小，因此就本题而言，甲、乙证券构成的投资组合最低的标准差一定低于 12%，因此选项 D 错误。

12. 【答案】ABD

【解析】证券报酬率之间的相关系数越大，即相关系数越接近于 1，风险分散化效应就越弱，机会集曲线弯曲程度越弱，但并不一定是一条直线，只有当相关系数为 1 的时候，机会集才是一条直线，选项 C 错误，其他说法均正确，当选。

13. 【答案】ABD

【解析】β 值 = 该股票报酬率与整个股票市场报酬率的相关系数 × 该股票报酬率的标准差/整个股票市场报酬率的标准差，选项 A、B、D 正确。

14. 【答案】ACD

【解析】选项 B 是资本市场线的特点，不是证券市场线的特点，选项 B 错误。资本市场线描述了由风险资产和无风险资产构成的投资组合的有效边界。证券市场线反映的是资本资产定价模型，模型的斜率是市场风险溢价，截距是无风险报酬率，所以无风险报酬率越大，证券市场线在纵轴的截距越大，选项 A 正确；投资者对风险的厌恶感越强，同样的风险要求的风险溢价越高，证券市场线的斜率越大，选项 C 正确；预计通货膨胀率提高时，无风险报酬率越高，截距越大，证券市场线向上平移，选项 D 正确。

15. 【答案】ABC

【解析】当相关系数为 1 时，两种证券的投资组合的风险等于两者的加权平均数。只要相关系数小于 1，就有分散风险的效果，就会使组合的风险小于构成组合证券风险的加权平均数；相关系数等于 -1 时，风险分散效果最好。

16. 【答案】ABD

【解析】方差、标准差、变异系数均用来度量投资的总风险（包括系统风险和非系统风险），只有 β 值度量投资的系统风险即不可分散风险，所以选项 C 错误，不选。

17. 【答案】AB

【解析】按有无财产抵押，分为抵押债券和信用债券；按债券的发行人，分为政府债券、地方政府债券、公司债券、国际债券，选项 C、D 错误，选项 A、B 表述正确。

18. 【答案】AC

【解析】溢价发行的债券，计息期缩短（即加快付息频率），价值上升，选项 B 错误。当一年内要复利几次时，报价利率应除以年内付息次数得出计息期利率，年折现率为有效年利率，应开年计息次数方得出计息周期折现率，选项 D 错误。选项 A、C 正确。

19. 【答案】AC

【解析】对于平息债券，当折现率一直保持至到期日不变时，随着到期时间的缩短，债券价值逐渐接近其票面价值。其中，溢价发行的债券其价值是波动下降的，但在整个债券的持有期，债券价值始终高于面值；折价发行的债券其价值是波动上升的，在到期日之前，债券价值有可能高于其面值；平价发行的债券在每个付息周期，越接近付息日，其价值越高，付息后又降为面值，选项 A、C 正确，选项 B、D 错误。

20. 【答案】ABD

【解析】折价发行的债券，提高付息频率，价值下降，选项 A 正确。折价发行的债券到期时间越长，则未来获得的低于市场利率的利息越多，因此价值越低，选项 B 正确。票面利率越高，债券价值越大，两者同向变动，选项 C 错误。折现率越高，债券价值越小，市场利率与债券价值呈反向变动，选项 D 正确。

21. 【答案】ABC

【解析】每半年付息一次的债券，给出的

年利率就是名义利率，实际周期利率为付息期的利率，即3%，选项A、C正确。实际必要报酬率 =（1 +3%）2 -1 =6.09%，选项B正确。平价发行的平息债券名义利率与名义必要报酬率相等，选项D错误。

22.【答案】AD

【解析】预计第一年需支付的股利为2 ×（1 +20%）=2.4（元），其现值为2.4 ×（P/F，15%，1）=2.09（元）；预计第二年需支付的股利为2.4 ×（1 +20%）=2.88（元），其现值为2.88 ×（P/F，15%，2）=2.18（元）；预计第三年需支付的股利为2.88 ×（1 +20%）=3.46（元），其现值为3.46 ×（P/F，15%，3）=2.27（元）。甲公司前三年需要支付的股利现值之和为2.09 +2.18 +2.27 =6.54（元），第三年年底的普通股价值 =3.46 ×（1 +12%）/（15% -12%）=129.17（元），其现值为129.17 ×（P/F，15%，3）=84.93（元）。股票目前的价值为6.54 +84.93 =91.47（元），选项A、D正确。

23.【答案】AC

【解析】股票的总报酬率可以分为两部分：第一部分是D_1/P_0，叫做股利收益率；第二部分是增长率g，叫做股利增长率，在资本市场有效的前提下，g也可以解释为股价增长率或资本利得收益率，选项A、C正确。

24.【答案】AB

【解析】除以下情况外，优先股股东不出席股东大会会议，所持股份没有表决权：（1）修改公司章程中与优先股相关的内容；（2）一次或累计减少公司注册资本超过10%；（3）公司合并、分立、解散或变更公司形式；（4）发行优先股；（5）公司章程规定的其他情形。选项A、B表述错误，当选；选项C、D表述正确，不选。

25.【答案】AB

【解析】相对于普通股，优先股具有如下特殊性：（1）优先分配利润：即优先股股东按照约定的票面股息率，优先于普通股股东分配公司利润。（2）优先分配剩余财产：公司因解散、破产等原因进行清算时，优先股股东对剩余财产优先受偿。（3）表决权限制。因此选项A、B当选。

26.【答案】AC

【解析】甲、乙两种债券的票面利率均为10%，大于市场利率8%，均为溢价发行，溢价发行的债券，期限延长，价值上升，所以甲债券的价格高于乙债券的价格，选项A正确。折现率越高，债券价值越小，市场利率与债券价值呈反向变动，市场利率上升，甲、乙均下降，选项B错误。期限越长，债券价值对于市场利率的变化越敏感，选项C正确。如果票面利率变为6%，则为折价发行，折价发行的债券，期限延长，价值下降，选项D错误。

27.【答案】BD

【解析】债券A和债券B票面利率均高于必要报酬率，则债券A和债券B均为溢价发行。溢价发行的债券到期时间越长，则未来获得的高于市场利率的利息越多，因此价值越高，选项A错误，选项B正确。溢价发行的债券，计息期缩短（即加快付息频率），价值上升，选项C错误；票面利率越高，债券价值越大，两者同向变动，选项D正确。

28.【答案】AC

【解析】公司因解散、破产等原因进行清算时，优先股股东对剩余财产优先受偿，选项A正确。除以下情况外，优先股股东不出席股东大会会议，所持股份没有表决权：（1）修改公司章程中与优先股相关的内容；（2）一次或累计减少公司注册资本超过10%；（3）公司合并、分立、解散或变更公司形式；（4）发行优先股；（5）公司章程规定的其他情形。公司一次或累计减少公司注册资本15%，优先股股东可以出席股东大会会议，所持股份具有表决权，选项B、D错误，选项C正确。

（三）计算分析题

1.【答案及解析】

如下表所示。

年度	A（%）	B（%）	$(A-\bar{A})$（%）	$(B-\bar{B})$（%）	$(A-\bar{A})^2$	$(B-\bar{B})^2$	$(A-\bar{A})(B-\bar{B})$
1	26	13	4	−13	0.16	1.69	−0.52
2	11	21	−11	−5	1.21	0.25	0.55
3	15	27	−7	1	0.49	0.01	−0.07
4	27	41	5	15	0.25	2.25	0.75
5	21	22	−1	−4	0.01	0.16	0.04
6	32	32	10	6	1.00	0.36	0.60
合计	132	156	0	0	3.12	4.72	1.35

（1）股票 A 的平均收益率 $\bar{A}=132\%/6=22\%$

股票 A 的标准差 $\sigma=\sqrt{\dfrac{3.12\%}{6-1}}=7.8994\%$

股票 B 的平均收益率 $\bar{B}=156\%/6=26\%$

股票 B 的标准差 $\sigma=\sqrt{\dfrac{4.72\%}{6-1}}=9.7160\%$

（2）股票 A 和股票 B 收益率的相关系数：

$r=\dfrac{1.35\%}{\sqrt{3.12\%\times4.72\%}}=\dfrac{1.35\%}{3.837\%}=0.3518$

（3）AB 投资组合的期望收益率：

$r=22\%\times40\%+26\%\times60\%=24.4\%$

AB 投资组合的标准差 $\sigma=[0.4\times0.4\times1.00\times7.8994\%^2+2\times0.4\times0.6\times7.8994\%\times9.7160\%\times0.3518+0.6\times0.6\times1.00\times9.7160\%^2]^{1/2}=7.55\%$

2.【答案及解析】

（1）债券实际年利率 $=(1+8\%/2)^2-1=8.16\%$

（2）债券价值

$=4\times(P/A,5\%,6)+100\times(P/F,5\%,6)=20.30+74.62=94.92$（元）

（3）2020 年 7 月 1 日债券价值

$=4\times(P/A,6\%,4)+100\times(P/F,6\%,4)=13.86+79.21=93.07$（元）

93.07 > 85，该债券值得购买。

3.【答案及解析】

（1）$F=100\ 000\times(1+12\%\times2)=124\ 000$（元）

（2）$F=100\ 000\times(1+12\%)^2=125\ 440$（元）

（3）$P=30\ 000/(1+12\%)+50\ 000/(1+12\%\times2)+60\ 000/(1+12\%\times3)=111\ 225.94$（元）

（4）$P=30\ 000\times(1+12\%)-1+50\ 000\times(1+12\%)-2+60\ 000\times(1+12\%)-3=109\ 352.22$（元）

（5）$100\ 000=30\ 000\times(P/F,i,3)+50\ 000\times(P/F,i,4)+60\ 000\times(P/F,i,5)$

采用逐步测试法：

当 $i=8\%$ 时，右端 $=101\ 400>100\ 000$。

当 $i=9\%$ 时，右端 $=97\ 580<100\ 000$。

所以，$8\%<i<9\%$，用内插法：

$(i-8\%)/(9\%-8\%)=(100\ 000-101\ 400)/(97\ 580-101\ 400)$，解得 $i=8.37\%$。

4.【答案及解析】

（1）A 债券当前的价格 $=1\ 000\times(P/F,8\%,5)=680.6$（元）

B 债券票面利率等于市场利率，因此当前价格 = 面值 1 000 元

C 债券当前价格 $=100\times(P/A,8\%,5)+1\ 000\times(P/F,8\%,5)=1\ 079.87$（元）

（2）A 债券一年后的价格 $=1\ 000\times(P/F,8\%,4)=735$（元）

B 债券票面利率等于市场利率，因此其一年后的价格也等于面值 1 000 元。

C 债券一年后的价格 $=100\times(P/A,8\%,4)+1\ 000\times(P/F,8\%,4)=1\ 066.21$（元）

(3) 投资于A债券的税后收益率 = (735 − 680.6) × (1 − 20%)/680.6 = 6.39%

投资于B债券的税后收益率 = 80 × (1 − 30%)/1 000 = 5.6%

投资于C债券的税后收益率 = [100 × (1 − 30%) + (1 066.21 − 1 079.87) × (1 − 20%)]/1 079.87 = 5.47%

5. 【答案及解析】

(1) 发行价应当定为 1 000 × 10% × (P/A, 9%, 5) + 1 000 × (P/F, 9%, 5) = 100 × 3.8897 + 1 000 × 0.6499 = 388.97 + 649.90 = 1 038.87 (元)

(2) 设到期收益率为 i，则：

当 i = 9% 时，100 × (P/F, 9%, 4) + 1 000 × (P/F, 9%, 4) = 100 × 3.2397 + 1 000 × 0.7084 = 1 032.37 (元)

当 i = 8% 时，100 × (P/F, 8%, 4) + 1 000 × (P/F, 8%, 4) = 100 × 3.3121 + 1 000 × 0.7350 = 1 066.21 (元)

由内插法得：i = 8% + (1 066.21 − 1 049.06)/(1 066.21 − 1 032.37) × 1% = 8% + (17.15/33.84) × 1% = 8.51%

(3) 设跌价后该债券的到期收益率为 r，则有 900 = 1 000 × (1 + 10%)/(1 + r)，

r = 1 100/900 − 1 = 22.22%

6. 【答案及解析】

(1) 设乙国债到期收益率为R，同时由题知其为单利计息，则：

1 020 = 1 000 × (1 + 4% × 5) × (P/F, R, 3) = 1 200 × (P/F, R, 3)

当 R = 5% 时，1 200 × (P/F, 5%, 3) = 1 200 × 0.8638 = 1 036.56

当 R = 6% 时，1 200 × (P/F, 6%, 3) = 1 200 × 0.8396 = 1 007.52

由内插法得：(R − 5%) / (6% − 5%) = (1 020 − 1036.56) / (1 007.52 − 1 036.56)

R = 5% + (1 020 − 1 036.56)/(1 007.52 − 1 036.56) × (6% − 5%) = 5.57%

借款的半年利率为 3%，年有效利率为 $(1 + 3\%)^2 - 1 = 6.09\%$

因投资国债的收益率小于借款的年有效利率，所以应该提前偿还借款。

(2) 假设当前每期还款额为 A，由题知：

200 000 = A × (P/A, 3%, 10)，则 A = 200 000/8.5302 = 23 446.11 (元)

假设提前偿还借款之后的每期还款额为 B，则：

200 000 = 23 446.11 × (P/A, 3%, 4) + 60 000 × (P/F, 3%, 4) + B × (P/A, 3%, 6) × (P/F, 3%, 4)，解得 B = (200 000 − 23 446.11 × 3.717 − 60 000 × 0.8885)/[(P/A, 3%, 6) × (P/F, 3%, 4)] = 12 370.82 (元)

7. 【答案及解析】

(1) 债券实际年利率 = $(1 + 8\%/2)^2 - 1$ = 8.16%

每次发放的利息 = 100 × 8%/2 = 4 (元)

利息现值 = 4/(1 + 4%) + 4/(1 + 8%) + 4/(1 + 12%) + 4/(1 + 16%) + 4/(1 + 20%) + 4/(1 + 24%) = 3.846 + 3.704 + 3.571 + 3.448 + 3.333 + 3.226 = 21.13 (元)

(2) 债券价值 = 4 × (P/A, 5%, 6) + 100 × (P/F, 5%, 6) = 20.30 + 74.62 = 94.92 (元)

(3) 2020年7月1日债券价值 = 4 × (P/A, 6%, 4) + 100 × (P/F, 6%, 4) = 13.86 + 79.21 = 93.07 (元)，大于市价 85 元，值得购买。

(4) 设持有至到期收益率为 i，4 × (P/F, i/2, 1) + 104 × (P/F, i/2, 2) = 97

当 i = 12% 时，4 × (P/F, 6%, 1) + 104 × (P/F, 6%, 2) = 3.77 + 92.56 = 96.33

当 i = 10% 时，4 × (P/F, 5%, 1) + 104 × (P/F, 5%, 2) = 3.81 + 94.33 = 98.14

由内插法得：(i − 10%)/(12% − 10%) = (98.14 − 97)/(98.14 − 96.33)

解得，i = 11.26%

8. 【答案及解析】

(1) 发行价应当定为 1 000 × 8% × (P/A, 10%, 5) + 1 000 × (P/F, 10%, 5) = 80 × 3.7908 + 1 000 × 0.6209 = 303.26 + 620.9 = 924.16 (元)

（2）设到期收益率为 i，则：

当 $i=9\%$ 时，$1\,000\times8\%\times(P/A,9\%,3)+1\,000\times(P/F,9\%,3)=80\times2.5313+1\,000\times0.7722=974.70$（元）

当 $i=10\%$ 时，$1\,000\times8\%\times(P/A,10\%,3)+1\,000\times(P/F,10\%,3)=80\times2.4869+1\,000\times0.7513=950.25$（元）

由内插法得：$i=9\%+(962.47-974.7)/(950.25-974.7)\times1\%=9\%+(12.23/24.45)\times1\%=9.5\%$

则在发行日（2020 年 12 月 31 日）的到期收益率为 9.5%。

（3）设以该日收盘价计算的该债券的到期收益率是 r，则有 $720=1\,000\times(1+8\%)/(1+r)$，$r=1\,080/720-1=50\%$

第四章　资本成本

2023 年教材内容主要变化

2023 年第四章教材仅为部分文字性调整，无实质性变化。

本章近五年考试高频考点分布

本章是基础章节。资本成本是一个非常重要的概念。因为公司要达到股东财富最大化，必须使所有的投入成本最小化，其中包括资本成本的最小化，所以正确估计和合理降低资本成本是筹资决策的基础。同时公司为了增加股东财富，只能投资于投资报酬率高于资本成本率的项目，正确估计项目的资本成本是投资决策的基础。另外，营运资本管理、企业价值评估和业绩评价也会涉及资本成本。本章的题型除单选题、多选题、计算分析题外，还很容易和其他章节综合起来考查。最近五年本章平均考试分值为 7.3 分。

高频考点内容	年度及题型分布
资本成本的概念及分类	2019 年单选
债务资本成本的概念	2018 年单选
债务资本成本的估计	2022 年单选、2019 年综合
普通股资本成本的估计	2022 年综合 2020 年综合 2019 年综合 2018 年单选、2018 年多选
混合资本筹资成本的估计	2021 年单选
加权平均资本成本	2021 年综合、2020 年综合

高频考点精讲

本章介绍了各种资本成本估计以及计算的方法，与后面很多章节都有关联。主要内容包括资本成本的概念与用途、资本成本的影响因素、债务资本成本的概念、税前债务资本成本的估计、考虑/不考虑发行费用的普通股资本成本的估计、混合筹资资本成本的估计、加权平均资本成本的计算方法等。

高频考点 1：资本成本的概念及分类★

（一）资本成本的概念

资本成本是指筹资和使用资金的成本或是投资资本的机会成本。

资本成本的概念包括两个方面：一方面，资本成本与公司的筹资活动有关，它是公司募集和使用资金的成本，即筹资的成本；另一方面，资本成本与公司的投资活动有关，是将资本用于本项目投资所放弃的其他投资机会的收益，也称为投资项目的取舍率、最低可接受的报酬率。

（二）资本成本的分类

资本成本根据应用对象的不同，可分为公司的资本成本和投资项目的资本成本。公司资本成本是投资者针对整个公司要求的报酬率，或者说是投资者对于企业全部资产要求的报酬率；项目资本成本是公司投资于资本支出项目所要求的报酬率。

1. 公司的资本成本。

角度	对公司资本成本的界定	进一步理解
从公司筹资的交易本身来看	资本成本是公司取得资本使用权的代价	给债权投资者的收益就是筹资公司的债务成本，给权益投资者的收益就是筹资公司的股权成本
从公司筹资的交易涉及双方来看	资本成本是公司投资者的必要报酬率；投资者的税前必要报酬率等于公司的税前资本成本	由此可见公司的资本成本与资本市场有关，如果市场上其他的投资机会的报酬率升高，公司的资本成本也会上升
从不同的资金来源看	每一种资本要素要求的报酬率被称为要素成本。每一种要素的投资者都希望在投资上取得报酬，但是由于风险不同，每一种资本要素要求的报酬率不同	公司的资本成本是企业资本结构中各种资金来源成本的组合，即各资本要素成本的加权平均值
从不同公司来看	一个公司资本成本的高低，取决于三个因素：（1）无风险利率；（2）经营风险溢价；（3）财务风险溢价	公司的经营风险和财务风险大，投资者要求的报酬率就会较高，公司的资本成本也就较高

2. 项目的资本成本。

作为投资项目的资本成本即项目的必要报酬率，其高低既取决于资本运用于什么项目，又受筹资来源影响。

3. 项目资本成本与公司资本成本的关系。

新投资项目风险与企业现有资产平均风险的比较	对资本成本的影响
两者相同	项目资本成本与公司资本成本相等
前者高于后者	项目资本成本高于公司资本成本
后者高于前者	项目资本成本低于公司资本成本

4. 权益资本成本高于债务资本成本的原因。

股东要求的报酬率不容易观察，其报酬来自股利和股价上升两个方面。

公司没有义务必须支付某一特定水平的股

利，分配多少股利要看将来的经营状况和财务状况；股票价格有时上升，有时下降，会经常变化，因此，股价上升的收益也是不确定的；此外，股东的股利要求权排在债权人的利息之后，只有满足了债权人的要求之后，才可以分配股利。

基于以上原因，股东的风险比债权人大。因此，公司应当为股东支付更高的报酬，从而使权益资本成本高于债务资本成本。

经典例题

【真题·单选题】（2019）甲公司有X、Y两个项目组，分别承接不同的项目类型。X项目组资本成本8%，Y项目组资本成本12%，甲公司资本成本10%。下列项目中，甲公司可以接受的是（　　）。

A. 报酬率为9%的X类项目

B. 报酬率为7%的X类项目

C. 报酬率为10%的Y类项目

D. 报酬率为11%的Y类项目

【答案】A

【解析】报酬率为9%的X类项目大于X项目组资本成本8%，甲公司可以接受。报酬率为7%的X类项目小于X项目组资本成本8%，甲公司不可以接受。报酬率为10%的Y类项目和报酬率为11%的Y类项目都小于Y项目组资本成本12%，甲公司不可以接受。

高频考点2：资本成本的用途★

（一）公司的资本成本主要用于投资决策、筹资决策、营运资本管理、企业价值评估和业绩评价

资本成本的用途	运用的具体情形	运用时应注意的问题
投资决策	（1）采用净现值法的时候，项目资本成本是计算净现值的折现率； （2）采用内含报酬率法时，项目资本成本是其“取舍率”或必要报酬率	（1）当投资项目与公司现存业务相同时，可以使用公司资本成本作为投资项目的资本成本。 （2）如果投资项目与现有资产平均风险不同，以公司资本成本为基础适当调增或调减可以估计项目的资本成本
筹资决策	以加权平均资本成本来进行资本结构决策	最优资本结构是使股东财富最大化的资本结构。假设资本结构不改变企业的现金流，那么能使股东财富最大化的资本结构就是加权平均资本成本最小化的资本结构
营运资本管理	把各类流动资产投资看成是不同的“投资项目”，它们也有不同的资本成本。资本成本可以用来评估营运资本投资政策和营运资本筹资政策	用于流动资产的资本成本提高时，应适当减少营运资本投资额，并采用相对激进的筹资政策。决定存货的采购批量和储存量、制定销售信用政策和决定是否赊购等，都需要使用资本成本作为重要依据
企业价值评估	评估企业价值时，主要采用现金流量折现法，需要使用公司资本成本作为公司现金流量的折现率	在现实中，经常会碰到需要评估一个企业的价值的情况，例如企业并购、重组等。在制定公司战略时，需要知道每种战略选择对企业价值的影响，也会涉及企业价值评估
业绩评价	资本成本是投资者要求的报酬率，与公司实际的投资报酬率进行比较可以评价公司的业绩。核心指标是经济增加值。计算经济增加值需要使用公司资本成本	公司资本成本与资本市场相关，所以经济增加值可以把业绩评价和资本市场联系在一起

（二）资本成本、投资决策与筹资决策的关系

资本成本是连接投资和筹资的纽带。首先，投资决策决定了公司所需资金的数额和时间，成为筹资决策的依据；其次，筹资决策决定了一个公司的加权平均资本成本，加权平均

资本成本又成为投资决策的依据。

为了实现股东财富最大化的目标，公司在筹资活动中寻求资本成本最小化，与此同时，投资于报酬高于资本成本的项目并力求净现值最大化。

经典例题

【例题·多选题】公司的资本成本的主要用途有（　　）。

A. 用于营运资本的管理

B. 用于筹资决策

C. 用于企业价值评估

D. 用于投资决策

【答案】ABCD

【解析】公司的资本成本主要用于投资决策、筹资决策、营运资本管理、评估企业价值和业绩评价。

高频考点3：资本成本的影响因素★★

影响资本成本的因素分为外部因素与内部因素两大类。其中外部因素包括无风险利率、市场风险溢价、税率；内部因素包括资本结构与投资政策。

影响因素		如何影响资本成本
外部因素（个别公司无法控制）	无风险利率	无风险利率上升，公司的债务成本会上升，普通股的成本上升，投资的价值会降低，抑制公司的投资；无风险利率下降，公司资本成本也会下降，会刺激公司投资
	市场风险溢价	市场风险溢价会正向影响股权成本
	税率	税率变化直接影响税后债务成本以及公司加权平均资本成本；资本性收益的税务政策发生变化，会影响人们对于权益投资和债务投资的选择，并间接影响公司的最佳资本结构，进而影响加权平均资本成本
内部因素	资本结构	企业改变资本结构时，资本成本会随之改变。增加债务的比重，有可能会使平均资本成本趋于降低，同时会加大公司的财务风险。财务风险的提高，又会引起债务成本和股权成本上升
	投资政策	公司的资本成本反映现有资产的平均风险。如果公司向高于现有资产风险的新项目大量投资，公司资产的平均风险就会提高，并使得资本成本上升

命题点拨

命题角度：

关于资本成本影响因素的考核，具体出题时一般不会直接给出上述资本成本的影响因素，凡是影响上述因素的因素，也会间接影响资本成本，也构成影响因素之一。

经典例题

【例题·多选题】影响资本成本的因素有（　　）。

A. 总体经济环境

B. 资本市场条件

C. 企业经营状况和融资状况

D. 企业对筹资规模和时限的需求

【答案】ABCD

【解析】影响资本成本的因素包括：(1) 总体经济环境，总体经济环境会影响利率水平，进而影响资本成本；(2) 资本市场条件，会因为影响供求而影响资金价格，进而影响资本成本；(3) 企业经营状况和融资状况，会影响其现有资产的平均风险或资本结构，进而影响资本成本；(4) 企业对筹资规模和时限的需求，可能会降低企业与债权人的谈判能力，进而影响资本成本。所以四个选项都正确。

高频考点4：债务资本成本的概念★★

估计债务资本成本就是估计债权人要求的报酬率，其估计方法与债务筹资的特征有关。

（一）债务筹资的特征

特征	特征描述
基本特征	债务筹资产生归还本息的合同义务
	债权人本息的请求权优先于股东的股利
	提供债务资本的投资者，没有权利获得高于合同约定利息之外的任何收益
引申特征	债务资本的提供者承担的风险显著低于股东，所以其要求报酬率低于股东
	筹资公司债务的资本成本低于权益筹资

（二）估计债务资本成本时必要的区分

估计债务资本成本时要区分债务的历史成本和未来成本、债务的承诺收益与期望收益、长期债务成本和短期债务成本。

区分对象	如何区分	需要注意的特殊情况
债务的历史成本和未来成本	作为投资决策和企业价值评估依据的资本成本，只能是未来借入新债务的成本	现有债务的历史成本，对于未来的决策来说是不相关的沉没成本，但它往往为估计未来资本成本提供基础
债务的承诺收益与期望收益	因为存在违约的可能性，理性的债务投资者成功的投资只能得到承诺收益；而对于筹资者来说，在不考虑筹资费用的情况下，债权人的期望收益是其债务的真实成本。因为公司可以违约，所以承诺收益夸大了债务成本	应当以债务的期望收益作为债务成本。因为当筹资公司处于财务困境或者财务状况不佳时，债务的承诺收益率可能非常高，如果债务的承诺收益率高于股权成本，仍以承诺收益率作为债务成本的话，就会出现债务成本高于权益成本的错误结论
长期债务成本和短期债务成本	公司有多种债务，利率各不相同。需要分别计算每一种债务的成本，然后计算出加权平均债务成本。加权平均资本成本主要用于资本预算，涉及的债务是长期债务，因此通常只考虑长期债务，而忽略短期债务	有时候公司无法发行长期债券或取得长期银行借款，被迫采用短期债务筹资并将其不断续约。这种债务，实质上是一种长期债务

经典例题

【真题·单选题】（2018）进行投资项目资本预算时，需要估计债务资本成本。下列说法中，正确的是（　　）。

A. 如果公司资本结构不变，债务资本成本是现有债务的历史成本

B. 如果公司有上市债券，可以使用债券承诺收益作为债务资本成本

C. 即使公司通过不断续约短债长用，债务资本成本也只计算长期债务的成本

D. 如果公司发行“垃圾债券”，债务资本成本应是考虑违约可能后的期望成本

【答案】D

【解析】作为投资决策和企业价值评估依据的资本成本，只能是未来借入新债务的成本。现有债务的历史成本，对于未来的决策来说是不相关的沉没成本。选项A错误。对于筹资人来说，债权人的期望收益是其债务的真实成本。选项B错误。值得注意的是，有时候公司无法发行长期债券或取得长期银行借款，被迫采用短期债务筹资并将其不断续约。这种债务，实质上是一种长期债务，是不能忽略的，选项C错误。如果筹资公司处于财务困境或者财务状况不佳，债务的承诺收益率可能非常高，例如，各种“垃圾债券”。所以债务资本成本应是考虑违约可能后的期望成本，选项D正确。

高频考点5：债务资本成本的估计★★★

（一）债务资本成本的估计方法

债务资本成本分为税前债务资本成本与税后债务资本成本两种口径。

估计对象	估计方法	计算公式	适用情况
税前债务资本成本	到期收益率法	$P_0 \times (1-F) = \sum_{t=1}^{n} \frac{利息}{(1+r_d)^t} + \frac{本金}{(1+r_d)^t}$	公司目前有上市的长期债券
	可比公司法	找一个拥有可交易债券的可比公司作为参照物，计算其长期债券的到期收益率，作为本公司的长期债务成本	没有上市债券，可以找到一个拥有可交易债券的可比公司作为参照物。可比公司应当与目标公司处于同一行业，具有类似的商业模式。最好两者的规模、负债比率和财务状况也比较类似
	风险调整法	政府债券的到期收益率 + 企业的信用风险补偿率	本公司没有上市的债券，而且找不到合适的可比公司，有公司信用评级
	财务比率法	根据公司的关键财务比率和信用级别与关键财务比率对照表，估计出公司的信用级别，进而按照前述的“风险调整法”估计其债务成本	目标公司没有上市的长期债券，也找不到合适的可比公司，并且没有公司信用评级资料
税后债务资本成本		税前债务成本 ×（1 − 所得税税率）	

名师解惑

问：老师，在以到期收益率法计算税前债务资本成本时，是否考虑发行费用？如果没有发行费用，上表中的计算公式会发生什么变化？

答：在以到期收益率法计算税前债务资本成本时，应考虑发行费用。如果没有发行费用，公式左边 F 即为 0。

（二）估计企业的信用风险补偿率的做法

信用风险的大小可以用信用级别来估计。如果没有公司信用级别，先用财务比率法估计出信用级别。有了信用级别后，具体做法如下：

1. 选择若干信用级别与本公司相同的上市的公司债券（不一定符合可比公司条件）；
2. 计算这些上市公司债券的到期收益率；
3. 计算与这些上市公司债券同期的长期政府债券到期收益率（无风险利率）；
4. 计算上述两个到期收益率的差额，即信用风险补偿率；
5. 计算信用风险补偿率的平均值，作为本公司的信用风险补偿率。

经典例题

【真题·单选题】（2022）甲公司是一家传统制造业企业，拟投资新能源汽车项目，预计期限 10 年。乙公司是一家新能源汽车制造企业，与该项目具有类似的商业模式、规模、负债比率和财务状况。下列各项中，最适合作为该项目债务资本成本的是（　　）。

A. 刚刚发行的 10 年期政府债券的票面利率 5%

B. 刚刚发行的 10 年期政府债券的到期收益率 5.5%

C. 乙公司刚刚发行的 10 年期债券的票面利率 6%

D. 乙公司刚刚发行的 10 年期债券的到期收益率 6.5%

【答案】D

【解析】在估计债务的税前资本成本时，如果目标公司目前有上市的长期债券，则可以使用到期收益率法计算债务的税前资本成本，如果目标公司没有上市债券，可以采用可比公司法，以可比公司长期债券的到期收益率作为公司的长期债务成本。可比公司应当与目标公司处于同一行业，具有类似的商业模式，最好两者的规模、负债比率和财务状况也必将类似。本题中，乙公司与甲公司同为新能源企业行业，且具有类似的商业模式、规模、负债比率和财务状况，根据可比公司法，应当使用乙公司刚刚发行的 10 年期债券的到期收益率作为债务资本成本，选项 D 正确。

【例题·多选题】企业在进行资本预算时需要对债务资本成本进行估计。如果不考虑所得税与发行成本的影响，下列关于债务资本成本的说法中，正确的有（　　）。

A. 债务资本成本等于债权人的期望收益率

B. 当不存在违约风险时，债务资本成本等于债务的承诺收益率

C. 估计债务资本成本时，应使用现有债务的加权平均债务资本成本

D. 计算加权平均债务资本成本时，通常不需要考虑短期债务

【答案】ABD

【解析】如果不考虑所得税和发行成本的影响，债务资本成本等于债权人的期望收益率，所以，选项 A 正确；当不存在违约风险时，债务资本成本等于债务的承诺收益率，所以，选项 B 正确；估计债务资本成本时，应使用未来债务的加权平均债务资本成本，所以，选项 C 错误；计算加权平均债务资本成本时，只需考虑长期债务，通常不需要考虑短期债务，原因是短期债务筹集的是营运资本，所以，选项 D 正确。

高频考点 6：普通股资本成本的估计

★★★

普通股资本成本是指筹集普通股所需的面向未来的筹资成本。增加普通股有两种方式：一种是增发新的普通股，另一种是留存收益转增普通股。这两种方式资本成本的估计只在股利增长模型中存在差别，发行新股有发行费用，留存收益没有发行费用。所以留存收益的成本要稍稍低于发行新股的成本。

估计模型	公式	公式中指标的估计过程
资本资产定价模型	$r_s = r_{RF} + \beta \times (r_m - r_{RF})$	除了存在恶性的通货膨胀或预测周期特别长采用实际利率的情况之外，以上市交易的政府长期债券的名义到期收益率代表无风险利率 r_{RF}；如果驱动 β 值的经营风险和财务风险无重大变化，以反映公司风险特征的期间内每周或每月的股票报酬率来计算历史的 β 值；尽量用更长时间跨度内的市场收益率的算数或几何平均数来计算市场风险溢价
股利增长模型	$r_s = \dfrac{D_1}{P_0 \times (1 - F)} + g$	增长率 g 的确定方法有三种：一是选择相关性最好的历史几何平均股利增长率；二是在满足可持续性增长的前提下，用可持续增长率；三是利用分析师预测的股利增长率，或者将不稳定的增长率几何平均化，或者通过内插法以不均匀的增长率直接计算股权成本
债券收益率风险调整模型	$r_s = r_{dt} + RP_e$	风险溢价一是凭借经验估计，在 3% ~5% 之间；二是用历史数据比较目标公司股权收益率与债券收益率间的平均差异

经典例题

【真题·单选题】（2020）甲公司采用债券收益率风险调整模型估计股权资本成本，税前债务资本成本 8%，股权相对债权风险溢价 6%。企业所得税税率 25%。甲公司的股权资本成本是（　　）。

A. 6%　　B. 8%

C. 12%　　D. 14%

【答案】C

【解析】甲企业税后债务资本成本 =8% ×（1 -25%）=6%；甲企业股权资本成本 = 甲企业税后债务资本成本 + 甲企业股权相较于债权的风险溢价 =6% +6% =12%。

【真题·单选题】（2018）在采用债券收益率风险调整模型估计普通股资本成本时，风险溢价是（　　）。

A. 目标公司普通股相对长期国债的风险溢价

B. 目标公司普通股相对短期国债的风险

溢价

C. 目标公司普通股相对可比公司长期债券的风险溢价

D. 目标公司普通股相对目标公司债券的风险溢价

【答案】D

【解析】风险溢价是凭借经验估计的。一般认为，某企业普通股风险溢价对其自己发行的债券来讲，大约在3%～5%之间。

【真题·多选题】（2018）下列各项中可用于估计普通股资本成本的方法有（ ）。

A. 财务比率法

B. 资本资产定价模型

C. 固定股利增长模型

D. 债券收益率风险调整模型

【答案】BCD

【解析】选项A属于税前债务资本成本的估计方法，其他选项均正确。

【真题·多选题】（2018）采用实体现金流量模型进行企业价值评估时，为了计算资本成本，无风险利率需要使用实际利率的情况有（ ）。

A. 预测周期特别长

B. β 值较大

C. 存在恶性通货膨胀

D. 市场风险溢价较高

【答案】AC

【解析】使用实际利率计算资本成本有两种情况：①存在恶性的通货膨胀（通货膨胀率已经达到两位数）时，最好使用排除通货膨胀的实际现金流量和实际利率；②预测周期特别长，通货膨胀的累积影响巨大。

高频考点7：混合筹资资本成本的估计★

混合筹资兼具债权和股权筹资双重属性，主要包括优先股筹资、永续债筹资、附认股权证债券筹资和可转换债券筹资等。

优先股的资本成本计算公式为：

$$r_p=\frac{D_p}{P_p(1-F)}$$

永续债的资本成本计算公式为：

$$r_{pd}=\frac{I_{pd}}{P_{pd}(1-F)}$$

经典例题

【真题·单选题】（2021）甲公司拟发行优先股筹资，发行费用率和年股息率分别为2%和8%，每半年支付一次股利，企业所得税税率25%。根据税法规定，该优先股股利不能抵税。该优先股资本成本为（ ）。

A. 7.84%　　B. 8.00%

C. 8.16%　　D. 8.33%

【答案】D

【解析】优先股的资本成本计算公式为 $r_p=\frac{D_p}{P_p(1-F)}$，因为是半年付息，则其实际资本成本 $=\left(1+\frac{\frac{8\%}{2}}{1-2\%}\right)^2-1=8.33\%$。

【例题·计算分析题】

某公司2019年发行了10万股优先股，发行价格为每股8元，发行费用是发行价格的5%，发行后每年每股发放优先股股息0.9元。请计算该公司优先股的资本成本。

【答案与解析】

该公司的优先股资本成本为：

$$r_p=\frac{D_p}{P_p(1-F)}=\frac{0.9}{8\times(1-5\%)}=11.84\%$$

高频考点8：加权平均资本成本的估计★★

加权平均资本成本是公司全部长期资本的平均成本，一般按各种长期资本的比例加权计算，故称加权平均资本成本。计算公司的加权平均资本成本，有三种权重依据可供选择，即账面价值权重、实际市场价值权重和目标资本结构权重。

权重	概念	优缺点
账面价值权重	是根据企业资产负债表上显示的会计价值来衡量每种资本的比例	优点是计算时很方便；缺点在于账面结构反映的是历史的结构，不一定符合未来的状况；账面价值权重会歪曲资本成本，因为账面价值与市场价值有极大的差异
实际市场价值权重	是根据当前负债和权益的市场价值比例衡量每种资本的比例	由于市场价值不断变动，负债和权益的比例也随之变动，计算出的加权平均资本成本数额也是经常变化的
目标资本结构权重	是根据按市场价值计量的目标资本结构衡量每种资本要素的比例	如果公司向目标资本结构发展，目标资本结构权重代表未来将如何筹资的最佳估计。这种权重可以选用平均市场价格，回避证券市场价格变动频繁的不便；可以适用于公司评价未来的资本结构

经典例题

【真题·综合题】（2021）甲公司打算投资一个新项目，共需筹资 5 000 万元，其中：需要向银行借款 2 500 万元，年利率 6.6%；另外的 2 500 万元通过发行普通股筹集。

甲公司的股权资本成本与税后债务资本成本的风险溢价为 4.1%，所得税税率 25%。

要求：计算甲公司新项目的股权资本成本和加权平均资本成本。

【答案及解析】股权资本成本 = 6.6% ×（1 − 25%）+ 4.1% = 9.05%，加权平均资本成本 = 6.6% ×（1 − 25%）× 50% + 9.05% × 50% = 7%。

【例题·计算分析题】C 公司研究一项生产能力扩张计划的可行性，需要对资本成本进行估计。估计资本成本的有关资料如下：

（1）公司现有长期负债：面值 1 000 元，票面利率 12%，每半年付息的不可赎回债券；该债券还有 5 年到期，当前市价 967.59 元；假设新发行长期债券时采用私募方式，不用考虑发行成本。

（2）公司现有优先股：面值 100 元，股息率 12%，每季付息的永久性优先股。其当前市价 102 元。如果新发行优先股，需要承担每股 2 元的发行成本。

（3）公司现有普通股：当前市价 49.98 元，最近一次支付的股利为 5.15 元/股，预期股利的永续增长率为 5%，该股票的 β 系数为 1.2，公司不准备发行新的普通股。

（4）资本市场：国债收益率为 6.98%；市场平均风险溢价估计为 6%。

（5）公司所得税税率为 40%。

要求：

（1）计算债券的税后资本成本；

（2）计算优先股资本成本；

（3）计算普通股资本成本：用资本资产定价模型和股利增长模型两种方法估计，以两者的平均值作为普通股资本成本；

（4）假设目标资本结构是 40% 的长期债券、10% 的优先股、50% 的普通股，根据以上计算得出的长期债券资本成本、优先股资本成本和普通股资本成本估计公司的加权平均资本成本。

【答案及解析】（1）1 000 × 6% ×（1 − 40%）×（P/A，K，10）+ 1 000 ×（P/F，K，10）= 1 051.19

36 ×（P/A，K，10）+ 1 000 ×（P/F，K，10）= 967.59

设 K = 4% 时，36 × 8.1109 + 1 000 × 0.6756 = 967.59

半年的税后债务成本是 4%；

则年度税后债务资本成本 = $(1+4\%)^2-1$ = 8.16%

（2）100 × 12% = 12（元），每季度股利 = 12/4 = 3（元）

季度优先股成本 = 3/（102 − 2）= 3%

年优先股成本 = $(1+3\%)^4-1$ = 12.55%

（3）按照股利折现模型有：

$K_{普}$ = 5.15 ×（1 + 5%）/49.98 + 5% =

15.82%

按照资本资产定价模型有：

$K_{普}$ =6.98% +1.2×6% =14.18%

平均普通股成本 =（15.82% +14.18%）÷2 =15%

（4）加权平均资本成本 =8.16% ×40% +12.55% ×10% +15% ×50% =12.02%

进阶练习

（一）单选题

1. 甲公司是一家上市公司，使用“债券收益风险调整模型”估计甲公司的权益资本成本时，债券收益是指（　　）。

A. 政府发行的长期债券的票面利率

B. 政府发行的长期债券的到期收益率

C. 甲公司发行的长期债券的税前债务资本成本

D. 甲公司发行的长期债券的税后债务资本成本

2. 甲公司采用风险调整法估计债务资本成本，在选择若干已上市公司债券以确定本公司的信用风险补偿率时，应当选择（　　）。

A. 与本公司债券期限相同的债券

B. 与本公司信用级别相同的债券

C. 与本公司所处行业相同的公司的债券

D. 与本公司商业模式相同的公司的债券

3. 在估计税前债务资本成本时，如果目标公司没有上市的长期债券，也找不到合适的可比公司，并且没有信用评级资料。则目标公司可以采用的估计方法是（　　）。

A. 可比公司法

B. 财务比率法

C. 风险调整法

D. 到期收益率法

4. 下列各项中，不属于普通股资本成本估计方法的是（　　）。

A. 资本资产定价模型

B. 债券收益率风险调整模型

C. 可比公司法

D. 股利增长模型

5. 某上市公司普通股的平均风险报酬率为 13%，β 值为 1.2，市场无风险利率为 10%，则该公司普通股的资本成本为（　　）。

A. 12%　　B. 13.6%

C. 15.6%　　D. 16.6%

6. 甲公司预计未来不增发新股或回购股票，并且保持经营效率和财务政策不变，预计股利支付率为 20%，期初权益预期净利率为 8%。当前公司股票市价为每股 40 元，最近一期已支付的每股股利为 3 元。则甲公司股票的资本成本为（　　）。

A. 12.68%　　B. 13.9%

C. 14.38%　　D. 15.5%

7. 甲公司拟发行一批优先股，每股面值为 100 元，规定的年股息率为 7.04%。该优先股采用溢价发行，每股发行价格为 115 元，每股发行费用为 5 元。假设企业所得税税率为 25%，则该优先股的税后资本成本为（　　）。

A. 4.65%　　B. 4.8%

C. 6.2%　　D. 6.4%

8. 甲公司采用债券收益率调整模型估计股权资本成本，税前债务资本成本 8%，股权相对债权风险溢价 6%，企业所得税税率 25%，甲公司的股权资本成本是（　　）。

A. 8%　　B. 6%

C. 14%　　D. 12%

9. 公司增发的普通股的市价为 15 元/股，发行费用为市价的 5%，本年发放的股利每股 0.5 元，已知同类股票的资本成本为 10%，则维持此股价需要的股利增长率为（　　）。

A. 6%　　B. 6.27%

C. 6.68%　　D. 10.34%

10. 下列关于资本成本的说法中，错误的是（　）。

A. 资本成本的本质是企业为筹集和使用资金而实际付出的代价

B. 企业的资本成本受无风险利率和税率的共同影响

C. 资本成本的计算主要以年度的相对比率为计量单位

D. 资本成本可以视为项目投资或使用资金的机会成本

11. 公司在进行投资决策时，需要估计的债务成本是（　）。

A. 现有债务的承诺收益

B. 未来债务的期望收益

C. 未来债务的承诺收益

D. 现有债务的期望收益

12. 在不考虑筹资限制的情况下，下列筹资方式中，个别资本成本最高的通常是（　）。

A. 发行公司债券

B. 留存收益筹资

C. 长期借款筹资

D. 发行普通股筹资

13. 公司投资一项证券资产，每年年末都能按照5%的名义利率获取相应的现金收益。假设通货膨胀率为2%，则该证券资产的实际利率为（　）。

A. 2.94%　　B. 3.92%

C. 4.00%　　D. 5.88%

14. 下列各项中可用于估计税前债务资本成本的方法是（　）。

A. 财务比率法

B. 资本资产定价模型

C. 固定股利增长模型

D. 债券收益率风险调整模型

（二）多选题

1. 以下事项中，一定会导致公司加权平均资本成本降低的有（　）。

A. 因总体经济环境变化，导致无风险报酬率降低

B. 公司固定成本占全部成本的比重降低

C. 公司股票上市交易，改善了股票的市场流动性

D. 发行公司债券，增加了长期负债占全部资本的比重

2. 下列关于公司资本成本的表述中，正确的有（　）。

A. 公司资本成本是投资者要求的必要报酬率

B. 公司资本成本是各个资本要素成本的加权平均值

C. 公司资本成本是公司投资于资本支出项目所要求的必要报酬率

D. 公司资本成本与公司的投资活动有关

3. 下列各项因素发生变化时，会导致企业资本成本增加的有（　）。

A. 市场的无风险利率降低

B. 高财务杠杆引发的公司财务风险增加

C. 企业所得税税率增加

D. 向高于现有公司资产风险的新项目投资

4. 影响企业资本成本高低的内部因素包括（　）。

A. 企业所得税税率

B. 资本结构

C. 市场风险溢价

D. 投资政策

5. 下列关于公司税前债务资本成本的不同估计方法中，说法错误的有（　）。

A. 非上市目标公司适宜采用到期收益率法估计税前债务资本成本

B. 采用可比公司法估计债务资本成本时，可比公司与目标公司应当处于相同的生命周期

C. 采用财务比率法估计债务成本需要以风险调整法为基础

D. 如果目标公司无法获取相关信用评级

资料，则不宜采用风险调整法估计债务资本成本

6. 采用资本资产定价模型估计普通股资本成本时，公式中关于无风险利率的估计，下列说法正确的有（　　）。

A. 应当使用短期政府债券利率作为无风险利率

B. 应当使用长期政府债券利率作为无风险利率

C. 应当使用政府债券的票面利率作为无风险利率

D. 应当使用政府债券的到期收益率作为无风险利率

7. 公司增加普通股的方式有两种，一种是增发新的普通股，另一种是通过留存收益转增普通股。下列关于这两种方式的表述中，正确的有（　　）。

A. 两种增发普通股的方式均需要考虑发行费用

B. 采用留存收益转增普通股无须考虑发行费用

C. 增发新的普通股成本高于采用留存收益转增普通股的成本

D. 增发新的普通股成本低于采用留存收益转增普通股的成本

8. 对债务成本进行估计时，如果不考虑所得税的影响，下列关于债务成本的说法中，正确的有（　　）。

A. 计算加权平均债务成本时，通常忽略短期债务

B. 当存在违约风险时，债务成本低于债务的承诺收益

C. 作为投资决策依据的资本成本，不应使用现有债务的加权平均债务成本

D. 在采用风险调整法测算公司的信用风险补偿率时，应选择同行业上市的公司债券与政府债券到期收益率的差额

9. 计算公司加权平均资本成本时，有哪几种权重计算方法（　　）。

A. 目前账面价值

B. 当前市场价值

C. 目标市场价值

D. 预计账面价值

10. 公司资本成本的高低，取决于哪些因素（　　）。

A. 无风险利率

B. 经营风险溢价

C. 财务风险溢价

D. 项目风险溢价

11. 关于利用风险调整法确定债务资本成本的表述，正确的有（　　）。

A. 信用风险补偿率 = 信用级别与本公司相同的上市公司债券到期收益率 − 与这些上市公司债券同期的长期政府债券到期收益率

B. 信用风险补偿率 = 可比公司的公司债券到期收益率 − 与这些上市公司债券同期的长期政府债券到期收益率

C. 税前债务成本 = 政府债券的市场回报率 + 通货膨胀补偿率 + 企业的信用风险补偿率

D. 税前债务成本 = 政府债券的市场回报率 + 企业的信用风险补偿率

12. 下列选项中会导致不同公司的资本成本不同的有（　　）。

A. 无风险利率

B. 财务风险

C. 经营的业务

D. 通货膨胀率

13. 资本资产定价模型是估计权益成本的一种方法。下列关于资本资产定价模型参数估计的说法中，正确的有（　　）。

A. 估计无风险利率时，通常可以使用上市交易的政府长期债券的票面利率

B. 估计市场风险溢价时，使用较长年限数据计算出的结果比使用较短年限数据计算出的结果更可靠

C. 估计 β 时，使用较长年限数据计算出

的结果比使用较短年限数据计算出的结果更可靠

D. 预测未来资本成本时，如果公司未来的业务将发生重大变化，则不能用企业自身的历史数据估计 β 值

14. 从企业的角度看，资本成本是投资项目的（　　）。

A. 实际成本　　B. 未来成本

C. 过去成本　　D. 机会成本

15. 在计算个别资本成本时，需要考虑所得税抵减作用的筹资方式有（　　）。

A. 银行借款

B. 普通股

C. 分类为权益工具的优先股

D. 长期债券

16. 下列关于投资项目资本成本的说法中，正确的有（　　）。

A. 资本成本是投资项目的取舍率

B. 资本成本是投资项目的必要报酬率

C. 资本成本是投资项目的机会成本

D. 资本成本是投资项目的内含报酬率

17. 甲公司是一家稳定发展的制造业企业，经营效率和财务政策过去十年保持稳定且预计未来继续保持不变，未来不打算增发或回购股票，公司现拟用股利增长模型估计普通股资本成本，下列各项中，可作为股利增长率的有（　　）。

A. 甲公司可持续增长率

B. 甲公司内含增长率

C. 甲公司历史股利增长率

D. 甲公司历史股价增长率

（三）计算分析题

1. A公司需要筹集990万元资金，使用期5年，有以下两个筹资方案：

（1）甲方案：委托××证券公司公开发行债券，债券面值为1 000元，承销差价（留给证券公司的发行费用）每张票据是51.60元，票面利率14%，每年付息一次，5年到期一次还本。发行价格根据当时的预期市场利率确定。

（2）乙方案：向××银行借款，名义利率是10%，补偿性余额为10%，5年后到期时一次还本并付息（单利计息）。

假设当时的预期市场利率（资金的机会成本）为10%，不考虑所得税的影响。

要求：

（1）甲方案的债券发行价格应该是多少？

（2）根据得出的价格发行债券，假设不考虑时间价值，哪个筹资方案的成本（指总的现金流出）较低？

（3）如果考虑时间价值，哪个筹资方案的成本较低？

2. 甲公司是一家上市公司，主营保健品生产和销售。2022年7月1日，为对公司业绩进行评价，需估算其资本成本。相关资料如下：

（1）甲公司目前长期资本中有长期债券1万份，普通股600万股，没有其他长期债务和优先股。长期债券发行于2021年7月1日，期限5年，票面价值为1 000元，票面利率为8%，每年6月30日和12月31日付息。公司目前长期债券每份市价为935.33元，普通股每股市价为10元。

（2）目前无风险利率为6%，股票市场平均收益率11%，甲公司普通股的 β 值为1.4。

（3）甲公司的企业所得税税率为25%。

要求：

（1）计算甲公司长期债券税前资本成本。

（2）用资本资产定价模型计算甲公司普通股资本成本。

（3）以公司目前的实际市场价值为权重，计算甲公司加权平均资本成本。

（4）在计算公司加权平均资本成本时，有哪几种权重计算方法？简要说明各种权重计算方法并比较优缺点。

3. B公司是一家制造企业，2019年度财务报表有关数据如下：

单位：万元

项目	金额
营业收入	10 000
营业成本	6 000
销售及管理费用	3 240
息前税前利润	760
利息支出	135
利润总额	625
所得税费用	125
净利润	500
本期分配股利	350
本期利润留存	150
期末股东权益	2 025
期末流动负债	700
期末长期负债	1 350
期末负债合计	2 050
期末流动资产	1 200
期末长期资产	2 875
期末资产总计	4 075

B 公司没有优先股，目前发行在外的普通股为 1 000 万股。假设 B 公司的资产全部为经营资产，流动负债全部是经营负债，长期负债全部是金融负债。公司目前已达到稳定增长状态，未来年度将维持 2019 年的经营效率和财务政策不变（包括不增发新股和回购股票），可以按照目前的利率水平在需要的时候取得借款，不变的营业净利率可以涵盖不断增加的负债利息。2019 年的期末长期负债代表全年平均负债，2019 年的利息支出全部是长期负债支付的利息。公司适用的所得税税率为 25%。

要求：

（1）计算 B 公司 2020 年的预期销售增长率。

（2）计算 B 公司未来的预期股利增长率。

（3）假设 B 公司 2020 年初的股价是 9.45 元，计算 B 公司的股权资本成本和加权平均资本成本。

4. 甲公司拟于 2016 年 10 月发行 3 年期的公司债券，债券面值为 1 000 元，每半年付息一次，2019 年 10 月到期还本，甲公司目前没有已上市债券，为了确定拟发行债券的票面利率，公司决定采用风险调整法估计债务成本。财务部新入职的小王进行了以下分析及计算：

（1）收集同行业的 3 家公司发行的已上市债券，并分别与各自发行期限相同的已上市政府债券进行比较，结果如下：

公司债券				政府债券			票面利率差额
发债公司	期限	到期日	票面利率	期限	到期日	票面利率	
A 公司	3 年期	2017 年 5 月 6 日	7.7%	3 年期	2018 年 6 月 8 日	4%	3.7%

续表

公司债券				政府债券			票面利率差额
发债公司	期限	到期日	票面利率	期限	到期日	票面利率	
B公司	5年期	2018年1月5日	8.6%	5年期	2019年10月10日	4.3%	4.3%
C公司	7年期	2019年8月5日	9.2%	7年期	2020年10月10日	5.2%	4%

（2）公司债券的平均风险补偿率 =（3.7% +4.3% +4%）/3 =4%；

（3）使用3年期政府债券的票面利率估计无风险报酬率，无风险报酬率 =4%；

（4）税前债务成本 = 无风险报酬率 + 公司债券的平均风险补偿率 =4% +4% =8%；

（5）拟发行债券的票面利率 = 税后债务成本 =8% ×（1 −25%）=6%。

要求：

（1）请指出小王在确定公司拟发行债券票面利率过程中的错误之处，并给出正确的做法。（无须计算）

（2）如果对所有错误进行修正后等风险债券的税前债务成本为8.16%，请计算拟发行债券的票面利率和每期（半年）付息额。

5. H公司是一个高成长的公司，目前每股价格为20元，每股股利为1元，股利预期增长率为6%。

公司现在急需筹集资金5 000万元，有以下两个备选方案：

方案1：按照目前市价增发股票250万股。

方案2：平价发行10年期的长期债券。目前新发行的10年期政府债券的到期收益率为3.6%。H公司的信用级别为AAA级，目前上市交易的AAA级公司债券有3种。这3种公司债券及与其到期日接近的政府债券的到期收益率如下表所示：

债券发行公司	上市债券到期日	上市债券到期收益率	政府债券到期日	政府债券到期收益率
甲	2022年7月1日	6.50%	2022年6月30日	3.40%
乙	2023年9月1日	6.25%	2023年8月1日	3.05%
丙	2025年6月1日	7.50%	2025年7月1日	3.60%

要求：

（1）计算按方案1发行股票的资本成本。

（2）计算按方案2发行债券的税前资本成本。

6. 甲公司计划以4∶1∶2（负债∶优先股∶普通股）的资本结构为某项目筹资。如果决定投资该项目，甲公司将于2020年10月发行10年期债券，同时发行面值100元，预计溢价发行率110%，股息率7%，每季度末付息的永久性优先股（分类为权益工具）。发行优先股需要承担每股3元的发行成本。由于甲公司目前没有已上市债券，拟采用风险调整法确定债务资本成本。此项目的普通股的资本成本相对其税后债务资本成本的风险溢价为6%。

甲公司为钢铁行业，信用级别为BB级，甲公司搜集了6种最近上市交易的公司债券，这6种债券及与其到期日接近的政府债券的到期收益率如下：

发债公司	行业	信用级别	上市债券到期日	上市债券到期收益率	政府债券到期日	政府债券到期收益率
乙	钢铁	BB	2025.01.28	6.5%	2025.02.01	3.4%
丙	汽车	A	2025.01.28	6.1%	2025.02.01	3.4%
丁	汽车	BB	2026.09.26	7.6%	2026.10.01	3.6%
戊	钢铁	BB	2028.10.15	8.3%	2028.10.10	4.3%
己	钢铁	A	2027.01.28	8%	2027.02.01	4.4%
庚	钢铁	AA	2025.01.28	5.5%	2025.02.01	3.4%

甲公司适用的企业所得税税率为25%。目前市场上有一种还有10年到期的已上市政府债券，该债券面值为1 000元，票面利率6%，每年付息一次，到期一次归还本金，当前市价为1 120元，刚过付息日。

要求：

（1）根据所给资料，估计无风险报酬率；

（2）计算债务资本成本；

（3）计算优先股的资本成本；

（4）计算普通股的资本成本；

（5）计算加权平均资本成本。

进阶练习答案及解析

（一）单选题

1.【答案】D

【解析】按照债券收益风险调整模型，权益资本成本＝税后债务资本成本＋股东比债权人承担更大风险所要求的风险溢价，这里的税后债务资本成本是指企业自己发行的长期债券的税后债务资本成本。

2.【答案】B

【解析】采用风险调整法估计债务资本成本，在选择若干已上市公司债券以确定本公司的信用风险补偿率时，应当选择信用级别与本公司相同的上市公司债券。

3.【答案】B

【解析】采用可比公司法的前提是目标公司能够找到合适的可比公司，选项A错误；风险调整法要求目标公司能够获得信用级别与其相同的上市公司债券的相关资料，选项C错误；到期收益率法适用于目标公司目前有上市长期债券的情形，选项D错误。

4.【答案】C

【解析】可比公司法属于税前债务资本成本的估计方法，选项C表述错误，当选。

5.【答案】B

【解析】普通股的资本成本＝无风险利率＋β×（股票平均风险报酬率－无风险利率）＝10%＋1.2×（13%－10%）＝13.6%。

6.【答案】C

【解析】股利增长率＝可持续增长率＝期初权益预期净利率×预计利润留存率＝8%×（1－20%）＝6.4%；甲公司股票的资本成本＝3×（1＋6.4%）/40＋6.4%＝14.38%，选项C正确。

7.【答案】D

【解析】优先股的资本成本＝（100×7.04%）/（115－5）＝6.4%。

小贴士 优先股股息不得税前抵扣，因此直接以优先股股利计算出来的资本成本就是优先股税后资本成本。

8.【答案】D

【解析】股权资本成本＝税后债务成本＋股东比债权人承担更大风险所要求的风险溢价

$=8\% \times (1-25\%)+6\%=12\%$。

9.【答案】B

【解析】股票的资本成本 $=D(1+g)/[P\times(1-F)]+g$，即股票的资本成本 $=10\%=[0.5\times(1+g)]/[15\times(1-5\%)]+g$，则 $g=6.27\%$。故选 B。

10.【答案】A

【解析】根据资本成本的定义可知，资本成本是企业为筹集和使用资金而付出的代价。这一定义表明，资本成本是企业的投资者对投入企业的资本所要求的收益率，同时也就是企业的机会成本，但并不是企业实际付出的代价。由此可以判定选项 A 的说法不正确，当选；选项 D 说法正确，不选。根据决定资本成本高低的因素，包括外部因素：无风险利率、市场风险溢价和税率，及内部因素：资本结构、投资政策，可判定选项 B 说法正确，不选。根据资本成本的计算公式可以判断选项 C 的说法亦是正确的，不选。

11.【答案】B

【解析】资本成本的主要用途是用于决策，而决策总是面向未来的，因此，在进行投资决策时，需要估计的债务资本成本是未来的增量债务资本的机会成本，而不是现有债务资本的历史成本，选项 A、D 错误。如果筹资公司处于财务困境或者财务状况不佳的情形下，债务人的承诺收益可能非常高，以此为基础来确定的债务成本就可能会高于股权成本，这和财务管理理论是相悖的。因此，对于筹资公司来讲，债权人的期望收益是其债务的真实成本，因此，选项 B 正确，选项 C 错误。

12.【答案】D

【解析】通常，股权资本成本要大于债务资本成本，发行普通股和留存收益属于股权筹资，长期借款和发行公司债券属于债务筹资，因此 A、C 错误。就股权资本本身来讲，由于发行普通股筹资要考虑发行费用，其资本成本要高于留存收益的资本成本，即发行普通股的资本成本应是最高的，因此选项 B 错误，选项 D 正确。

13.【答案】A

【解析】本题考查实际利率与名义利率之间的换算关系，实际利率 $=[(1+$名义利率$)/(1+$通货膨胀率$)]-1=[(1+5\%)/(1+2\%)]-1=2.94\%$，故选项 A 正确。

14.【答案】A

【解析】选项 A 属于税前债务资本成本的估计方法，其余选项 B、C、D 都是估计普通股资本成本的方法，所以选项 A 正确。

（二）多选题

1.【答案】ABC

【解析】在市场经济环境中，多方面因素的综合作用决定着企业资本成本的高低，其中主要的有：总体经济环境、证券市场条件、企业内部的经营和融资状况、项目融资规模。总体经济环境的影响反映在无风险报酬率上，无风险报酬率降低，则投资者要求的收益率就会相应降低，从而降低企业的资本成本；企业内部的经营和融资状况是指经营风险和财务风险的大小，公司固定成本占全部成本的比重降低，会降低经营风险，在其他条件相同的情况下，经营风险降低投资者会有较低的收益率要求，所以会降低企业的资本成本；改善股票的市场流动性，投资者想买进或卖出证券相对容易，变现风险减小，要求的收益率会降低，所以会降低企业的资本成本；发行公司债券，会导致融资规模增大，如果超过一定程度地利用财务杠杆，会导致加权平均资本成本上升，所以，选项 D 的说法不正确。

2.【答案】AB

【解析】从公司的角度来看，投资者从证券上所取得的报酬就是证券发行公司的成本，即公司的资本成本是投资者要求的必要报酬率，选项 A 正确；公司的资本成本是构成企业资本结构中各种资金来源成本的组合，即各资本要素成本的加权平均值，选项 B 正确；公司资本成本是投资者针对整个公司要求的报酬率，或者说是投资者对于企业全部资产要求的必要报酬率。项目资本成本是公司投资于资本支出项目所要求的必要报酬率，选项 C 错误；公司资本成本与公司的筹资活动有关，它是公司募集和使用资金的成本。投资项目的资本成本与公司的筹资活动有关，它是投资所要求的必要报酬率，选项 D 错误。

3. 【答案】BD

【解析】市场的无风险利率降低会导致公司的债务成本和股权成本也随之降低，进而导致企业资本成本的下降，选项 A 错误；高财务杠杆引发的公司财务风险增加会导致公司的债务成本上升，进而导致企业资本成本的增加，选项 B 正确；企业所得税税率增加会导致税后债务成本降低，进而导致企业资本成本的下降，选项 C 错误；向高于现有公司资产风险的新项目投资会导致公司的风险提高，进而导致企业资本成本的增加，选项 D 正确。

4. 【答案】BD

【解析】影响资本成本的因素分为外部因素与内部因素两大类。其中外部因素包括利率、市场风险溢价、税率；内部因素包括资本结构与投资政策，选项 B、D 正确。

5. 【答案】AB

【解析】到期收益率法适用于目标公司目前有上市的长期债券，非上市公司不宜采用到期收益率法估计税前债务资本成本，选项 A 表述错误，当选；采用可比公司法估计债务资本成本时，可比公司应当与目标公司处于同一行业，具有类似的商业模式。最好两者的规模、负债比率和财务状况也比较类似，但没有要求两者必须处于同一生命周期，选项 B 表述错误，当选；采用财务比率法应当首先估计出目标公司的信用级别，然后按照风险调整法估计债务资本成本，选项 C 表述正确，不选；采用风险调整法估计债务资本成本时，需要获取信用级别与目标公司相同的上市公司债券的有关资料，如果无法获取有关信用评级资料，则不宜采用风险调整法估计债务资本成本，选项 D 表述正确，不选。

6. 【答案】BD

【解析】估计股权资本成本时，应当选择上市交易的政府长期债券的到期收益率作为无风险利率的代表，选项 B、D 正确。

7. 【答案】BC

【解析】增发新的普通股属于外部筹资方式，会发生发行费用；利用留存收益转增普通股属于内部筹资方式，不存在发行费用。选项 A 错误，选项 B 正确；新发行普通股会发生发行费用，所以它比留存收益进行再投资的内部股权成本要高一些，选项 C 正确，选项 D 错误。

8. 【答案】ABC

【解析】加权平均资本成本主要涉及的债务是长期债务，然而通过采用不断续约的短期债务筹资来满足长期资金需求的短期债务，其实质是长期债务，因此选项 A 正确；因为存在违约风险，债务投资组合的期望收益低于合同规定的收益，对于筹资人来说，债权人的期望收益是其债务的真实成本，选项 B 正确；作为投资决策和企业价值评估依据的资本成本，只能是未来借入新债务的成本，不应使用现有债务的加权平均债务成本，选项 C 正确；信用风险的大小可以用信用级别来估计，应选择若干信用级别与本公司相同的上市的公司债券，而不是同行业债券，选项 D 错误。

9. 【答案】ABC

【解析】计算公司加权平均资本成本时，权重计算方法有账面价值权重、实际市场价值权重、目标市场价值权重三种方法。故选项 A、B、C 正确。

10. 【答案】ABC

【解析】公司资本成本的高低，取决于无风险利率、经营风险溢价、财务风险溢价，因此选项 A、B、C 正确。

11. 【答案】AD

【解析】按照风险调整法确定债务资本成本的方法，信用风险补偿率 = 信用级别与本公司相同的上市公司债券到期收益率 − 与这些上市公司债券同期的长期政府债券到期收益率，故选项 A 正确，选项 B 错误；税前债务成本通过同期限政府债券的市场回报率与企业的信用风险补偿率相加求得，因此选项 C 错误，选项 D 正确。

12.【答案】BC

【解析】无风险利率是影响所有公司资本成本的，因此不是导致各公司资本成本不同的因素，选项 A 错误；财务风险不同会影响财务风险溢价，选项 B 正确。由于公司所经营的业务不同，会影响经营风险溢价，选项 C 正确；无风险利率 = 纯粹利率 + 通货膨胀率，选项 D 影响的是无风险利率，选项 D 错误。

13.【答案】BD

【解析】估计无风险利率时，通常可以使用上市交易的政府长期债券的到期收益率，而不是票面利率，选项 A 错误。估计 β 时，使用年限长还是年限短关键看公司风险特征是否有重大变化，没有重大变化时，需要采用较长的历史期长度，有重大变化时，并不是时间越长越好，应当使用变化后的年份作为历史期长度，选项 C 错误。

14.【答案】BD

【解析】主要考查企业的资本成本的含义，企业的资本成本是一种机会成本，是未来成本，因此选项 A、C 错误，选项 B、D 正确。

15.【答案】AD

【解析】由于债务筹资的利息具有抵税作用，在计算债务筹资的个别资本成本时须考虑所得税因素。故选项 A、D 正确。

16.【答案】ABC

【解析】资本成本是指投资资本的机会成本，这种成本不是实际支付的成本，而是一种失去的收益，也称为必要报酬率、投资项目的取舍率、最低可接受的报酬率。选项 D，项目的内含报酬率是真实的报酬率，不是资本成本。

17.【答案】AC

【解析】甲公司满足可持续增长的五个假设条件，即股利增长率 = 可持续增长率，选项 A 正确。经营效率和财务政策过去十年保持稳定且预计未来继续保持不变，因此历史股利增长率 = 预计股利增长率，选项 C 正确。由于没有资本市场有效的前提，甲公司历史股价增长率不一定等于股票价值的增长率，也就不一定等于股利增长率，选项 D 错误。

（三）计算分析题

1.【答案及解析】

（1）甲方案债券发行价格 = 面值的现值 + 利息的现值

= 1 000 × 0.6209 + 1 000 × 14% × 3.7907

= 620.9 + 530.70 = 1 151.60（元/张）。

（2）不考虑时间价值。

甲方案：每张债券公司可得现金 = 1 151.60 − 51.60 = 1 100（元）

发行债券的张数 = 990 万元 ÷ 1 100 元/张 = 9 000（张）

总成本 = 还本数额 + 利息数额 = 9 000 × 1 000 ×（1 + 14% × 5）= 1 530（万元）

乙方案：借款总额 = 990 ÷（1 − 10%）= 1 100（万元）

借款本金与利息 = 1 100 ×（1 + 10% × 5）= 1 650（万元）

因此，甲方案的成本较低。

（3）考虑时间价值。

甲方案：每年付息现金流出 = 900 × 14% = 126（万元）

利息流出的总现值 = 126 × 3.7907 = 477.63（万元）

5 年末还本流出现值 = 900 × 0.6209 = 558.81（万元）

利息与本金流出总现值 = 558.81 + 477.63 = 1 036.44（万元）

乙方案：5 年末本金和利息流出 = 1 100 ×（1 + 10% × 5）= 1 650（万元）

5 年末本金和利息流出的现值 = 1 650 × 0.6209 = 1 024.49（万元）

因此，乙方案的成本较低。

2.【答案及解析】

（1）假设计息期债务资本成本为 r_d：

1 000 × 8%/2 ×（P/A，r_d，8）+ 1 000 ×（P/F，r_d，8）= 935.33

当 $r=5\%$，$1\ 000\times8\%/2\times(P/A,\ 5\%,\ 8)+1\ 000\times(P/F,\ 5\%,\ 8)=40\times6.4632+1\ 000\times0.6768=935.33$

因此：$r_d=5\%$

长期债券税前资本成本 $=(1+5\%)^2-1=10.25\%$

（2）普通股资本成本 $=6\%+1.4\times(11\%-6\%)=13\%$

（3）加权平均资本成本 $=10.25\%\times(1-25\%)\times1\times935.33/(1\times935.33+600\times10)+13\%\times600\times10/(1\times935.33+600\times10)=12.28\%$

（4）计算公司的加权平均资本成本，有三种权重依据可供选择，即账面价值权重、实际市场价值权重和目标资本结构权重。

①账面价值权重：是指根据企业资产负债表上显示的会计价值来衡量每种资本的比例。资产负债表提供了负债和权益的金额，计算时很方便。但是，账面结构反映的是历史的结构，不一定符合未来的状态；账面价值权重会歪曲资本成本，因为账面价值与市场价值有极大的差异。

②实际市场价值权重：是根据当前负债和权益的市场价值比例衡量每种资本的比例。由于市场价值不断变动，负债和权益的比例也随之变动，计算出的加权平均资本成本数额也是经常变化的。

③目标资本结构权重：是根据按市场价值计量的目标资本结构衡量每种资本要素的比例。

公司的目标资本结构，代表未来将如何筹资的最佳估计。如果公司向目标资本结构发展，目标资本结构权重更为合适。这种权重可以选用平均市场价格，回避证券市场价格变动频繁的不便；可以适用于公司评价未来的资本结构，而账面价值权重和实际市场价值权重仅反映过去和现在的资本结构。

3.【答案及解析】

（1）由于2020年满足可持续增长的条件，所以：

2020年预期销售增长率 $=$ 2019年可持续增长率 $=150/(2\ 025-150)=8\%$

（2）由于该企业满足可持续增长率的条件，所以预期股利的增长率也应该是8%。

（3）股权资本成本 $=(350/1\ 000)\times(1+8\%)/9.45+8\%=12\%$

加权平均资本成本 $=135/1\ 350\times(1-25\%)\times1\ 350/(1\ 350+2\ 025)+12\%\times2\ 025/(2\ 025+1\ 350)=10.2\%$

4.【答案及解析】

（1）①使用风险调整法估计债务成本时，应选择若干信用级别与本公司相同的已上市公司债券；小王选择的是同行业公司发行的已上市债券。

②计算债券平均风险补偿率时，应选择到期日与已上市公司债券相同或相近的政府债券；小王选择的是发行期限相同的政府债券。

③计算债券平均风险补偿率时，应使用已上市公司债券的到期收益率和同期政府债券的到期收益率；小王使用的是票面利率。

④估计无风险报酬率时，应按与拟发行债券到期日相同或相近的政府债券（即5年期政府债券）的到期收益率估计；小王使用的是与拟发行债券发行期限相同的政府债券的票面利率。

⑤确定票面利率时应使用税前债务成本；小王使用的是税后债务成本。

⑥拟发行债券每半年付息一次，应首先计算出半年的有效利率，与计息期次数相乘后得出票面利率；小王直接使用了年利率。

（2）票面利率 $=[(1+8.16\%)^{0.5}-1]\times2=8\%$

每期（半年）付息额 $=1\ 000\times8\%/2=40$（元）

5.【答案及解析】

（1）股票的资本成本 $=1\times(1+6\%)/20+6\%=11.3\%$

（2）债券的税前资本成本 $=3.6\%+(6.5\%-3.4\%+6.25\%-3.05\%+7.5\%-3.6\%)/3=7\%$

6. 【答案及解析】

（1）设无风险报酬率为 i，则 1 120 = 1 000×6%×（P/A，i，10）+1 000×（P/F，i，10）

设无风险报酬率为4%：

1 000×6%×（P/A，4%，10）+1 000×（P/F，4%，10）=60×8.1109+1 000×0.6756=1 162.25（元）

设无风险报酬率为5%：

1 000×6%×（P/A，5%，10）+1 000×（P/F，5%，10）=60×7.7217+1 000×0.6139=1 077.2（元）

（i－4%）/（5%－4%）=（1 120－1 162.25）/（1 077.2－1 162.25）

所以无风险报酬率 i=4.5%

（2）企业信用风险补偿率=[（6.5%－3.4%）+（7.6%－3.6%）+（8.3%－4.3%）]/3=3.7%

税前债务资本成本=4.5%+3.7%=8.2%

税后债务资本成本=8.2%×（1－25%）=6.15%

（3）季度优先股资本成本=100×（7%/4）/（110－3）=1.64%

年优先股资本成本=$(1+1.64\%)^4-1$=6.72%

（4）股权资本成本=6.15%+6%=12.15%

（5）加权平均资本成本=6.15%×（4/7）+6.72%×（1/7）+12.15%×（2/7）=7.94%

第五章　投资项目资本预算

2023 年教材内容主要变化

2023 年第五章教材在以下方面进行了修改和补充：将会计报酬率的计算公式改为“年平均税后经营净利润/原始投资额（或平均资本占用）”，将相关成本概念调整为“是指与特定决策有关的、在分析评价时必须加以考虑的有差别的未来成本”；其余仅为部分文字性调整，无实质性变化。

本章近五年考试高频考点分布

本章属于财务管理的重点章节，在历年试题中，除客观题外，通常还考查计算分析题或综合题。最近五年本章平均考试分值为 10.4 分。

高频考点内容	年度及题型分布
独立项目的评价方法	2022 年综合 2021 年多选、2021 年计算分析 2020 年计算分析 2019 年计算分析 2018 年计算分析
互斥项目的优选问题	2022 年单选、2021 年多选、2019 年计算分析、2018 年多选
投资项目现金流量的估计方法	2022 年综合、2020 年单选、2019 年多选、2018 年计算分析
投资项目折现率的估计	2022 年综合、2020 年综合

高频考点精讲

本章内容为有关投资项目的资本预算，主要包括投资项目两种角度的分类、投资项目的评价顺序、独立项目的评价方法、互斥项目的优选问题、总量有限时的资本分配、投资项目的现金流量构成、投资项目现金流量的估计方法、所得税和折旧对现金流量的影响、投资项目折现率的估计、敏感分析的含义与分析方法等。

高频考点1：投资项目的分类★

投资项目可以按不同角度进行分类。经营性长期资产投资项目按所投资对象，可分为五种类型：新产品开发或现有产品的规模扩张项目；设备或厂房的更新项目；研究与开发项目；勘探项目与其他项目。按投资项目之间的相互关系，投资项目可分为独立项目和互斥项目。

分类角度	项目类别	含义
投资对象	新产品开发或现有产品的规模扩张项目	通常需要添置新的固定资产，并增加企业的营业现金流入
	设备或厂房的更新项目	通常需要更换固定资产，但不改变企业的营业现金收入
	研究与开发项目	通常不直接产生现实的收入，而是得到一项是否投产新产品的选择权
	勘探项目	通常使企业得到一些有价值的信息
	其他项目	不直接产生营业现金流入，会使企业在履行社会责任方面的形象得到改善，有可能减少未来的现金流出
项目间的关系	独立项目	相容性投资，各投资项目之间互不关联、互不影响，可以同时并存
	互斥项目	非相容性投资，各投资项目之间相互关联、相互替代，不能同时并存

高频考点2：投资项目的评价顺序★

投资项目的评价一般包含下列基本步骤：

1. 提出各种项目的投资方案；
2. 估计投资方案的相关现金流量；
3. 计算投资方案的价值指标，如净现值、内含报酬率等；
4. 比较价值指标与可接受标准；
5. 对已接受的方案进行敏感分析。

高频考点3：独立项目的评价方法★★★

独立项目的评价方法有两类：一类考虑货币时间价值，包括净现值法、现值指数法、内含报酬率法、动态回收期法；另一类没有考虑货币时间价值，包括静态回收期法与会计报酬率法。

方法		公式及可行性标准	优点	缺点
考虑货币时间价值的方法	净现值法	净现值 = 未来现金净流量现值 − 原始投资额现值，大于0时项目可行	代表着股东财富的绝对增加额，理论上完善，适用广泛	在比较期限、投资额不同的项目时有一定的局限性，未揭示项目本身的报酬率
	现值指数法	现值指数 = 未来现金净流量现值 ÷ 原始投资额现值，大于1时项目可行	现值指数是相对数，消除了投资额的差异，反映投资的效率	没有消除项目期限的差异，不代表股东财富的绝对增加，未揭示项目本身的报酬率
	内含报酬率法	内含报酬率是使净现值等于0，即未来现金流量现值 = 原始投资额现值的 i，大于资本成本或必要报酬率时项目可行	内含报酬率是项目本身的盈利能力，根据相对比率来评价项目	相对数高的绝对数未必高，不一定代表股东财富的绝对增加
	动态回收期	使 $\sum_{t=0}^{n} \frac{I_t - O_t}{(1+i)^t} = 0$ 时的 n	容易为决策人所正确理解；可以大体上衡量项目的流动性和风险	没有考虑回收期以后的贴现现金流，没有衡量盈利性；促使公司接受短期项目，放弃有战略意义的长期项目

续表

方法		公式及可行性标准	优点	缺点
不考虑货币时间价值的方法	静态回收期	使未来现金净流量 = 原始投资额的 n，如果原始投资额一次性支出，且每年现金净流量相等，n = 原始投资额/年现金净流量	计算简便；容易为决策人所正确理解；可以大体上衡量项目的流动性和风险	忽视了时间价值；没有考虑回收期以后的现金流，没有衡量盈利性；促使公司接受短期项目，放弃有战略意义的长期项目
	会计报酬率	(1) 会计报酬率 = $\frac{\text{年平均税后经营净利润}}{\text{原始投资额}}\times 100\%$ (2) 会计报酬率 = $\frac{\text{年平均税后经营净利润}}{\text{平均资本占用}}\times 100\%$	简单，数据容易取得；考虑了整个项目寿命期；揭示了采纳项目后对财务报表的影响，便于评价	使用账面利润而非现金流量，忽视了折旧对现金流量的影响；忽视了净利润的时间分布对项目经济价值的影响

经典例题

【真题·多选题】（2021）下列各项指标中，改变折现率影响其计算结果的有（　　）。

A. 净现值

B. 内含报酬率

C. 会计收益率

D. 动态回收期

【答案】AD

【解析】净现值 = 未来现金净流量现值 − 原始投资额现值，当净现值≠0 时，折现率会影响其计算结果，选项 A 正确。内含报酬率是使净现值等于 0 时的折现率，改变折现率对内含报酬率计算结果无影响，选项 B 错误。会计收益率根据会计报表数据计算得出，不涉及折现，选项 C 错误。动态回收期考虑了时间价值，会受折现率影响，选项 D 正确。

【真题·计算分析题】（2021）甲生物制药公司拟于 2021 年末投资建设一条新药生产线，项目期限 3 年。现正进行可行性研究，相关信息如下：

该项目需要一栋厂房、一套生产设备和一项特许使用权。厂房拟用目前公司对外出租的闲置厂房，租金每年 200 万元，每年年初收取。生产设备购置安装成本 5 000 万元，按直线法计提折旧，折旧年限 5 年，无残值，预计 3 年后变现价值 2 500 万元。特许使用权需一次性支付 3 000 万元，使用期限 3 年，按使用年限平均摊销，无残值。按税法规定，当年折旧和摊销可在当年抵扣所得税。该项目无建设期。

生产线建成后，预计新药 2022 年、2023 年、2024 年每年营业收入分别为 6 000 万元、7 000 万元、7 000 万元。每年付现固定成本 500 万元，付现变动成本为当年营业收入的 25%。

该项目需要占用的营运资本与营业收入存在函数关系：营运资本 = 200 万元 + 当年营业收入 × 20%。每年新增的营运资本在年初投入，项目结束时全部收回。

假设设备购置和特许使用权支出发生在 2021 年末，各年营业现金流量均发生在当年年末。

项目加权平均资本成本 12%。企业所得税税率 25%。

要求：

（1）估计该项目 2021 ~ 2024 年末的相关现金流量和净现值（计算过程和结果填入下方表格中）。

金额单位：万元

项目	2021 年末	2022 年末	2023 年末	2024 年末
现金流量				
折现系数				
现值				
净现值				

（2）如果项目加权平均资本成本上升到14%，其他因素不变，计算项目的净现值。

（3）基于要求（1）和（2）的结果，计算项目净现值对资本成本的敏感系数。

【答案及解析】

（1）估计该项目2021～2024年末的相关现金流量和净现值（计算过程和结果填入下方表格中）。

金额单位：万元

项目	2021 年末	2022 年末	2023 年末	2024 年末
税后营业收入		4 500	5 250	5 250
税后付现变动成本		-1 125	-1 312.50	-1 312.50
税后边际贡献		3 375	3 937.50	3 937.50
税后付现固定成本		-375	-375	-375
租金	-200	-200	-200	
租金抵税		50	50	50
设备购置	-5 000			
设备折旧抵税		250	250	250
设备变现收入				2 500
设备变现缴税				-125
特许使用权购入	-3 000			
特许使用权摊销抵税		250	250	250
营运资本	-1 400	-200		1 600
现金净流量	-9 600	3 150	3 912.50	8 087.50
折现系数（12%）	1	0.892 9	0.797 2	0.711 8
现值	-9 600	2 812.64	3 119.05	5 756.68
净现值	2 088.37			

计算说明：

以2024年为例：

税后营业收入=7 000×（1-25%）=5 250（万元）

税后付现变动成本=7 000×25%×（1-25%）=1 312.50（万元）

税后边际贡献 = 5 250 − 1 312.50 = 3 937.50（万元）

税后付现固定成本 = 500 × (1 − 25%) = 375（万元）

租金抵税 = 200 × 25% = 50（万元）

设备折旧抵税 = (5 000 ÷ 5) × 25% = 250（万元）

设备变现收入 = 2 500 万元

设备变现缴税 = [2 500 − (5 000 − 3 × 5 000/5)] × 25% = 125（万元）

特许经营权摊销抵税 = (3 000 ÷ 3) × 25% = 250（万元）

营运资本收回 = 1 400 + 200 = 1 600（万元）

2024 年末现金净流量 = 3 937.50 − 375 + 50 + 250 + 2 500 − 125 + 250 + 1 600 = 8 087.50（万元）

(2) 项目加权平均资本成本上升到 14%，其他因素不变，计算项目的净现值。

$$净现值 = -9\ 600 + \frac{3\ 150}{1+14\%} + \frac{3\ 912.50}{(1+14\%)^2} + \frac{8\ 087.50}{(1+14\%)^3} = 1\ 632.53（万元）$$

(3) 基于要求 (1) 和 (2) 的结果，计算项目净现值对资本成本的敏感系数。

$$敏感系数 = \frac{\frac{1\ 632.53 - 2\ 088.37}{2\ 088.37}}{\frac{14\% - 12\%}{12\%}} = -1.31$$

【例题·多选题】甲公司拟投资一条生产线，投资额一次性投入，该项目投资期限 5 年，资本成本 12%，净现值 200 万元。下列说法中，正确的有（　　）。

A. 项目现值指数大于 1

B. 项目可行

C. 项目折现回收期大于 5 年

D. 项目内含报酬率大于 12%

【答案】ABD

【解析】因为净现值大于 0，所以未来现金净流量总现值补偿了原始投资额现值后还有剩余，即折现回收期小于项目投资期 5 年，选项 C 错误；净现值大于 0 时，现值指数一定大于 1，选项 A 正确；项目净现值大于 0，一定可行，选项 B 正确；在投资额一次性投入时，内含报酬率只有一个，当净现值大于 0 时，内含报酬率一定大于必要报酬率，即资本成本 12%，选项 D 正确。

高频考点 4：互斥项目的优选问题★★

互斥项目用不同的评价指标进行选择，可能会出现相互矛盾的结论。评价指标出现矛盾的原因主要有两种：一是投资额不同；二是项目寿命不同。如果是投资额不同引起的（项目的寿命相同），对于互斥项目应当净现值法优先；如果净现值与内含报酬率的矛盾是项目有效期不同引起的，我们有两种解决办法，一个是共同年限法，另一个是等额年金法。

评价指标矛盾的原因	解决办法	原理或步骤	优缺点
投资额不同	净现值法优先	选择净现值大的方案，因为股东财富增加额多	可以给企业带来更大的财富
项目有效期不同	共同年限法	计算两个项目的最小公倍年限，比较在这一年限内的净现值，选择净现值大的方案	优点：比较直观，易于理解。 缺点：预计现金流的工作很困难；有的领域技术进步快，目前就可以预期升级换代不可避免，不可能原样复制；没有考虑通货膨胀比较严重时重置成本的上升估计的挑战性；未考虑长期来看，竞争使项目净利润下降，甚至被淘汰的可能性
	等额年金法（更新决策时等同于平均年成本法）	计算两项目的净现值；计算净现值的等额年金额；将等额年金资本化计算项目的可比净现值。等额年金额与可比净现值大的方案为较优方案	优点：应用简单。 缺点：不便于理解；有的领域技术进步快，目前就可以预期升级换代不可避免，不可能原样复制；没有考虑通货膨胀比较严重时重置成本的上升估计的挑战性；未考虑长期来看，竞争使项目净利润下降，甚至被淘汰的可能性

经典例题

【真题·单选题】（2022）甲公司有两个互斥的投资项目M和N，投资期限和投资风险都不同，但都可以重置。下列情况下，可以判定M项目优于N项目的是（　　）。

A. M的等额年金＞N的等额年金

B. M的永续净现值＞N的永续净现值

C. M的内含报酬率＞N的内含报酬率

D. M的动态投资回收期＜N的动态投资回收期

【答案】B

【解析】互斥项目用不同的评价指标进行选择时，可能会因为投资额不同、项目寿命不同等原因出现相互矛盾的结论。如果是投资额不同引起的（项目的寿命相同），则应用净现值法，因为它可以给股东带来更多的财富，股东需要的是实实在在的报酬，而不是报酬的比率；如果是项目有效期不同引起的，通常有两种解决办法，一是共同年限法，二是等额年金法，选项C、D错误。在资本成本相同时，等额年金大的项目永续净现值肯定大，否则无法通过等额年金直接判断项目的优劣，选项A错误。无论是共同年限法还是等额年金法，实质上都是永续净现值的比较，选项B正确。

【真题·多选题】（2021）在进行期限不同互斥项目的选择时，共同年限法和等额年金法的共同缺点有（　　）。

A. 忽视了货币的时间价值

B. 无法用于投资额不同项目的优选决策

C. 未考虑通货膨胀严重时的重置成本上升问题

D. 未考虑技术进步快的投资领域的项目投资不可重复问题

【答案】CD

【解析】共同年限法和等额年金法的共同缺点：未考虑技术进步快的投资领域的项目投资不可重复问题；未考虑通货膨胀严重时的重置成本上升问题；从长期来看，竞争会使项目净利润下降，甚至被淘汰。选项C、D正确。

【真题·多选题】（2018）对于两个期限不同的互斥项目，可采用共同年限法或等额年金法进行项目决策。下列关于两种方法共同缺点的说法中，正确的有（　　）。

A. 未考虑项目收入带来的现金流入

B. 未考虑竞争导致的收益下降

C. 未考虑技术更新换代导致的投入产出变化

D. 未考虑通货膨胀导致的重置成本上升

【答案】BCD

【解析】两种方法最终都要计算净现值，因此要考虑项目收入带来的现金流入，选项A错误。但两种方法都未考虑竞争导致的收益下降、技术更新换代导致的投入产出变化及通货膨胀的影响，选项B、C、D正确。

【例题·单选题】在设备更换不改变生产能力且新旧设备未来使用年限不同的情况下，固定资产更新决策应选择的方法是（　　）。

A. 折现回收期法

B. 净现值法

C. 平均年成本法

D. 内含报酬率法

【答案】C

【解析】折现回收期只考虑补偿原始投资额现值部分的现金流量，没有考虑以后的现金流量问题，选项A错误；净现值是适用于年限相同情况下的固定资产更新决策，选项B错误；对于使用年限不同且不改变生产能力的互斥方案，决策标准应当选用平均年成本法，选项C正确；投资者想要的是实实在在的投资回报金额，而非报酬率，因此内含报酬率不适用于互斥项目的决策，选项D错误。

【真题·计算分析题】（2019）甲公司是一家制造业企业，产品市场需求旺盛。为增加产能，拟于2019年末添置一台新设备。该设备无须安装，预计购置成本为300万元。根据税法相关规定，该设备按直线法计提折旧，折旧年限为3年，净残值率为5%。甲公司现需确定该设备的经济寿命，相关资料如下：

年份	运行成本	年末变现价值
2019	—	300
2020	90	200
2021	100	110
2022	150	40

甲公司加权平均资本成本为10%，企业所得税税率为25%。假设运行成本均发生在各年末。

要求：

（1）在考虑货币时间价值的情况下，分别计算该设备更新年限为1年、2年、3年的平均年成本。

（2）根据要求（1）计算的平均年成本，确定该设备的经济寿命。

【答案及解析】

（1）折旧=300×（1-5%）/3=95（万元）

更新年限为1年：

2020年末（1年末）的账面价值=300-95=205（万元）

1年末变现价值=200万元

1年末变现损失=205-200=5（万元）

2020年末回收流量=200+5×25%=201.25（万元）

现金流出总现值=300+［90×（1-25%）-95×25%-201.25］×（P/F，10%，1）=156.82（万元）

平均年成本=156.82/（P/A，10%，1）=172.5（万元）

更新年限为2年：

2021年末（2年末）的账面价值=300-95×2=110（万元）

2021年末变现价值=110（万元），现金流出总现值=300+90×（1-25%）×（P/F，10%，1）+100×（1-25%）×（P/F，10%，2）-95×25%×（P/A，10%，2）-110×（P/F，10%，2）=291.22（万元）

平均年成本=291.22/（P/A，10%，2）=167.8（万元）

更新年限为3年：

2022年末（3年末）的账面价值=300-95×3=15（万元）

2021年末变现价值=40万元

2022年末变现收益=40-15=25（万元）

2022年末回收流量=40-25×25%=33.75（万元）

现金流出总现值=300+90×（1-25%）×（P/F，10%，1）+100×（1-25%）×（P/F，10%，2）+150×（1-25%）×（P/F，10%，3）-95×25%×（P/A，10%，3）-33.75×（P/F，10%，3）=423.45（万元）

平均年成本=423.45/（P/A，10%，3）=170.27（万元）

（2）经济寿命是使固定资产的平均年成本最小的那一年限，即该设备的经济寿命为2年。

高频考点5：总量有限时的资本分配★★

资本分配问题是指在企业投资项目有总量预算约束的情况下，如何选择相互独立的项目。

资本分配的前提	可投资资本总量受限
资本分配的原理	有限资源的净现值最大化
资本分配的工具	寻找净现值最大的组合
资本分配的步骤	首先，将全部项目排列出不同的组合，每个组合的投资需要不超过资本总量；计算各项目的净现值以及各组合的净现值合计；选择净现值最大的组合作为采纳的项目
资本分配的适用范围	单一期间的资本分配

名师解惑

问：老师，对于总量有限的资本分配问题，如何对投资项目进行选择？

答：如果投资项目是可以分割的，即所有项目均可以部分投资，则可将项目按现值指数由高到低排序，在资本预算总额内依次进行选择即可。如果存在不可分割的项目，则必须在有限的资本限额内找到所有可能的项目组合，选择使净现值之和最大的方案。

经典例题

【例题·多选题】下列关于总量有限时的资本分配的表述中，错误的有（　　）。

A. 总量有限时的资本分配问题是指在企业投资项目有总量预算约束的情况下，如何选择互斥项目

B. 在资本总量受限制的情况下，应寻找净现值最大的组合

C. 在资本总量受限制的情况下，寻找现值指数最大的组合

D. 按现值指数排序并寻找净现值最大的组合只适用于单一期间的资本分配，不适用于多期间的资本分配

【答案】AC

【解析】总量有限时的资本分配问题是指在企业投资项目有总量预算约束的情况下，如何选择相互独立的项目，因此选项A表述错误，当选；在资本总量受限制的情况下，按现值指数排序并寻找净现值最大的组合就成为有用的工具，有限资源的净现值最大化成为具有一般意义的原则，因此选项C表述错误，当选。

高频考点6：投资项目的现金流量构成★★

在估算投资项目现金流量时，因该项目而产生的税后增量现金流量是相关现金流量。一般来讲，项目现金流量可分为三部分：建设期现金流量、经营期内现金流量、寿命期末现金流量。

现金流量构成	概念	具体涉及的项目
建设期现金流量	购买资产和使之正常运行所必需的直接现金流出	设备购置及安装支出、垫支营运资本等非费用性支出。另外，初始现金流量还可能包括机会成本
经营期内现金流量	新项目实施所带来的税后增量现金流入和流出	行政管理人员及辅助生产部门等费用，若有关，必须计入，无关，不必计入；与筹资有关的现金流入与流出不计入
寿命期末现金流量	与项目终止有关的现金流量	设备变现税后净现金流入、收回营运资本现金流入等。另外，可能还会涉及弃置义务等现金流出

经典例题

【例题·单选题】某公司拟新建一车间用以生产受市场欢迎的甲产品，据预测甲产品投产后每年可创造100万元的收入；但公司原生产的A产品会因此受到影响，使其年收入由原来的200万元降低到180万元。假设不考虑所得税，则与新建车间相关的现金流量为（　　）万元。

A. 100　　B. 80

C. 20　　D. 120

【答案】B

【解析】100－（200－180）＝80（万元）。在进行投资分析时，不仅应将新车间的营业收入作为增量收入来处理，而且应扣除其他项目因此而减少的营业收入。

高频考点7：投资项目现金流量的估计方法★★★

在确定投资方案相关的现金流量时，应遵循的最基本原则是：只有增量现金流量才是与项目相关的现金流量。所谓增量现金流量，是指接受或拒绝某个投资方案后，企业总现金流量因此发生的变动。只有那些由于采纳某个项

目引起的现金支出增加额，才是该项目的现金流出；只有那些由于采纳某个项目引起的现金流入增加额，才是该项目的现金流入。按照增量现金流量原则，只有会引起现金流量变动的相关成本与相关收入才能纳入投资项目现金流量的估计。

（一）影响现金流量计算的因素

影响现金流量的因素	含义	举例
相关成本	相关成本是指与特定决策有关的、在分析评价时必须加以考虑的、有差别的未来成本，它随着决策的改变而改变	边际成本、付现成本、重置成本、机会成本、可避免成本、可延缓成本、专属成本、差量成本都是相关成本，而沉没成本、不可避免成本、不可延缓成本、无差别成本、共同成本等往往是非相关成本
投资方案对公司其他项目的影响	采纳一个新的项目后，该项目可能对公司的其他项目造成有利或不利的影响	新项目和原有项目是竞争关系时减少的现金流量，新项目和原有项目是互补关系时增加的现金流量
对营运资本的影响	投资方案对营运资本的需要及项目终结时营运资本的收回	开办一个新业务时存货和应收账款等经营性流动资产需求的增加；公司扩充使得应付账款与一些应付费用等经营性流动负债也会同时增加；当投资方案的寿命周期快要结束时，存货出售，应收账款变为现金，应付账款和应付费用也随之偿付，营运资本恢复到原有水平
所得税对现金流量的影响	所得税是企业的一种现金流出，它取决于利润大小和税率高低，而利润大小受折旧方法的影响	税后营业收入；税后付现费用；折旧抵税；旧设备变现时净损益对税的影响；项目终结时变现净损益对税的影响

（二）营业现金毛流量的计算有三种方法

1. 直接法。

营业现金毛流量 = 营业收入 − 付现营业费用 − 所得税

2. 间接法。

营业现金毛流量 = 税后经营净利润 + 折旧

3. 综合计算法。

营业现金毛流量 = 营业收入 ×（1 − 税率）− 付现营业费用 ×（1 − 税率）+ 折旧 × 税率

经典例题

【真题·单选题】（2020）甲公司拟投资某项目，一年前花费 10 万元做过市场调查，后因故中止。现重启该项目，拟使用闲置的一间厂房，厂房购入时价格 2 000 万元，当前市价 2 500 万元，项目还需要投资 500 万元购入新设备，在进行该项目投资决策时，初始投资是（　　）万元。

A. 2 510　　B. 2 500

C. 3 000　　D. 3 010

【答案】C

【解析】题中的市场调查费用和厂房的购置成本都属于沉没成本，属于非相关成本，所以，项目初始投资额 = 2 500 + 500 = 3 000（万元）。

【真题·计算分析题】（2018）甲公司是一家传统制造业上市公司，只生产 A 产品。2018 年末公司准备新上一条生产线，经营周期 4 年，正在进行项目的可行性研究。相关资料如下：

（1）预计 A 产品每年销售 1 000 万只，单位售价 60 元，单位变动制造成本 40 元；每年付现固定制造费用 2 000 万元，付现销售和管理费用 800 万元。

（2）项目需要一栋厂房、一套设备和一项专利技术。目前公司有一栋厂房正好适合新项目使用。该厂房正在对外出租，每年末收取租金100万元，2018年末租期到期，可续租也可收回自用。设备购置成本10 000万元，无须安装，于2018年末一次性支付，4年后变现价值1 600万元。税法规定，设备采用直线法计提折旧，折旧年限5年。折旧期满后无残值。专利技术使用费8 000万元，于2018年末一次性支付，期限4年。税法规定，专利技术使用费可按合同约定使用年限平均摊销，所得税前扣除。

（3）项目需增加营运资本200万元，于2018年末投入，项目结束时收回。

（4）项目投资的必要报酬率为12%，公司的企业所得税税率为25%。假设项目每年营业收入和付现费用均发生在当年末。

要求：

（1）计算该项目2018～2022年末的相关现金净流量、净现值和现值指数（计算过程和结果填入下方表格中，表格根据需要可适当增加行数）。

金额单位：万元

项目	2018年末	2019年末	2020年末	2021年末	2022年末
现金净流量					
折现系数					
现值					
净现值					
现值指数					

（2）根据净现值和现值指数，判断该项目是否可行，并简要说明理由。

（3）简要回答净现值和现值指数之间的相同点和不同点。

【答案及解析】

（1）

金额单位：万元

项目	2018年末	2019年末	2020年末	2021年末	2022年末
设备购置成本	-10 000				
专利技术使用费	-8 000				
税后营业收入		1 000×60×(1-25%)=45 000	45 000	45 000	45 000
税后变动制造成本		-1 000×40×(1-25%)=-30 000	-30 000	-30 000	-30 000
税后付现固定制造费用		-2 000×(1-25%)=-1 500	-1 500	-1 500	-1 500
税后付现销售和管理费用		-800×(1-25%)=-600	-600	-600	-600

续表

项目	2018 年末	2019 年末	2020 年末	2021 年末	2022 年末
折旧抵税		10 000/5 ×25% =500	500	500	500
摊销抵税		800/4 ×25% =500	500	500	500
丧失税后租金收入		-100 ×(1 -25%) = -75	-75	-75	-75
营业现金毛流量		13 825	13 825	13 825	13 825
设备变现价值					1 600
设备变现损失抵税					(2 000 -1 600)×(1 -25%) =100
垫支营运资本	-200				
营运资本收回					200
现金净流量	-18 200	13 825	13 825	13 825	15 725
折现系数	1	0. 8929	0. 7972	0. 7118	0. 6355
现值	-18 200	12 344. 34	11 021. 29	9 840. 64	9 993. 24
净现值	24 999. 51				
现值指数	(12 344. 34 +11 021. 29 +9 840. 64 +9 993. 24)/18 200 =2. 37				

(2) 净现值大于0，现值指数大于1，该项目可行。

(3) 相同点：①都考虑了货币时间价值。②都能反映项目投资报酬率高于或低于资本成本，但都没有揭示项目本身可以达到的报酬率是多少，都没有消除项目期限差异的影响。

不同点：①净现值是绝对数，反映投资的效益；现值指数是相对数，反映投资的效率。②净现值没有消除项目规模差异的影响；现值指数消除项目规模差异的影响。③对于独立项目，净现值>0，项目可行；现值指数>1，项目可行。对于互斥项目，按净现值最大选择投资项目，与股东财富最大化目标一致；按现值指数最高选择投资项目，不一定与股东财富最大化目标一致。

【例题·多选题】下列成本中与特定决策相关，在分析评价时必须考虑的成本有（　　）。

A. 沉没成本　　B. 机会成本

C. 共同成本　　D. 专属成本

【答案】BD

【解析】边际成本、付现成本、重置成本、机会成本、可避免成本、可延缓成本、专属成本、差量成本都是与特定决策相关，在分析评价时必须考虑的相关成本，而沉没成本、不可避免成本、不可延缓成本、共同成本等往往是非相关成本。

高频考点8：投资项目折现率的估计 ★★★

投资项目折现率既可以使用当前的加权平均资本成本，也可以使用风险调整之后的投资者要求的必要报酬率，不同的前提下使用的是不同的折现率。

(一) 折现率的选择

折现率的可能选择	使用前提	需注意问题
当前的加权平均资本成本	项目风险与企业当前资产的平均经营风险相同；继续采用相同的资本结构为新项目筹资	一旦前提不满足，经营风险不同，就不能再使用

续表

折现率的可能选择	使用前提	需注意问题
运用可比公司法估计投资项目的资本成本	新项目的风险与现有资产的平均风险显著不同；项目没有充分的交易市场，没有可靠的市场数据	如果可比公司的资本结构与项目所在企业显著不同，那么在估计项目的 β 值时，应针对资本结构差异作出相应调整

（二）可比公司法估计投资项目资本成本的步骤

用可比公司法估计资本成本，分为四个步骤。

步骤	公式	适用的方法
卸载可比公司财务杠杆	$\beta_{资产}=\beta_{权益}\div[1+(1-税率)\times(负债/股东权益)]$	
加载项目财务杠杆	$\beta_{权益}=\beta_{资产}\times[1+(1-税率)\times(净负债/股东权益)]$	
根据得出的项目的 $\beta_{权益}$ 计算股东的必要报酬率	股东的必要报酬率 = 股东权益资本成本 = 无风险利率 + $\beta_{权益}$ × 市场风险溢价	股东现金流量法
计算项目的加权平均资本成本	加权平均资本成本 = 债务资本成本 × (1 − 税率) × $\frac{净负债}{资本}$ + 股东权益资本成本 × $\frac{股东权益}{资本}$	实体现金流量法

（三）$\beta_{权益}$ 与 $\beta_{资产}$ 关系的阐释

为了理解有财务风险的 $\beta_{权益}$ 与无财务风险的 $\beta_{资产}$，需要明确两个假设前提：一是资产是用来经营的，资产的 β 值只包含经营风险，所以资产的 β 值小于权益的 β 值；二是资产等于负债与权益之和，所以资产的 β 值也是两者 β 值的加权平均；三是负债的 β 值为零，因为负债的报酬率与股市大盘的报酬率无关。

因为此处假定资产 = 税后负债 + 权益，所以，

$\beta_{资产}$ = 税后负债占资产的比重 × $\beta_{负债}$ + 权益占资产的比重 × $\beta_{权益}$，而负债的 β 值为零，所以公式就变成了：

$\beta_{资产}$ = 权益占资产的比重 × $\beta_{权益}$ = $\beta_{权益}$ × 权益/(税后负债 + 股东权益)

= $\beta_{权益}$/(税后负债 + 股东权益) × 股东权益，即：

$\beta_{权益}=\beta_{资产}\times[1+(1-税率)\times(负债/股东权益)]$

经典例题

【例题·单选题】乙公司的主营业务是生产和销售空调，公司的净财务杠杆为1.33，无风险收益率为4%，股票市场的平均收益率为9%，乙公司股东要求的必要报酬率为10%。目前准备继续生产和销售空调，并要相应扩大投资与经营规模。公司准备提高财务杠杆，新的净财务杠杆为1.5，公司适用的所得税税率为25%，则新资本结构下股东要求的必要报酬率为（　　）。

A. 9%　　B. 10%

C. 11.05%　　D. 10.375%

【答案】C

【解析】10% = 4% + $\beta_{权益}$ × (9% − 4%)，公司目前的 $\beta_{权益}$ = 1.2，$\beta_{资产}$ = 1.2/[1 + (1 − 25%) × 1.33] = 0.6；新的 $\beta_{权益}$ = 0.6 × [1 + (1 − 25%) × 1.5] = 1.41，新的净财务杠杆下股东要求的必要报酬率 = 4% + 1.41 × (9% − 4%) = 11.05%，所以选择选项C。

高频考点9：投资项目敏感分析的含义与分析方法★★★

投资项目的敏感分析，通常是在假定其他变量不变的情况下，测定某一个变量发生特定变化时对净现值（或内含报酬率）的影响。敏感分析主要包括最大最小法和敏感程度法两

种分析方法。

（一）最大最小法

最大最小法的主要步骤是：

1. 预测每个变量的预期值。计算净现值时需要使用预期的原始投资、营业现金流入、营业现金流出等变量。这些变量都是最可能发生的数值，称为预期值。

2. 根据变量的预期值计算净现值，由此得出的净现值称为基准净现值。

3. 选择一个变量并假设其他变量不变，令净现值等于零，计算选定变量的临界值。如此往复，测试每个变量的临界值。

通过上述步骤，可以得出使项目净现值由正值变为负值（或相反）的各变量最大（或最小）值，可以帮助决策者认识项目的特有风险。

（二）敏感程度法

敏感程度法的主要步骤如下：

1. 计算项目的基准净现值（方法与最大最小法相同）。

2. 选定一个变量，如每年税后营业现金流入，假设其发生一定幅度的变化，而其他因素不变，重新计算净现值。

3. 计算选定变量的敏感系数：

敏感系数 = 目标值变动百分比/选定变量变动百分比

它表示选定变量变化 1% 时导致目标值变动的百分数，可以反映目标值对于选定变量变化的敏感程度。

4. 根据上述分析结果，对项目的敏感性作出判断。

进阶练习

（一）单选题

1. 下图反映了固定资产使用年限与其不同成本之间的变化情况。则图示中曲线 1、曲线 2、曲线 3 代表的固定资产成本种类分别是（　　）。

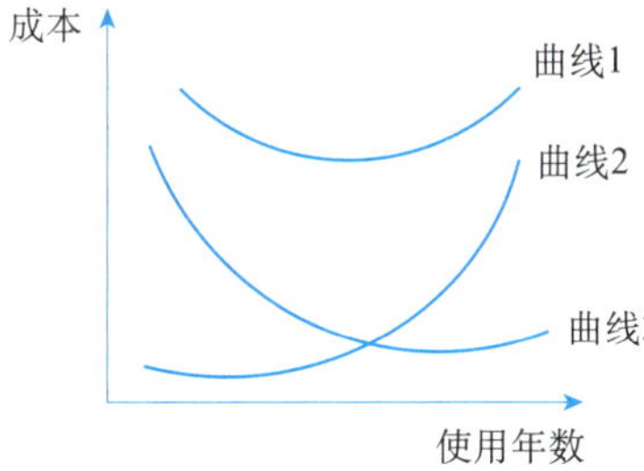

A. 平均年成本；平均年持有成本；平均年运行成本

B. 平均年成本；平均年运行成本；平均年持有成本

C. 平均年运行成本；平均年成本；平均年持有成本

D. 平均年持有成本；平均年成本；平均年运行成本

2. 下列关于项目投资决策的表述中，正确的是（　　）。

A. 两个互斥项目的初始投资额不一样，在权衡时选择内含报酬率高的项目

B. 使用净现值法评价项目的可行性与使用内含报酬率法的结果是一致的

C. 使用现值指数法进行投资决策可能会计算出多个现值指数

D. 投资回收期主要测定投资方案的流动性而非盈利性

3. 甲公司适用的所得税税率为 25%，税前年营业收入为 1 000 万元，税后付现营业费用为 450 万元，税后经营净利润为 150 万元。则甲公司年营业现金毛流量为（　　）万元。

A. 300　　B. 350

C. 400　　D. 450

4. 某投资项目需要购买一处工业厂房，购置价格为 900 万元，买方承担契税 3%、另需发生改建费 73 万元，改建可以迅速完成。税法规定的使用年限是 5 年，预计残值率 5%，按直线法折旧。企业所得税税率为 25%，该厂房第一年折旧抵税的金额为（　　）万元。

A. 47.50　　B. 47.26

C. 47.00　　D. 46.50

5. 投资项目评价的基本步骤的正确顺序是（　　）。

①提出各种项目的投资方案。②对已接受的方案进行敏感分析。③比较价值指标与可接受标准。④计算投资方案的价值指标，如净现值、内含报酬率等。⑤估计投资方案的相关现金流量。

A. ①②③④⑤　　B. ①⑤④③②

C. ①⑤③④②　　D. ⑤①②③④

6. A公司的主营业务是生产和销售制冷设备，目前准备投资汽车项目。在确定项目系统风险时，掌握了以下资料：汽车行业上市公司的β值为2.05，行业平均资产负债率为60%，投资汽车项目后，公司将继续保持目前50%的资产负债率。本项目含有负债的股东权益β值是（　　）。

A. 0.82　　B. 1.26

C. 1.32　　D. 1.64

7. 甲投资方案的寿命期为一年，初始投资额为6 500万元，预计第一年末扣除通货膨胀影响后的实际现金流为7 200万元，投资当年的预期通货膨胀率为4%，名义折现率为11.28%，则该方案能够提高的公司价值为（　　）万元。

A. 169　　B. 229

C. 292　　D. 357

8. 一台设备的初始购入价格是1 000万元，预计使用4年。税法规定的折旧年限是5年，残值率为0，采用直线法计提折旧。4年后变现价值为150万元，适用的所得税税率为25%，则设备变现相关现金流量为（　　）万元。

A. 150　　B. 162.5

C. 137.5　　D. 0

9. 某项目需要购置一台价值为1 000万元的设备，税法规定，该设备预计使用年限是5年，预计残值率5%，按直线法折旧。项目运营期限为4年，4年后该设备的变现价值为202万元，预计要发生清理费用2万元。则处置该设备取得的税后现金流为（　　）万元。

A. 285　　B. 210

C. 315　　D. 310

10. 下列关于投资项目不同评价方法的表述中，错误的是（　　）。

A. 净现值法不能直接比较投资期限不同的各项目之间的优劣

B. 现值指数法不适合比较投资期限不同的各项目之间的优劣

C. 内含报酬率法需要使用合适的资本成本将现金流量折现

D. 回收期法可以衡量项目的流动性和风险

（二）多选题

1. 下列指标计算，受项目资本成本大小影响的有（　　）。

A. 净现值　　B. 现值指数

C. 内含报酬率　　D. 折现回收期

2. 下列各项关于独立项目评价的说法中，正确的有（　　）。

A. 净现值较大的项目，内含报酬率也较高

B. 现值指数消除了投资额差异，便于进行项目比较

C. 回收期未考虑回收期后的现金流，无法衡量项目的风险

D. 会计报酬率忽视了净利润的时间分布对项目经济价值的影响

3. 下列关于投资项目评估方法的表述中，正确的有（　　）。

A. 现值指数法克服了净现值法不能直接比较投资额不同的项目的局限性，它在数值上等于投资项目的未来现金净流量总现值除以原始投资额总现值

B. 动态回收期法克服了静态回收期法不考虑货币时间价值的缺点，但是仍然不能衡量项目的盈利性

C. 计算内含报酬率时，如果用试算的折现率得到的净现值大于零，说明项目的内含报酬率小于该试算的折现率

D. 内含报酬率法不能直接评价两个投资

规模不同的互斥项目的优劣

4. 下列各项中，属于经营性长期资产投资项目的有（ ）。

A. 劳动保护设施建设

B. 勘探

C. 研究与开发

D. 新产品开发

5. 敏感分析是投资项目评价中常用的一种风险分析方法。下列关于敏感分析的表述中，错误的有（ ）。

A. 敏感分析的方法包括最大最小值法和敏感程度法

B. 敏感系数反映了选定变量对于目标值变化的敏感程度

C. 敏感系数小于1的参数属于敏感因素

D. 敏感分析没有考虑一个变量发生变动时可能引发的其他变量也发生变动

6. 下列各项中不属于静态回收期法的缺点的有（ ）。

A. 促使公司接受短期项目，放弃有战略意义的长期项目

B. 没有衡量盈利性

C. 不容易为决策人所正确理解

D. 不能衡量项目的流动性和风险

7. 下列各项中属于敏感分析的作用的有（ ）。

A. 确定影响项目经济效益的敏感因素

B. 使决策者全面了解建设项目投资方案可能出现的经济效益变动情况

C. 为决策者预测可能出现的风险程度

D. 区别敏感度大或敏感度小的方案，选择敏感度小的，即风险小的项目作投资方案

8. 甲公司正在开会讨论投产一种新产品，对以下收支发生争论，你认为不应列入该项目评价的现金流量有（ ）。

A. 新产品投产需要增加营运资本300万元

B. 新产品项目利用公司现有未充分利用的厂房，如将该厂房出租可获收益90万元，但公司规定不得将厂房出租

C. 新产品销售会使本公司同类产品减少收益1 500万元，如果本公司不经营此产品，竞争对手也会推出新产品

D. 新产品项目需要购置设备的运输、安装、调试等支出35万元

9. 甲公司拟投资一个采矿项目，经营期限10年，资本成本14%。假设该项目的初始现金流量发生在期初，营业现金流量均发生在投产后各年末。该项目现值指数大于1。下列关于该项目的说法中，正确的有（ ）。

A. 内含报酬率大于14%

B. 净现值大于0

C. 折现回收期大于10年

D. 会计报酬率大于14%

（三）计算分析题

1. 甲公司是一家中低端护肤品生产企业，为适应市场需求，2020年末拟新建一条高端护肤品生产线，项目期限5年。相关资料如下：

（1）新建生产线需要一栋厂房、一套生产设备和一项专利技术。新建厂房成本5 000万元，根据税法相关规定，按直线法计提折旧，折旧年限20年，无残值。假设厂房建设周期很短，2020年末即可建成使用，预计5年后变现价值4 000万元。生产设备购置成本2 000万元，无须安装，根据税法相关规定，按直线法计提折旧，折旧年限5年，无残值，预计5年后变现价值为零。一次性支付专利技术使用费1 000万元，可使用5年，根据税法相关规定，专利技术使用费按受益年限平均摊销。

（2）生产线建成后，预计高端护肤品第一年销售收入5 000万元，第二年及以后每年销售收入6 000万元。付现变动成本占销售收入的20%，付现固定成本每年1 000万元。

（3）项目需增加营运资本200万元，于2020年末投入，项目结束时收回。

（4）项目投产后，由于部分原中低端产品客户转而购买高端产品，预计会导致中低端产品销售收入每年流失500万元，同时付现变

动成本每年减少 200 万元。

（5）假设厂房、设备和专利技术使用费相关支出发生在 2020 年末，各年营业现金流量均发生在当年末。

（6）项目加权平均资本成本 14%。企业所得税税率 25%。

要求：

（1）计算该项目 2020～2025 年末的相关现金净流量和净现值（计算过程和结果填入下方表格中）。

金额单位：万元

项目	2020 年末	2021 年末	2022 年末	2023 年末	2024 年末	2025 年末
现金净流量						
折现系数						
现值						
净现值						

（2）计算该项目的动态投资回收期。

（3）分别用净现值法和动态投资回收期法判断该项目是否可行。假设甲公司设定的项目动态投资回收期为 3 年。

2. D 公司正面临印刷设备的选择决策。它可以购买 10 台甲型印刷机，每台价格为 8 000 元，且预计每台设备每年末支付的修理费为 2 000 元。甲型设备将于第 4 年末更换，预计无残值收入。另一个选择是购买 11 台乙型设备来完成同样的工作，每台价格为 5 000 元，每台每年末支付的修理费用分别为 2 000 元、2 500 元、3 000 元。乙型设备需于 3 年后更换，在第 3 年末预计有 500 元/台的残值变现收入。

该公司此项投资的机会成本为 10%；所得税税率为 25%（假设该公司将一直盈利），税法规定的该类设备折旧年限为 3 年，残值率为 10%；预计选定设备型号后，公司将长期使用该种设备，更新时不会随意改变设备型号，以便与其他作业环节协调。

要求：分别计算采用甲、乙设备的平均年成本，并据此判断应当购买哪一种设备。

3. 海荣公司是一家钢铁生产企业。最近公司准备投资建设一个汽车制造厂。公司财务人员对三家已经上市的汽车生产企业 A、B、C 进行了分析，相关财务数据如下：

项目	A	B	C
$\beta_{权益}$	1.1	1.2	1.4
资本结构			
债务资本	40%	50%	60%

续表

项目	A	B	C
权益资本	60%	50%	40%
公司所得税税率	15%	33%	30%

海荣公司税前债务资本成本为10%，预计继续增加借款不会发生明显变化，公司所得税税率为25%。公司目标资本结构是权益资本60%，债务资本40%。公司投资项目评价采用实体现金流量法。当前的无风险收益率为5%，平均风险收益率为10%。

要求：以三家上市公司平均的$\beta_{资产}$为基础，计算评价汽车制造厂建设项目的必要报酬率（计算时β值取小数点后4位）。

4. 甲公司是一家制药企业。2019年，甲公司在现有产品P-Ⅰ的基础上成功研制出第二代产品P-Ⅱ。如果第二代产品投产，需要新购置成本为1 000万元的设备一台，税法规定该设备使用期限为5年，采用直线法计提折旧，预计残值率为5%。第5年末，该设备预计市场价值为100万元（假定第5年末P-Ⅱ停产）。财务部门估计每年固定成本为60万元（不含折旧费），变动成本为200元/盒。另外，新设备投产初期需要投入净营运资金300万元。净营运资金于第5年末全额收回。

新产品P-Ⅱ投产后，预计年销售量为5万盒，销售价格为300元/盒。同时，由于产品P-Ⅰ与新产品P-Ⅱ存在竞争关系，新产品P-Ⅱ投产后会使产品P-Ⅰ的每年经营现金净流量减少54.5万元。

新产品P-Ⅱ项目的β值为1.4。甲公司的债务权益比为4∶6（假设资本结构保持不变），债务融资成本为8%（税前）。甲公司适用的公司所得税税率为25%。资本市场中的无风险利率为4%，市场组合的预期报酬率为9%。假定经营现金流入在每年末取得。

要求：

（1）计算产品P-Ⅱ投资决策分析时适用的折现率。

（2）计算产品P-Ⅱ投资的初始现金流量、第5年末现金流量净额。

（3）计算产品P-Ⅱ投资的净现值。

5. 某公司正考虑用一台效率更高的新机器取代现有的旧机器。旧机器的账面折余价值为12万元，在二手市场上卖掉可以得到7万元；预计尚可使用5年，预计5年后清理的净残值为零；税法规定的折旧年限尚有5年，税法规定的残值可以忽略。购买和安装新机器需要48万元，预计可以使用5年，预计清理净残值为1.2万元。新机器属于新型环保设备，按税法规定可分4年折旧并采用双倍余额递减法计算应纳税所得额，法定残值为原值的1/12。由于该机器效率很高，可以节约付现成本每年为14万元。公司的所得税税率为30%。如果该项目在任何一年出现亏损，公司将会得到按亏损额的30%计算的所得税额抵免。

要求：假设公司投资本项目的必要报酬率为10%，计算上述机器更新方案的净现值。

6. 已知某公司拟于2018年初用自有资金购置设备一台，需一次性投资120万元。已知该设备预计使用寿命为5年，税法规定的计提折旧年限也是5年；设备投入运营后每年可获得利润40万元。假设该设备按直线法计提折旧，预计的净残值率为10%（不考虑建设安装期和公司所得税）。已知：（P/A，10%，5）=3.7908，（P/F，10%，5）=0.6209。

要求：

（1）计算使用期内各年现金净流量。

（2）如果以10%作为折现率，计算净现值和现值指数。

（四）综合题

1. 资料：

（1）A公司是一家钢铁企业，拟进入前景看好的汽车制造业。

现找到一个投资机会，利用B公司的技术生产汽车零件，并将零件出售给B公司。B公司是一家有代表性的汽车零件生产企业。预计该项目需固定资产投资750万元，可以持续5年。会计部门估计每年固定成本为（不含折旧）40万元，变动成本是每件180元。固定资产折旧采用直线法，折旧年限为5年，估计净残值为50万元。营销部门估计各年销售量均为40 000件，B公司可以接受250元/件的价格。生产部门估计需要250万元的经营营运资本投资。

（2）A和B均为上市公司，A公司的β值为0.8，资产负债率为50%；B公司的β值为1.1，资产负债率为30%。

（3）A公司不打算改变当前的资本结构。目前的借款利率为8%。

（4）无风险资产报酬率为4.3%，市场组合的预期报酬率为9.3%。

（5）为简化计算，假设没有所得税。

要求：

（1）计算评价该项目使用的折现率。

（2）计算项目的净现值。（请将结果填写在给定的“计算项目的净现值”表格中，表格根据需要可适当增加行数，不必列示计算过程）

单位：元

现金流量各项目	0	1	2	3	4	5	合计
营业现金毛流量							
现金净流量							
折现系数	1	0.9091	0.8264	0.7513	0.683	0.6209	
净现值							

（3）假如预计的固定成本和变动成本、固定资产残值、经营营运资本和单价只在±10%以内是准确的，这个项目最差情景下的净现值是多少？（请将结果填写在给定的“计算最差情景下的净现值”表格中，表格根据需要可适当增加行数，不必列示计算过程）

单位：元

现金流量各项目	0	1	2	3	4	5	合计
营业现金毛流量							
现金净流量							
折现系数	1	0.9091	0.8264	0.7513	0.683	0.6209	
净现值							

（4）分别计算利润为零、营业现金流量为零、净现值为零的年销售量。[已知：（P/A，10%，5）=3.7908]

2. 永成公司正在研究是否更新现有的计算机系统。现有系统是5年前购置的，目前仍可使用，但功能已显落后。如果想长期使用，需要在未来第2年末进行一次升级，估计需要支出3 000元，升级后可再使用4年。报废时残值收入为零。若目前出售可以取得收入1 200元。

预计新系统购置成本为60 000元，可使用6年，6年后残值变现收入为1 000元。为了使现有人员能够顺利使用新系统，在购置时需要进行一次培训，预计支出5 000元，新系统不但可以完成现有系统的全部工作，还可以增加处理市场信息的功能。增加市场信息处理功能可使公司每年增加营业收入40 000元，节约营运成本15 000元，该系统的运行需要增加一名计算机专业人员，预计工资支出每年30 000元；市场信息处理费每年4 500元。专业人员估计该系统第3年末需要更新软件，预计支出4 000元。

假设按照税法规定，对计算机系统可采用双倍余额递减法计提折旧，折旧年限为5年，期末残值为零。该公司适用的所得税税率为40%，预计公司每年有足够的盈利，可以获得折旧等成本抵税的利益，公司等风险投资的必要报酬率为10%（税后）。

为简化计算，假设折旧费按年计提，每年收入、支出在年底发生。

要求：（每一问题的最终计算结果保留整数，金额以“元”为单位）

（1）计算继续使用旧系统方案和更换新系统方案的零时点现金流量合计。

（2）计算更新系统方案折旧抵税的现值。

（3）使用折现现金流量法进行分析，并回答更新系统是否可行。

3. ABC公司研制成功一台新产品，现在需要决定是否大规模投产，有关资料如下：

（1）公司的销售部门预计，如果每台定价3万元，销售量每年可以达到10 000台；销售量不会逐年上升，但价格可以每年提高2%。生产部门预计，变动制造成本每台2.1万元，每年增加2%；不含折旧费的固定制造成本每年4 000万元，每年增加1%。新业务将在2021年1月1日开始，假设经营现金流发生在每年年底。

（2）为生产该产品，需要添置一台生产设备，预计其购置成本为4 000万元。该设备可以在2020年底以前安装完毕，并在2020年底支付设备购置款。该设备按税法规定折旧年限为5年，净残值率为5%；经济寿命为4年，4年后即2024年底该项设备的市场价值预计为500万元。如果决定投产该产品，公司将可以连续经营4年，预计不会出现提前中止的情况。

（3）生产该产品所需的厂房可以用8 000万元购买，在2020年底付款并交付使用。该厂房按税法规定折旧年限为20年，净残值率5%。4年后该厂房的市场价值预计为7 000万元。

（4）生产该产品需要的净营运资本随销售额而变化，预计为销售额的10%。假设这些净营运资本在年初投入，项目结束时收回。

（5）公司的所得税税率为40%。

（6）该项目的成功概率很大，风险水平与企业平均风险相同，可以使用公司的加权平均资本成本10%作为折现率。新项目的销售额与公司当前的销售额相比只占较小份额，并且公司每年有若干新项目投入生产，因此该项目万一失败不会危及整个公司的生存。

要求：

（1）计算项目的初始投资总额，包括与项目有关的固定资产购置支出以及净营运资本增加额。

（2）分别计算厂房和设备的年折旧额以及第4年末的账面价值（提示：折旧按年提取，投入使用当年提取全年折旧）。

（3）分别计算第4年末处置厂房和设备引

起的税后净现金流量。

（4）计算各年项目现金净流量以及项目的净现值和回收期。

进阶练习答案及解析

（一）单选题

1.【答案】B

【解析】固定资产的使用初期运行费比较低，以后随着设备逐渐陈旧，性能变差，维护费用、修理费用、能源消耗等运行成本会逐步增加。与此同时，固定资产的价值逐渐减少，资产占用的资金应计利息等持有成本也会逐步减少。固定资产的平均年成本最初随着使用年限的增加而降低，达到最经济的使用年限后，会随着使用年限的进一步增加而逐渐上升。

2.【答案】D

【解析】互斥项目的初始投资额不同（项目寿命期相同），应以净现值法的结论为优先，即在权衡时应选择净现值大的项目，因此选项A错误；在独立项目决策时，净现值法和内含报酬率法的结论具有一致性，但在互斥项目决策时，两种方法的结果可能会出现矛盾，因此选项B错误；现值指数法的结果具有单一性，但如果项目期内现金净流量正负交替，采用内含报酬率法会出现多重结果，因此选项C错误；投资回收期测定的是原始投资额的回收时间，即投资项目的流动性，但因为没有考虑回收期以后的现金流，所以无法衡量项目的盈利性，选项D正确。

3.【答案】B

【解析】税前付现营业费用 = 450/(1 − 25%) = 600（万元）

税前经营利润 = 150/(1 − 25%) = 200（万元）

所得税 = 200 × 25% = 50（万元）

折旧 = 1 000 − 600 − 200 = 200（万元）

折旧摊销抵税 = 200 × 25% = 50（万元）

税后营业收入 = 1 000 × (1 − 25%) = 750（万元）

直接法：1 000 − 600 − 50 = 350（万元）

间接法：150 + 200 = 350（万元）

分算法：750 − 450 + 50 = 350（万元），选项B正确。

4.【答案】A

【解析】初始投资成本 = 900 × (1 + 3%) + 73 = 1 000（万元），第一年折旧抵税 = 1 000 × (1 − 5%) ÷ 5 × 25% = 47.50（万元）。

5.【答案】B

【解析】投资项目的评价一般包含下列基本步骤：（1）提出各种项目的投资方案。新产品方案通常来自研发部门或营销部门，设备更新的建议通常来自生产部门等。（2）估计投资方案的相关现金流量。（3）计算投资方案的价值指标，如净现值、内含报酬率等。（4）比较价值指标与可接受标准。（5）对已接受的方案进行敏感分析。

6.【答案】D

【解析】行业产权比率 = 1.5，本项目产权比率 = 1；$\beta_{资产}$ = 2.05/(1 + 1.5) = 0.82；$\beta_{权益}$ = 0.82 × (1 + 1) = 1.64。

7.【答案】B

【解析】实际折现率 = (1 + 11.28%)/(1 + 4%) − 1 = 7%，公司价值增加额即项目增加的净现值 = 7 200/(1 + 7%) − 6 500 = 229（万元）。

8.【答案】B

【解析】年折旧额 = 1 000/5 = 200（万元）

设备变现相关现金流量 = 150 − (150 − 200) × 25% = 162.5（万元）。

9.【答案】B

【解析】账面价值 = 1 000 − [1000 × (1 − 5%)] ÷ 5 × 4 = 240（万元）

变现价值 = 202 − 2 = 200（万元）

残值变现 = 240 × 0.25 + 200 × 0.75 = 210（万元）。

10. 【答案】C

【解析】计算内含报酬率时不必事先估计资本成本，只是最后才需要一个切合实际的资本成本来判断项目是否可行，选项 C 表述错误。

（二）多选题

1. 【答案】ABD

【解析】内含报酬率计算过程不必事先估计资本成本，只是最后需要一个切合实际的资本成本来判断项目是否可行。

2. 【答案】BD

【解析】内含报酬率衡量的是项目本身的盈利能力，比率高的项目，绝对数（净现值）不一定大，反之亦然，因此选项 A 错误。回收期反映投资收回的速度，可以大致衡量项目的流动性和风险，一般项目回收期越短，风险越低，选项 C 错误。

3. 【答案】ABD

【解析】现值指数是相对数指标，可以用于比较不同投资额的项目，选项 A 正确；无论动态回收期还是静态回收期都没有考虑回收期以后的现金流量，所以不能衡量项目盈利性，选项 B 正确；计算内含报酬率时，如果用试算的折现率得到的净现值大于零，说明项目的内含报酬率高于该试算的折现率，因此选项 C 错误；对于互斥项目应当以净现值（或调整后的净现值）为优先，因为净现值反映的是实实在在的股东财富增加额，所以内含报酬率法不能直接评价两个投资规模不同的互斥项目的优劣，选项 D 正确。

4. 【答案】ABCD

【解析】经营性长期资产投资项目可以分为五种类型：

（1）新产品开发或现有产品的规模扩张项目。通常需要添置新的固定资产，并增加企业的营业现金流入。

（2）设备或厂房的更新项目。通常需要更换固定资产，但不改变企业的营业现金收入。

（3）研究与开发项目。通常不直接产生现实的收入，而是得到一项是否投产新产品的选择权。

（4）勘探项目。通常使企业得到一些有价值的信息。

（5）其他项目。包括劳动保护设施建设、购置污染控制装置等。这些决策不直接产生营业现金流入，而使企业在履行社会责任方面的形象得到改善。它们有可能减少未来的现金流出。

5. 【答案】BC

【解析】敏感系数 = 目标值变动百分比/选定变量变动百分比，反映目标值对于选定变量变化的敏感程度，选项 B 错误；敏感系数小于 1 的参数属于非敏感因素，敏感系数大于 1 的参数属于敏感因素，选项 C 错误。

6. 【答案】AB

【解析】静态回收期法的缺点有：忽视了时间价值，把不同时间点的货币收支看成是等效的；没有考虑静态回收期以后的现金流，也就是没有衡量盈利性；促使公司接受短期项目，放弃有战略意义的长期项目。选项 A、B 正确。静态回收期法的优点有：计算简便；容易为决策人所正确理解；可以大体上衡量项目的流动性和风险，选项 C、D 错误。

7. 【答案】ABCD

【解析】敏感分析的作用有：（1）确定影响项目经济效益的敏感因素。寻找出影响最大、最敏感的主要变量因素，进一步分析、预测或估算其影响程度，找出产生不确定性的根源，采取相应有效措施。（2）计算主要变量因素的变化引起项目经济效益评价指标变动的幅度，使决策者全面了解建设项目投资方案可能出现的经济效益变动情况，以减少和避免不利因素的影响，改善和提高项目的投资效果。（3）通过各种方案敏感度大小的对比，区别敏感度大或敏感度小的方案，选择敏感度小的，即风险小的项目作投资方案。（4）通过可能出现的最有利与最不利的经济效果变动范围的分析，为决策者预测可能出现的风险程度，并对原方案采取某些控制措施或寻找可替代方案，为最后确定可行的投资方案提供可靠的决策依据。

8. 【答案】BC

【解析】选项 A，营运资本的增加，在投产时应列入该项目评价的现金流出量；选项 B 和选项 C，由于是否投产新产品不改变企业总的现金流量，不应列入项目现金流量；选项 D，额外的资本性支出（运输、安装、调试等支出）应列入该项目评价的现金流出量。

9. 【答案】AB

【解析】现值指数大于 1，净现值大于 0，所以未来现金净流量总现值补偿了原始投资额现值后还有剩余，即折现回收期小于 10 年，选项 C 错误。会计报酬率可能小于项目资本成本，选项 D 错误。

（三）计算分析题

1. 【答案及解析】

（1）计算该项目 2020 ~ 2025 年末的相关现金净流量和净现值（计算过程和结果填入下方表格中）。

金额单位：万元

项目	2020 年末	2021 年末	2022 年末	2023 年末	2024 年末	2025 年末
初始投资	-8 200					
增加的销售收入		4 500	5 500	5 500	5 500	5 500
增加的变动付现成本		800	1 000	1 000	1 000	1 000
增加的固定付现成本		1 000	1 000	1 000	1 000	1 000
折旧与摊销		850	850	850	850	850
增加的净利润		1 387.5	1 987.5	1 987.5	1 987.5	1 987.5
营运资本回收						200
厂房变现的现金净流量						3 937.5
现金净流量	-8 200	2 237.5	2 837.5	2 837.5	2 837.5	6 975
折现系数	1	0.8772	0.7695	0.6750	0.5921	0.5194
现值	-8 200	1 962.74	2 183.46	1 915.31	1 680.08	3 622.82
净现值	3 164.41					

计算说明：

2020 年末现金流量：

厂房 5 000 + 设备 2 000 + 专利 1 000 + 营运资本 200 = 8 200（万元）

2021 年末现金流量：

年折旧：

厂房 = 5 000/20 = 250（万元）

设备 = 2 000/5 = 400（万元）

专利 = 1 000/5 = 200（万元）

增加的销售收入 = 5 000 - 500 = 4 500（万元）

增加的变动付现成本 = 5 000 × 20% - 200 = 800（万元）

增加的固定付现成本 = 1 000 万元

折旧与摊销 = 850 万元

增加的净利润 = (4 500 - 800 - 1 000 - 850) × (1 - 25%) = 1 387.5（万元）

增加的营业现金净流量 = 1 387.5 + 850 = 2 237.5（万元）

2023 年末现金流量：

增加的销售收入 = 6 000 - 500 = 5 500（万元）

增加的变动付现成本 = 6 000 × 20% - 200 = 1 000（万元）

增加的固定付现成本 = 1 000 万元

折旧与摊销 = 850 万元

增加的净利润 = (5 500 - 1 000 - 1 000 - 850) × (1 - 25%) = 1 987.5（万元）

增加的营业现金净流量 = 1 987.5 + 850 = 2 837.5（万元）

2024 年末现金流量：

增加的营业现金净流量 = 1 987.5 + 850 = 2 837.5（万元）

营运资本回收 200 万元

厂房账面价值 = 5 000 - 250 × 5 = 3 750（万元）

厂房变现的现金净流量 = 4 000 - (4 000 - 3 750) × 25% = 3 937.5（万元）

增加的现金流量总额 = 2 837.5 + 200 + 3 937.5 = 6 975（万元）

项目净现值 = -8 200 + 2 237.5 × (P/F, 14%, 1) + 2 837.5 × (P/F, 14%, 2) + 2 837.5 × (P/F, 14%, 3) + 2 837.5 × (P/F, 14%, 4) + 6 975 × (P/F, 14%, 5) = -8 200 + 2 237.5 × 0.8772 + 2 837.5 × 0.7695 + 2 837.5 × 0.6750 + 2 837.5 × 0.5921 + 6 975 × 0.5194 = -8 200 + 1 962.74 + 2 183.46 + 1 915.31 + 1 680.08 + 3 622.82 = 3 164.41（万元）

[或 = -8 200 + 2 237.5 × (P/F, 14%, 1) + 2 837.5 × (P/A, 14%, 3) × (P/F, 14%, 1) + 6 975 × (P/F, 14%, 5) = -8 200 + 2 237.5 × 0.8772 + 2 837.5 × 2.3216 × 0.8772 + 6 975 × 0.5194 = -8 200 + 1 962.74 + 5 778.59 + 3 622.82 = 3 164.15（万元）]

（2）计算该项目的动态投资回收期。

动态回收期 = 4 + (3 622.82 - 3 164.41)/3 622.82 = 4.13（年）

（3）分别用净现值法和动态投资回收期法判断该项目是否可行。假设甲公司设定的项目动态投资回收期为 3 年。

用净现值法判断，该项目可行；

用动态投资回收期法判断，该项目不可行。

2. 【答案及解析】

单位：元

项目	0	1	2	3	4	现值
系数	0	0.9091	0.8264	0.7513	0.6830	
甲：						
购置支出	-8 000					-8 000
税后修理费		-1 500	-1 500	-1 500	-1 500	-4 754.85
税法折旧		2 400	2 400	2 400		
折旧抵税		600	600	600		1 492.14
税法残值					800	
残值损失抵税					200	136.6
合计						-11 126.11
平均年成本						-3 509.925
10 台平均年成本						-35 099.25
乙：						
购置支出	-5 000					-5 000
税后修理费		-1 500	-1 875	-2 250		-4 603.575
折旧抵税		375	375	375		932.59
残值流入				500		375.65
合计						-8 295.34
平均年成本						-3 335.61
11 台平均年成本						-36 691.75

因此，乙设备的平均年成本较低，应当购置乙设备。

3. 【答案及解析】

（1）海荣公司汽车制造项目的税后债务

资本成本 K_b = 10% ×(1 - 25%) = 7.5%

(2) A 的 $\beta_{资产}$ = 1.1/[1 + (1 - 15%) × 2/3] = 0.7021

B 的 $\beta_{资产}$ = 1.2/[1 + (1 - 33%) × 1] = 0.7186

C 的 $\beta_{资产}$ = 1.4/[1 + (1 - 30%) × 3/2] = 0.6829

$\beta_{资产}$平均值 = (0.7021 + 0.7186 + 0.6829)/3 = 0.7012

海荣公司的 $\beta_{权益}$ = 0.7012 × [1 + (1 - 25%) × 2/3] = 1.0518

海荣公司的 K_s = 5% + 1.0518 × (10% - 5%) = 10.259% = 10.26%

(3) 该项目的必要报酬率 K_w = 7.5% × 40% + 10.26% × 60% = 9.16%

4. 【答案及解析】

(1) 权益资本成本：4% + 1.4 × (9% - 4%) = 11%

加权平均资本成本：0.4 × 8% × (1 - 25%) + 0.6 × 11% = 9%

所以适用折现率为9%。

(2) 初始现金流出量：1 000 + 300 = 1 300 (万元)

第5年末账面价值为：1 000 × 5% = 50 (万元)

所以变现相关流量为：100 + (50 - 100) × 25% = 87.5 (万元)

每年折旧为：1 000 × 0.95/5 = 190 (万元)

所以，第5年现金流量净额为：

5 × 300 × (1 - 25%) - (60 + 200 × 5) × (1 - 25%) + 190 × 25% + 300 - 54.5 + 87.5 = 710.5 (万元)

(3) 企业1～4年的现金流量：

5 × 300 × (1 - 25%) - (60 + 200 × 5) × (1 - 25%) + 190 × 25% - 54.5 = 323 (万元)

所以净现值 = 323 × (P/A, 9%, 4) + 710.5 × (P/F, 9%, 5) - 1 300 = 208.18 (万元)

5. 【答案及解析】

单位：万元

项目	计算过程	现金流量	时间	折现系数	现值
继续使用旧设备：					
旧设备变现价值		-70 000	0	1	-70 000
变现损失减税	(70 000 - 120 000) × 30%	-15 000	0	1	-15 000
每年付现成本	140 000 × (1 - 30%)	-98 000	1～5	3.7907	-371 488.6
每年折旧减税	24 000 × 30%	7 200	1～5	3.7907	27 293.04
旧设备流出现值合计					-429 195.56
使用新设备：					
投资		-48 000	0	1	-480 000
第1年折旧减税	240 000 × 30%	72 000	1	0.9091	65 455.2
第2年折旧减税	120 000 × 30%	36 000	2	0.8264	29 750.4
第3年折旧减税	40 000 × 30%	12 000	3	0.7513	9 015.6
第4年折旧减税	40 000 × 30%	12 000	4	0.683	8 196
残值净收入		12 000	5	0.6209	7 450.8
残值净损失减税	(40 000 - 12 000) × 30%	8 400	5	0.6209	5 215.56
新设备流出现值合计					-354 916.44
净现值	新设备流出合计 - 旧设备流出合计				74 279.12

6. 【答案】

(1) 折旧 = 120 × (1 - 10%)/5 = 21.6 (万元)

各年的现金净流量：NCF_0 = -120万元

$NCF_{1\sim4}=40+21.6=61.6$（万元）

$NCF_5=61.6+12=73.6$（万元）

（2）净现值 $=-120+61.6\times(P/A,10\%,5)+12\times(P/F,10\%,5)=120.96$（万元）；现值指数 = 现金流入/现金流出 $=[61.6\times(P/A,10\%,5)+12\times(P/F,10\%,5)]/120=2.01$。

（四）综合题

1.【答案及解析】

（1）计算评价该项目使用的折现率：

B 公司无财务杠杆的 β 值 $=1.1/(1/0.7)=0.77$

A 公司目标结构 β 值 $=0.77\times(1/0.5)=1.54$

A 公司的权益资本成本 $=4.3\%+1.54\times(9.3\%-4.3\%)=12\%$

A 公司债务资本成本 $=8\%$

加权平均成本 $=8\%\times0.5+12\%\times0.5=10\%$

（2）计算项目的净现值：

单位：元

现金流量各项目	0	1	2	3	4	5	合计
固定资产投资	-7 500 000						-7 500 000
垫支营运资本	-2 500 000						-2 500 000
营业收入		10 000 000	10 000 000	10 000 000	10 000 000	10 000 000	50 000 000
变动成本		7 200 000	7 200 000	7 200 000	7 200 000	7 200 000	36 000 000
付现固定成本		400 000	400 000	400 000	400 000	400 000	2 000 000
营业现金毛流量		2 400 000	2 400 000	2 400 000	2 400 000	2 400 000	12 000 000
回收残值						500 000	500 000
回收营运资本						2 500 000	2 500 000
现金净流量	-10 000 000	2 400 000	2 400 000	2 400 000	2 400 000	5 400 000	5 000 000
折现系数（10%）	1	0.9091	0.8264	0.7513	0.6830	0.6209	
现值	-10 000 000	2 181 840	1 983 360	1 803 120	1 639 200	3 352 860	960 380

（3）计算最差情景下的净现值：

固定成本 $=400\ 000\times(1+10\%)=440\ 000$（元）

单位变动成本 $=180\times(1+10\%)=198$（元）

残值 $=500\ 000\times(1-10\%)=450\ 000$（元）

经营营运资本 $=2\ 500\ 000\times(1+10\%)=2\ 750\ 000$（元）

单价 $=250\times(1-10\%)=225$（元）

单位：元

现金流量各项目	0	1	2	3	4	5	合计
固定资产投资	-7 500 000						-7 500 000
垫支营运资本	-2 750 000						-2 750 000
营业收入		9 000 000	9 000 000	9 000 000	9 000 000	9 000 000	45 000 000
变动成本		7 920 000	7 920 000	7 920 000	7 920 000	7 920 000	39 600 000
付现固定成本		440 000	440 000	440 000	440 000	440 000	2 200 000
营业现金毛流量		640 000	640 000	640 000	640 000	640 000	3 200 000
回收残值						450 000	450 000

续表

现金流量各项目	0	1	2	3	4	5	合计
回收营运资本						2 750 000	2 750 000
现金净流量	-10 250 000	640 000	640 000	640 000	640 000	3 840 000	-3 850 000
折现系数（10%）	1	0.9091	0.8264	0.7513	0.6830	0.6209	
净现值	-10 250 000	581 824	528 896	480 832	437 120	2 384 256	-5 837 072

（4）计算利润为零、营业现金流量为零、净现值为零的年销售量：

①利润为零的销售量 $=\left(400\ 000+\frac{7\ 500\ 000-500\ 000}{5}\right)/(250-180)=25\ 714$（件）

②营业现金流量为零的销售量：

$Q=400\ 000/70=5\ 714$（件）

或：$Q\times250=Q\times180+400\ 000$

$Q=5\ 714$ 件

③净现值为零的销售量：

资本投资现值 = 7 500 000 + 2 500 000 − (2 500 000 + 500 000) × 0.6209 = 10 000 000 − 1 862 700 = 8 137 300（元）

年营业现金净流量 × (P/A，10%，5) = 8 137 300（元）

年营业现金净流量 = 8 137 300/3.7908 = 2 146 591.75（元）

$Q\times250-Q\times180-400\ 000=2\ 146\ 591.75$

$70\times Q=2\ 546\ 591.75$

$Q=36\ 380$ 件

2.【答案及解析】

（1）继续使用旧设备：

旧设备已经使用5年，而折旧年限为5年，期末残值为零。所以，目前旧设备的账面价值为零，如果变现则产生收益 = 1 200 − 0 = 1 200（元），收益纳税 1 200 × 40% = 480（万元）。因此，继续使用旧设备零时点的现金流量 = −(1 200 − 480) = −720（元）

更换新设备：

职工培训支出计入管理费用，抵减当期所得税，税后现金流出 = 5 000 × (1 − 40%) = 3 000（元）

更换新设备零时点的现金流量 = −60 000 − 3 000 = −63 000（元）

差量净现金流量 = −63 000 − (−720) = −62 280（元）

（2）第一年折旧额 = 60 000 × (2/5) = 24 000（元）

第二年折旧额 = (60 000 − 24 000) × (2/5) = 14 400（元）

第三年折旧额 = (60 000 − 24 000 − 14 400) × (2/5) = 8 640（元）

第四年折旧额 = (60 000 − 24 000 − 14 400 − 8 640)/2 = 6 480（元）

第五年折旧额 = (60 000 − 24 000 − 14 400 − 8 640)/2 = 6 480（元）

折旧抵税的现值 = 24 000 × 40% × (P/F，10%，1) + 14 400 × 40% × (P/F，10%，2) + 8 640 × 40% × (P/F，10%，3) + 6 480 × 40% × (P/F，10%，4) + 6 480 × 40% × (P/F，10%，5) = 9 600 × 0.9091 + 5 760 × 0.8264 + 3 456 × 0.7513 + 2 592 × 0.6830 + 2 592 × 0.6209 = 19 464（元）

（3）

单位：元

项目	现金流量	时间	系数	现值
继续使用旧设备：				
旧设备变现价值	-1 200	0	1	-1 200

续表

项目	现金流量	时间	系数	现值
旧设备变现收益纳税	480	0	1	480
系统升级付现成本	-3 000 × (1 -40%) = -1 800	2	0. 8264	-1 487. 52
现值合计				-2 208
更换新设备：				
新系统购置成本	-60 000	0	1	-60 000
税后培训付现支出	-3 000	0	1	-3 000
税后收入	40 000 × (1 -40%) =24 000	1 ~6	4. 3553	104 527. 2
税后付现成本	(-30 000 +15 000 -4 500) × (1 -40%) = -11 700	1 ~6	4. 3553	-50 957. 01
税后更新软件成本	-4 000 × (1 -40%) = -2 400	3	0. 7513	-1 803. 12
折旧抵税				19 464
残值收入	1 000	6	0. 5645	564. 5
残值净收益纳税	-1 000 ×40% = -400	6	0. 5645	-225. 8
现值合计				8 570

由于购置新设备净现值高于继续使用旧设备的净现值，所以应该选择购置新设备。

3. 【答案及解析】

(1) 项目的初始投资总额：

厂房投资 8 000 万元；设备投资 4 000 万元。

营运资本投资 = 3 × 10 000 × 10% = 3 000 (万元)

初始投资总额 = 8 000 + 4 000 + 3 000 = 15 000 (万元)

(2) 厂房和设备的年折旧额以及第 4 年末的账面价值：

设备的年折旧额 = 4 000 × (1 - 5%)/5 = 760 (万元)

厂房的年折旧额 = 8 000 × (1 -5%)/20 = 380 (万元)

第 4 年末设备的账面价值 =4 000 -760 ×4 = 960 (万元)

第 4 年末厂房的账面价值 =8 000 -380 ×4 = 6 480 (万元)

(3) 处置厂房和设备引起的税后净现金流量：

第 4 年末处置设备引起的税后净现金流量 = 500 + (960 -500) ×40% =684 (万元)

第 4 年末处置厂房引起的税后净现金流量 = 7 000 - (7 000 -6 480) ×40% =6 792 (万元)

(4) 各年项目现金净流量以及项目的净现值和回收期：

金额单位：万元

项目	0	1	2	3	4
设备、厂房投资	-12 000				
收入		30 000	30 600	31 212	31 836. 24
减：变动成本		21 000	21 420	21 848. 4	22 285. 368
固定成本（不含折旧）		4 000	4 040	4 080. 4	4 121. 204
折旧		1 140	1 140	1 140	1 140
息税前营业利润		3 860	4 000	4 143. 2	4 289. 668

续表

项目	0	1	2	3	4
减：息税前营业利润所得税		1 544	1 600	1 657. 28	1 715. 8672
息前税后营业利润		2 316	2 400	2 485. 92	2 573. 8008
加：折旧		1 140	1 140	1 140	1 140
净营运资本	3 000	3 060	3 121. 2	3 183. 624	0
营运资本投资	-3 000	-60	-61. 2	-62. 424	3 183. 624
营业现金净流量		3 396	3 478. 8	3 563. 50	6 897. 4248
终结点现金净流量					7 476
项目现金净流量	-15 000	3 396	3 478. 8	3 563. 50	14 373. 42
折现系数		0. 9091	0. 8264	0. 7513	0. 6830
项目净现值		3 087. 3036	2 874. 8803	2 677. 2576	9 817. 0459
合计	3 456. 49				
累计现金净流量	-15 000	-11 604	-8 125. 2	-4 561. 7	9 811. 72
回收期（年）	3 +4 561. 7/14 373. 42 =3. 32				

第六章 期权价值评估

2023 年教材内容主要变化

2023 年第六章教材增加了"衍生工具"和"实物期权"的内容；其余仅为部分文字性调整，无实质性变化。

本章近五年考试高频考点分布

本章考题以选择题或计算题形式出现，属于较为重要的考试章节之一，最近五年本章平均考试分值为 6.7 分。

高频考点内容	年度及题型分布
期权的投资策略	2022 年计算分析 2021 年单选、2021 年多选 2020 年单选 2019 年多选 2018 年计算
期权的内在价值和时间溢价	2022 年单选、2021 年多选、2020 年多选、2019 年多选
影响期权价值的主要因素	2020 年多选、2019 年单选
期权估值原理	2022 年计算分析、2021 年单选

高频考点精讲

本章是关于期权的一些概念和金融期权价值评估的确定。本章主要内容包括：衍生工具的种类、特点及交易目的，期权的概念，期权的类型，期权的四种投资组合策略，期权的内在价值与时间溢价，影响期权价值的主要因素，期权估值的两种原理，二叉树和期权定价模型，布莱克-斯科尔斯期权定价模型，实物期权等。

高频考点 1：衍生工具的种类、特点及交易目的★★

（一）衍生工具的种类

衍生工具是从原生工具中派生的一种合

同，其价值随原生工具价格的波动而波动。该原生工具也叫基础资产或标的资产，可以是金融资产或实物资产。常见的衍生工具包括远期合约、期货合约、互换合约、期权合约等。

（二）衍生工具的特点

与基础资产相比，衍生工具在交易方面具有很多特点。

第一，未来性。衍生工具是在现时对基础资产未来可能产生的结果进行交易，交易结果要在未来时刻才能确定。这就要求交易双方对利率、汇率、股价等各类基础资产价格的未来变动趋势做出判断，而判断准确与否直接决定了交易者的盈亏。

第二，灵活性。衍生工具的种类繁多，其设计和创造具有较高的灵活性，与基础资产相比更能适应各类市场参与者的需要。

第三，杠杆性。衍生工具可以使交易者用较少成本获取现货市场上用较多资金才能完成的结果，因此具有高杠杆性。

第四，风险性。衍生工具是在市场动荡不安的环境下，为实现交易保值和风险防范而进行的工具创新，但其内在的杠杆作用和交易复杂性也决定了衍生工具交易的高风险性。如果利用衍生工具交易进行投机，则有可能造成巨大损失。

第五，虚拟性。衍生工具的交易对象是对基础资产在未来特定条件下进行处置的权利和义务。衍生工具本身没有价值，它只是一种收益获取权的凭证，其交易独立于现实资本运动之外，具有虚拟性。

（三）衍生工具的交易目的

衍生工具可用于多种用途，包括套期保值、投机获利等。套期保值是指为冲抵风险而买卖相应的衍生工具的行为，与套期保值相反的便是投机行为。套期保值的目的是降低风险，投机的目的是承担额外的风险以盈利；套期保值的结果是降低了风险，投机的结果是增加了风险。

期货的套期保值亦称为期货对冲，是指为配合现货市场上的交易，而在期货市场上做与现货市场商品相同或相近但交易部位相反的买卖行为，以便将现货市场价格波动的风险在期货市场上抵消。期货的套期保值交易之所以有利于回避价格风险，其基本原理就在于某一特定商品的期货价格和现货价格受相同的经济因素影响和制约。利用期货套期保值有空头套期保值和多头套期保值两种方式。

期货投机是指基于对市场价格走势的预期，为了盈利在期货市场上进行的买卖行为。由于远期市场价格的波动性，与套期保值相反，期货的投机会增加风险。

经典例题

【例题·多选题】衍生工具是从原生工具中派生的一种合同，其价值随原生工具价格的波动而波动。以下属于衍生工具特点的有（　　）。

A. 未来性　　B. 灵活性

C. 杠杆性　　D. 风险性

【答案】ABCD

【解析】与基础资产相比，衍生工具在交易方面具有未来性、灵活性、杠杆性、风险性和虚拟性。

高频考点2：期权的概念★

期权是一种合约，该合约赋予持有人在未来某一特定日期或该日之前的任何时间以固定价格购进或售出约定数量某种资产的权利。期权定义的要点如下：

1. 期权是一种权利，持有人只享有权利而不承担相应的义务，但需要支付期权费，作为不承担义务的代价。

2. 期权出售人不一定拥有标的资产，期权到期时双方不一定进行标的物的实物交割，而只需按价差补足价款即可。

3. 双方约定的期权到期的那一天称为“到期日”。按照期权执行时间分为欧式期权和美式期权。前者只能在到期日执行，后者可以在到期日或到期日之前的任何时间执行。

4. 依据期权合约购进或售出标的资产的行为称为“执行”。在期权合约中约定的、期权持有人据以购进或售出标的资产的固定价格，称为“执行价格”。

名师解惑

问：期权的概念应当如何学习？

答：学习期权的概念时应当注重理解其含义，虽然单独出题的概率很小，但是理解其概念对于后续内容的学习较为重要，应当予以关注。

高频考点3：期权的类型★

按照合约赋予期权持有人权利的类别，期权分为看涨期权和看跌期权两大类。

看涨期权	定义	是指期权赋予持有人在到期日或到期日之前，以固定价格购买标的资产的权利。其授予权利的特征是“购买”，又称为“择购期权”“买入期权”或“买权”
	执行净收入	被称为看涨期权的到期日价值，它等于股票价格减去执行价格的价差。 如果在到期日股票价格高于执行价格，看涨期权的到期日价值随标的资产价值上升而上升；如果在到期日股票价格低于执行价格，则看涨期权没有价值
看跌期权	定义	是指期权赋予持有人在到期日或到期日前，以固定价格出售标的资产的权利。其授予权利的特征是“出售”，又称为“择售期权”“卖出期权”或“卖权”
	执行净收入	被称为看跌期权的到期日价值，它等于执行价格减去股票价格的价差。 如果在到期日股票价格低于执行价格，看跌期权的到期日价值随标的资产价值下降而上升；如果在到期日股票价格高于执行价格，则看跌期权没有价值

期权到期日价值没有考虑购买期权的成本。期权的购买成本称为期权费（或权利金），期权到期日价值减去期权费后的剩余，称为期权购买人的“损益”。

期权持有者买入看涨期权，持有看涨期权多头头寸；看涨期权的出售者收取期权费，成为或有负债的持有人，负债的金额不确定，持有看涨期权空头头寸。其中，“头寸”是指标的资产市场价格和执行价格的差额。简单理解，多头即为买入，空头即为卖出。

名师解惑

问：看涨期权、看跌期权的买入和卖出，以及各种期权策略看起来非常抽象，需要背下来吗？怎样学习更加高效？

答：本章看涨期权、看跌期权以及各种期权策略的学习，一定要结合图示，对于公式的掌握最好是通过自己能否画图的方式检验，内容看似复杂，但通过图形进行理解记忆则不难，死记硬背对于本节的学习会尤其痛苦，请各位考生注意学习方法，避免踩坑。

看涨期权	多头（买入）	多头看涨期权到期日价值 = max（股票市价 − 执行价格，0） 多头看涨期权净损益 = 多头看涨期权到期日价值 − 期权价格（期权费，下同） 锁定多头的最低净收入和最低净损益： （1）净收入（即，到期日价值）：最低为“0”，最高为“无限大”； （2）净损益：最低为“ − 期权成本”，最高为“无限大”
	空头（卖出）	空头看涨期权到期日价值 = − max（股票市价 − 执行价格，0） 空头看涨期权净损益 = 空头看涨期权到期日价值 + 期权价格 锁定空头的最高净收入和最高净损益： （1）净收入（即，到期日价值）：最高为“0”，最低“负无穷大”； （2）净损益：最高为“期权价格”，最低为“负无穷大”

第六章

续表

看跌期权	多头（买入）	多头看跌期权到期日价值 = max（执行价格 - 股票市价，0） 多头看跌期权净损益 = 多头看跌期权到期日价值 - 期权价格 锁定多头的最低净收入和最低净损益： （1）净收入（即，到期日价值）：最低为“0”，最高为“执行价格”（股价跌为 0 时）； （2）净损益：最低为“ - 期权价格”，最高为“执行价格 - 期权价格”
	空头（卖出）	空头看跌期权到期日价值 = - max（执行价格 - 股票市价，0） 空头看跌期权净损益 = 空头看跌期权到期日价值 + 期权价格 锁定空头的最高净收入和最高净损益： （1）净收入（即，到期日价值）：最高为“0”，最低为“ - 执行价格”（股价跌为 0 时）； （2）净损益：最高为“期权价格”，最低为“ - 执行价格 + 期权价格”

总之，如果标的股票的价格上涨，对于买入看涨期权和卖出看跌期权的投资者有利；如果标的股票的价格下降，对于卖出看涨期权和买入看跌期权的投资者有利。

名师解惑

问：多头和空头以及相关的看涨期权、看跌期权的净收入和净损益应该怎么理解？

答：多头为期权买入方，付出期权费而享有权利，当价格对其不利时可放弃行权。此时净收入为 0，净损益为“ - 期权成本”，因此锁定的是最低净收入和最低净损益。空头为期权卖出方，收到期权费而享有义务，作为多头的对手方，锁定的是最高净收入和最高净损益。对于后面的期权策略也是一样的道理，看见“多头”想“最低”，看见“空头”想“最高”。

经典例题

【例题·单选题】下列关于看涨期权和看跌期权的说法中正确的是（　　）。

A. 投资者认为标的将来会上涨，则会持有至上涨后卖出获利，所以看涨期权授予权利的特征是“出售”

B. 多头看涨期权的净损益最低为“0”，最高为“无限大”

C. 空头看跌期权净损益锁定了多头的最低净收入和最低净损益

D. 如果标的股票的价格上涨，对于买入看涨期权和卖出看跌期权的投资者有利

【答案】D

【解析】看涨期权授予权利的特征是“购买”，选项 A 错误。多头看涨期权的净收入最低为“0”，最高为“无限大”，选项 B 错误。多头看跌期权锁定了多头的最低净收入和最低净损益，空头看跌期权锁定了空头的最高净收入和最高净损益，选项 C 错误。选项 D 表述正确。

高频考点 4：期权的投资策略★★★

策略	释义	相关公式及说明
保护性看跌期权	是指购买 1 股股票，同时购入该股票的 1 股看跌期权的股票加多头看跌期权组合	保护性看跌期权，可以降低投资风险，锁定了最低净收入和最低净损益，但是，净损益的预期也因此降低了。 期权组合最低净收入 = 执行价格 期权组合最低净损益 = 执行价格 - （股票的购买价格 + 期权费用） 保护性看跌期权的组合净损益 = 组合净收入 - （股票的购买价格 + 期权费用）

续表

策略	释义	相关公式及说明
抛补性看涨期权	是指购买1股股票，同时出售该股票的1股看涨期权的股票加空头看涨期权组合	抛补性看涨期权，锁定了最高净收入和最高净损益，是机构投资者常用的投资策略。 期权组合最大净收入 = 执行价格 期权组合最大净损益 = 期权价格 + 执行价格 - 股票购买价格 抛补性看涨期权组合净损益 = 期权价格 - max（股票市价 - 执行价格，0）+ 股票市价 - 股票购买价格
多头对敲	是指同时买进一只股票的看涨期权和看跌期权，它们的执行价格、到期日都相同	多头对敲策略对于预计市场价格将发生剧烈变动，但是不知道升高还是降低的投资者非常有用；多头对敲的最坏结果是到期股价与执行价格一致，白白损失了看涨期权和看跌期权的购买成本。多头对敲的股价偏离执行价格的差额必须超过期权购买成本，才能给投资者带来净收益。 最小净收入 = 0；最大净损失 = 期权购买成本 多头对敲净损益 = | 股票市价 - 执行价格 | - 期权购买成本
空头对敲	是指同时卖出一只股票的看涨期权和看跌期权，它们的执行价格、到期日都相同	空头对敲策略对于预计市场价格将相对比较稳定的投资者非常有用；空头对敲的最好结果是到期股价与执行价格一致，投资者白白赚取出售看涨期权和看跌期权的收入。空头对敲的股价偏离执行价格的差额必须小于期权出售收入，才能给投资者带来净收益。 最大净收入 = 0；最大净收益 = 期权购买成本 空头对敲净损益 = - | 执行价格 - 股票市价 | + 期权出售收入

经典例题

【真题·计算分析题】（2021）甲公司是一家衍生品交易公司。甲公司拟持有乙公司的100万份看涨期权空头，每份期权在到期日可以购买乙公司1股股票，执行价格25元，看涨期权价格9.2元。甲公司拟持有乙公司的100万份看跌期权空头，每份期权到期日可以卖出乙公司1股股票，执行价格25元，看跌期权价格3元。当前股价30元。

要求：

（1）计算看涨期权、看跌期权的内在价值和时间溢价。

（2）如果到期日股价是40元，计算甲公司的净损益。

（3）如果到期日股价是20元，计算甲公司的净损益。

（4）如果到期日股价是25元，计算甲公司的净损益。

（5）甲公司的投资策略适用何种市场行情？

【答案】

（1）看涨期权的内在价值 = 30 - 25 = 5（元）

看涨期权的时间溢价 = 9.2 - 5 = 4.2（元）

对于看跌期权来说，因为执行价格小于当前股价，所以看跌期权的内在价值 = 0，看跌期权的时间溢价 = 3 - 0 = 3（元）

（2）甲公司的净损益 = (- |25 - 40| + 9.2 + 3) × 100 = -280（万元）

（3）甲公司的净损益 = (- |25 - 20| + 9.2 + 3) × 100 = 720（万元）

（4）甲公司的净损益 = (9.2 + 3) × 100 = 1 220（万元）

（5）甲公司的投资策略是空头对敲。空头对敲策略适用于预计市场价格将相对比较稳定的市场行情。

【真题·单选题】（2021）下列情况中，最适合采用空头对敲投资策略的是（　　）。

A. 预计未来标的资产价格将大幅上涨

B. 预计未来标的资产价格将大幅下跌

C. 预计未来标的资产价格将在执行价格附近小幅波动

D. 预计未来标的资产价格将发生剧烈波动，但不知道是升高还是降低

【答案】C

第六章

【解析】空头对敲是指同时卖出一只股票的看涨期权和看跌期权，该策略对于预计市场价格将相对比较稳定的投资者非常有用，选项C正确。

【真题·单选题】（2021）甲公司目前股价85元，以该股票为标的资产的欧式看涨期权价格为8元，每份看涨期权可买入1股股票。看涨期权的执行价格为90元，6个月后到期。乙投资者购入100股甲公司股票，同时出售100份看涨期权。若6个月后甲公司股价为105元，乙投资者的损益是（　　）元。

A. －700　　B. 1 300

C. 2 800　　D. 500

【答案】B

【解析】根据“乙投资者购入100股甲公司股票，同时出售100份看涨期权”可知，乙投资者采取的是抛补性看涨期权组合。抛补性看涨期权净损益＝期权价格－max（股票市价－执行价格，0）＋股票市价－股票购买价格＝(8－15＋105－85)×100＝1 300（元）。

或者：

乙投资者以每股85元买入股票并以每股105元的价格卖出，每股盈利105－85＝20（元）；期权费收入每股8元；由于到期日股票市价大于执行价格，则期权持有者会行权，行权价为90元，则因行权导致乙投资者每股亏损105－90＝15（元）。综上，对于乙投资者来说，每股损益为20＋8－15＝13（元），则乙投资者的损益＝13×100＝1 300（元）。

【真题·单选题】（2020）市场上有以甲公司股票为标的资产的欧式看涨期权和欧式看跌期权，每份看涨期权可买入1股股票，每份看跌期权可卖出1股股票，看涨期权每份市场价格5元，看跌期权每份市场价格3元，执行价格均为60元，到期日相同，如果到期日股票价格均为64元，购入一份看涨期权同时购入一份看跌期权的投资组合的净损益是（　　）元。

A. －4　　B. －8

C. 8　　D. 4

【答案】A

【解析】多头对敲是指同时买进一只股票的看涨期权和看跌期权，它们的执行价格、到期日都相同。多头对敲净损益＝|股票市价－执行价格|－期权购买成本＝(64－60)－(5＋3)＝－4（元），选项A正确。

【真题·多选题】（2019）甲投资者同时买进一只股票的看涨期权和看跌期权，该投资策略适合的情形有（　　）。

A. 预计标的股票市场价格将小幅下跌

B. 预计标的股票市场价格将小幅上涨

C. 预计标的股票市场价格将大幅上涨

D. 预计标的股票市场价格将大幅下跌

【答案】CD

【解析】多头对敲是指同时买进一只股票的看涨期权和看跌期权，它们的执行价格、到期日都相同。多头对敲策略对于预计市场价格将发生剧烈变动，但是不知道是升高还是降低的投资者非常有用。选项C、D正确。

高频考点5：期权的内在价值和时间溢价★★★

期权价值由内在价值和时间溢价两部分构成，即期权价值＝内在价值＋时间溢价。

（一）期权的内在价值

期权的内在价值，是指期权立即执行产生的经济价值。**内在价值**的大小，取决于标的资产的**现行市价**与期权**执行价格**的高低。内在价值不同于到期日价值，期权的**到期日价值**取决于**“到期日”标的股票市价**与执行价格的高低。如果现在已经到期，则内在价值等于到期日价值。**内在价值最低为零**。

由于标的资产的价格是随时间变化的，所以内在价值也是变化的。当执行期权能给持有人带来**正回报**时，称该期权为**“实值期权”**，或者说它处于“实值状态”（溢价状态）；当执行期权将给持有人带来**负回报**时，称该期权为**“虚值期权”**，或者说它处于“虚值状态”（折价状态）；当资产的现行市价**等于**执行价格时，称期权为“平价期权”，或者说它处于“平价状态”。

对于看涨期权来说，标的资产现行市价高于执行价格时，该期权处于实值状态；当资产的现行市价低于执行价格时，该期权处于虚值状态。对于看跌期权来说，资产现行市价低于执行价格时，该期权处于“实值状态”；当资产的现行市价高于执行价格时，称期权处于“虚值状态”。

期权处于虚值状态或平价状态时不会被执行，只有处于实值状态才有可能被执行，但也不一定会被执行。

（二）期权的时间溢价

期权的时间溢价是指期权价值超过内在价值的部分，是一种等待的价值，有时也称为“期权的时间价值”。它是时间带来的“波动的价值”（而非时间的延续），是未来存在不确定性而产生的价值，不确定性越强，时间溢价也就越大。

时间溢价 = 期权价值 - 内在价值

很显然，对于美式期权在其他条件不变的情况下，离到期时间越远，股价波动的可能性越大，期权的时间溢价也就越大。如果已经到期，期权的价值（价格）就只剩下内在价值（时间溢价为0），因为已经不能再等待了。

时间溢价有时也称为“期权的时间价值”，但它和“货币的时间价值”是不同的概念。时间溢价是时间带来的“波动的价值”，是未来存在不确定性而产生的价值，不确定性越强，期权时间价值越大。而货币的时间价值是时间“延续的价值”，时间延续得越长，货币时间价值越大。

经典例题

【真题·单选题】（2022）2022 年 8 月 26 日，甲公司股票每股市价 20 元。市场上有以甲公司股票为标的资产的欧式看跌期权，每份看跌期权可卖出 1 股股票，执行价格为 18 元，2022 年 11 月 26 日到期。下列情形中，持有该期权多头的理性投资者会行权的是（　　）。

A. 2022 年 9 月 26 日，甲公司股票每股市价 20 元

B. 2022 年 9 月 26 日，甲公司股票每股市价 15 元

C. 2022 年 11 月 26 日，甲公司股票每股市价 20 元

D. 2022 年 11 月 26 日，甲公司股票每股市价 15 元

【答案】D

【解析】欧式期权只能在到期日执行，行权日只能是 2022 年 11 月 26 日，选项 A、B 错误。对于看跌期权来说，标的资产现行市价低于执行价格时，该期权处于实值状态；当资产的现行市价高于执行价格时，该期权处于虚值状态。期权处于虚值状态或平价状态时不会被执行，只有处于实值状态才有可能被执行，选项 C 错误，选项 D 正确。

【例题·单选题】2022 年 8 月 26 日，甲公司股票每股市价 50 元。市场上有以甲公司股票为标的资产的欧式看涨期权，每份看涨期权可买入 1 股股票，执行价格为 48 元，2022 年 10 月 26 日到期。下列情形中，持有该期权多头的理性投资者会行权的是（　　）。

A. 2022 年 10 月 26 日，甲公司股票每股市价 40 元

B. 2022 年 8 月 26 日，甲公司股票每股市价 50 元

C. 2022 年 8 月 26 日，甲公司股票每股市价 40 元

D. 2022 年 10 月 26 日，甲公司股票每股市价 50 元

【答案】D

【解析】欧式期权只能在到期日执行，行权日只能是 2022 年 10 月 26 日，选项 A、C 错误。对于看涨期权来说，标的资产现行市价高于执行价格时，该期权处于实值状态；当资产的现行市价低于执行价格时，该期权处于虚值状态。期权处于虚值状态或平价状态时不会被执行，只有处于实值状态才有可能被执行，选项 D 正确，选项 A 错误。

【真题·多选题】（2021）2021 年 8 月 2 日，甲公司股票市场价格 70 元。有一份以甲公司股票为标的资产的美式看跌期权，价格 8 元，3 个月后到期，执行价格 75 元。下列关于该期权的说法中，正确的有（　　）。

A. 期权时间溢价为 3 元

B. 期权处于虚值状态

C. 期权肯定会被执行

D. 期权内在价值为 5 元

【答案】AD

【解析】期权的内在价值，是指期权立即执行产生的经济价值，即 75 - 70 = 5（元），因此该期权处于实值状态。处于实值状态的期权有可能被执行，但也不一定会被执行，选项 D 正确，选项 B、C 错误。时间溢价 = 8 - 5 = 3（元），选项 A 正确。

【真题·多选题】（2020）现有一份甲公司股票的欧式看涨期权，1 个月后到期，执行价格 50 元。目前甲公司股票市价 60 元，期权价格 12 元。下列说法中，正确的有（　　）。

A. 期权时间溢价 2 元

B. 期权属于实值状态

C. 期权到期时应被执行

D. 期权目前应被执行

【答案】AB

【解析】期权的内在价值，是指期权立即执行产生的经济价值。甲公司股票的看涨期权内在价值 = 现行价格 - 执行价格 = 60 - 50 = 10（元），时间溢价 = 期权价值 - 内在价值 = 12 - 10 = 2（元），选项 A 表述正确。对于看涨期权来说，标的资产现行市价高于执行价格时，处于实值状态，选项 B 表述正确。由于题目没有告诉到期日的股价，所以，无法判断期权到期时是否应被执行，选项 C 表述错误。欧式期权只能在到期日行权，所以目前无法被执行，选项 D 表述错误。

【真题·多选题】（2019）甲公司股票目前每股 20 元，市场上有 X、Y 两种该股票看涨期权，执行价格分别为 15 元、25 元，到期日相同。下列选项中，正确的有（　　）。

A. X 期权内在价值 5 元

B. Y 期权时间溢价 0

C. 股票价格上涨 5 元，X、Y 期权价值均上涨 5 元

D. X 期权价值高于 Y 期权

【答案】AD

【解析】目前 X 股票的内在价值 = 20 - 15 = 5（元），Y 股票的内在价值 = 0，股票价格上涨 5 元，X 股票的内在价值 = 25 - 15 = 10（元），Y 股票的内在价值仍为 0，选项 A 正确，选项 C 错误。因为 Y 期权未到期，所以时间溢价大于 0，选项 B 错误。对于看涨期权，期权价值与执行价格反向变动，所以选项 D 正确。

【例题·多选题】甲股票当前市价 20 元，市场上有以该股票为标的资产的看涨期权和看跌期权，执行价格均为 18 元。下列说法中，正确的有（　　）。

A. 看涨期权处于实值状态

B. 看涨期权时间溢价大于 0

C. 看跌期权处于虚值状态

D. 看跌期权时间溢价小于 0

【答案】ABC

【解析】对于看涨期权来说，标的资产现行市价高于执行价格时，该期权处于实值状态，选项 A 正确。对于看跌期权来说，当资产的现行市价高于执行价格时，称期权处于“虚值状态”，选项 C 正确。期权的时间溢价是指期权价值超过内在价值的部分，是一种等待的价值，只要期权未到期，时间溢价均大于 0，选项 B 正确，选项 D 错误。

高频考点 6：影响期权价值的主要因素★★★

变量	欧式看涨期权	欧式看跌期权	美式看涨期权	美式看跌期权
股票价格	+	-	+	-

续表

变量	欧式看涨期权	欧式看跌期权	美式看涨期权	美式看跌期权
执行价格	−	+	−	+
到期期限	不一定	不一定	+	+
股价波动率	+	+	+	+
无风险利率	+	−	+	−
红利	−	+	−	+

在期权估值过程中，**股价的波动性是最重要的因素。**

命题点拨

命题角度：影响期权价值的主要因素（尤其是最重要因素）以及有何影响。

影响期权价值的主要因素属于非常重要且出题频率很高的考点，经常在单选题和多选题中出现，计算题和综合题中也可能涉及，应当重点关注。对于该考点，能理解最好，但从应试的角度来说，最快的方式还是记忆，可以参考口诀：股风涨正，执红涨负，股波全正，期限美正欧不一定，即股票价格和无风险利率与看涨期权价值正相关；执行价格和红利与看涨期权价值负相关；（看跌期权价值与看涨期权价值刚好相反，即股风跌负，执红跌正，只记一个即可，避免混淆）股价波动率与期权价值均为正相关；到期期限与美式期权正相关，与欧式期权不一定相关。因为该知识点内容不多，记忆起来较为容易，简单粗暴记忆即可，当然通过其他方式也行。考试的时候可以直接根据口诀，画出关键词，快速解题。

经典例题

【真题·多选题】（2020）假设其他条件不变，下列各项中，会导致美式看跌期权价值上升的有（　　）。

A. 无风险利率下降

B. 标的股票发放红利

C. 标的股票价格上涨

D. 标的股票股价波动率增加

【答案】ABD

【解析】股票价格和无风险利率与看涨期权价值正相关，与看跌期权价值负相关，则标的股票价格、无风险利率下降会导致美式看跌期权价值上升，选项A正确，选项C错误。执行价格和红利与看涨期权价值负相关，与看跌期权价值正相关，则执行价格上升、发放红利会导致美式看跌期权价值上升，选项B表述正确。股价波动率与期权价值均为正相关，选项D表述正确。

【真题·单选题】（2019）假设其他条件不变，下列影响期权价值的各项因素中，会引起期权价值同向变动的是（　　）。

A. 无风险利率

B. 执行价格

C. 标的股票市价

D. 标的股票股价波动

【答案】D

【解析】股票价格和无风险利率与看涨期权价值正相关，与看跌期权价值负相关，选项A、C错误。执行价格与看跌期权价值正相关，与看涨期权负相关，选项B错误。股价波动率与期权价值均为正相关，选项D正确。

【例题·多选题】在其他因素不变的情况下，下列各项变动中，引起美式看跌期权价值下降的有（　　）。

A. 股票市价下降

B. 股票波动率下降

C. 到期期限缩短

D. 无风险报酬率降低

【答案】BC

【解析】股票价格和无风险利率与看跌期权价值负相关，选项 A、D 错误。股价波动率与期权价值均为正相关，选项 B 正确。美式期权价值与到期期限正相关，选项 C 正确。

高频考点 7：期权估值原理★★★

名师解惑

问：期权估值原理以及二叉树定价模型应该如何进行学习？考试对于本部分要求的程度如何？

答：期权估值原理以及二叉树定价模型内容相对较难，有关内容务必结合教材和本书例题进行学习，把握解题思路，只要掌握例题和历年真题，考试时就能保持较高得分率甚至取得满分。

（一）复制原理和套期保值原理

复制原理的基本思想是：构造一个股票和借款的适当组合，使得无论股价如何变动，投资组合的损益都与期权相同，那么创建该投资组合的成本就是期权的价值。

解题步骤：

1. 确定可能的到期日股票价格 S_u 和 S_d

上行股价 S_u = 股权当前市价 S_0 × 上行乘数 u

下行股价 S_d = 股权当前市价 S_0 × 下行乘数 d

$u=1+$股价上行百分比；$d=1-$股价下降百分比的绝对值。

2. 根据执行价格计算确定到期日期权价值

股价上行时期权到期日价值 C_u = max（上行股价 − 执行价格，0）

股价下行时期权到期日价值 C_d = max（下行股价 − 执行价格，0）

3. 计算套期保值比率（即购买股票的股数）

套期保值比率 H = 期权价值变化 ÷ 股价变化 $=\dfrac{C_u-C_d}{S_u-S_d}$

4. 计算投资组合的成本（期权价值）

每股期权价值 C_0 = 股票与借款的投资组合投资成本 = 购买股票支出 − 借款 $=H\times S_0-B$，其中 B 为借款金额。

借款金额 B =（套期保值比率 × 到期日下行股价 − 股价下行时期权到期日价值）÷ $(1+r)=\dfrac{H\times S_d-C_d}{1+r}$

其中，r 为相应期间的无风险利率。

如果期权的市场价格与根据复制原理计算出的期权价值不相等，则存在套利空间。如果期权的市场价格大于期权价值，说明价格被高估，则卖出期权，采取股票与借款的投资组合；如果期权的市场价格小于期权价值，说明价格被低估，则买入期权，卖出股票与借款的投资组合。

名师解惑

问：什么是套期保值比率？

答：套期保值比率（或称套头比率、对冲比率、德尔塔系数），就是用来确定复制组合的股票数量和借款数量，从而使投资组合的到期日价值与期权实现相同的比率，通常用 H 来表示。

（二）风险中性原理

虽然可以运用财务杠杆投资股票来复制期权，但是操作起来十分复杂，尤其是对于复杂期权或涉及多个期间的情况。此时，我们就可以利用风险中性原理作为替代办法来解决这一问题。

所谓风险中性原理，是指假设投资者对待风险的态度是中性的，所有证券的预期报酬率都应当是无风险利率。风险中性的投资者不需要额外的收益补偿其承担的风险。在风险中性的世界里，将期望值用无风险利率折现，可以获得现金流量的现值。

在这种情况下，期望报酬率应符合下列公式：

期望报酬率（即无风险利率）= 上行概

率×上行时报酬率+下行概率×下行时报酬率

其中，下行概率=1-上行概率

假设股票不派发红利，股票价格的上升百分比就是股票投资的报酬率，因此：

期望报酬率=上行概率×股价上升百分比+下行概率×股价下降百分比

解题步骤：

1. 确定可能的到期日股票价格 S_u 和 S_d（同复制原理）

上行股价 S_u=股权当前市价 S_0×上行乘数 u

下行股价 S_d=股权当前市价 S_0×下行乘数 d

2. 根据执行价格计算确定到期日期权价值（同复制原理）

股价上行时期权到期日价值 C_u=max（上行股价-执行价格，0）

股价下行时期权到期日价值 C_d=max（下行股价-执行价格，0）

3. 计算上行概率和下行概率

期望报酬率 r=上行概率×股价上升百分比+下行概率×股价下降百分比

4. 计算期权价值

$$期权价值\ C_0=\frac{上行概率\times C_u+下行概率\times C_d}{1+r}$$

经典例题

【真题·计算分析题】（2022）甲公司是一家上市公司，目前股票每股市价为40元，未来9个月内不派发现金股利。市场上有A、B、C三种以甲公司股票为标的资产的看涨期权，每份看涨期权可买入1股股票。

假设A、B、C三种期权目前市场价格均等于利用风险中性原理计算的期权价值。乙投资者构建的期权组合相关资料如下：

期权	类型	到期日	执行价格	策略	份数
A	欧式看涨期权	9个月后	28元	多头	5 000
B	欧式看涨期权	9个月后	50元	多头	5 000
C	欧式看涨期权	9个月后	39元	空头	10 000

9个月无风险报酬率为3%。假设不考虑相关税费的影响。

要求：

（1）假设9个月后股价有两种可能，上升35%或下降20%，利用风险中性原理，分别计算A、B、C三种期权目前的期权价值。

（2）假设9个月后股价有两种可能，上升35%或下降20%，分别计算股价上涨和下跌时，该期权组合的净损益（不考虑货币时间价值的影响）。

（3）假设9个月后股价处于（28，50）之间，计算该期权组合到期日价值的最大值。

【答案及解析】

（1）3%=上行概率×35%+(1-上行概率)×(-20%)

0.55×上行概率=0.23

上行概率=0.4182

下行概率=0.5818

股价上升时：

期权A的到期日价值=40×(1+35%)-28=26（元）

期权B的到期日价值=40×(1+35%)-50=4（元）

期权C的到期日价值=40×(1+35%)-39=15（元）

股价下跌时：

期权A的到期日价值=4元

期权B的到期日价值=0

期权C的到期日价值=0

因此，A的期权价值=(26×0.4182+4×0.5818)÷(1+3%)=12.82（元）

B的期权价值=(4×0.4182+0)÷(1+

第六章

3%）=1.62（元）

C 的期权价值 =（15×0.4182+0）÷（1+3%）=6.09（元）

（2）投资组合的成本 =5 000×（12.82+1.62）-10 000×6.09=11 300（元）

股价上涨时，组合净损益 =5 000×（54-28）+5 000×（54-50）-10 000×（54-39）-11 300=-11 300（元）

股价下跌时，组合的到期日价值 =5 000×（32-28）+0-11 300=8 700（元）

（3）当股价处于（28，39）之间，期权组合的到期日价值 =5 000×（股票市价 -28）+0+0，股价为 39 元时，到期日价值最大。所以，股价处于（28，39）之间，到期日价值的最大值为 55 000 元。当股价处于（39，50）之间，期权组合的到期日价值 =5 000×（股票市价 -28）+0-10 000×（股票市价 -39）=250 000-5 000×股票市价，股价为 39 元时，到期日价值最大，所以，股价处于（39，50）之间，到期日价值的最大值为 55 000 元。

因此，该期权组合到期日价值的最大值为 55 000 元。

【真题·单选题】（2021）甲公司股票当前价格为 60 元，以该股票为标的资产的看涨期权执行价格为 65 元，每份看涨期权可买入 1 份股票。预计未来甲公司股价或者上涨 20 元，或者下跌 10 元。下列投资组合中，可复制 1 份多头该看涨期权投资效果的是（　　）。

A. 购入 0.5 份甲公司股票，同时借入必要的款项

B. 购入 2 份甲公司股票，同时借入必要的款项

C. 购入 0.5 份甲公司股票，同时贷出必要的款项

D. 购入 2 份甲公司股票，同时贷出必要的款项

【答案】 A

【解析】 复制原理通过构建投资组合（购进适量股票并借入必要款项）达到复制 1 份多头看涨期权的效果。

因此，股票数量 = 套期保值比率 = $\frac{(60+20)-65}{(60+20)-(60-10)}=0.5$。

【例题·计算分析题】 甲上市公司的当前股票价格为 100 元。有 1 股以该股票为标的资产的看涨期权，执行价格为 104.165 元，到期时间是 6 个月。6 个月以后股价有两种可能：上升 33.33%，或者下降 25%，无风险利率为每年 4%。

要求：

（1）根据复制原理和套期保值原理，计算套期保值比率及看涨期权的价值。

（2）假设股票不派发红利，利用风险中性原理，计算期权价值。

【答案及解析】

（1）①确定可能的到期日股票价格。

上行股价 S_u = 股权当前市价 S_0 × 上行乘数 u =100×（1+33.33%）=133.33（元）

下行股价 S_d = 股权当前市价 S_0 × 下行乘数 d =100×（1-25%）=75（元）

②根据执行价格计算确定到期日期权价值。

股价上行时期权到期日价值 C_u = 上行股价 - 执行价格 =133.33-104.165=29.165（元）

股价下行时期权到期日价值 C_d =0

③计算套期保值比率。

套期保值比率 H = 期权价值变化 ÷ 股价变化 =（29.165-0）÷（133.33-75）=0.5

④计算投资组合的成本（期权价值）。

购买股票支出 = 套期保值比率 × 股票现价 =0.5×100=50（元）

借款 =（到期日下行股价 × 套期保值比率 - 股价下行时期权到期日价值）÷（1+r）=（75×0.5-0）÷（1+2%）=36.76（元）

期权价值 = 投资组合成本 = 购买股票支出 - 借款 =50-36.76=13.24（元）

（2）由期望报酬率 = 上行概率 × 股价上升百分比 + 下行概率 × 股价下降百分比，得：

2% = 上行概率 ×33.33% +（1 - 上行概率）×（-25%）

解得上行概率 =0.4629，下行概率 =0.5371

期权六个月后的期望价值 = 0.4629 × 29.165 + 0.5371 × 0 = 13.50（元）

期权的现值 = 13.50 ÷（1 + 2%）= 13.24（元）

或者直接代入公式“期权价值 =（上行概率 × C_u + 下行概率 × C_d）÷（1 + r）”求得结果。

命题点拨

命题角度：复制原理、套期保值原理和风险中性原理的应用

答：复制原理、套期保值原理和风险中性原理的相关考点难度较高，但是解题思路也较为明确和固定，以上述这道计算分析题为例，这个例题考查点相对单一、明确，真正考试时在计算题中涉及到期权估值原理的可能只有 1 ~ 2 问，由于这一部分的套路非常清晰，考生只需熟练掌握解题思路，结合下面讲述的各种定价模型，并对书上例题和真题进行反复练习，即可攻克本章难关。

高频考点 8：二叉树定价模型★★★

命题点拨

命题角度：二叉树定价模型的假设前提及应用

二叉树定价模型的假设在选择题中会有涉及，其具体应用则主要是计算题的考点。但是从应试的角度说，考试中考查多期（含两期）二叉树定价模型的概率较低，且多期二叉树定价模型是在单期二叉树定价模型的基础上进行了延伸，建议先重点掌握单期二叉树模型和两期二叉树模型，理解原理，然后再对多期二叉树模型的公式进行记忆，题目练习方面掌握教材和本书的例题足矣。

（一）单期二叉树定价模型

二叉树期权定价模型建立在以下假设基础之上：①市场投资没有交易成本；②投资者都是价格的接受者；③允许完全使用卖空所得款项；④允许以无风险利率借入或贷出款项；⑤未来股票的价格将是两种可能值中的一个。

设：

S_0 = 股票现行价格；

u = 股价上行乘数；

d = 股价下行乘数；

r = 无风险利率；

C_0 = 看涨期权现行价格；

C_u = 股价上行时期权的到期日价值；

C_d = 股价下行时期权的到期日价值；

X = 看涨期权执行价格；

H = 套期保值比率。

则有：

$$\text{看涨期权现行价格 } C_0 = \frac{1+r-d}{u-d} \times \frac{C_u}{1+r} + \frac{u-1-r}{u-d} \times \frac{C_d}{1+r}$$

其中，$\frac{1+r-d}{u-d}$ 是上行概率，$\frac{u-1-r}{u-d}$ 是下行概率，下行概率 =1 − 上行概率。

该公式其实与前述期权价值计算公式一样，提取公因式 $\frac{1}{1+r}$ 后仍是 $\frac{\text{上行概率} \times C_u + \text{下行概率} \times C_d}{1+r}$。

（二）两期二叉树模型

单期的定价模型假设未来股价只有两个可能，对于时间很短的期权来说是可以接受的。若到期时间很长，如半年或者更长时间，就会与事实相去甚远。改善的办法是把到期时间分割成两部分，这样可以增加股价的选择，由单期模型向两期模型的拓展，不过是单期模型的两次应用。

解题步骤：

1. 利用单期定价模型计算出 C_u 和 C_d。

$$C_u = \frac{1+r-d}{u-d} \times \frac{C_{uu}}{1+r} + \frac{u-1-r}{u-d} \times \frac{C_{ud}}{1+r}$$

$$C_d = \frac{1+r-d}{u-d} \times \frac{C_{ud}}{1+r} + \frac{u-1-r}{u-d} \times \frac{C_{dd}}{1+r}$$

2. 计算出 C_u 和 C_d 后，再根据单期定价模型计算出 C_0。

$$C_0=\frac{1+r-d}{u-d}\times\frac{C_u}{1+r}+\frac{u-1-r}{u-d}\times\frac{C_d}{1+r}$$

其中，$\frac{1+r-d}{u-d}$ 是上行概率，$\frac{u-1-r}{u-d}$ 是下行概率，下行概率 =1 - 上行概率。

（三）多期二叉树模型

如果继续增加分割的期数，就可以使期权价值更接近实际。从原理上看，与两期模型一样，从后向前逐级推进，只不过多了一个层次。期数增加以后带来的主要问题是股价上升与下降的百分比如何确定问题。期数增加以后，要调整价格变化的升降幅度，以保证年报酬率的标准差不变。把年报酬率标准差和升降百分比联系起来的公式是：

$$u=1+上升百分比=e^{\sigma\sqrt{t}}$$

$$d=1-下降百分比=1\div u$$

式中，e——自然常数，约等于 2.7183；

σ——标的资产连续复利报酬率的标准差；

t——以年表示的时段长度。

经典例题

【例题·计算分析题】 ABC 公司的股票现在的市价为 50 元。有 1 股以该股票为标的资产的看涨期权，执行价格为 52.08 元，到期时间是 6 个月。根据该股票过去的历史数据所测算的连续复利报酬率的标准差为 0.4068，无风险利率为每年 4%，即每 3 个月 1%。

要求：利用两期二叉树模型确定看涨期权的价格。

【答案及解析】

上行乘数 $u=e^{\sigma\sqrt{t}}=e^{0.4068\times\sqrt{0.25}}=e^{0.2034}\approx 1.2256$

下行乘数 $d=1\div u=1\div 1.2256=0.8160$

设：

S_{uu} = 标的资产两个时期都上升的股票价格

S_{dd} = 标的资产两个时期都下降的股票价格

S_{ud} = 标的资产一个时期上升，另一个时期下降的股票价格

C_{uu} = 标的资产两个时期都上升的期权价值

C_{dd} = 标的资产两个时期都下降的期权价值

C_{ud} = 标的资产一个时期上升，另一个时期下降的期权价值

3 个月后股票上行的价格 $S_u=50\times1.2256=61.28$（元）

3 个月后股票下行的价格 $S_d=50\times0.8160=40.8$（元）

$S_{uu}=61.28\times1.2256=75.10$（元）

$S_{ud}=61.28\times0.8160=50$（元）

$S_{dd}=40.8\times0.8160=33.29$（元）

$C_{uu}=\max(0, S_{uu}-X)=23.02$（元）

$C_{ud}=\max(0, S_{ud}-X)=0$

$C_{dd}=\max(0, S_{dd}-X)=0$

$$C_u=\frac{1+r-d}{u-d}\times\frac{C_{uu}}{1+r}+\frac{u-1-r}{u-d}\times\frac{C_{ud}}{1+r}=$$

$\frac{1+1\%-0.8160}{1.2256-0.8160}\times 23.02/(1+1\%)+0=0.47363\times22.7921=10.80$（元）

$$C_d=\frac{1+r-d}{u-d}\times\frac{C_{ud}}{1+r}+\frac{u-1-r}{u-d}\times\frac{C_{dd}}{1+r}=0$$

看涨期权现行价格 $C_0=0.47363\times10.80/(1+1\%)=5.06$（元）

高频考点 9：布莱克-斯科尔斯期权定价模型（B - S 模型）★★

（一）模型假设

1. 在期权寿命期内，期权标的股票不发放股利，也不做其他分配；

2. 股票或期权的买卖没有交易成本；

3. 短期的无风险利率是已知的，并且在期权寿命期内保持不变；

4. 任何证券购买者能以短期的无风险利率借得任何数量的资金；

5. 允许卖空，卖空者将立即得到所卖空股票当天价格的资金；

6. 看涨期权只能在到期日执行（即仅适用于欧式期权）；

7. 所有证券交易都是连续发生的，股票价格随机游走。

(二) 模型公式

$C_0 = S_0[N(d_1)] - Xe^{-r_c t}[N(d_2)]$ 或 $S_0[N(d_1)] - PV(X)[N(d_2)]$，其中：

$$d_1 = \frac{\ln(S_0 \div X) + [r_c + (\sigma^2 \div 2)]t}{\sigma\sqrt{t}} \text{或} = \frac{\ln[S_0/PV(X)]}{\sigma\sqrt{t}} + \frac{\sigma\sqrt{t}}{2}, d_2 = d_1 - \sigma\sqrt{t}$$

式中：C_0——看涨期权的当前价值；

S_0——标的股票的当前价格；

$N(d)$——标准正态分布中离差小于 d 的概率；

X——期权的执行价格；

e——自然对数的底数，约等于2.7183；

r_c——连续复利的年度的无风险利率；

t——期权到期日前的时间（年）；

$\ln(S_0 \div X)$——$S_0 \div X$ 的自然对数；

σ^2——连续复利的以年计的股票回报率的方差。

通过模型可以看出，决定期权价值的因素有五个：股票价格、股价波动率、利率、执行价格和期权到期日前的时间。期权价值与股票价格、股价波动率、利率、期权到期日前的时间同向变化，与执行价格反向变化。但是期权价值对于无风险利率的变动并不敏感。

命题点拨

命题角度：B－S模型的假设前提及决定期权价值的因素

B－S模型公式难度较大，考查计算分析题的概率较小，可不做重点掌握，但是需要关注模型中决定期权价值的五个因素，以防考查客观题。

(三) 模型参数的估计

无风险利率应当选择与期权到期日相同（没有相同选择最接近）的政府债券利率，这里的政府债券利率是指其市场利率而非票面利率，即根据市场价格计算的到期报酬率。模型中的无风险利率是按连续复利计算的利率，而不是常见的年复利。由于期权价值对于利率的变化并不敏感，为了简便起见，手工计算时往往使用分期复利作为连续复利的近似替代。

报酬率标准差可以使用历史报酬率来估计。在期权估值中，严格说来应当使用连续复利报酬率的标准差。有时为了简化，也可以使用分期复利报酬率的标准差作为替代。

(四) 看跌期权估值

对于欧式期权，假定看涨期权和看跌期权有相同的执行价格和到期日，则下述等式成立：

看涨期权价格 C − 看跌期权价格 P = 标的资产的价格 S − 执行价格的现值 $PV(X)$

这种关系，被称为看涨期权—看跌期权平价定理（关系）。利用该定理，已知等式中的4个数据中的3个，就可以求出另外一个。

(五) 派发股利的期权定价

股利的现值是股票价值的一部分，但是只有股东可以享有该收益，期权持有人不能享有。因此，在期权估值时要从股价中扣除期权到期日前所派发的全部股利的现值。也就是说，把所有到期日前预期发放的未来股利视同已经发放，将这些股利的现值从现行股票价格中扣除。此时，模型建立在调整后的股票价格而不是实际价格基础上。

(六) 美式期权估值

布莱克－斯科尔斯期权定价模型假设看涨期权只能在到期日执行，即模型仅适用于欧式期权。

美式期权在到期前的任意时间都可以执行，除享有欧式期权的全部权力之外，还有提前执行的优势。因此，美式期权的价值应当至少等于相应欧式期权的价值，在某种情况下比欧式期权的价值更大。

经典例题

【例题·单选题】某股票的现行价格为20元，以该股票为标的资产的欧式看涨期权和欧式看跌期权的执行价格均为24.96元。都在6个月后到期。年无风险利率为8%，如果看涨期权的价格为10元，看跌期权的价格为

（　　）元。

A. 6.89　　B. 13.11

C. 14　　D. 6

【答案】C

【解析】根据看涨期权—看跌期权平价定理：看涨期权价格 C - 看跌期权价格 P = 标的资产价格 S - 执行价格现值 PV（X）。所以看跌期权的价格 $P = -20 + 10 + 24.96/(1 + 8\%/2) = 14$（元），选项 C 正确。

高频考点10：实物期权★★

实物资产投资与金融资产投资不同。实物期权以实物资产为标的资产，是未来可以采取某种行动的权利而非义务。常见的实物期权有扩张期权、延迟期权和放弃期权。

实物期权的价值受项目不确定性大小的影响，不确定性越大，则期权价值越大。实物期权估价使用的模型主要是BS模型和二叉树模型。通常BS模型是首选模型，它的优点是使用简单并且计算精确。它的应用条件是实物期权的情景符合BS模型的假设条件，或者说该实物期权与典型的股票期权相似。二叉树模型是一种替代模型。它虽然没有BS模型精确，但是比较灵活，在特定情景下优于BS模型。二叉树模型可以根据特定项目模拟现金流的情景，使之适用于各种复杂情况。例如，处理到期日前支付股利的期权、可以提前执行的美式期权、停业之后又重新开业的多阶段期权、事实上不存在最后到期日的期权等复杂情况。二叉树模型可以扩展为三叉树、四叉树模型等，以适应项目存在的多种选择。通常，在BS模型束手无策的复杂情况下，二叉树模型往往能解决问题。

（一）扩张期权

公司的扩张期权包括许多种具体类型：例如，采矿公司投资于采矿权以获得开发或者不开发的选择权，尽管目前它还不值得开采，但是，产品价格升高后它却可以大量盈利；房屋开发商要投资于土地，经常是建立土地的储备，以后根据市场状况决定新项目的规模；医药公司要控制药品专利，不一定马上投产，而是根据市场需求推出新药；再如，制造业小规模推出新产品，抢先占领市场，以后视市场的反应再决定扩充规模。如果它们今天不投资，就会失去未来扩张的选择权。

（二）延迟期权

从时间选择来看，任何投资项目都具有期权的性质。

如果一个项目在时间上不能延迟，只能立即投资或者永远放弃，那么，它就是马上到期的看涨期权。项目的投资成本是期权执行价格，项目的未来营业现金流量的现值是期权标的资产的现行价格。如果该现值大于投资成本，项目的净现值就是看涨期权的收益。如果该现值小于投资成本，看涨期权不被执行，公司将放弃该项投资。

如果一个项目在时间上可以延迟，那么，它就是未到期的看涨期权。项目具有正的净现值，并不意味着立即开始（执行）总是最佳的，也许等一等更好。对于前景不明朗的项目，大多值得观望，看一看未来是更好还是更差，再决定是否投资。

延迟期权大多使用二叉树模型。具有时间选择灵活性的项目，本身并没有特定的期权执行时间，并不符合典型股票期权的特征。

利用二叉树方法进行分析的主要步骤如下：

1. 构造现金流量和项目价值二叉树；
2. 构造净现值二叉树；
3. 根据风险中性原理计算上行概率；
4. 计算含有期权的项目净现值；
5. 判断是否应延迟投资。

（三）放弃期权

在评估项目时，我们通常选定一个项目的寿命周期，并假设项目会进行到寿命周期结束。这种假设不一定符合实际。如果项目执行一段时间后，实际产生的现金流量远低于预期，投资者就会考虑提前放弃该项目，而不会坚持到底。另外，经济寿命周期也很难预计。项目开始时，往往不知道何时结束。有的项目，一开始就不顺利，产品不受市场欢迎，一两年就被迫放弃了。有的项目，越来越受市场欢迎，产品不断升级换代，或者扩大成为一系列产品，几十年长盛不衰。

一个项目，只要继续经营价值大于资产的清算价值，它就会继续下去。反之，如果清算价值大于继续经营价值，就应当终止。这里的清算价值，不仅指残值的变现收入，也包括有关资产的重组和价值的重新发掘。

在评估项目时，就应当事先考虑中间放弃的可能性和它的价值。这样，可以获得项目更全面的信息，减少决策错误。放弃期权是一项看跌期权，其标的资产价值是项目的继续经营价值，而执行价格是项目的清算价值。

一个项目何时应当放弃，在项目启动时并不明确。缺少明确到期期限的实物期权，不便于使用 BS 模型。虽然在项目分析时可以假设一个项目有效期，但是实际上多数项目在启动时并不确知其寿命。有的项目投产后很快碰壁，只有一两年的现金流；有的项目很成功，不断改进的产品使该项目可以持续几十年。在评估放弃期权时，需要预测很长时间的现金流，逐一观察历年放弃或不放弃的项目价值，才能知道放弃期权的价值。

放弃期权的分析程序如下：

1. 计算项目的净现值。实物期权分析的第一步是计算标的资产的价值，也就是不含期权的项目净现值。

2. 构造二叉树。

3. 确定最佳放弃策略。

经典例题

【例题·多选题】以下期权属于实物期权的有（　　）。

A. 扩张期权　　B. 延迟期权

C. 期权　　D. 保护性期权

【答案】AB

【解析】常见的实物期权有扩张期权、延迟期权和放弃期权，选项 A、B 正确。

进阶练习

（一）单选题

1. 下列关于看涨期权和看跌期权的说法中，错误的是（　　）。

A. 期权购买人的损益减去期权费后的剩余，称为期权到期日价值

B. 看涨期权的特征是“购买”

C. 看跌期权的特征是“出售”

D. 如果标的股票的价格上涨，对于买入看涨期权和卖出看跌期权的投资者有利

2. 下列关于买入或卖出看跌期权的说法中，错误的是（　　）。

A. 多头看跌期权到期日价值等于执行价格减去股票价格的差额和零的孰高值

B. 空头看跌期权到期日价值等于执行价格减去股票价格的差额和零的孰高值

C. 空头看跌期权最大净损益为期权价格

D. 多头看跌期权最低净损益为“－期权价格”

3. 投资者甲同时购入 A 股票的 1 股看涨期权和 1 股看跌期权，执行价格均为 30 元，到期日相同，看涨期权的价格为 3 元，看跌期权的价格为 4 元。如果到期日的股票价格为 36 元，该投资组合的净损益是（　　）元。

A. －1　　B. 1

C. 3　　D. 5

4. 同时售出甲股票的 1 股看涨期权和 1 股看跌期权，执行价格均为 50 元，到期日相同，看涨期权的价格为 5 元，看跌期权的价格为 4 元。如果到期日的股票价格为 48 元，该投资组合的净收益是（　　）元。

A. 5　　B. 7

C. 9　　D. 11

5. 下列关于期权内在价值的说法中，正确的是（　　）。

A. 内在价值的大小，取决于到期日标的

股票市价与期权执行价格的高低

B. 当执行期权将给持有人带来负回报时，内在价值为负

C. 期权处于虚值状态或平价状态时不会被执行，处于实值状态一定会被执行

D. 内在价值是随着时间变化的

6. 某公司股票的当前市价为 20 元，有一种以该股票为标的资产的看涨期权，执行价格为 18 元，到期时间为 6 个月，期权价格为 6 元。下列关于该看涨期权的说法中，正确的是（　　）。

A. 若时间溢价不变，此时股价下跌 4 元，则期权价格应下降为 4 元才能卖出

B. 该期权处于虚值状态

C. 该期权的内在价值为 0

D. 该期权的时间溢价为 6 元

7. 甲公司股票当前市价为 10 元，有一种以该股票为标的资产的 6 个月到期的看跌期权，执行价格为 8 元，期权价格为 4 元，该看跌期权的内在价值是（　　）元。

A. 2　　B. －2

C. 4　　D. 0

8. 甲公司股票当前市价为 20 元，有一种以该股票为标的资产的 6 个月到期的看涨期权，执行价格为 25 元，期权价格为 4 元，该看涨期权的内在价值是（　　）元。

A. 1　　B. 4

C. 5　　D. 0

9. 某公司股票的当前市价为 10 元，有一种以该股票为标的资产的看跌期权，执行价格为 8 元，到期时间为 3 个月，期权价格为 3.5 元。下列关于该看跌期权的说法中，正确的是（　　）。

A. 该期权处于实值状态

B. 该期权的内在价值为 2 元

C. 该期权的时间溢价为 3.5 元

D. 买入一股该看跌期权的最大净收入为 4.5 元

10. 2022 年 8 月 2 日，甲公司股票每股市价 20 元。市场上有以甲公司股票为标的资产的欧式看跌期权，每份看跌期权可卖出 1 股股票，执行价格为 18 元，2022 年 11 月 26 日到期。下列情形中，持有该期权多头的理性投资者会行权的是（　　）。

A. 2022 年 11 月 26 日，甲公司股票每股市价 20 元

B. 2022 年 9 月 26 日，甲公司股票每股市价 20 元

C. 2022 年 11 月 26 日，甲公司股票每股市价 15 元

D. 2022 年 9 月 26 日，甲公司股票每股市价 15 元

11. 在其他条件不变的情况下，下列关于股票的欧式看涨期权内在价值的说法中，正确的是（　　）。

A. 股票市价越高，期权的内在价值越大

B. 期权到期期限越长，期权的内在价值越大

C. 股票波动率越大，期权的内在价值越大

D. 期权执行价格越高，期权的内在价值越大

12. 对股票期权价值影响最主要的因素是（　　）。

A. 股票价格

B. 执行价格

C. 股票价格的波动性

D. 无风险利率

13. 下列关于布莱克－斯科尔斯期权定价模型假设的说法中，错误的是（　　）。

A. 股票或期权的买卖没有交易成本

B. 在期权寿命期内，期权标的股票可以发放股利或做其他分配

C. 任何证券购买者能以短期的无风险利率借得任何数量的资金

D. 看涨期权只能在到期日执行

14. 欧式看涨期权和欧式看跌期权的执行价格均为 19 元，12 个月后到期，若无风险年利率为 6%，股票的现行价格为 18 元，看跌期权的价格为 0.5 元，则看涨期权的价格为

(　　) 元。

A. 0.5　　B. 0.58

C. 1　　D. 1.5

(二) 多选题

1. 下列关于期权的说法中，错误的有(　　)。

A. 持有人只享有权利而不承担相应的义务

B. 欧式期权和美式期权都可以在到期日或到期日之前的任何时间执行

C. 期权出售人需要拥有标的资产

D. 在期权合约中约定的、期权持有人据以购进或售出标的资产的浮动价格，称为“执行价格”

2. 下列关于看涨期权的说法中，正确的有(　　)。

A. 多头看涨期权锁定了最低净收入

B. 空头看涨期权锁定了最高净收入

C. 多头看涨期权锁定了最低净损益

D. 空头看涨期权锁定了最高净损益

3. 甲投资者同时卖出一只股票的看涨期权和看跌期权，该投资策略适合的情形有(　　)。

A. 预计标的股票市场价格将小幅下跌

B. 预计标的股票市场价格将小幅上涨

C. 预计标的股票市场价格将大幅上涨

D. 预计标的股票市场价格将大幅下跌

4. 下列关于期权投资策略的表述中，错误的有(　　)。

A. 保护性看跌期权可以锁定最低净收入和最低净损益，但不改变净损益的预期值

B. 抛补性看涨期权可以锁定最低净收入和最低净损益，是机构投资者常用的投资策略

C. 空头对敲组合策略可以锁定最低净收入和最大净损失，其最低收益是期权收取的期权费

D. 多头对敲组合策略可以锁定最低净收入和最大净损失，其最坏的结果是损失期权的购买成本

5. 同时卖出一只股票的看涨期权和看跌期权，它们的执行价格和到期日均相同。该投资策略不能适用的情况有(　　)。

A. 预计标的资产的市场价格将会发生剧烈波动

B. 预计标的资产的市场价格将会大幅度上涨

C. 预计标的资产的市场价格将会大幅度下跌

D. 预计标的资产的市场价格稳定

6. 甲投资者同时卖出一只股票的1股看涨期权和1股看跌期权，执行价格均为30元。到期日相同，看涨期权的价格为3元，看跌期权的价格为4元。如果不考虑期权费的时间价值，下列情形中能够给甲投资者带来净收益的有(　　)。

A. 到期日股票价格低于23元

B. 到期日股票价格介于23～30元之间

C. 到期日股票价格介于30～37元之间

D. 到期日股票价格高于37元

7. 甲投资者同时买入一只股票的1股看涨期权和1股看跌期权，执行价格均为50元。到期日相同，看涨期权的价格为5元，看跌期权的价格为4元。如果不考虑期权费的时间价值，下列情形中能够给甲投资者带来净收益的有(　　)。

A. 到期日股票价格低于41元

B. 到期日股票价格介于41～50元之间

C. 到期日股票价格介于50～59元之间

D. 到期日股票价格高于59元

8. 假设其他因素不变，下列各项中会引起欧式看跌期权价值增加的有(　　)。

A. 到期期限延长

B. 执行价格提高

C. 无风险利率增加

D. 股价波动率加大

9. 在其他条件不变的情况下，下列变化中能够引起看涨期权价值上升的有(　　)。

A. 标的资产价格上升

B. 期权有效期内预计发放红利增加

C. 无风险利率提高

D. 股价波动加剧

10. 在其他因素不变的情况下，下列各项变动中，引起欧式看跌期权价值下降的有（　　）。

A. 股票价格上升　　B. 股票波动率变大

C. 到期期限延长　　D. 无风险利率上升

11. 下列关于期权估值原理的表述中，正确的有（　　）。

A. 复制原理是指构造一个股票和借款的适当组合，使得无论股价如何变动，投资组合的损益都与期权相同，那么创建该投资组合的成本就是期权的价值

B. 根据套利原理，如果期权的市场价格大于期权价值，则应当买入期权，放弃股票与借款的投资组合

C. 风险中性的投资者需要额外的收益来补偿其承担的风险

D. 根据风险中性原理，期望报酬率 = 上行概率 × 上行时报酬率 + 下行概率 × 下行时报酬率

12. 下列有关二叉树定价模型的假设中，错误的有（　　）。

A. 市场投资存在固定而非变动的交易成本

B. 大部分投资者是价格的接受者，少部分投资者可以参与议价

C. 允许以无风险利率借入或贷出款项

D. 未来股票的价格将是两种可能值中的一个

13. 在期权估值过程中，需要考虑多方面的因素。下列有关说法中，正确的有（　　）。

A. 股价是影响期权估值的最重要的因素

B. 保持其他因素不变，美式期权的价值应当至少等于相应欧式期权的价值

C. 对于看涨期权而言，执行价格上升，期权价值下降

D. 股票波动率越大，期权的内在价值越大

14. 根据布莱克－斯科尔斯期权定价模型可以看出，决定期权价值的因素有（　　）。

A. 股价　　B. 股价的标准差

C. 利率　　D. 执行价格

15. 甲公司股票目前每股 25 元，市场上有以该股票为标的资产的看涨期权和看跌期权，执行价格均为 20 元，到期日为一年后的今天。下列选项中，正确的有（　　）。

A. 看涨期权和看跌期权的时间溢价均大于 0

B. 看涨期权和看跌期权的内在价值均大于 0

C. 看涨期权处于“虚值状态”

D. 看跌期权处于“折价状态”

（三）计算分析题

1. 甲公司是一家制造业上市公司。当前每股市价 40 元。市场上有两种以该股票为标的资产的期权：欧式看涨期权和欧式看跌期权。每份看涨期权可买入 1 股股票，每份看跌期权可卖出 1 股股票；看涨期权每份 5 元，看跌期权每份 3 元。两种期权执行价格均为 40 元，到期时间均为 6 个月。目前，有四种投资组合方案可供选择：保护性看跌期权、抛补性看涨期权，多头对敲、空头对敲。

要求：

（1）投资者希望将净收益限定在有限区间内，应选择哪种投资组合？该投资组合应如何构建？假设 6 个月后该股票价格上涨 20%，该投资组合的净损益是多少？（注：计算组合净损益时，不考虑期权价格、股票价格的货币时间价值。）

（2）投资者预期未来股价大幅度波动，应选择哪种投资组合？该投资组合应如何构建？假设 6 个月后股票价格下跌 50%，该投资组合的净损益是多少？（注：计算组合净损益时，不考虑期权价格、股票价格的货币时间价值。）

2. 甲公司是一家制造业上市公司。当前

每股市价 50 元。市场上有两种以该股票为标的资产的期权：欧式看涨期权和欧式看跌期权。每份看涨期权可买入 1 股股票，每份看跌期权可卖出 1 股股票；看涨期权每份 6 元，看跌期权每份 4 元。两种期权执行价格均为 50 元，到期时间均为 6 个月。目前，有四种投资组合方案可供选择：保护性看跌期权、抛补性看涨期权、多头对敲、空头对敲。

要求：

（1）投资者希望将净收益限定在有限区间内，应选择哪种投资组合？该投资组合应如何构建？假设 6 个月后该股票价格下降 20%，该投资组合的净损益是多少？（注：计算组合净损益时，不考虑期权价格、股票价格的货币时间价值。）

（2）投资者预期未来股价波动较小，应选择哪种投资组合？该投资组合应如何构建？假设 6 个月后股票价格上升 5%，该投资组合的净损益是多少？（注：计算组合净损益时，不考虑期权价格、股票价格的货币时间价值。）

3. 甲公司股票当前每股市价为 50 元，6 个月以后，股价有两种可能：上升 20% 或下降 17%。市场上有两种以该股票为标的资产的期权：看涨期权和看跌期权。每份看涨期权可买 1 股股票，每份看跌期权可卖出 1 股股票；两种期权执行价格均为 55 元，到期时间均为 6 个月；期权到期前，甲公司不派发现金股利，半年无风险报酬率为 2.5%。

要求：

（1）利用套期保值原理，计算看涨期权的股价上行时到期日价值、套期保值比率及期权价值，利用看涨期权—看跌期权平价定理，计算看跌期权的期权价值。

（2）假设目前市场上每份看涨期权价格为 2.5 元，每份看跌期权价格为 6.5 元，投资者同时买入 1 份看涨期权和 1 份看跌期权，计算确保该组合不亏损的股票价格区间；如果 6 个月后，标的股票价格实际下降 10%，计算该组合的净损益。（注：计算股票价格区间和组合净损益时，均不考虑期权价格的货币时间价值。）

4. 甲公司股票当前每股市价 40 元，6 个月以后股价有两种可能，上升 25% 或下降 20%，市场上有两种以该股票为标的资产的期权：看涨期权和看跌期权。每份看涨期权可买入 1 股股票，每份看跌期权可卖出 1 股股票，两种期权执行价格均为 45 元，到期时间均为 6 个月，期权到期前，甲公司不派发现金股利，半年无风险报酬率为 2%。

要求：

（1）利用风险中性原理，计算看涨期权的股价上行时到期日价值、上行概率及期权价值，利用看涨期权—看跌期权平价定理，计算看跌期权的期权价值。

（2）假设市场上每份看涨期权价格 2.5 元，每份看跌期权价格 6.5 元，投资者同时卖出一份看涨期权和一份看跌期权，计算确保该组合不亏损的股票价格区间；如果 6 个月后的标的股票价格实际上涨 20%，计算该组合的净损益。（注：计算股票价格区间和组合净损益时，均不考虑期权价格的货币时间价值。）

5. A 公司是一家上市公司，其股票于 2019 年 8 月 1 日的收盘价为每股 40 元。有一种以该股票为标的资产的看涨期权，执行价格为 42 元，到期时间是 3 个月。3 个月以内公司不会派发股利，3 个月以后股价有两种变动的可能：上升到 46 元或者下降到 30 元。3 个月到期的政府债券利率为 4%（年名义利率）。

要求：

（1）利用风险中性原理，计算 A 公司股价的上行概率和下行概率，以及看涨期权的价值。

（2）如果该看涨期权的现行价格为 2.5 元，请根据套利原理，构建一个投资组合进行套利。

6. 甲公司是一家上市公司，当前每股市价 60 元。市场上有两种以该股票为标的资产的期权：欧式看涨期权和欧式看跌期权，每份看涨期权可以买入 1 股股票，每份看跌期权可以卖出 1 股股票。两种期权行使权利的价格都为70元，都是3个月到期，到期前甲公司不分配现金股利。预计3个月后甲公司股价上涨26元或者下跌14元，3个月的无风险报酬率为0.8%。乙投资者准备买入1 000股甲公司股票，同时买入1 000份看跌期权。

要求：

（1）利用套期保值原理，计算套期保值比率和每份看涨期权的价值。

（2）利用看涨期权—看跌期权平价定理，计算每份看跌期权的价值。

（3）在（2）的基础上，如果股票价格下跌14元，计算乙投资者的组合净损益。

进阶练习答案及解析

（一）单选题

1.【答案】A

【解析】期权到期日价值减去期权费后的剩余，称为期权购买人的“损益”，选项A错误。选项B、C、D表述正确。

2.【答案】B

【解析】多头看跌期权到期日价值 = max（执行价格 - 股票市价，0），选项A表述正确，不选。空头看跌期权到期日价值 = - max（执行价格 - 股票市价，0），选项B表述错误，当选。空头看跌期权锁定最高净收入和最高净损益，最高净损益为期权价格，选项C表述正确，不选。多头看跌期权锁定最低净收入和最低净损益，最低净损益为“ - 期权价格”，选项D表述正确，不选。

3.【答案】A

【解析】组合净损益 =（36 - 30）+（3 + 4）= -1（元）。

4.【答案】B

【解析】由“同时售出甲股票的1股看涨期权和1股看跌期权，执行价格均为50元，到期日相同”可知该策略为空头对敲，则组合净损益 = - | 执行价格 - 股票市价 | + 期权出售收入 = -（50 - 48）+（5 + 4）= 7（元）。

5.【答案】D

【解析】内在价值的大小，取决于标的资产的现行市价与期权执行价格的高低，选项A错误。内在价值是从多头的角度考虑的，不存在负数情况，最低为零，选项B错误。期权处于虚值状态或平价状态时不会被执行，只有处于实值状态才有可能被执行，但也不一定会被执行，选项C错误。

6.【答案】A

【解析】对于看涨期权来说，当资产的现行市价高于执行价格时，称期权处于“实值状态”，该期权的内在价值为2元，选项B、C错误。时间溢价 = 期权价值 - 内在价值 = 6 - 2 = 4（元），选项D错误。若其他条件不变，此时股价下跌4元，该看涨期权变为虚值状态，内在价值为0，此时期权价值 = 时间溢价 = 4元，选项A正确。

7.【答案】D

【解析】对于看跌期权来说，当资产的现行市价高于执行价格时，该期权处于虚值状态，价值为0，选项D正确。

8.【答案】D

【解析】对于看涨期权来说，当资产的现行市价低于执行价格时，该期权处于虚值状态，价值为0，选项D正确。

9.【答案】C

【解析】对于看跌期权来说，当资产的现行市价高于执行价格时，称期权处于“虚值状态”，该期权的内在价值为0，选项A、B错误。时间溢价 = 期权价值 - 内在价值 = 3.5（元），选项C正确。看跌期权的最大净收入为执行价格，即8元，最大净损益为执行价格 - 期权价格 = 8 - 3.5 = 4.5（元），选项D错误。

10.【答案】C

【解析】欧式期权只能在到期日执行，行权日只能是2022年11月26日，选项B、D错误。对于看跌期权来说，资产现行市价低于执行价格时，该期权处于“实值状态”；当资产的现行市价高于执行价格时，称期权处于“虚值状态”。期权处于虚值状态或平价状态时不会被执行，只有处于实值状态才有可能被执行，选项 C 正确，选项 A 错误。

11. 【答案】A

【解析】期权的内在价值，是指期权立即执行产生的经济价值。内在价值的大小，取决于标的资产的现行市价与期权执行价格的高低，对于看涨期权而言，股票市价越高，内在价值越高，执行价格越低，内在价值越高，选项 A 正确，选项 B、C、D 错误。

12. 【答案】C

【解析】在期权估值过程中，股价的波动性是最重要的因素。如果一种股票的价格波动性很小，其期权价值也不会高。

13. 【答案】B

【解析】B－S 模型假设：（1）在期权寿命期内，期权标的股票不发放股利，也不做其他分配；（2）股票或期权的买卖没有交易成本；（3）短期的无风险利率是已知的，并且在期权寿命期内保持不变；（4）任何证券购买者都能以短期的无风险利率借得任何数量的资金；（5）允许卖空，卖空者将立即得到所卖空股票当天价格的资金；（6）看涨期权只能在到期日执行；（7）所有证券交易都是连续发生的，股票价格随机游走。选项 B 表述错误，当选。选项 A、C、D 表述正确，不选。

14. 【答案】B

【解析】根据看涨期权—看跌期权平价定理：看涨期权价格 C－看跌期权价格 P＝标的资产价格 S－执行价格现值 $PV(X)$。所以看跌期权的价格 $P=0.5+18-19/(1+6\%)=0.58$（元）。

（二）多选题

1. 【答案】BCD

【解析】期权是一种权利，持有人只享有权利而不承担相应的义务，但需要支付期权费，作为不承担义务的代价，选项 A 正确。按照期权执行时间分为欧式期权和美式期权，前者只能在到期日执行，后者可以在到期日或到期日之前的任何时间执行，选项 B 错误。期权出售人不一定拥有标的资产，期权到期时双方不一定进行标的物的实物交割，而只需按价差补足价款即可，选项 C 错误。在期权合约中约定的、期权持有人据以购进或售出标的资产的固定价格，称为“执行价格”，并非是浮动价格，选项 D 错误。

2. 【答案】ABCD

【解析】多头看涨期权锁定了最低净收入和最低净损益，净收入最低为“0”，最高为“无限大”，净损益最低为“－期权成本”，最高为“无限大”，选项 A、C 正确。空头看涨期权锁定了最高净收入和最高净损益，净收入最高为“0”，最低为“负无穷大”，净损益最高为“期权价格”，最低为“负无穷大”，选项 B、D 正确。

3. 【答案】AB

【解析】空头对敲是指同时卖出 1 只股票的看涨期权和看跌期权，它们的执行价格、到期日都相同。空头对敲策略对于预计市场价格将相对比较稳定的投资者非常有用，选项 A、B 正确。

4. 【答案】ABC

【解析】对于多头对敲组合策略而言，当股价等于执行价格时，净收入最低（等于 0）、净损失最大（等于“－期权购买成本”），选项 A、B、C 错误，选项 B 正确。

5. 【答案】ABC

【解析】空头对敲是指同时卖出 1 只股票的看涨期权和看跌期权，它们的执行价格、到期日都相同。空头对敲策略对于预计市场价格将相对比较稳定的投资者非常有用。选项 A、B、C 错误，当选。

6. 【答案】BC

【解析】空头对敲是指同时卖出 1 只股票的看涨期权和看跌期权，它们的执行价格、到期日都相同。空头对敲的股价偏离执行价格的差额必须小于期权出售收入，才能给投资者带来净收益，选项 B、C 正确。

7. 【答案】AD

【解析】多头对敲是指同时买进 1 只股票的看涨期权和看跌期权，它们的执行价格、到期日都相同。多头对敲的股价偏离执行价格的差额必须超过期权购买成本，才能给投资者带来净收益，本题期权购买成本是 4 + 5 = 9（元），执行价格是 50 元，所以股价必须大于 59 元或者小于 41 元，选项 A、D 正确。

8. 【答案】BD

【解析】对欧式期权来说，较长的时间不一定能增加期权价值。虽然较长的时间可以降低执行价格的现值，但并不增加执行的机会。到期日价格的降低，有可能超过时间价值的差额，选项 A 错误。执行价格与看跌期权价值正相关，选项 B 正确。无风险利率与看跌期权价值负相关，选项 C 错误。股价波动率与期权价值均为正相关，选项 D 正确。

9. 【答案】ACD

【解析】在除息日后，红利的发放引起股票价格降低，看涨期权价格降低，选项 B 错误。选项 A、C、D 表述正确。

10. 【答案】AD

【解析】股票价格和无风险利率与看跌期权价值负相关，选项 A、D 正确。欧式看跌期权价值与股票波动率正相关，选项 B 错误。欧式期权价值与到期期限不一定相关，选项 C 错误。

11. 【答案】AD

【解析】根据套利原理，如果期权的市场价格大于期权价值，说明价格被高估，则卖出期权，采取股票与借款的投资组合，选项 B 错误。根据风险中性原理，风险中性的投资者不需要额外的收益补偿其承担的风险，选项 C 错误。

12. 【答案】AB

【解析】二叉树期权定价模型建立在以下假设基础之上：（1）市场投资没有交易成本；（2）投资者都是价格的接受者；（3）允许完全使用卖空所得款项；（4）允许以无风险利率借入或贷出款项；（5）未来股票的价格将是两种可能值中的一个。选项 A、B 错误，当选，选项 C、D 表述正确，不选。

13. 【答案】BC

【解析】在期权估值过程中，股价的波动性是最重要的因素，选项 A 错误。美式期权在到期前的任意时间都可以执行，除享有欧式期权的全部权力之外，还有提前执行的优势。因此，美式期权的价值应当至少等于相应欧式期权的价值，在某种情况下比欧式期权的价值更大，选项 B 正确。执行价格与看涨期权价值负相关，选项 C 正确。期权的内在价值，是指期权立即执行产生的经济价值。内在价值的大小，取决于标的资产的现行市价与期权执行价格的高低，选项 D 错误。

14. 【答案】ABCD

【解析】

模型公式：$C_0 = S_0[N(d_1)] - Xe^{-r_c t}[N(d_2)]$ 或 $S_0[N(d_1)] - PV(X)[N(d_2)]$，其中：$d_1 = \dfrac{\ln(S_0 \div X) + [r_c + (\sigma^2 \div 2)]t}{\sigma\sqrt{t}}$ 或 $= \dfrac{\ln[S_0/PV(X)]}{\sigma\sqrt{t}} + \dfrac{\sigma\sqrt{t}}{2}$，$d_2 = d_1 - \sigma\sqrt{t}$

从上式中可以看出决定期权价值的因素有五个：股价 S_0、股价的标准差 σ、利率 r_c、执行价格 X 和期权时间 t。

15. 【答案】AD

【解析】期权的时间溢价是指期权价值超过内在价值的部分，是一种等待的价值，只要期权未到期，时间溢价均大于 0，选项 A 表述正确。内在价值的大小，取决于标的资产的现行市价与期权执行价格的高低。对于看涨期权来说，标的资产现行市价高于执行价格时，内在价值大于 0，该期权为“实值期权”，或者说它处于“实值状态”（溢价状态）；对于看跌期权来说，当资产的现行市价高于执行价格时，内在价值小于 0，该期权为“虚值期权”，或者说它处于“虚值状态”（折价状态），选项 B、C 表述错误，选项 D 表述正确。

（三）计算分析题

1.【答案及解析】

（1）应选择抛补性看涨期权组合，因为抛补性看涨期权锁定了最高净收入和最高净损益，符合要求。

抛补性看涨期权是指购买1股股票，同时出售该股票的1股看涨期权。

抛补性看涨期权净损益＝期权价格－max（股票市价－执行价格，0）＋股票市价－股票购买价格＝5－［40×（1＋20%）－40］＋40×（1＋20%）－40＝5（元）

（2）预计未来价格大幅度变动，但不知道是升高还是降低的时候应选择多头对敲投资组合。

多头对敲策略是同时买进1只股票的看涨期权和看跌期权，它们的执行价格、到期日都相同。

多头对敲净损益＝｜股票市价－执行价格｜－期权购买成本＝40－40×（1－50%）－5－3＝12（元）

2.【答案及解析】

（1）应选择抛补性看涨期权组合，因为抛补性看涨期权锁定了最高净收入和最高净损益，符合要求。

抛补性看涨期权是指购买1股股票，同时出售该股票的1股看涨期权。

抛补性看涨期权净损益＝期权价格－max（股票市价－执行价格，0）＋股票市价－股票购买价格＝6－0＋50×（1－20%）－50＝－4（元）

（2）投资者预期未来股价波动较小，应选择空头对敲投资组合。

空头对敲投资组合是指同时卖出1只股票的看涨期权和看跌期权，它们的执行价格、到期日都相同。

空头对敲净损益＝－｜执行价格－股票市价｜＋期权出售收入＝－［50－50×（1＋5%）］＋6＋4＝7.5（元）

3.【答案及解析】

（1）股价上行时的到期日价值 C_u＝上行股价 S_u－执行价格 X＝50×（1＋20%）－55＝5（元）

下行时的股价 S_d＝50×（1－17%）＝41.5（元），小于执行价格，因此下行时的到期日价值为0。

套期保值比率 $H=(C_u-C_d)/(S_u-S_d)$＝（5－0）/（60－41.5）＝0.27

购买股票支出＝0.27×50＝13.5（元）

借款金额＝$(H\times S_d-C_d)/(1+r)$＝（41.5×0.27－0）/（1＋2.5%）＝10.93（元）

期权价值＝$H\times S_0$－借款金额＝13.5－10.93＝2.57（元）

根据看涨期权—看跌期权的平价定理可知，2.57－看跌期权价值＝50－55/（1＋2.5%）

看跌期权价值＝2.57－50＋55/（1＋2.5%）＝6.23（元）

（2）①看涨期权价格＋看跌期权价格＝2.5＋6.5＝9（元）

本题的投资策略属于多头对敲，对于多头对敲而言，股价偏离执行价格的差额必须超过期权购买成本，才能给投资者带来净收益。本题中的期权购买成本为9元，执行价格为55元，所以，确保该组合不亏损的股票价格区间是大于或等于64元和小于或等于46元。

②如果股票价格下降10%，则股价为50×（1－10%）＝45（元）

多头对敲净损益＝｜股票市价－执行价格｜－期权购买成本＝55－45－（2.5＋6.5）＝1（元）

4.【答案及解析】

（1）股价上行时看涨期权的到期日价值 C_u＝上行股价 S_u－执行价格 X＝40×（1＋25%）－45＝5（元）

2%＝上行概率×25%＋（1－上行概率）×（－20%）

即：2%＝上行概率×25%－20%＋上行概率×20%

解得上行概率＝0.4889，下行概率＝1－0.4889＝0.5111

由于股价下行时到期日价值 = 0

所以，看涨期权价值 = (5 × 0.4889 + 0 × 0.5111)/(1 + 2%) = 2.4（元）

看跌期权价值 = 45/(1 + 2%) + 2.40 − 40 = 6.52（元）

（2）同时卖出 1 份看涨期权和 1 份看跌期权的投资组合是空头对敲，空头对敲的股价偏离执行价格的差额必须小于期权出售收入，才能给投资者带来净收益。

因为期权出售收入 = 2.5 + 6.5 = 9（元），所以，确保该组合不亏损的股票价格区间为 36 ~ 54 元。

如果 6 个月后的标的股票价格实际上涨 20%，即股票价格为 48 元，则：

空头对敲净损益 = − | 执行价格 − 股票市价 | + 期权出售收入 = −（48 − 45）+ 9 = 6（元）

5. 【答案及解析】

（1）股价上升百分比 = (46 − 40)/40 = 15%

股价下降百分比 = (40 − 30)/40 = 25%

3 个月的利率 = 4% ÷ 4 = 1%，则有 1% = 上行概率 × 15% + (1 − 上行概率) × (− 25%)，解得上行概率 = 0.65，下行概率 = 1 − 0.65 = 0.35

股价上行时看涨期权的到期日价值 C_u = 上行股价 S_u − 执行价格 X = 46 − 42 = 4（元），股价下行时到期日价值 C_d = 0，看涨期权价值 = 4 × 0.65/(1 + 1%) = 2.57（元）

（2）购买股票的股数 H = (4 − 0)/(46 − 30) = 0.25（股）

借款金额 = 0.25 × 30/(1 + 1%) = 7.43（元）

根据复制原理，看涨期权价值 = 0.25 × 40 − 7.43 = 2.57（元）

由于目前看涨期权价格为 2.5 元，低于看涨期权价值 2.57 元，存在套利空间。套利投资组合为：卖出 0.25 股股票，买入无风险债券 7.43 元，同时买入 1 股看涨期权。该组合可套利 0.07 元。

6. 【答案及解析】

（1）上行股价 = 60 + 26 = 86（元）

下行股价 = 60 − 14 = 46（元）

股价上行时期权到期日价值 = max(上行股价 − 执行价格，0) = 86 − 70 = 16（元）

股价下行时期权到期日价值 = max(下行股价 − 执行价格，0) = 0

套期保值比率 = 期权价值变化/股价变化 = (16 − 0)/(60 + 26 − 46) = 0.4

每份期权价值 = 股票与借款的投资组合投资成本 = 购买股票支出 − 借款 = 0.4 × 60 − (0.4 × 46 − 0)/(1 + 0.8%) = 5.75（元）

（2）根据看涨期权—看跌期权平价定理，看涨期权价格 − 看跌期权价格 = 标的资产的价格 − 执行价格的现值，则：5.75 − 看跌期权价格 = 60 − 70/(1 + 0.8%)，解得看跌期权价格 = 15.19（元）。

（3）由“乙投资者准备买入 1 000 股甲公司股票，同时买入 1 000 份看跌期权”可知，乙投资者采取的期权投资策略为保护性看跌期权。

保护性看跌期权的净损益 = 组合净收入 − (股票的购买价格 + 期权费用) = 70 × 1 000 − (60 × 1 000 + 15.19 × 1 000) = −5 190（元）

或者：

股票投资净损益 = 1 000 × (46 − 60) = −14 000（元）

期权投资净损益 = 1 000 × (70 − 46 − 15.19) = 8 810（元）

组合净损益 = −14 000 + 8 810 = −5 190（元）

第七章　企业价值评估

2023 年教材内容主要变化

2023 年第七章教材仅为部分文字性调整，无实质性变化。

本章近五年考试高频考点分布

本章考题以选择题或计算题形式出现，本章属于较为重要的考试章节之一，最近五年平均考试分值为 5.2 分。

高频考点内容	年度及题型分布
企业价值评估的对象	2020 年多选、2019 年多选
现金流量折现模型参数的估计	2020 年综合、2019 年多选、2019 年计算
股权现金流量模型	2022 年多选
实体现金流量模型	2020 年综合、2018 年多选
相对价值评估模型	2021 年单选、2020 年综合、2018 年单选

高频考点精讲

本章属于较难、较重要的章节，需要重点掌握每个价值评估模型，学会划分详细预测期和后续期，从而确定每年的现金流。本章主要内容包括：企业价值评估的目的和对象，企业价值评估的两种方法，现金流量折现模型的种类及其参数估计，详细预测期各年现金流的确定，相对价值评估模型的基本原理，最常用的三种股票市价模型——市盈率模型、市净率模型、市销率模型，模型修正的两种方法等。

高频考点 1：企业价值评估的目的★

企业价值评估简称企业估值，目的是分析和衡量一个企业或一个经营单位的公平市场价值，并提供有关信息以帮助投资者和管理当局改善决策。具体体现在以下三个方面：

（1）价值评估可以用于投资分析；

（2）价值评估可以用于战略分析；

（3）价值评估可以用于以价值为基础的管理。

经典例题

【例题·多选题】企业价值评估简称企业估值，目的是分析和衡量一个企业或一个经营单位的公平市场价值，并提供有关信息以帮助投资者和管理当局改善决策。具体体现在（　　）。

A. 价值评估可以用于投资分析

B. 价值评估可以用于战略分析

C. 价值评估可以用于以价值为基础的管理

D. 价值评估是一种完全科学和客观的定量分析方法

【答案】ABC

【解析】价值评估是一种经济“评估”方法。“评估”一词不同于“计算”。评估是一种定量分析，但它并不是完全客观和科学的。一方面它使用许多定量分析模型，具有一定的科学性和客观性；另一方面它又使用许多主观估计的数据，带有一定的主观估计性质，选项D错误。选项A、B、C表述正确。

高频考点2：企业价值评估的对象

★★★

价值评估的一般对象是企业**整体的经济价值**，即企业作为一个整体的公平市场价值，通常用该资产所产生的**未来现金流量的现值**来计算。

企业的整体价值观念主要体现在以下三个方面：

（1）整体不是各部分的简单相加；

（2）整体价值来源于要素的结合方式；

（3）部分只有在整体中才能体现出其价值。

在理解企业的经济价值时，要注意区分会计价值、现时市场价值与公平市场价值。

会计价值是指资产、负债和所有者权益的账面价值，大多使用历史成本，没有关注未来，因此价值评估通常不使用历史价格，只有在其他方法无法获得恰当的数据时才将其作为质量不高的替代品。

资产的公平市场价值就是未来现金流量的现值。现时市场价值是按现行市场价格计量的资产价值，它可能是公平的，也可能是不公平的。

命题点拨

命题角度：会计价值、现时市场价值与公平市场价值的辨析

会计价值、现时市场价值与公平市场价值是不同的概念，在选择题中可能会通过具体案例来考查考生对于其概念的辨析，有时也会结合企业整体价值的类别来进行考查，学习难度不大，理解记忆后适当练习题目即可。

企业整体价值可分为实体价值和股权价值、持续经营价值和清算价值、少数股权价值和控股权价值等类别。具体如下表：

<table>
<tr><th colspan="2">类别</th><th>含义</th><th>说明</th></tr>
<tr><td rowspan="2">1</td><td>实体价值</td><td>企业全部资产的总体价值</td><td rowspan="2">企业实体价值＝股权价值＋净债务价值
（上述价值均指公平市场价值而非账面价值）</td></tr>
<tr><td>股权价值</td><td>股权的公平市场价值</td></tr>
<tr><td rowspan="2">2</td><td>持续经营价值</td><td>由营业所产生的未来现金流量的现值</td><td rowspan="2">（1）一个企业的公平市场价值，应当是其持续经营价值与清算价值中较高的一个。
（2）一个企业持续经营的基本条件，是其持续经营价值超过清算价值。
（3）一个企业的持续经营价值已经低于其清算价值，本应当进行清算。但是也有例外，那就是控制企业的人拒绝清算，企业得以持续经营。这种持续经营，将持续削减股东本来可以通过清算得到的价值</td></tr>
<tr><td>清算价值</td><td>停止经营，出售资产产生的现金流</td></tr>
</table>

续表

类别		含义	说明
3	少数股权价值（V 当前）	在现有管理和战略条件下，企业能够给股票投资者带来的现金流量现值	控股权溢价 = V（新的）- V（当前） 从少数股权投资者来看，V（当前）是企业股票的公平市场价值；对于谋求控股权的投资者来说，V（新的）是企业股票的公平市场价值
	控股权价值（V 新的）	企业进行重组，改进管理和经营战略后可以为投资者带来的未来现金流量的现值	

命题点拨

命题角度：少数股权价值与控股权价值的关系

考生需要明确少数股权价值和控股权价值是两个不同视角下的股权价值，要注意股权价值≠少数股权价值+控股权价值，以往年度真题曾考查过，属于了解即可得分的类型，不应该丢分。

经典例题

【真题·多选题】（2020）甲上市公司目前普通股市价每股 20 元，净资产每股 5 元。如果资本市场是有效的，下列关于甲公司价值的说法中，正确的有（　　）。

A. 会计价值是每股 5 元

B. 清算价值是每股 5 元

C. 现时市场价值是每股 20 元

D. 少数股权价值是每股 20 元

【答案】ACD

【解析】会计价值是指资产负债和所有者权益的账面价值，清算价值是企业停止经营，出售资产产生的现金流量，题目未提及有关清算价值的信息，所以选项 A 正确，选项 B 错误。现时市场价值是按现行市场价格计量的资产价值，由于资本市场有效，所以，当前股价能够反映资产价值，选项 C 正确。少数股权对于企业事务发表的意见无足轻重，在股票市场上交易的只是少数股权，大多数股票并没有参加交易。我们看到的股价，通常只是少数已经交易的股票价格，选项 D 正确。

【真题·多选题】（2019）甲公司 2019 年 6 月 30 日资产负债表显示，总资产 10 亿元，所有者权益 6 亿元，总股数 1 亿股。当日甲公司股票收盘价每股 25 元。下列关于当日甲公司股权价值的说法中，正确的有（　　）。

A. 清算价值是 6 亿元

B. 会计价值是 6 亿元

C. 持续经营价值是 10 亿元

D. 现时市场价值是 25 亿元

【答案】BD

【解析】清算价值是指停止经营，出售资产产生的现金流，题目中未涉及清算价值的有关信息，选项 A 错误。资产负债表显示的所有者权益 6 亿元是会计价值，选项 B 正确。持续经营价值是由营业所产生的未来现金流量的现值，选项 C 错误。现时市场价值 = 1 × 25 = 25（亿元），选项 D 正确。

【例题·多选题】下列关于企业公平市场价值的说法中，正确的有（　　）。

A. 企业公平市场价值是企业控股权价值

B. 企业公平市场价值是企业持续经营价值

C. 企业公平市场价值是企业未来现金流量的现值

D. 企业公平市场价值是企业各部分构成的有机整体的价值

【答案】CD

【解析】企业公平市场价值可以分为少数股权价值和控股权价值，从少数股权投资者来看，V（当前）是企业股票的公平市场价值；对于谋求控股权的投资者来说，V（新的）是企业股票的公平市场价值，选项 A 错误。一个企业的公平市场价值，应当是其持续经营价值与清算价值中较高的一个，选项 B 错误。选项 C、D 表述正确。

高频考点 3：企业价值评估与投资项目评价的异同★

异同	企业价值评估	投资项目评价
区别之处	企业的寿命是无限的，因此要处理无限期现金流折现问题	投资项目的寿命是有限的
	企业通常将收益再投资并产生增长的现金流，它们的现金流分布有不同特征	典型的项目投资有稳定的或下降的现金流
	企业产生的现金流仅在决策层决定分配它们时才流向所有者，如果决策层决定向较差的项目投资而不愿意支付股利，则少数股东除了将股票出售外别无选择	项目产生的现金流属于投资者
类似之处	（1）无论是企业还是项目，都可以给投资主体带来现金流量，现金流越大则经济价值越大。 （2）它们的现金流都具有不确定性，其价值计量都要使用风险概念。 （3）它们的现金流都是陆续产生的，其价值计量都要使用现值概念	

高频考点 4：现金流量折现模型的参数和种类★★

现金流量折现模型是企业价值评估使用最广泛、理论上最健全的模型，它的基本思想是增量现金流量原则和时间价值原则，也就是任何资产的价值是其产生的未来现金流量按照含有风险的折现率计算的现值，即：

$$价值 = \sum_{t=1}^{n} \frac{现金流量_t}{(1 + 资本成本)^t}$$

该模型中有三个参数：现金流量、资本成本和时间序列（n）。其中：

“现金流量$_t$”是指各期的预期现金流量，对于投资者来说，企业现金流量有三种：股利现金流量、股权现金流量和实体现金流量；“资本成本”是计算现值使用的折现率，其应当与现金流量相互匹配，股利现金流量与股权现金流量只能用股权资本成本来折现，实体现金流量只能用企业的加权平均资本成本来折现；时间序列“n”是指产生现金流量的时间，通常用“年”数来表示。

为了避免预测无限期的现金流量，大部分估值将预测的时间分为两个阶段。第一阶段是有限的、明确的预测期，称为“详细预测期”，简称“预测期”，在此期间需要对每年的现金流量进行详细预测，并根据现金流量模型计算其预测期价值；第二阶段是预测期以后的无限时期，称为“后续期”或“永续期”，在此期间假设企业进入稳定状态，有一个稳定的增长率，可以用简便方法直接估计后续期价值。后续期价值也被称为“永续价值”或“残值”。这样，企业价值被分为两部分，即企业价值 = 预测期价值 + 后续期价值。

种类	公式
股利现金流量折现模型	$股权价值 = \sum_{t=1}^{\infty} \frac{股利现金流量_t}{(1 + 股权资本成本)^t}$ 股利现金流量是企业分配给股权投资者的现金流量
股权现金流量折现模型	$股权价值 = \sum_{t=1}^{\infty} \frac{股权现金流量_t}{(1 + 股权资本成本)^t}$ 股权现金流量是一定期间企业可以提供给股权投资者的现金流量，它等于企业实体现金流量扣除对债权人支付后剩余的部分也可以称为“股权自由现金流量”

续表

种类	公式
实体现金流量折现模型	实体价值 $=\sum_{t=1}^{\infty}\frac{实体自由现金流量_t}{(1+加权平均资本成本)^t}$ 净债务价值 $=\sum_{t=1}^{\infty}\frac{偿还债务现金流量_t}{(1+等风险债务成本)^t}$ 股权价值＝实体价值－净债务价值 实体现金流量是企业全部现金流入扣除成本费用和必要的投资后的剩余部分，它是企业一定期间可以提供给所有投资者（包括股权投资者和债权投资者）的税后现金流量

名师解惑

问：股利现金流量折现模型、股权现金流量折现模型和实体现金流量折现模型的评估结果是否一致？

答：在相同的假设情况下，三种模型的评估结果是相同的。但是由于股利分配政策有较大变动，股利现金流量很难预计，所以股利现金流量模型在实务中很少被使用。大多数企业估值使用股权现金流量模型或实体现金流量模型。

经典例题

【真题·多选题】（2022）下列关于股权现金流量的说法中，正确的有（　　）。

A. 股权现金流量通常使用加权平均资本成本作为折现率

B. 股权现金流量的现值等于企业的实体价值减去长期负债的公允价值

C. 股权现金流量全部作为股利发放时其现值等于股利现金流量现值

D. 公司进入稳定状态后的股权现金流量增长率等于实体现金流量增长率

【答案】CD

【解析】股权现金流量只能用股权资本成本来折现，实体现金流量只能用企业的加权平均资本成本来折现，选项A错误。股权现金流量的现值等于企业的实体现金流量现值减去债务现金流量现值，选项B错误。如果把股权现金流量全部作为股利分配，则股权现金流量模型与股利现金流量模型相同，其现值相等，选项C正确。在稳定状态下，实体现金流量、股权现金流量和营业收入的增长率相同，选项D正确。

【例题·多选题】现金流量折现模型是企业价值评估使用最广泛、理论上最健全的模型，下列关于该模型的说法中，正确的有（　　）。

A. 其基本思想是增量现金流量原则和时间价值原则

B. 该模型中有三个参数：现金流量、资本成本和时间序列

C. 实体现金流量是企业全部现金流入扣除成本费用和必要的投资后的剩余部分，它是企业一定期间可以提供给股权投资者的税后现金流量

D. 为了避免预测无限期的现金流量，大部分估值将预测的时间分为两个阶段，即“详细预测期”和“后续期”

【答案】ABD

【解析】实体现金流量是企业全部现金流入扣除成本费用和必要的投资后的剩余部分，它是企业一定期间可以提供给所有投资者（包括股权投资者和债权投资者）的税后现金流量，选项C错误。选项A、B、D表述正确。

高频考点5：现金流量折现模型参数的估计★★★

现金流量折现模型的参数是相互影响的，需要整体考虑，不可以完全孤立地看待和处理。

未来现金流量的数据需要通过财务预测取得。财务预测可以分为单项预测和全面预测。

单项预测的主要缺点是容易忽视财务数据之间的联系，不利于发现预测假设的不合理之处。全面预测是指编制成套的预计财务报表，通过预计财务报表获取需要的预测数据。

1. 预测销售收入。

预测销售收入是全面预测的起点。销售增长率的预测以历史增长率为基础，根据未来的变化进行修正。在修正时，考虑宏观经济、行业状况和企业的经营战略。如果预计未来在这三个方面不会发生明显变化，则可以按上年增长率进行预测。

2. 确定预测期间。

预测的时间范围涉及预测基期、详细预测期和后续期。

（1）预测基期。

基期是指作为预测基础的时期，它通常是预测工作的上一个年度。基期的各项数据被称为基数，它们是预测的起点。基期数据不仅包括各项财务数据的金额，还包括它们的增长率以及反映各项财务数据之间联系的财务比率。确定基期数据的方法有两种：一种是以上年实际数据作为基期数据；另一种是以修正后的上年数据作为基期数据。

（2）详细预测期和后续期的划分。

实务中的详细预测期通常为5～7年，如果有疑问还应当延长，但很少超过10年。企业增长的不稳定时期有多长，预测期就应当有多长。这种做法与竞争均衡理论有关。

竞争均衡理论认为，一个企业不可能永远以高于宏观经济增长的速度发展下去。这里的“宏观经济”是指该企业所处的宏观经济系统，如果一个企业的业务范围仅限于国内市场，宏观经济增长率是指国内的预期增长率；如果一个企业的业务范围是世界性的，宏观经济增长率是指世界的经济增长速度。竞争均衡理论还认为，一个企业通常不可能在竞争的市场中长期取得超额收益，其净投资资本报酬率会逐渐恢复到正常水平。拥有高于或低于正常水平的企业，通常在3～10年中恢复到正常水平。

3. 估计详细预测期现金流量。

税后经营净利润 + 折旧摊销 − 经营营运资本增加 − [净经营长期资产增加 + 折旧摊销]

（税后经营净利润 + 折旧摊销）= 营业现金毛流量；（净经营长期资产增加 + 折旧摊销）= 资本支出

营业现金毛流量 − 经营营运资本增加 = 营业现金净流量

营业现金净流量 − 资本支出 = 实体现金流量

实体现金流量＝税后经营净利润－净经营资产增加（本期净经营资产净投资）

股权现金流量＝股利分配－股份资本发行＋股份回购＝净利润－所有者权益增加＝净利润－净经营资产净投资×（1－负债比例）

债务现金流量＝税后利息费用－净负债增加

4. 估计后续期现金流量增长率。

后续期价值的估计方法有很多种，包括永续增长模型、剩余收益模型、价值驱动因素模型、价格乘数模型、延长预测期法、账面价值法、清算价值法和重置成本法等。教材只需要我们掌握永续增长模型和价格乘数模型（即相对价值法）。

永续增长模型如下：

后续期价值＝[现金流量$_n$÷(资本成本－现金流量增长率)]×(P/F，i，n－1)

在稳定状态下，实体现金流量、股权现金流量和营业收入的增长率相同，因此，可以根据销售增长率估计现金流量增长率。

根据竞争均衡理论，后续期的销售增长率大体上等于宏观经济的名义增长率。如果不考虑通货膨胀因素，宏观经济的增长率大多在2%～6%之间。

经典例题

【真题·多选题】（2019）下列关于企业价值评估的表述中，正确的有（　　）。

A. 在稳定状态下实体现金流量增长率一般不等于营业收入增长率

B. 实体自由现金流量是企业可提供给全部投资者的税后现金流量之和

C. 现金流量折现模型的基本思想是增量现金流量原则和时间价值原则

D. 在稳定状态下股权现金流量增长率一般不等于营业收入增长率

【答案】BC

【解析】在稳定状态下，实体现金流量、股权现金流量和营业收入的增长率相同，选项A、D错误，选项B、C表述正确。

高频考点6：现金流量折现模型的应用★★★

（一）股权现金流量模型

<table>
<tr><td rowspan="4">股权现金流量模型</td><td rowspan="2">永续增长模型</td><td>一般表达式</td><td>股权价值＝下期股权现金流量/（股权资本成本－永续增长率）
该模型特例是永续增长率等于0，即零增长模型，此时股权价值＝下期股权现金流量/股权资本成本</td></tr>
<tr><td>适用条件</td><td>企业必须处于永续状态。
所谓永续状态是指企业有永续的增长率和净投资资本报酬率</td></tr>
<tr><td rowspan="2">两阶段增长模型</td><td>一般表达式</td><td>股权价值＝详细预测期股权现金流量现值＋后续期股权现金流量现值
假设预测期为n，则股权价值等于：
$股权价值 = \sum_{t=1}^{n}\frac{股权现金流量_t}{(1+股权资本成本)^t} + \frac{股权现金流量_{n+1}/(股权资本成本-永续增长率)}{(1+股权资本成本)^n}$</td></tr>
<tr><td>适用条件</td><td>增长呈现两个阶段的企业；通常第二个阶段具有永续增长的特征</td></tr>
</table>

（二）实体现金流量模型

在实务中，大多使用实体现金流量模型。主要原因是股权成本受资本结构的影响较大，估计起来比较复杂，而加权平均资本成本受资本结构的影响较小，比较容易估计。

<table>
<tr><td rowspan="2">实体现金流量模型</td><td>永续增长模型</td><td>实体价值＝下期实体现金流量股权/（资本成本－永续增长率）</td></tr>
<tr><td>两阶段增长模型</td><td>实体价值＝详细预测期实体现金流量现值＋后续期实体现金流量现值
假设预测期为n，则
$实体价值 = \sum_{t=1}^{n}\frac{实体现金流量_t}{(1+加权平均资本成本)^t} + \frac{实体现金流量_{n+1}/(加权平均资本成本-永续增长率)}{(1+加权平均资本成本)^n}$</td></tr>
</table>

经典例题

【真题·多选题】（2018）下列关于实体现金流量的说法中，正确的有（　　）。

A. 实体现金流量是企业经营现金流量

B. 实体现金流量是可以提供给债权人和股东的税后现金流量

C. 实体现金流量是税后经营净利润扣除净经营资产增加后的剩余部分

D. 实体现金流量是营业现金净流量扣除资本支出后的剩余部分

【答案】ABCD

【解析】经营现金流量代表了企业经营活动的全部成果，是“企业生产的现金”，因此又称为“实体经营现金流量”，简称“实体现金流量”，选项A正确。实体现金流量是企业全部现金流入扣除成本费用和必要的投资后的剩余部分，它是企业一定期间可以提供给所有投资者（包括股权投资者和债权投资者）的税后现金流量，选项 B 正确。实体现金流量 = 税后经营净利润 - 净经营资产增加 = 营业现金净流量 - 资本支出 = 营业现金毛流量 - 经营营运资本增加 - 资本支出，选项 C、D 正确。

高频考点 7：相对价值模型的原理

★★★

相对价值法，也称价格乘数法或可比交易价值法，是将目标企业与可比企业对比，用可比企业的价值衡量目标企业的价值，所得结论是相对于可比企业来说的，以可比企业价值为基准，是一种相对价值，而非目标企业的内在价值。因此，如果可比企业的价值被高估，则目标企业的价值也会被高估。

其基本做法是：首先，寻找一个影响企业价值的关键变量（如净利）；其次，确定一组可以比较的类似企业，计算可比企业的市价/关键变量的平均值（如平均市盈率）；最后，根据目标企业的关键变量（如净利）乘以得到的平均值（平均市盈率），计算目标企业的评估价值。

相对价值模型分为两大类：一类是**以股票市价为基础**的模型，包括每股市价/每股收益、每股市价/每股净资产、每股市价/每股销售收入等模型。另一类是**以企业实体价值为基础**的模型，包括实体价值/息税折旧摊销前利润、实体价值/税后经营净利润、实体价值/实体现金流量、实体价值/投资资本、实体价值/销售收入等模型。本章仅需掌握三种最常用的股票市价模型。

1. 市盈率模型。

市盈率是指普通股每股市价与每股收益的比率。

市盈率 = 每股市价/每股收益

<table>
<tr><td colspan="2">公式</td><td colspan="2">目标企业每股价值 = 可比企业市盈率 × 目标企业每股收益</td></tr>
<tr><td colspan="2" rowspan="2">市盈率模型的驱动因素</td><td colspan="2">本期市盈率 = $\frac{股利支付率 \times (1+增长率)}{股权成本-增长率}$
内在市盈率（预期市盈率）= $\frac{股利支付率}{股权成本-增长率}$</td></tr>
<tr><td colspan="2">企业的增长潜力、股利支付率和风险（股权资本成本的高低与其风险有关），其中，关键因素是增长潜力。可比企业实际上应当是三个比率类似的企业，同业企业不一定都具有这种类似性（处在生命周期同一阶段的企业，大体上有类似的增长率）</td></tr>
<tr><td rowspan="3">模型的适用性</td><td>优点</td><td>（1）计算市盈率的数据容易取得，并且计算简单；
（2）市盈率把价格和收益联系起来，直观地反映投入和产出的关系；
（3）市盈率涵盖了风险、增长率、股利支付率的影响，具有很高的综合性</td><td>口诀：易取算简价收联，三个指标综合性</td></tr>
<tr><td>局限</td><td>如果收益是 0 或负值，市盈率就失去了意义</td><td rowspan="2">口诀：贝塔 1 盈利，负值无意义</td></tr>
<tr><td>范围</td><td>市盈率模型最适合连续盈利，并且 β 值接近于 1 的企业</td></tr>
</table>

名师解惑

问： 在对目标企业进行估值时，本期市盈率和预期市盈率如何应用？

答： 如果目标企业的预期每股收益变动与可比企业相同，则根据本期市盈率和预期市盈率进行估值的结果相同。在估值时目标企业本期净利润必须要乘以可比企业本期市盈率，目标企业预期净利润必须要乘以可比企业预期市盈率，两者必须匹配。这一原则不仅适用于市盈率，也适用于市净率和市销率；不仅适用于未修正的价格乘数，也适用于后面所讲的各种修正的价格乘数。

2. 市净率模型。

市净率是指每股市价与每股净资产的比率。

市净率 = 每股市价/每股净资产

公式		目标企业每股价值 = 可比企业市净率 × 目标企业每股净资产	
市净率模型的驱动因素		$本期市净率=\frac{权益净利率\times 股利支付率\times(1+增长率)}{股权成本-增长率}$ $内在市净率（预期市净率）=\frac{权益净利率\times 股利支付率}{股权成本-增长率}$	
		权益净利率、股利支付率、增长潜力和风险，其中，关键因素是权益净利率。这四个比率类似的企业，会有类似的市净率	
模型的适用性	优点	（1）市净率极少为负值，可用于大多数企业； （2）净资产账面价值的数据容易取得，并且容易理解； （3）净资产账面价值比净利稳定，也不像利润那样经常被人为操纵； （4）如果会计标准合理并且各企业会计政策一致，市净率的变化可以反映企业价值的变化	口诀：少负稳定难操纵，易取一致映变化
	局限	（1）账面价值受会计政策选择的影响，如果各企业执行不同的会计标准或会计政策，市净率会失去可比性； （2）固定资产很少的服务性企业和高科技企业，净资产与企业价值的关系不大，其市净率比较没有什么实际意义； （3）少数企业的净资产是负值，市净率没有意义，无法用于比较	口诀：政策不同不可比，服务高科无意义
	范围	适用于拥有大量资产、净资产为正值的企业	

3. 市销率模型。

市销率是指每股市价与每股营业收入的比率。

市销率 = 每股市价/每股营业收入

公式		目标企业每股价值 = 可比企业市销率 × 目标企业每股销售收入	
市销率模型的驱动因素		$本期市销率=\frac{营业净利率\times 股利支付率\times(1+增长率)}{股权成本-增长率}$ $内在市销率（预期市销率）=\frac{营业净利率\times 股利支付率}{股权成本-增长率}$	
		营业净利率、股利支付率、增长潜力和风险。其中，关键因素是营业净利率。这四个比率类似的企业，会有类似的市销率	
模型的适用性	优点	（1）市销率不会出现负值，对于亏损企业和资不抵债的企业，也可以计算出一个有意义的市销率； （2）市销率比较稳定、可靠，不容易被操纵； （3）市销率对价格政策和企业战略变化敏感，可反映这种变化后果	口诀：无负稳定难操纵，策略敏感映后果
	局限	不能反映成本的变化，而成本是影响企业现金流量和价值的重要因素之一	
	范围	主要适用于销售成本率较低的服务类企业，或者销售成本率趋同的传统行业的企业	

经典例题

【真题·单选题】（2021）甲公司进入可持续增长状态，增长率 6%，权益净利率 20%，股利支付率 40%，股权资本成本 8%。甲公司的内在市盈率是（　　）。

A. 21.2　　B. 10

C. 10.6　　D. 20

【答案】D

【解析】根据公式直接解题，内在市盈率（预期市盈率）= 股利支付率/(股权成本 - 增长率) = 40%/(8% - 6%) = 20。本题需注意两点，一是题目问的是内在市盈率（即预期市盈率）而非本期市盈率，二是市盈率公式中并

第七章

无权益净利率，权益净利率是市净率的驱动因素。

【例题·单选题】甲公司进入可持续增长状态，股利支付率50%，权益净利率20%，股利增长率5%，股权资本成本10%，甲公司内在市净率（　　）。

A. 2　　B. 10.5

C. 10　　D. 2.1

【答案】A

【解析】内在市净率 $=\frac{\text{权益净利率}\times\text{股利支付率}}{\text{股权成本}-\text{增长率}}=\frac{20\%\times 50\%}{10\%-5\%}=2$，选项A正确。

高频考点8：相对价值模型的应用

★★★

相对价值法应用的主要困难是可比企业的选择。通常的做法是选择一组同业的上市企业，计算出它们的平均市价比率，作为估计目标企业价值的乘数。但是经常找不到符合条件的企业，解决问题的方法之一是采用修正的市价比率。其中，又有两种评估方法：

修正的平均市价比率法（先平均，再修正）	（1）计算可比企业的算术平均市价比率和算数平均关键驱动因素
	（2）去除以可比企业平均市价比率中的关键因素，得到修正的平均市价比率［算术平均市价比率/（算术平均关键驱动因素×100）］，具体如下： ①修正平均市盈率＝可比企业平均市盈率÷（可比企业平均预期增长率×100）； ②修正平均市净率＝可比企业平均市净率÷（可比企业平均预期权益净利率×100）； ③修正平均市销率＝可比企业平均市销率÷（可比企业平均预期销售净利率×100）
	（3）将目标企业的关键因素载入修正的平均市价比率，对目标企业进行估价，具体如下： ①目标企业每股价值＝修正平均市盈率×目标企业预期增长率×100×目标企业每股收益； ②目标企业每股价值＝修正平均市净率×目标企业预期权益净利率×100×目标企业每股净资产； ③目标企业每股价值＝修正平均市销率×目标企业预期市销率×100×目标企业每股销售收入
股价平均法（先修正，再平均）	（1）去除以每一家可比企业的市价比率中的关键驱动因素，得到每一家可比企业的修正市价比率［可比企业的市价比率/（该可比企业的关键驱动因素×100）］，具体如下： ①修正市盈率＝可比企业市盈率÷（可比企业预期增长率×100）； ②修正市净率＝可比企业市净率÷（可比企业预期权益净利率×100）； ③修正市销率＝可比企业市销率÷（可比企业预期销售净利率×100）
	（2）将目标企业的关键驱动因素载入各可比企业的修正市价比率，计算目标企业相对于每一家可比企业的相对价值，具体如下： ①目标企业每股价值＝修正平均市盈率×目标企业预期增长率×100×目标企业每股收益； ②目标企业每股价值＝修正平均市净率×目标企业预期权益净利率×100×目标企业每股净资产； ③目标企业每股价值＝修正平均市销率×目标企业预期销售净利率×100×目标企业每股销售收入
	（3）计算上述相对价值的算术平均数，作为目标企业价值

经典例题

【真题·单选题】（2018）甲公司是一家制造业企业，每股营业收入40元，销售净利率5%，与甲公司可比的3家制造业企业的平均市销率是0.8倍，平均销售净利率是4%。用修正平均市销率法估计的甲公司每股价值是（　　）元。

A. 32　　B. 25.6

C. 40　　D. 33.6

【答案】C

【解析】修正平均市销率＝0.8/(4%×100)＝0.2，甲公司每股价值＝0.2×5%×100×40＝40（元），选项C正确。

进阶练习

（一）单选题

1. 价值评估的一般对象是企业整体的经济价值，关于企业整体经济价值的说法正确的是（　　）。

A. 整体等于各部分的简单相加

B. 整体价值决定了要素的结合方式

C. 部分只有在整体中才能体现出其价值

D. 整体只有在运行中才能体现出来

2. 下列关于企业价值的说法中，正确的是（　　）。

A. 企业实体价值是企业持续经营价值

B. 企业的实体价值 = 少数股权价值 + 控股权价值

C. 企业的实体价值 = 股权的账面价值 + 净债务的账面价值

D. 本应当清算的企业，如果控制人拒绝清算而持续经营，将持续削减股东本来可以通过清算得到的价值

3. 下列关于企业价值的说法中，正确的是（　　）。

A. 企业的实体价值等于各单项资产价值的总和

B. 企业的实体价值等于企业的现时市场价值

C. 企业的实体价值等于股权价值和净债务价值之和

D. 企业的股权价值等于少数股权价值和控股权价值之和

4. 下列有关现金流量折现模型的表述中，错误的是（　　）。

A. 它的基本思想是增量现金流量原则和时间价值原则

B. 折现时应当选用加权平均资本作为折现率

C. 该模型中有现金流量、资本成本和时间序列三个参数

D. 大部分估值将预测的时间分为“详细预测期”和“后续期”两个阶段

5. 下列关于现金流量模型参数的说法中，正确的是（　　）。

A. 为了保证详细预测期的准确，实务中通常会将其定为 10 年以上

B. 预测销售收入是全面预测的起点

C. 在稳定状态下，实体现金流量和营业收入的增长率相同，大于股权现金流量

D. 根据竞争均衡理论，后续期的销售增长率必定小于宏观经济的名义增长率

6. 甲公司 2023 年每股收益 0.8 元，每股分配现金股利 0.4 元，如果公司每股收益增长率预计为 6%，股权资本成本为 10%，股利支付率不变，公司的预期市盈率为（　　）。

A. 8.33　　B. 11.79

C. 12.50　　D. 13.25

7. 下列关于相对价值估值模型适用性的说法中，错误的是（　　）。

A. 市盈率估价模型不适用于亏损的企业

B. 市净率估价模型不适用于资不抵债的企业

C. 市净率估价模型不适用于固定资产较少的企业

D. 市销率估价模型不适用于销售成本率较低的企业

8. 甲公司进入可持续增长阶段，股利支付率 50%，营业净利率 16%，股利增长率 5%，股权资本成本 8%，甲公司内在市销率是（　　）。

A. 2.67　　B. 10

C. 10.5　　D. 2.8

9. 下列关于市盈率模型的说法中，不正确的是（　　）。

A. 市盈率模型的驱动因素有企业的增长潜力、股利支付率和风险

B. 通常来说，会选择同业企业作为可比

第七章

企业

C. 市盈率模型最适合连续盈利，并且 β 值接近于 1 的企业

D. 如果收益是负值，市盈率就失去了意义

10. 甲公司目前已经进入稳定增长状态，股利支付率为 30%，资本利得收益率为 10%，权益净利率为 20%，内在市盈率等于 6，股权资本成本为 15%，则甲公司的预期市净率等于（　　）。

A. 1.2　　B. 6

C. 1.8　　D. 1.32

11. 甲公司采用固定股利支付率政策，股利支付率 60%，2014 年甲公司每股收益 3 元，预期可持续增长率 5%，股权资本成本 13%，期末每股净资产 20 元，没有优先股，2014 年末甲公司的本期市净率为（　　）。

A. 1.12　　B. 1.08

C. 1.18　　D. 1.24

12. 使用股票市价模型进行企业价值评估时，通常需要确定一个关键因素，并用此因素的可比企业平均值对可比企业的平均市价比率进行修正。下列说法中，正确的是（　　）。

A. 修正市盈率的关键因素是每股收益

B. 修正市盈率的关键因素是股利支付率

C. 修正市净率的关键因素是权益净利率

D. 修正市销率的关键因素是增长潜力

13. 按照企业价值评估的市销率模型，以下四种不属于其驱动因素的是（　　）。

A. 股利支付率

B. 权益净利率

C. 企业的增长潜力

D. 股权资本成本

14. 甲公司是一家制造业企业，每股收益 0.5 元，预期增长率 4%，与甲公司可比的 4 家制造业企业的平均市盈率为 25 倍，平均预期增长是 5%。用修正平均市盈率法估计的甲公司每股价值是（　　）元。

A. 10　　B. 13

C. 12.5　　D. 13.13

（二）多选题

1. 企业价值评估简称企业估值，它能够提供有关信息以帮助投资者和管理当局改善决策。下列关于价值评估的说法中，正确的有（　　）。

A. 价值评估可以用于投资分析

B. 价值评估可以用于战略分析

C. 价值评估可以用于以价值为基础的管理

D. 价值评估的目的是分析和衡量一个企业或一个经营单位的现时市场价值

2. 下列关于企业价值评估与投资项目评价的说法中，正确的有（　　）。

A. 投资项目的寿命是有限的，企业的寿命是无限的，因此要处理无限期现金流折现问题

B. 典型的项目投资有稳定的或下降的现金流，企业通常将收益再投资并产生增长的现金流

C. 企业和项目产生的现金流都属于投资者

D. 企业和项目的现金流都具有不确定性，其价值计量都要使用风险概念

3. 下列有关现金流量折现模型的表述中，正确的有（　　）。

A. 股权现金流量是企业分配给股权投资者的现金流量

B. 股权现金流量等于企业实体现金流量扣除对债权人支付后剩余的部分

C. 实体现金流量是企业一定期间可以提供给所有投资者的税后现金流量

D. 即使数据假设相同，不同的折现模型的评估结果也不一定相同

4. 关于企业公平市场价值的以下表述中，正确的有（　　）。

A. 公平市场价值就是未来现金流量的现值

B. 公平市场价值就是股票的市场价格

C. 公平市场价值应该是股权的公平市场价值与债务的公平市场价值之和

D. 公平市场价值应该是持续经营价值与清算价值中的较高者

5. 在对企业价值进行评估时，如果不存在非营业现金流量，下列说法中正确的有（　　）。

A. 实体现金流量是企业可提供给全部投资者的税后现金流量之和

B. 实体现金流量 = 营业现金净流量 − 资本支出

C. 实体现金流量 = 营业净利润 + 折旧与摊销 − 营运资本增加 − 资本支出

D. 实体现金流量 = 股权现金流量 + 税后利息支出

6. 关于股票估价的市盈率模型（股票价值 = 市盈率 × 每股盈利）的下列说法中，正确的有（　　）。

A. 它是一种比较粗糙的测算方法，因为没有考虑货币时间价值

B. 它要求根据同行业股票历史平均市盈率和公司当期每股盈利估计股票价值

C. 它既考虑了系统性风险，也考虑了非系统性风险

D. 它表明投资于低市盈率的股票容易获利

7. 以下关于企业价值评估现金流量折现法的表述中，错误的有（　　）。

A. 预测基数应为上一年的实际数据，不能对其进行调整

B. 预测期是指企业增长的不稳定时期，通常在5~7年

C. 实体现金流量应该等于融资现金流量

D. 后续期的现金流量增长率越高，企业价值越大

8. 下列关于实体现金流量计算的公式中，正确的有（　　）。

A. 实体现金流量 = 税后经营净利润 − 净经营资产增加

B. 实体现金流量 = 税后经营净利润 − 经营性营运资本增加 − 资本支出

C. 实体现金流量 = 税后经营净利润 − 经营性资产增加 − 经营性负债增加

D. 实体现金流量 = 税后经营净利润 − 经营性营运资本增加 − 净经营性长期资产增加

9. 下列关于股权现金流量模型的等式中，正确的有（　　）。

A. 股权现金流量 = 利润分配 + 股份回购 − 股份资本发行

B. 股权现金流量 = 净利润 − 净经营资产净投资 ×（1 − 负债比例）

C. 股权现金流量 = 实体现金流量 + 净负债增加 − 税后利息费用

D. 股权现金流量 = 税后经营净利润 − 净经营资产增加 − 净负债增加

10. 应用市盈率模型评估企业的股权价值，在确定可比企业时需要考虑的因素有（　　）。

A. 收益增长率　　B. 销售净利率

C. 未来风险　　D. 股利支付率

11. 下列关于采用市销率模型前应当了解的事项中，正确的有（　　）。

A. 市销率比较稳定、可靠，不容易被操纵

B. 市销率不能反映成本的变化

C. 该模型的关键因素是销售增长率

D. 市销率对价格政策和企业战略变化敏感，可反映这种变化后果

12. 应用市盈率模型评估企业的股权价值，在确定可比企业时需要考虑的因素有（　　）。

A. 增长潜力　　B. 营业净利率

C. 未来风险　　D. 股利支付率

（三）计算分析题

1. 甲公司是一家投资公司，拟于2020年初对乙公司增资3 000万元，获得乙公司30%的股权。由于乙公司股权比较分散，甲公司可以获得控股权。为分析增资方案可行性，收集相关资料如下：

（1）乙公司是一家家电制造企业，增资前处于稳定增长状态，增长率为7%。2019年

净利润为350万元，当年取得的利润在当年分配，股利支付率为90%。2019年末（当年利润分配后）净经营资产为2 140万元，净负债为1 605万元。

（2）增资后，甲公司拟通过改进乙公司管理和经营战略，增加乙公司收入和利润。预计乙公司2020年营业收入为8 000万元，2021年营业收入比2020年增长12%，2022年进入稳定增长状态，增长率为8%。

（3）增资后，预计乙公司相关财务比率保持稳定，具体如下：

营业成本/营业收入	60%
销售和管理费用/营业收入	20%
净经营资产/营业收入	70%
净负债/营业收入	30%
债务利息率	8%
企业所得税税率	25%

（4）乙公司股票等风险投资必要报酬率增资前为11%，增资后为10.5%。

（5）假设各年现金流量均发生在年末。

要求：

（1）如果不增资，采用股利现金流量折现模型，估计2020年初乙公司股权价值。

（2）如果增资，采用股权现金流量折现模型，估计2020年初乙公司股权价值（计算过程和结果填入下方表格中）。

金额单位：万元

项目	2020年	2021年	2022年
股权现金流量			
乙公司股权价值			

（3）计算该增资为乙公司原股东和甲公司分别带来的净现值。

（4）判断甲公司增资是否可行，并简要说明理由。

2. 2020年初，甲投资基金对乙上市公司普通股股票进行估值。乙公司2019年营业收入为6 000万元，销售成本（含销货成本、销售费用、管理费用等）占营业收入的60%，净经营资产为4 000万元。该公司自2020年开始进入稳定增长期，可持续增长率为5%。目标资本结构（净负债：股东权益）为1：1；2020年初流通在外普通股为1 000万股，每股市价为22元。

该公司债务税前利率为8%，股权相对债权风险溢价为5%，企业所得税税率为25%。为简化计算，假设现金流量均在年末发生，利息费用按净负债期初余额计算。

要求：

（1）预计2020年乙公司税后经营净利润、实体现金流量、股权现金流量。

（2）计算乙公司股权资本成本，使用股权现金流量法估计乙公司2020年初每股价值，并判断每股市价是否高估。

3. 甲公司是一家尚未上市的高科技企业，固定资产较少，人工成本占销售成本的比重较大。为了进行以价值为基础的管理，公司拟采用相对价值评估模型对股权价值进行评估，有关资料如下。

（1）甲公司2019年度实现净利润3 000万元，年初股东权益总额为20 000万元，年末股东权益总额为21 800万元，2019年股东权益的增加全部源于利润留存。公司没有优先股，2019年末普通股股数为10 000万股，公司当年没有增发新股，也没有回购股票。预计甲公司2020年及以后年度的利润增长率为9%，权益净利率保持不变。

（2）甲公司选择了同行业的3家上市公司作为可比公司，并收集了以下相关数据：

可比公司	每股收益（元）	每股净资产（元）	权益净利率	每股市价（元）	预期利润增长率
A公司	0.4	2	21.20%	8	8%
B公司	0.5	3	17.50%	8.1	6%
C公司	0.5	2.2	24.30%	11	10%

要求：

（1）使用市盈率模型下的修正平均市盈率法计算甲公司的每股股权价值；

（2）使用市净率模型下的修正平均市净率法计算甲公司的每股股权价值；

（3）使用市盈率模型下的股价平均法计算甲公司的每股股权价值；

（4）使用市净率模型下的股价平均法计算甲公司的每股股权价值；

（5）判断甲公司更适合使用市盈率模型和市净率模型中的哪种进行估值，并说明原因。

4. 甲公司是一家从事生物制药的上市公司，2019年12月31日的股票价格为每股60元，为了对当前股价是否偏离价值进行判断，公司拟采用股权现金流量法评估每股股权价值，相关资料如下：

（1）2019年每股净经营资产为30元，每股税后经营净利润为6元，预计未来保持不变。

（2）公司当前的资本结构（净负债/净经营资产）为60%，为降低财务风险，公司拟调整资本结构并已作出公告，目标资本结构为50%，资本结构高于50%不分配股利，多余现金首先用于归还借款，企业采用剩余股利政策分配股利，未来不打算增发或回购股票。

（3）净负债的税前资本成本为6%，未来保持不变，财务费用按期初净负债计算。

（4）股权资本成本2020年为12%，2021年及以后年度为10%。

（5）公司适用的企业所得税税率为25%。

要求：

（1）计算2020年每股实体现金流量、每股债务现金流量、每股股权现金流量。

（2）计算2021年每股实体现金流量、每股债务现金流量、每股股权现金流量。

（3）计算2019年12月31日每股股权价值，判断甲公司的股价是被高估还是低估。

5. 甲公司是一家尚未上市的机械加工企业。公司目前发行在外的普通股股数为4 000万股，预计2020年的营业收入为18 000万元，净利润为9 360万元。公司拟采用相对价值评估模型中的市销率（市价/收入比率）估值模型对股权价值进行评估，并收集了三个可比公司的相关数据，具体如下：

可比公司	预计营业收入（万元）	预计净利润（万元）	普通股股数（万元）	当前股票价格（元/股）
A公司	20 000	9 000	5 000	20.00
B公司	30 000	15 600	8 000	19.50
C公司	35 000	17 500	7 000	27.00

要求：

（1）计算三个可比公司的市销率，使用修正平均市销率法计算甲公司的股权价值。

（2）分析市销率估值模型的优点和局限性，该种估值方法主要适用于哪类企业？

6. B公司是一家化工企业，其2019年和2020年的财务资料如下：

金额单位：万元

项目	2019年	2020年
流动资产合计	1 144	1 210
长期投资	0	102
固定资产原值	3 019	3 194
累计折旧	340	360
固定资产净值	2 679	2 834
其他长期资产	160	140
长期资产合计	2 839	3 076
总资产	3 983	4 286
股本（每股1元）	3 641	3 877
未分配利润	342	409
所有者权益合计	3 983	4 286
主营业务收入	2 174	2 300
主营业务成本	907	960
主营业务利润	1 267	1 340
营业费用	624	660
其中：折旧	104	110
长期资产摊销	20	20
利润总额	643	680
所得税（30%）	193	204
净利润	450	476
年初未分配利润	234	342

续表

项目	2019 年	2020 年
可供分配利润	684	818
股利	342	409
未分配利润	342	409

公司2020年的销售增长率为5.8%，预计今后的销售增长率可稳定在6%左右，且资本支出、折旧与摊销、营运资本以及利润等均将与销售同步增长，当前的国库券利率为8%，平均风险溢价为2%，公司的股票β值为1.1。

要求：

（1）计算公司2020年的股权自由现金流量；

（2）计算公司的股票价值。

7. D企业长期以来计划收购一家营业成本较低的服务类上市公司（以下简称“目标公司”），其当前的股价为18元/股。D企业管理层一部分人认为目标公司当前的股价较低，是收购的好时机，但也有人提出，这一股价高过了目标公司的真正价值，现在收购并不合适。D企业征求你对这次收购的意见。与目标公司类似的企业有甲、乙、丙、丁四家，但它们与目标公司之间尚存在某些不容忽视的重大差异。四家类比公司及目标公司的有关资料如下：

项目	甲公司	乙公司	丙公司	丁公司	目标公司
普通股数（万股）	500	700	800	700	600
每股市价（元）	18	22	16	12	18
每股销售收入（元）	22	20	16	10	17
每股收益（元）	1	1.2	0.8	0.4	0.9
每股净资产（元）	3.5	3.3	2.4	2.8	3
预期增长率（%）	10	6	8	4	5

要求：

（1）说明应当运用相对价值法中的哪种模型计算目标公司的股票价值。

（2）分析指出当前是否应当收购目标公司（计算中保留小数点后两位）。

8. A公司未来1～4年的股权自由现金流量如下：

金额单位：万元

项目	第1年	第2年	第3年	第4年
股权自由现金流量	641	833	1 000	1 100
增长率		30%	20%	10%

目前A公司的β值为0.8751，假定无风险利率为6%，风险补偿率为7%。

要求：

（1）要估计A公司的股权价值，需要对第4年以后的股权自由现金流量增长率作出假设，假设方法一是以第4年的增长率作为后续期增长率，并利用永续增长模型进行估价。请你按此假设计算A公司的股权价值，结合A公司的具体情况分析这一假设是否适当，并说明理由。

（2）假设第4年至第7年的股权自由现金流量的增长率每一年下降1%，即第5年增长率9%，第6年增长率8%，第7年增长率7%，第7年以后增长率稳定在7%，请你按此假设计算A公司的股权价值。

(3) 目前A公司流通在外的流通股是2 400万股，股价是9元/股，请你回答造成评估价值与市场价值偏差的原因有哪些。假设对于未来1~4年的现金流量预计是可靠的，请你根据目前的市场价值求解第4年后的股权自由现金流量的增长率（隐含在实际股票价值中的增长率）。

9. A公司是一家制造医疗设备的上市公司，每股净资产是4.6元，预期股东权益净利率是16%，当前股票价格是48元。为了对A公司当前股价是否偏离价值进行判断，投资者收集了以下4个可比公司的有关数据。

可比公司	市净率	预期股东权益净利率
甲	8	15%
乙	6	13%
丙	5	11%
丁	9	17%

要求：

(1) 使用市净率（市价/净资产比率）模型估计目标企业股票价值时，如何选择可比企业？

(2) 使用修正市净率的股价平均法计算A公司的每股价值。

(3) 分析市净率估价模型的优点和局限性。

进阶练习答案及解析

(一) 单选题

1. 【答案】C

【解析】企业的整体价值观念主要体现在以下三个方面：(1) 整体不是各部分的简单相加；(2) 整体价值来源于要素的结合方式；(3) 部分只有在整体中才能体现出其价值。选项A、B错误，选项C正确。选项D的表述在2019年的教材中已将其删去，故作为错误选项。

2. 【答案】D

【解析】企业的实体价值是该企业的公平市场价值，而一个企业的公平市场价值，应当是其持续经营价值与清算价值中较高的一个，选项A错误。企业公平市场价值可以分为少数股权价值和控股权价值，从少数股权投资者来看，V（当前）是企业股票的公平市场价值；对于谋求控股权的投资者来说，V（新的）是企业股票的公平市场价值，选项B错误。企业实体价值=股权价值+净债务价值，其中，价值均指公平市场价值而非账面价值，选项C错误。一个企业的持续经营价值已经低于其清算价值，本应当进行清算。但是也有例外，那就是控制企业的人拒绝清算，企业得以持续经营。这种持续经营，将持续削减股东本来可以通过清算得到的价值，选项D正确。

3. 【答案】C

【解析】企业的整体价值不是各部分的简单相加，选项A表述错误。企业价值等于公平的市场价值，但现时市场价值是按现行市场价格计量的资产价值，它可能是公平的，也可能是不公平的，选项B表述错误。企业公平市场价值可以分为少数股权价值和控股权价值，而并非两者之和，选项D表述错误。选项C表述正确。

4. 【答案】B

【解析】“资本成本”是计算现值使用的折现率，其应当与现金流量相互匹配，股权现金流量只能用股权资本成本来折现，实体现金流量只能用企业的加权平均资本来折现，选项B表述错误，当选。选项A、C、D表述正确，不选。

5.【答案】B

【解析】实务中的详细预测期通常为5～7年，如果有疑问还应当延长，但很少超过10年，选项A错误。在稳定状态下，实体现金流量、股权现金流量和营业收入的增长率相同，选项C错误。根据竞争均衡理论，后续期的销售增长率大体上等于宏观经济的名义增长率，选项D错误。选项B表述正确。

6.【答案】C

【解析】股利支付率 = 0.4/0.8 = 50%；预期市盈率 = 股利支付率/(股权成本 - 增长率) = 50%/(10% - 6%) = 12.50，选项C正确。

7.【答案】D

【解析】市销率估价模型主要适用于销售成本率较低的服务类企业，或者销售成本率趋同的传统行业的企业，选项D错误，当选。市盈率模型最适合连续盈利，并且β值接近于1的企业，如果收益是负值，市盈率就失去了意义；市净率估价模型适用于需要拥有大量资产、净资产为正值的企业，选项A、B、C表述正确。

8.【答案】A

【解析】$\text{内在市销率} = \dfrac{\text{营业净利率} \times \text{股利支付率}}{\text{股权成本} - \text{增长率}} = \dfrac{16\% \times 50\%}{8\% - 5\%} = 2.67$，选项A正确。

9.【答案】B

【解析】可比企业实际上应当是三个比率类似的企业，同业企业不一定都具有这种类似性（处在生命周期同一阶段的企业，大体上有类似的增长率）。

10.【答案】A

【解析】题目中给了内在市盈率，可以直接计算，预期市净率（内在市净率）= 内在市盈率 × 权益净利率 = 6 × 20% = 1.2。

11.【答案】C

【解析】本期市净率 = 权益净利率 × 股利支付率 × (1 + 增长率)/(股权成本 - 增长率) = 3/20 × 60% × (1 + 5%)/(13% - 5%) = 1.18，选项C正确。

12.【答案】C

【解析】修正市盈率的关键因素是增长潜力，修正市净率的关键因素是权益净利率，修正市销率的关键因素是销售净利率，选项C正确。

13.【答案】B

【解析】市销率模型的驱动因素有营业净利率、股利支付率、增长潜力和风险，权益净利率是市净率模型的驱动因素，选项B正确。

14.【答案】A

【解析】修正平均市盈率 = 25/(5% × 100) = 5，甲公司每股价值 = 5 × 4% × 100 × 0.5 = 10（元），选项A正确。

（二）多选题

1.【答案】ABC

【解析】企业价值评估简称企业估值，目的是分析和衡量一个企业或一个经营单位的公平市场价值，并提供有关信息以帮助投资者和管理当局改善决策。具体体现在以下三个方面：(1) 价值评估可以用于投资分析；(2) 价值评估可以用于战略分析；(3) 价值评估可以用于以价值为基础的管理。其中，公平市场价值就是未来现金流量的现值，要区分现时市场价值与公平市场价值。现时市场价值是按现行市场价格计量的资产价值，它可能是公平的，也可能是不公平的。选项A、B、C正确，选项D错误。

2.【答案】ABD

【解析】项目产生的现金流属于投资者，企业产生的现金流仅在决策层决定分配它们时才流向所有者，如果决策层决定向较差的项目投资而不愿意支付股利则少数股东除了将股票出售外别无选择，选项C错误。选项A、B、D表述正确。

3.【答案】BC

【解析】股利现金流量是企业分配给股权投资者的现金流量，选项A错误。在数据假设相同的情况下，股利现金流量折现模型、股权现金流量折现模型和实体现金流量折现模型三种模型的评估结果是相同的，选项 D 错误。选项 B、C 表述正确。

4. 【答案】ACD

【解析】“公平的市场价值”是指在公平的交易中，熟悉情况的双方，自愿进行资产交换或债务清偿的金额，也就是资产的未来现金流入的现值，所以，选项 A 的说法正确，选项 B 的说法不正确；企业公平市场价值指的是企业整体的公平市场价值，包括股权的公平市场价值与债务的公平市场价值，因此，选项 C 的说法正确；持续经营价值，简称续营价值，是指由营业所产生的未来现金流量的现值。清算价值，是指停止经营，出售资产产生的现金流。一个企业的公平市场价值，应当是续营价值与清算价值中较高的一个。所以，选项 D 的说法正确。

5. 【答案】AB

【解析】实体现金流量是企业全部现金流入扣除成本费用和必要的投资后的剩余部分，它是企业在一定期间可以提供给所有投资者（包括股权投资者和债权投资者）的税后现金流量，选项 A 正确。实体现金流量是营业现金净流量扣除资本支出后的剩余部分，实体现金流量 = 营业现金净流量 - 资本支出，选项 B 正确。实体现金流量 = 息前税后营业利润 + 折旧与摊销 - 营运资本增加 - 资本支出，选项 C 错误。股权现金流量 = 实体现金流量 - 税后利息支出 + 债务净增加，由此可知，实体现金流量 = 股权现金流量 + 税后利息支出 - 债务净增加，选项 D 错误。

6. 【答案】ABCD

【解析】股票价值是未来现金流入的现值，但是按照股票价值 = 标准市盈率 × 每股盈利这一模型来确定股票价值，会忽略货币时间价值，市盈率可以用来估计股票风险，由于市盈率本身既要受到公司本身特有因素的影响，也要受到整个股票市场波动的影响，所以它既考虑了系统性风险，也考虑了非系统性风险，按照市盈率模型，它要求根据同行业股票历史平均市盈率和公司当期每股盈利估计股票价值，所以你购买一个低于行业平均市盈率的低市盈率股票，因为，每股市价 = 市盈率 × 每股盈利，意味你的股票购买价格较低，则股票价值高于购买价格，值得投资，选项 A、B、C、D 均正确。

7. 【答案】AD

【解析】确定基期数据的方法有两种，一种是以上年实际数据作为基期数据；另一种是以修正后的上年数据作为基期数据。如果通过历史财务报表分析认为，上年的数据不具有可持续性，就应适当进行调整，使之适合未来情况，选项 A 表述错误，当选。企业增长的不稳定时期有多长，预测期就应当有多长，实务中的详细预测期通常为 5 ~ 7 年，选项 B 表述正确，不选。“融资现金流量”是从投资者角度观察的实体现金流量，选项 C 表述正确，不选。有时候，改变后续期的增长率甚至对企业价值不产生任何影响，如果投资回报率与资本成本接近，每个新项目的净现值接近于零，则销售增长并不提高企业的价值，是“无效的增长”，选项 D 表述错误，当选。

8. 【答案】AD

【解析】实体现金流量 = 税后经营净利润 - 净经营资产增加 = 税后经营净利润 + 折旧与摊销 - 经营营运资本增加 - 资本支出 = 税后经营净利润 + 折旧与摊销 - 经营营运资本增加 - 净经营性长期资产增加 - 折旧与摊销 = 税后经营净利润 - 经营营运资本增加 - 净经营性长期资产增加，选项 A、D 正确。选项 B 少加了一个折旧与摊销，选项 C 应当把原式改为“ + 经营性负债增加”。

9. 【答案】ABC

【解析】股权现金流量 = 净利润 - 股东权益增加，股东权益增加 = （净利润 - 股利分配） + 股票发行 - 股票回购，如果负债率不变，股东权益增加 = 净经营资产净投资 × （1 - 负债比例），则股权现金流量 = 利润分配 + 股份回购 - 股份资本发行 = 净利润 - 净经营资产净投资 × （1 - 负债比例），选项 A、B 正确。

股权现金流量＝实体现金流量－债务现金流量，债务现金流量＝税后利息费用－净负债增加，代入前式即得股权现金流量＝实体现金流量＋净负债增加－税后利息费用，选项C正确。实体现金流量＝税后经营净利润－净经营资产增加，则股权现金流量＝实体现金流量－债务现金流量＝税后经营净利润－净经营资产增加－税后利息费用＋净负债增加，选项D有误。

10. 【答案】ACD

【解析】市盈率模型的驱动因素有企业的增长潜力、股利支付率和风险（股权资本成本的高低与其风险有关），选项A、C、D正确，选项B错误。

11. 【答案】ABD

【解析】市销率模型的驱动因素有营业净利率、股利支付率、增长潜力和风险。其中，关键因素是营业净利率。选项C错误。选项A、B、D表述正确。

12. 【答案】ACD

【解析】市盈率模型的驱动因素是企业的增长潜力、股利支付率和风险，选项A、C、D正确。选项B是市销率模型的驱动因素。

（三）计算分析题

1. 【答案及解析】

（1）2020年初乙公司股权价值＝350×90%×(1＋7%)/(11%－7%)＝8 426.25（万元）

（2）

金额单位：万元

项目	2020年	2021年	2022年
营业收入	8 000	8 000×(1＋12%)＝8 960	8 960×(1＋8%)＝9 676.8
净经营资产	8 000×70%＝5 600	8 960×70%＝6 272	9 676.8×70%＝6 773.76
净负债	8 000×30%＝2 400	8 960×30%＝2 688	9 676.8×30%＝2 903.04
股东权益	5 600－2 400＝3 200	6 272－2 688＝3 584	6 773.76－2 903.04＝3 870.72
税后经营净利润	8 000×(1－60%－20%)×(1－25%)＝1 200	1 200×(1＋12%)＝1 344	1 344×(1＋8%)＝1 451.52
税后利息	2 400×8%×(1－25%)＝144	2 688×8%×(1－25%)＝161.28	2 903.04×8%×(1－25%)＝174.18
净利润	1 056	1 182.72	1 277.34
股东权益增加	3 200－(2 140－1 605)＝2 665	3 584－3 200＝384	3 870.72－3 584＝286.72
股权现金流量	1 056－2 665＝－1 609	1 182.72－384＝798.72	1 277.34－286.72＝990.62
折现系数（10.5%）	1/(1＋10.5%)＝0.9050	$1/(1+10.5\%)^2=0.8190$	$1/(1+10.5\%)^3=0.7412$
预测期股权现金流量现值	－1 456.15	654.15	734.25
后续期现金流量现值	42 794.78×0.7412＝31 719.49		990.62×(1＋8%)/(10.5%－8%)＝42 794.78
乙公司股权价值	－1 456.15＋654.15＋734.25＋31 719.49＝31 651.74		

（3）该增资为乙公司原股东带来的净现值＝31 651.74×70%＋3 000－8 426.25＝16 729.97（万元）

该增资为甲公司带来的净现值＝31 651.74×30%－3 000＝6 495.52（万元）

（4）该增资为甲公司带来的净现值大于0，甲公司增资是可行的。

2. 【答案及解析】

（1）2020年税后经营净利润＝2016年税后经营净利润×(1＋5%)＝6 000×(1－60%)×(1－25%)×(1＋5%)＝1 890（万元）

2020年实体现金流量＝税后经营净利润－

净经营资产增加 = 1 890 - 4 000 × 5% = 1 690（万元）

2020 年税后利息费用 = 年初净负债 × 税后利息率 = 4 000 × 1/2 × 8% × (1 - 25%) = 120（万元）

2020 年净利润 = 税后经营净利润 - 税后利息 = 1 890 - 120 = 1 770（万元）

2020 年所有者权益的增加 = 期初所有者权益 × 可持续增长率 = 4 000 × 1/2 × 5% = 100（万元）

股权现金流量 = 1 770 - 100 = 1 670（万元）

（2）股权资本成本 = 8% × (1 - 25%) + 5% = 11%

2020 年初股权价值 = 1 670/(11% - 5%) = 27 833.33（万元）

每股股权价值 = 27 833.33/1 000 = 27.83（元）

每股价值大于每股市价，说明每股市价被低估了。

3. **【答案及解析】**

（1）甲公司每股收益 = 3 000/10 000 = 0.3（元）

可比公司平均市盈率 = (8/0.4 + 8.1/0.5 + 11/0.5) ÷ 3 = 19.4

可比公司平均增长率 = (8% + 6% + 10%) ÷ 3 = 8%

修正平均市盈率 = 可比公司平均市盈率 ÷ (可比公司平均增长率 × 100) = 19.4 ÷ (8% × 100) = 2.43

甲公司每股股权价值 = 修正平均市盈率 × 甲公司预期增长率 × 100 × 甲公司每股收益 = 2.43 × 9% × 100 × 0.3 = 6.56（元）

（2）甲公司每股净资产 = 21 800/10 000 = 2.18（元）

甲公司权益净利率 = 3 000/[(20 000 + 21 800)/2] = 14.35%

小贴士 每股净资产的分子为时点数，因此分母也应当选取同一时点数；利润在一年内发生，因此分母也应当为股东权益的平均值。

可比公司平均市净率 = (8/2 + 8.1/3 + 11/2.2) ÷ 3 = 3.9

可比公司平均权益净利率 = (21.2% + 17.5% + 24.3%) ÷ 3 = 21%

修正平均市净率 = 可比公司平均市净率 ÷ (可比公司平均权益净利率 × 100) = 3.9 ÷ (21% × 100) = 0.19

甲公司每股股权价值 = 修正平均市净率 × 甲公司预期权益净利率 × 100 × 甲公司每股净资产 = 0.19 × 14.35% × 100 × 2.18 = 5.94（元）

（3）甲公司每股收益 = 3 000/1 000 = 0.3（元）

甲公司每股股权价值 = 可比公司修正市盈率 × 甲公司预期增长率 × 100 × 甲公司每股收益

按 A 公司计算甲公司每股股权价值 = (8/0.4)/(8% × 100) × 9% × 100 × 0.3 = 6.75（元）

按 B 公司计算甲公司每股股权价值 = (8.1/0.5)/(6% × 100) × 9% × 100 × 0.3 = 7.29（元）

按 C 公司计算甲公司每股股权价值 = (11/0.5)/(10% × 100) × 9% × 100 × 0.3 = 5.94（元）

甲公司每股股权价值 = (6.75 + 7.29 + 5.94)/3 = 6.66（元）

（4）甲公司每股净资产 = 21 800/10 000 = 2.18（元）

甲公司权益净利率 = 3 000/[(20 000 + 21 800)/2] = 14.35%

甲公司每股股权价值 = 可比公司修正市净率 × 甲公司预期权益净利率 × 100 × 甲公司每股净资产

按 A 公司计算甲公司每股股权价值 = (8/2)/(21.2% × 100) × 14.35% × 100 × 2.18 = 5.90（元）

按 B 公司计算甲公司每股股权价值 = (8.1/3)/(17.5% × 100) × 14.35% × 100 ×

2.18 = 4.83（元）

按C公司计算甲公司每股股权价值 = (11/2.2)/(24.3% × 100) × 14.35% × 100 × 2.18 = 6.44（元）

甲公司每股股权价值 = (5.90 + 4.83 + 6.44)/3 = 5.72（元）

（5）甲公司是一家高科技公司，固定资产较少，净资产与企业价值的关系不大，其市净率比较没有什么实际意义；计算市盈率的数据容易取得，并且计算简单，且市盈率法把价格和收益联系起来，反映投入和产出的关系，涵盖了风险、增长率、股利支付率的影响，具有很高的综合性，因此用市盈率法对甲公司估值更合适。

4.【答案及解析】

（1）2019年每股净负债 = 30 × 60% = 18（元）

2019年每股股东权益 = 30 − 18 = 12（元）

2020年每股实体现金流量 = 每股税后经营净利润 − 每股净经营资产增加 = 6 − 0 = 6（元）

按照目标资本结构，2020年每股净负债 = 30 × 50% = 15（元）

2020年每股股东权益 = 30 − 15 = 15（元）

每股债务现金流量 = 每股税后利息 − 每股净负债的增加 = 18 × 6% × (1 − 25%) − (15 − 18) = 3.81（元）

每股股权现金流量 = 6 − 3.81 = 2.19（元）

（2）由于每股净经营资产和每股税后经营净利润未来均保持不变，因此未来每股实体现金流量也不变。

2021年每股实体现金流量 = 6元

2021年每股债务现金流量 = 每股税后利息 − 每股净负债增加 = 15 × 6% × (1 − 25%) − 0 = 0.68（元）

2021年每股股权现金流量 = 6 − 0.68 = 5.32（元）

（3）每股股权价值 = 2.19 × (P/F，12%，1) + (5.32/10%) × (P/F，12%，1) = (2.19 + 53.2) × 0.8929 = 49.46（元），每股股权价值小于股票价格60元，因此甲公司的股价被高估。

5.【答案及解析】

（1）A公司每股营业收入 = 20 000/5 000 = 4（元/股）

A公司市销率 = 20/4 = 5

A公司预计营业净利率 = 9 000/20 000 × 100% = 45%

B公司每股营业收入 = 30 000/8 000 = 3.75（元/股）

B公司市销率 = 19.5/3.75 = 5.2

B公司预计营业净利率 = 15 600/30 000 × 100% = 52%

C公司每股营业收入 = 35 000/7 000 = 5（元/股）

C公司市销率 = 27/5 = 5.4

C公司预计营业净利率 = 17 500/35 000 × 100% = 50%

可比公司平均市销率 = (5 + 5.2 + 5.4) ÷ 3 = 5.2

可比公司平均预计营业净利率 = (45% + 52% + 50%) ÷ 3 = 49%

甲公司每股营业收入 = 18 000/4 = 4.5（元/股）

甲公司预计营业净利率 = 9 360/18 000 × 100% = 52%

修正平均市销率 = 可比公司平均市销率/(平均预计营业净利率 × 100) = 5.2/(49% × 100) = 10.61%

甲公司每股股票价值 = 修正平均市销率 × 甲公司预计营业净利率 × 甲公司每股营业收入 × 100 = 10.61% × 52% × 4.5 × 100 = 24.83（元）

甲公司股权价值 = 每股股票价值 × 普通股股数 = 24.83 × 4 000 = 99 320（万元）

或者：甲公司股权价值 = 5.2/49% × 52% × 4.5 × 4 000 = 99 330.61（万元）

（2）优点：①它不会出现负值，对于亏损企业和资不抵债的企业，也可以计算出个有意义的市销率；②它比较稳定、可靠，不容易被操纵；③市销率对价格政策和企业战略变化敏感，可以反映这种变化的后果。

局限性：不能反映成本的变化，而成本是影响企业现金流量和价值的重要因素之一。

适用范围：市销率估值模型主要适用于销售成本率较低的服务类企业，或者销售成本率趋同的传统行业的企业。

6. 【答案及解析】

（1）计算公司2020年的股权自由现金流量。

方法一：

税后经营净利润 = (净利润 + 所得税 + 利息费用) × (1 − 所得税税率) = (476 + 204 + 0) × (1 − 30%) = 476（万元）

股权现金流量 = 实体现金流量 − 债务现金流量 = 税后经营净利润 − 净经营资产增加 = 476 − (4 286 − 3 983) = 173（万元）

方法二：

折旧和摊销 = 110 + 20 = 130（万元）

营业现金毛流量 = 476 + 130 = 606（万元）

营运资本增加 = 1 210 − 1 144 = 66（万元）

营业现金净流量 = 606 − 66 = 540（万元）

资本支出 = 长期资产增加 + 折旧和摊销 = 3 076 − 2 839 + 130 = 367（万元）

实体现金流量 = 营业现金净流量 − 资本支出 = 540 − 367 = 173（万元）

股权现金流量 = 实体现金流量 − 债权现金流量 = 173（万元）

方法三：

股权现金流量 = 净利润 − 净经营资产净投资 × (1 − 负债比例) = 476 − (367 + 66 − 130) × (1 − 0) = 173（万元）

方法四：

实体现金流量 = 融资现金流量 = (股利 − 股本增加) + (税后利息 − 有息债务增加) = 409 − (3 877 − 3 641) + 0 = 173（万元）

股权现金流量 = 实体现金流量 − 债权现金流量 = 173（万元）

（2）计算公司的股票价值。

2021年税后经营净利润 = 476 × (1 + 6%) = 504.56（万元）

2021年折旧和摊销 = 130 × (1 + 6%) = 137.8（万元）

2021年营运资本增加 = 1 210 × 6% = 72.6（万元）

2021年资本支出 = 367 × (1 + 6%) = 389.02（万元）

2021年股权现金流量 = 实体现金流量 = 税后经营净利润 + 折旧和摊销 − 营运资本增加 − 资本支出 = 504.56 + 137.8 − 72.6 − 389.02 = 180.74（万元）

折现率 = 8% + 1.1 × 2% = 10.2%

股权价值 = 180.74/(10.2% − 6%) = 4 303.33（万元）

每股价值 = 4 303.33/3 877 = 1.11（元/股）

（说明：计算出股权价值或每股价值均得满分。）

7. 【答案及解析】

（1）由于目标公司属于营业成本较低的服务类上市公司，应当采用市销率模型计算目标公司的股票价值。

（2）①修正平均市销率法：

项目	甲公司	乙公司	丙公司	丁公司	平均
每股市价（元）	18	22	16	12	
每股销售收入（元）	22	20	16	10	
市销率	0.82	1.10	1.00	1.20	1.03
销售净利率（%）	4.55	6	5	4	4.89

修正平均市销率 = 1.03/(4.89% × 100) = 0.21

目标公司销售净利率 = 0.9/17 = 5.29%

目标公司每股价值 = 修正平均市销率 × 目

标公司销售净利率 × 100 × 目标公司每股收入 = 0.21 × 5.29% × 100 × 17 = 18.89（元/股）

结论：目标公司的每股价值 18.89 元/股超过目前的股价 18 元/股，股票被市场低估，所以应当收购。

②股价平均法：

项目	甲公司	乙公司	丙公司	丁公司	平均
每股市价（元）	18	22	16	12	
每股销售收入（元）	22	20	16	10	
市销率	0.82	1.10	1.00	1.20	
销售净利率（%）	4.55	6	5	4	
修正市销率	0.1802	0.1833	0.2	0.3	
目标公司每股价值	0.1802 × 5.29% × 100 × 17 = 16.21	0.1833 × 5.29% × 100 × 17 = 16.48	0.2 × 5.29% × 100 × 17 = 17.99	0.3 × 5.29% × 100 × 17 = 26.98	19.42

结论：目标公司的每股价值 19.42 元/股超过目前的股价 18 元/股，股票被市场低估，所以应当收购。

8.【答案及解析】

（1）股权资本成本 = 6% + 0.8571 × 7% = 12%

股权价值 = 641 × (*P*/*F*，12%，1) + 833 × (*P*/*F*，12%，2) + 1 000 × (*P*/*F*，12%，3) + [1 100/(12% − 10%)] × (*P*/*F*，12%，3) = 641 × 0.8929 + 833 × 0.7972 + 1 000 × 0.7118 + 1 100/(12% − 10%) × 0.7118 = 41 097.22（万元）

评价：这一假设不适当，理由如下：①10% 的增长率不一定具有可持续性，该公司的增长率有下降的趋势；②10% 的增长率估计偏高，根据竞争均衡理论，后续期的销售增长率大体上等于宏观经济的名义增长率。如果不考虑通货膨胀因素，宏观经济的增长率大多在 2% ~ 6% 之间，除非有特殊证据，增长率一般在 2% ~ 6% 为适宜的。

（2）A 公司的股权价值 = 641 × (*P*/*F*，12%，1) + 833 × (*P*/*F*，12%，2) + 1 000 × (*P*/*F*，12%，3) + 1 100 × (*P*/*F*，12%，4) + 1 100 × 1.09 × (*P*/*F*，12%，5) + 1 100 × 1.09 × 1.08 × (*P*/*F*，12%，6) + 1 100 × 1.09 × 1.08 × 1.07/(12% − 7%) × (*P*/*F*，12%，6) = 641 × 0.8929 + 833 × 0.7972 + 1 000 × 0.7118 + 1 100 × 0.6355 + 1 100 × 1.09 × 0.5674 + 1 100 × 1.09 × 1.08 × 0.5066 + 1 100 × 1.09 × 1.08 × 1.07/(12% − 7%) × 0.5066 = 18 022.12（万元）

（3）评估价值与市场价值偏差的原因：①预计现金流量不准确；②权益资本成本的计量有偏差；③资本市场对公司股票评价缺乏效率。

假设增长率为 *g*，则有：

641 × (*P*/*F*，12%，1) + 833 × (*P*/*F*，12%，2) + 1 000 × (*P*/*F*，12%，3) + 1 100 × (*P*/*F*，12%，4) + [1 100 × (1 + *g*)/(12% − *g*)] × (*P*/*F*，12%，4) = 641 × 0.8929 + 833 × 0.7972 + 1 000 × 0.7118 + 1 100 × 0.6355 + [1 100 × (1 + *g*)/(12% − *g*)] × 0.6355 = 2 400 × 9

解得：*g* = 8.02%

9.【答案及解析】

（1）市净率模型的驱动因素有权益净利率、股利支付率、增长率和风险（权益资本成本），其中，关键因素是权益净利率。这四个比率类似的企业，会有类似的市净率。因此在选择可比企业时，需要先估计目标企业的这四个比率，然后按此条件选择可比企业。

（2）根据可比企业甲企业，A 公司的每股价值 = 8/15% × 16% × 4.6 = 39.25（元）

根据可比企业乙企业，A 公司的每股价值 = 6/13% × 16% × 4.6 = 33.97（元）

根据可比企业丙企业，A 公司的每股价值 = 5/11% × 16% × 4.6 = 33.45（元）

根据可比企业丁企业，A 公司的每股价值

第七章

=9/17% ×16% ×4.6 =38.96（元）

A 企业的每股价值 =（39.25 + 33.97 + 33.45 +38.96）/4 =36.41（元）

（3）市净率估价模型的优点：

①净利为负值的企业不能用市盈率进行估价，而市净率极少为负值，可用于大多数企业。

②净资产账面价值的数据容易取得，并且容易理解。

③净资产账面价值比净利稳定，也不像利润那样经常被人为操纵。

④如果会计标准合理并且各企业会计政策一致，市净率的变化可以反映企业价值的变化。

市净率的局限性：

①账面价值受会计政策选择的影响，如果各企业执行不同的会计标准或会计政策，市净率会失去可比性。

②固定资产很少的服务性企业和高科技企业，净资产与企业价值的关系不大，其市净率比较没有什么实际意义。

③少数企业的净资产是负值，市净率没有意义，无法用于比较。

第八章　资本结构

2023 年教材内容主要变化

2023 年第八章教材在以下方面进行了修改和补充：删除了关于如何通过调整债务结构来维持目标债务与股权比率并计算债务利息抵税对企业价值的影响的内容，删除了公司的最佳资本结构是使市净率最高的资本结构的相关表述；其余仅为部分文字性调整，无实质性变化。

本章近五年考试高频考点分布

本章考题多以单选题形式出现，近两年也有主观题出现。本章属于比较重要的考试章节之一，最近五年平均考试分值为 3 分。

高频考点内容	年度及题型分布
资本结构理论	2020 年多选、2019 年多选
资本结构决策的分析方法	2020 年单选、2019 年单选、2018 年综合
杠杆系数的衡量	2021 年单选 2020 年单选 2018 年单选

高频考点精讲

本章中资本结构的各种理论属于客观题考点，资本结构决策分析是主观题考查点，需要重点掌握。本章主要内容包括：资本结构理论——无税 MM 理论、有税 MM 理论、权衡理论、代理理论、优序融资理论，资本结构的影响因素，资本结构决策的三种分析方法——资本成本比较法、每股收益无差别点法、企业价值比较法，经营风险与财务风险，三种杠杆系数的衡量等。

高频考点1：资本结构理论★★★

资本结构理论包括无税MM理论、有税MM理论、权衡理论、代理理论与优序融资理论。其中无税MM理论在严格的假设前提下解释了有负债企业价值与无负债企业价值的关系；有税MM理论放宽了假设，加入了债务利息抵税对企业价值的影响；权衡理论继续放宽，加入了增加债务比例从而陷入财务困境对企业价值的影响；代理理论在前面理论基础上，加入了代理成本对企业价值的影响。这几个理论都能阐述有负债企业价值与无负债企业价值之间的关系。最后一个优序融资理论只是解释了在信息不对称的条件下，企业筹资时对不同筹资方式选择的偏好，并不能直接建立企业价值关系模型。

理论	命题	表达式
无税MM理论	有负债企业的价值与无负债企业的价值相等，即无论企业是否有负债，企业的资本结构与企业价值无关	$V_L=\frac{EBIT}{r_{WACC}^0}=V_U=\frac{EBIT}{r_s^u}$
	有负债企业的权益资本成本随着财务杠杆的提高而增加	$r_s^L=r_s^u+$风险溢价 $=r_s^u+\frac{D}{E}(r_s^u-r_d)$
有税MM理论	有负债企业的价值等于具有相同风险等级的无负债企业的价值加上债务利息抵税收益的现值	$V_L=V_U+T\times D$ $=V_U+PV$(利息抵税)
	有债务企业的权益资本成本等于相同风险等级的无负债企业的权益资本成本加上与以市值计算的债务与权益比例成比例的风险报酬，且风险报酬取决于企业的债务比例以及所得税税率	$r_s^L=r_s^u+$风险溢价 $=r_s^u+\frac{D}{E}(r_s^u-r_d)(1-T)$ $r_{WACC}^T=\frac{E}{E+D}r_s^L+\frac{D}{E+D}r_d(1-T)$
权衡理论	负债在为企业带来抵税收益的同时也给企业带来了陷入财务困境的成本。在平衡债务利息的抵税收益与财务困境成本的基础上，实现企业价值最大化时的最佳资本结构。此时所确定的债务比率是使债务抵税收益的边际价值等于增加的财务困境成本的现值	$V_L=V_U+PV$(利息抵税) $-PV$(财务困境成本)
代理理论	在企业陷入财务困境时，更容易引起过度投资问题与投资不足问题，导致发生债务代理成本或债务代理收益，进而影响企业价值	$V_L=V_U+PV$(利息抵税) $-PV$(财务困境成本) $-PV$(债务的代理成本) $+PV$(债务的代理收益)
优序融资理论	当企业存在融资需求时，首先选择内源融资，其次会选择债务融资，最后选择股权融资，即留存收益、普通债券、可转换债券、优先股、普通股	

在资本结构理论中，对每个理论展开讨论时，需要注意对该理论进行解释过程中的假设及推理过程。特别要注意MM理论的五个假设，只有假设成立的条件下才能推导出相应的表达式。

MM的假设包括：

（1）经营风险可以用息税前利润的方差来衡量，具有相同经营风险的公司称为风险同类；

（2）投资者等市场参与者对公司未来的收益与风险的预期是相同的；

（3）完善的资本市场，即在股票与债券进行交易的市场中没有交易成本，且个人与机构投资者的借款利率与公司相同；

（4）借债无风险，即公司或个人投资者的所有债务利率均为无风险利率，与债务数量无关；

（5）全部现金流是永续的，即所有公司预计是零增长率，因此具有“预期不变”的息税前利润，所有债券也是永续的。

经典例题

【真题·多选题】（2022）权衡理论认为企业在选择资本结构时，需要考虑的因素有（　　）。

A. 利息抵税收益

B. 折旧抵税收益

C. 客户流失成本

D. 破产清算费用

【答案】ACD

【解析】所谓权衡理论，就是强调在平衡债务利息的抵税收益与财务困境成本的基础上，实现企业价值最大时的最佳资本结构。其中，财务困境成本包括直接成本和间接成本。财务困境的直接成本是指企业因破产、进行清算或重组所发生的法律费用和管理费用等；间接成本是指因财务困境所引发企业资信状况恶化以及持续经营能力下降而导致的企业价值损失，具体表现为企业客户、供应商、员工的流失，投资者的警觉与谨慎导致的融资成本增加，被迫接受保全他人利益的交易条款等。选项A、C、D正确。

【真题·多选题】（2019）下列关于有企业所得税情况下MM理论的说法中，正确的有（　　）。

A. 高杠杆企业的债务资本成本大于低杠杆企业的债务资本成本

B. 高杠杆企业的价值大于低杠杆企业的价值

C. 高杠杆企业的权益资本成本大于低杠杆企业的权益资本成本

D. 高杠杆企业的加权平均资本成本大于低杠杆企业的加权平均资本成本

【答案】BC

【解析】在有税MM理论下，随着债务比例的提高，债务资本成本不变；企业价值和权益资本成本随负债比例的提高而提高，加权平均资本成本随负债比例的提高而下降，所以选项A、D错误，选项B、C正确。

【例题·单选题】在考虑企业所得税但不考虑个人所得税的情况下，下列关于资本结构有税MM理论的说法中，错误的是（　　）。

A. 财务杠杆越大，企业价值越大

B. 财务杠杆越大，企业权益资本成本越高

C. 财务杠杆越大，企业利息抵税现值越大

D. 财务杠杆越大，企业加权平均资本成本越高

【答案】D

【解析】由于债务利息可以在税前扣除，形成了债务利息的抵税收益，相当于增加了企业的现金流量，增加了企业的价值。随着企业负债比例的提高，企业利息抵税现值越大，企业价值也随之提高；选项A和选项C正确。有债务企业的权益资本成本等于相同风险等级的无负债企业的权益资本成本加上与以市值计算的债务与权益比例成比例的风险报酬，且风险报酬取决于企业的债务比例以及所得税税率。所以财务杠杆越大，企业权益资本成本越高，选项B正确。有负债企业的加权平均资本成本随着债务筹资比例的增加而降低，选项D错误，当选。

高频考点2：资本结构的影响因素

★★

长期有息债务与权益资本的组合形成了企业的资本结构。债务融资虽然可以实现抵税收益，但也会加大企业的风险，并最终要由股东承担风险的成本。因此，企业资本结构决策的主要内容是权衡债务的收益与风险，实现合理的目标资本结构，从而实现企业价值最大化。

影响资本结构的因素较为复杂，大体可以分为企业的内部因素和外部因素。

影响因素		对资本结构的影响
内部因素	营业收入	收益与现金流量波动较大的企业要比现金流量较稳定的类似企业的负债水平低
	成长性	成长性好的企业因其快速发展，对外部资金需求比较大，要比成长性差的类似企业的负债水平高
	资产结构	一般性用途资产比例高的企业因其资产作为债务抵押的可能性较大，要比具有特殊用途资产比例高的类似企业的负债水平高
	盈利能力	盈利能力强的企业因其内源融资的满足率较高，要比盈利能力较弱的类似企业的负债水平低
	管理层偏好	有的管理层偏好负债融资，有的管理层则相反
	财务灵活性	财务灵活性大的企业要比财务灵活性小的类似企业的负债能力强
	股权结构	如股权集中度高的企业资本结构会受到大股东的影响
外部因素	税率	税率越高，负债的抵税效应越强
	利率	利率越高，负债的资本成本越高
	资本市场	资本市场是否完善，在资本市场上发行股票筹资的难易度等都会影响资本结构
	行业特征	不同行业资本结构存在很大的差异

经典例题

【例题·多选题】下列各项中，属于影响资本结构的外部因素的有（ ）。

A. 资本市场　　B. 资产结构

C. 盈利能力　　D. 利率

【答案】AD

【解析】影响资本结构的外部因素的有税率、利率、资本市场、行业特征。

高频考点3：资本结构决策的分析方法★★

适当利用负债可以降低公司资本成本，但当债务比率过高时，杠杆利益会被债务成本抵消，公司面临较大财务风险。因此，企业应该确定其最佳的债务比率（资本结构），使加权平均资本成本最低，企业价值最大。资本结构决策分析有资本成本比较法、每股收益无差别点法、企业价值比较法，其中前两种比较常用。

资本结构决策的分析方法	原理、步骤及相关公式	优缺点
资本成本比较法	资本成本比较法，是指在不考虑各种融资方式在数量与比例上的约束以及财务风险差异时，通过计算各种基于市场价值的长期融资组合方案的加权平均资本成本，并根据计算结果选择加权平均资本成本最小的融资方案，确定为相对最优的资本结构	测算过程简单，是一种比较便捷的方法。但这种方法难以区别不同融资方案之间的财务风险因素差异，在实际计算中有时也难以确定各种融资方式的资本成本
每股收益无差别点法	每股收益无差别点法是在计算不同融资方案下企业的每股收益相等时所对应的息税前利润基础上，通过比较在企业预期盈利水平下的不同融资方案的每股收益，进而选择每股收益较大的融资方案 $EPS=\frac{(EBIT-I_1)(1-T)-PD_1}{N_1}$ $=\frac{(EBIT-I_2)(1-T)-PD_2}{N_2}$	解决了在某一特定预期盈利水平下的融资方式选择问题；侧重于对不同融资方式下的每股收益进行比较，但预期盈利水平与每股收益无差别点所对应的盈利水平之间的距离不同，反映的状态稳定性也不同，且没有考虑风险因素

续表

资本结构决策的分析方法	原理、步骤及相关公式	优缺点
企业价值比较法	公司的最佳资本结构不一定是每股收益最大的资本结构，而是使市净率（假设市场有效）最高的资本结构，假设股东投资资本和债务价值不变，该资本结构也是使企业价值最大化的资本结构。同时，在该资本结构下，公司的加权平均资本成本也是最低的 $V=S+B+P$ $S=\frac{(EBIT-I)(1-T)-PD}{r_s}$ $r_{WACC}=r_d(1-T)\times\frac{B}{V}+r_s\times\frac{S}{V}$	考虑了风险，同时满足企业价值最高与加权平均资本成本最低

经典例题

【真题·单选题】（2020）甲公司用每股收益无差别点法进行长期筹资决策，已知长期债券与普通股的无差别点的年息税前利润是200万元，优先股与普通股的无差别点的年息税前利润是300万元，如果甲公司预测未来每年息税前利润是360万元，正确的是（　　）。

A. 应该用普通股融资

B. 应该用优先股融资

C. 可以用长期债券也可以用优先投融资

D. 应该用长期债券融资

【答案】D

【解析】发行长期债券的每股收益直线与发行优先股的每股收益直线斜率相同，即是平行直线，但截距的绝对值却是发行优先股的高，所以本题中长期债券与普通股的每股收益无差别点息税前利润小于优先股与普通股的每股收益无差别点息税前利润，同样的息税前利润下，发行债券的每股收益始终高于发行优先股的每股收益。因此在决策时只需考虑发行长期债券与发行普通股的每股收益无差别点200万元即可。当预测未来每年息税前利润大于200万元时，该公司应当选择发行长期债券筹资；当预测未来每年息税前利润小于200万元时，该公司应当选择发行普通股筹资，选项D正确。

【例题·单选题】企业目标资本结构是使加权平均资本成本最低的资本结构。假设其他条件不变，该资本结构也是（　　）。

A. 使每股收益最高的资本结构

B. 使利润最大的资本结构

C. 使股东财富最大的资本结构

D. 使股票价格最高的资本结构

【答案】C

【解析】公司的最佳资本结构应当是使公司的总价值最高，同时加权平均资本成本最低，而不一定是每股收益最高或利润最大的资本结构。假设股东投资资本和债务价值不变，公司价值最大化与增加股东财富具有相同的意义。所以选择选项C。

高频考点4：杠杆系数的衡量★★★

在筹资方式选择和资本结构调整方面，公司需要考虑是否和如何利用经营杠杆和财务杠杆的作用。公司经营杠杆是由与产品生产或提供劳务有关的固定经营成本所引起的，而财务杠杆则是由债务利息等固定融资成本所引起的。两种杠杆具有放大盈利波动性的作用，从而影响公司的风险与收益。

杠杆系数	计算公式	影响因素及决策启示
经营杠杆系数	$DOL=\frac{息税前利润变化的百分比}{营业收入变化的百分比}$ $=\frac{\Delta EBIT/EBIT}{\Delta S/S}$ $=\frac{Q(P-V)}{Q(P-V)-F}$ $=\frac{边际贡献}{息税前利润}$	（1）产品需求，需求稳定，则经营风险小；反之，经营风险大。 （2）产品售价；产品售价稳定，则经营风险小；反之，经营风险大。 （3）产品成本，成本不稳定，会导致利润不稳定，则经营风险大；反之，经营风险小。 （4）调整价格的能力，若企业具有较强的调整价格的能力，则经营风险小；反之，经营风险就大。 （5）固定成本的比重，固定成本所占比重较大时，经营风险就大；反之，经营风险就小
财务杠杆系数	$DFL=\frac{每股收益变化的百分比}{息税前利润变化的百分比}$ $=\frac{\Delta EPS/EPS}{\Delta EBIT/EBIT}$ $=\frac{Q(P-V)-F}{Q(P-V)-F-I-PD(1-T)}$ $=\frac{EBIT}{EBIT-I-PD/(1-T)}$	（1）息税前利润，息税前利润水平越高，越稳定，财务风险越低，反之越高。 （2）资本结构，负债占的比重越大，利息费用越高，财务风险越高，反之越低。 （3）利息率，利息率越高，利息费用越高，财务风险越高，反之越低
联合杠杆系数	$DTL=\frac{每股收益变化的百分比}{营业收入变化的百分比}$ $=\frac{\Delta EPS/EPS}{\Delta S/S}$ $DTL=DOL\times DFL$ $=\frac{Q(P-V)}{Q(P-V)-F-I-PD/(1-T)}$ $=\frac{EBIT+F}{EBIT-I-PD/(1-T)}$	（1）使公司管理层在一定的成本结构与资本结构下，当营业收入变化时，能够对每股收益的影响程度作出判断，即能够估计出营业收入变动对每股收益造成的影响。（2）通过经营杠杆与财务杠杆之间的相互关系，有利于管理层对经营风险与财务风险进行管理，即为了控制某一联合杠杆系数，经营杠杆和财务杠杆可以有很多不同的组合。经营杠杆系数较高的公司可以在较低的程度上使用财务杠杆；经营杠杆系数较低的公司可以在较高的程度上使用财务杠杆

经典例题

【真题·单选题】（2021）甲公司的经营杠杆系数为1.5，财务杠杆系数为2。该公司销售额增长80%，每股收益增长（　　）。

A. 120%　　B. 160%

C. 240%　　D. 280%

【答案】C

【解析】联合杠杆是指由于固定经营成本和固定融资成本的存在而导致的每股收益变动率大于营业收入变动率的杠杆效应。联合杠杆 $DTL=\frac{\Delta EPS/EPS}{\Delta S/S}=DOL\cdot DFL$，代入题干信息得 $\Delta EPS/EPS=1.5\times2\times80\%=240\%$，选项C正确。

【真题·单选题】（2020）甲公司2019年净利润150万元，利息费用100万元，优先股股利37.5万元。企业所得税税率为25%。甲公司财务杠杆系数为（　　）。

A. 1.85　　B. 2

C. 2.15　　D. 3

【答案】B

【解析】息税前利润 $=\frac{150}{1-25\%}+100=300$（万元），财务杠杆系数 $=\frac{300}{300-100-\frac{37.5}{1-25\%}}=2$。

【真题·单选题】（2018）甲公司2018年边际贡献总额300万元，经营杠杆系数为3，假设其他条件不变，如果2019年销售收入增长20%，息税前利润预计是（　　）万元。

A. 100　　B. 120

C. 150　　D. 160

【答案】D

【解析】经营杠杆系数＝边际贡献/息税前利润，2018年息税前利润＝边际贡献/经营杠杆系数＝300/3＝100（万元），经营杠杆系数＝息税前利润变动率/销售收入变动率，2019年息税前利润变动率＝销售收入变动率×经营杠杆系数＝20%×3＝60%，因此预计息税前利润＝100×（1＋60%）＝160（万元）。

【例题·计算分析题】A公司是一家生产和销售通信器材的股份公司。假设该公司适用的所得税税率为40%。对于明年的预算出现三种意见：

第一方案：维持目前的生产和财务政策。预计销售45000件，售价为240元/件，单位变动成本为200元，固定成本为120万元。公司的资本结构为：400万元负债（利息率5%），普通股20万股。

第二方案：更新设备并用负债筹资。预计更新设备需投资600万元，生产和销售量不会变化，但单位变动成本将降低至180元/件，固定成本将增加至150万元。借款筹资600万元，预计新增借款的利率为6.25%。

第三方案：更新设备并用股权筹资。更新设备的情况与第二方案相同，不同的只是用发行新的普通股筹资。预计新股发行价为每股30元，需要发行20万股，以筹集600万元资金。

要求：

（1）计算三个方案下的每股收益、经营杠杆、财务杠杆和总杠杆（请将结果填写在答题卷中给定的表格中，不必列示计算过程）。

金额单位：元

项目	方案1	方案2	方案3
营业收入			
变动成本			
边际贡献			
固定成本			
息税前利润			
利息			
税前利润			
所得税			
税后净收益			
股数			
每股收益			
经营杠杆			
财务杠杆			
总杠杆			

（2）根据上述结果分析：哪个方案的风险最大？哪个方案的报酬最高？如果公司销售量下降至30 000件，第二和第三方案哪一个更好些？请分别说明理由。

【答案及解析】

（1）计算三个方案下的每股收益、经营杠杆、财务杠杆和总杠杆：

金额单位：元

项目	方案 1	方案 2	方案 3
营业收入	10 800 000	10 800 000	10 800 000
变动成本	9 000 000	8 100 000	8 100 000
边际贡献	1 800 000	2 700 000	2 700 000
固定成本	1 200 000	1 500 000	1 500 000
息税前利润	600 000	1 200 000	1 200 000
利息	200 000	575 000	200 000
税前利润	400 000	625 000	1 000 000
所得税	160 000	250 000	400 000
税后净收益	240 000	375 000	600 000
股数	200 000	200 000	400 000
每股收益	1.2	1.88	1.5
经营杠杆	3	2.25	2.25
财务杠杆	1.5	1.92	1.2
总杠杆	4.5	4.32	2.7

方案一：

每股收益 = [45 000 × (240 − 200) − 1 200 000 − 4 000 000 × 5%] × (1 − 40%) / 200 000 = 1.2（元/股）

DOL = 45 000 × (240 − 200)/[45 000 × (240 − 200) − 1 200 000] = 3

DFL = 45 000 × (240 − 200) − 1 200 000/[45 000 × (240 − 200) − 1 200 000 − 4 000 000 × 5%] = 1.5

DTL = 3 × 1.5 = 4.5

方案二：

每股收益 = [45 000 × (240 − 180) − 1 500 000 − 4 000 000 × 5% − 6 000 000 × 6.25%] × (1 − 40%)/200 000 = 1.88（元/股）

DOL = 45 000 × (240 − 180)/[45 000 × (240 − 180) − 1 500 000] = 2.25

DFL = 45 000 × (240 − 180) − 1 500 000/[45 000 × (240 − 180) − 1 500 000 − 4 000 000 × 5% − 6 000 000 × 6.25%] = 1.92

DTL = 2.25 × 1.92 = 4.32

方案三：

每股收益 = [45 000 × (240 − 180) − 1 500 000 − 4 000 000 × 5%] × (1 − 40%) / (200 000 + 200 000) = 1.5（元/股）

DOL = 45 000 × (240 − 180)/[45 000 × (240 − 180) − 1 500 000] = 2.25

DFL = 45 000 × (240 − 180) − 1 500 000/[45 000 × (240 − 180) − 1 500 000 − 4 000 000 × 5%] = 1.2

DTL = 2.25 × 1.2 = 2.7

（2）①方案一风险最大，理由：方案一的总杠杆系数最大；

②方案二的报酬最高，理由：方案二的每股收益最高；

③若销量下降至30 000件时，方案三更好些，理由：若销量下降至30 000件时，采用方案三还有利润，而采用方案二则企业处于亏损状态，因此应选择方案三。

【例题·多选题】下列关于经营杠杆的说法中，正确的有（　　）。

A. 如果不存在固定经营成本，就不存在经营杠杆效应

B. 经营杠杆的大小由固定经营成本与息税前利润共同决定

C. 其他条件不变，降低单位变动成本可以降低经营杠杆系数

D. 固定经营成本不变的情况下，营业收入越大，经营杠杆效应越大

【答案】ABC

【解析】经营杠杆系数 = 边际贡献/(边际贡献 - 固定经营成本)，由此可知，如果不存在固定经营成本，则经营杠杆系数 = 1，所以，不存在经营杠杆效应，选项 A 的说法正确。由于息税前利润 = 边际贡献 - 固定经营成本，所以，经营杠杆系数 = (息税前利润 + 固定经营成本)/息税前利润，即选项 B 的说法正确。由于（息税前利润 + 固定经营成本)/息税前利润 = 1 + 固定经营成本/息税前利润，所以，在固定经营成本不变的情况下，经营杠杆系数与息税前利润反向变动。而息税前利润 = 营业收入 - 变动成本 - 固定经营成本 = 销售量 × (单价 - 单位变动成本) - 固定经营成本，所以，选项 C 的说法正确，选项 D 的说法不正确。

进阶练习

（一）单选题

1. 某公司年营业收入为 500 万元，变动成本率为 40%，经营杠杆系数为 1.5，财务杠杆系数为 2。如果固定成本增加 50 万元，那么，总杠杆系数将变为（　　）。

A. 6　　B. 3

C. 4　　D. 8

2. 某公司的经营杠杆系数为 1.8，财务杠杆系数为 1.5，则该公司销售额每增长 1 倍，就会造成每股收益增加（　　）。

A. 1.2 倍　　B. 1.5 倍

C. 0.3 倍　　D. 2.7 倍

3. 下列关于经营杠杆的说法中，错误的是（　　）。

A. 经营杠杆反映的是营业收入的变化对每股收益的影响程度

B. 如果没有固定性经营成本，则不存在经营杠杆效应

C. 经营杠杆的大小是由固定性经营成本和息税前利润共同决定的

D. 如果经营杠杆系数为 1，表示不存在经营杠杆效应

4. 甲公司因扩大经营规模需要筹集长期资本，有发行长期债券、发行优先股、发行普通股三种筹资方式可供选择。经过测算，发行长期债券与发行普通股的每股收益无差别点为 120 万元，发行优先股与发行普通股的每股收益无差别点为 180 万元。如果采用每股收益无差别点法进行筹资方式决策，下列说法中，正确的是（　　）。

A. 当预期的息税前利润为 100 万元时，甲公司应当选择发行长期债券

B. 当预期的息税前利润为 150 万元时，甲公司应当选择发行普通股

C. 当预期的息税前利润为 180 万元时，甲公司可以选择发行普通股或发行优先股

D. 当预期的息税前利润为 200 万元时，甲公司应当选择发行长期债券

5. 联合杠杆可以反映（　　）。

A. 营业收入变化对边际贡献的影响程度

B. 营业收入变化对息税前利润的影响程度

C. 营业收入变化对每股收益的影响程度

D. 息税前利润变化对每股收益的影响程度

6. 甲公司只生产一种产品，产品单价为 6 元，单位变动成本为 4 元，产品销量为 10 万件/年，固定成本为 5 万元/年，利息支出为 3 万元/年，甲公司的财务杠杆为（　　）。

A. 1.18　　B. 1.25

C. 1.33　　D. 1.66

7. 下列关于 MM 理论的说法中，不正确的有（　　）。

A. 在考虑企业所得税的情况下，企业加权平均资本成本随负债比例的增加而减少

B. 无论是否考虑企业所得说，负债成本不变

C. 无论是否考虑企业所得税，企业权益资本成本均随负债比例的增加而增加

D. 一个有负债企业在有企业所得税情况下的权益资本成本要比无企业所得税情况下的权益资本成本低

8. 已知经营杠杆系数为4，每年的固定经营成本为9万元，利息费用为2万元，则利息保障倍数为（　　）。

A. 2　　B. 1.5

C. 3　　D. 4

9. 某企业债务资本和权益资本的比例为1∶1，则该企业（　　）。

A. 没有风险，因为经营风险和财务风险可以相互抵消

B. 只有经营风险

C. 只有财务风险

D. 既有经营风险又有财务风险

10. 下列表述中不正确是（　　）。

A. 当财务杠杆系数为1时，企业没有固定融资费用

B. 从某种意义上讲，一项资产或新项目是没有财务风险的，只有企业自身才有财务风险

C. 当经营杠杆系数趋近于无穷大时，企业的息税前利润为零

D. 在经营杠杆系数一定的条件下，权益乘数和联合杠杆系数反向变动

11. 某企业某年的财务杠杆系数为1.5，息税前利润（EBIT）的计划增长率为10%，假定其他因素不变，则该年普通股每股收益（EPS）的增长率为（　　）。

A. 4%　　B. 5%

C. 15%　　D. 20%

12. 根据有税的MM理论，下列各项中会影响企业价值的是（　　）。

A. 债务利息抵税

B. 债务代理成本

C. 债务代理收益

D. 财务困境成本

13. 在信息不对称和逆向选择的情况下，根据优序融资理论，选择融资方式的先后顺序应该是（　　）。

A. 普通股、优先股、可转换债券、公司债券

B. 普通股、可转换债券、优先股、公司债券

C. 公司债券、可转换债券、优先股、普通股

D. 公司债券、优先股、可转换债券、普通股

14. 甲公司某年营业收入1 000万元，变动成本率60%，固定成本200万元，利息费用40万元。假设不存在资本化利息且不考虑其他因素，该企业联合杠杆系数是（　　）。

A. 1.25　　B. 2.5

C. 2　　D. 3.75

15. 甲公司2022年每股收益1元，经营杠杆系数1.2，财务杠杆系数1.5，假设公司不进行股票分割。如果2023年每股收益达到1.9元，根据杠杆效应，其营业收入应比2022年增加（　　）。

A. 50%　　B. 90%

C. 75%　　D. 60%

（二）多选题

1. 关于资本结构理论的以下表述中，正确的有（　　）。

A. 依据有税的MM理论，负债程度越高，因为负债抵税的作用加权平均资本成本越低，企业价值越大

B. 依据无税的MM理论，负债越多，则权益资本成本最高，但加权平均资本成本不变，企业价值也不变

C. 依据代理理论，在企业陷入财务困境时，更容易引起过度投资问题与投资不足问题，导致发生债务代理成本或

债务代理收益，进而影响企业价值

D. 依据权衡理论，负债在为企业带来抵税收益的同时也给企业带来了陷入财务困境的成本。当边际负债税额庇护利益恰好与边际破产成本相等时，企业价值最大

2. 下列关于财务杠杆的表述中，正确的有（ ）。

A. 财务杠杆越高，税盾的价值越高

B. 如果企业的融资结构中包括负债和普通股，则在其他条件不变的情况下，提高公司所得税税率，财务杠杆系数不变

C. 企业对财务杠杆的控制力要弱于对经营杠杆的控制力

D. 资本结构发生变动通常会改变企业的财务杠杆系数

3. 下列关于资本结构理论的表述中，正确的有（ ）。

A. 根据 MM 理论，当存在企业所得税时，企业负债比例越高，企业价值越大

B. 根据权衡理论，平衡债务利息的抵税收益与财务困境成本是确定最优资本结构的基础

C. 根据代理理论，当负债程度较高的企业陷入财务困境时，股东通常会选择投资净现值为正的项目

D. 根据优序融资理论，当存在外部融资需求时，企业倾向于债务融资而不是股权融资

4. 长期有息债务与权益资本的组合形成了企业的资本结构。下列关于资本结构影响因素的表述中，正确的有（ ）。

A. 与盈利能力较弱的类似企业相比，盈利能力强的企业负债水平更低

B. 与现金流量较稳定的类似企业相比，收益与现金流量波动较大的企业负债水平更高

C. 与具有特殊用途资产比例高的类似企业相比，一般性用途资产比例高的企业负债水平更高

D. 与成长性差的类似企业相比，成长性好的企业负债水平更低

5. 下列关于不同资本结构决策的分析方法中，说法错误的有（ ）。

A. 使用资本成本比较法确定最优资本结构时，考虑了各种融资方式的比例约束以及财务风险差异

B. 使用每股收益无差别点法确定最优资本结构时，适用于解决在特定预期盈利水平下长期债务融资与优先股融资之间的问题

C. 使用每股收益无差别点法确定最优资本结构时，没有考虑风险因素对每股收益的影响

D. 使用企业价值比较法确定最优资本结构时，应当选择能够使每股收益最大的资本结构

6. 根据资本结构的代理理论，下列关于资本结构的表述中，正确的有（ ）。

A. 在债务合同中引入限制性条款将增加债务代理成本

B. 当企业自由现金流相对富裕时，提高债务筹资比例，有助于抑制经理层的过度投资行为

C. 当企业陷入财务困境时，股东拒绝接受净现值为正的新项目将导致投资不足问题

D. 当企业陷入财务困境时，股东选择高风险投资项目将导致债权人财富向股东转移的资产替代问题

7. 关于企业价值比较法确定最佳资本结构的说法中，正确的有（ ）。

A. 股东投资资本和债务价值不变时，企业价值最大的资本结构为最佳资本结构

B. 最佳资本结构下，每股收益达到最大水平

C. 最佳资本结构下，公司的加权平均资本成本最低

D. 这种方法考虑了风险的影响

8. 降低经营杠杆系数，进而降低企业经营风险的途径有（　　）。

A. 提高产品单价

B. 提高产品销售量

C. 节约固定成本开支

D. 提高资产负债率

9. 在企业盈利的情况下，下列措施中有利于降低企业总风险的有（　　）。

A. 增加产品销量

B. 提高产品单价

C. 提高资产负债率

D. 节约固定成本支出

10. 甲公司长期资本构成中有长期债务资本和普通股，无优先股资本。普通股账面价值为500万元，长期债务账面价值500万元，税前债务资本成本为5%，假设长期债务的现值等于其账面价值。公司处于永续零增长状态，息税前利润为200万元，适用的所得税税率为25%。市场无风险利率为4%，市场组合收益率为6%，该公司股票的β系数为1.2，加权平均资本成本的计算采用市场价值权重。则下列结论当中正确的有（　　）。

A. 甲公司的普通股资本成本为6.4%

B. 甲公司股票的市场价值为2 050.78万元

C. 甲公司加权平均资本成本为5.1%

D. 甲公司的市场价值为2 600万元

（三）计算分析题

1. 甲公司是一家上市公司，目前的长期资金来源包括：长期借款7 500万元，年利率5%，每年付息一次，5年后还本；优先股30万股，每股面值100元，票面股息率8%；普通股500万股，每股面值1元。为扩大生产规模，公司现需筹资4 000万元，有两种筹资方案可供选择：方案一是平价发行长期债券，债券面值1 000元，期限10年，票面利率6%，每年付息一次；方案二是按当前每股市价16元增发普通股，假设不考虑发行费用。

目前公司年营业收入1亿元，变动成本率为60%，除财务费用外的固定成本为2 000万元，预计扩大规模后每年新增营业收入3 000万元，变动成本率不变，除财务费用外的固定成本新增500万元。公司的企业所得税税率为25%。

要求：

（1）计算追加筹资前的经营杠杆系数、财务杠杆系数、联合杠杆系数。

（2）计算方案一和方案二的每股收益无差别点的营业收入，并据此对方案一和方案二作出选择。

（3）基于要求（2）的结果，计算追加筹资后的经营杠杆系数、财务杠杆系数、联合杠杆系数。

2. ABC公司正在考虑改变它的资本结构，有关资料如下：

（1）公司目前债务的账面价值为1 000万元，利息率为5%，债务的市场价值与账面价值相同；普通股4 000万股，每股价格1元，所有者权益账面金额4 000万元（与市价相同）；每年的息税前利润为500万元。该公司的所得税税率为15%。

（2）公司将保持现有的资产规模和资产息税前利润率，每年将全部税后净利分派给股东，因此预计未来增长率为零。

（3）为了提高企业价值，该公司拟改变资本结构，举借新的债务，替换旧的债务并回购部分普通股。可供选择的资本结构调整方案有两个：

①举借新债务的总额为2 000万元，预计利息率为6%；

②举借新债务的总额为3 000万元，预计利息率为7%。

（4）假设当前资本市场上无风险利率为4%，市场风险溢价为5%。

要求：

（1）计算该公司目前的权益成本和β值（计算结果均保留小数点后4位）。

（2）计算该公司无负债的β值和无负债的权益成本（提示：根据账面价值的权重调整β值，下同）。

（3）计算两种资本结构调整方案的权益β

值、权益成本。

3. 乙公司是一家上市公司，适用的企业所得税税率为25%，当年息税前利润为900万元，预计未来年度保持不变。为简化计算，假定净利润全部分配，债务资本的市场价值等于其账面价值，确定债务资本成本时不考虑筹资费用。证券市场平均收益率为12%，无风险收益率为4%，两种不同的债务水平下的税前利率和β系数、公司价值和资本成本如下表所示。

要求：

表1　　不同债务水平下的税前利率和β系数

债务账面价值（万元）	税前利率	β系数
1 000	6	1.25
1 500	8	1.50

表2　　公司价值和资本成本

债务市场价值（万元）	股票市场价值（万元）	公司总价值（万元）	税后债务资本成本	权益资本成本	加权平均资本成本
1 000	4 500	5 500	（A）	（B）	（C）
1 500	（D）	（E）	*	16%	13.09%

（1）确定表2中英文字母代表的数值（不需要列示计算过程）。

（2）根据公司价值分析法，确定上述两种债务水平的资本结构哪种更优，并说明理由。

进阶练习答案及解析

（一）单选题

1. 【答案】A

【解析】边际贡献 = 500 ×（1 − 40%）= 300（万元）。经营杠杆系数为1.5，原息税前利润为300 ÷ 1.5 = 200（万元），所以原固定成本为300 − 200 = 100（万元）。财务杠杆为2，所以利息为100万元。固定成本增加50万元以后，息税前利润变成了300 − 150 = 150（万元）。经营杠杆系数变成了300/150 = 2。财务杠杆系数变成了150/（150 − 100）= 3，所以总杠杆系数 = 2 × 3 = 6。

2. 【答案】D

【解析】总杠杆数 = 1.8 × 1.5 = 2.7，又因为总杠杆数 = *EPS* 的变动率/销售额的变动率，所以得到此结论。

3. 【答案】A

【解析】经营杠杆反映的是营业收入变化对息税前利润的影响程度，所以，选项A表述错误，当选；经营杠杆系数 =（息税前利润 + 固定性经营成本）÷ 息税前利润，由此可以看出，选项C表述正确，不选；如果没有固定性经营成本，则经营杠杆系数为1，此时不存在经营杠杆效应。所以，选项B、D表述正确，不选。

4. 【答案】D

【解析】发行长期债券、发行优先股和发行普通股三种筹资方式存在两个每股收益无差别点，即发行长期债券与发行普通股的每股收益无差别点和发行优先股与发行普通股的每股收益无差别点，发行长期债券与发行优先股不存在每股收益无差别点，原因是发行长期债券的每股收益直线与发行优先股的每股收益直线是平行的，发行长期债券的每股收益永远大于发行优先股的每股收益，因此，在决策时只需要考虑发行长期债券与发行普通股的每股收益无差别点120万元，当预期追加筹资后的息税前利润大于120万元时，甲公司应当选择发行长期债券；当预期追加筹资后的息税前利润小于120万元时，甲公司应当选择发行普通股。

5. 【答案】C

【解析】根据经营杠杆、财务杠杆和联合杠杆的计算公式可知，经营杠杆反映营业收入变化对息税前利润的影响程度，财务杠杆反映息税前利润变化对每股收益的影响程度，联合杠杆反映营业收入变化对每股收益的影响程度。

6. 【答案】B

【解析】财务杠杆系数 = 息税前利润/(息税前利润 - 利息) = [(6 - 4) × 10 - 5]/[(6 - 4) × 10 - 5 - 3] = 1.25。

7. 【答案】B

【解析】由于债务利息可以税前扣除，所以考虑所得税情况下的有负债企业的负债成本低于不考虑所得税情况下的有负债企业的负债成本。

8. 【答案】B

【解析】经营杠杆系数 = (息税前利润 + 固定经营成本)/息税前利润 = (息税前利润 + 9)/息税前利润 = 4，解得：息税前利润 = 3万元，故利息保障倍数 = 3/2 = 1.5。

9. 【答案】D

【解析】经营风险是由企业的经营活动形成的，只要企业存在经营活动，就有经营风险，而财务风险是由借债或发行优先股形成的，本企业存在债务筹资，因此，二者都存在。

10. 【答案】D

【解析】财务杠杆系数为1，说明没有债务利息和优先股股息，所以选项A正确。企业的经营风险是由其资产组合中各资产的特性来决定的。财务风险与经营风险相反，它不是由单项资产而是由企业整体决定的。当一个项目失败以后，企业仍有可能从其他项目的收入中偿还债务，因此选项B正确。经营杠杆系数趋近于无穷大时，说明销售额处于盈亏临界水平，企业息税前利润为零，因此选项C正确。经营杠杆系数一定，权益乘数越大，负债程度越高，财务杠杆系数可能会越大，联合杠杆系数也会越大，因此选项D错误。

11. 【答案】C

【解析】财务杠杆 = 每股收益的变动率/息税前利润的变动率，1.5 = 每股收益的变动率/10%，因此每股收益的变动率 = 1.5 × 10% = 15%。

12. 【答案】A

【解析】有税MM理论下，有负债企业价值 = 无负债企业价值 + 债务利息抵税收益现值。因此选项A正确。有税的MM理论，未考虑代理成本与代理收益及财务困境的问题，财务困境是权衡理论考虑的变量，代理成本与代理收益是代理理论考虑的问题。

13. 【答案】C

【解析】企业在筹集资金的过程中，遵循着先内源融资后外源融资的基本顺序。在需要外源融资时，按照风险程度的差异，优先考虑债务融资（先普通债券后可转换债券），不足时再考虑权益融资。因此，选项C正确。

14. 【答案】B

【解析】边际贡献 = 营业收入 × （1 - 变动成本率） = 1 000 × （1 - 60%） = 400（万元）；税前利润 = 边际贡献 - 固定成本 - 利息费用 = 400 - 200 - 40 = 160（万元）；联合杠杆系数 = 边际贡献/税前利润 = 400/160 = 2.5。

15. 【答案】A

【解析】联合杠杆系数 = 每股收益变动百分比/营业收入变动百分比 = 经营杠杆系数 × 财务杠杆系数 = 1.2 × 1.5 = 1.8，2023年每股收益增长率 = （1.9 - 1）/1 = 90%，营业收入增长比 = 90%/1.8 = 50%。

（二）多选题

1. 【答案】ABCD

【解析】本题的考点是各种资本结构理论的观点：依据有税的MM理论，因为负债利息的抵税效应，负债程度越高，加权平均资本成本越低，企业价值越大；依据无税的MM理论，负债增加，会使权益资本成本上升，但企业价值不受负债程度的影响，即无论负债程度如何，加权平均资本成本不变，企业价值也不变；依据代理理论，在企业陷入财务困境时，更容易引起过度投资问题与投资不足问题，导致发生债务代理成本或债务代理收益，进而影响企业价值；依据权衡理论，边际负债税额庇护利益恰好与边际破产成本相等时，企业价值最大，达到最佳资本结构，所有选项均正确。

2. 【答案】ABD

【解析】财务杠杆越高，抵税作用越高，税盾的价值越高，因此，选项 A 正确；财务杠杆系数的变化与息税前利润和利息水平有关，所以与企业所得税税率无关，选项 B 正确；资本结构变动通常会影响利息费用，进而会改变财务杠杆系数，选项 D 正确。企业对财务杠杆的控制力要高于对经营杠杆的控制力，选项 C 不正确。

3. 【答案】ABD

【解析】根据 MM 理论，当存在企业所得税时，有负债企业的价值 = 具有相同风险等级的无负债企业的价值 + 债务利息抵税收益的现值，企业负债比例越高，则债务利息抵税收益现值越大，所以，企业价值越大。即选项 A 的说法正确。所谓权衡理论，就是强调在平衡债务利息的抵税收益与财务困境成本的基础上，实现企业价值最大化的最佳资本结构。因此，选项 B 的说法正确。根据代理理论，当负债程度较高的企业陷入财务困境时，即使投资了净现值为负的投资项目，股东仍可能从企业的高风险投资中获利，所以，选项 C 的说法不正确。优序融资理论是当企业存在融资需求时，首先选择内源融资，其次会选择债务融资，最后选择股权融资。所以，选项 D 的说法正确。

4. 【答案】AC

【解析】盈利能力强的企业因其内源融资的满足率较高，要比盈利能力较弱的类似企业的负债水平低，选项 A 正确；收益与现金流量波动较大的企业要比现金流量较稳定的类似企业的负债水平低，因为收益与现金流量波动较大，会增加经营风险与财务风险，提高负债成本，选项 B 错误；一般性用途资产比例高的企业因其资产作为债务抵押的可能性较大，要比具有特殊用途资产比例高的类似企业的负债水平高，选项 C 正确；成长性好的企业因其快速发展，对外部资金需求比较大，要比成长性差的类似企业的负债水平高，选项 D 错误。

5. 【答案】ABD

【解析】资本成本比较法未考虑各种融资方式在数量与比例上的约束以及财务风险差异，而是通过计算各种基于市场价值的长期融资组合方案的加权平均资本成本，并根据计算结果选择加权平均资本成本最小的融资方案，确定为相对最优的资本结构，选项 A 错误；每股收益无差别点法适用于解决在某一特定预期盈利水平下的融资方式选择问题，特别是在长期债务融资与普通股融资之间进行选择时。如果企业既存在长期债务融资，又存在优先股融资，则采用每股收益无差别点法确定最优资本结构会自动排除优先股方案，因为与优先股融资方式相比，长期债务融资利息更低且具有抵税作用，选项 B 错误；使用企业价值比较法确定最优资本结构时，应当选择能够使公司的总价值最高，即市净率最高，而不一定是每股收益最大的资本结构，选项 D 错误。

6. 【答案】BCD

【解析】在债务合同中引入限制性条款将增加债务代理收益，选项 A 表述错误。关于 D 选项，企业陷入财务困境，企业需要优先偿还债权人债务，股东很有可能得不到收益，这时股东希望投资高风险项目，高风险高收益，如果项目成功，不但债权人可以得到收益，股东也是可以获得收益的，如果失败，债权人则承担损失，股东同样得不到收益，对于股东来说投资高风险的项目是有利于股东盈利的，即导致债权人财富向股东转移的资产替代问题。

7. 【答案】ACD

【解析】用企业价值比较法确定的最佳资本结构，是使市净率最高的资本结构（假设市场有效）。假设股东投资资本和债务价值不变，该资本结构也是使企业价值最大化的资本结构。同时，公司的加权平均资本成本是最低的，但每股收益不一定最高。因此选项 B 的说法不正确。

8. 【答案】ABC

【解析】衡量企业总风险的指标是联合杠杆系数，联合杠杆系数 = 经营杠杆系数 × 财务杠杆系数，在企业盈利的情况下，选项 A、B、C 均可以导致经营杠杆系数降低，联合杠杆系数降低，从而降低企业总风险；选项 D 会导致财务杠杆系数增加，联合杠杆系数变大，从而提高企业总风险。

9. 【答案】ABD

【解析】衡量企业总风险的指标是联合杠杆系数，联合杠杆系数 = 经营杠杆系数 × 财务杠杆系数，在企业盈利的情况下，选项 A、B、D 均可以导致经营杠杆系数降低，联合杠杆系数降低，从而降低企业总风险；选项 C 会导致财务杠杆系数增加，联合杠杆系数变大，从而提高企业总风险。

10. 【答案】AB

【解析】普通股资本成本 = 4% + 1.2 × (6% − 4%) = 6.4%，选项 A 正确；甲公司股票的市场价值 = (息税前利润 − 利息) × (1 − 所得税税率)/普通股资本成本 = [(200 − 500 × 5%) × (1 − 25%)]/6.4% = 2 050.78（万元），选项 B 正确；甲公司税后债务资本成本 = 5% × (1 − 25%) = 3.75%，加权平均资本成本 = 3.75 × 500/(500 + 2 050.78) + 6.4% × 2 050.78/(500 + 2 050.78) = 5.88%，选项 C 错误；公司的市场价值 = 股票的市场价值 + 债务的市场价值 = 2 050.78 + 500 = 2 550.78（万元），选项 D 错误。

（三）计算分析题

1. 【答案及解析】

（1）边际贡献 = 10 000 × （1 − 60%） = 4 000（万元）

息税前利润 = 4 000 − 2 000 = 2 000（万元）

归属于普通股的税前利润 = 2 000 − 7 500 × 5% − 30 × 100 × 8%/（1 − 25%） = 1 305（万元）

经营杠杆系数 = 4 000/2 000 = 2

财务杠杆系数 = 2 000/1 305 = 1.53

联合杠杆系数 = 4 000/1 305 = 3.07

（2）假设方案一和方案二的每股收益无差别点的息税前利润为 EBIT，则：

[（EBIT − 7 500 × 5% − 4 000 × 6%） × (1 − 25%) − 30 × 100 × 8%] /500 = [(EBIT − 7 500 × 5%) × （1 − 25%） − 30 × 100 × 8%] /（500 + 4 000/16）

解得：EBIT = 1 415 万元

营业收入 × （1 − 60%） − 2 000 − 500 = 1 415（万元）

则：营业收入 = 9 787.5 万元

预计营业收入 = 10 000 + 3 000 = 1 3000（万元），大于每股收益无差别点的营业收入，因此选择方案一进行筹资。

（3）边际贡献 = 13 000 × （1 − 60%） = 5 200（万元）

息税前利润 = 5 200 − 2 000 − 500 = 2 700（万元）

归属于普通股的税前利润 = 2 700 − 7 500 × 5% − 4 000 × 6% − 30 × 100 × 8%/（1 − 25%） = 1 765（万元）

经营杠杆系数 = 5 200/2 700 = 1.93

财务杠杆系数 = 2 700/1 765 = 1.53

联合杠杆系数 = 5 200/1 765 = 2.95

2. 【答案及解析】

（1）该公司目前的权益资本成本和 β 值：

由于净利润全部发放股利，所以：

现金股利 = 净利润 = (500 − 1 000 × 5%) × (1 − 15%) = 382.5（万元）

每股股利 = 382.5/4 000 = 0.0956（元）

权益资本成本 = D/P_0 × 100% = (382.5/4 000)/1 × 100% = 9.5625%

又有：9.5625% = 4% + β × 5%

则 β = 1.1125

（2）无负债的 β 值和无负债的权益成本：

$\beta_{资产} = \beta_{权益}$ ÷ [1 + 负债/股东权益 × (1 − 所得税税率)]

= 1.1125 ÷ [1 + 1/4 × (1 − 15%)]

= 1.1125 ÷ 1.2125 = 0.92

权益资本成本 = 4% + 5% × 0.92 = 8.60%

（3）两种资本结构调整方案的权益 β 值、权益成本：

①举借新债务 2 000 万元，使得资本结构变为：债务 2 000 万元，利息率为 6%；权益资本 3 000 万元。

$\beta_{权益} = \beta_{资产} \times$ [1 + 负债/股东权益 ×（1 − 所得税税率）]

= 0.92 × [1 + 2/3 ×（1 − 15%）]

= 1.44

权益资本成本 = 4% + 5% × 1.44 = 11.20%

②举借新债务 3 000 万元，使得资本结构变为：债务 3 000 万元，利息率为 7%；权益资本 2 000 万元。

$\beta_{权益} = \beta_{资产} \times$ [1 + 负债/股东权益 ×（1 − 所得税税率）]

= 0.92 × [1 + 3/2 ×（1 − 15%）]

= 2.09

权益资本成本 = 4% + 5% × 2.09

= 14.45%

3. 【答案及解析】

（1）A = 6% ×（1 − 25%）= 4.5%

B = 4% + 1.25 ×（12% − 4%）= 14%

C = 4.5% ×（1 000/5 500）+ 14% ×（4 500/5 500）= 12.27%

D =（900 − 1 500 × 8%）×（1 − 25%）/16% = 3 656.25

E = 1 500 + 3 656.25 = 5 156.25

（2）债务市场价值为 1 000 万元时，加权平均资本成本最低，公司总价值最大，所以债务市场价值为 1 000 万元时的资本结构更优。

第八章

第九章　长期筹资

2023 年教材内容主要变化

2023 年第九章教材修改了长期借款筹资的缺点；增加了关于永续债的详细内容；其余仅为部分文字性调整，无实质性变化。

本章近五年考试高频考点分布

本章考题多以单项选择题或多项选择题形式出现，但近几年开始出现计算题，属于重点章节之一。本章最近五年平均考试分值为 6 分。

高频考点内容	年度及题型分布
长期借款的保护性条款	2022 年多选
配股	2020 年单选、2019 年单选、2018 年单选
可转换债券	2021 年计算、2019 年多选
租赁筹资	2020 年计算

高频考点精讲

本章主要内容包括：长期债务筹资的特点、长期借款的保护性条款、长期借款筹资的优缺点、长期债券筹资、普通股筹资的优缺点、普通股的发行方式、普通股的发行条件、普通股的发行定价、普通股的发行程序、普通股的首次公开发行、股权再融资、优先股筹资、认股权证的特征、附认股权证债券的筹资成本及优缺点、可转换债券的主要条款、可转换债券的筹资成本及优缺点、可转换债券和附认股权证债券的区别、租赁的概念及原因、租赁的会计处理和税务处理、售后租回等。

高频考点 1：长期债务筹资的特点★★

债务筹资是与普通股筹资性质不同的筹资方式。与后者相比，债务筹资的特点表现为：

筹集的资金具有使用上的时间性，需到期偿还；不论企业经营好坏，需固定支付债务利息，从而形成企业固定的负担；其资本成本一般比普通股筹资成本低，且不会分散投资者对企业的控制权。

长期负债是指期限超过1年的负债。

长期负债的优点是：可以解决企业长期资金的不足，如满足发展长期性固定资产的需要；由于长期负债的归还期长，债务人可对债务的归还作长期安排，还债压力或风险相对较小。

长期负债的缺点是：长期负债筹资一般成本较高，即长期负债的利率一般会高于短期负债利率；负债的限制较多，即债权人经常会向债务人提出一些限制性的条件以保证其能够及时、足额偿还债务本金和支付利息，从而形成对债务人的种种约束。

目前在我国，长期债务筹资主要有长期借款和长期债券两种方式。

经典例题

【例题·多选题】债务筹资是与普通股筹资性质不同的筹资方式。与后者相比，债务筹资的特点表现为（　　）。

A. 筹资限制较少

B. 不论企业经营好坏，需固定支付债务利息，从而形成企业固定的负担

C. 其资本成本一般比普通股筹资成本低，且不会分散投资者对企业的控制权

D. 筹集的资金具有使用上的时间性，需到期偿还

【答案】BCD

【解析】选项A属于普通股筹资的优点，表述错误。选项B、C、D表述正确。

高频考点2：长期借款的保护性条款★★

种类	适用情况	主要内容
一般性保护条款	应用于大多数借款合同，但根据具体情况会有不同内容	（1）对借款企业流动资金保持量的规定； （2）对支付现金股利和再购入股票的限制； （3）对净经营性长期资产总投资规模的限制； （4）限制其他长期债务； （5）借款企业定期向银行提交财务报表； （6）不准在正常情况下出售较多资产； （7）如期缴纳税费和清偿其他到期债务，以防被罚款而造成现金流失； （8）不准以任何资产作为其他承诺的担保或抵押； （9）不准贴现应收票据或出售应收账款； （10）限制租赁固定资产的规模。 上述一般性保护条款的最终目的，主要在于保证企业正常经营，稳定现金流，保证借款企业的偿债能力，从而顺利收回借款
特殊性保护条款	针对某些特殊情况而出现在部分借款合同中	（1）贷款专款专用； （2）不准企业投资于短期内不能收回资金的项目； （3）限制企业高级职员的薪金和奖金总额； （4）要求企业主要领导人在合同有效期间担任领导职务； （5）要求企业主要领导人购买人身保险等。 此外，“短期借款筹资”中的周转信贷协定、补偿性余额等条件，也同样适用于长期借款

名师解惑

问：一般性保护条款与特殊性保护条款如何区别记忆？

答：一般性保护条款的目的主要在于保证企业正常经营，稳定现金流，保证借款企业的偿债能力，从而顺利收回借款，适用于大多数借款场景。而特殊性保护条款相对于一般性保护条款，是进一步去限制企业的领导人员、投资项目等，其适用性要根据具体情况来判断。

经典例题

【真题·多选题】（2022）下列各项中，属于长期借款保护性条款的有（　　）。

A. 限制企业租赁固定资产的规模

B. 限制企业支付现金股利和再购入股票

C. 限制企业高级职员的薪金和奖金总额

D. 限制企业投资于短期内不能收回资金的项目

【答案】ABCD

【解析】长期借款的保护性条款包括一般性保护条款和特殊性保护条款，其中，选项A、B是一般性保护条款，选项C、D属于特殊性保护条款。此外，特殊性保护条款还包括贷款专款专用、要求企业主要领导人在合同有效期间担任领导职务、要求企业主要领导人购买人身保险等。

【例题·多选题】下列各项中，属于企业长期借款合同一般保护性条款的有（　　）。

A. 限制企业股权再融资

B. 限制企业高级职员的薪金和奖金总额

C. 限制企业租入固定资产的规模

D. 限制企业增加优先求偿权的其他长期债务

【答案】CD

【解析】解析详见以上一般性保护条款的主要内容。股权再融资可以增加企业资金，增强偿还能力，选项A不选。选项B属于特殊性保护条款的内容。

高频考点3：长期借款筹资的优缺点 ★★

优点：

（1）筹资速度快。向金融机构借款与发行证券相比，一般借款所需时间较短，可以迅速地获取资金。

（2）借款弹性好。企业可通过与金融机构直接商谈来确定借款的时间、数量、利息、偿付方式等条件。在借款期间，如果企业情况发生了变化，也可与金融机构进行协商，修改借款合同。借款到期后，如有正当理由，还可延期归还。

缺点：

（1）限制条款较多。较多的限制条款可能会限制企业的经营活动。

（2）筹资金额有限。企业能从金融机构筹集的资金数量比较有限，一般难以取得债券方式筹资的资金额。

经典例题

【例题·多选题】下列关于长期借款筹资的说法中，正确的有（　　）。

A. 长期借款筹资速度快

B. 长期借款筹资财务风险较大

C. 限制条款较多

D. 借款弹性好

【答案】ABCD

【解析】选项A、D是长期借款筹资的优点，选项B、C是长期借款筹资的缺点，表述均正确。

高频考点4：长期债券筹资 ★★

（一）债券发行价格

公司债券的发行价格通常有三种：平价、溢价和折价。平价指以债券的票面金额为发行价格；溢价指以高出债券票面金额的价格为发行价格；折价指以低于债券票面金额的价格为发行价格。以分期付息、到期还本的债券为例：

债券发行价格 =

$$\sum_{t=1}^{n}\frac{\text{票面金额}\times\text{票面利率}}{(1+\text{市场利率})^{t}}+\frac{\text{票面金额}}{(1+\text{市场利率})^{n}}$$

式中：n——债券期限；t——付息期数。

债券发行价格计算公式的基本原理是将债券的全部现金流按照债券发行时的市场利率进行贴现并求和。即：

债券发行价格 = 持续期间内各期的利息现值 + 到期支付的面值现值

当票面利率 > 市场利率时，溢价发行，发行价格 > 面值；

当票面利率 < 市场利率时，折价发行，发行价格 < 面值；

当票面利率 = 市场利率时，平价发行，发行价格 = 面值。

（二）债券的偿还时间

按实际发生与规定的到期日之间的关系，分为到期偿还、提前偿还和滞后偿还三类。到期偿还包括分批偿还和一次偿还两种。滞后偿还有转期和转换两种形式；转期指将较早到期的债券转换成到期日较晚的债券，转换通常是指股份有限公司发行的债券可以按一定的条件转换成发行公司的股票。另外，只有在企业发行债券的契约中明确规定了有关允许提前偿还的条款，企业才可以进行此项操作。

（三）债券的偿还形式

用现金偿还债券；以新债券换旧债券；用普通股或其他有价证券偿还债券。

（四）债券筹资的优点

1. 筹资规模较大。债券属于直接融资，发行对象分布广泛，可以筹集的资金数量也较多。

2. 具有长期性和稳定性。债券的期限可以比较长，且债券的投资者一般不能在债券到期之前向企业索取本金。

3. 有利于资源优化配置。由于债券是公开发行的，投资者可以选择是否购买，并且便于交易并转让所持有的债券，有助于加速市场竞争，优化社会资金的资源配置效率。

（五）债券筹资的缺点

1. 发行成本高。公开发行公司债券的程序复杂，需要聘请保荐人、会计师等中介。

2. 信息披露成本高。发行债券需要公开披露募集说明书等多种文件，债券上市后也需要披露定期报告和临时报告，信息披露成本较高，且不利于保守企业的经营、财务等信息及其他商业机密。

3. 限制条件多。发行债券的契约书中的限制条款通常比优先股及短期债务更为严格，可能会影响企业的正常发展和以后的筹资能力。

经典例题

【例题·多选题】债券的偿还形式是指在偿还债券时使用什么样的支付手段。以下关于债券偿还的说法中，正确的有（　　）。

A. 债券筹资信息披露成本高

B. 债券筹资具有长期性和稳定性

C. 企业可以用普通股偿还债券，但不得以新债券替换旧债券

D. 债券的偿还时间分为到期偿还、提前偿还和滞后偿还三类

【答案】ABD

【解析】债券的偿还形式有三种：（1）用现金偿还债券；（2）以新债券换旧债券；（3）用普通股或其他有价证券偿还债券，选项C错误。选项A、B、D表述正确。

高频考点5：普通股筹资的优缺点

★★★

（一）普通股筹资的优点

1. 没有固定利息负担。

2. 没有固定到期日。利用普通股筹集的是永久性的资金，除非公司清算才需偿还。

3. 财务风险小。普通股没有固定到期日，不用支付固定的利息。

4. 能增加公司的信誉。普通股筹资既可以提高公司的信用价值，同时也为使用更多的债务资金提供了强有力的支持。

5. 筹资限制较少。

6. 预期收益较高并可在一定程度上抵消通货膨胀的影响，更容易吸收资金。

（二）普通股筹资的缺点

1. 普通股资本成本较高。首先，从投资者角度讲，投资于普通股风险较高，因此要求

较高的投资报酬率。其次，对筹资公司而言，普通股股利来自净利润，不像债券利息那样作为费用从税前支付，因而不具有抵税作用。此外，普通股的发行费用一般也高于其他证券。

2. 以普通股筹资会增加新股东，这可能会分散公司的控制权，削弱原有股东对公司的控制。

3. 如果公司股票上市，需要履行严格的信息披露制度，接受公众股东的监督，会带来较大的信息披露成本，也增加了公司保护商业秘密的难度。

4. 股票上市会增加公司被收购的风险。

经典例题

【例题·单选题】下列有关普通股筹资特点的表述中，正确的是（　　）。

A. 普通股的资本成本较低

B. 以普通股筹资会增加新股东，这可能会分散公司的控制权，削弱原有股东对公司的控制，因此筹资风险较大

C. 如果公司股票上市，需要履行严格的信息披露制度，接受公众股东的监督，会带来较大的信息披露成本，也增加了公司保护商业秘密的难度

D. 股票上市不会增加公司被收购的风险

【答案】C

【解析】普通股的资本成本较高，选项 A 错误。选项 B 前面的说法正确，但普通股没有固定利息负担，没有固定到期日，因此筹资风险较小，后面说法错误。股票上市会增加公司被收购的风险，选项 D 错误。选项 C 表述正确。

名师解惑

问：长期借款筹资、长期债券筹资和普通股筹资的优缺点应当如何进行学习？

答：长期借款筹资、长期债券筹资和普通股筹资的优缺点，最好是结合长期借款、长期债券和普通股本身的定义进行理解记忆，比如说像长期借款，通常是直接向金融机构取得，点对点，有什么事可以直接商量，因此筹资速度快、借款弹性好，但同样，通常金融机构可能会提出一些限制条款，而且需要定期还本付息，如果企业经营不利，可能导致破产，财务风险较大；再比如长期债券和普通股，是面向公众发行的，需要经过比较复杂的程序，筹资规模大，比较稳定，但是需要履行信息披露义务，发行成本也会高一些，像普通股，由于可以上市交易，还分散了控制权，增加了被收购的风险等。

高频考点 6：普通股的发行方式★★

分类标准	种类		优点	缺点
以发行对象为标准	公开发行（不特定对象）		发行范围广、发行对象多，易于足额募集资本；股票的变现性强，流通性好；有助于提高发行公司的知名度和影响力	手续繁杂，发行成本高
	非公开发行（特定对象）		灵活性较大，发行成本低	发行范围小，股票变现性差
以发行中是否有中介机构协助为标准	直接发行		可由发行公司直接控制发行过程，并可节省发行费用	筹资时间长，发行公司要承担全部发行风险，并需要发行公司有较高的知名度、信誉和实力
	间接发行	包销	可及时筹足资本，免于承担发行风险（股款未募足的风险由承销商承担）	股票以较低的价格出售给承销商会损失部分溢价
		代销	发行公司可获得部分溢价收入，降低发行费用	发行方需要承担发行失败的风险

续表

分类标准	种类	优点	缺点
以发行股票能否带来现款为标准		说明	
	有偿增资发行	公开增发、配股和定向增发都采用有偿增资的方式。采用这种方式发行股票，可以直接从外界募集股本，增加公司的资本金	
	无偿增资发行	发行对象只限于原股东。采用这样方式发行的股票，不直接从外界募集股本，而是依靠减少公司的资本公积或留存收益来增加资本金。一般只在分配股票股利、资本公积或盈余公积转增资本时采用。其目的主要是增强股东信心和公司信誉	
	搭配增资发行	这种发行方式也是对原有股东的一种优惠，是上述两种方式的混合	

有下列情形之一的，为公开发行：（1）向不特定对象发行证券；（2）向特定对象发行证券累计超过200人，**但依法实施员工持股计划的员工人数不计算在内**；（3）法律、行政法规规定的其他发行行为。

我国《证券法》规定，非公开发行证券，不得采用广告、公开劝诱和变相公开方式。我国证券监督管理委员会2020年2月14日重新发布的《上市公司证券发行管理办法》（以下简称我国《上市公司证券发行管理办法》）规定，非公开发行股票的特定对象应当符合下列规定：（1）特定对象符合股东大会决议规定的条件；（2）**发行对象不超过35名**。发行对象为境外战略投资者的，应当遵守国家的相关规定。

经典例题

【例题·多选题】与公开发行股票相比，下列关于非公开发行股票的说法中，正确的有（　　）。

A. 发行成本低

B. 发行范围小

C. 股票变现性差

D. 发行方式灵活性小

【答案】ABC

【解析】非公开发行股票方式灵活性较大，发行成本低，但发行范围小，股票变现性差，选项D错误。

【例题·多选题】股票发行，即股票经销出售，是除通过增加留存收益进行普通股筹资外的另一种普通股筹资方式。下列关于普通股发行方式的说法中，正确的有（　　）。

A. 公开增发、配股和定向增发都采用有偿增资的方式

B. 无偿增资发行一般只在分配股票股利、股票分割和法定公积金或盈余转增资本时采用

C. 无偿增资发行的目的主要是增强股东信心和公司信誉，或为了调整资本结构

D. 以发行股票能否带来现款为标准，可划分为有偿增资发行、无偿增资发行和搭配增资发行

【答案】AD

【解析】无偿增资发行一般只在分配股票股利、资本公积或盈余公积转增资本时采用，选项B错误。无偿增资发行的目的主要是增强股东信心和公司信誉，选项C错误。选项A、D表述正确。

高频考点7：普通股的发行条件和发行定价★

（一）普通股的发行条件

公开发行普通股	盈利能力具有可持续性	（1）最近3个会计年度连续盈利，扣除非经常性损益后的净利润与扣除前的净利润相比，以低者作为计算依据；（2）业务和盈利来源相对稳定，不存在严重依赖于控股股东、实际控制人的情形；（3）现有主营业务或投资方向能够可持续发展，经营模式和投资计划稳健，主要产品或服务的市场前景良好，行业经营环境和市场需求不存在现实或可预见的重大不利变化；（4）高级管理人员和核心技术人员稳定，最近12个月内未发生重大不利变化；（5）公司重要资产、核心技术或其他重大权益的取得合法，能够持续使用，不存在现实或可预见的重大不利变化；（6）不存在可能严重影响公司持续经营的担保、诉讼、仲裁或其他重大事项；（7）最近24个月内曾公开发行证券的，不存在发行当年营业利润比上年下降50%以上的情形
	财务状况良好	（1）会计基础工作规范，严格遵循国家统一会计制度的规定；（2）最近3年及一期财务报表未被注册会计师出具保留意见、否定意见或无法表示意见的审计报告；被注册会计师出具带强调事项段的无保留意见审计报告的，所涉及的事项对发行人无重大不利影响或者在发行前重大不利影响已经消除；（3）资产质量良好。不良资产不足以对公司财务状况造成重大不利影响；（4）经营成果真实，现金流量正常。营业收入和成本费用的确认严格遵循国家有关企业会计准则的规定，最近3年资产减值准备计提充分合理，不存在操纵经营业绩的情形；（5）最近3年以现金方式累计分配的利润不少于最近3年实现的年均可分配利润的30%
非公开发行普通股		我国《上市公司证券发行管理办法》规定，非公开发行股票的特定对象应当符合下列规定：（1）特定对象符合股东大会决议规定的条件；（2）发行对象不超过35名。发行对象为境外战略投资者的，应当遵守国家的相关规定。上市公司非公开发行股票，应当符合下列规定：（1）发行价格不低于定价基准日前20个交易日公司股票均价的80%。（2）本次发行的股份自发行结束之日起，6个月内不得转让；控股股东、实际控制人及其控制的企业认购的股份，18个月内不得转让。（3）募集资金使用符合本办法的相关规定。（4）本次发行将导致上市公司控制权发生变化的，还应当符合中国证监会的其他规定

（二）普通股的发行定价

发行人通常会参考公司经营业绩、净资产、发展潜力、发行数量、行业特点、股市状态等，确定发行价格。

我国《公司法》规定，股票发行价格可以按票面金额，也可以超过票面金额，但不得低于票金面额。我国《证券法》规定，股票采取溢价发行的，其发行价格由发行人与承销的证券公司协商确定。我国《上市公司证券发行管理办法》规定，公开增发股票的发行价格，应不低于公告招股意向书前20个交易日公司股票均价或前1个交易日的均价；非公开发行股票的发行价格不低于定价基准日前20个交易日公司股票均价的80%。

经典例题

【例题·单选题】下列有关发行普通股的说法中，错误的是（　　）。

A. 公开发行普通股要求最近24个月内曾公开发行证券的，不存在发行当年营业利润比上年下降50%以上的情形

B. 公开发行普通股要求最近3年以现金方式累计分配的利润不少于最近3年实现的年均可分配利润的30%

C. 非公开发行股票的特定对象需符合股东大会决议规定的条件且发行对象不超过35名

D. 公开增发股票的发行价格，应不低于公告招股意向书前20个交易日公司股票均价或前1个交易日均价的80%

【答案】D

【解析】我国《上市公司证券发行管理办法》规定，公开增发股票的发行价格，应不低于公告招股意向书前20个交易日公司股票均价或前1个交易日的均价；非公开发行股票的发行价格不低于定价基准日前20个交易日公

司股票均价的80%，选项D错误，当选。

高频考点8：股权再融资★★★

股权再融资，即SEO，是指上市公司在首次公开发行以后，再次发行股票以进行股权融资的行为。股权再融资包括向现有股东配股和增发新股融资。配股和公开增发属于公开发行，非公开增发属于非公开发行。

（一）配股

定义	是指向原普通股股东按其持股比例、以低于市价的某一特定价格配售一定数量新发行股票的融资行为
目的	（1）不改变原控股股东对公司的控制权和享有的各种权利；（2）发行新股将导致短期内每股收益稀释，通过折价配售的方式可以给原股东一定的补偿；（3）鼓励原股东认购新股，以增加发行量
配股权	是普通股股东的优惠权，实际上是一种短期的看涨期权
配股价格	一般采用网上定价发行的方式，配股价格由主承销商和发行人协商确定
配股条件	除了要符合公开发行股票的基本条件外，还应当符合下列规定： （1）拟配售股份数量不超过本次配售股份前股份总额的30%；（2）控股股东应当在股东大会召开前承诺认配股份的数量；（3）采用证券法规定的代销方式发行。 控股股东不履行认配股份的承诺，或者代销期限届满，原股东认购股票的数量未达到拟配售数量的70%，发行人应当按照发行价并加算银行同期存款利息返还已经认购的股东
配股除权价格	$配股除权参考价=\frac{配股前股票市值+配股价格\times 配股数量}{配股前股数+配股数量}=\frac{配股前每股价格+配股价格\times 股份变动比例}{1+股份变动比例}$ 如果除权后股票交易市价高于该除权基准价格，这种情形使得参与配股的股东财富较配股前有所增加，一般称之为“填权”；股价低于除权基准价格则会减少参与配股股东的财富，一般称之为“贴权”
配股权价值	一般来说，老股东可以以低于配股前股票市价的价格购买所配发的股票，即配股权的执行价格低于当前股票价格，此时配股权是实值期权，因此配股权具有价值。 $每股股票配股权价值=\frac{配股除权参考价-配股价格}{购买1股新配股所需的原股数}$

经典例题

【真题·单选题】（2021）甲公司有普通股50 000万股，采用配股方式进行融资。每10股配5股，配股价为10元/股，股权登记日收盘市价为15元/股。假设有5 000万股普通股的原股东放弃配股权，其他股东全部参与配股，配股后除权参考价是（　　）元。

A. 20.00　　B. 13.50

C. 13.33　　D. 13.45

【答案】D

【解析】配股除权参考价=(配股前股票市值+配股价格×配股数量)/(配股前股数+配股数量)=[15×50 000+10×(50 000－5 000)×5/10]/[50 000+(50 000－5 000)×5/10]=13.45（元），选项D正确。

【真题·单选题】（2020）甲公司采用配股方式进行融资，每10股配5股，配股价20元；配股前股价27元。最终参与配股的股权占80%。乙在配股前持有甲公司股票1 000股，若其全部行使配股权，乙的财富（　　）。

A. 增加500元

B. 增加1 000元

C. 减少1 000元

D. 不发生变化

【答案】A

【解析】配股后每股理论除权价格 $=\frac{27+20\times 80\%\times\frac{5}{10}}{1+80\%\times\frac{5}{10}}=25$（元），乙的财富变

动 $=25\times1\,500-27\times1\,000-20\times1\,000\times\frac{5}{10}=$ $-1\,950$（元）。

【真题·单选题】（2019）甲公司股票每股市价 20 元，以配股价格每股 16 元向全体股东每 10 股配售 10 股。拥有甲公司 95% 股权的投资者行使了配股权。乙持有甲公司股票 1 000 股，未行使配股权，配股除权使乙的财富（　　）。

A. 减少 1 950 元

B. 增加 100 元

C. 减少 2 000 元

D. 不发生变化

【答案】A

【解析】配股除权参考价 =（20 + 16 × 10/10 ×95%）/（1 +95%）= 18.05（元）；乙的财富的变动额 = 1 000 × 18.05 － 1 000 × 20 = －1 950（元）。

【真题·单选题】（2018）甲公司有普通股 20 000 股，拟采用配股的方式进行融资。每 10 股配 3 股，配股价为 16 元/股，股权登记日收盘市价 20 元/股，假设共有 1 000 股普通股的原股东放弃配股权，其他股东全部参与配股，配股后除权参考价是（　　）元。

A. 18

B. 19.2

C. 20

D. 19.11

【答案】D

【解析】配股除权参考价 =（20 + 16 × 3/10 × 19 000/20 000）/（1 + 3/10 × 19 000/20 000）= 19.11（元）。

（二）增发新股

项目	公开增发	非公开增发
发行对象	没有特定发行对象，股票市场上的投资者均可以认购	（1）财务投资者：通常是指以获利为目的，通过短期持有上市公司股票适时套现、实现获利的法人，他们一般不参与公司重大的战略决策。 （2）战略投资者：通常是指与发行人具有合作关系或合作意向和潜力并愿意按照发行人配售要求与发行人签署战略投资配售协议的法人，他们与发行公司业务联系紧密且欲长期持有发行公司股票。上市公司通过非公开增发引入战略投资者不仅能获得战略投资者的资金，还有助于引入其管理理念与经验，改善公司治理。 （3）上市公司控股方或关联方：有助于上市公司与控股股东进行股份与资产置换，进行股权和业务的整合，同时也进一步提高了控股股东对上市公司的所有权
发行价格	应不低于公告招股意向书前 20 个交易日公司股票均价或前 1 个交易日的均价	应不低于定价基准日前 20 个交易日公司股票均价的 **80%**。 定价基准日前 20 个交易日股票交易均价 = $\frac{\text{定价基准日前 20 个交易日股票交易总额}}{\text{定价基准日前 20 个交易日股票交易总量}}$ 请注意，并非每天收盘价加起来除以 20
认购方式	通常为现金认购	不限于现金，还包括股权、债权、无形资产、固定资产等非现金资产

公开增发除满足上市公司公开发行的一般规定外，还应当符合以下规定：

（1）最近 3 个会计年度连续盈利（扣除非经常性损益后的净利润与扣除前的净利润相比，以低者作为计算依据）；

（2）最近 3 个会计年度加权平均净资产报酬率平均不低于 6%。扣除非经常性损益后的净利润与扣除前的净利润相比，以低者作为计算依据；

（3）除金融企业外，最近 1 期期末不存在持有金额较大的交易性金融资产和可供出售的金融资产、借予他人款项、委托理财等财务性投资的情形；

（4）最近 3 年以现金方式累计分配的利润不少于最近 3 年实现的年均可分配利润的 30%；

（5）最近24个月内曾公开发行证券的，不存在发行当年营业利润比上年下降50%以上的情形。

其中，（1）和（2）是对上市公司公开增发盈利持续性与盈利水平的基本要求；（4）是对上市公司公开增发现金股利分配水平的基本要求；（5）是新增内容。

经典例题

【例题·单选题】下列关于普通股筹资定价的说法中，正确的是（ ）。

A. 首次公开发行股票时，发行价格应由发行人与承销的证券公司协商确定

B. 上市公司向原有股东配股时，发行价格可由发行人自行确定

C. 上市公司公开增发新股时，发行价格不能低于公告招股意向书前20个交易日公司股票均价的90%

D. 上市公司非公开增发新股时，发行价格不能低于定价基准日前20个交易日公司股票的均价

【答案】A

【解析】配股价格一般采用网上定价发行的方式，配股价格由主承销商和发行人协商确定，选项A正确，选项B错误。上市公司公开增发新股时，发行价格应不低于公告招股意向书前20个交易日公司股票均价或前1个交易日的均价，选项C错误。上市公司非公开增发新股时，发行价格应不低于定价基准日前20个交易日公司股票均价的80%，选项D错误。

（三）股权再融资对企业的影响

对公司资本结构的影响	通常，权益资本成本高于债务资本成本，采用股权再融资会降低资产负债率，并可能会使资本成本增大；但如果有助于企业目标资本结构的实现，增强企业的财务稳健性，降低债务的违约风险，就会在一定程度上降低企业的加权平均资本成本，增加企业的整体价值
对企业财务状况的影响	在企业运营及盈利状况不变的情况下，采用股权再融资的形式筹集资金会降低企业的财务杠杆水平，并降低净资产报酬率。但企业如果能将股权再融资筹集的资金投资于具有良好发展前景的项目，获得正的投资活动净现值，或者能够改善企业的资本结构，降低资本成本，就有利于增加企业的价值
对控制权的影响	就配股而言，由于全体股东具有相同的认购权利，控股股东只要不放弃认购的权利，就不会削弱控制权。公开增发会引入新的股东，股东的控制权受到增发认购数量的影响；而非公开增发相对复杂

高频考点9：优先股筹资与永续债筹资★★

（一）上市公司发行优先股的一般条件

1. 最近3个会计年度实现的年均可分配利润应当不少于优先股1年的股息。

2. 最近3年现金分红情况应当符合公司章程及中国证监会的有关监管规定。

3. 报告期不存在重大会计违规事项。公开发行优先股，最近3年财务报表被注册会计师出具的审计报告应当为标准审计报告或带强调事项段的无保留意见的审计报告；非公开发行优先股，最近1年财务报表被注册会计师出具的审计报告为非标准审计报告的，所涉及事项对公司无重大不利影响或者在发行前重大不利影响已经消除。

4. **已发行的优先股不得超过公司普通股股份总数的50%，且筹资金额不得超过发行前净资产的50%**，已回购、转换的优先股不纳入计算。

（二）上市公司公开发行优先股的特别规定

1. 上市公司公开发行优先股，应当符合以下情形之一：

（1）其普通股为上证50指数成分股；

（2）以公开发行优先股作为支付手段收购或吸收合并其他上市公司；

（3）以减少注册资本为目的回购普通股的，可以公开发行优先股作为支付手段，或者在回购方案实施完毕后，可公开发行不超过回购减资总额的优先股。

中国证监会核准公开发行优先股后不再符合第（1）项情形的，上市公司仍可实施本次发行。

2. 最近3个会计年度应当连续盈利。扣除非经常性损益后的净利润与扣除前的净利润相比，以孰低者作为计算依据。

3. 上市公司公开发行优先股应当在公司章程中规定以下事项：

（1）采取固定股息率；

（2）在有可分配税后利润的情况下必须向优先股股东分配股息；

（3）未向优先股股东足额派发股息的差额部分应当累积到下一会计年度；

（4）优先股股东按照约定的股息率分配股息后，不再同普通股股东一起参加剩余利润分配。

商业银行发行优先股补充资本的，可就第（2）项和第（3）项事项另行约定。

4. 上市公司公开发行优先股的，可以向原股东优先配售。

5. 最近36个月内因违反工商、税收、土地、环保、海关法律、行政法规或规章，受到行政处罚且情节严重的，不得公开发行优先股。

6. 公司及其控股股东或实际控制人最近12个月内应当不存在违反向投资者作出的公开承诺的行为。

（三）其他规定

1. 优先股每股票面金额为100元，发行价格不得低于优先股票面金额；

2. 除商业银行外，上市公司不得发行可转换为普通股的优先股；

3. 上市公司非公开发行优先股仅向本办法规定的合格投资者发行，每次发行对象不得超过200人，且相同条款优先股的发行对象累计不得超过200人。

（四）交易转让及登记结算

优先股发行后可以申请上市交易或转让，不设限售期。交易或转让环节的投资者适当性标准应当与发行环节保持一致；非公开发行的相同条款优先股经交易或转让后，投资者不得超过200人。

（五）优先股的筹资成本

从投资者来看，优先股投资的风险比债券大，比普通股低。因此，同一公司的优先股股东要求的必要报酬率比债权人的高，比普通股股东低。

（六）优先股筹资的优缺点

优点	缺点
与债券相比，不支付股利不会导致公司破产；没有到期期限，不需要偿还本金	优先股股利不可以税前扣除，是优先股筹资的税收劣势；投资者购买优先股所获股利免税，是优先股筹资的税收优势。如果两者可以抵消，则使优先股股息率与债券利率趋于一致
与普通股相比，发行优先股一般不会稀释股东权益	优先股的股利支付虽然没有法律约束，但是经济上的约束使公司倾向于按时支付其股利。因此，优先股的股利通常被视为固定成本，与负债筹资没有什么差别，会增加公司的财务风险并进而增加普通股的成本

（七）永续债的定义

永续债（perpetual bond）是没有到期日的债券，一般由主权国家、大型企业发行，持有人不能要求清偿本金，但可以按期取得利息，是偏好超长期高回报的投资者青睐的投资工具。

（八）永续债的所得税政策

1. 企业发行的永续债，可以适用股息、红利企业所得税政策。

2. 企业发行符合规定条件的永续债，也可以按照债券利息适用企业所得税政策。

3. 企业发行永续债，应当将其适用的税

收处理方法在证券交易所、银行间债券市场等发行市场的发行文件中向投资方予以披露。

4. 发行永续债的企业对每一永续债产品的税收处理方法一经确定，不得变更。

（九）永续债的特点及优缺点

永续债的特点是高票息、长久期、附加赎回条款并伴随利率调整条款。与优先股类似，永续债作为具有一定权益属性的债务工具，也是一种混合筹资工具，既具有债性，也具有股性。因此，其风险介于普通债券和普通股之间，其利率一般比同期限、同等级的普通债券要高，但比普通股要低。

永续债筹资到底应计入金融负债还是权益工具，应当在遵循《企业会计准则第 37 号——金融工具列报》的情况下，同时考虑永续债的到期日、清偿顺序、利率跳升和间接义务等因素进行判断。

优点	缺点
（1）与普通债券相比，永续债不用偿还本金，无还本压力，不会给企业造成财务困境，而普通债券则需发行人到期还本； （2）永续债筹资有可能计入企业权益，从而补充资本金，降低资产负债率，美化企业财务报表，而普通债券筹资则会提高资产负债率，抬高杠杆，加大财务风险	尽管永续债发行人可以选择递延付息，但通常也要承担相应的代价，例如在递延期间利息要孳息，且在发放现金股利、减少注册资本等方面受到很多限制
（1）与普通股相比，永续债资本成本低于普通股资本成本； （2）永续债投资者不具有表决权，永续债筹资即使计入企业权益，也是计入其他权益工具，不增加股本，不会稀释股权，不会摊薄每股收益等财务指标，而配股和增发等普通股筹资则增加股本、稀释股权、摊薄每股收益等； （3）永续债利息有可能税前扣除，具有抵税效果，股利则不可以在税前扣除，没有抵税效果	因永续债混合债务和权益的属性，导致投资者对其定位不清晰，以致流通性较差，变现能力较弱

经典例题

【例题·单选题】甲公司是 A 股上市公司，拟发行优先股进行筹资，之前未发行过优先股。已知甲公司最近 3 个会计年度实现利润分别为 -1 000 万元、1 亿元、1.5 亿元（均已考虑非经常性损益，数值为扣除前后两者的孰低值）。当期期末净资产 20 亿元，本次拟筹资金额 8 000 万元，固定股息率为 6%。除上述内容外，其他条件均不会构成发行优先股的障碍，则下列说法正确的是（　　）。

A. 甲公司不得采用发行优先股的筹资方式

B. 甲公司本次发行优先股的筹资金额最多不能超过 10 亿元

C. 如果甲公司发行优先股是以减少注册资本为目的的回购普通股的，则不得采用优先股筹资方式

D. 从投资者的角度来看，优先股投资的风险比债券和普通股都要大

【答案】A

【解析】上市公司发行优先股，最近 3 个会计年度应当连续盈利。扣除非经常性损益后的净利润与扣除前的净利润相比，以孰低者作为计算依据，甲公司近 3 年并非连续盈利，不得发行优先股筹资，选项 A 正确，选项 B 错误。上市公司以减少注册资本为目的的回购普通股的，可以公开发行优先股作为支付手段，或者在回购方案实施完毕后，可公开发行不超过回购减资总额的优先股，选项 C 错误。从投资者来看，优先股投资的风险比债券大，比普通股低，选项 D 错误。

高频考点 10：认股权证的特征★★★

认股权证是公司向股东发放的一种凭证，授权其持有者在一个特定期间以特定价格购买特定数量的公司股票。

（一）认股权证与股票看涨期权的异同

异同		认股权证	股票看涨期权
区别点	行权时股票来源	执行时新发股票，引起股份数的增加，稀释每股收益和股价	执行时股票来自二级市场，不存在稀释问题（标准化的期权合约，在行权时只是与发行方结清价差，根本不涉及股票交易）
	时间	期限长，可以长达10年或更长	时间短，通常只有几个月
	能否适用B－S模型	不能假设有效期内不分红，不能应用B－S模型定价	可以适用B－S模型定价
相同点		（1）均以股票为标的资产，其价值随股票价格变动； （2）均在到期前可以选择执行或不执行，具有选择权； （3）均有一个固定的执行价格	

（二）发行认股权证的用途

1. 在公司发行新股时，为避免原有股东每股收益和股权被稀释，给原有股东配发一定数量的认股权证，使其可以按优惠价格认购新股，或直接出售认股权证，以弥补新股发行的稀释损失；

2. 作为奖励发给本公司的管理人员；

3. 作为筹资工具，认股权证与公司债券同时发行，用来吸引投资者购买票面利率低于市场要求的长期债券。

经典例题

【例题·单选题】下列关于认股权证与股票看涨期权共同点的说法中，正确的是（　　）。

A. 两者行权后均会稀释每股价格

B. 两者均有固定的行权价格

C. 两者行权后均会稀释每股收益

D. 两者行权时买入的股票均来自二级市场

【答案】B

【解析】执行认股权证时股票是新发股票，执行后引起股份数的增加，稀释每股收益和股价，执行股票看涨期权时股票来自二级市场，不存在稀释问题，选项A、C、D错误。选项B表述正确。

高频考点11：附认股权证债券的筹资成本★★

附认股权证债券，是指公司债券附认股权证，持有人依法享有在一定期间内按约定价格（执行价格）认购公司股票的权利，是债券加上认股权证的产品组合。通常，附认股权证债券可分为“分离型”与“非分离型”和“现金汇入型”与“抵缴型”。其中，“分离型”指认股权证与公司债券可以分开，单独在流通市场上自由买卖。非分离型和抵缴型近似于可转债，考试时如未单独说明，则附认股权证债券均指分离型和现金汇入型。

附带认股权证债券的资本成本，可以用投资者的内含报酬率来估计。计算出的报酬率（税前）必须处在债务的市场利率和普通股成本（转换为税前）之间，才可以被发行人和投资者同时接受。

经典例题

【真题·计算分析题】（2021）甲公司是一家从事新材料研发、生产和销售的上市公司。为了投资新项目，公司拟发行“分离型”附认股权证债券进行筹资，相关资料如下：

（1）每份债券面值1 000元，期限10年，票面利率6%，每年末付息一次，到期还本；债券按面值发行。每份债券同时附送50张认股权证，每张认股权证可按55元价格购买一股普通股；认股权证期限5年，自债券发行日开始计算，假设认股权证均在第5年年末行权。

（2）预计公司未来7年的股权自由现金流

量分别为30 000万元、42 000万元、50 000万元、54 000万元、57 000万元、63 000万元和66 000万元，以后保持5%的永续增长。

（3）公司目前发行在外普通股2亿股，股权资本成本10.5%，等风险普通债券市场利率8%，企业所得税税率25%。

要求：

（1）什么是认股权证？什么是“分离型”附认股权证债券？附认股权证债券筹资有什么优缺点？

（2）预计第5年年末甲公司股票每股价值。

（3）计算甲公司“分离型”附认股权证债券的税前资本成本。

（4）判断该筹资方案是否合理，并说明理由。如果不合理，计算票面利率的合理区间。

【答案及解析】

（1）①认股权证是公司向股东发放的一种凭证，授权其持有者在一个特定期间以特定价格购买特定数量的公司股票。

②“分离型”附认股权证债券指认股权证与公司债券可以分开，单独在流通市场上自由买卖。

③附认股权证债券筹资的主要优点：a. 发行附认股权证债券可以起到一次发行、二次融资的作用，而且可以有效降低融资成本。b. 发行附认股权证债券，是以潜在的股权稀释为代价换取较低的利息。

附认股权证债券筹资的主要缺点：a. 灵活性较差。相对于可转换债券，发行人一直都有偿还本息的义务，因无赎回和强制转股条款，从而在市场利率大幅降低时，发行人需要承担一定的机会成本。b. 附认股权证债券的发行者，主要目的是发行债券而不是股票，是为了发债而附带期权。c. 附认股权证债券的承销费用通常高于债务融资。

（2）第5年年末股票价值 $=\dfrac{63\ 000}{1+10.5\%}+\dfrac{66\ 000/(10.5\%-5\%)}{1+10.5\%}=1\ 142\ 986.425$（万元）

第5年年末股票每股价值 $=1\ 142\ 986.425/20\ 000=57.15$（元）

（3）设税前资本成本为 i，则 $1\ 000=1\ 000\times6\%\times(P/A,\ i,\ 10)+1\ 000\times(P/F,\ i,\ 10)+50\times(57.15-55)\times(P/F,\ i,\ 5)$

当 $i=7\%$ 时：$1\ 000\times6\%\times(P/A,\ 7\%,\ 10)+1\ 000\times(P/F,\ 7\%,\ 10)+50\times(57.15-55)\times(P/F,\ 7\%,\ 5)=60\times7.0236+1\ 000\times0.5083+107.5\times0.713=1\ 006.36$（元）

当 $i=8\%$ 时：$1\ 000\times6\%\times(P/A,\ 8\%,\ 10)+1\ 000\times(P/F,8\%,10)+50\times(57.15-55)\times(P/F,8\%,5)=60\times6.7101+1\ 000\times0.4632+107.5\times0.6806=938.97$（元）

由内插法得 $(i-7\%)/(8\%-7\%)=(1\ 000-1\ 006.36)/(938.97-1\ 006.36)$，解得：$i=7.09\%$

（4）不合理。附带认股权证债券的资本成本（税前）必须处在债务的市场利率和普通股成本（转换为税前）之间，才可以被发行人和投资者同时接受。但该附认股权证债券的税前资本成本为7.09%，小于等风险普通债券市场利率8%。

当税前资本成本为8%时，则 $1\ 000=1\ 000\times$票面利率$\times(P/A,8\%,10)+1\ 000\times(P/F,\ 8\%,\ 10)+50\times(57.15-55)\times(P/F,\ 8\%,\ 5)$

解得：票面利率=6.91%，税前股权资本成本 $=10.5\%/(1-25\%)=14\%$。当税前资本成本为14%时，则 $1\ 000=1\ 000\times$票面利率$\times(P/A,\ 14\%,\ 10)+1\ 000\times(P/F,\ 14\%,\ 10)+50\times(57.15-55)\times(P/F,\ 14\%,\ 5)$

解得：票面利率=12.93%

所以票面利率的合理区间为6.91%～12.93%。

【例题·多选题】下列关于附认股权证债券的说法中，错误的有（　　）。

A. 附认股权证债券的筹资成本略高于公司直接增发普通股的筹资成本

B. 每张认股权证的价值等于附认股权证债券的发行价格减去纯债券价值

C. 附认股权证债券可以吸引投资者购买票面利率低于市场利率的长期债券

D. 认股权证在认购股份时会给公司带来新的权益资本，行权后股价不会稀释

【答案】ABD

【解析】附带认股权证债券的资本成本（税前）必须处在债务的市场利率和普通股成本（转换为税前）之间，才可以被发行人和投资者同时接受，选项A表述错误，当选。每张认股权证的价值 =（附认股权证债券的发行价格 - 纯债券价值）/每张债券所附带的认股权证数，选项B表述错误，当选。执行认股权证时股票是新发股票，执行后引起股份数的增加，稀释每股收益和股价，选项D表述错误，当选。选项C表述正确，不选。

高频考点12：附认股权证债券的优缺点★★

优点	可以起到一次发行、二次融资的作用，而且可以有效降低融资成本
	该债券的发行人主要是高速增长的小公司，这些公司有较高的风险，直接发行债券需要较高的票面利率。通过发行附有认股权证的债券，是以潜在的股权稀释为代价换取较低的利息
缺点	主要缺点是灵活性较差。 附带认股权证的债券发行者，主要目的是发行债券而不是股票，是为了发债而附带期权。认股权证的执行价格，一般比发行时的股价高出20%～30%。如果将来公司发展良好，股票价格会大大超过执行价格，原有股东会蒙受较大损失
	附带认股权证债券的承销费用高于债务融资

经典例题

【例题·多选题】某公司是一家生物制药企业，目前正处于高速成长阶段。公司计划发行10年期限的附认股权证债券进行筹资。下列说法中，正确的有（　　）。

A. 认股权证是一种看涨期权，可以使用布莱克－斯科尔斯模型对认股权证进行定价

B. 使用附认股权证债券筹资的主要目的是当认股权证执行时，可以以高于债券发行日股价的执行价格给公司带来新的权益资本

C. 使用附认股权证债券筹资的缺点是当认股权证执行时，会稀释股价和每股收益

D. 为了使附认股权证债券顺利发行，其内含报酬率应当介于债务市场利率和税前普通股成本之间

【答案】CD

【解析】B - S模型假设没有股利支付，股票看涨期权可以适用。认股权证不能假设有效期内不分红，5～10年不分红很不现实，不能应用B - S模型定价，选项A错误。附认股权证债券筹资的主要目的是用来吸引投资者购买票面利率低于市场要求的长期债券，选项B错误。选项C、D表述正确。

高频考点13：可转换债券的主要条款★★★

主要条款	说明
可转换性	（1）这种转换，在资产负债表上只是负债转换为普通股，并不增加额外的资本（认股权证执行会带来新的资本）。 （2）这种转换是一种期权，证券持有人具有是否转换的选择权

续表

主要条款	说明
转换价格	可转换债券发行之时，即明确了转换发生时投资者为取得普通股每股所支付的实际价格。转换价格通常比发行时的股价高出 20% ~30%
转换比率	债权人将一份债券转换为普通股可获得的普通股股数。可转换债券面值、转换价格、转换比率存在下列关系： 转换比率 = 债券面值 ÷ 转换价格
转换期	可转换债券的转换期可以与债券的期限相同，也可以短于债券的期限。超过转换期后的可转换债券，不再具有转换权，自动成为普通债券
赎回条款	是对可转债发行公司赎回债券的情况要求，即需要在什么样的情况下才能赎回债券。主要包括不可赎回期、赎回期、赎回价格、赎回条件。 设置赎回条款是为了促使债券持有人转换股份，因此又被称为加速条款；同时也能使发行公司避免市场利率下降后，继续向债券持有人按较高的债券票面利率支付利息所蒙受的损失
回售条款	设置回售条款是为了保护债券投资者的利益，使他们免遭过大损失降低投资风险；合理的回售条款，可以使投资者具有安全感，因而有利于吸引投资者
强制性转换条款	设置强制性转换条款是为了保证可转换债券顺利地转换成股票，实现发行公司扩大权益筹资的目的

经典例题

【例题·单选题】有些可转换债券在赎回条款中设置不可赎回期，其目的是（　　）。

A. 防止赎回溢价过高

B. 保证可转换债券顺利转换成股票

C. 防止发行公司过度使用赎回权

D. 保证发行公司长时间使用资金

【答案】C

【解析】设置不可赎回期的目的，在于保护债券持有人的利益，防止发行企业通过滥用赎回权，促使债券持有人及早转换债券，选项 C 正确。

高频考点 14：可转换债券的筹资成本

★★★

纯债券价值是不含看涨期权的普通债券的价值，转换价值是债券转换成的股票价值。这两者决定了可转换债券的价格。具体而言：

纯债券价值 = 各期利息的现值之和 + 到期偿付本金的现值

转换价值 = 股价 × 转换比例

可转换债券的最低价值，应当是纯债券价值和转换价值两者中较高者。

可转换债券的税前成本，可以用投资者的内含报酬率来估计。计算出的报酬率（税前）必须处在债务的市场利率和普通股成本（转换为税前）之间，才可以被发行人和投资者同时接受。

经典例题

【真题·计算分析题】（2021）甲公司是一家上市公司，目前拟发行可转换债券筹集资金。乙投资机构是一家从事证券投资的专业机构，正对甲公司可转换债券进行投资的可行性分析，为此收集了甲公司的发行公告、股票价格等信息。相关资料如下：

（1）甲公司于 2021 年 12 月 20 日发布的《公开发行可转换债券发行公告》摘要如下：

本次发行证券的种类为可转换为公司 A 股普通股股票的可转换公司债券。本次募集资金总额为人民币 100 000 万元，发行数量为 100

万张。

本可转债每张面值人民币1 000元，票面利率5%，每年末付息一次，到期归还本金。

本可转债按面值发行，期限为自发行之日起10年，即2022年1月1日至2031年12月31日。本可转债的转股期自可转债发行结束之日满6个月后的第一个交易日起至可转债到期日止，转股价格为100元/股。在转股期内，如果可转债的转换价值高于1 500元时，公司董事会有权以1 080元的价格赎回全部未转股的可转债。

（2）预计债券发行后，甲公司普通股每股市价55元，公司进入生产经营稳定增长期，可持续增长率12%。

（3）假定转股必须在年末进行，赎回在达到赎回条件后可立即执行。

（4）市场上等风险普通债券市场利率8%。

要求：

（1）什么是赎回条款？为什么设置赎回条款？什么是有条件赎回？

（2）计算每张可转换债券第8年末和第9年末的转换价值。

（3）计算每张可转换债券第8年末（付息后）的纯债券价值和底线价值，判断债券持有者是否应在第8年末转股，并说明理由。

（4）如果投资者在第8年末（付息后）转股，计算投资可转换债券的期望报酬率，判断乙投资机构是否应购买该债券，并说明原因。

【答案及解析】

（1）赎回条款是可转换债券的发行企业可以在债券到期日之前提前赎回债券的规定。

设置赎回条款是为了促使债券持有人转换股份，因此被称为加速条款；同时，也使发行公司避免市场利率下降后，继续向债券持有人按较高的债券票面利率支付利息所蒙受的损失。

有条件赎回是对赎回债券有一些条件限制，只有在满足了这些条件之后才能由发行企业赎回债券。

（2）转换比率 = 1 000 ÷ 100 = 10

第8年末的转换价值 = 第8年末的股价 × 转换比率 = 55 × (F/P，12%，8) × 10 = 55 × 2.4760 × 10 = 1 361.80（元）

第9年末的转换价值 = 第9年末的股价 × 转换比率 = 55 × (F/P，12%，9) × 10 = 55 × 2.7731 × 10 = 1 525.21（元）

（3）第8年末（付息后）的纯债券价值 = 1 000 × 5% × (P/A，8%，2) + 1 000 × (P/F，8%，2) = 1 000 × 5% × 1.7833 + 1 000 × 0.8573 = 946.47（元）

第8年末的转换价值 = 1 361.80元

可转换债券的底线价值是纯债券价值和转换价值两者中较高者，即1 361.80元。

债券持有者应在第8年末转换。

因为第9年末转换价值超过1 500元，甲公司将以1 080元的价格赎回可转债；而第8年末的转换价值高于赎回价格1 080元，如果债券持有者不在第8年末转股，将遭受损失。

（4）设期望报酬率为K，则有：

1 000 = 1 000 × 5% × (P/A，K，8) + 1 361.80 × (P/F，K，8)

当K = 8%时，未来现金流入现值 = 50 × 5.7466 + 1 361.80 × 0.5403 = 1 023.11（元）

当K = 9%时，未来现金流入现值 = 50 × 5.5348 + 1 361.80 × 0.5019 = 960.23（元）

(K − 8%) ÷ (9% − 8%) = (1 023.11 − 1 000) ÷ (1 023.11 − 960.23)

解得：K = 8.37%

乙投资机构应购买该债券。

因为乙投资机构的投资报酬率8.37%高于等风险普通债券的市场利率8%，对投资者具有一定的吸引力。

【例题·多选题】在其他条件不变的情况下，关于单利计息、到期一次还本付息的可转换债券的内含报酬率，下列各项中正确的有（　　）。

A. 债券期限越长，债券内含报酬率越高

B. 票面利率越高，债券内含报酬率越高

C. 转换比率越高，债券内含报酬率越高

D. 转换价格越高，债券内含报酬率越高

【答案】BC

【解析】可转换债券的内含报酬率指的是使得可转换债券的投资者获得的现金流入的现值等于投资额的折现率，也就是说，在其他条件不变的情况下，可转换债券的内含报酬率的高低取决于持有期间获得的现金流入的高低，与债券期限没有必然的联系，所以选项A不是答案。本题的可转换债券是到期一次还本付息，也就是说，如果在到期前没有转股，则投资者在到期日收到全部利息，因此，在其他条件不变的情况下，票面利率越高，债券内含报酬率越高，即选项B是答案。如果在到期前转股，则投资者只能收到按照转换价值计算的现金流入，不能收到利息，而转换价值 = 股价 × 转换比率，所以，在其他条件不变的情况下，转换比率越高，债券内含报酬率越高，即选项C是答案。由于在其他条件不变的情况下，转换价格越高，意味着转换比率越低，所以选项D不是答案。

高频考点15：可转换债券的优缺点★★

优点	（1）与普通债券相比，可转换债券使得公司能够以较低的利率取得资金，降低了公司前期的筹资成本。 （2）与普通股相比，使得公司取得了以高于当前股价出售普通股的可能性。在发行新股时机不理想时，可以先发行可转换债券，然后通过转换实现较高价格的股权筹资
缺点	（1）股价上涨风险。如果股价大幅上涨，公司只能以较低的固定转换价格换出股票，会降低公司的股权筹资额。 （2）股价低迷风险。如果股价未达到转股所需水平，投资者未如期转换成普通股，则公司只能继续承担债务；在订有回售条款的情况下，公司短期内集中偿还债务的压力会更明显。 （3）筹资成本高于普通债券。尽管可转换债券的票面利率比普通债券低，但是加入转股成本之后的总筹资成本比普通债券要高

经典例题

【例题·多选题】可转换债券是一种特殊的债券，它在一定时期内依据约定的条件可以转换成普通股。下列关于其优缺点的表述中正确的有（　　）。

A. 筹资成本高于普通债券

B. 与普通股相比，可转换债券使得公司能够以较低的利率取得资金，降低了公司前期的筹资成本

C. 如果股价大幅上涨，公司只能以较低的固定转换价格换出股票，会降低公司的股权筹资额

D. 如果股价未达到转股所需水平，投资者未如期转换成普通股，则公司只能继续承担债务；在订有回售条款的情况下，公司短期内集中偿还债务的压力会更明显

【答案】ACD

【解析】与普通债券相比，可转换债券使得公司能够以较低的利率取得资金，降低了公司前期的筹资成本，选项B错误。选项A、C、D表述正确。

高频考点16：可转换债券和附认股权证债券的区别★★

区别	可转换债券	附认股权证债券
是否增加新的资本	在转换时只是报表项目之间的变化，没有增加新的资本	在认购股份时给公司带来新的权益资本

续表

区别	可转换债券	附认股权证债券
灵活性不同	允许发行者规定可赎回条款、强制转换条款等，种类较多	灵活性较差
适用情况不同	发行者的主要目的是发行股票而不是债券，只是因为当前股价偏低，希望通过将来转股以实现较高的股票发行价	发行者的主要目的是发行债券而不是股票，是为了发债而附带期权，只是因为当前利率要求高，希望通过捆绑期权吸引投资者以降低利率
发行费用不同	承销费用与普通债券类似	承销费用介于债务融资和普通股融资之间

经典例题

【真题·多选题】（2019）为确保债券平价发行，假设其他条件不变，下列各项可导致票面利率降低的有（　　）。

A. 附转换条款

B. 附认股权证

C. 附赎回条款

D. 附回售条款

【答案】AB

【解析】附认股权证债券作为筹资工具，认股权证与公司债券同时发行，用来吸引投资者购买票面利率低于市场要求的长期债券，这是附认股权证债券的优点之一；与普通债券相比，可转换债券使得公司能够以较低的利率取得资金，降低了公司前期的筹资成本，这是可转换债券的优点之一。因此，可转换债券（附转换条款）和附认股权证债券（附认股权证）在平价发行时，均会导致票面利率降低，选项A、B正确。

高频考点17：租赁的概念及原因★★

（一）租赁的概念

1. 租赁的定义。

租赁，指在约定的期间内，出租人将资产使用权让与承租人以获取租金的合同。

2. 租赁的类型。

分类标准	租赁类型	含义
当事人之间的关系	直接租赁	该种租赁是指出租人（租赁企业或生产厂商）直接向承租人提供租赁资产的租赁形式。直接租赁只涉及出租人和承租人两方
	杠杆租赁	该种租赁是有贷款者参与的一种租赁形式。在这种形式下，对承租人（企业）来说，杠杆租赁和直接租赁没有什么区别，都是向出租人租入资产；而对出租人而言，既是资产的出租者，同时又是款项的借入者。因此，杠杆租赁是一种涉及出租人、承租人和贷款人三方的租赁形式
	售后租回	该种租赁是指承租人先将某资产卖给出租人，再将该资产租回的一种租赁形式
租赁期的长短	短期租赁	短期租赁的时间明显少于租赁资产的经济寿命
	长期租赁	长期租赁的时间接近租赁资产的经济寿命
全部租赁费是否超过资产的成本	不完全补偿租赁	指租赁费不足以补偿租赁资产的全部成本的租赁
	完全补偿租赁	指租赁费超过资产全部成本的租赁
租赁是否可以随时解除	可以撤销租赁	指合同中注明承租人可以随时解除的租赁
	不可撤销租赁	指在合同到期前不可以单方面解除的租赁

续表

分类标准	租赁类型	含义
出租人是否负债租赁资产的维护（维修、保险和财产税等）	毛租赁	指由出租人负责资产维护的租赁
	净租赁	指由承租人负责资产维修的租赁

3. 租赁费用。

租赁费用的经济内容	包括出租人的全部出租成本和利润。出租成本包括租赁资产的购置成本、营业成本以及相关的利息
租赁费用的报价形式	合同分别约定租赁费、利息和手续费
	合同分别约定租赁费和手续费
	合同只约定一项综合租赁费，没有分项的价格
租赁费用的支付形式	支付形式存在多样性。典型的租赁费支付形式是预付年金，即分期（年、半年、季度、月或日等）的期初等额系列付款。经过协商，也可以在每期期末支付租赁费，或者各期的支付额不等。手续费可以在租赁开始日一次支付，也可以分期等额支付

（二）租赁存在的原因

原因	重要结论	说明
节税	节税是长期租赁存在的重要原因	资产的使用者如处于较高税率级别，在购买方式下它从折旧中获得的抵税利益较少；在租赁方式下可获得较多的抵税利益。在竞争性的市场上，承租方和出租方分享税率差别引起的减税，会使资产使用者倾向于采用租赁方式
降低交易成本	交易成本的差别是短期租赁存在的主要原因	租赁公司购置资产具有价格优惠，对于租赁资产的维修更内行或者更有效率，对于旧资产的处置更有经验，同时由于信用、规模和其他原因，融资成本往往比承租人低
减少不确定性	租赁的风险主要与租赁期满时租赁资产的余值有关	承租人不拥有租赁资产的所有权，不承担与此有关的风险。资产使用者如果自行购置，他就必须承担该项风险。规模较小或新成立的公司，公司的总风险较大，希望尽可能降低风险，较倾向于租赁。蓝筹公司有能力承担资产余值风险，更偏好自行购置

经典例题

【例题·多选题】租赁存在的主要原因有（　　）。

A. 节税

B. 降低交易成本

C. 减少不确定性

D. 控制资产账面价值

【答案】ABC

【解析】租赁存在的主要原因有以下三方面：（1）节税。节税是长期租赁存在的重要原因。（2）降低交易成本。交易成本的差别是短期租赁存在的主要原因。（3）减少不确定性。租赁的风险主要与租赁期满时租赁资产的余值有关。选项A、B、C正确，选项D错误。

高频考点18：租赁的会计处理和税务处理★★★

（一）租赁的确认原则

项目	承租人	出租人
租赁的确认原则	不再区分经营租赁和融资租赁，而是采用单一的会计处理模型	仍分为融资租赁和经营租赁两大类，并分别采用不同的会计处理方法。一项租赁属于融资租赁还是经营租赁取决于交易的实质，而不是合同的形式
确认原则的应用	除采用简化处理的短期租赁和低价值资产租赁外，对所有租赁均确认使用权资产和租赁负债，参照固定资产准则对使用权资产计提折旧，采用固定的周期性利率确认每期利息费用	如果一项租赁实质上转移了与租赁资产所有权有关的几乎全部风险和报酬，出租人应当将该项租赁分类为融资租赁。出租人应当将除融资租赁以外的其他租赁分类为经营租赁

（二）租赁的会计处理

短期租赁和低价值资产租赁	其他租赁
承租人可以选择不确认使用权资产和租赁负债。作出该选择的，承租人应当将短期租赁和低价值资产租赁的租赁付款额，在租赁期内各个期间按照直线法或其他系统合理的方法计入相关资产成本或当期损益	在租赁期开始日，承租人应当对租赁确认使用权资产和租赁负债。租赁负债应当按照租赁期开始日尚未支付的租赁付款额的现值进行初始计量。在计算租赁付款额的现值时，承租人应当采用租赁内含利率作为折现率；无法确定租赁内含利率的，应当采用承租人增量借款利率作为折现率
注释： （1）短期租赁，是指在租赁期开始日，租赁期不超过12个月的租赁。包含购买选择权的租赁不属于短期租赁。 （2）低价值资产租赁，是指单项租赁资产为全新资产时价值较低的租赁。承租人在判断是否是低价值资产租赁时，应基于租赁资产的全新状态下的价值进行评估，不应考虑资产已被使用的年限。同时其标准应该是一个绝对金额，即仅与资产全新状态下的绝对价值有关，不受承租人规模、性质等影响，也不考虑该资产对于承租人或相关租赁交易的重要性。 （3）租赁内含利率，是指使出租人的租赁收款额的现值与未担保余值的现值之和等于租赁资产公允价值与出租人的初始直接费用之和的利率	

（三）租赁的税务处理

新租赁准则将原租赁准则下承租人的经营租赁和融资租赁会计处理方式进行了统一，即要求承租人对所有租赁（选择简化处理的短期租赁和低价值资产租赁除外）确认使用权资产和租赁负债，并分别确认折旧和利息费用。这种处理充分考虑了分期支付租金的货币时间价值。而税法通常不考虑货币时间价值，仅按照**实际支付款项**作为计税基础。

我国的所得税法没有关于租赁分类的条款，但规定，“在计算应纳税所得额时，企业财务、会计处理办法与税收法律、行政法规的规定不一致的，应当依照税收法律、行政法规的规定计算”。这一规定被理解为：**税法没有规定租赁的分类标准，可以采用会计准则对租赁的分类和确认标准；税收法规规定了租赁资产的计税基础和扣除时间，并且与会计准则不一致，应遵循税收法规**。

财务管理主要关注估值。由于税法的相关规定将影响税后现金流量，故财务管理将采用**税法的角度**而不是会计的角度看待租赁问题。

高频考点19：租赁的决策分析★★★

财务管理主要从承租人的融资角度研究租赁（出租人是从投资角度研究租赁），把租赁视为一种融资方式。如果租赁融资比其他融资方式更有利，则应优先考虑租赁融资。

1. 租赁分析的基本模型。

租赁净现值 = 租赁的现金流量总现值 − 借款购买的现金流量总现值

应用该模型的主要问题是预计现金流量和估计折现率。预计现金流量包括：①预计借款筹资购置资产的现金流；②与可供选择的出租人讨论租赁方案；③判断租赁的税务性质；④预计租赁方案的现金流。

2. 一般解题步骤。

（1）租赁方案：

①判断租赁的税务性质，即是属于采用简化处理的短期租赁和低价值资产租赁，还是其他租赁；②租赁资产的计税基础；③折旧抵税；④期末资产变现税后现金净流量（变现收益纳税，变现损失抵税）；⑤各年现金流量；⑥租赁方案现金流量总现值。

名师解惑

问：考试时租赁的税务性质应当如何判断？

答：税务性质的判断其实就是关注该租赁是否为短期租赁或低价值资产租赁，直接套定义即可，但是就财务管理考试而言，在计算分析题中，税务性质基本都是其他租赁，即承租人应当对租赁确认使用权资产和租赁负债。

（2）购买方案：

①购置设备支出；②折旧抵税；③税后维修费用（如有）；④期末资产变现税后现金净流量（变现收益纳税，变现损失抵税）；⑤各年现金流量；⑥购买方案现金流量总现值。

3. 租赁分析的折现率。

租赁费定期支付，类似债券的还本付息，折现率应采用类似债务的利率，它比无风险利率稍高一些。

折旧抵税额的风险比租金大一点，折现率也应高一些。

通常认为，持有资产的经营风险大于借款的风险，因此期末资产余值的折现率要比借款利率高。多数人认为，资产余值应使用项目的必要报酬率即加权平均资本成本作为折现率。

对每一种现金流使用不同的折现率，会提高分析的合理性，也会增加其复杂性。估计折现率是个有争议的复杂问题，除非租赁涉及的金额巨大，在实务中的惯例是采用简单的办法，就是统一使用有担保债券的税后利率作为折现率，它比无风险利率稍微高一点。

4. 租赁决策对投资决策的影响。

经过租赁净现值调整的项目净现值，称为“调整净现值”。当调整净现值大于0时，项目可行。

项目的调整净现值 = 项目的常规净现值 + 租赁净现值

经典例题

【真题·多选题】（2021）在融资租赁中，计算出租人的内含报酬率时，需要考虑的因素有（　　）。

A. 账面价值

B. 初始直接费用

C. 未担保余值

D. 租金

【答案】BCD

【解析】出租人的内含报酬率指的就是租赁内含利率，是指使出租人的租赁收款额的现值与未担保余值的现值之和等于租赁资产公允价值与出租人的初始直接费用之和的利率，所以选项A错误，选项B、C、D正确。

【真题·计算分析题】（2020）甲公司是一家制造业企业，产品市场需求处于上升阶段。为提高产能，公司拟新建一个生产车间。该车间运营期6年，有两个方案可供选择：

方案一：设备购置。预计购置成本320万元，首年初支付；设备维护费用每年2万元，年末支付。

方案二：设备租赁。租赁期6年，租赁费每年50万元，年初支付。租赁公司负责设备的维护，不再另外收费。租赁期内不得撤租，租赁期满时租赁资产所有权以60万元转让。

6年后该设备可按85万元出售，但需支付处置费用5万元。根据税法相关规定，设备折旧年限8年，净残值率4%，按直线法计提折旧。税前有担保借款利率8%，企业所得税税率25%。

要求：

（1）计算设备租赁相对于购置的差额现金流量及其净现值（计算过程和结果填入下方表格中）。

金额单位：万元

项目	T=0	T=1	T=2	T=3	T=4	T=5	T=6
差额现金流量							
折现系数							
现值							
净现值							

（2）判断企业应该选择何种方案，简要说明理由。

【答案及解析】

（1）

金额单位：万元

项目	T=0	T=1	T=2	T=3	T=4	T=5	T=6
租金支付	-50	-50	-50	-50	-50	-50	
购置设备	320						
折旧抵税		1.2	1.2	1.2	1.2	1.2	1.2
税后维修费用		1.5	1.5	1.5	1.5	1.5	1.5
转让所有权现金流出							-60
资产变现流入							0
资产变现损失抵税							2.8
差额现金流量	270	-47.3	-47.3	-47.3	-47.3	-47.3	-54.5
折现系数（6%）	1	0.9434	0.8900	0.8396	0.7921	0.7473	0.7050
现值	270	-44.62	-42.10	-39.71	-37.47	-35.35	-38.42
净现值							

计算说明：

租赁方案各年现金流量：

该合同不属于可简化处理的短期租赁和低价值资产租赁，符合融资租赁的认定标准。

$T=0$：

租金支付 = −50 万元

设备购置 = −320 万元

$T=1\sim5$：

租金支付 = −50 万元

租赁资产的计税基础 $=50\times6+60=360$（万元）

Δ 折旧抵税 $=[(360-320)\times(1-4\%)\div8]\times25\%=1.2$（万元）

Δ 税后维修费用 $=2\times(1-25\%)=1.5$（万元）

$T=6$：

Δ 折旧抵税 $=[(360-320)\times(1-4\%)\div8]\times25\%=1.2$（万元）

Δ 税后维修费用 $=2\times(1-25\%)=1.5$（万元）

转让所有权现金流出 = −60 万元

Δ 资产变现流入 $=(85-5)-(85-5)=0$（万元）

Δ 资产变现损失抵税 $=\{[360-360\times(1-4\%)\div8\times6]-[320-320\times(1-4\%)\div8\times6]\}\times25\%=2.8$（万元）

折现系数 $=8\%\times(1-25\%)=6\%$

（2）租赁设备方案相对购置方案的净现值大于0，甲公司应该采用租赁方案。

高频考点 20：售后租回★

<table>
<tr><td colspan="2">含义</td><td colspan="2">售后租回是一种特殊形式的租赁业务，是指卖主（即承租人）将一项自制或外购的资产出售后，又将该项资产从买主（即出租人）租回</td></tr>
<tr><td colspan="2">判定</td><td colspan="2">当企业（卖方兼承租人）将资产转让给其他企业（买方兼出租人）并从买方兼出租人租回该项资产时，如果承租人在资产转移给出租人之前已经取得对标的资产的控制，则该交易属于售后租回交易；如果承租人未能在资产转移给出租人之前取得对标的资产的控制，那么即便承租人在资产转移给出租人之前先获得标的资产的法定所有权，该交易也不属于售后租回交易</td></tr>
<tr><td rowspan="3">会计处理</td><td rowspan="2">售后租回交易中的资产转让属于销售</td><td>卖方兼承租人应当按原资产账面价值中与租回获得的使用权有关的部分，计量售后租回所形成的使用权资产，并仅就转让至买方兼出租人的权利确认相关利得或损失</td><td>买方兼出租人对资产购买和资产出租进行会计处理</td></tr>
<tr><td colspan="2">如果销售对价的公允价值与资产的公允价值不同，或者出租人未按市场价格收取租金，企业应当进行以下调整：
（1）销售对价低于市场价格的款项作为预付租金进行会计处理；
（2）销售对价高于市场价格的款项作为买方兼出租人向卖方兼承租人提供的额外融资进行会计处理。
同时，承租人按照公允价值调整相关销售利得或损失，出租人按市场价格调整租金收入。
在进行上述调整时，企业应当按以下两者中较易确定者进行：
（1）销售对价的公允价值与资产的公允价值的差异；
（2）合同付款额的现值与按市场租金计算的付款额的现值的差异</td></tr>
<tr><td>售后租回交易中的资产转让不属于销售</td><td>卖方兼承租人不终止确认所转让的资产，而应当将收到的现金作为金融负债</td><td>买方兼出租人不确认被转让资产，而应当将支付的现金作为金融资产</td></tr>
<tr><td>税务处理</td><td colspan="3">按照国家税务总局公告（2010）13 号规定，融资性售后回租业务中，承租人出售资产的行为，不确认为销售收入，对融资性租赁的资产，仍按承租人出售前原账面价值作为计税基础计提折旧。租赁期间，承租人支付的属于融资利息的部分，作为企业财务费用在税前扣除</td></tr>
</table>

名师解惑

问：对于售后回租，应当采用会计的角度还是税法的角度予以处理？

答：财务管理从估值角度出发，关注的是税后现金流量，故采用税法的角度而不是会计的角度看待售后租回。其中，税收法律、法规有规定的按税收法律、法规，未按规定的按财务、会计处理办法。

经典例题

【例题·多选题】下列关于售后回租的说法中，正确的有（　　）。

A. 如果承租人未能在资产转移给出租人之前取得对标的资产的控制，但在资产转移给出租人之前先获得标的资产的法定所有权，则该交易属于售后租回交易

B. 售后租回交易中的资产转让不属于销售的，卖方兼承租人不终止确认所转让的资产，而应当将收到的现金作为金融负债

C. 售后租回交易中的资产转让不属于销售的，卖方兼承租人应当按原资产账面价值中与租回获得的使用权有关的部分，计量售后租回所形成的使用权资产，并仅就转让至买方兼出租人的权利确认相关利得或损失

D. 如果销售对价的公允价值与资产的公允价值不同，或者出租人未按市场价格收取租金，承租人应按照公允价值调整相关销售利得或损失，出租人按市场价格调整租金收入

【答案】BD

【解析】如果承租人未能在资产转移给出租人之前取得对标的资产的控制，那么即便承租人在资产转移给出租人之前先获得标的资产的法定所有权，该交易也不属于售后租回交易，选项A错误。售后租回交易中的资产转让属于销售的，卖方兼承租人应当按原资产账面价值中与租回获得的使用权有关的部分，计量售后租回所形成的使用权资产，并仅就转让至买方兼出租人的权利确认相关利得或损失，选项C错误。选项B、D表述正确。

进阶练习

（一）单选题

1. A公司股票每股市价为30元，以配股价格每股24元向全体股东每10股配售10股。拥有A公司50%股权的投资者行使了配股权。其中，甲和乙均持有A公司股票1万股，甲行使配股权乙未行使配股权，则配股除权使乙的财富比甲（　　）。

A. 减少20 000元

B. 增加40 000元

C. 减少40 000元

D. 不发生变化

2. 甲公司有普通股2万股，拟采用配股的方式进行融资。每10股配5股，配股价为16元/股，股权登记日收盘市价为20元/股，假设共有2 000股普通股的原股东放弃配股权，其他股东全部参与配股，每股股票的配股权价值是（　　）元。

A. 1.38　　B. 18.75

C. 18　　D. 13.8

3. 某公司拟发行5年期债券进行筹资，债券票面金额为100元，票面利率为12%，而当时市场利率为10%，那么，该公司债券发行价格应为（　　）元。

A. 93.22　　B. 100

C. 105.35　　D. 107.58

4. 从公司理财的角度看，与长期借款筹资相比较，普通股筹资的优点是（　　）。

A. 筹资速度快　　B. 筹资风险小

C. 筹资成本小　　D. 筹资弹性大

5. 下列有关租赁的表述中，正确的是

(　　)。

A. 由承租人负责租赁资产维护的租赁，被称为毛租赁

B. 合同中注明出租人可以提前解除合同的租赁，被称为可以撤销租赁

C. 无论是否实际取得租赁都会发生的支出，不属于初始直接费用，例如为评估是否签订租赁而发生的差旅费、法律费用等，此类费用应当在发生时计入当期损益

D. 对于短期租赁和低价值资产租赁，承租人不得确认使用权资产和租赁负债

6. 甲公司2019年3月5日向乙公司购买了一处位于郊区的厂房，随后出租给丙公司。甲公司以自有资金向乙公司支付总价款的30%，同时甲公司以该厂房作为抵押向丁银行借入余下的70%价款。这种租赁方式是(　　)。

A. 经营租赁　　B. 售后租回

C. 杠杆租赁　　D. 直接租赁

7. 下列关于附认股权证债券的说法中，错误的是(　　)。

A. 附带认股权证债券的税前资本成本必须处在债务的市场利率和普通股成本(转换为税前)之间，才可以被发行人和投资者同时接受

B. 认股权证与公司债券同时发行，用来吸引投资者购买票面利率低于市场要求的长期债券

C. 每张认股权证的价值等于附认股权证债券的发行价格减去纯债券价值，再除以每张债券所附带的认股权证数

D. 附认股权证债券的期限短，通常只有几个月

8. 可转换债券是一种特殊的债券，它在一定期间内依据约定的条件可以转换成普通股。下列关于可转换债券的说法中，正确的是(　　)。

A. 可转换债券的转换价格通常比发行时的股价低20%～30%

B. 可转换债券的转换期可以与债券的期限相同，也可以短于或长于债券的期限

C. 设置回售条款和强制性转换条款都是为了保护债券投资者的利益

D. 设置赎回条款能使发行公司避免市场利率下降后，继续向债券持有人按较高的债券票面利率支付利息所蒙受的损失

9. 甲公司采用配股方式进行融资，每10股配5股，配股价20元；配股前股价27元，最终参与配股的股权占80%，乙在配股前持有甲公司股票1 000股，若其全部行使配股权，乙的财富(　　)。

A. 增加500元

B. 增加1 000元

C. 减少1 000元

D. 不发生变化

10. 甲公司有普通股2.5亿股，拟采用配股的方式进行融资。每10股配5股，配股价为16元/股，股权登记日收盘市价24元/股，假设共有5 000万股普通股的原股东放弃配股权，其他股东全部参与配股，配股后除权参考价是(　　)元。

A. 24　　B. 21.33

C. 20　　D. 21.7

11. 甲公司采用配股方式进行融资，拟每10股配1股，配股前价格每股9.1元，配股价格每股8元。假设所有股东均参与配股，则配股除权参考价是(　　)元。

A. 8　　B. 10.1

C. 9　　D. 8.8

12. 甲公司采用配股方式进行融资，每10股配2股，配股前股价为6.2元，配股价为5元。如果除权日股价为5.85元，所有股东都参加了配股，除权日股价下跌(　　)。

A. 2.42%　　B. 2.50%

C. 2.56%　　D. 5.65%

13. 配股是上市公司股权再融资的一种方

式。下列关于配股的说法中，正确的是（　　）。

A. 配股价格一般采取网上竞价方式确定

B. 配股价格低于市场价格，会减少老股东的财富

C. 配股权是一种看涨期权，其执行价格等于配股价格

D. 配股权价值等于配股后股票价格减配股价格

14. 甲公司拟发行可转换债券，当前等风险普通债券的市场利率为5%，股东权益成本为7%。甲公司的企业所得税税率为20%。要使发行方案可行，可转换债券的税前资本成本的区间为（　　）。

A. 4%～7%　　B. 5%～7%

C. 4%～8.75%　　D. 5%～8.75%

15. 下列关于租赁的说法中，正确的是（　　）。

A. 节税是短期租赁存在的主要原因

B. 减少不确定性是长期租赁存在的重要原因

C. 租赁只涉及两方当事人

D. 根据全部租赁费是否超过资产的成本，租赁分为不完全补偿租赁和完全补偿租赁

16. 下列关于认股权证和股票看涨期权异同的说法中，错误的是（　　）。

A. 认股权证执行时新发股票，引起股份数的增加，稀释每股收益和股价；股票看涨期权执行时股票来自二级市场，不存在稀释问题

B. 两者均有固定的行权价格

C. 都能使用布莱克－斯科尔斯模型定价

D. 均在到期前可以选择执行或不执行，具有选择权

（二）多选题

1. 以下关于可转换债券的说法中，正确的有（　　）。

A. 在转换期内逐期降低转换比率，不利于投资者尽快进行债券转换

B. 转换价格高于转换期内的股价，会降低公司的股本筹资规模

C. 设置赎回条款主要是为了保护发行企业与原有股东的利益

D. 设置回售条款可能会加大公司的财务风险

2. 某企业已决定添置一台设备。企业的加权平均资本成本率为15%，权益资本成本率为18%；债券的预期税后平均利率为13%，其中有担保债券利率为12%，无担保债券利率为14%。该企业在进行设备租赁与购买的决策分析时，下列做法中不适宜的有（　　）。

A. 将租赁期现金流量的折现率定为12%，租赁期末设备余值的折现率定为18%

B. 将租赁期现金流量的折现率定为13%，租赁期末设备余值的折现率定为15%

C. 将租赁期现金流量的折现率定为14%，租赁期末设备余值的折现率定为18%

D. 将租赁期现金流量的折现率定为15%，租赁期末设备余值的折现率定为13%

3. 下列关于股票发行相关的表述中，错误的有（　　）。

A. 以发行股票能否带来现款为标准可以分为有偿增资发行、无偿增资发行和搭配增资发行

B. 为了保证足额募集资本，公司可以以低于面额的价格发行股票

C. 代销属于直接发行，该方式可使公司及时筹足资本，免于承担发行风险

D. 采用包销方式时，股票以较低的价格出售给承销商会损失部分溢价

4. 长期借款的特殊性保护条款是针对某些特殊情况而出现在部分借款合同中的，下列各项中，属于企业长期借款合同特殊性保护条款的有（　　）。

A. 贷款专款专用

B. 限制企业高级职员的薪金和奖金总额

C. 要求企业主要领导人在合同有效期间担任领导职务

D. 对支付现金股利和再购入股票的限制

5. 下列关于公开发行和非公开发行的说法中，正确的有（　　）。

A. 公开发行和非公开发行是以发行中是否有中介机构协助为标准划分的

B. 公开发行为向不特定对象发行，非公开发行为向特定对象发行

C. 公开发行手续繁杂，发行成本高，但发行范围广、发行对象多，易于足额募集资本

D. 非公开发行有助于提高发行公司知名度和影响力

6. 下列有关增发新股的说法中，正确的有（　　）。

A. 公开增发的发行对象为财务投资者、战略投资者、大股东及关联方

B. 投资者应当以现金认购增发的新股

C. 公司想要公开增发新股需要满足最近3年以现金方式累计分配的利润不少于最近3年实现的年均可分配利润的30%的条件

D. 上市公司非公开增发新股时，发行价格应不低于定价基准日前20个交易日公司股票均价的80%

7. 甲公司是非金融上市公司，欲采用发行优先股的方式筹资。下列关于优先股筹资的说法中，正确的有（　　）。

A. 已发行的优先股不得超过公司普通股股份总数的50%，且筹资金额不得超过发行前净资产的50%，已回购、转换的优先股不纳入计算

B. 甲公司公开发行优先股应当在公司章程中规定采取固定股息率

C. 在有可分配税后利润的情况下必须向优先股股东分配股息

D. 未向优先股股东足额派发股息的差额部分应当累积到下一会计年度

8. 下列对于优先股的认识中，正确的有（　　）。

A. 发行优先股一般不会稀释股东权益

B. 同一公司的优先股股东要求的必要报酬率比普通股股东高

C. 优先股会增加公司的财务风险并进而增加普通股的成本

D. 除商业银行外，上市公司不得发行可转换为普通股的优先股

9. 与普通债券相比，下列选项中属于可转换债券特点的有（　　）。

A. 使得公司能够以较低的利率取得资金，降低了公司前期的筹资成本

B. 使得公司取得了以高于当前股价出售普通股的可能性

C. 同时面临股价上涨和股价低迷的风险

D. 可转换债券的票面利率比普通债券低，筹资成本低于普通债券

10. 甲公司是一家上市公司，拟发行普通股进行筹资，并就发行普通股与其他筹资方式的比较向顾问咨询。顾问给出的下列答复中，正确的有（　　）。

A. 发行普通股筹资风险小

B. 普通股的资本成本较高

C. 能增加公司的信誉

D. 会增加公司被收购的风险

11. 可转换债券是一种特殊的债券，它在一定时期内依据约定的条件可以转换成普通股。下列关于可转换债券的表述中正确的有（　　）。

A. 可转换债券的转换期可以与债券的期限相同，也可以长于债券的期限

B. 设置赎回条款是为了保护债券投资者的利益，使他们免遭过大损失降低投资风险

C. 可转换债券的最低价值，应当是纯债券价值和转换价值两者中较高者

D. 可转换债券的税前成本必须处在债务的市场利率和普通股成本（转换为税前）之间，才可以被发行人和投资者

同时接受

12. 配股是指向原普通股股东按其持股比例、以低于市价的某一特定价格配售一定数量新发行股票的融资行为。下列关于配股的说法中，错误的有（　　）。

A. 配股要求拟配售股份数量不超过本次配售股份前股份总额的30%

B. 如果除权后股票交易市价高于该除权基准价格，这种情形使得参与配股的股东财富较配股前有所增加，一般称之为“填权”

C. 配股会改变原控股股东对公司的控制权

D. 普通股股东的优惠权，实际上是一种短期的看涨期权

13. 以下不属于公开、间接方式发行股票优点的有（　　）。

A. 发行范围广，易募足资本

B. 股票变现性强，流通性好

C. 有利于提高公司知名度

D. 发行成本低

14. 下列关于长期债券筹资的说法中，正确的有（　　）。

A. 债券既可以用现金偿还，又可以用普通股偿还或者以新债券换旧债券

B. 债券的偿还分为到期偿还、提前偿还和滞后偿还三类

C. 债券筹资限制条件少

D. 债券筹资的筹资规模较大

15. 2022年9月承租人和出租人签订了一份租赁合同，合同规定租赁资产的购置成本为200万元，承租人分10年偿还，每年支付租金20万元，在租赁开始日首付，尚未偿还的租赁资产购置成本以5%的年利率计算并支付利息，在租赁开始日首付。租赁手续费为15万元，于租赁开始日一次性付清。根据这份租赁合同，下列表述中，错误的有（　　）。

A. 租金仅指租赁资产的购置成本

B. 租金不仅仅指租赁资产的购置成本

C. 仅以手续费补偿出租人的期间费用

D. 利息和手续费就是出租人的利润

16. 下列关于认股权证与股票看涨期权的共同点的说法中，错误的有（　　）。

A. 都有一个固定的行权价格

B. 行权时都能稀释每股收益

C. 都能使用布莱克－斯科尔斯模型定价

D. 都能作为筹资工具

（三）计算分析题

1. 甲公司是一家制造业企业，为满足市场需求拟增加一条生产线。该生产线运营期5年，有两个方案可供选择：

方案一：设备购置，预计购置成本200万元，首年年初支付；设备维护、保养等费用每年1万元，年末支付。

方案二：设备租赁。租赁期5年，租赁费每年40万元，年初支付；租赁手续费10万元，在租赁开始日一次付清。租赁公司负责设备的维护，不再另外收费。租赁期内不得撤租，租赁期满时租赁资产所有权转让，转让价格10万元。

5年后该设备变现价值20万元。根据税法相关规定，设备折旧年限6年，净残值率10%，按直线法计提折旧。税后有担保借款利率5%，企业所得税税率为25%。

要求：

（1）计算方案一设备购置的各年现金净流量及总现值（计算过程和结果填入下表）。

金额单位：万元

项目	T=0	T=1	T=2	T=3	T=4	T=5

续表

项目	T=0	T=1	T=2	T=3	T=4	T=5
现金净流量						
折现系数						
现值						
总现值						

（2）计算方案二设备租赁的各年现金净流量及总现值（计算过程和结果填入下方表格中）。

金额单位：万元

项目	T=0	T=1	T=2	T=3	T=4	T=5
现金净流量						
折现系数						
现值						
总现值						

（3）判断甲公司应该选择哪种方案，简要说明理由。

已知：（P/F，5%，1）=0.9524；（P/F，5%，2）=0.9070；（P/F，5%，3）=0.8638；（P/F，5%，4）=0.8227；（P/F，5%，5）=0.7835。

2. 甲公司是一家制造业企业，产品市场需求处于上升阶段，为增加产能，公司拟于2020年初添置一台设备，有两种方案可供选择：

方案一：自行购置。预计设备购置成本为1 600万元。按税法规定，该设备按直线法计提折旧，折旧年限为5年，净残值为5%，预计该设备使用4年，每年末支付维护费用为16万元，4年后变现价值为400万元。

方案二：租赁。甲公司租用设备进行生产，租赁期4年，设备的维护费用由提供租赁服务的公司承担，租赁期内不得撤租，租赁期满时设备所有权不转让，租赁费总计1 480万元，分4年偿付，每年初支付370万元。

甲公司的企业所得税税率为25%，税前有担保的借款利率为8%。

要求：

（1）计算方案一的初始投资额，每年折旧抵税额、每年维护费用税后净额、4年后设备变现税后净额，并计算考虑货币时间价值的平均年成本。

（2）判断租赁性质，计算方案二的考虑货币时间价值的平均年成本。

（3）比较方案一和方案二的平均年成本，判断甲公司应该选择方案一还是方案二。

3. 甲公司因生产经营需要将办公场所由市区搬到了郊区。新办公场所附近正建一条地铁，可于10个月后开通。为了改善员工通勤条件，甲公司计划在地铁开通之前为员工开设班车，行政部门提出了自己购买和租赁两个方案。有关资料如下：

（1）如果自己购买，甲公司需要购买一

辆大客车，购置成本为300 000元。根据税法规定，大客车按直线法计提折旧，折旧年限为5年，预计残值率为5%，10个月后大客车的变现价值预计为210 000元。甲公司需要雇用一名司机，每月预计支出工资5 500元。此外，每月预计还需支出油料费12 000元、停车费1 500元。假设大客车在月末购入并付款，次月初即可投入使用。工资、油料费、停车费均在每个月末支付。

（2）如果租赁，汽车租赁公司可按甲公司的要求提供车辆及班车服务，甲公司每月需向租赁公司支付租金25 000元，租金在每个月末支付。

（3）甲公司的企业所得税税率为25%，公司的月资本成本为1%。

要求：

（1）计算购买方案的每月折旧抵税额、每月税后付现费用、10个月后大客车的变现净流入。

（2）计算购买方案的税后平均月成本，判断甲公司应当选择购买方案还是租赁方案。

4. 甲公司是一家快速成长的上市公司，目前因项目扩建急需筹资1亿元。由于当前公司股票价格较低，公司拟通过发行可转换债券的方式筹集资金，并初步拟订了筹资方案。有关资料如下：

（1）可转换债券按面值发行，期限5年。每份可转换债券的面值为1 000元，票面利率为5%，每年末付息一次，到期还本。可转换债券发行一年后可以转换为普通股，转换价格为25元。

（2）可转换债券设置有条件赎回条款，当股票价格连续20个交易日不低于转换价格的120%时，甲公司有权以1 050元的价格赎回全部尚未转股的可转换债券。

（3）甲公司股票的当前价格为22元，预期股利为0.715元/股，股利年增长率预计为8%。

（4）当前市场上等风险普通债券的市场利率为10%。

（5）甲公司适用的企业所得税税率为25%。

（6）为方便计算，假定转股必须在年末进行，赎回在达到赎回条件后可立即执行。

要求：

（1）计算发行日每份纯债券的价值。

（2）计算第4年末每份可转换债券的底线价值。

（3）计算可转换债券的税前资本成本，判断拟订的筹资方案是否可行并说明原因。

（4）如果筹资方案不可行，甲公司拟采取修改票面利率的方式修改筹资方案。假定修改后的票面利率须为整数，计算使筹资方案可行的票面利率区间。

进阶练习答案及解析

（一）单选题

1.【答案】C

【解析】配股除权参考价 =（30 + 24 × 10/10 × 50%）/（1 + 50%）= 28（元），乙的财富的变动额 = 10 000 × 28 − 10 000 × 30 = −20 000（元），甲的财富的变动额 = 20 000 × 28 −（10 000 × 30 + 10 000 × 24）= 20 000（元），则配股除权使乙的财富比甲减少40 000元。

2.【答案】A

【解析】配股除权参考价 =（20 + 16 × 5/10 × 18 000/20 000）/（1 + 5/10 × 18 000/20 000）= 18.76（元），每股股票配股权价值 =（18.76 − 16）/（10/5）= 1.38（元）。

3.【答案】D

【解析】由题知，发行价格 = 100 × 12% ×（P/A，10%，5）+ 100 ×（P/F，10%，5）= 12 × 3.7908 + 100 × 0.6209 = 107.58（元）。

4.【答案】B

【解析】普通股筹资的优点有：（1）没有固定利息负担；（2）没有固定到期日；（3）筹

资风险小；(4) 能增加公司的信誉；(5) 筹资限制较少，选项 B 正确，选项 A、C、D 错误。

5. 【答案】C

【解析】根据出租人是否负责租赁资产的维护（维修、保险和财产税等）分为毛租赁和净租赁。毛租赁是指由出租人负责资产维护的租赁。净租赁是指由承租人负责资产维修的租赁，选项 A 错误。根据租赁是否可以随时解除分为可以撤销租赁和不可撤销租赁，合同中注明承租人可以提前解除合同的租赁，被称为可以撤销租赁，选项 B 错误。对于短期租赁和低价值资产租赁，承租人可以选择不确认使用权资产和租赁负债，而非不得确认，选项 D 错误。选项 C 表述正确。

6. 【答案】C

【解析】杠杆租赁是有贷款者参与的一种租赁形式。在这种形式下，出租人引入资产时只支付引入所需款项（如购买资产的货款）的一部分（通常为资产价值的 20% ~40%），其余款项则以引入的资产或出租权等为抵押，向另外的贷款者借入；资产出租后，出租人以收取的租金向贷款者还贷。选项 C 正确。

7. 【答案】D

【解析】认股权证的期限长，可以长达 10 年甚至更长，选项 D 表述错误，当选。选项 A、B、C 表述正确，不选。

8. 【答案】D

【解析】转换价格即转换发生时投资者为取得普通股每股所支付的实际价格，转换价格通常比发行时的股价高出 20% ~30%，选项 A 错误。可转换债券的转换期可以与债券的期限相同，也可以短于债券的期限。超过转换期后的可转换债券，不再具有转换权，自动成为普通债券，选项 B 错误。设置回售条款是为了保护债券投资者的利益，使他们免遭过大损失降低投资风险；设置强制性转换条款是为了保证可转换债券顺利地转换成股票，实现发行公司扩大权益筹资的目的，因此是从公司利益的角度出发，选项 C 错误。选项 D 表述正确。

9. 【答案】A

【解析】配股除权参考价 = (27 + 20 × 50% × 80%)/(1 + 50% × 80%) = 25（元）；乙财富的变化 = 1 000 × (1 + 50%) × 25 − 1 000 × 50% × 20 − 1 000 × 27 = 500（元），乙的财富增加 500 元，选项 A 正确。

10. 【答案】D

【解析】配股除权参考价 = (24 + 16 × 5/10 × 2/2.5)/(1 + 5/10 × 2/2.5) = 21.71（元）。

11. 【答案】C

【解析】配股除权参考价 = (9.1 + 8 × 1/10) / (1 + 1/10) = 9（元）。

12. 【答案】B

【解析】配股除权参考价 = (6.2 + 5 × 2/10) / (1 + 2/10) = 6（元）；除权日股价下跌 (6 − 5.85) /6 = 2.50%。

13. 【答案】C

【解析】配股一般采取网上定价发行的方式，配股价格由主承销商和发行人协商确定，选项 A 错误。配股价格低于市场价格时，如果老股东均参与配股，则配股后的股票价格应等于配股除权参考价，即参与配股不改变老股东财富；若存在老股东不参与配股，其他老股东参与配股使股价下降，则该老股东财富减少，选项 B 错误；配股权是普通股股东的优惠权，实际上是一种短期的看涨期权，选项 C 正确；每股股票配股权价值等于配股后股票价格与配股价格的差额再除以购买一股新股所需的股数，选项 D 错误。

14. 【答案】D

【解析】普通股的税前资本成本 = 7%/(1 − 20%) = 8.75%，可转换债券的税前成本必须处在债务的市场利率和普通股成本（转换为税前）之间，选项 D 正确。

15. 【答案】D

【解析】租赁存在的主要原因有以下三方面：(1) 节税。节税是长期租赁存在的重要原因。(2) 降低交易成本。交易成本的差别是短期租赁存在的主要原因。(3) 减少不确定性。租赁的风险主要与租赁期满时租赁资产的余值有关。选项 A、B 表述错误，当选。按照租赁当事人之间的关系，可以划分为直接租赁、杠杆租赁和售后租回三种类型，其中杠杆租赁是一种涉及出租人、承租人和贷款人三方的租赁形式，选项 C 表述错误。选项 D 表述正确。

16. 【答案】C

【解析】认股权证不能假设有效期内不分红，不能应用 BS 模型估价，选项 C 表述错误，当选。选项 A、B、D 表述正确。

（二）多选题

1. 【答案】BCD

【解析】股本筹资规模是指发行股票后筹集的股本（股数每股面值），如果转换价格高于转换期内的股价，则将可转换债券转换为股票增加的股数小于直接发行股票增加的股数，而每股面值是一定的，所以选项 B 正确；设置赎回条款能促使持有人将债券转换成股票，同时也能使发行公司避免市场利率下降后，继续向债券持有人支付较高的债券利息所蒙受的损失，保护了发行企业与原有股东的利益，所以选项 C 正确；发行可转换债券后，如果公司业绩不佳，股价长期低迷，当达到回售条件时，可转换债券持有人会将债券回售给公司，公司短期内偿还债券压力很大，从而会加大公司的财务风险，所以选项 D 正确；在转换期内逐期降低转换比率，使转换价格逐期提高，有利于投资者尽快地把债券转换成股票，所以选项 A 不正确。

2. 【答案】ABCD

【解析】租赁期现金流量的折现率在实务中大多采用税后有担保债券的税后利率，即租赁期现金流量的折现率应定为 12%；通常认为，持有资产的经营风险大于借款的风险，因此期末资产余值的折现率要比借款利率高。多数人认为，资产余值应使用项目的必要报酬率即加权平均资本成本作为折现率，即租赁期末设备余值的折现率应定为 15%。选项 A、B、C、D 均表述错误，当选。

3. 【答案】BC

【解析】我国《公司法》规定公司发行股票不准折价发行，即不准以低于股票面额的价格发行，选项 B 表述错误，当选。代销属于间接发行，且后半句为包销方式的优点，选项 C 表述错误，当选。选项 A、D 表述正确。

4. 【答案】ABC

【解析】特殊性保护条款主要包括：（1）贷款专款专用；（2）不准企业投资于短期内不能收回资金的项目；（3）限制企业高级职员的薪金和奖金总额；（4）要求企业主要领导人在合同有效期间担任领导职务；（5）要求企业主要领导人购买人身保险；等等，选项 A、B、C 正确。选项 D 为一般性保护条款的内容。

5. 【答案】BC

【解析】公开发行和非公开发行是以发行对象为标准划分的，选项 A 错误。公开发行有助于提高发行公司知名度和影响力，选项 D 错误。选项 B、C 表述正确。

6. 【答案】CD

【解析】公开增发没有特定发行对象股票市场上的投资者均可以认购，非公开增发的发行对象为财务投资者、战略投资者、大股东及关联方，选项 A 错误。公开增发投资者通常为现金认购，非公开增发不限于现金，还包括股权、债权、无形资产、固定资产等非现金资产，选项 B 错误。选项 C、D 表述正确。

7. 【答案】ABCD

【解析】选项 A 为上市公司发行优先股的一般条件之一，所以选项 A 正确。上市公司公开发行优先股应当在公司章程中规定以下事项：（1）采取固定股息率；（2）在有可分配税后利润的情况下必须向优先股股东分配股息；（3）未向优先股股东足额派发股息的差额部分应当累积到下一会计年度；（4）优先股股东按照约定的股息率分配股息后，不再同普通股股东一起参加剩余利润分配。商业银行发行优先股补充资本的，可就第（2）项和第（3）项事项另行约定。由于题中甲公司是非金融上市公司，所以选项 B、C、D 均正确。

8. 【答案】ACD

【解析】从投资者来看，优先股投资的风

险比债券大，比普通股低，因此，同一公司的优先股股东要求的必要报酬率比债权人高，比普通股股东低，选项 B 错误。与普通股相比，发行优先股一般不会稀释股东权益，选项 A 正确。优先股的股利支付虽然没有法律约束，但是经济上的约束使公司倾向于按时支付其股利。因此，优先股的股利通常被视为固定成本，与负债筹资没有什么差别，会增加公司的财务风险并进而增加普通股的成本，选项 C 正确。选项 D 表述正确。

9. 【答案】ABC

【解析】可转换债券的优点是使得公司能够以较低的利率取得资金，降低了公司前期的筹资成本；同时，使得公司取得了以高于当前股价出售普通股的可能性。在发行新股时机不理想时，可以先发行可转换债券，然后通过转换实现较高价格的股权筹资。选项 A、B 正确。可转换债券的缺点是面临股价上涨和股价低迷的风险，且筹资成本高于普通债券。如果股价大幅上涨，公司只能以较低的固定转换价格换出股票，会降低公司的股权筹资额；如果股价未达到转股所需水平，投资者未如期转换成普通股，则公司只能继续承担债务；在订有回售条款的情况下，公司短期内集中偿还债务的压力会更明显，选项 C 正确。尽管可转换债券的票面利率比普通债券低，但是加入转股成本之后的总筹资成本比普通债券要高，选项 D 错误。

10. 【答案】ABCD

【解析】普通股筹资的优点：（1）没有固定利息负担；（2）没有固定到期日；（3）筹资风险小；（4）能增加公司的信誉；（5）筹资限制较少。普通股筹资的缺点：（1）普通股的资本成本较高；（2）以普通股筹资会增加新股东，这可能会分散公司的控制权，削弱原有股东对公司的控制；（3）如果公司股票上市，需要履行严格的信息披露制度，接受公众股东的监督，会带来较大的信息披露成本，也增加了公司保护商业秘密的难度；（4）股票上市会增加公司被收购的风险。选项 A、B、C、D 表述均正确。

11. 【答案】CD

【解析】可转换债券的主要条款中包括转换期条款，转换期可以与债券的期限相同，也可以短于债券的期限。超过转换期后的可转换债券，不再具有转换权，自动成为普通债券，选项 A 表述错误。设置赎回条款是为了促使债券持有人转换股份，因此又被称为加速条款，同时也能使发行公司避免市场利率下降后，继续向债券持有人按较高的债券票面利率支付利息所蒙受的损失，因此是站在公司的角度；设置回售条款是为了保护债券投资者的利益，使他们免遭过大损失降低投资风险。选项 B 表述错误。选项 C、D 表述正确。

12. 【答案】ABD

【解析】配股不改变原控股股东对公司的控制权和享有的各种权利，选项 C 错误。选项 A、B、D 表述正确。

13. 【答案】ABC

【解析】以公开、间接方式发行股票的优点是发行范围广、发行对象多，易于足额募集资本；股票的变现性强，流通性好；有助于提高发行公司知名度和影响力。缺点是手续繁杂，发行成本高。选项 A、B、C 正确，不选。选项 D 错误，当选。

14. 【答案】ABD

【解析】债券筹资的缺点：（1）发行成本高；（2）信息披露成本高；（3）限制条件多。选项 C 表述错误。选项 A、B、D 表述正确。

15. 【答案】BCD

【解析】租赁费用的报价形式有三种：（1）合同分别约定租赁费、利息和手续费；（2）合同分别约定租赁费和手续费；（3）合同只约定一项综合租赁费，没有分项的价格。题目中属于第一种情况，对于这种合同分别约定租赁费、利息和手续费的，租金仅指所需支付的租赁资产的购置成本，选项 A 正确，选项 B 错误。租赁费用的经济内容包括出租人的全部出租成本和利润。出租成本包括租赁资产的购置成本、营业成本以及相关的利息。如果出租人收入的租赁费用超过其成本，剩余部分则成为利润。选项 C、D 错误。

16. 【答案】BCD

【解析】认股权证与看涨期权的共同点：(1) 它们均以股票为标的资产，其价值随股票价格变动；(2) 它们在到期前均可以选择执行或不执行，具有选择权；(3) 它们都有一个固定的执行价格。选项 A 正确。执行股票看涨期权时股票来自二级市场，不存在稀释问题，选项 B 错误，当选。认股权证不能假设有效期内不分红，不能应用 B－S 模型估价，选项 C 错误，当选。看涨期权没有筹资工具的作用，选项 D 错误，当选。

（三）计算分析题

1. 【答案及解析】

(1)

金额单位：万元

项目	$T=0$	$T=1$	$T=2$	$T=3$	$T=4$	$T=5$
购置现金流量	－200					
税后维护、保养等费用		－0.75	－0.75	－0.75	－0.75	－0.75
折旧		30	30	30	30	30
折旧抵税		7.5	7.5	7.5	7.5	7.5
变现价值						20
账面价值						50
变现损失抵税						7.5
现金净流量	－200	6.75	6.75	6.75	6.75	6.75
折现系数	1	0.9524	0.9070	0.8638	0.8227	0.7835
现值	－200	6.429	6.122	5.831	5.553	26.835
总现值	－149.23					

计算过程：

年折旧额＝200×(1－10)/6＝30（万元）

折旧抵税＝30×25%＝7.5（万元）

第 5 年末的账面价值＝200－30×5＝50（万元）

变现损失抵税＝（50－20）×25%＝7.5（万元）

(2)

金额单位：万元

项目	$T=0$	$T=1$	$T=2$	$T=3$	$T=4$	$T=5$
租赁费	－40	－40	－40	－40	－40	
租赁手续费	－10					
计税基础	220					
折旧		33	33	33	33	33
折旧抵税		8.25	8.25	8.25	8.25	8.25
旧设备买价						－10
变现价值						20
账面价值						55
变现损失抵税						8.75
现金净流量	－50	－31.75	－31.75	－31.75	－31.75	27
折现系数	1	0.9524	0.9070	0.8638	0.8227	0.7835
现值	－50	－30.239	－28.797	－27.426	－26.121	21.155
总现值	－141.43					

计算过程：

计税基础＝40×5＋10＋10＝220（万元）

年折旧额＝220×（1－10%）/6＝33（万元）

折旧抵税＝33×25%＝8.25（万元）

第5年末的账面价值＝220－33×5＝55（万元）

变现损失抵税＝（55－20）×25%＝8.75（万元）

（3）租赁净现值＝－141.43－（－149.23）＝7.8（万元）

由于租赁净现值大于0，因此应该选择方案二，即进行设备租赁。

2.【答案及解析】

（1）方案一的初始投资额为1 600万元

每年折旧额＝1 600×（1－5%）/5＝304（万元）

年折旧抵税额＝304×25%＝76（万元）

每年维护费税后净额＝16×（1－25%）＝12（万元）

4年后设备账面价值＝1 600－304×4＝384（万元）

4年后设备变现收益纳税额＝（400－384）×25%＝4（万元）

4年后设备变现税后现金净流量＝400－4＝396（万元）

自行购置方案的折现率＝税后有担保的借款利率＝8%×（1－25%）＝6%

方案一现金流出总现值＝1 600＋12×（P/A，6%，4）－76×（P/A，6%，4）－396×（P/F，6%，4）＝1 600＋12×3.4651－76×3.4651－396×0.7921＝1 064.56（万元）

考虑货币时间价值的平均年成本＝1 064.56/（P/A，6%，4）＝1 064.56/3.4651＝307.22（万元）

（2）该合同不属于选择简化处理的短期租赁和低价值资产租赁，符合融资租赁的认定标准，租赁费用每年370万元，不可在税前扣除。

租赁方案的折现率＝8%×（1－25%）＝6%

每年折旧额＝（1 480－1 480×5%）/5＝281.2（万元）

年折旧抵税额＝281.2×25%＝70.3（万元）

设备租赁期满时设备所有权不转让，期末资产变现流入＝0

4年后设备账面价值＝1 480－281.2×4＝355.2（万元）

4年后设备变现损失抵税＝355.2×25%＝88.8（万元）

租赁方案的现金流出总现值＝370＋370×（P/A，6%，3）－70.3×（P/A，6%，4）－88.8×（P/F，6%，4）＝370＋370×2.6730－70.3×3.4651－88.8×0.7921＝1 045.07（万元）

考虑货币时间价值的平均年成本＝1 045.07/（P/A，6%，4）＝1 045.07/3.4651＝301.60（万元）

（3）方案一的平均年成本大于方案二的平均年成本，所以甲公司应选择方案二。

3.【答案及解析】

（1）每月折旧额＝300 000×（1－5%）/（5×12）＝4 750（元）

每月折旧抵税额＝4 750×25%＝1 187.5（元）

每月税后付现费用＝（5 500＋12 000＋1 500）×（1－25%）＝14 250（元）

10个月后大客车的账面价值＝300 000－4 750×10＝252 500（元）

10个月后大客车的变现损失抵税＝（252 500－210 000）×25%＝10 625（元）

10个月后大客车的变现净流入＝210 000＋10 625＝220 625（元）

（2）购买方案的税后平均月成本＝[300 000＋（14 250－1 187.5）×（P/A，1%，10）－220 625×（P/F，1%，10）]/（P/A，1%，10）＝23 649.03（元）

税后租金＝25 000×（1－25%）＝18 750（元）

因为租赁的成本低，所以应选择租赁

第九章

方案。

4. 【答案及解析】

(1) 发行日每份纯债券的价值 = 1 000 × 5% × (P/A, 10%, 5) + 1 000 × (P/F, 10%, 5) = 1 000 × 5% × 3.7908 + 1 000 × 0.6209 = 810.44 (元)

(2) 可转换债券的转换比率 = 债券面值/转换价格 = 1 000/25 = 40

第 4 年末的债券价值 = (1 000 + 1 000 × 5%)/(1 + 10%) = 954.55 (元)

第 4 年末的股票价格 = $22 \times (1 + 8\%)^4$ = 29.93 (元)

转换比率 = 1 000/25 = 40

第 4 年末每份可转换债券的转换价值 = 29.93 × 40 = 1 197.2 (元)

可转换债券的最低价值，应当是纯债券价值和转换价值两者中较高者，所以第 4 年末每份可转换债券的底线价值为 1 197.2 元。

(3) 因为甲公司股票的价格到第四年是 $22 \times (1 + 8\%)^4$ = 29.93 (元)，接近 25 × 120% = 30 (元)，并且股价按照每年 8% 的增长率增长，所以如果在第 4 年不转换，则在第 5 年末就要按照 1 050 元的价格被赎回，理性投资者会在第 4 年末就转股。

设可转换债券的税前资本成本为 i，则：

1 000 = 50 × (P/A, i, 4) + 1 197.2 × (P/F, i, 4)

当 i = 9% 时，50 × (P/A, 9%, 4) + 1 197.2 × (P/F, 9%, 4) = 1 010.1

当 i = 10% 时，50 × (P/A, 10%, 4) + 1 197.2 × (P/F, 10%, 4) = 976.2

由内插法得：(i − 9%)/(10% − 9%) = (1 000 − 1 010.1)/(976.2 − 1 010.1)

解得：i = 9.30%

所以可转换债券的税前资本成本为 9.30%。

因为可转换债券的税前资本成本小于等风险普通债券的市场利率 (10%)，对投资者没有吸引力，所以，筹资方案不可行。

(4) 甲公司股票的资本成本 = 0.715/22 + 8% = 11.25%

甲公司股票的税前资本成本 = 11.25%/(1 − 25%) = 15%

可转换债券的税前资本成本应在 10% ~ 15% 之间。

设票面利率为 r，当税前成本为 10% 时，则：

1 000 = 1 000 × r × (P/A, 10%, 4) + 1 197.2 × (P/F, 10%, 4)

解得 r = 5.75%，因为票面利率须为整数，所以票面利率最低为 6%。

当税前成本为 15% 时，则：

1 000 = 1 000 × r × (P/A, 15%, 4) + 1 197.2 × (P/F, 15%, 4)

解得：r = 11.05%，因为票面利率需为整数，所以票面利率最高为 11%。

综上，使筹资方案可行的票面利率区间为 6% ~ 11%。

第十章　股利分配、股票分割与股票回购

2023 年教材内容主要变化

2023 年第十章教材在以下方面进行了修改和补充：仅调整个别文字表述，无实质性变化。

本章近五年考试高频考点分布

本章考题以单项选择题或多项选择题形式出现，每年都会出现考题，最近五年平均考试分值为 4 分。

高频考点内容	年度及题型分布
股利理论	2020 年单选
股利政策的类型	2022 年单选、2019 年计算、2018 年单选
股利政策的影响因素	2018 年多选
股利分配方案	2021 年单选、2020 年多选
股票分割	2019 年计算、2018 年多选
股票回购	2021 年多选、2020 年多选、2019 年计算

高频考点精讲

本章内容是与股利相关的一些基本理论，通常以客观题的形式考查，但 2019 年以计算分析题的形式出题，考查内容更为全面，可能代表了一个趋势，未来仍可能会出现这种出题方式。主要内容包括：股利有关论与五种主要的股利无关论、四种常见的股利政策及其影响因素、股利的四个种类、股利的支付程序与分配方案、股票分割的影响及目的、股票回购的好处和方式等内容。

高频考点1：股利理论★★★

（一）股利无关论（完全市场理论）

该理论基于完美资本市场假设，认为股利分配对公司的市场价值（或股票价格）不会产生影响，即：

（1）投资者并不关心公司股利的分配，投资者对股利和资本利得并无偏好。

（2）股利的支付比率不影响公司的价值，公司价值完全由其投资政策及其获利能力所决定。

（二）股利相关论

理论名称	主要观点
税差理论	（1）该理论强调了税收在股利分配中对股东财富的重要作用。一般来说，出于保护和鼓励资本市场投资的目的，会采用股利收益税率高于资本利得税率的差异税率制度，致使股东会偏好资本利得而不是派发现金股利（现金股利税税率与资本利得税税率存在差异）。 （2）如果不考虑股票交易成本，企业应采取低现金股利比率的分配政策，以提高留存收益再投资的比率，使股东在实现未来的资本利得中享有税收节省。 （3）如果存在股票的交易成本，甚至当资本利得税与交易成本之和大于股利收益税时，偏好取得定期现金股利收益的股东自然会倾向于企业采用高现金股利支付率政策
客户效应理论	投资者的边际税率差异性导致其对待股利政策态度的差异性。边际税率高的投资者（高收入阶层和风险偏好投资者）会选择实施低股利支付率的股票，边际税率低的投资者（低收入阶层及享有税收优惠的养老基金投资者）则会选择实施高股利支付率的股票
“一鸟在手”理论	（1）该理论体现了收益与风险的选择偏好，认为股东更偏好于现金股利而非资本利得，倾向于选择股利支付率高的股票。 （2）企业股利支付率越高，企业权益价值越高。为了实现股东价值最大化的目标，企业应实行高股利分配率的股利政策
代理理论	（1）股东与债权人之间的代理冲突。 债权人为保护自身利益，希望企业采取低股利支付率。 （2）经理人员与股东之间的代理冲突。 实施多分配少留存的股利政策，既有利于抑制经理人随意支配自由现金流量的代理成本，也有利于满足股东取得股利收益的愿望。 （3）控股股东与中小股东之间的代理冲突。 控股股东为了取得控制权私利，希望采用低股利支付率政策。 （4）处于外部投资者保护程度较弱环境的中小股东希望企业采用多分配少留存的股利政策，以防控股股东的利益侵害
信号理论	在信息不对称的前提下，分配股利可以作为一种信息传递机制，使企业股东或市场中的投资者依据股利信息对企业经营状况与发展前景作出判断。该理论为解释股利是否具有信息含量提供了一个基本分析逻辑，鉴于股利与投资者对股利信号信息的理解不同，所作出的对企业价值的判断也不同。 （1）若认为股利支付率提高表明企业未来业绩将大幅增长，则随着股利支付率的提高，股价应该是上升的；相应地，股利支付率的降低则表明企业的衰退预期，股价应该是下降的。 （2）如果考虑处于成熟期的企业盈利能力相对稳定，此时企业宣布提高股利支付率可能表明企业目前没有很好的项目，预示着成长性趋缓或下降，则随着股利支付率的提高，股价应该是下降的；相应地，股利支付率的降低则表明企业需要通过增加留存收益为新增项目融资，预示前景较好，股价应该是上升的

经典例题

【真题·单选题】（2020）下列各项股利理论中，认为股利政策不影响公司市场价值的是（　　）。

A. 客户效应理论

B. 信号理论

C. “一鸟在手”理论

D. 无税 MM 理论

【答案】D

【解析】客户效应理论、信号理论、“一鸟在手”理论均属于股利相关论的内容，其认为股利政策会影响公司市场价值，选项 A、B、C 不符合题意，不选。无税 MM 理论属于股利无关论的内容，该理论认为股利分配对公司市场价值不会产生影响，选项 D 当选。

【真题·单选题】（2020）根据“一鸟在手”股利理论，公司的股利政策应采用（　　）。

A. 低股利支付率

B. 不分配股利

C. 用股票股利代替现金股利

D. 高股利支付率

【答案】D

【解析】“一鸟在手，强于二鸟在林”，“一鸟在手”理论体现了收益与风险的选择偏好，认为股东更偏好于现金股利而非资本利得，倾向于选择股利支付率高的股票。因此，企业应实行高股利支付率政策。

高频考点 2：股利政策的类型★★★

（一）剩余股利政策

公司股利政策受到投资机会及其资本成本的双重影响。剩余股利政策就是在公司有着良好的投资机会时，根据一定的目标资本结构（最佳资本结构），测算出投资所需的权益资本，先从盈余当中留用，然后将剩余的盈余作为股利予以分配。奉行剩余股利政策的根本理由是为了保持理想的资本结构，使加权平均资本成本最低。其中，有几点问题需注意：

1. 关于财务限制。

在股利分配中，财务限制主要是指资本结构限制。资本结构是长期有息负债（长期借款和公司债券）和所有者权益的比率。保持目标资本结构不是指保持全部资产和负债比率，无息负债和短期借款不可能也不需要保持某种固定比率。短期负债筹资是营运资本管理的问题，不是资本结构的问题。因此，分配股利的现金问题，是营运资金管理问题，如果现金存量不足，可以通过短期借款解决，与筹集长期资本无直接关系，也就是说与股利分配政策无直接关系。

2. 关于法律限制。

法律所规定的净利润要提取 10% 的盈余公积金，实际上只是对本年利润“留存”数额的限制，而不是对股利分配的限制。

命题点拨

命题角度：剩余股利政策下法律限制对支付股利的影响。

在“财务限制”部分提到，分配股利的现金问题，是营运资金管理问题，与股利分配政策无直接关系。同样，在考试中，法律所规定的净利润要提取 10% 的盈余公积金这个条件通常是一个客观事实的陈述，起到迷惑作用，提取的盈余公积金已经含在留存收益中（即留存的收益 > 净利润的 10%），不需要单独进行考虑。但需注意，在剩余股利政策下，不能动用以前年度未分配利润，只能分配本年利润的剩余部分。

经典例题

【真题·单选题】（2018）目前，甲公司有累计未分配利润 1 000 万元，其中上年实现的净利润为 500 万元。公司正在确定上年利润的具体分配方案。按法律规定，净利润要提取 10% 的盈余公积金。预计今年需增加长期资本 800 万元。公司的目标资本结构是债务资本占 40%、权益资本占 60%。公司采用剩余股利分配政策，应分配的股利是（　　）万元。

A. 20　　B. 0

C. 540　　D. 480

【答案】A

【解析】应当留存的利润 $=800\times60\%=480$（万元），大于需要提取的盈余公积金 50 万元，未违反法律规定。应分配的股利 $=500-480=20$（万元）。

【例题·单选题】甲公司 2022 年初未分配

利润 -100 万元，2022 年实现净利润 1 200 万元。公司计划 2023 年新增资本支出 1 000 万元，目标资本结构（债务：权益）为 3：7。按法律规定，公司须按净利润的 10% 提取盈余公积金。若该公司采取剩余股利政策，应发放现金股利（　　）万元。

A. 310　　B. 400

C. 380　　D. 500

【答案】D

【解析】应当留存的利润 = 1 000 × 70% = 700（万元），应发放的现金股利 = 1 200 - 700 = 500（万元），选项 D 正确。

（二）固定股利或稳定增长股利政策

固定股利或稳定增长股利政策是企业将每年派发的股利固定在某一特定水平或是在此基础上维持某一固定增长率从而逐年稳定增长。

其中，固定股利政策是将每年发放的股利固定在某一相对稳定的水平上并在较长的时期内保持不变，只有当公司认为未来盈余会显著地、不可逆转地增长时，才提高年度股利发放额。

稳定增长股利政策是每年发放的股利在上一年股利的基础上按固定增长率稳定增长。

固定股利或稳定增长股利政策的理论依据是“一鸟在手”理论和股利信号理论。该理论认为：

（1）固定或稳定增长的股利可以消除投资者内心的不确定性。等于向市场传递着公司经营业绩正常或稳定增长的信息，有利于树立公司良好形象，增强投资者对公司的信心，从而使公司股票价格保持稳定或上升。

（2）固定或稳定增长的股利有利于投资者安排股利收入和支出，特别是对那些对股利有着很高依赖性的股东更是如此。

固定股利或稳定增长股利政策的缺点在于股利的支付与盈余相脱节。当盈余较低时仍要支付固定或稳定增长的股利，这可能导致资金短缺，财务状况恶化；同时，不能像剩余股利政策那样保持较低的资本成本。

固定股利或稳定增长股利政策适用于成熟的、盈利充分且获利能力比较稳定的、扩张需求较少的公司。从公司发展的生命周期考虑，稳定增长期的企业可采用稳定增长股利政策，成熟期的企业可采用固定股利政策。

经典例题

【例题·多选题】固定股利或稳定增长股利政策是企业将每年派发的股利固定在某一特定水平或是在此基础上维持某一固定增长率从而逐年稳定增长。下列有关该政策的说法中，正确的有（　　）。

A. 固定股利或稳定增长股利政策适用于成熟的、盈利充分且获利能力比较稳定的、扩张需求较少的公司

B. 从公司发展的生命周期考虑，增长期的企业可采用固定股利政策

C. 从公司发展的生命周期考虑，成熟期的企业可采用稳定增长股利政策

D. 固定股利或稳定增长股利政策的理论依据是“一鸟在手”理论和股利信号理论

【答案】AD

【解析】从公司发展的生命周期考虑，稳定增长期的企业可采用稳定增长股利政策，成熟期的企业可采用固定股利政策，选项 B、C 错误。选项 A、D 正确。

（三）固定股利支付率政策

固定股利支付率政策，是公司确定一个股利占盈余的比率，长期按此比率支付股利的政策。

优点：股利与公司盈余紧密配合，多盈多分、少盈少分、无盈不分。

缺点：各年股利变动较大，极易造成公司不稳定的感觉，不利于股价的稳定。

经典例题

【真题·单选题】（2022）甲公司采用固定股利支付率政策，股利支付率为 60%。公司 2022 年实现净利润 8 000 万元，提取 10% 法定公积金。甲公司 2022 年应分配现金股利（　　）万元。

A. 4 000　　B. 4 320

C. 4 800　　D. 5 600

【答案】C

【解析】固定股利支付率政策，是公司确定一个股利占盈余的比率，长期按此比率支付股利的政策。甲公司 2022 年应分配现金股利 = 8 000 × 60% = 4 800（万元）。

【例题·单选题】公司采用固定股利支付率政策时，考虑的理由通常是（　　）。

A. 稳定股票市场价格

B. 维持目标资本结构

C. 保持较低资本成本

D. 使股利与公司盈余紧密配合

【答案】D

【解析】采用固定股利支付率政策，主要是考虑到该政策可以使股利与公司盈余紧密配合，多盈多分、少盈少分、无盈不分，真正公平地对待每一位股东。

（四）低正常股利加额外股利政策

公司一般情况下每年只支付固定的、数额较低的股利，在盈余多的年份，再根据实际情况向股东发放额外股利。但额外股利并不固定化，不意味着公司永久地提高了规定的股利支付率。

采用该政策的理由（优点）：

（1）这种股利政策使公司具有较大的灵活性。当公司盈余较少或投资需用较多资金时，可维持设定的较低但正常的股利，股东不会有跌落感；而当盈余有较大幅度增加时，则可适度增发股利，把经济繁荣的部分利益分配给股东，使他们增强对公司的信心，这有利于稳定股票的价格。

（2）这种股利政策可使那些依靠股利度日的股东每年至少可以得到虽然较低，但比较稳定的股利收入，从而吸引住这部分股东。

经典例题

【例题·单选题】下列关于股利分配政策的说法中，错误的是（　　）。

A. 采用剩余股利分配政策，可以保持理想的资本结构，使加权平均资本成本最低

B. 采用固定股利支付率分配政策，可以使股利和公司盈余紧密配合，但不利于稳定股票价格

C. 采用固定股利或稳定增长股利分配政策，当盈余较低时，容易导致公司资金短缺，增加公司风险

D. 采用低正常股利加额外股利政策，股利和盈余不匹配，不利于增强股东对公司的信心

【答案】D

【解析】采用低正常股利加额外股利政策，当公司盈余较少或投资需用较多资金时，可维持设定的较低但正常的股利，股东不会有股利跌落感；而当盈余有较大幅度增加时，则适度增发股利，把经济繁荣的部分利益分配给股东，使他们增强对公司的信心，这有利于稳定股票的价格。

高频考点 3：股利政策的影响因素★★

法律限制	资本保全的限制	不能用资本（包括股本和资本公积）发放股利
	企业积累的限制	公司税后利润提取法定公积金后的净额才可支付股利
	净利润的限制	公司年度累积净利润必须为正数时才可以发放股利，以前年度亏损必须足额弥补
	超额累积利润的限制	由于股东接受股利缴纳的所得税高于其进行的股票交易的资本利得税，许多国家规定公司不得超额累积利润，保留盈余超过法律认可的水平将被加征额外税额
	无力偿付的限制	基于对债权人的利益保护，一个公司已经无力偿付负债，或股利支付会导致公司失去偿债能力，则不能支付股利

续表

股东因素	稳定的收入和避税	以股利为主要收入来源的股东，往往要求公司支付稳定的股利；股利收入较多的股东出于避税的考虑，往往反对公司发放较多的股利
	控制权的稀释	公司支付股利较高，会导致留存收益减少，未来发行新股的可能性就会加大，可能引起控制权的稀释
公司因素	盈余的稳定性	盈余相对稳定的公司相对于盈余不稳定的公司而言具有较高的股利支付能力
	公司的流动性	较多地支付现金股利会减少现金持有量，降低流动性
	举债能力	举债能力较强的公司因为能够及时筹措到所需现金，有可能采取高股利政策；而举债能力弱的公司则不得不多滞留盈余，因而往往采取低股利政策
	投资机会	有着良好投资机会的公司往往少发股利；缺乏良好投资机会的公司倾向于支付较高股利
	资本成本	保留盈余不存在筹资费用，其资本成本低于发行新股。所以，从资本成本角度考虑，如果公司有扩大资金的需要，应当采取低股利政策
	债务需要	有较高债务偿还需要的公司往往会减少股利的支付
其他限制	债务合同约束	公司的债务合同，特别是长期债务合同，往往有限制公司现金支付程度的条款，这使公司只得采取低股利政策
	通货膨胀	在通货膨胀时期，公司股利政策往往偏紧

经典例题

【真题·多选题】（2018）在其他条件相同的情况下，下列关于公司股利政策的说法中，正确的有（　　）。

A. 成长中的公司倾向于采取高股利支付率政策

B. 盈余稳定的公司倾向于采取高股利支付率政策

C. 举债能力强的公司倾向于采取高股利支付率政策

D. 股东边际税率较高的公司倾向于采取高股利支付率政策

【答案】BC

【解析】成长中的公司通常需要强大的资金支持其投资，因此多采取低股利政策，选项A错误。边际税率较高的股东出于避税的考虑，往往反对公司发放较多的股利，选项D错误。

高频考点4：股利的种类、支付程序与分配方案★★

（一）股利的种类

现金股利	是指以现金支付的股利，它是股利支付的主要方式
股票股利	是指公司以增发的股票作为股利的支付方式
财产股利	是指以现金以外的资产支付的股利，主要是以公司拥有的其他企业的有价证券，如股票、债券，作为股利支付给股东
负债股利	是指公司以负债支付的股利，通常以公司的应付票据支付给股东，在不得已的情况下也有发行公司债券抵付股利的

经典例题

【例题·单选题】如果甲公司以所持有的乙公司股票作为股利支付给股东，这种股利属于（　　）。

A. 现金股利　　B. 负债股利

C. 财产股利　　D. 股票股利

【答案】C

【解析】财产股利是以现金以外的资产支付的股利，主要是以公司所拥有的其他企业的有价证券，如债券、股票，作为股利支付给股东。

（二）股利支付程序

股利支付过程中的重要日期	
股利宣告日	公司董事会将股东大会通过本年度利润分配方案的情况以及股利支付的情况予以公告的日期
股权登记日	有权领取本期股利的股东资格登记截止日期。只有在股权登记日这一天登记在册的股东才有资格领取本期股利
除息日（除权日）	指股利所有权与股票本身分离的日期，将股票中含有的股利分配权利予以解除，即在除息日当日及以后买入的股票不再享有本次股利分配的权利
股利支付日	公司确定的向股东正式发放股利的日期

经典例题

【例题·单选题】甲上市公司2022年度的利润分配方案是每10股派发现金12元，预计公司股利可以10%的速度稳定增长，股东要求的收益率为12%。于股权登记日，甲公司股票的预期价格为（　　）元。

A. 60　　B. 61.2

C. 66　　D. 67.2

【答案】D

【解析】股权登记日，即有权领取本期股利的股东资格登记截止日期。其在除息日之前，因此计算的股票价格中应当包含本次股利金额。即甲公司股票的预期价格 = 1.2 ×（1 + 10%）/（12% − 10%）+ 1.2 = 67.2（元）。

（三）股利分配方案

股利支付形式	决定以现金股利、股票股利还是其他某种形式支付股利
股利支付率	是指股利与净利润的比率，其应当是若干年度的平均值
股利政策的类型	决定采取固定股利政策、稳定增长股利政策还是剩余股利政策
股利支付程序	确定股利宣告日、股权登记日、除息日和股利支付日等

股票股利并不直接增加股东的财富，不会导致公司资产的流出或者负债的增加，同时也不会因此增加公司的财产，但是会引起所有者权益各项目的结构发生变化。因而**股票股利不涉及公司的现金流**。

转增股本则是将资本公积转为股本，对企业而言属于**所有者权益内项目之间的调整**。公司发放股票股利与从资本公积转增股本都会使股东具有相同的股份增持效果，但并未增加股东持有股份的价值。

在除息日，上市公司发放现金股利、股票股利和资本公积转增股本后：

$$\text{股票的除权参考价}=\frac{\text{股权登记日收盘价}-\text{每股现金股利}}{1+\text{送股率}+\text{转增率}}$$

经典例题

【真题·单选题】（2021）甲公司2020年度利润分配方案：向全体股东每10股送2股转增4股并派发现金股利2元。2021年5月12日是股利宣告日，当日收盘价108元；5月18日是股权登记日，当日收盘价107元。甲公司股票的除权参考价为（　　）元/股。

A. 66.75

B. 67.38

C. 76.29

D. 77

【答案】A

【解析】股票的除权参考价 =（股权登记日收盘价 − 每股现金股利）/（1 + 送股率 + 转

第十章

增率）=（107－0.2）÷（1＋0.2＋0.4）=66.75（元）。

【真题·多选题】（2020）甲持有乙公司股票，乙公司2020年利润分配方案是每10股送10股股票股利。假设分红后股价等于除权参考价，下列关于利润分配结果的说法中，正确的有（　　）。

A. 乙股价不变

B. 甲财富不变

C. 甲持有乙的股数不变

D. 甲持有乙的股份比例不变

【答案】BD

【解析】股票股利并不直接增加股东的财富，不会导致公司资产的流出或者负债的增加，同时也不会因此增加公司的财产，但是会引起所有者权益各项目的结构发生变化。从股东持有的股份数量上看，公司发放股票股利与从资本公积转增股本都会使股东具有相同的股份增持效果，但并未增加股东持有股份的价值，选项B、D表述正确。因为分红后股价等于除权参考价，除权参考价＝股权登记收盘价/(1＋10/10)，由式子可以看出股价发生了变化，选项A表述错误。由于发放股票股利导致股数增加，而甲的股份比例不变，所以，甲持有乙公司的股数增加，选项C表述错误。

高频考点5：股票分割与股票回购

★★★

（一）股票分割

股票分割是指将面额较高的股票交换成面额较低的股票的行为，**不属于股利支付方式**。股票分割时，流通在外的**股数增加**，每股**面额下降**。普通股股数增加会引起每股收益和每股市价（假定市盈率不变）的下降，但**公司价值不变**，股东权益总额以及股东权益内部各项目相互间的比例也不会改变。其目的在于：

（1）通过增加股票股数**降低每股市价**，从而吸引更多的投资者。

（2）股票分割往往是**成长中公司的行为**，所以宣布股票分割后给人一种“公司正处于发展中”的印象，这种利好信息会在短时间内提高股价。

尽管股票分割与发放股票股利都能达到降低公司股价的目的，但一般地讲，只有在公司**股价暴涨且预期难以下降**时，才采用股票分割的办法降低股价；而在公司股价上涨幅度不大时，往往通过发放股票股利将股价维持在理想的范围之内。相反，若公司认为自己的股票价格过低，为了提高股价，会采取反分割措施，反分割与分割产生的结果相反，不必单独记忆。

股票分割与股票股利的异同如下：

异同	股票分割	股票股利
不同点	每股面额下降	每股面额不变
	股东权益内部结构不变	股东权益内部结构发生变化
	不属于股利支付方式	属于股利支付方式的一种
相同点	增加流通在外的普通股股数	
	每股市价和每股收益下降	
	资本结构不变（资产、负债、所有者权益的总额均不发生变化）	

经典例题

【真题·多选题】（2021）下列关于股票分割的说法中，正确的有（　　）。

A. 增加股数，减少未分配利润

B. 增加股数，降低每股收益

C. 将面值大的股票换成面值小的股票

D. 降低每股价格，吸引投资者

【答案】BCD

【解析】股票分割是指将面额较高的股票交换成面额较低的股票的行为，不属于股利支付方式。股票分割时，流通在外的股数增加，每股面额下降。如果盈利总额和市盈率不变，则每股收益和每股市价下降，但公司价值不变，股东权益总额以及股东权益内部各项目相互间的比例也不会改变。其目的在于：(1)通过增加股票股数降低每股市价，从而吸引更多的投资者。(2)股票分割往往是成长中公司的行为，所以宣布股票分割后给人一种“公司正处于发展中”的印象，这种利好信息会在短时间内提高股价。综上，选项A错误，选项B、C、D正确。

【真题·多选题】(2018)甲公司拟按1股换2股的比例进行股票分割，分割前后其下列项目中保持不变的有(　　)。

A. 每股收益

B. 股权结构

C. 净资产

D. 资本结构

【答案】BCD

【解析】股票分割时，流通在外的股数增加，每股面额下降。而盈利总额和市盈率不变，则每股收益下降，但公司价值不变，股东权益总额以及股东权益内部各项目相互间的比例也不会改变。

【例题·单选题】甲公司目前普通股400万股，每股面值1元，股东权益总额1 400万元。如果按2股换1股的比例进行股票反分割，下列各项中，正确的是(　　)。

A. 甲公司股数200万股

B. 甲公司每股面值0.5元

C. 甲公司股本200万元

D. 甲公司股东权益总额700万元

【答案】A

【解析】反分割后每股面值 = 1 × 2 = 2(元)，股数 = 400/2 = 200(万股)，股本 = 200 × 2 = 400(万元)，股东权益总额不变，仍为1 400万元。

【例题·单选题】实施股票分割和股票股利产生的效果相似，它们都会(　　)。

A. 降低股票每股面值

B. 减少股东权益总额

C. 降低股票每股价格

D. 改变股东权益结构

【答案】C

【解析】股票分割会降低股票每股面值，股票股利不改变股票每股面值，选项A错误。股票分割和股票股利都不会改变股东权益总额，后者会改变股东权益结构，前者不会，选项B、D错误。股票分割和股票股利都会导致股数的增加，进而降低每股价格，选项C正确。

(二) 股票回购

股票回购是指公司出资购回自身发行在外的股票，使流通在外的股份减少，每股股利增加，从而会使股价上升，股东能因此获得资本利得，这相当于公司支付给股东现金股利，可视为一种现金股利的替代方式，但股票回购与发放现金股利的意义不同。

对股东而言，股票回购后股东得到的资本利得需缴纳资本利得税，当该税率小于收到现金股利需缴纳的股息税时，股东将得到纳税上的好处。

对公司而言，股票回购有利于增加公司的价值：

(1)公司进行股票回购的目的之一是向市场传递股价被低估的信号；

(2)当公司可支配的现金流明显超过投资项目所需的现金流时，可以用自由现金流进行股票回购，有助于提高每股收益；

(3)避免股利波动带来的负面影响；

(4)发挥财务杠杆的作用；

(5)通过股票回购，可以减少外部流通股的数量，提高了股票价格，在一定程度上降低公司被收购的风险；

(6)调节所有权结构。

<table>
<tr><th colspan="3">股票回购的方式</th></tr>
<tr><th>分类标准</th><th>类 别</th><th>备 注</th></tr>
<tr><td rowspan="2">回购的地点</td><td>场内公开收购</td><td rowspan="2">场外协议收购透明度比较低</td></tr>
<tr><td>场外协议收购</td></tr>
<tr><td rowspan="3">回购的对象</td><td>资本市场上随机回购</td><td>最为普遍，但往往受到监管机构的严格监控</td></tr>
<tr><td>向全体股东招标回购</td><td>回购价格通常高于当时股价，成本费用较高</td></tr>
<tr><td>向个别股东协商回购</td><td>必须保持回购价格的公正合理性</td></tr>
<tr><td rowspan="3">筹资方式</td><td>举债回购</td><td rowspan="3">举债回购是指企业通过银行等金融机构借款回购股份；混合回购是指既动用剩余资金，又向银行等金融机构举债来回购本公司股票</td></tr>
<tr><td>现金回购</td></tr>
<tr><td>混合回购</td></tr>
<tr><td rowspan="2">回购价格的确定方式</td><td>固定价格要约回购</td><td>优点是赋予所有股东向公司出售其所持股票的均等机会，而且通常情况下公司享有在回购数量不足时取消计划或延长有效期的权利</td></tr>
<tr><td>荷兰式拍卖回购</td><td>荷兰式拍卖回购在回购价格方面给予公司更大的灵活性</td></tr>
</table>

经典例题

【真题·多选题】（2021）下列关于股票回购的说法中，正确的有（　　）。

A. 股票回购可以降低财务杠杆

B. 股票回购可以调节所有权结构

C. 股票回购能向市场传递股价被低估的信号

D. 股票回购可以避免股利波动带来的负面影响

【答案】BCD

【解析】股票回购会减少股东权益，在负债不变的情况下，会提高资产负债率，提高财务杠杆，选项A表述错误。股票回购后，股本和资本公积减少，盈余公积和未分配利润不变，所有者权益内部结构发生变化，选项B表述正确。股票回购向市场传递了股价被低估的信号，有助于提升股价，选项C表述正确。股票回购，作为现金股利的替代方式，对股东而言，两者是等效的，当企业没有把握能够长期维持高股利政策时，可通过股票回购回馈股东，避免股利波动，选项D表述正确。

【真题·多选题】（2020）下列关于股票回购和现金股利影响的说法中，属于两者共同点的有（　　）。

A. 均减少所有者权益

B. 均降低股票市场价格

C. 均改变所有者权益结构

D. 均减少公司现金

【答案】ACD

【解析】发放现金股利会导致企业未分配利润减少，从而减少所有者权益、改变所有者权益结构，同时，现金流出企业也会降低股票市场价格。股票回购会导致现金流出企业，流通在外的股份减少，减少所有者权益并且改变所有者权益结构，在盈利总额和市盈率不变的情况下，会使每股股利增加，从而使股价上升。选项A、C、D正确，选项B错误。

进阶练习

（一）单选题

1. 甲公司2019年初累计未分配利润 -200万元，2019年末累计实现净利润2 200万元。为了提高利润率，公司计划2020年专心攻克一个优质项目，该项目预计需投资2 000万元，且公司目标资本结构（债务：权益）为3：7。按法律规定，净利润要提取10%的盈余公积金。如果公司采用剩余股利分配政策，2019年应分配的股利是（ ）万元。

A. 1 400 B. 800
C. 1 000 D. 220

2. 2020年，甲公司拟采用剩余股利政策，因此向中介机构咨询相关事宜。专家给出的下列答复中，正确的是（ ）。

A. 在计算股利分配额时，需要考虑2020年末是否有充足的货币资金
B. 奉行剩余股利政策的根本理由是为了保持理想的资本结构，使加权平均资本成本最低
C. 剩余股利政策体现了多盈多分、少盈少分、无盈不分的原则
D. 采用剩余股利政策，需要更多地关注盈利的稳定性和公司的流动性

3. 如果甲公司发行公司债券抵付股利，这种股利属于（ ）。

A. 现金股利 B. 负债股利
C. 财产股利 D. 债券股利

4. 甲公司2019年度的股利分配方案如下：每10股送2股并派发现金股利10元（含税），转增2股。股权登记日收盘价为29元/股。预计甲公司股利的增长速度为10%，并在一定时期内保持稳定。股东要求的收益率为15%。那么在股权登记日，甲公司股票的预期价格为（ ）元。

A. 33.35 B. 20
C. 31.9 D. 23

5. 甲公司目前流通在外的普通股股数有1 000万股，每股面值为1元，所有者权益总额为2 800万元。现拟进行股票反分割，采用的比例为2股换1股，则分割后（ ）。

A. 普通股股数为500万股
B. 每股面值为0.5元
C. 甲公司股东权益总额为1 400万元
D. 股本为500万元

6. 容易造成股利支付额与本期净利相脱节的股利分配政策是（ ）。

A. 剩余股利政策
B. 固定股利或稳定增长股利政策
C. 固定股利支付率政策
D. 低正常股利加额外股利政策

7. 企业采用剩余股利分配政策的根本理由是（ ）。

A. 最大限度地用收益满足筹资的需要
B. 向市场传递企业不断发展的信息
C. 使企业保持理想的资本结构
D. 使企业在资金使用上有较大的灵活性

8. 以下股利分配政策中，最有利于股价稳定的是（ ）。

A. 剩余股利政策
B. 固定股利或稳定增长股利政策
C. 固定股利支付率政策
D. 低正常股利加额外股利政策

9. 某公司采用剩余股利政策分配股利，董事会正在制订2019年度的股利分配方案。在计算股利分配额时，不需要考虑的因素是（ ）。

A. 公司的目标资本结构
B. 2019年末的货币资金
C. 2019年实现的净利润
D. 2020年需要的投资资本

10. 下列关于股利分配理论的说法中，错误的是（ ）。

A. 处于成熟期的企业宣布提高股利支付率，可能会导致股价下跌
B. 根据客户效应理论，通常高收入阶层和风险偏好投资者会选择实施低股利支付率的股票，而养老基金投资者会选择实施高股利支付率的股票
C. 为了缓解经理人员与股东之间的代理冲突，应采用高现金股利支付率政策
D. 根据税差理论，如果不考虑股票交易成本，企业应采取高现金股利比率的分配政策

11. 下列关于股利分配理论的说法中，错误的是（　　）。

A. 税差理论认为，当股票资本利得税与股票交易成本之和大于股利收益税时，应采用高现金股利支付率政策

B. 客户效应理论认为，对于高收入阶层和风险偏好投资者，应采用高现金股利支付率政策

C. “一鸟在手”理论认为，由于股东偏好当期股利收益胜过未来预期资本利得，应采用高现金股利支付率政策

D. 代理理论认为，为解决控股股东和中小股东之间的代理冲突，应采用高现金股利支付率政策

12. 在其他条件相同的情况下，下列关于公司股利政策的说法中，正确的是（　　）。

A. 如果企业没有充足的现金，可以使用资本公积发放股利

B. 股东边际税率较高的公司往往采取低股利支付率政策

C. 在通货膨胀时期公司股利政策往往偏松

D. 从资本成本角度考虑，如果公司有扩大资金的需要，应当采取高股利政策

13. 在净利润和市盈率不变的情况下，公司实行股票反分割导致的结果是（　　）。

A. 每股面额下降

B. 每股收益上升

C. 每股净资产不变

D. 每股市价下降

14. 下列关于股票回购方式的说法中，正确的是（　　）。

A. 场内收购透明度比场外收购低

B. 向全体股东招标回购最为普遍，但往往受到监管机构的严格监控

C. 举债回购是指在动用剩余资金的基础上，又向银行等金融机构举债来回购本公司股票

D. 荷兰式拍卖回购在回购价格方面给予公司更大的灵活性

（二）多选题

1. 固定或稳定增长股利政策是企业将每年派发的股利固定在某一特定水平或是在此基础上维持某一固定增长率从而逐年稳定增长。下列有关固定股利或稳定增长股利政策的表述中，正确的有（　　）。

A. 固定股利或稳定增长股利政策的理论依据是“一鸟在手”理论和客户效应理论

B. 采用固定股利或稳定增长股利政策有利于树立公司良好形象

C. 采用固定股利或稳定增长股利政策可以保持较低的资本成本

D. 固定或稳定增长的股利额有利于投资者安排股利收入和支出

2. 关于实施股票分割和股票股利产生的说法，以下观点正确的有（　　）。

A. 一般地讲，只有在公司股价暴涨且预期难以下降时，才采用股票分割的办法降低股价

B. 股票分割和股票股利都不会改变公司的资本结构

C. 实施股票分割和股票股利是两种不同的股利支付方式

D. 实施股票分割和股票股利都会使每股面额下降

3. 已知存在资本利得税和现金股息税，且后者大于前者，那么，下列关于股票回购的说法中，正确的有（　　）。

A. 股票回购是指公司出资购回自身发行在外的股票，可视为一种现金股利的替代方式，与发放现金股利具有同样的意义

B. 股票回购和现金股利可以为股东带来等额的现金流

C. 股票回购可以向市场传递股价被低估的信号

D. 股票回购和现金股利都能在一定程度上降低管理层的代理成本

4. 下列关于股利分配政策的说法中，正

确的有（　　）。

A. 奉行剩余股利政策的根本理由是为了保持理想的资本结构，使加权平均资本成本最低

B. 采用低正常股利加额外股利政策，股利和盈余不匹配，不利于增强股东对公司的信心

C. 固定股利支付率政策可以使股利和公司盈余紧密配合，增强投资者对公司的信心

D. 采用固定股利或稳定增长股利政策，当盈余较低时，可能导致资金短缺，风险增加

5. 关于股利支付程序，下列说法中正确的有（　　）。

A. 只有在股利宣告日这一天登记在册的股东才有资格领取本期股利

B. 股利宣告日后，股票价格中不包含本次派发的股利

C. 股利支付日是公司确定的向股东发放股利的日期

D. 上市公司在分配股利时，应当先由董事会制订有关方案，提交股东会审议通过后方可对外发布

6. 公司实施剩余股利政策，意味着（　　）。

A. 公司接受了股利无关理论

B. 公司可以保持理想的资本结构

C. 公司统筹考虑了资本预算、资本结构和股利政策等财务基本问题

D. 兼顾了各类股东、债权人的利益

7. 下列各项中，会导致企业采取低股利政策的事项有（　　）。

A. 物价持续上升

B. 金融市场利率走势下降

C. 企业资产的流动性较弱

D. 企业盈余不稳定

8. 甲持有乙公司股票，乙公司 2020 年利润分配方案是每 10 股派发现金股利 2 元，同时以资本公积金向全体股东每 10 股转增 10 股。假设利润分配及资本公积金转增股本后股价等于除权参考价，下列关于利润分配结果的说法中，正确的有（　　）。

A. 甲财富不变

B. 乙股价不变

C. 甲持有乙的股份比例不变

D. 甲持有乙的股数不变

9. 下列关于股票股利、股票分割和股票回购的表述中，正确的有（　　）。

A. 发放股票股利会导致股价下降，因此股票股利会使股票总市场价值下降

B. 如果发放股票股利后股票的市盈率增加，则原股东所持股票的市场价值增加

C. 发放股票股利和进行股票分割对企业的所有者权益各项目的影响是相同的

D. 股票回购本质上是现金股利的一种替代选择，但是两者带给股东的净财富效应不同

10. 下列关于股利分配理论的说法中，错误的有（　　）。

A. 股利理论是基于完美资本市场假设提出的

B. 股利相关论认为，投资者并不关心公司股利的分配，公司价值完全由其投资政策及其获利能力所决定

C. 税差理论认为，投资者的边际税率差异性导致其对待股利政策态度的差异性

D. “一鸟在手”理论认为，企业股利支付率越高，企业权益价值越高

11. 公司基于不同的考虑会采用不同的股利分配政策。采用剩余股利政策的公司更多地关注（　　）。

A. 盈余的稳定性

B. 公司的流动性

C. 投资机会

D. 资本成本

12. 2021 年，甲公司在国内取得了一项特许经营权，依托政策红利形成了一定的行业壁

垒，业绩大幅超过预期，导致 2022 年业绩预告公布后股价暴涨，且预期短时间内难以下降，因此拟采用股票分割的办法降低股价，比例为 1 股换 2 股，分割前后其下列项目中不会发生变化的有（　　）。

A. 内部股权结构　B. 每股收益

C. 净资产　D. 资本结构

13. 甲公司盈利稳定，有多余现金，拟进行股票回购用于将来奖励本公司职工，在其他条件不变的情况下，股票回购产生的影响有（　　）。

A. 每股面额下降

B. 每股收益提高

C. 资本结构变化

D. 自由现金流减少

14. 下列关于股票回购的说法中，正确的有（　　）。

A. 股票回购会影响每股收益

B. 股票回购会影响股东权益的内部结构

C. 股票回购会提高公司的资产负债率

D. 股票回购会向市场传递出股价被高估的信号

（三）计算分析题

1. 甲公司是一家高科技上市公司，流通在外普通股加权平均股数 2 000 万股，2018 年净利润 5 000 万元。为回馈投资者，甲公司董事会正在讨论相关分配方案，资料如下：

方案一：每 10 股发放现金股利 6 元。

方案二：每 10 股发放股票股利 10 股。

预计股权登记日：2019 年 10 月 20 日；除权（除息）日：2019 年 10 月 21 日；现金红利到账日：2019 年 10 月 21 日；新增无限售条件流通股份上市日：2019 年 10 月 22 日。假设甲公司股票 2019 年 10 月 20 日收盘价 30 元。

要求：

（1）如果采用方案一，计算甲公司每股收益、每股股利。如果通过股票回购等额现金支付给股东，回购价格每股 50 元。设计股票回购方案，并简述现金股利与股票回购的异同。

（2）如果采用方案二，计算发放股票股利后甲公司每股收益、每股除权参考价。如果通过股票分割达到同样的每股收益稀释效果，设计股票分割方案，并简述股票股利与股票分割的异同。

2. 甲公司是一家能源类上市公司，当年取得的利润在下年分配。2018 年公司净利润为 10 000 万元。2019 年分配现金股利为 3 000 万元，预计 2019 年净利润为 12 000 万元。2020 年只投资一个新项目，总投资额为 8 000 万元。

要求：

（1）如果甲公司采用固定股利或稳定增长股利政策，以往的股利增长率等于净利润增长率，目前甲公司处于成熟期，那么甲公司 2020 年的分配来源于 2019 年的现金股利为多少？并计算 2019 年净利润的股利支付率。

（2）如果甲公司采用固定股利支付率政策，计算 2019 年净利润的股利支付率。

（3）如果甲公司采用剩余股利政策，目标资本结构是负债/权益等于 2/3，计算 2019 年净利润的股利支付率。

（4）如果甲公司采用低正常股利加额外股利政策，低正常股利为 2 000 万元，额外股利为 2019 年净利润扣除低正常股利后余额的 16%，计算 2019 年净利润的股利支付率。

（5）比较上述各种股利政策的优点和缺点。

进阶练习答案及解析

（一）单选题

1. 【答案】C

【解析】2019 年实现的净利润 = 2 200 - (-200) = 2 400（万元），应当留存的利润 = 2 000 × 70% = 1 400（万元），应发放的现金股利 = 2 400 - 1 400 = 1 000（万元），选项 C

正确。

2.【答案】B

【解析】分配股利的现金问题，是营运资金管理问题，如果现金存量不足，可以通过短期借款解决，与股利分配政策无直接关系，选项 A 错误。固定股利支付率政策体现了多盈多分、少盈少分、无盈不分的原则，选项 C 错误。公司股利政策受到投资机会及其资本成本的双重影响。剩余股利政策就是在公司有着良好的投资机会时，根据一定的目标资本结构（最佳资本结构），测算出投资所需的权益资本，先从盈余当中留用，然后将剩余的盈余作为股利予以分配。可见，剩余股利政策就是更多地从投资机会和资本成本的角度而非盈利的稳定性和公司的流动性考虑，选项 D 错误。选项 B 表述正确。

3.【答案】B

【解析】负债股利指公司以负债支付的股利，通常以公司的应付票据支付给股东，在不得已的情况下也有发行公司债券抵付股利的，选项 B 正确。

4.【答案】D

【解析】股权登记日，即有权领取本期股利的股东资格登记截止日期。其在除息日之前，因此计算的股票价格中应当包含本次股利金额。即甲公司股票的预期价格 $=1\times(1+10\%)/(15\%-10\%)+1=23$（元），选项 D 正确。由于题目问的是股票的预期价格并非是除权参考价，因此其他信息为干扰信息。

5.【答案】A

【解析】反分割后每股面值 $=1\times2=2$（元），股数 $=1\ 000/2=500$（万股），股本 $=500\times2=1\ 000$（万元），股东权益总额不变，仍为 2 800 万元。

6.【答案】B

【解析】固定股利或稳定增长股利政策是企业将每年派发的股利固定在某一特定水平或是在此基础上维持某一固定增长率从而逐年稳定增长。固定股利或稳定增长股利政策的缺点在于股利的支付与盈余相脱节。当盈余较低时仍要支付固定或稳定增长的股利，这可能导致资金短缺，财务状况恶化；同时，不能像剩余股利政策那样保持较低的资本成本。选项 B 正确。

7.【答案】C

【解析】企业采用剩余股利分配政策的根本理由是为了保持理想的资本结构，使加权平均资本成本最低，选项 C 正确。

8.【答案】B

【解析】固定股利或稳定增长股利政策是企业将每年派发的股利固定在某一特定水平或是在此基础上维持某一固定增长率从而逐年稳定增长。固定股利或稳定增长股利政策的理论依据是“一鸟在手”理论和股利信号理论。该理论认为：（1）固定或稳定增长的股利可以消除投资者内心的不确定性，等于向市场传递着公司经营业绩正常或稳定增长的信息，有利于树立公司良好形象，增强投资者对公司的信心，从而使公司股票价格保持稳定或上升。（2）固定或稳定增长的股利有利于投资者安排股利收入和支出，特别是对那些对股利有着很高依赖性的股东更是如此。选项 B 正确。

9.【答案】B

【解析】分配股利的现金问题，是营运资金管理问题，如果现金存量不足，可以通过短期借款解决，与股利分配政策无直接关系，选项 B 所述内容不需要考虑，当选。

10.【答案】D

【解析】根据信号理论，处于成熟期的企业盈利能力相对稳定，此时企业宣布提高股利支付率可能表明企业目前没有很好的项目，预示着成长性趋缓或下降，随着股利支付率的提高，股价应该是下降的，选项 A 正确。根据客户效应理论，边际税率高的投资者（高收入阶层和风险偏好投资者）会选择实施低股利支付率的股票，边际税率低的投资者（低收入阶层及享有税收优惠的养老基金投资者）则会选择实施高股利支付率的股票，选项 B 正确。实施多分配少留存的股利政策，既有利于抑制经理人随意支配自由现金流量的代理成本，也有利于满足股东取得股利收益的愿望，选项 C 正确。根据税差理论，如果不考虑股票交易成本，分配股利的比率越高，股东的股利收益纳税负担会明显高于资本利得纳税负担，企业应采取低现金股利比率的分配政策，以提高留存收益再投资的比率，使股东在实现未来的资本利得中享有税收节省，选项 D 错误，当选。

11. 【答案】B

【解析】客户效应理论认为，边际税率高的投资者（高收入阶层和风险偏好投资者）会选择实施低股利支付率的股票，边际税率低的投资者（低收入阶层及享有税收优惠的养老基金投资者）则会选择实施高股利支付率的股票。

12. 【答案】B

【解析】由于资本保全的限制，企业不能用资本（包括股本和资本公积）发放股利，选项 A 表述错误。边际税率较高的股东出于避税的考虑，往往反对公司发放较多的股利，选项 B 表述正确。在通货膨胀时期公司股利政策往往偏紧，选项 C 表述错误。保留盈余不存在筹资费用，其资本成本低于发行新股。所以，从资本成本角度考虑，如果公司有扩大资金的需要，应当采取低股利政策，选项 D 表述错误。

13. 【答案】B

【解析】股票反分割也称股票合并，是股票分割的相反行为，即将数股面额较低的股票合并为一股面额较高的股票。合并后会导致每股面额上升，每股市价上升，每股收益上升，股东权益总额不变，由于股数减少，所以每股净资产上升，选项 B 正确。

14. 【答案】D

【解析】场外协议收购的缺点是透明度比较低，选项 A 表述错误。资本市场上随机回购的方式最为普遍，但往往受到监管机构的严格监控，选项 B 表述错误。举债回购是指企业通过银行等金融机构借款回购股份；混合回购是指既动用剩余资金，又向银行等金融机构举债来回购本公司股票，选项 C 表述错误。选项 D 表述正确。

（二）多选题

1. 【答案】BD

【解析】固定股利或稳定增长股利政策的理论依据是“一鸟在手”理论和股利信号理论，选项 A 错误。稳定的股利向市场传递着公司正常发展的信息，有利于树立公司良好形象，增强投资者对公司的信心，稳定股票价格；同时稳定的股利额有利于投资者安排股利收入和支出，选项 B、D 正确。采用固定股利或稳定增长股利政策不能像剩余股利政策那样保持较低的资本成本，选项 C 错误。

2. 【答案】AB

【解析】尽管股票分割与发放股票股利都能达到降低公司股价的目的，但一般地讲，只有在公司股价暴涨且预期难以下降时，才采用股票分割的办法降低股价；而在公司股价上涨幅度不大时，往往通过发放股票股利将股价维持在理想的范围之内，选项 A 正确。股票分割和股票股利都不会改变公司的资本结构，但股票分割会导致每股面额下降，股票股利不改变每股面额，选项 B 正确，选项 D 错误。股票股利属于股利支付方式的一种，股票分割不属于股利支付方式，选项 C 错误。

3. 【答案】CD

【解析】股票回购是指公司出资购回自身发行在外的股票，可视为一种现金股利的替代方式，但股票回购与发放现金股利的意义不同，选项 A 错误。对股东而言，股票回购后股东得到的资本利得需缴纳资本利得税，当该税率小于收到现金股利需缴纳的股息税时，股东将得到纳税上的好处，选项 B 错误。选项 C、D 表述正确。

4. 【答案】AD

【解析】采用低正常股利加额外股利政策，当公司盈余较少或投资需用较多资金时，可维持设定的较低但正常的股利，股东不会有股利跌落感；而当盈余有较大幅度增加时，则适度增发股利，把经济繁荣的部分利益分配给股东，有利于增强股东对公司的信心，选项 B 错误。固定股利支付率政策下各年股利变动较大，极易造成公司不稳定的感觉，不利于股价的稳定，选项 C 错误。选项 A、D 表述正确。

5. 【答案】CD

【解析】只有在股权登记日这一天登记在册的股东才有资格领取本期股利，选项 A 错误。除息日指股利所有权与股票本身分离的日期，将股票中含有的股利分配权利予以解除，即在除息日当日及以后买入的股票不再享有本次股利分配的权利，选项 B 错误。选项 C、D 表述正确。

6. 【答案】ABC

【解析】剩余股利政策的依据是股利无关论，选项 A 正确。剩余股利政策就是在公司有着良好的投资机会时，根据一定的目标资本结构（最佳资本结构），测算出投资所需的权益资本，先从盈余当中留用，然后将剩余的盈余作为股利予以分配，选项 B、C 正确。剩余股利政策主要考虑企业投资所需要的目标资金结构，并没有兼顾各类股东和债权人的利益，因为不同股东的诉求不同，债权人则是希望公司能按时足额偿还本金和利息，选项 D 错误。

7. 【答案】ACD

【解析】物价持续上升即通货膨胀，在通胀时期公司股利政策往往偏紧，选项 A 正确。市场利率降低，无论是从通货紧缩的角度还是举债成本降低的角度，都可能会增加股利的支付，选项 B 错误。公司流动性差，则会减少股利的支付，选项 C 正确。盈余稳定的公司相对于盈余不稳定的公司而言，具有较高的股利支付能力，选项 D 正确。

8. 【答案】AC

【解析】资本公积转增股本对企业而言属于所有者权益内项目之间的调整，对股东而言可以按照其所持有股份的比例获得相应的转增股份。从股东持有的股份数量上看，公司发放股票股利与从资本公积转增股本都会使股东具有相同的股份增持效果，但并未增加股东持有股份的价值，选项 A、C 表述正确。由于利润分配及资本公积金转增股本后股价等于除权参考价，除权参考价 =（股权登记收盘价 − 2/10）/（1 + 10/10），由式子可以看出股价发生了变化，选项 B 表述错误。由于资本公积转增股本导致股数增加，而甲的股份比例不变，所以，甲持有乙的股数增加，选项 D 表述错误。

9. 【答案】BD

【解析】假设市盈率和盈利总额不变，发放股票股利会导致股价下降，但股数增加，因此，股票股利不会使股票总市场价值发生变化，选项 A 错误。假设盈利总额不变，如果发放股票股利后股票的市盈率（每股市价/每股收益）增加，则原股东所持股票的市场价值增加，选项 B 正确。发放股票股利会使企业的所有者权益某些项目的金额发生增减变化，而进行股票分割不会使企业的所有者权益各项目的金额发生增减变化，选项 C 错误。股票回购本质上是现金股利的一种替代选择，但是两者的税收效应不同，进而带给股东的净财富效应也不同，选项 D 正确。

10. 【答案】ABC

【解析】股利理论主要分为股利无关论（完全市场理论）和股利相关论，其中股利无关论是基于完美资本市场假设提出的，该理论认为投资者并不关心公司股利的分配，公司价值完全由其投资政策及其获利能力所决定；而股利相关论则是放宽这些假设条件后产生的，选项 A、B 错误，当选。客户效应理论认为，投资者的边际税率差异性导致其对待股利政策态度的差异性；税差理论则是基于现金股利税税率与资本利得税税率存在差异，强调了税收在股利分配中对股东财富的重要作用，选项 C 错误，当选。选项 D 表述正确。

11. 【答案】CD

【解析】公司股利政策受到投资机会及其资本成本的双重影响。剩余股利政策就是在公司有着良好的投资机会时，根据一定的目标资本结构（最佳资本结构），测算出投资所需的权益资本，先从盈余当中留用，然后将剩余的盈余作为股利予以分配。可见，剩余股利政策就是更多地从投资机会和资本成本考虑的。

12. 【答案】ACD

【解析】股票分割时，流通在外的股数增加，每股面额下降。而盈利总额和市盈率不变，则每股收益下降，但公司价值不变，股东权益总额以及股东权益内部各项目相互间的比例也不会改变，即资本结构、内部股权结构、净资产不变，选项 A、C、D 正确。

13. 【答案】BCD

【解析】股票回购时，公司以多余现金购回股东所持有的股份，自由现金流减少，流通在外的股份减少，股东权益减少，资本结构发生变化。盈利不变，所以每股收益提高。选项 B、C、D 正确。股票回购不影响每股面额，选项 A 错误。

14. 【答案】ABC

【解析】股票回购与股票发行作用相反。股票发行被认为是公司股票被高估的信号，如果公司管理层认为公司目前的股价被低估，通过回购股票可以向市场传递积极信息。选项 D 错误。

（三）计算分析题

1. 【答案及解析】

（1）方案一：

每股收益 =5 000/2 000 =2.5（元/股）

每股股利 =6/10 =0.6（元/股）

公司支付的股利总额 =0.6 ×2 000 =1 200（万元）

回购的股数 =1 200/50 =24（万股）

股票回购方案：按每股 50 元的回购价格回购 24 万股股票。

相同点：股票回购是指公司出资购回自身发行在外的股票，可视为一种现金股利的替代方式，股东会得到等额现金，公司的所有者权益总额也都会等额减少。

不同点：股票回购与发放现金股利的意义不同。

①对股东而言，股票回购后股东得到的资本利得需缴纳资本利得税，当该税率小于收到现金股利需缴纳的股息税时，股东将得到纳税上的好处。

②对公司而言，股票回购有利于增加公司的价值。

第一，公司进行股票回购的目的之一是向市场传递股价被低估的信号；

第二，当公司可支配的现金流明显超过投资项目所需的现金流时，可以用自由现金流进行股票回购，有助于提高每股收益；

第三，避免股利波动带来的负面影响；

第四，发挥财务杠杆的作用；

第五，通过股票回购，可以减少外部流通股的数量，提高了股票价格，在一定程度上降低公司被收购的风险；

第六，调节所有权结构。

（2）方案二：

每股收益 =5 000/(2 000 +2 000/10 ×10) =1.25（元/股）

每股除权参考价 =(股权登记日收盘价 - 每股现金股利)/(1 + 送股率 + 转增率) =(30 -0)/(1 +1) =15（元/股）

股票分割方案：按 1 股换成 2 股的比例进行分割。

异同	股票分割	股票股利
相同点	增加流通在外的普通股股数	
	每股市价和每股收益下降	
	资本结构不变（资产、负债、所有者权益的总额均不发生变化）	
不同点	每股面额下降	每股面额不变
	股东权益内部结构不变	股东权益内部结构发生变化
	不属于股利支付方式	属于股利支付方式的一种

2. 【答案及解析】

（1）固定股利或稳定增长股利政策适用于成熟的、盈利充分且获利能力比较稳定的、扩张需求较少的公司。从公司发展的生命周期考虑，稳定增长期的企业可采用稳定增长股利政策，成熟期的企业可采用固定股利政策。

由于甲公司处于成熟期，因此应当采取固定股利政策，甲公司2020年的分配来源于2019年净利润的现金股利仍为3 000万元，2019年股利支付率＝3 000/12 000＝25%。

（2）在固定股利支付率政策下，2019年股利支付率＝2018年股利支付率＝3 000/10 000＝30%

（3）剩余股利政策下应当留存的利润＝8 000×3/(2＋3)＝4 800（万元）

股利支付率＝(12 000－4 800)/12 000＝60%

（4）额外股利＝(12 000－2 000)×16%＝1 600（万元）

股利支付率＝(2 000＋1 600)/12 000＝30%

（5）①剩余股利政策可以保持理想的资本结构，使加权平均资本成本最低。

②固定股利或稳定增长股利政策的理论依据是“一鸟在手”理论和股利信号理论。其优点：

A. 固定或稳定增长的股利可以消除投资者内心的不确定性，等于向市场传递着公司经营业绩正常或稳定增长的信息，有利于树立公司良好形象，增强投资者对公司的信心，从而使公司股票价格保持稳定或上升。

B. 固定或稳定增长的股利有利于投资者安排股利收入和支出，特别是对那些对股利有着很高依赖性的股东更是如此。

固定股利或稳定增长股利政策的缺点：

A. 股利的支付与盈余相脱节。当盈余较低时仍要支付固定或稳定增长的股利，这可能导致资金短缺，财务状况恶化。

B. 同时，不能像剩余股利政策那样保持较低的资本成本。

③固定股利支付率政策，是公司确定一个股利占盈余的比率，长期按此比率支付股利的政策。

优点：股利与公司盈余紧密配合，多盈多分、少盈少分、无盈不分。

缺点：各年股利变动较大，极易造成公司不稳定的感觉，不利于股价的稳定。

④在低正常股利加额外股利政策下，公司一般情况下每年只支付固定的、数额较低的股利，在盈余多的年份，再根据实际情况向股东发放额外股利。但额外股利并不固定化，不意味着公司永久地提高了规定的股利支付率。

采用该政策的理由（优点）：

A. 这种股利政策使公司具有较大的灵活性。当公司盈余较少或投资需用较多资金时，可维持设定的较低但正常的股利，股东不会有跌落感；而当盈余有较大幅度增加时，则可适度增发股利，把经济繁荣的部分利益分配给股东，使他们增强对公司的信心，这有利于稳定股票的价格。

B. 这种股利政策可使那些依靠股利度日的股东每年至少可以得到虽然较低，但比较稳定的股利收入，从而吸引住这部分股东。

第十一章 营运资本管理

2023年教材内容主要变化

2023年第十一章教材内容无变化。

本章近五年考试高频考点分布

本章是财务管理中比较重要的章节，从考试来看本章的题型除客观题外，很有可能会出计算题（从“存货管理”这一节调整至本章后）。最近五年平均考试分值为4.6分。

高频考点内容	年度及题型分布
营运资本筹资策略	2019年单选、2018年多选
最佳现金持有量分析	2022年单选 2021年单选 2019年多选 2018年单选、2018年多选
信用政策分析	2020年多选、2018年多选
存货经济批量分析	2020年计算
商业信用筹资	2020年单选

高频考点精讲

本章是财务管理中比较重要的章节，主要介绍营运资本投资管理和营运资本筹资管理。从章节内容上看，包括了营运资本的三种投资策略以及三种筹资策略、现金管理的目标及方法、三种最佳现金持有量的分析模式、应收款项产生的原因及管理方法、信用政策的构成、信用政策的决策、存货管理的目标及构成、经济订货量的基本模型及其扩展、商业信用筹资、短期债务筹资的特点、短期借款筹资方面的内容等。从考试来看，本章的题型主要是客观题，主观题考点为应收账款的管理和存货管理。

高频考点1：营运资本投资策略★★

种类	流动资产持有情况	流动资产/收入
适中型投资策略	确定最佳投资需要量，也就是短缺成本和持有成本之和最小化的投资额。这种投资策略要求短缺成本和持有成本大体相等。其中，短缺成本是指随着流动资产投资水平降低而增加的成本；持有成本主要是与流动资产相关的机会成本。 适中型投资策略就是按照预期的流动资产周转天数、销售额及其增长、成本水平和通货膨胀等因素确定的最优投资规模，安排流动资产投资	适中
保守型投资策略	企业持有较多的现金和有价证券、充足的存货，提供给客户宽松的付款条件并保持较高的应收账款水平；承担较大的流动资产持有成本，短缺成本较小	较高
激进型投资策略	公司持有尽可能少的现金和小额的有价证券投资；存货上作少量投资；采用严格的销售信用政策或者禁止赊销；节约流动资产持有成本，承担短缺成本等较大风险	较低

经典例题

【例题·单选题】与激进型营运资本投资策略相比，适中型营运资本投资策略的（ ）。

A. 持有成本和短缺成本均较低

B. 持有成本和短缺成本均较高

C. 持有成本较高，短缺成本较低

D. 持有成本较低，短缺成本较高

【答案】C

【解析】适中型营运资本投资策略流动资产/收入比率较高，而激进型营运资本投资策略流动资产/收入比率较低，所以适中型营运资本投资策略要比激进型营运资本投资策略承担更多的持有成本，相应地，承担的短缺成本则较低，选项C正确。

高频考点2：营运资本筹资策略★★★

含义	营运资本筹资策略，是指在总体上如何为流动资产筹资，采用短期资金来源还是长期资金来源，或者兼而有之
衡量指标	通常用经营性流动资产中长期筹资来源的比重来衡量，该比率称为易变现率。 $易变现率=\frac{股东权益+长期债务+经营性流动负债-长期资产}{经营性流动资产}=\frac{长期资金来源-长期资产}{经营性流动资产}$
指标说明	易变现率高，资金来源的持续性强，偿债压力小，管理起来比较容易，称为保守型筹资政策。易变现率低，资金来源的持续性弱，偿债压力大，称为激进型筹资政策。介于保守型和激进型之间的即为适中型筹资策略

流动资产按照投资需求的时间长短分为两部分：稳定性流动资产和波动性流动资产。稳定性流动资产是指那些即使在企业处于经营淡季也仍然需要保留的，用于满足企业长期、稳定运行的流动资产所需的资金。波动性流动资产是那些受季节性、周期性影响的流动资产需要的资金，如季节性存货、销售旺季的应收账款等。

<table>
<tr><th>策略</th><th>特点（文字表示）</th><th>特点（公式表示）</th><th colspan="2">易变现率</th></tr>
<tr><td rowspan="2">适中型筹资策略</td><td rowspan="2">对于波动性流动资产，用临时性负债筹集资金，也就是利用短期银行借款等短期金融负债工具取得资金；对于稳定性流动资产需求和长期资产，用权益资本、长期债务和经营性流动负债筹集。
该策略要求企业的短期金融负债筹资计划严密，实现现金流动与预期安排相一致</td><td>长期资产 + 稳定性流动资产 = 股东权益 + 长期债务 + 经营性流动负债</td><td rowspan="2">营业低谷期易变现率 =1</td><td rowspan="6">营业高峰期易变现率均 <1</td></tr>
<tr><td>波动性流动资产 = 短期金融负债</td></tr>
<tr><td rowspan="2">保守型筹资策略</td><td rowspan="2">短期金融负债只融通部分波动性流动资产的资金需要，另一部分波动性流动资产和全部稳定性流动资产则由长期资金来源支持。极端保守的筹资政策完全不使用短期借款，全部资金都来自于长期资金来源。
该策略是一种风险和收益均较低的营运资本筹资政策</td><td>长期资产 + 稳定性流动资产 < 股东权益 + 长期债务 + 经营性流动负债</td><td rowspan="2">营业低谷期易变现率 >1</td></tr>
<tr><td>波动性流动资产 > 短期金融负债</td></tr>
<tr><td rowspan="2">激进型筹资策略</td><td rowspan="2">短期金融负债不但融通临时性流动资产的资金需要，还解决部分长期性资产的资金需要。极端激进的筹资政策是全部稳定性流动资产都采用短期借款。
该政策下企业资本成本较低，是一种风险和收益均较高的营运资本筹资政策</td><td>长期资产 + 稳定性流动资产 > 股东权益 + 长期债务 + 经营性流动负债</td><td rowspan="2">营业低谷期易变现率 <1</td></tr>
<tr><td>波动性流动资产 < 短期金融负债</td></tr>
</table>

临时性负债属于短期负债，筹资风险大，但资本成本低。临时性负债的占比大小顺序为：激进型筹资策略 > 适中型筹资策略 > 保守型筹资策略。

易变现率数值越小则相对风险越大。

命题点拨

命题角度：营运资本筹资策略的判断

适中型、保守型和激进型三种投资策略的判断属于高频考点，考查时既有直接考查，又有间接考查。在进行复习时，对于三种策略特点的定义要有基本的了解，重点关注其特点，尤其是要掌握有特点的公式表示形式，把握好"长期资产 + 稳定性流动资产"与"股东权益 + 长期债务 + 经营性流动负债"的关系以及"波动性流动资产"与"短期金融负债"的关系，进而理解其营业低谷期易变现率的大小关系。考试时无论直接考察还是间接考察，其实都是围绕其特点展开，学会用公式进行判断，就可以取得该知识点的分数。

经典例题

【真题·单选题】（2021）甲公司实行激进型营运资本筹资政策，下列关于甲公司的说法正确的是（　　）。

A. 波动性流动资产大于短期金融负债

B. 稳定性流动资产小于短期金融负债

C. 营业低谷时，易变现率小于 1

D. 营业高峰时，易变现率大于 1

【答案】C

【解析】激进型营运资本筹资政策下，短期金融负债大于波动性流动资产，选项 A 表述不正确。稳定性流动资产和短期金融负债之间没有联系，选项 B 表述不正确。激进型营运资本筹资政策在营业低谷时的易变现率小于 1，选项 C 表述正确。在营业高峰期，三种营运资本筹资政策易变现率均小于 1，选项 D 表述不正确。

【真题·单选题】（2019）甲公司在生产经营淡季占用 200 万元货币资金、300 万元应收账款、500 万元存货、900 万元固定资产以及 100 万元无形资产（除此以外无其他资产），在生产经营高峰期会额外增加 400 万元季节性存货。经营性流动负债、长期负债和股东权益总额始终保持在 2 000 万元，其余靠短期借款提供资金。甲公司的营运资本筹资策略是（　　）。

A. 适中型策略　　B. 激进型策略

C. 保守型策略　　D. 无法确定

【答案】A

【解析】企业处于经营淡季时，经营性流动资产即为稳定性流动资产，稳定性流动资产+长期资产=200+300+500+900+100=2 000（万元），等于经营性流动负债、长期负债和股东权益总额之和，所以甲公司采用的是适中型策略，选项A正确。

【真题·多选题】（2018）甲公司是季节性生产企业，波动性流动资产等于经营性流动负债和短期金融负债之和。下列关于甲公司营运资本筹资政策的说法中，正确的有（　　）。

A. 甲公司在营业低谷时的易变现率小于1

B. 甲公司采用的是保守型营运资本筹资政策

C. 甲公司在营业高峰时的易变现率等于1

D. 甲公司在生产经营淡季有闲置资金

【答案】BD

【解析】波动性流动资产=经营性流动负债+短期金融负债，即波动性流动资产>短期金融负债，因此甲公司采取的是保守型营运资本筹资政策，选项B正确。保守型营运资本筹资政策下营业低谷期企业的易变现率>1，有闲置资金，选项A错误、选项D正确。无论采用哪种策略，在营业高峰期易变现率均<1，选项C错误。

高频考点3：现金管理的目标及方法★

企业置存现金的原因，主要是满足交易性需要、预防性需要和投机性需要。其中，交易性需要是指满足日常业务的现金支付需要；预防性需要是指置存现金以防发生意外的支付；投机性需要是指置存现金用于不寻常的购买机会。

为了提高现金使用效率，可采用如下现金管理方法：

（1）力争现金流量同步。

（2）使用现金浮游量。

（3）加速收款。

（4）推迟应付账款的支付。

经典例题

【例题·多选题】企业提高现金使用效率可采用的方法有（　　）。

A. 力争现金流量同步

B. 使用现金浮游量

C. 放缓收款

D. 加速应付账款的支付

【答案】AB

【解析】为了提高现金使用效率，可采用如下现金管理方法：（1）力争现金流量同步；（2）使用现金浮游量；（3）加速收款；（4）推迟应付账款的支付。选项A、B表述正确，选项C、D错误。

高频考点4：最佳现金持有量分析

★★★

（一）成本分析模式

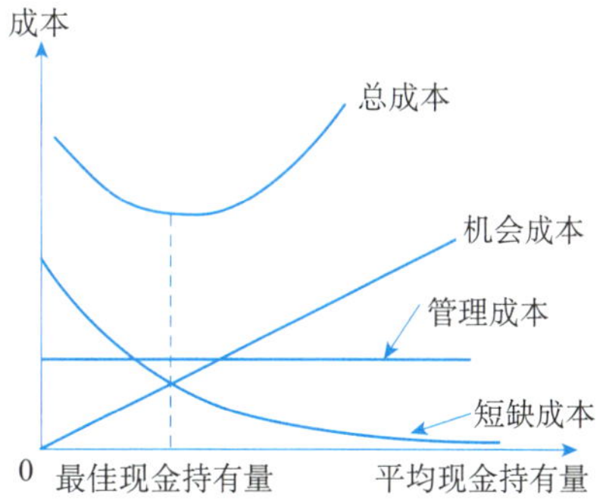

成本分析模式是通过分析持有现金的成本，寻求持有成本最低的现金持有量。企业持有的现金，将会有三种成本：机会成本、管理成本和短缺成本，上述三项成本之和最小的现金持有量就是最佳现金持有量。其中，机会成本与现金持有量成正比，是企业持有现金而无法进行生产经营或其他活动所付出的代价；管理成本是一种固定成本，与现金持有量之间无明显的比例关系；短缺成本是因缺乏必要的现金，不能应付业务开支所需而使企业蒙受损失或为此付出的转换成本等代价，与现金持有量成反比。

经典例题

【真题·多选题】（2019）甲公司采用成本分析模式确定最佳现金持有量。下列说法中，正确的有（　　）。

A. 现金机会成本和短缺成本相等时的现金持有量是最佳现金持有量

B. 现金机会成本和管理成本相等时的现金持有量是最佳现金持有量

C. 现金机会成本最小时的现金持有量是最佳现金持有量

D. 现金机会成本、管理成本和短缺成本之和最小时的现金持有量是最佳现金持有量

【答案】AD

【解析】企业持有的现金，将会有三种成本：机会成本、管理成本和短缺成本，上述三项成本之和最小的现金持有量就是最佳现金持有量，其中，管理成本是一种固定成本，与现金持有量之间无明显的比例关系，选项B错误，选项D正确。根据成本分析模式图可以看出，当现金机会成本和短缺成本相等时的现金持有量是最佳现金持有量，选项A正确，选项C错误。

【例题·多选题】企业采用成本分析模式管理现金，在最佳现金持有量下，下列各项中正确的有（　　）。

A. 机会成本等于短缺成本

B. 机会成本与管理成本之和最小

C. 机会成本与短缺成本之和最小

D. 机会成本等于管理成本

【答案】AC

【解析】由成本分析模式图可知，机会成本、管理成本和短缺成本三项成本之和最小的现金持有量就是最佳现金持有量，而管理成本是固定（不变）成本，所以机会成本与短缺成本之和最小时的现金持有量就是最佳现金持有量，选项A、C正确，选项B、D错误。

（二）存货模式

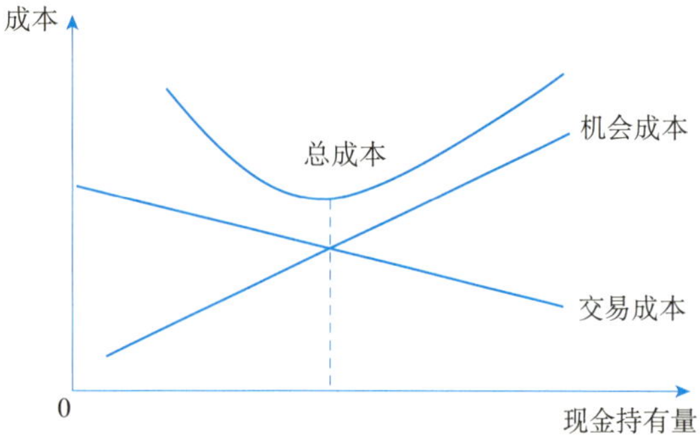

在现金成本构成图上，可以将现金的交易成本与现金的机会成本合并为一条曲线，反映与现金持有量相关的总成本。两条曲线交叉点相应的现金持有量，即是总成本最低的现金持有量。

以C代表各循环期之初的现金持有量，以$C/2$代表各循环期内的现金平均持有量，企业需要合理地确定C，以使现金的相关总成本最低。解决这一问题先要明确三点：

（1）一定期间内的现金需求量用T表示。

（2）每次出售有价证券以补充现金所需的交易成本用F表示，一定时期内出售有价证券的总交易成本$=(T/C)\times F$。

（3）持有现金的机会成本率用K表示，一定时期内持有现金的总机会成本$=(C/2)\times K$。

总成本＝总交易成本＋总机会成本$=(T/C)\times F+(C/2)\times K$

由最佳现金持有量时交易成本＝机会成本，可解出最佳现金持有量$C^*=\sqrt{(2T\times F)/K}$，相应地，最小总成本$=\sqrt{2TFK}$。

现金持有量的存货模式是一种简单、直观的确定最佳现金持有量的方法；但它也有缺点，主要是假定现金的流出量稳定不变，实际上这种情况很少出现。

名师解惑

问：成本分析模式下和存货模式下的最佳现金持有量分别要满足什么条件？

答：成本分析模式下，机会成本、管理成本和短缺成本三项之和最小的现金持有量就是最佳现金持有量，此时机会成本 = 短缺成本。存货模式下，机会成本 = 交易成本时，即为总成本最低的现金持有量。

经典例题

【例题·单选题】甲公司采用存货模式确定最佳现金持有量。在现金需求量保持不变的情况下，当有价证券转换为现金的交易费用从每次 100 元下降至 50 元，有价证券投资报酬率从 4% 上涨至 8% 时，甲公司现金管理应采取的措施是（　　）。

A. 最佳现金持有量保持不变

B. 将最佳现金持有量提高 50%

C. 将最佳现金持有量降低 50%

D. 将最佳现金持有量提高 100%

【答案】C

【解析】存货模式下，最佳现金持有量 $C^* = \sqrt{(2T \times F)/K}$。$K$ 上涨为原来的 2 倍，F 下降为原来的 1/2，根据公式可知，最佳现金持有量 C^* 降低了 50%。

（三）随机模式

随机模式是在现金需求量难以预知的情况下进行现金持有量控制的方法，即制定出现金持有量的上限和下限，将现金量控制在上下限之内。

设 R 为现金返回线，上限为 H，b 为每次有价证券的固定转换成本，i 为有价证券的日利息率，δ 为预期每日现金余额波动的标准差，则：

$$R = \sqrt[3]{\frac{3b\delta^2}{4i}} + L$$

$$H = 3R - 2L$$

下限 L 的确定，则要受到企业每日的最低现金需要、管理人员的风险承受倾向等因素的影响。

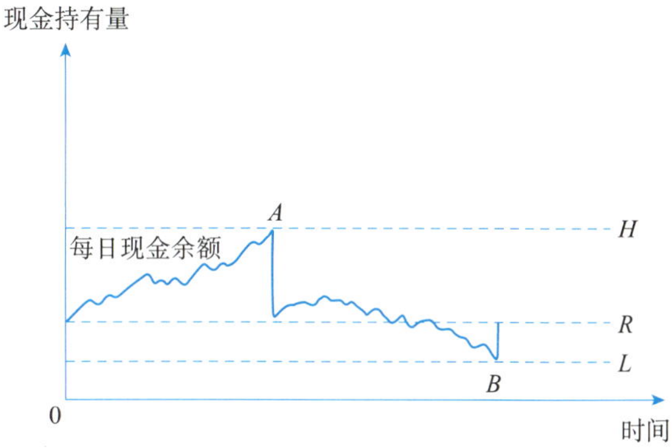

命题点拨

命题角度：随机模式下现金最佳持有量

该考点的考察频率较高，重点考察现金返回线 R、现金持有量上限 H 的计算以及不同现金持有量时应当采取的策略，其解题思路就是：在随机模式下，当现金量达到控制上限时，用现金购入有价证券，使现金持有量下降至返回线；当现金量降到控制下限时，则抛售有价证券换回现金，使现金持有量回升至返回线。若现金持有量在控制的上下限之内，便不必进行现金与有价证券的转换，保持它们各自的现有存量。只要牢记 R 和 H 的公式并掌握上述解题思路，即可保证得分率。

经典例题

【真题·单选题】（2022）甲公司采用随机模式管理现金。现金余额最低 1 500 万元，现金返回线 3 500 万元。当现金余额为 8 500 万元时，应采取的措施是（　　）。

A. 不进行证券买卖

B. 买入证券 5 000 万元

C. 卖出证券 5 000 万元

D. 买入证券 1 000 万元

【答案】B

【解析】现金余额上限 $H = 3R - 2L = 3 \times 3\,500 - 2 \times 1\,500 = 7\,500$（万元）。现金余额为 8 500 万元，超过现金余额上限，因此需买入证券 5 000 万元，使现金余额回到现金返回线，选项B正确。

【例题·单选题】甲公司采用随机模式管理现金。现金余额最低为1 000万元，现金返回线为5 000万元。当现金余额为8 000万元时，应采取的措施是（　　）。

A. 不进行证券买卖

B. 买入证券3 000万元

C. 卖出证券3 000万元

D. 卖出证券5 000万元

【答案】A

【解析】现金余额上限 $H=3R-2L=3\times5\ 000-2\times1\ 000=12\ 000$（万元）。现金余额为8 000万元，未超过现金余额上限，因此不进行证券买卖。

【真题·单选题】（2021）甲公司采用随机模式进行现金管理。管理层认为现金余额最低为1 000万元，现金返回线为5 000万元，现金余额控制的上限应该是（　　）万元。

A. 10 000　　B. 11 000

C. 12 000　　D. 13 000

【答案】D

【解析】现金存量上限 $H=3R-2L=3\times5\ 000-2\times1\ 000=13\ 000$（万元）。

【例题·多选题】甲公司采用随机模式进行现金管理，下列说法中正确的有（　　）。

A. 影响现金返回线的因素包括机会成本与转换成本

B. 当现金余额在上下限之间时，不需要进行现金与有价证券的转换

C. 当现金量达到控制上限时，买入有价证券，使现金持有量回落到控制下限

D. 当现金量达到控制下限时，卖出有价证券，使现金持有量上升到现金返回线

【答案】ABD

【解析】根据现金返回线公式可知，影响现金返回线的因素包括机会成本与转换成本，选项A表述正确。在随机模式下，当现金量达到控制上限时，用现金购入有价证券，使现金持有量下降至返回线；当现金量降到控制下限时，则抛售有价证券换回现金，使现金持有量回升至返回线。若现金持有量在控制的上下限之内，便不必进行现金与有价证券的转换，保持它们各自的现有存量。选项B、D表述正确，选项C错误。

【真题·多选题】（2018）甲公司采用随机模式进行现金管理，确定最低现金持有量是10万元，现金返回线是40万元，下列操作中正确的有（　　）。

A. 当现金余额为50万元时，应用现金10万元买入有价证券

B. 当现金余额为8万元时，应转让有价证券换回现金2万元

C. 当现金余额为110万元时，应用现金70万元买入有价证券

D. 当现金余额为80万元时，不用进行有价证券与现金之间的转换操作

【答案】CD

【解析】在随机模式下，当现金量达到控制上限时，用现金购入有价证券，使现金持有量下降；当现金量降到控制下限时，则抛售有价证券换回现金，使现金持有量回升。若现金持有量在控制的上下限之内，便不必进行现金与有价证券的转换，保持它们各自的现有存量。本题中，下限 L 为10万元，上限 $H=3R-2L=3\times40-2\times10=100$（万元），所以，当现金量大于100万元或小于10万元时，应该进行现金与有价证券的转换，使得现金量回到40万元，选项A、B错误，选项C、D正确。

【真题·单选题】（2018）甲公司采用随机模式进行现金管理。最低现金持有量是100万元，现金返回线是150万元。假设某日甲公司的现金余额是280万元，下列操作中正确的是（　　）。

A. 不操作

B. 买入有价证券30万元

C. 买入有价证券130万元

D. 买入有价证券180万元

【答案】C

【解析】由题可知最低现金持有量 L 为 100 万元，现金返回线 R 为 150 万元，现金持有量上限 $H = 3R - 2L = 3 \times 150 - 2 \times 100 = 250$（万元），现金余额是 280 万元，故需买入有价证券 130 万元。

高频考点 5：应收款项产生的原因及管理方法★

产生原因	商业竞争（主要原因）	只有当应收账款所增加的盈利超过所增加的成本时，才应当实施应收账款赊销
	销售和收款的时间差距	
管理方法	对应收账款回收情况的监督、对坏账损失的事先准备和制定适当的收账政策	实施对应收账款回收情况的监督，可以通过编制账龄分析表进行，利用账龄分析表企业可以了解到： （1）有多少欠款尚在信用期内； （2）有多少欠款超过信用期，超过时间长短的款项各占多少，哪些可能成为坏账

高频考点 6：信用政策分析★★★

（一）信用政策的构成

信用政策	定义	说明
信用期间	企业允许顾客从购货到付款之间的时间，或者说是企业给予顾客的付款期间	信用期的确定，主要是分析改变现行信用期对收入和成本的影响。延长信用期，会使销售额增加，产生有利影响；与此同时，应收账款、收账费用和坏账损失增加，会产生不利影响。当前者大于后者时，可以延长信用期，否则不宜延长
信用标准	是指顾客获得企业的交易信用所应具备的条件。如果顾客达不到信用标准，便不能享受企业的信用或只能享受较低的信用优惠	企业在设定某一顾客的信用标准时，往往先要评估其赖账的可能性，这可以通过“5C”系统来进行。所谓**“5C”系统**，是评估顾客信用品质的五个方面，即：**品质**（character）、**能力**（capacity）、**资本**（capital）、**抵押**（collateral）、**条件**（conditions）。品质指顾客的信誉，能力指顾客的偿债能力，资本指顾客的财务实力和财务状况，条件指可能影响顾客付款能力的经济环境
现金折扣	指企业对顾客在商品价格上所作的扣减。折扣的表示常采用如“5/10、3/20、n/30”这样一些符号形式	其目的在于吸引顾客为享受优惠而提前付款，缩短企业的平均收款期。另外，现金折扣也能招揽一些视折扣为减价出售的顾客前来购货，借此扩大销售量。当企业给予顾客某种现金折扣时，应当考虑折扣所能带来的收益与成本孰高孰低，权衡利弊

（二）信用政策的决策

信用期变动的分析，一方面要考虑对利润表的影响（包括收入、成本和费用）；另一方面要考虑对资产负债表的影响（包括应收账款、存货、应付账款），并且要将对资金占用的影响用“资本成本”转化为“应计利息”，以便统一比较得失。在解题时可能涉及以下计算：

（1）收益的增加（边际贡献的增加）= 销售量的增加 × 单位边际贡献

（2）应收账款应计利息 = 应收账款占用资金 × 资本成本

应收账款占用资金 = 应收账款平均余额 × 变动成本率

应收账款平均余额 = 日销售额 × 平均收现期

应收账款应计利息增加 = 新信用期应计利息 − 原信用期应计利息

(3) 计算收账费用和坏账损失的增加

(4) 存货增加而多占用资金的利息 = 存货增加量 × 单位存货变动成本 × 资金成本

(5) 改变信用期的税前损益 = 收益增加 − 成本费用增加

名师解惑

问：什么是平均收现期？

答：平均收现期即回款时间的加权平均。

(三) 现金折扣决策

现金折扣是企业对顾客在商品价格上所作的扣减。提供现金折扣的主要目的在于吸引顾客为享受优惠而提前付款，缩短企业的平均收现期，另外也能招揽一些视折扣为减价出售的顾客前来购货，借此扩大销售量。进行现金折扣决策的方法和程序与信用政策决策一致，涉及以下步骤：

(1) 收益的增加（边际贡献的增加）= 销售量的增加 × 单位边际贡献

(2) 应收账款占用资金的应计利息 = 日销售额 × 平均收现期 × 变动成本率 × 资本成本

应收账款应计利息增加 = 新信用期应计利息 − 原信用期应计利息

(3) 计算收账费用和坏账损失的增加

(4) 现金折扣成本增加 = 新的销售水平 × 新的现金折扣率 × 享受现金折扣的顾客比例 − 旧的销售水平 × 旧的现金折扣率 × 享受现金折扣的顾客比例

(5) 提供现金折扣后的税前损益 = 收益增加 − 成本费用增加

经典例题

【真题·多选题】(2020) 甲公司准备变更信用政策，拟选用缩短信用期或提供现金折扣两项措施之一，下列关于两项措施相同影响的说法中，正确的有（　　）。

A. 均增加应收账款

B. 均减少收账费用

C. 均增加销售收入

D. 均减少坏账损失

【答案】BD

【解析】缩短信用期会减少销售收入，减少应收账款，也会减少收账费用和坏账损失。现金折扣是企业对顾客在商品价格上所作的扣减，提供现金折扣的主要目的在于吸引顾客为享受优惠而提前付款，缩短企业的平均收现期，减少收账费用和坏账损失；另外也能招揽一些视折扣为减价出售的顾客前来购货，借此扩大销售量，可能会增加销售收入，但不会减少应收账款。选项 B、D 表述正确，选项 A、C 表述错误。

【真题·多选题】(2018) 在下列各项措施中，可降低应收账款周转天数的有（　　）。

A. 提高信用标准

B. 提高现金折扣率

C. 延长信用期限

D. 提高坏账准备计提比率

【答案】AB

【解析】提高信用标准，会使客户的平均信誉度提高，能够降低应收账款周转天数，选项 A 正确。提高现金折扣率，促使更多顾客在折扣期内付款，缩短了平均收现期，因此周转天数降低，选项 B 正确。延长信用期限会增加平均收现期，周转天数提高，选项 C 错误。计算应收账款周转率时不需要扣除坏账准备，所以坏账准备计提比率不影响应收账款周转天数，选项 D 错误。

【例题·单选题】应用“5C”系统评估顾客信用标准时，客户“能力”是指（　　）。

A. 偿债能力　　B. 营运能力

C. 盈利能力　　D. 发展能力

【答案】A

【解析】“5C”系统中的“能力”指的是企业的偿债能力，即其流动资产的数量和质量以及与流动负债的比例。

高频考点 7：存货管理的目标及构成

★★

储备存货的原因有两点：(1) 保证生产或销售的经营需要；(2) 出自价格的考虑。

进行存货管理，就要尽力在各种存货成本与存货效益之间作出权衡，达到两者的最佳结合。这也就是存货管理的目标。

储备存货有关成本	细分	说明
取得成本（$TC_a = F_1 + \frac{D}{Q}K + DU$）	订货成本	存货的固定订货成本与订货次数无关，如常设采购机构的基本开支等，用 F_1 表示；存货的变动订货成本与订货次数有关，如差旅费、邮资等，用 K 表示；订货次数 = 年存货需要量 D 与每次进货量 Q 之比。订货成本 $= F_1 + \frac{D}{Q}K$
	购置成本	存货的购置成本指的是存货本身的价值，经常用数量与单价的乘积来确定。单价用 U 表示，购置成本 $= DU$
储存成本（$TC_c = F_2 + K_c\frac{Q}{2}$）	储存固定成本	固定储存成本与存货数量无关，如仓库折旧，仓库职工的固定月工资等，用 F_2 表示
	储存变动成本	存货的储存变动成本与存货数量相关，包括存货占用资金的应计利息、存货的破损和变质损失、存货的保险费用等，单位成本用 K_c 来表示；$Q/2$ 表示存货的平均储存量
缺货成本（TC_s）	是指由于存货供应中断而造成的损失，表现为紧急额外购入成本	
总成本 $TC = TC_a + TC_c + TC_s = F_1 + \frac{D}{Q}K + DU + F_2 + K_c\frac{Q}{2} + TC_s$，企业存货的最优化，即是使 TC 值最小		

经典例题

【例题·多选题】下列各项中，与企业储备存货有关的成本有（　　）。

A. 取得成本　　B. 储存成本

C. 缺货成本　　D. 管理成本

【答案】ABC

【解析】与企业储备存货有关的成本有取得成本、储存成本和缺货成本，管理成本是企业进行现金管理时会涉及的成本，选项 A、B、C 正确，选项 D 错误。

高频考点 8：存货经济批量分析

★★★

按照存货管理的目的，需要通过合理的进货批量和进货时间，使存货的总成本最低，这个批量叫作经济订货量或经济批量。

（一）经济订货量的基本模型

经济订货量基本模型需要的假设条件	相关公式
（1）企业能够及时补充存货，即需要订货时便可立即取得存货； （2）货物能集中到货，而不是陆续入库； （3）不允许缺货即无缺货成本，$TC_s = 0$，这是因为良好的存货管理本来就不应该出现缺货成本； （4）货物的年需求量稳定，并且能够预测，即 D 为已知常量； （5）存货单价不变，即 U 为已知常量； （6）企业现金充足，不会因现金短缺而影响进货； （7）所需存货市场供应充足，不会因买不到需要的存货而影响其他方面	经济订货量 $Q^* = \sqrt{\frac{2KD}{K_c}}$ 批量有关的存货总成本 $= TC(Q^*) = \sqrt{2KDK_c}$ 最佳订货次数 $N^* = \frac{D}{Q^*}$ 最佳订货周期 $t^* = \frac{1}{N^*}$ 经济订货量占用资金 $I^* = \frac{Q^*}{2} \times U$

经典例题

【例题·多选题】根据存货经济批量模型，下列各项中，导致存货经济订货批量增加的情况有（　　）。

A. 单位储存成本增加

B. 订货固定成本增加

C. 存货年需求量增加

D. 单位订货变动成本增加

【答案】CD

【解析】经济订货量 $Q^* = \sqrt{\frac{2KD}{K_c}}$，由公式可知存货年需求量、单位订货变动成本与经济订货批量为正向变动，选项C、D正确。单位储存成本与经济订货批量为反向变动，选项A错误。

（二）经济订货量基本模型的扩展

在提前订货的情况下，企业再次发出订货单时，尚有存货的库存量，称为再订货点，用 R 来表示。在不存在保险储备的情况下，它的数量等于平均交货时间 L 和每日平均需用量 d 的乘积：$R = L \times d$。订货提前期对经济订货量并无影响，基本模型公式仍然适用。

基本模型是假设存货一次性全部入库，若存货为陆续供应和使用，则需要做一些修改（自制零件与陆续供应原理一致）。假设每批订货数为 Q，每日送货量为 P，则该批货全部送达所需日数为：Q/P，称为送货期。

因零件每日耗用量为 d，故送货期内的全部耗用量为：$Q/P \times d$，由于零件边送边用，所以每批送完时，最高库存量为：$Q - Q/P \times d$，平均存量为 $(Q - Q/P \times d)/2$，则存货陆续供应和使用的经济订货量公式为：

$$Q^* = \sqrt{\frac{2KD}{K_c} \times \frac{P}{P-d}}$$

相应的，存货陆续供应和使用的经济订货量相关总成本公式为：

$$TC(Q^*) = \sqrt{2KDK_c \times (1 - \frac{d}{P})}$$

在上述基础上，按照某一订货批量和再订货点发出订单后，如果需求增加或送货延迟，就会发生缺货或供货中断。为防止由此造成的损失，就需要多储备一些存货以备应急之需，这称为保险储备（安全存量），用 B 表示。

此时，再订货点 R = 平均交货时间 × 平均日需求 + 保险储备 $= L \times d + B$。

研究保险储备的目的，就是要找出合理的保险储备量，使缺货或供应中断损失和储备成本之和最小。方法上可先计算出各不同保险储备量的总成本，然后再对总成本进行比较，选定其中最低的。

如果设与此有关的总成本为 $TC(S、B)$，缺货成本为 C_S，保险储备成本为 C_B，则 $TC(S、B) = C_S + C_B$，设单位缺货成本为 K_U，一次订货缺货量为 S，年订货次数为 N，保险储备量为 B，单位储存变动成本为 K_C，则：

$$C_S = K_U \times S \times N$$

$$C_B = B \times K_C$$

$$TC(S、B) = K_U \times S \times N + B \times K_C$$

现实中，缺货量 S 具有概率性，其概率可根据历史经验估计得出；保险储备量 B 可选择而定。

另外，由于延迟交货引起的缺货，也可以通过建立保险储备量的方法来解决。确定其保险储备量时，可将延迟的天数折算为增加的需求量，其余计算过程与前述方法相同。例如，若企业延迟到货3天的概率为0.01，每日平均需用量为10件，则可认为缺货30件的概率为0.01，这样就把交货延迟问题转换成了需求过量问题。

经典例题

【真题·计算分析题】（2020）甲公司是一家电子产品制造企业，生产需要使用X零件。该零件单价为5元。全年需求量为72 000件（一年按360天计算）。一次订货成本为250元，单位储存成本为1元/年，单位缺货成本为0.5元/次。零件集中到货，从订货至到货需要5天，正常到货概率为100%。在5日交货期内，甲公司零件需求量及概率如下：

需求量（件）	800	1 000	1 200	1 400
概率	10%	40%	30%	20%

如果设置保险设备，以每天平均需求量为最小单位。

要求：

（1）计算X零件的经济订货量、年订货次数，与批量相关的年存货总成本。

（2）计算X零件不同保险储备量的年相关总成本，并确定最佳保险储备量。

【答案及解析】

（1）X的经济订货量 $=\sqrt{2\times72\ 000\times250/1}$ $=6\ 000$（件）

年订货次数 $=72\ 000/6\ 000=12$（次）

与批量相关的年存货总成本 $=\sqrt{2\times72\ 000\times250\times1}=6\ 000$（元）

（2）每天需求量 $=72\ 000/360=200$（件）

交货期内的平均需求量 $=200\times5=1\ 000$（件）

如果不设置保险储备，则再订货点为1 000件：

一次订货的平均缺货量 $=(1\ 200-1\ 000)\times30\%+(1\ 400-1\ 000)\times20\%=140$（件）

年相关总成本 $=140\times0.5\times12=840$（元）

如果设置200件的保险储备时，再订货点为1 200件：

一次订货的平均缺货量 $=(1\ 400-1\ 200)\times20\%=40$（件）

年相关总成本 $=40\times0.5\times12+200\times1=440$（元）

设置400件的保险储备时，再订货点为1 400件：

一次订货的平均缺货量 $=0$

年相关总成本 $=400\times1=400$（元）

综上，设置400件保险储备的相关总成本最低，所以应设置400件的保险储备。

【真题·计算分析题】（2020）甲公司是一家化工生产企业，生产需要X材料。该材料价格2 300元/吨，年需求量3 600吨（一年按360天计算）。一次订货成本600元，单位储存成本300元/年，缺货成本每吨1 000元，运费每吨200元。

材料集中到货，正常到货概率为80%，延迟1天到货概率为10%，延迟2天到货概率为10%。假设交货期内材料总需求量根据每天平均需求量计算。如果设置保险储备，则以每天平均需求量为最小单位。

要求：

（1）计算X材料的经济订货量、年订货次数、与批量相关的年存货总成本。

（2）计算X材料不同保险储备量的年相关总成本，并确定最佳保险储备量。

【答案及解析】

（1）经济订货量 $=\sqrt{2\times3\ 600\times600/300}=120$（吨）

年订货次数 $=3\ 600/120=30$（次）

与批量相关的年存货总成本 $=\sqrt{2\times3\ 600\times600\times300}=36\ 000$（元）

（2）平均每日耗用量 $=3\ 600/360=10$（吨）

不设保险储备时，缺货量 $=10\times10\%+2\times10\times10\%=3$（吨）

年相关总成本 $=3\times30\times1\ 000=90\ 000$（元）

设保险储备为10吨时，缺货量 $=10\times10\%=1$（吨）

年相关总成本 $=1\times30\times1\ 000+10\times300=33\ 000$（元）

设保险储备20吨时，缺货量 $=0$

年相关总成本 $=0\times30\times1\ 000+20\times300=6\ 000$（元）

最佳保险储备量为20吨。

高频考点 9：短期债务筹资的特点★

（1）筹资速度快，容易取得。

（2）筹资富有弹性。

（3）筹资成本较低。

（4）筹资风险高。

高频考点 10：商业信用筹资★★

商业信用是指在商品交易中由于延期付款或预收货款所形成的企业间的借贷关系	
具体形式	应付账款、应付票据、预收账款等
优越性	（1）容易取得； （2）如果没有现金折扣或使用不带息票据，商业信用筹资不负担成本
缺陷	如果有现金折扣，放弃现金折扣时所付出的成本较高

一般而言：

$$放弃现金折扣的成本 = \frac{折扣百分比}{1-折扣百分比} \times \frac{360}{信用期-折扣期}$$

公式表明，放弃现金折扣的成本与折扣百分比的大小、折扣期的长短同方向变化，与信用期的长短反方向变化。可见，如果买方企业放弃折扣而获得信用，其代价是较高的。然而，企业在放弃折扣的情况下，推迟付款的时间越长，其成本便会越小。关于是否放弃现金折扣，通常有以下标准：

（1）如果能以低于放弃折扣的隐含利息成本（实质是一种机会成本）的利率借入资金，便应在现金折扣期内用借入的资金支付货款，享受现金折扣。

（2）如果在折扣期内将应付账款用于短期投资，所得的投资报酬率高于放弃折扣的隐含利息成本，则应放弃折扣而去追求更高的收益。

（3）如果企业因缺乏资金而欲展延付款期，则需在放弃折扣成本降低带来的好处与展延付款期带来的损失之间进行权衡。

（4）如果面对两家以上提供不同信用条件的卖方，应通过衡量放弃现金折扣成本的大小，选择信用成本最小（或所获利益最大）的一家。

经典例题

【真题·单选题】（2020）供应商向甲公司提供的信用条件是“2/30，n/90”，一年按 360 天计算，不考虑复利，甲公司放弃的现金折扣成本是（　　）。

A. 12.24%　　B. 12%

C. 12.88%　　D. 12.62%

【答案】A

【解析】放弃现金折扣的成本 = 折扣百分比 1 − 折扣百分比 × 360 信用期 − 折扣期 = [2%/（1 − 2%）] × [360/（90 − 30）] = 12.24%，选项 A 正确。

高频考点 11：短期借款筹资★★

（一）短期借款的信用条件

信用条件	定义	说明
信贷限额	银行对借款人规定的无担保贷款的最高额	（1）有效期限通常为 1 年，但根据情况也可延期 1 年。 （2）企业在批准限额内可随时使用借款，但银行并不承担必须提供全部信贷限额的义务

续表

信用条件	定义	说明
周转信贷协定	银行具有法律义务的、承诺提供不超过某一最高限额的贷款协定	（1）有效期通常超过1年，但实际上贷款每几个月发放一次，所以具有短期和长期借款的双重特点。 （2）只要未超过最高限额，银行必须满足企业任何时候提出的借款要求。企业享用周转信贷协定，通常要就贷款限额的未使用部分付给银行一笔承诺费
补偿性余额	银行要求借款企业在银行中保持按贷款限额或实际借用额一定百分比的最低存款余额（通常为10%～20%）	（1）从银行的角度讲，补偿性余额可降低贷款风险，补偿遭受的贷款损失。 （2）对借款企业来说，补偿性余额则提高了借款的有效年利率
借款抵押	银行向财务风险较大或对其信誉不太有把握的企业发放贷款，有时需要抵押品担保	（1）银行接受抵押品后，将根据其面值决定贷款金额，一般为30%～90%，具体比例取决于抵押品的变现能力和银行对风险的偏好。 （2）抵押借款的成本＞非抵押借款的成本
偿还条件	贷款的偿还有到期一次偿还和在贷款期内定期（每月、季）等额偿还两种方式	（1）企业不希望采用等额偿还，因为这会提高借款的有效年利率。 （2）银行不希望采用到期一次偿还，因为这会加重企业的财务负担，增加企业拒付风险，降低实际利率
其他承诺	银行有时还要求企业为取得贷款而作出其他承诺	（1）如及时提供财务报表、保持适当的财务水平（如特定的流动比率）等。 （2）企业违背其承诺，银行可要求立即偿还全部贷款

（二）短期借款利率及支付方法

借款利率		借款利率分为优惠利率、浮动优惠利率和非优惠利率
支付方法	收款法	在借款到期时向银行支付利息的方法
	贴现法	是银行向企业发放贷款时，先从本金中扣除利息部分，而到期时借款企业则要偿还借款全部本金的一种计息方法，其贷款有效年利率高于报价利率
	加息法	是银行发放分期等额偿还贷款时采用的利息收取方法。 在分期等额偿还贷款的情况下，银行要将根据报价利率计算的利息加到贷款本金上，计算出贷款的本息和，要求企业在贷款期内分期偿还本息之和的金额。这样，企业所负担的有效年利率高于报价利率大约1倍

名师解惑

问：如何快速记忆不同的支付方法对应的有效年利率？

答：透过现象看本质，可得有效年利率的通用公式＝实际支付的年利息/实际使用的贷款额。

经典例题

【例题·单选题】甲公司与某银行签订周转信贷协议，银行承诺一年内随时满足甲公司最高8 000万元的贷款，承诺费按承诺贷款额度的0.5%于签订协议时交付，公司取得贷款部分已支付的承诺费用在一年后返还，甲公司在签订协议同时申请一年期贷款5 000万元，年利率为8%，按年单利计息，到期一次还本付息，在此期间未使用承诺贷款额度的其他贷款，该笔贷款的实际成本最接近于（　　）。

A. 8.06%　　B. 8.8%

C. 8.37%　　D. 8.3%

【答案】C

【解析】实际支付的年利息＝5 000×8%＝400（万元），由于承诺费按承诺贷款额度（8 000万元）的0.5%于签订协议时交付，则

实际使用的贷款额 = 5 000 - 8 000 × 0.5% = 4 960（万元），未使用部分承诺费 = 3 000 × 0.5% = 15（万元），所以有效年利率 = (400 + 15)/4 960 = 8.37%，选项 C 正确。

进阶练习

（一）单选题

1. 与营运资本筹资策略有关的下列说法中，正确的是（　　）。

A. 采用适中型投资策略的企业营业高峰期易变现率等于 1

B. 营运资本筹资策略分为适中型、稳健型和激进型三种

C. 已知企业波动性流动资产和短期金融负债的金额，可判断出企业所采取的筹资策略

D. 适中型策略是一种风险和收益均较低的营运资本筹资政策

2. 甲公司持有流动资产 1 200 万元，其中，现金、存货和交易性金融资产为 800 万元，应收账款为 200 万元，固定资产为 4 000 万元，每年可以创造 500 万元的收入；甲公司所处行业企业的平均收入为 500 万元，平均持有的流动资产为 500 万元，固定资产为 3 000 万元，则甲公司采取的营运资本投资策略最有可能是（　　）。

A. 平衡型投资策略

B. 保守型投资策略

C. 激进型投资策略

D. 稳健型投资策略

3. 在利用成本分析模式、存货模式或随机模式确定最佳现金持有量时，通常均不涉及（　　）。

A. 机会成本　　B. 交易成本

C. 管理成本　　D. 储存成本

4. 甲公司采用随机模式进行现金管理。考虑到企业每日的最低现金需要、管理人员的风险承受倾向等因素，将现金持有量的下限定为 500 万元，现金返回线 1 000 万元。假设某日甲公司的现金余额是 1 500 万元，下列操作中正确的是（　　）。

A. 不操作

B. 买入有价证券 500 万元

C. 买入有价证券 1 000 万元

D. 买入有价证券 1 500 万元

5. 应用“5C”系统评估顾客信用标准时，客户方面“资本”是指（　　）。

A. 顾客的偿债能力

B. 顾客的财务实力和财务状况

C. 履行偿债义务的可能性

D. 顾客可用作抵押的固定资产的数量和金额

6. 甲公司向银行借款 1 000 万元，年利率为 12%，期限 1 年，到期还本付息，银行要求按借款金额的 10% 保持补偿性余额（银行按 3% 付息）。该借款的有效年利率为（　　）。

A. 11.11%　　B. 12.60%

C. 13%　　D. 13.06%

7. 甲公司全年销售额为 30 000 万元（一年按 300 天计算），变动成本为 24 000 万元，信用政策是 1/20、*n*/30，平均有 40% 的顾客（按销售额计算）享受现金折扣优惠，没有顾客逾期付款。假设等风险投资的必要报酬率为 10%，甲公司应收账款应计的利息是（　　）万元。

A. 2 600　　B. 260

C. 208　　D. 2 080

8. 2019 年 1 月 1 日，甲公司与某银行签订周转信贷协议，银行承诺一年内随时满足甲公司最高 10 000 万元的贷款，年利率 8%，按年单利计息，到期一次还本付息，未使用部分支付 2% 的承诺费。截至 2019 年 12 月 31 日，甲公司借款的金额为 6 000 万元，在此期间未使用承诺贷款额度的其他贷款，该笔贷款的实际成本为（　　）。

A. 8%　　B. 9.33%

C. 9%　　　　D. 8.33%

9. 采用随机模式控制现金持有量，计算现金返回线 R 的各项参数中不包括（　　）。

A. 每次现金与有价证券转换时发生的固定转换成本

B. 现金存量的上限

C. 有价证券的日利率

D. 预期每日现金余额波动的标准差

10. 企业向银行取得一年期贷款 4 000 万元，按 6% 计算全年利息，银行要求贷款本息分 12 个月等额偿还，则该项借款的实际利率大约为（　　）。

A. 6%　　　　B. 10%

C. 12%　　　　D. 18%

11. 某公司持有有价证券的平均年利率为 5%，公司的现金最低持有量为 1 500 元，现金余额的最优返回线为 8 000 元。如果公司现有现金 20 000 元，根据现金持有量随机模型，此时应当投资于有价证券的金额是（　　）元。

A. 0　　　　B. 6 500

C. 12 000　　　　D. 18 500

12. 根据"5C"系统原理，在确定信用标准时，应掌握客户能力方面的信息。下列各项中最能反映客户"能力"的是（　　）。

A. 流动资产的数量、质量及与流动负债的比例

B. 获取现金流量的能力

C. 财务状况

D. 获利能力

13. 根据存货陆续供应与使用模型，下列情形中能够导致经济批量降低的是（　　）。

A. 存货需求量增加

B. 一次订货成本增加

C. 单位储存变动成本增加

D. 每日消耗量增加

14. 某零件年需要量 16 200 件，日供应量 60 件，一次订货成本 25 元，单位储存成本 1 元/年。假设一年为 360 天。需求是均匀的，不设置保险库存并且按照经济订货量进货，则下列各项计算结果中错误的是（　　）。

A. 经济订货量为 1 800 件

B. 最高库存量为 450 件

C. 平均库存量为 225 件

D. 与进货批量有关的总成本为 600 元

15. 应收账款赊销效果的好坏，依赖于企业的信用政策。公司在对是否改变信用期间进行决策时，不需要考虑的因素是（　　）。

A. 等风险投资的最低报酬率

B. 产品变动成本率

C. 应收账款的坏账损失率

D. 公司的所得税税率

16. 运用随机模式和成本分析模式计算最佳现金持有量，均会涉及现金的（　　）。

A. 机会成本　　　　B. 管理成本

C. 短缺成本　　　　D. 交易成本

17. 下列关于现金最优返回线的表述中，正确的是（　　）。

A. 现金最优返回线的确定与企业最低现金每日需求量无关

B. 有价证券利息率增加，会导致现金最优返回线上升

C. 有价证券的每次固定转换成本上升，会导致现金最优返回线上升

D. 当现金的持有量高于或低于现金最优返回线时，应立即购入或出售有价证券

18. 在依据"5C"系统原理确定信用标准时，应掌握客户"能力"方面的信息，下列各项指标中最能反映客户"能力"的是（　　）。

A. 净经营资产利润率

B. 杠杆贡献率

C. 现金流量比率

D. 长期资本负债率

19. 甲公司与乙银行签订了一份周转信贷协定，周转信贷限额为 1 000 万元，借款利率为 6%，承诺费率为 0.5%，甲公司需按照实际借款额维持 10% 的补偿性余额。甲公司年度内使用借款 600 万元，则该笔借款的实际税前资本成本是（　　）。

A. 6%　　　　B. 6.33%

C. 6.67%　　D. 7.04%

20. 甲公司采用存货模式确定最佳现金持有量。如果在其他条件保持不变的情况下，资本市场的投资回报率从 4% 上涨为 16%，那么企业在现金管理方面应采取的对策是（　　）。

A. 将最佳现金持有量提高 29.29%

B. 将最佳现金持有量降低 29.29%

C. 将最佳现金持有量提高 50%

D. 将最佳现金持有量降低 50%

21. 某公司生产所需的零件全部通过外购取得，公司根据扩展的经济订货量模型确定进货批量。下列情形中，能够导致零件经济订货量增加的是（　　）。

A. 供货单位需要的订货提前期延长

B. 每次订货的变动成本增加

C. 供货单位每天的送货量增加

D. 供货单位延迟交货的概率增加

22. 企业采用保守型流动资产投资政策时，流动资产的（　　）。

A. 持有成本较高

B. 短缺成本较高

C. 管理成本较低

D. 机会成本较低

23. 甲公司是一家生产和销售电暖气的企业，夏季是其生产经营淡季，应收票据及应收账款、存货和应付票据及应付账款处于正常状态。根据如下甲公司资产负债表，该企业的营运资本筹资策略是（　　）。

单位：万元

资产	金额	负债及股东权益	金额
货币资金（经营）	30	应付票据及应付账款	100
交易性金融资产	50	长期借款	200
应收票据及应收账款	120	股东权益	300
存货	150		
固定资产	250		
资产总计	600	负债及股东权益总计	600

A. 适中型筹资政策

B. 保守型筹资政策

C. 激进型筹资政策

D. 无法判断

24. 使用成本分析模式确定现金持有规模时，在最佳现金持有量下，现金的（　　）。

A. 机会成本与管理成本相等

B. 机会成本与短缺成本相等

C. 机会成本等于管理成本与短缺成本之和

D. 短缺成本等于机会成本与管理成本之和

25. 甲公司按年利率 10% 向银行借款 1 000 万元，期限 1 年，若银行要求甲公司维持借款金额 10% 的补偿性余额，该项借款的有效年利率为（　　）。

A. 9.09%　　B. 10%

C. 11.11%　　D. 11%

26. 甲公司采用随机模式管理现金。现金余额最低为 1 500 万元，现金返回线为 3 500 万元。当现金余额为 8 500 万元时，应采取的措施是（　　）。

A. 买入证券 5 000 万元

B. 不进行证券买卖

C. 买入证券 3 000 万元

D. 卖出证券 5 000 万元

27. 甲公司全年销售额为 30 000 元（一年按 300 天计算），信用政策是 1/20、n/30，平均有 40% 的顾客（按销售额计算）享受现金折扣优惠，没有顾客逾期付款。甲公司应收账款的平均余额是（　　）元。

A. 2 000　　B. 2 400

C. 2 600　　D. 3 000

28. 甲公司生产产品所需某种材料需求不

稳定，为保障原料的供应，现设置保险储备，确定合理保险储备的依据是（　　）。

A. 缺货成本与保险储备成本之和最小

B. 缺货成本与保险储备成本之差最大

C. 边际保险储备成本小于边际缺货成本

D. 边际保险储备成本大于边际缺货成本

29. 甲公司按 2/10，*n*/40 的信用条件购入货物，该公司放弃现金折扣的年成本（一年按 360 天且按单利计算）是（　　）。

A. 18.37%　　B. 24%

C. 24.49%　　D. 18%

30. 甲公司向银行借款 900 万元，年利率为 8%，期限 1 年，到期还本付息，银行要求按借款金额的 15% 保持补偿性余额（银行按 2% 付息）。该借款的有效年利率为（　　）。

A. 7.70%　　B. 9.06%

C. 9.41%　　D. 10.10%

（二）多选题

1. 甲公司的生产经营存在季节性，经营淡季时，公司的经营性流动资产为 500 万元，相应地，营业低谷时的易变现率为 130%。下列各项说法中，正确的有（　　）。

A. 公司采用的是保守型筹资政策

B. 波动性流动资产部分来源于短期资金

C. 稳定性流动资产全部来源于长期资金

D. 营业低谷时，公司有 650 万元的闲置资金

2. 甲公司是一家制造业企业，其生产和销售的产品具有季节性的特点，通常来说冬季是其生产经营的淡季。2019 年 12 月 31 日，甲公司资产负债表的主要项目如下表所示，应收票据及应收账款、存货和应付票据及应付账款处于正常状态。根据表中信息，以下关于甲公司的说法中正确的有（　　）。

单位：万元

资产	金额	负债及股东权益	金额
货币资金（经营）	45	应付票据及应付账款	200
交易性金融资产	75	长期借款	300
应收票据及应收账款	180	股东权益	400
存货	225		
固定资产	375		
资产总计	900	负债及股东权益总计	900

A. 在甲公司现有的营运资本筹资政策下，持有成本较低

B. 甲公司采取的是保守型营运资本筹资政策

C. 甲公司采取的是激进型营运资本筹资政策

D. 营业低估时，甲公司的易变现率大于 1

3. 根据存货经济批量模型，会引起存货经济订货批量下降的情况有（　　）。

A. 单位储存成本增加

B. 订货固定成本减少

C. 订货提前期缩短

D. 单位订货变动成本减少

4. 甲公司采用随机模式确定最佳现金持有量。已知有价证券的年利息率为 9%（一年按 360 天计算），每次有价证券的转换成本为 10 万元，公司计划最少持有现金 800 万元，且根据历史资料测算出的日现金余额波动的标准差为 0.24 万元。则以下说法正确的有（　　）。

A. 当甲公司持有的现金余额为 860 万元时，应当购入有价证券

B. 甲公司的现金返回线 836 万元

C. 当甲公司持有的现金余额为 790 万元时，应当转让有价证券

D. 当甲公司持有的现金余额为 750 万元时，转让 86 万元的有价证券

5. 甲公司按 2/20，$n/50$ 的信用条件购入货物，假设一年按 360 天且按单利计算，下列说法中正确的有（　　）。

A. 仅从成本角度考虑如果企业决定放弃现金折扣，那么应当在现金折扣日期失效后尽快付款

B. 该公司放弃现金折扣的年成本为 24.49%

C. 如果企业能以低于 18.37% 的利率借入资金，则应当享受现金折扣

D. 该公司放弃现金折扣的年成本为 18.37%

6. 甲公司因生产经营需要，拟设置保险储备，来应对可能出现的原材料短缺风险，下面关于保险储备的说法正确的有（　　）。

A. 若甲公司的原材料为陆续采购和使用，保险储备会对公司的再订货点产生影响

B. 保险储备是为防止由于缺货或供货中断可能造成的损失，而储备一些存货以备应急之需，这一点不同于安全存量

C. 设置保险储备会对甲公司的经济订货量产生影响

D. 决定设置多少保险储备时，需要考虑缺货成本和保险储备成本

7. 在下列各项措施中，能够降低应收账款周转次数的有（　　）。

A. 降低信用标准

B. 取消现金折扣

C. 延长信用期限

D. 提高坏账准备计提比率

8. 关于短期债务筹资的特点，下列说法正确的有（　　）。

A. 筹资速度快，容易取得

B. 筹资富有弹性

C. 筹资成本较低

D. 筹资风险高

9. 下列关于短期借款支付方法的说法中正确的有（　　）。

A. 加息法是指在借款到期时向银行支付利息的方法

B. 贴现法是银行发放分期等额偿还贷款时采用的利息收取方法

C. 采用加息法时，企业所负担的有效年利率高于报价利率大约 1 倍

D. 采用贴现法时，其贷款有效年利率高于报价利率

10. 下列各项中，可以提高现金使用效率的现金管理方法有（　　）。

A. 力争现金流量同步

B. 使用现金浮游量

C. 加速收款

D. 推迟应付账款的支付

11. 下列各项因素中，影响经济订货批量大小的有（　　）。

A. 仓库人员的固定月工资

B. 存货的年耗用量

C. 存货资金的应计利息

D. 保险储备量

12. 放弃现金折扣的成本受折扣百分比、折扣期和信用期的影响。下列各项中，使放弃现金折扣成本提高的情况有（　　）。

A. 信用期、折扣期不变，折扣百分比提高

B. 折扣期、折扣百分比不变，信用期延长

C. 折扣百分比不变，信用期和折扣期等量延长

D. 折扣百分比、信用期不变，折扣期延长

13. 按复利计算负债利率时，实际年利率高于名义年利率的情况有（　　）。

A. 设置偿债基金

B. 使用收款法支付利息

C. 使用贴现法支付利息

D. 使用加息法支付利息

14. 存货模式和随机模式是确定最佳现金持有量的两种方法。对这两种方法的以下表述中，正确的有（　　）。

A. 两种方法都考虑了现金的交易成本和机会成本

B. 存货模式简单、直观，比随机模式有更广泛的适用性

C. 随机模式可以在企业现金未来需要总量和收支不可预测的情况下使用

D. 随机模式确定的现金持有量，更易受到管理人员主观判断的影响

15. 制定企业的信用政策，需要考虑的因素包括（　　）。

A. 等风险投资的最低报酬率

B. 收账费用

C. 存货数量

D. 现金折扣

16. 甲公司生产中使用的 X 标准件，全年共需耗用 9 000 件，该标准件通过自制方式取得。其日产量 50 件，单位生产成本为 50 元；每次生产准备成本为 200 元，固定生产准备成本每年 10 000 元；储存变动成本每件 5 元，固定储存成本每年 20 000 元。假设一年按 360 天计算，下列各项中，正确的有（　　）。

A. 经济生产批量为 1 200 件

B. 经济生产批次为每年 12 次

C. 经济生产批量占用资金为 30 000 元

D. 与经济生产批量相关的总成本是 3 000 元

17. 甲公司采用存货模式确定最佳现金持有量。在有价证券投资报酬率不变的情况下，下列情况，甲公司现金管理采取的措施正确的有（　　）。

A. 在现金需求量保持不变的前提下，当有价证券转换为现金的交易费用从每次 100 元下降至 25 元时，甲公司应当调整最佳现金持有量为原先的一半

B. 在现金需求量保持不变的前提下，当有价证券转换为现金的交易费用从每次 100 元下降至 25 元时，甲公司应当调整最佳现金持有量为原先的 2 倍

C. 在现金需求量保持不变的前提下，当有价证券转换为现金的交易费用从每次 100 元下降至 25 元时，甲公司应当调整最佳现金持有量为原先的 4 倍

D. 若有价证券转换为现金的交易费用从每次 100 元上升至 400 元，且已知最佳现金持有量的金额未发生变化，则甲公司的现金需求量较之前减少了 3/4

18. 与采用激进型营运资本筹资政策相比，企业采用保守型营运资本筹资政策时（　　）。

A. 资金成本较高

B. 易变现率较高

C. 举债和还债的频率较高

D. 蒙受短期利率变动损失的风险较高

19. 甲公司的生产经营存在季节性，公司的稳定性流动资产为 300 万元，营业低谷时的易变现率为 120%。下列各项说法中，正确的有（　　）。

A. 公司采用的是激进型筹资政策

B. 波动性流动资产全部来源于短期资金

C. 稳定性流动资产全部来源于长期资金

D. 营业低谷时，公司有 60 万元的闲置资金

20. 甲公司采用随机模式确定最佳现金持有量，最优现金返回线水平为 7 000 元，现金存量下限为 2 000 元。公司财务人员的下列做法中，正确的有（　　）。

A. 当持有的现金余额为 1 500 元时，转让 5 500 元的有价证券

B. 当持有的现金余额为 5 000 元时，转让 2 000 元的有价证券

C. 当持有的现金余额为 12 000 元时，购买 5 000 元的有价证券

D. 当持有的现金余额为 20 000 元时，购买 13 000 元的有价证券

（三）计算分析题

1. 甲公司是一家机械加工企业，产品生产需要某种材料，年需求量为 720 吨（一年按 360 天计算）。该公司材料采购实行供应商招标制度，年初选定供应商并确定材料价格，供应商根据甲公司指令发货，运输费由甲公司承

担。目前有两个供应商方案可供选择，相关资料如下：

方案一：选择A供应商，材料价格为每吨3 000元，每吨运费为100元，每次订货还需支付航空、路桥等固定运费500元。材料集中到货，正常情况下从订货至到货需要10天，正常到货的概率为50%，延迟1天到货的概率为30%，延迟2天到货的概率为20%，当材料缺货时，每吨缺货成本为50元。如果设置保险储备，以一天的材料消耗量为最小单位。材料单位储存成本为200元/年。

方案二：选择当地B供应商，材料价格为每吨3 300元，每吨运费20元，每次订货还需支付固定运费100元。材料在甲公司指令发出当天即可送达，但每日最大送货量为10吨。材料单位储存成本为200元/年。

要求：

（1）计算方案一的经济订货量；分别计算不同保险储备量的相关总成本，并确定最合理的保险储备量；计算方案一的总成本。

（2）计算方案二的经济订货量和总成本。

（3）从成本角度分析，甲公司应选择哪个方案？

2. 甲公司生产并销售某种产品，目前采用现金销售政策，年销售量为180 000件，产品单价为10元，单位变动成本为6元，年平均存货周转次数（按销售成本计算）为3次，为了扩大销售量，甲公司拟将目前的现销政策改为赊销并提供一定的现金折扣，信用政策为“2/10，*n*/30”，改变信用政策后，年销售量预计提高12%，预计50%的客户（按销售量计算，下同）会享受现金折扣优惠，40%的客户在30天内付款，10%的客户平均在信用期满后20天付款，收回逾期应收账款发生的收账费用为逾期金额的3%，存货周转次数保持不变，应付账款年平均余额将由目前的90 000元增加至110 000元。

等风险投资的必要报酬率为15%，一年按360天计算。

要求：

（1）计算改变信用政策引起的以下项目的变动额：边际贡献、现金折扣成本、应收账款占用资金的应计利息、收账费用、存货占用资金的应计利息、应付账款占用资金的应计利息。

（2）计算改变信用政策引起的税前损益变化，并说明该信用政策改变是否可行。

3. 甲公司是一家汽车挡风玻璃批发商，为5家汽车制造商提供挡风玻璃。该公司总经理为了降低与存货有关的总成本，请你帮助他确定最佳的采购批量。有关资料如下：

（1）挡风玻璃的单位进货成本为1 300元。

（2）全年需求预计为9 900块。

（3）每次订货发出与处理订单的成本为38.2元。

（4）每次订货需要支付运费68元。

（5）每次收到挡风玻璃后需要验货，验货时外聘一名工程师，验货需要6小时，每小时支付工资12元。

（6）为存储挡风玻璃需要租用公共仓库。仓库租金每年2 800元，另外按平均存量加收每块挡风玻璃12元/年。

（7）挡风玻璃为易碎品，损坏成本为年平均存货价值的1%。

（8）公司的年资金成本为5%。

（9）从订货至挡风玻璃到货，需要6个工作日。

（10）在进行有关计算时，每年按300个工作日计算。

要求：

（1）计算每次订货的变动成本。

（2）计算每块玻璃的变动储存成本。

（3）计算经济订货量。

（4）计算与经济订货量有关的存货总成本。

（5）计算再订货点。

4. A公司是一家家用电器零售商，现经营约500种家用电器产品。该公司正在考虑经销一种新的家电产品。据预测该产品年销售量为1 080台，一年按360天计算，平均日销售量为3台；固定的储存成本为2 000元/年，变动的储存成本为100元/台（一年）；固定的订货成本为1 000元/年，变动的订货成本为74.08元/次；公司的进货价格为每台500元，售价为每台580元；如果供应中断，单位缺货成本为80元。

订货至到货的时间为4天，在此期间销售需求的概率分布如下：

需求量（台）	9	10	11	12	13	14	15
概率	0.04	0.08	0.18	0.4	0.18	0.08	0.04

要求：在假设可忽略各种税金影响的情况下计算：

（1）该商品的进货经济批量。

（2）该商品按照经济批量进货时存货平均占用的资金（不含保险储备资金）。

（3）该商品按照经济批量进货的全年存货取得成本和储存成本（不含保险储备成本）。

（4）该商品含有保险储备量的再订货点。

5. ABC公司是一家商业企业。现行的信用政策是40天内全额付款，赊销额平均占销售额的75%，其余部分为立即付现购买。目前的应收账款周转天数为45天（假设一年为360天，根据赊销额和应收账款期末余额计算，下同）。总经理今年1月初提出，将信用政策改为50天内全额付款，改变信用政策后，预期总销售额可增加20%，赊销比例增加到90%，其余部分为立即付现购买。预计应收账款周转天数延长到60天。

改变信用政策预计不会影响存货周转率和销售成本率，目前销货成本占销售额的70%，工资由目前的每年200万元，增加到380万元。除工资以外的营业费用和管理费用目前为每年300万元，预计不会因信用政策改变而变化。上年末的资产负债表如下：

资产负债表

2019年12月31日

资产	金额（万元）	负债及所有者权益	金额（万元）
现金	200	应付账款	100
应收账款	450	银行借款	600
存货	560	实收资本	1 500
固定资产	1 000	未分配利润	10
资产总计	2 210	负债及所有者权益总计	2 210

要求：假设该投资要求的必要报酬率为8.9597%，问公司是否应该改变信用政策？

6. C公司生产和销售甲、乙两种产品。目前的信用政策为“2/15，*n*/30”，有占销售额60%的客户在折扣期内付款并享受公司提供的折扣；不享受折扣的应收账款中，有80%可以在信用期内收回，另外20%在信用期满后10天（平均数）收回。逾期账款的收回，需要支出占逾期账款额10%的收账费用。如果明年继续保持目前的信用政策，预计甲产品销售量为4万件，单价100元，单位变动成本60元；乙产品销售量为2万件，单价300元，单位变动成本240元。

如果明年将信用政策改为“5/10，*n*/20”，预计不会影响产品的单价、单位变动成本和销售的品种结构，而销售额将增加到1 200万元。与此同时，享受折扣的比例将上升至销售额的70%；不享受折扣的应收账款中，有50%可以在信用期内收回，另外50%可以在信用期满后20天（平均数）收回。这些逾期账款的收回，需要支出占逾期账款额10%的收账费用。

该公司应收账款的资金成本为12%。

要求：

（1）假设公司继续保持目前的信用政策，计算其平均收现期和应收账款应计利息（一年按360天计算，计算结果以万元为单位，保留小数点后两位，下同）。

（2）假设公司采用新的信用政策，计算其平均收现期和应收账款应计利息。

（3）计算改变信用政策引起的损益变动净额，并据此说明公司应否改变信用政策。

7. C企业在生产经营淡季，需占用1 250万元的流动资产和1 875万元的固定资产；在生产经营高峰期，会额外增加650万元的季节性存货需求。企业目前有两种营运资本筹资方案。

方案1：权益资本、长期债务和自发性负债始终保持在3 400万元，其余靠短期借款提供资金来源。

方案2：权益资本、长期债务和自发性负债始终保持在3 000万元，其余靠短期借款提供资金来源。

要求：

（1）如采用方案1，计算C企业在营业高峰期和营业低谷时的易变现率，分析其采取的是哪种营运资本筹资政策。

（2）如采用方案2，计算C企业在营业高峰期和营业低谷时的易变现率，分析其采取的是哪种营运资本筹资政策。

（3）比较分析方案1与方案2的优缺点。

8. 深圳德康公司是一家汽车某配件的分销商，该配件在德国生产然后运至深圳。经过测算，预计本年度配件的需求量为15 000个。该配件购进单价为400元（包括运费，单位是人民币，下同）。与定购和储存这些配件相关的资料如下：

（1）上年的订单共33份，总处理成本20 100元，其中固定成本16 140元，预计未来成本性态不变。

（2）对于德国原产地商品进入大陆，每张订单需支付的关税、检查费等总费用为210元。

（3）配件从生产商运抵上海后，需经接收部门的验收。为此，德康公司雇用了一名检验人员，每月支付工资3 000元，每个订单的抽检工作需要6小时，发生的变动费用每小时5元。

（4）公司租借仓库来存储配件，估计成本为每年2 500元，另外加上每件6元。

（5）在储存过程中会出现破损，估计破损成本平均每件54元。

（6）占用资金利息等其他储存成本每件60元。

（7）从发出订单到货物运到上海需要6个工作日。

（8）为防止供货中断，德康公司设置了100件的保险储备。

（9）德康公司每年经营50周，每周营业6天。

要求：

（1）计算经济批量模型公式中的“订货成本”。

（2）计算经济批量模型公式中的“储存成本”。

（3）计算经济订货批量。

（4）计算每年与批量相关的存货总成本。

（5）计算再订货点。

（6）计算每年与储备存货相关的总成本。

进阶练习答案及解析

（一）单选题

1.【答案】C

【解析】无论企业采用哪种投资策略，营业高峰期易变现率均小于1，选项A错误。营运资本筹资策略分为适中型、保守型和激进型三种，选项B错误。根据公式，波动性

流动资产 = 短期金融负债时，企业采取的是适中型筹资策略；波动性流动资产 > 短期金融负债时，企业采取的是保守型筹资策略；波动性流动资产 < 短期金融负债时，企业采取的是激进型筹资策略，选项 C 正确。保守型策略是一种风险和收益均较低的营运资本筹资政策，适中型策略风险和收益均适中，选项 D 错误。

2. 【答案】B

【解析】采取保守型投资策略的企业持有较多的现金和有价证券，以及充足的存货等流动资产。因此其流动资产/收入的数值较高。甲公司的流动资产/收入比大于行业平均值，因此最有可能是保守型投资策略，选项 B 正确。

3. 【答案】D

【解析】企业持有的现金，将会有三种成本，机会成本、管理成本和短缺成本，上述三项成本之和最小的现金持有量就是最佳现金持有量。因此，涉及选项 A、B、C。储存成本是存货管理中涉及的内容，选项 D 不选。

4. 【答案】A

【解析】由题可知最低现金持有量 L 为 500 万元，现金返回线 R 为 1 000 万元，现金持有量上限 $H=3R-2L=3\times1\ 000-2\times500=2\ 000$（万元），现金余额是 1 500 万元，介于 500 万元到 2 000 万元之间，故不进行操作。

5. 【答案】B

【解析】"5C"系统中的"资本"指的是顾客的财务实力和财务状况，表明顾客可能偿还债务的背景，选项 B 正确。选项 A 是"能力"的含义，选项 C 是"品质"的含义。

6. 【答案】C

【解析】实际支付的年利息 $=1\ 000\times12\%-1\ 000\times10\%\times3\%=117$（万元），实际使用的贷款额 $=1\ 000\times(1-10\%)=900$（万元），有效年利率 $=117/900=13\%$，选项 C 正确。

7. 【答案】C

【解析】平均收现期 $=20\times40\%+30\times60\%=26$（天）；应收账款平均余额 = 日销售额 × 平均收现期 $=30\ 000/300\times26=2\ 600$（万元）。变动成本率为 $24\ 000/30\ 000=80\%$，应收账款占用资金 = 应收账款平均余额 × 变动成本率 $=2\ 600\times80\%=2\ 080$（万元），应收账款应计利息 = 应收账款占用资金 × 资本成本 $=2\ 080\times10\%=208$（万元），选项 C 正确。

8. 【答案】B

【解析】实际支付的年利息 $=6\ 000\times8\%=480$（万元），未使用部分承诺费 $=4\ 000\times2\%=80$（万元），有效年利率 $=(480+80)/6\ 000=9.33\%$，选项 B 正确。

9. 【答案】B

【解析】设 R 为现金返回线，b 为每次有价证券的固定转换成本，i 为有价证券的日利息率，δ 为预期每日现金余额波动的标准差，则：$R=\sqrt[3]{\dfrac{3b\delta^2}{4i}}+L$，不包括现金存量上限，选项 B 当选。

10. 【答案】C

【解析】加息法是银行发放分期等额偿还贷款时采用的利息收取方法。在采用该方法付息的条件下，实际利率大约相当于名义利率的 2 倍，选项 C 正确。

11. 【答案】A

【解析】公司持有现金的上限 $H=3R-2L=3\times8\ 000-2\times1\ 500=21\ 000$（元），公司现有现金 20 000 元，小于上限 21 000 元，大于下限 1 500 元，在上下限范围内，保持存量，不进行操作，选项 A 正确。

12. 【答案】A

【解析】能力指顾客的偿债能力，即其流动资产的数量和质量以及与流动负债的比例。

13. 【答案】C

【解析】根据存货陆续供应和使用模型的经济订货量公式 $Q^*=\sqrt{\dfrac{2KD}{K_c}\times\dfrac{P}{P-d}}$ 可以看出，存货需求量（D）增加、每次的订货成本（K）增加、每日消耗量（d）增加都会使经济批量增加，而单位变动储存成本（K_c）增加会使经济批量降低，选项 C 正确。

14. 【答案】D

【解析】根据题意可知，平均日需求量 $d=16\,200/360=45$（件），由于题中告诉了日供应量，因此，本题属于存货陆续供应和使用的情况，$P=60$ 件/天。由经济订货量公式得 $Q^*=\sqrt{\frac{2KD}{K_c}\times\frac{P}{P-d}}=\sqrt{\frac{2\times25\times16\,200}{1}\times\frac{60}{60-45}}=1\,800$（件），选项 A 正确，不选。最高库存量 $=Q-Q/P\times d=1\,800-1\,800\times45/60=450$（件），所以选项 B 正确，不选。平均库存量 $=450/2=225$（件），选项 C 正确，不选。与批量有关的存货总成本 $TC(Q^*)=\sqrt{2KDK_c\times(1-d/P)}=\sqrt{2\times25\times16\,200\times1\times(1-45/60)}=450$（元），选项 D 表述错误，当选。

15. 【答案】D

【解析】信用期变动的分析，一方面要考虑对利润表的影响（包括收入、成本和费用）；另一方面要考虑对资产负债表的影响（包括应收账款、存货、应付账款），并且要将对资金占用的影响用“资本成本”转化为“应计利息”，以便统一比较得失。只要改变信用政策所带来的税前净损益大于 0，就可以改变信用政策，所以不用考虑所得税税率，选项 D 不需考虑，当选。

16. 【答案】A

【解析】成本分析模式下，企业持有的现金将会有三种成本：机会成本、管理成本和短缺成本；在随机模式下，现金返回线 $R=\sqrt[3]{\frac{3b\delta^2}{4i}}+L$，其中，$b$ 为每次有价证券的固定转换成本，i 为有价证券的日利息率，δ 为预期每日现金余额波动的标准差，而有价证券的日利息率，就是机会成本，选项 A 正确。

17. 【答案】C

【解析】现金最优返回线 $R=\sqrt[3]{\frac{3b\delta^2}{4i}}+L$，现金最优返回线的确定与企业最低现金每日需求量有关，选项 A 错误。i 表示的是有价证券的日利息率，它与 R 反向变动，选项 B 错误。b 表示的是有价证券的每次固定转换成本，它与 R 正向变动，选项 C 正确。如果现金的持有量在上下限之内，则不需要购入或出售有价证券，保持存量即可，选项 D 错误。

18. 【答案】C

【解析】“5C”系统中，“能力”指的是顾客的偿债能力，即流动资产的数量和质量以及流动负债的比例。顾客的流动资产越多，其转换为现金支付款项的能力越强。现金流量比率 = 经营活动现金流量净额/流动负债，选项 C 正确。净经营资产净利率 = 税后经营净利润/净经营资产，杠杆贡献率 = 经营差异率 × 净财务杠杆 =（净经营资产净利率 − 税后利息率）× 净负债/股东权益，长期资本负债率 = 非流动负债/（非流动资产 + 股东权益），均与流动资产无关，选项 A、B、D 错误。

19. 【答案】D

【解析】该笔借款的实际税前资本成本 $=(600\times6\%+400\times0.5\%)/[600\times(1-10\%)]=7.04\%$

20. 【答案】D

【解析】在存货模式下，企业的最佳现金持有量 $C^*=\sqrt{2TF/K}$，当 K 从 4% 上涨为 16% 时，最佳现金持有量需要降低 50% 才能保证等式成立，选项 D 正确。

21. 【答案】B

【解析】根据存货陆续供应和使用模型的经济订货量公式 $Q^*=\sqrt{\frac{2KD}{K_c}\times\frac{P}{P-d}}$ 可以看出，每次的订货成本（K）增加会使经济批量增加，选项 B 正确。订货提前期延长与延迟交货的概率增加对经济批量无影响，选项 A、D 错误。送货量 P 增加，经济订货量减少，选项 C 错误。

22. 【答案】A

【解析】保守型流动资产投资策略，就是企业持有较多的现金和有价证券、充足的存货，提供给客户宽松的付款条件并保持较高的应收账款水平。因此承担较大的持有成本，短缺成本较小。其中，持有成本主要是与流动资产相关的机会成本。选项 A 正确。

23. 【答案】B

【解析】企业处于经营淡季时，经营性流动资产即为稳定性流动资产，长期资产 + 稳定性流动资产 = 250 + (30 + 120 + 150) = 550（万元），小于长期资金来源（即股东权益 + 长期债务 + 经营性流动负债）600 万元，因此为保守型营运资本筹资策略。

24. 【答案】B

【解析】企业持有的现金，将会有三种成本：机会成本、管理成本和短缺成本，上述三种成本之和最小的现金持有量就是最佳现金持有量。其中，管理成本是一种固定成本。由成本分析模式图可知，当机会成本 = 短缺成本时，两者之和最小，企业持有的现金成本最小，此时的现金持有量为最佳现金持有量。

25. 【答案】C

【解析】有效年利率 = 10%/(1 - 10%) = 11.11%，选项 C 正确。

26. 【答案】A

【解析】现金余额上限 $H = 3R - 2L = 3 \times 3\ 500 - 2 \times 1\ 500 = 7\ 500$（万元）。现金余额为 8 500（万元），超过现金余额上限，因此应买入证券5 000 万元。

27. 【答案】C

【解析】平均收现期 = 20 × 40% + 30 × 60% = 26（天）；应收账款平均余额 = 日销售额 × 平均收现期 = 30 000/300 × 26 = 2 600（元）。

28. 【答案】A

【解析】研究保险储备的目的，就是要找出合理的保险储备量，使缺货或供应中断损失和储备成本之和最小，选项 A 正确。

29. 【答案】C

【解析】放弃现金折扣的成本 = ［折扣百分比/（1 - 折扣百分比）］ × ［360/（信用期 - 折扣期）］ = ［2%/（1 - 2%）］ × ［360/(40 - 10)］ = 24.49%。

30. 【答案】B

【解析】实际支付的年利息 = 900 × 8% - 900 × 15% × 2% = 69.3（万元），实际使用的贷款额 = 900 × （1 - 15%） = 765（万元），有效年利率 = 69.3/765 = 9.06%，选项 B 正确。

（二）多选题

1. 【答案】ABC

【解析】营业低谷期的易变现率大于 1，说明企业采用的是保守型筹资政策，选项 A 正确。该种政策下，短期金融负债只融通部分波动性流动资产的资金需求，另一部分波动性流动资产和全部稳定性流动资产，则由长期资金来源支持，选项 B、C 正确。营业低谷时，企业易变现率为 130%，且易变现率 = (长期资金 - 长期资产)/经营流动资产，说明长期资金满足了长期资产的需求后，仍有 30% × 500 = 150（万元）的闲置资金，而不是 650 万元，选项 D 错误。

2. 【答案】BD

【解析】企业处于经营淡季时，经营性流动资产即为稳定性流动资产，长期资产 + 稳定性流动资产 = 375 + (45 + 180 + 225) = 825（万元），小于长期资金来源（即股东权益 + 长期债务 + 经营性流动负债）900 万元，因此为保守型营运资本筹资策略，选项 B 正确，选项 C 错误。在该策略下，企业的持有成本较高，短缺成本较低，营业低谷时，易变现率大于 1，选项 A 错误，选项 D 正确。

3. 【答案】AD

【解析】经济订货量 $Q^* = \sqrt{\dfrac{2KD}{K_c}}$，由公式可知单位储存成本与经济订货批量为反向变动，选项 A 正确。单位订货变动成本与经济订货批量为正向变动，选项 D 正确。订货固定成本与订货提前期对经济订货量并无影响，选项 B、C 错误。

4. 【答案】AC

【解析】由题可知，有价证券日利率 = 9%/360 = 0.025%，现金持有量的下限为 800 万元，现金返回线 $R = \sqrt[3]{\dfrac{3b\delta^2}{4i}} + L = \sqrt[3]{\dfrac{3 \times 10 \times 0.24^2}{4 \times 0.025\%}} + 800 = 812$（万元），上限 $H = 3R - 2L = 3 \times 812 -$

第十一章

$2\times800=836$（万元），选项B错误。当甲公司持有的现金余额为860万元时，超过上限836万元，应当购入48万元有价证券，选项A正确。当甲公司持有的现金余额为790万元时，低于下限800万元，应当转让22万元的有价证券，选项C正确。当甲公司持有的现金余额为750万元时，低于下限800万元，应当转让62万元的有价证券，选项D错误。

5.【答案】BC

【解析】企业在放弃折扣的情况下，推迟付款时间越长，成本越小，选项A错误。放弃现金折扣成本 $=\frac{\text{折扣百分比}}{1-\text{折扣百分比}}\times\frac{360}{\text{信用期}-\text{折扣期}}=\frac{2\%}{1-2\%}\times\frac{360}{50-20}=24.49\%$，选项B正确，选项D错误。如果能以低于放弃折扣的隐含利息成本（实质是一种机会成本）的利率借入资金，便应在现金折扣期内用借入的资金支付货款，享受现金折扣，选项C正确。

6.【答案】AD

【解析】再订货点 $R=$ 平均交货时间 $\times$ 平均日需求 $+$ 保险储备 $=L\times d+B$，因此保险储备会对公司的再订货点产生影响，选项A正确。保险储备是为防止由于缺货或供货中断可能造成的损失，而储备一些存货以备应急之需，它与安全存量是同义表述，选项B错误。经济订货量 $Q^*=\sqrt{\frac{2KD}{K_c}}$，其不受保险储备的影响，选项C错误。研究保险储备的目的，就是要找出合理的保险储备量，使缺货或供应中断损失和储备成本之和最小，选项D正确。

7.【答案】ABC

【解析】降低信用标准，会使客户的平均信誉度降低，导致应收账款周转天数增加，应收账款周转次数与应收账款周转天数成反比，因此会降低应收账款周转次数，选项A正确。取消现金折扣会降低顾客快速支付的动力，增加了平均收现期，因此周转天数上升，周转次数下降，选项B正确。延长信用期限会增加平均收现期，周转天数提高，周转次数下降，选项C正确。计算应收账款周转率时不需要扣除坏账准备，所以坏账准备计提比率不影响应收账款周转天数，选项D错误。

8.【答案】ABCD

【解析】短期债务筹资通常具有以下特点：（1）筹资速度快，容易取得；（2）筹资富有弹性；（3）筹资成本较低；（4）筹资风险高。

9.【答案】CD

【解析】收款法是指在借款到期时向银行支付利息的方法，选项A错误。贴现法是银行向企业发放贷款时，先从本金中扣除利息部分，而到期时借款企业则要偿还借款全部本金的一种计息方法，其贷款有效年利率高于报价利率，选项B错误，选项D正确。加息法是银行发放分期等额偿还贷款时采用的利息收取方法，在分期等额偿还贷款的情况下，银行要将根据报价利率计算的利息加到贷款本金上，计算出贷款的本息和，要求企业在贷款期内分期偿还本息之和的金额。这样，企业所负担的有效年利率高于报价利率大约1倍，选项C正确。

10.【答案】ABCD

【解析】为了提高现金使用效率，可采用如下现金管理方法：（1）力争现金流量同步；（2）使用现金浮游量；（3）加速收款；（4）推迟应付账款的支付。

11.【答案】BC

【解析】由经济订货批量公式 $Q^*=\sqrt{\frac{2KD}{K_c}}$ 可知，影响经济订货批量大小的因素包括全年存货需要实物量、存货单位储存成本和每次订货成本。变动储存成本包括存货资金的应计利息、存货的破损和变质损失、存货的保险费等。选项B、C正确。仓库人员的固定月工资属于固定储存成本，保险储备量与经济订货批量大小无关，选项A、D错误。

12.【答案】AD

【解析】一般而言，放弃现金折扣的成本＝［折扣百分比/(1－折扣百分比)］×［360/(信用期－折扣期)］，公式表明，放弃现金折扣的成本与折扣百分比的大小、折扣期的长短同方向变化，与信用期的长短反方向变化。所以选项 A、D 正确，选项 B 错误。信用期和折扣期等量延长不改变放弃现金折扣的成本，选项 C 错误。

13. 【答案】ACD

【解析】设置偿债基金、使用贴现法或加息法支付利息，减少了企业实际可用的资金额，使实际年利率高于名义年利率。其中，偿债基金是指为使年金终值达到既定金额每年末应收付的年金数额。使用收款法支付利息，借款额等于实际的可用额，实际年利率等于名义年利率。

14. 【答案】ACD

【解析】根据计算公式可知，确定最佳现金持有量的存货模式考虑了机会成本和交易成本，随机模式考虑了每次有价证券的固定转换成本（由此可知，考虑了交易成本）以及有价证券的日利率（由此可知，考虑了机会成本），选项 A 正确。现金持有量的存货模式是一种简单、直观的确定最佳现金持有量的方法，但是，由于其假设现金的流出量稳定不变，而实际上这是很少的，因此其普遍应用性较差，选项 B 错误。随机模式是在现金需求量难以预知的情况下进行现金持有量控制的方法，选项 C 正确。随机模式下，现金存量下限的确定要受到企业每日的最低现金需要、管理人员的风险承受倾向等因素的影响，而存货模式并不存在这一问题，所以选项 D 正确。

15. 【答案】ABCD

【解析】信用政策包括信用期间、信用标准和现金折扣政策。信用期的确定，主要是分析改变现行信用期对收入和成本的影响。延长信用期，会使销售额增加，产生有利影响；与此同时，应收账款及其占用资金的机会成本、收账费用和坏账损失增加，会产生不利影响。当前者大于后者时，可以延长信用期，否则不宜延长。计算应收账款占用资金应计利息以及存货占用资金应计利息时，按照等风险投资的最低报酬率作为利息率，所以，四个选项均正确。

16. 【答案】AD

【解析】根据“存货陆续供应和使用”模型，经济批量 $Q^* = \sqrt{\frac{2KD}{K_c} \times \frac{P}{P-d}} = \sqrt{\frac{2 \times 9\,000 \times 200}{5} \times \frac{50}{50 - 9\,000/360}} = 1\,200$（件），选项 A 正确。经济生产批次 $n = D/Q = 9\,000/1\,200 = 7.5$（次），选项 B 错误。经济生产批量占用资金为 $300 \times 50 = 15\,000$（元），选项 C 错误。与经济生产批量相关的总成本 $TC(Q^*) = \sqrt{2KDK_c \times (1 - \frac{d}{P})} = \sqrt{2 \times 9\,000 \times 200 \times 5 \times (1 - \frac{25}{50})} = 3\,000$（元），选项 D 正确。

17. 【答案】AD

【解析】存货模式下，最佳现金持有量 $C^* = (2T \times F)/K$。根据公式可知，交易费用 F 从每次 100 元下降至 25 元时，现金需求量 T 保持不变，则最佳现金持有量 C^* 降低了 50%，即原先的一半，选项 A 正确，选项 B、C 错误。若有价证券转换为现金的交易费用 F 从每次 100 元上升至 400 元，即是原来的 4 倍时，要保持最佳现金持有量 C^* 不变，则甲公司的现金需求量 T 应为之前的 1/4，即减少了 3/4，选项 D 正确。

18. 【答案】AB

【解析】企业采用保守型营运资本筹资政策时，短期金融负债占比较低，蒙受短期利率变动损失的风险也较低，但由于长期负债资本成本高于短期金融负债，因此资金成本较高，选项 A 正确，选项 D 错误。易变现率 =（长期资金 - 长期资产）/经营流动资产，与采用激进型营运资本筹资政策相比，企业采用保守型营运资本筹资政策时，长期资金较多，企业不需要频繁举债和还债，易变现率较高，选项 B 正确，选项 C 错误。

19. 【答案】CD

【解析】营业低谷期的易变现率大于 1，说明企业采用的是保守型筹资政策，选项 A 错误。该种政策下，短期金融负债只融通部分波动性流动资产的资金需求，另一部分波动性流动资产和全部稳定性流动资产，则由长期资金来源支持，选项B错误，选项C正确。营业低谷时，企业易变现率为120%，且易变现率 =（长期资金 - 长期资产）/经营流动资产，说明长期资金满足了长期资产的需求后，仍有60万元（20%×300）的闲置资金，选项D正确。

20. 【答案】AD

【解析】由题可知最低现金持有量L为2 000元，现金返回线R为7 000元，现金持有量上限H = 3R - 2L = 3×7 000 - 2×2 000 = 17 000（元），当现金量大于17 000元或小于2 000元时，应该进行现金与有价证券的转换，使得现金量回到7 000元；而现金量介于2 000元与17 000元之间时，不进行操作，选项A、D正确，选项B、C错误。

（三）计算分析题

1. 【答案及解析】

（1）购置成本 = 年需求量×（单价 + 单位运费）= 720×（3 000 + 100）= 2 232 000（元）

经济订货批量 $Q^* = \sqrt{2KD/K_c} = \sqrt{2 \times 500 \times 720/200} = 60$（吨）

最佳订货次数 = 720÷60 = 12（次）

与批量有关的总成本 $TC(Q^*) = \sqrt{2 \times 500 \times 720 \times 200} = 12\ 000$（元）

每天材料消耗量为720/360 = 2（吨），每次订货缺2吨的概率为30%（延迟一天到货），缺4吨的概率为20%（延迟2天到货）。

①不设置保险储备时：缺货成本 =（2×30% + 4×20%）×12×50 = 840（元），保险储备成本 = 0

$TC(S,B)$ = 缺货成本 + 保险储备成本 = 840（元）

②设置2吨的保险储备时：缺货成本 = 2×20%×12×50 = 240（元），保险储备成本 = 2×200 = 400（元），$TC(S,B)$ = 缺货成本 + 保险储备成本 = 240 + 400 = 640（元）

③设置4吨的保险储备时：缺货成本 = 0，保险储备成本 = 4×200 = 800（元），$TC(S,B)$ = 缺货成本 + 保险储备成本 = 800（元）

经比较，设置2吨保险储备时的缺货成本与保险储备成本之和最低，应设置2吨的保险储备。

方案一的总成本 = 2 232 000 + 12 000 + 640 = 2 244 640（元）

（2）存货陆续供应的经济订货量：

$$Q^* = \sqrt{\frac{2KD}{K_c} \times \frac{P}{P-d}}$$

$$= \sqrt{2 \times 100 \times 720 \div 200 \times 10/(10-2)}$$

$$= 30\text{（吨）}$$

与经济批量有关的存货总成本：

$$TC(Q^*) = \sqrt{2 \times 100 \times 720 \times 200 \times (1-2/10)}$$

$$= 4\ 800\text{（元）}$$

方案二的总成本 = 720×（3 300 + 20）+ 4 800 = 2 395 200（元）

（3）方案一的总成本低于方案二的总成本，应当选择方案一。

2. 【答案及解析】

（1）边际贡献变动额 = 180 000×12%×（10 - 6）= 86 400（元）

现金折扣成本变动额 = 180 000×（1 + 12%）×10×2%×50% = 20 160（元）

平均收账天数 = 10×50% + 30×40% + 50×10% = 22（天）

应收账款占用资金的应计利息变动额 = [180 000×（1 + 12%）×10/360]×22×6/10×15% = 11 088（元）

增加的收账费用 = 180 000×（1 + 12%）×10×10%×3% = 6 048（元）

增加的存货余额 = 180 000×6/3×12% = 43 200（元）

增加的存货占用资金应计利息 = 43 200×15% = 6 480（元）

节约的应付账款占用资金应计利息 =（110 000 - 90 000）×15% = 3 000（元）

（2）改变信用政策引起的税前损益变化：

86 400 - 20 160 - 11 088 - 6 048 - 6 480 + 3 000 = 45 624（元）

因为增加的税前损益大于0，所以该信用资产改变是可行的。

3.【答案及解析】

（1）每次订货的变动成本 $=38.2+68+6\times12=178.20$（元）

（2）每块挡风玻璃的变动储存成本 $=12+1\ 300\times1\%+1\ 300\times5\%=90$（元）

（3）经济订货量 $Q^*=\sqrt{2KD/K_c}=\sqrt{2\times9\ 900\times178.2/90}=198$（块）

（4）与经济批量有关的存货总成本：$TC(Q^*)=\sqrt{2\times9\ 900\times178.2\times90}=17\ 820$（元）

（5）再订货点 R = 交货时间 $L\times$ 每日需求量 $d=(9\ 900/300)\times6=198$（块）

4.【答案及解析】

（1）经济订货量 $=\sqrt{\dfrac{2KD}{K_c}}=\sqrt{\dfrac{2\times1\ 080\times74.08}{100}}=40$（台）

（2）存货占用资金 = 平均存量 × 进货价格 $=40/2\times500=10\ 000$（元）

（3）全年取得成本 = 固定订货成本 + 变动订货成本 + 购置成本 $=1\ 000+(1\ 080/40)\times74.08+1\ 080\times500=543\ 000.16$（元）

全年储存成本 = 固定储存成本 + 变动储存成本 $=2\ 000+100\times40/2=4\ 000$（元）

（4）交货期内平均需求 = 日需求 × 交货时间 $=3\times4=12$（台）

年订货次数 = 年需求量/一次订货批量 $=1\ 080/40=27$（次）

①设保险储存 =0，则：保险储备成本 =0

一次订货期期望缺货量 $=\sum$（缺货量 × 缺货概率）$=(13-12)\times0.18+(14-12)\times0.08+(15-12)\times0.04=0.46$（台）

缺货成本 = 期望缺货量 × 单位缺货成本 × 年订货次数 $=0.46\times80\times27=993.6$（元）

相关总成本 = 保险储存成本 + 缺货成本 $=993.6$（元）

②设保险储备 =1，则：保险储备成本 $=1\times100=100$（元）

一次订货期望缺货量 $=(14-13)\times0.08+(15-13)\times0.04=0.16$（台）

缺货成本 $=0.16\times80\times27=345.6$（元）

相关总成本 = 保险储备成本 + 缺货成本 $=100+345.6=445.6$（元）

③设保险储备 =2，则：保险储备成本 $=100\times2=200$（元）

一次订货期望缺货量 $=(15-14)\times0.04=0.04$（台）

缺货成本 $=0.04\times80\times27=86.4$（元）

相关总成本 = 保险储存成本 + 缺货成本 $=200+86.4=286.4$（元）

④设保险储备 =3，则：保险储备成本 $=100\times3=300$（元）；缺货成本 =0；相关总成本 =300 元。

因此，合理的保险储备量是 2 台（相关总成本最低），即再订货点为 14 台。

5.【答案及解析】

金额单位：万元

项目	当前	变更后	差额
利润变动：			
收入	4 800	5 760	960
销售成本率	70%	70%	
销货成本	3 360	4 032	672
毛利	1 440	1 728	288
固定费用	200	380	180
利润	1 240	1 348	108
应计利息：			
应收账款余额	450	864	414

续表

项目	当前	变更后	差额
销售成本率	70%	70%	
应收账款占用资金	315	604.8	289.8
存货余额	560	672	112
利息率	8.9597%	8.9597%	
应计利息	78.40	114.40	36.00
净损益			72.00

（1）现信用政策年销售收入 = 日赊销额 × 360 天 ÷ 赊销百分比 = (450/45) × 360/75% = 4 800（万元）

改变信用政策后年销售收入 = 4 800 × (1 + 20%) = 5 760（万元）

现信用政策毛利 = 4 800 × (1 − 70%) = 1 440（万元）

改变信用政策后毛利 = 5 760 × (1 − 70%) = 1 728（万元）

毛利增加 = 1 728 − 1 440 = 288（万元）

（2）固定成本增加 = 380 − 200 = 180（万元）

（3）利润增加 = 288 − 180 = 108（万元）

（4）平均应收账款余额增加 = 5 760 × 90% × 60/360 − 450 = 864 − 450 = 414（万元）

（5）应收账款占用资金增加 = 414 × 70% = 289.8（万元）

（6）存货周转率 = 3 360/560 = 6（次）

平均存货增加 = 5 760 × 70% ÷ 6 − 560 = 672 − 560 = 112（万元）

（7）应计利息增加 = (289.8 + 112) × 8.9597% = 36（万元）

（8）净损益 = 108 − 36 = 72（万元）

因此，应当改变信用政策。

6.【答案及解析】

（1）不改变信用政策的平均收现期和应收账款应计利息：

平均收现期 = 60% × 15 + 40% × 80% × 30 + 40% × 20% × 40 = 21.8（天）

应收账款应计利息 = 4 × 100/360 × 21.8 × 60/100 × 12% + 2 × 300/360 × 21.8 × 240/300 × 12% = 5.23（万元）

（2）改变信用政策后的平均收现期和应收账款应计利息：

平均收现期 = 70% × 10 + 30% × 50% × 20 + 30% × 50% × 40 = 16（天）

应收账款应计利息 = 1 200 × 40%/360 × 16 × 60/100 × 12% + 1 200 × 60%/360 × 16 × 240/300 × 12% = 4.61（万元）

（3）每年损益变动额：

增加的收入 = 1 200 − (4 × 100 + 2 × 300) = 200（万元）

增加的变动成本 = (1 200 × 40% × 60/100 − 4 × 60) + (1 200 × 60% × 240/300 − 2 × 240) = 144（万元）

增加的现金折扣 = 1 200 × 70% × 5% − (4 × 100 + 2 × 300) × 60% × 2% = 30（万元）

增加的应收账款应计利息 = 4.6080 − 5.2320 = −0.62（万元）

增加的收账费用 = 1 200 × 30% × 50% × 10% − (4 × 100 + 2 × 300) × 40% × 20% × 10% = 10（万元）

增加的收益额 = 200 − 144 − 30 − (−0.6240) − 10 = 16.62（万元）

由于信用政策改变后增加的收益额大于零，所以，公司应该改变信用政策。

7.【答案及解析】

（1）C 企业在营业低谷的易变现率 = (3 400 − 1 875)/1 250 = 1.22

C 企业在营业高峰的易变现率 = (3 400 − 1 875)/(1 250 + 650) = 0.8

该方案采用的是保守型营运资本筹资

策略。

（2）C 企业在营业低谷的易变现率 $=(3\ 000-1\ 875)/1\ 250=0.9$

C 企业在营业高峰的易变现率 $=(3\ 000-1\ 875)/(1\ 250+650)=0.59$

该方案采用的是激进型营运资本筹资策略。

（3）方案 1 是一种风险和收益均较低的营运资本筹资政策。方案 2 是一种收益性和风险性均较高的营运资本筹资政策。

8. **【答案及解析】**

（1）订货成本 $=(20\ 100-16\ 140)/33+210+6\times5=360$（元）

（2）储存成本 $=6+54+60=120$（元）

（3）经济订货批量 $Q^*=\sqrt{2\times15\ 000\times360/120}=300$（套）

（4）与批量相关的存货总成本

$TC(Q^*)=\sqrt{2\times15\ 000\times360\times120}=36\ 000$（元）

（5）再订货点 $R=L\times D+B=6\times15\ 000/(50\times6)+100=400$（套）

（6）每年与储备存货相关的总成本 $=400\times15\ 000+(360\times15\ 000/300+16\ 140+3\ 000\times12)+(120\times300/2+120\times100+2\ 500)=6\ 102\ 640$（元）

或：$=400\times15\ 000+36\ 000+16\ 140+3\ 000\times12+120\times100+2\ 500=6\ 102\ 640$（元）

第十一章

第十二章　产品成本计算

2023年教材内容主要变化

2023年第十二章教材在以下方面进行了修改和补充：

“第一节　成本的分类”进行重大修改。其余调整个别文字表述，无实质性变化。

本章近五年考试高频考点分布

本章属于成本管理的重点章节。从近五年的考试来看，该章内容不仅在客观题中有所涉及，而且每年都会以计算分析题形式进行考查。最近五年平均考试分值为8.8分。

高频考点内容	年度及题型分布
辅助生产费用的归集和分配	2021年单选、2020年单选
完工产品和在产品的成本分配	2021年计算分析 2020年单选 2019年计算分析 2018年计算分析、2018年单选
联产品和副产品的成本分配	2020年计算分析、2019年单选
产品成本计算的品种法	2020年计算分析
产品成本计算的分步法	2022年计算分析 2020年单选、2020年多选 2019年单选

高频考点精讲

从本章开始进入第二编成本管理领域的学习。本章属于成本管理会计的重点和难点章节，主要介绍了产品成本计算的有关方法。考生应熟练掌握不同成本计算方法的处理原则和计算过程。本章主要内容包括：成本的分类、产品成本的归集和分配、产品成本计算的品种法、产品成本计算的分批法、产品成本计算的分步法。

高频考点1：成本分类★

成本按照不同的分类标准可以分为：制造成本与非制造成本；直接成本与间接成本。

制造成本与非制造成本	制造成本：是指企业在产品制造环节发生的各项成本（基本上只归集制造车间发生的成本），包括直接材料成本、直接人工成本和制造费用 非制造成本：是指企业除产品制造环节以外的其他非制造环节发生的各项成本，包括销售费用、管理费用和财务费用
直接成本与间接成本	直接成本：是指与成本对象直接相关的、可以用经济合理的方式直接追溯到成本对象的成本 间接成本：是指多个成本对象相关联，不能用一种经济合理的方式直接追溯到某一特定成本对象，而需要采用一定的分配方法在相关成本对象之间进行分配的成本

【注意】当产品成本计算方法采用制造成本法时，产品成本与制造成本内容一致；但当采用变动成本法等其他方法时，产品成本与制造成本内容不一致。

名师解惑

问：老师，如何区分直接材料成本、直接人工成本和制造费用？

答：直接材料成本和直接人工成本都是能够直接追溯到每个产品的成本，例如制造一辆汽车所耗用的钢材成本以及在该汽车装配过程中支付给工人的工资和福利；制造费用是为组织和管理生产而发生的各项间接费用，通常无法直接追溯到每个产品，需要采用合理方法将其分配到各个产品，包括间接材料成本、间接人工成本和其他制造费用。

经典例题

【例题·多选题】甲企业是一家汽车制造企业，其在生产汽车过程中所耗用的轮胎属于（　　）。

A. 制造成本　　B. 非制造成本

C. 产品成本　　D. 期间成本

【答案】AC

【解析】生产汽车过程中所耗用的轮胎属于直接材料，可以归类为制造成本或产品成本。

高频考点2：辅助生产费用的分配方法★★★

（一）直接分配法

直接分配法是将各辅助生产车间归集的辅助生产费用直接分配给辅助生产以外的各个受益单位或产品，而不考虑辅助生产车间内部相互提供的劳务量。分配率计算公式如下：

分配率＝辅助生产费用总额/(辅助生产的产品或劳务总量－对其他辅助部门提供的产品或劳务量)

各受益车间、产品或部门应分配的费用＝分配率×该车间、产品或部门耗用量

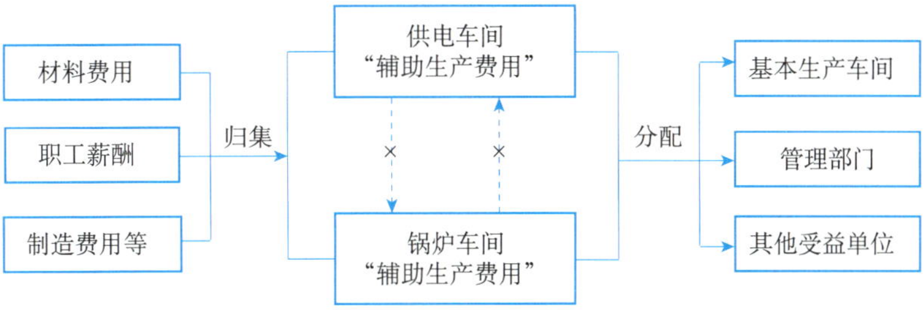

（二）一次交互分配法

一次交互分配法是考虑辅助生产车间内部相互提供的劳务量，对各辅助生产车间发生的辅助生产费用进行两次分配的方法。首先，在各辅助生产车间之间进行交互分配；然后，在辅助生产车间以外的各受益单位进行一次对外分配。分配率计算公式如下：

交互分配前的分配率＝交互分配前的辅助生产费用总额/辅助生产的产品或劳务总量

交互分配后的辅助生产费用总额＝交互分配前的辅助生产费用总额＋转入的成本费用－转出的成本费用

交互分配后的分配率＝交互分配后的辅助生产费用总额/（辅助生产的产品或劳务总量－对其他辅助部门提供的产品或劳务量）

各受益车间、产品或部门应分配的费用＝交互分配后的分配率×该受益车间、产品或部门耗用量

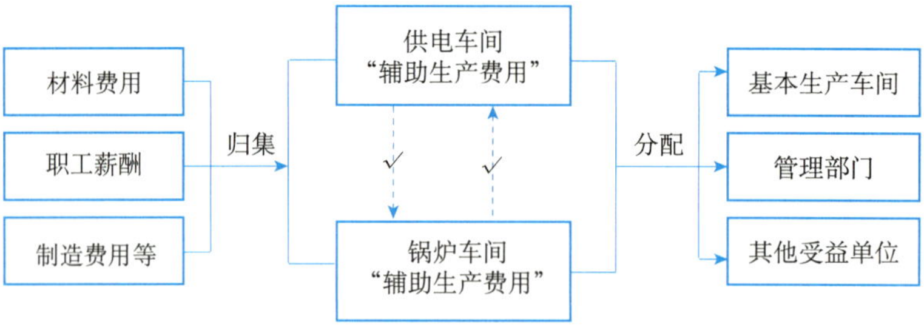

（三）两种分配方法各自的优缺点

直接分配法	优点：各辅助生产费用只对外分配，计算工作简便
	缺点：当辅助生产车间相互提供产品或劳务量差异较大时，分配结果往往与实际不符
交互分配法	优点：进行了辅助生产内部的交互分配，提高了分配结果的准确性
	缺点：各辅助生产费用要进行两次分配，增加了计算工作量

经典例题

【真题·单选题】（2021）甲公司生产X产品，设有供电和锅炉两个辅助生产车间。2021年7月，供电车间发生生产费用315 000元，供电450 000度，其中锅炉车间30 000度、X产品320 000度、基本生产车间60 000度、行政管理部门40 000度；锅炉车间发生生产费用119 000元，提供热力蒸汽150 000吨，其中供电车间10 000吨、X产品100 000吨、基本生产车间25 000吨、行政管理部门15 000吨。甲公司采用直接分配法分配辅助生产成本，供电车间的分配率是（　　）元/度。

A. 0.70　　B. 0.72

C. 0.75　　D. 0.85

【答案】C

【解析】直接分配法是直接将辅助生产车间发生的费用分配给辅助生产以外的各个受益单位或产品，不考虑辅助生产内部相互提供的劳务量。因此，直接分配法下供电车间的分配率＝315 000÷（450 000－30 000）＝0.75（元/度）

【真题·单选题】（2020）甲公司基本生产车间生产X和Y两种产品，供电和锅炉两个辅助生产车间分别为X产品、Y产品、行政管理部门提供动力和蒸汽，同时也相互提供服务。若采用直接分配法分配辅助生产费用，供电车间的生产费用不应分配给（　　）。

A. X产品

B. Y产品

C. 行政管理部门

D. 锅炉辅助生产车间

【答案】D

【解析】采用直接分配法分配辅助生产费用时，无须考虑辅助生产内部相互提供的劳务量，而是直接将各辅助生产车间发生的费用分配给辅助生产以外的各个受益单位或产品。由于本题涉及供电和锅炉两个辅助生产车间，供电车间的生产费用不应分配给锅炉车间，选项D当选。

【例题·多选题】甲公司有供电、燃气两个辅助生产车间，公司采用交互分配法分配辅助生产成本。本月供电车间供电20万度，成本费用为10万元，其中燃气车间耗用1万度电；燃气车间供气10万吨，成本费用为20万元，其中供电车间耗用0.5万吨燃气。下列计算中，正确的有（　　）。

A. 供电车间分配给燃气车间的成本费用为0.5万元

B. 燃气车间分配给供电车间的成本费用为1万元

C. 供电车间对外分配的成本费用为9.5万元

D. 燃气车间对外分配的成本费用为19.5万元

【答案】ABD

【解析】供电车间分配给燃气车间的成本费用 = 10/20 × 1 = 0.5（万元），选项A正确；燃气车间分配给供电车间的成本费用 = 20/10 × 0.5 = 1（万元），选项B正确；供电车间对外分配的成本费用 = 10 − 0.5 + 1 = 10.5（万元），选项C错误；燃气车间对外分配的成本费用 = 20 − 1 + 0.5 = 19.5（万元），选项D正确。

高频考点3：完工产品和在产品的六种成本分配方法★

（一）基本原理

月初在产品成本 + 本月发生的生产费用 = 本月完工产品成本 + 月末在产品成本

（二）分配方法

方法	适用范围	划分方法
不计算在产品成本	是指对月末在产品成本忽略不计。适用于月末在产品数量很少，价值很低，并且各月在产品数量比较稳定	本月完工产品成本 = 本月发生的生产费用 月末在产品成本 = 0
在产品成本按年初数固定计算	是指对月末在产品成本按照固定数计算。适用于月末在产品数量很少，或者在产品数量虽多但各月之间在产品数量变动不大，月初、月末在产品成本的差额对完工产品成本影响不大的情况	本月完工产品成本 = 本月发生的生产费用 月末在产品成本 = 年初固定数
在产品成本按其所耗用的原材料费用计算	是指在产品成本按所耗用的原材料费用计算，其他费用全部由完工产品成本负担。适用于原材料费用在产品成本中所占比重较大，并且原材料是在生产开始时一次全部投入的情况下使用	本月完工产品成本 = 本月完工产品应分配的材料费用 + 本月发生的其他全部费用 月末在产品成本 = 本月在产品应分配的材料费用
在产品成本按定额成本计算	是指对在产品确定一个定额单位成本，并根据在产品数量计算出在产品定额总成本。适用于在产品数量稳定或者数量较少，并且制定了比较准确的定额成本	本月完工产品成本 = 月初在产品成本 + 本月发生的生产费用 − 月末在产品成本 月末在产品成本 = 月末在产品数量 × 在产品定额单位成本

续表

方法	适用范围	划分方法
定额比例法	是指将完工产品和月末在产品按照消耗定额比例进行分配。适用于各月末在产品数量变动较大，但制定了比较准确的消耗定额	分配率＝（月初在产品成本＋本月发生的生产费用）/（完工产品消耗定额＋月末在产品消耗定额） 本月完工产品成本＝完工产品消耗定额×分配率 月末在产品成本＝月末在产品消耗定额×分配率
约当产量法	是指将月末在产品按照其完工程度折合成大约相当于完工产品的数量（约当产量），然后再将产品应负担的全部生产费用按完工产品产量和在产品约当产量的比例进行分配的一种方法。适用于在产品完工程度能够确定的情况	加权平均法： 在产品约当产量＝在产品数量×完工程度 单位成本＝（月初在产品成本＋本月发生生产费用）/（完工产品产量＋月末在产品约当产量） 本月完工产品成本＝单位成本×完工产品产量 月末在产品成本＝单位成本×月末在产品约当产量
		先进先出法： 月初在产品本月加工约当产量（直接材料）＝月初在产品数量×（1－已投料比例） 月初在产品本月加工约当产量（直接人工＋制造费用，即转换成本）＝月初在产品数量×（1－月初在产品完工程度） 本月投入本月完工产品数量＝本月全部完工产品数量－月初在产品数量 月末在产品约当产量（直接材料）＝月末在产品数量×本月投料比例 月末在产品约当产量（转换成本）＝月末在产品数量×月末在产品完工程度 单位成本（分配率）＝本月发生生产费用/（月初在产品本月加工约当产量＋本月投入本月完工产品数量＋月末在产品约当产量） 完工产品成本＝月初在产品成本＋月初在产品约当产量×分配率＋本月投入本月完工产品数量×分配率 月末在产品成本＝月末在产品约当产量×分配率

经典例题

【例题·单选题】甲公司是一家汽车零部件生产企业，其生产的X型号零部件各月末在产品数量差异较大，但制定了比较准确的消耗定额。在对X型号零部件完工产品和在产品的成本进行分配时，甲公司适宜采取的方法是（　　）。

A. 在产品成本按年初数固定计算

B. 定额比例法

C. 在产品成本按定额成本计算

D. 约当产量法

【答案】B

【解析】定额比例法适用于各月末在产品数量变动较大，但制定了比较准确的消耗定额，生产费用可以在完工产品和月末在产品之间用定额消耗量或定额费用作比例分配，选项B当选；在产品成本按定额成本计算适用于在产品数量稳定或者数量较少，并且制定了比较准确的定额成本。考生应注意这两种分配方法的区别之处。

高频考点4：约当产量法中在产品完工程度的确定★★★

（一）技术测定

题目中会直接给出完工程度结果。

（二）根据产品定额工时确认

完工程度＝累计工时/总工时定额

累计工时＝前面工序工时定额之和＋本道工序工时定额×本道工序完工程度

经典例题

【真题·单选题】（2018）甲企业基本生产车间生产乙产品，依次经过三道工序，工时定额分别为：40 小时、35 小时和 25 小时，月末完工产品和在产品采用约当产量法分配成本。假设制造费用随加工进度在每道工序陆续均匀发生，各工序月末在产品平均完工程度为 60%，第三道工序月末在产品数量为 6 000 件。分配制造费用时，第三道工序在产品约当产量是（　　）件。

A. 3 450　　B. 3 660

C. 5 400　　D. 6 000

【答案】C

【解析】第三道工序在产品完工程度 =（40 + 35 + 25 × 60%）/（40 + 35 + 25）= 90%，第三道工序在产品约当产量 = 6 000 × 90% = 5 400（件）。

【例题·单选题】甲公司生产某种产品，需两道工序加工完成，公司不分步计算产品成本。该产品的定额工时为 100 小时，其中第一道工序的定额工时为 20 小时，第二道工序的定额工时为 80 小时。月末盘点时，第一道工序的在产品数量为 100 件，第二道工序的在产品数量为 200 件。如果各工序在产品的完工程度均按 50% 计算，月末在产品的约当产量为（　　）件。

A. 90　　B. 120

C. 130　　D. 150

【答案】C

【解析】第一道工序完工程度 = 20 × 50% / 100 = 10%，第二道工序完工程度 =（20 + 80 × 50%）/100 = 60%，在产品约当产量 = 100 × 10% + 200 × 60% = 130（件）。

高频考点 5：约当产量法中相关费用发生时间问题★★★

分配直接材料费用时	原材料在生产开始一次性投入：在产品无须约当 原材料随着生产过程陆续投入：在产品需要约当
分配直接人工费用时	人工费用随加工进度陆续发生：在产品需要约当
分配制造费用时	制造费用随加工进度陆续发生：在产品需要约当

命题点拨

命题角度：辨析在产品是否约当问题

在对完工产品和在产品的成本进行分配时，只有分配直接材料费用需要判断是否应当对在产品进行约当（如果原材料是在生产开始时一次性投入，这时每件在产品无论完工程度如何，都应和每件完工产品负担同样的材料费用，即在产品需要按照**实际产量**分配直接材料费用；如果原材料是随着生产过程陆续投入，此时应根据投料情况考虑在产品的完工程度，即在产品需要按照**约当产量**分配直接材料费用）。而分配直接人工费用或制造费用时，如果题目中没有特别说明，一般认为人工费用和制造费用都是随着生产过程陆续发生，即在产品均需要按照**约当产量**分配直接人工费用或制造费用。

经典例题

【例题·计算分析题】甲公司负责生产乙产品，本月完工产品数量为 700 件，在产品为 200 件。甲公司采用约当产量法分配各项成本，假设在产品完工程度均按照 50% 计算。原材料在开始时一次性投入，其他费用按照约当产量比例分配。乙产品本月耗用直接材料费用 90 900 元，直接人工费用 52 000 元，燃料动力费用 96 000 元，制造费用 37 600 元。假设本月初无在产品，计算本月乙产品的完工产品成本和在产品成本。

【答案及解析】

（1）分配直接材料费用（在产品无须约当）：

完工产品应分担的直接材料费用 = 90 900/(700 + 200) × 700 = 70 700（元）

在产品应分担的直接材料费用 = 90 900/(700 + 200) × 200 = 20 200（元）

（2）分配直接人工费用（在产品需要约当）：

完工产品应分担的直接人工费用 = 52 000/(700 + 200 × 50%) × 700 = 45 500（元）

在产品应分担的直接人工费用 = 52 000/(700 + 200 × 50%) × 100 = 6 500（元）

（3）分配燃料动力费用（在产品需要约当）：

完工产品应分担的燃料动力费用 = 96 000/(700 + 200 × 50%) × 700 = 84 000（元）

在产品应分担的燃料动力费用 = 96 000/(700 + 200 × 50%) × 100 = 12 000（元）

（4）分配制造费用（在产品需要约当）：

完工产品应分担的制造费用 = 37 600/(700 + 200 × 50%) × 700 = 32 900（元）

在产品应分担的制造费用 = 37 600/(700 + 200 × 50%) × 100 = 4 700（元）

（5）计算完工产品和在产品成本：

本月乙产品完工产品成本 = 70 700 + 45 500 + 84 000 + 32 900 = 233 100（元）

本月乙产品在产品成本 = 20 200 + 6 500 + 12 000 + 4 700 = 43 400（元）

高频考点 6：联产品的成本分配★★★

（一）联产品概述

联产品是指使用同种原料，经过同一生产过程同时生产出来的两种或两种以上的**主要产品**。如下图所示，原料投入后，在分离点以前发生的成本称为联合成本，分离后的联产品，有的可以直接销售，有的还需进一步加工才可以出售。联产品的成本计算公式如下：

联产品种类	联产品成本计算方法
分离后可直接销售的联产品（如下图中联产品甲）	联产品总成本 = 按照合理方法分摊的联合成本
分离后还需进一步加工的联产品（如下图中联产品乙、丙）	联产品总成本 = 按照合理方法分摊的联合成本 + **后续单独加工成本**

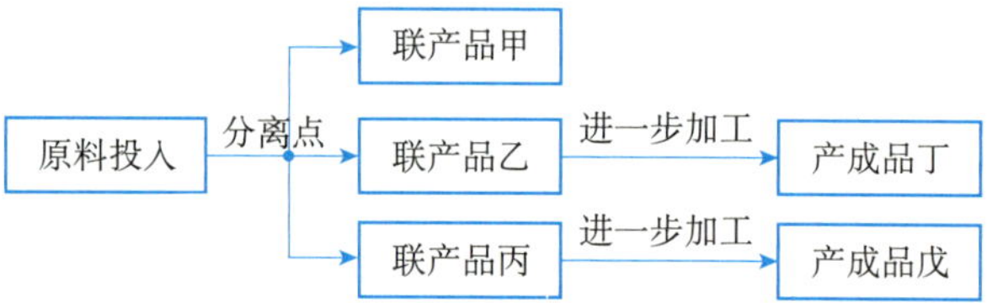

（二）联合成本的分配方法

分配方法	适用情况	分配依据	计算公式
分离点售价法	分离点销售价格能够可靠计量	分离点每种产品的**销售价格**	联合成本分配率 = 待分配联合成本/各联产品分离点的总售价之和 某种联产品应分配联合成本 = 联合成本分配率 × 该联产品分离点的总售价
可变现净值法	联产品尚需要进一步加工	分离点每种产品的**可变现净值**	联合成本分配率 = 待分配联合成本/各联产品可变现净值之和 某种联产品应分配联合成本 = 联合成本分配率 × 该联产品可变现净值 某种联产品可变现净值 = 该联产品最终售价 − 分离后该联产品的后续加工成本
实物数量法	生产的产品价格很不稳定或无法直接确定	产品的**实物数量或重量**	单位数量（或重量）成本 = 联合成本/各联产品的总数量（或总重量）之和 某种联产品应分配联合成本 = 单位数量（或重量）成本 × 该联产品的总数量（或总重量）

命题点拨

命题角度：联产品的成本计算

计算联产品总成本时，如果分离后的联产品尚需要进一步加工才可供销售，则在计算完联产品应分配的联合成本后，还需要进一步考虑该联产品后续单独加工成本。

经典例题

【真题·单选题】（2019）甲工厂生产联产品X和Y，9月产量分别为690件和1 000件，分离点前发生联合成本4万元，分离点后分别发生深加工成本1万元和1.8万元，X、Y的最终销售总价分别为97万元和145.8万元，根据可变现净值，X、Y总加工成本分别是（　　）。

A. 1.2万元和2.8万元

B. 1.6万元和2.4万元

C. 2.2万元和4.6万元

D. 2.6万元和4.2万元

【答案】D

【解析】X产品可变现净值＝97－1＝96（万元），Y产品可变现净值＝145.8－1.8＝144（万元），X产品应分配的联合成本＝4×96/(96＋144)＝1.6（万元），Y产品应分配的联合成本＝4×144/(96＋144)＝2.4（万元），X产品总加工成本＝1.6＋1＝2.6（万元），Y产品总加工成本＝2.4＋1.8＝4.2（万元），选项D正确。

【例题·计算分析题】A公司是一个化工生产企业，生产甲、乙、丙三种产品。这三种产品是联产品，本月发生联合生产成本748 500元。该公司采用可变现净值法分配联合生产成本。由于在产品主要是生产装置和管线中的液态原料，数量稳定并且数量不大，在成本计算时不计算月末在产品成本。产成品存货采用先进先出法计价。

本月的其他有关数据如下：

产品	甲	乙	丙
月初产成品成本（元）	39 600	161 200	5 100
月初产成品存货数量（千克）	18 000	52 000	3 000
销售量（千克）	650 000	325 000	150 000
生产量（千克）	700 000	350 000	170 000
单独加工成本（元）	1 050 000	787 500	170 000
产成品售价（元）	4	6	5

要求：

（1）分配本月联合生产成本；

（2）确定月末产成品存货成本。

【答案及解析】

（1）甲产品可变现净值＝700 000×4－1 050 000＝1 750 000（元）

乙产品可变现净值＝350 000×6－787 500＝1 312 500（元）

丙产品可变现净值＝170 000×5－170 000＝680 000（元）

甲、乙、丙产品可变现净值共计＝1 750 000＋1 312 500＋680 000＝3 742 500（元）

联合生产成本分配率＝748 500/3 742 500＝0.2

甲产品应分配的联合成本＝0.2×1 750 000＝350 000（元）

乙产品应分配的联合成本＝0.2×1 312 500＝262 500（元）

丙产品应分配的联合成本＝0.2×680 000＝136 000（元）

（2）甲产品月末产成品存货成本＝(350 000＋1 050 000)/700 000×(700 000＋18 000－650 000)＝136 000（元）

乙产品月末产成品存货成本＝(262 500＋787 500)/350 000×(350 000＋52 000－

325 000）= 231 000（元）

丙产品月末产成品存货成本 =（136 000 + 170 000）/170 000 ×（170 000 + 3 000 − 150 000）= 41 400（元）

高频考点7：副产品的成本分配★

副产品是指在同一生产过程中，使用同种原料，在生产主要产品的同时附带生产出来的非主要产品。由于副产品的价值相对较低，且所占比重较小，可以按照规定的固定单价先确定其成本，然后从总成本中扣除，其余额就是主产品的成本。在分配主产品和副产品的加工成本时，通常先确定副产品的加工成本，然后确定主产品的加工成本，即主产品成本 = 总成本 − 副产品成本。

【总结】联产品加工成本的分配法（分离点售价法、可变现净值法、实物数量法）属于比例分配法；副产品加工成本的分配法属于扣除分配法。

经典例题

【例题·多选题】下列关于副产品的表述中，正确的有（　　）。

A. 副产品是指使用同种原料，经过同一生产过程生产出来的两种以上主要产品

B. 副产品的价值相对较低，并且在全部生产中所占的比重较小

C. 副产品可以按预先规定的固定单价确定成本

D. 在分配主产品和副产品成本时，通常先确定副产品成本，然后确定主产品成本

【答案】BCD

【解析】联产品是指使用同种原料，经过同一生产过程生产出来的两种以上主要产品；副产品是指在同一生产过程中，使用同种原料，在生产主要产品的同时附带生产出来的非主要产品，选项A错误。

高频考点8：产品成本计算基本方法的各自特征★★★

计算方法	核算对象	成本核算周期	成本分配	适用情形
品种法（简单法）	产品品种	定期（会计周期）计算产品成本	涉及完工产品和在产品之间的分配	大量大批的单步骤生产企业；生产按流水线组织且管理上不要求按照生产步骤计算产品成本的企业
分批法（订单法）	产品批别	不定期（生产周期）计算产品成本	一般不涉及完工产品和在产品之间的分配（同一批次产品跨月陆续完工情况除外）	单件小批类型的生产企业（造船业、重型机器设备制造业等）；新产品试制或试验；在建工程；设备修理作业
分步法	产品生产步骤	定期（会计周期）计算产品成本	涉及完工产品和在产品之间的分配	大量大批的多步骤生产企业（冶金、纺织、汽车制造等）

【提示】分批法下，产品成本的计算是与生产任务通知单的签发和生产任务的完成紧密配合的，因此产品成本计算是不定期的。成本计算期与产品生产周期基本一致，而与会计周期不一致。

经典例题

【例题·单选题】甲制药厂正在试制生产某流感疫苗。为了核算此疫苗的试制生产成本，该企业最适合选择的成本核算方法是（　　）。

A. 品种法

B. 分步法

C. 分批法

D. 品种法与分步法相结合

【答案】C

【解析】疫苗的试制属于新产品试制或试验，应当采用分批法核算产品成本。

高频考点9：产品成本计算的分步法 ★★

（一）分步法的种类

根据成本管理对各生产步骤成本资料的不同要求和简化核算的要求，分步法可以分为逐步结转分步法和平行结转分步法。逐步结转分步法按照成本在下一步骤成本计算单中的反映方式，还可以分为逐步综合结转分步法和逐步分项结转分步法。其中，逐步综合结转分步法需要进行成本还原，逐步分项结转分步法和平行结转分步法无须进行成本还原。

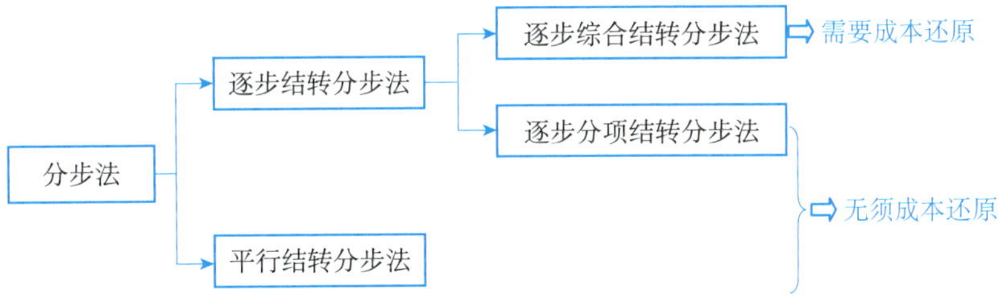

（二）分步法的成本计算过程

1. 逐步结转分步法示意图。

逐步结转分步法是按照产品加工顺序先计算第一个加工步骤的半成品成本，然后结转给第二个加工步骤，这时，第二步骤把第一步骤转来的半成品成本加上本步骤耗用的材料和加工费用，即可求得第二个加工步骤的半成品成本，如此顺序逐步转移累计，直到最后一个加工步骤才能计算出产成品成本。

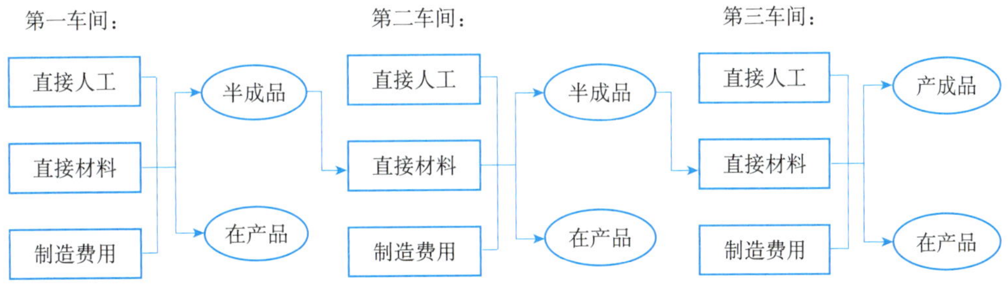

名师解惑

问：老师，如何区分逐步综合结转分步法和逐步分项结转分步法？

答：逐步综合结转法是指上一步骤转入下一步骤的半成品成本，以“直接材料”或专设的“半成品”项目综合列入下一步骤的成本计算单中；逐步分项结转法是指上一步骤半成品成本按原始成本项目分别转入下一步骤成本计算单中相应的成本项目内。

2. 平行结转分步法示意图。

平行结转分步法是指在计算各步骤成本时，不计算各步骤所产半成品成本，也不计算各步骤所耗用上一步骤的半成品成本，而只计算本步骤发生的各项其他费用，以及这些费用中应计入产成品成本的份额，将相同产品的各步骤成本明细账中的这些份额平行结转、汇总，即可计算出该种产品的产成品成本。

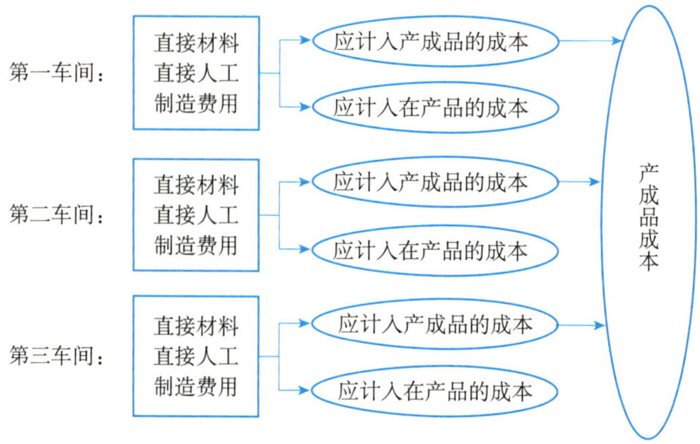

经典例题

【真题·计算分析题】（2022）甲公司产销一种产品，有两个基本生产车间，第一车间半成品直接转入第二车间，第二车间继续加工成产成品，每生产1件产成品耗用2件半成品。第一车间原材料随加工进度陆续投入，投料程度与加工进度一致，加工费用陆续均匀发生。第二车间耗用的半成品与其他材料均在生产开始时一次投入，加工费用陆续均匀发生。第一车间和第二车间留存的月末在产品相对于本车间的完工程度均为50%。公司采用平行结转分步法计算产品成本，采用约当产量法（加权平均法）在产成品与月末在产品之间分配生产费用。

甲公司设有机修、供电辅助生产车间，分别为第一、二基本生产车间提供机修和电力服务，辅助生产车间之间也相互提供服务。公司采用交互分配法分配辅助生产费用。

甲公司2022年7月成本资料如下：

（1）本月产量。

单位：件

生产车间	月初在产品	本月投入	本月完工	月末在产品
第一车间	10	190	180	20
第二车间	25	90	100	15

（2）月初在产品成本。

单位：元

生产车间	直接材料	加工成本	合计
第一车间	10 000	50 000	60 000
第二车间	27 000	75 000	102 000

（3）基本生产车间本月生产费用。

单位：元

生产车间	直接材料	加工成本	合计
第一车间	350 000	392 425	742 425
第二车间	88 000	335 575	423 575

（4）机修车间本月生产费用9 000元，提供维修服务100小时；供电车间本月生产费用48 000元，提供电力80 000度。各部门耗用辅助生产车间产品或服务的数据如下：

耗用部门		机修车间（小时）	供电车间（度）
辅助生产车间	机修车间	—	5 000
	供电车间	20	—
基本生产车间	第一车间	50	50 000
	第二车间	30	25 000
合计		100	80 000

要求：

（1）编制辅助生产费用分配表（结果填入下方表格中，不用列出计算过程；分配率保留3位小数）。

辅助生产费用分配表

2022年7月

项目		机修车间			供电车间		
		耗用量（小时）	单位成本（元/小时）	分配金额（元）	耗用量（度）	单位成本（元/度）	分配金额（元）
待分配费用							
交互分配	机修车间	—	—				
	供电车间				—	—	
对外分配费用							
对外分配	第一车间						
	第二车间						
	合计						

（2）编制第一车间产品成本计算单（结果填入下方表格中，不用列出计算过程）。

第一车间产品成本计算单

2022年7月

金额单位：元

项目	产成品产量（件）	直接材料	加工成本	合计
月初在产品	—			
本月生产费用	—			
合计	—			
产成品中本步骤份额				
月末在产品	—			

（3）编制第二车间产品成本计算单（结果填入下方表格中，不用列出计算过程）。

第二车间产品成本计算单

2022 年 7 月

金额单位：元

项目	产成品产量（件）	直接材料	加工成本	合计
月初在产品	—			
本月生产费用	—			
合计	—			
产成品中本步骤份额				
月末在产品	—			

（4）编制产品成本汇总表（结果填入下方表格中，不必列出计算过程）。

产品成本汇总表

2022 年 7 月

金额单位：元

生产车间	产成品产量（件）	直接材料	加工成本	合计
第一车间	—			
第二车间	—			
总成本				
单位成本（元/件）	—			

【答案及解析】

（1）编制辅助生产费用分配表（结果填入下方表格中，不用列出计算过程；分配率保留 3 位小数）。

辅助生产费用分配表

2022 年 7 月

项目		机修车间			供电车间		
		耗用量（小时）	单位成本（元/小时）	分配金额（元）	耗用量（度）	单位成本（元/度）	分配金额（元）
待分配费用		100	90	9 000	80 000	0.6	48 000
交互分配	机修车间	—	—	3 000	-5 000		-3 000
	供电车间	-20		-1 800	—	—	1 800
对外分配费用		80	127.5	10 200	75 000	0.624	46 800
对外分配	第一车间	50		6 375	50 000		31 200
	第二车间	30		3 825	25 000		15 600
	合计	80		10 200	75 000		46 800

计算说明：

机修车间对外分配率 $=\frac{9\ 000+3\ 000-1\ 800}{100-20}=\frac{102\ 000}{80}=127.5$（元/小时）

供电车间对外分配率 $=\frac{48\ 000-3\ 000+1\ 800}{80\ 000-5\ 000}=\frac{46\ 800}{75\ 000}=0.624$（元/度）

（2）编制第一车间产品成本计算单（结果填入下方表格中，不用列出计算过程）。

第一车间产品成本计算单

2022 年 7 月

金额单位：元

项目	产成品产量（件）	直接材料	加工成本	合计
月初在产品	—	10 000	50 000	60 000
本月生产费用	—	350 000	430 000	780 000
合计	—	360 000	480 000	840 000
产成品中本步骤份额	100	300 000	400 000	700 000
月末在产品	—	60 000	80 000	140 000

计算说明：

第一车间直接材料分配率 $=\frac{10\ 000+350\ 000}{100\times2+(20\times50\%+15\times2)}=\frac{360\ 000}{240}=$ 1 500（元/每件半成品）

第一车间直接材料应计入产成品成本的份额 = 100 × 2 × 1 500 = 300 000（元）

第一车间月末在产品直接材料成本 =（20 × 50% + 15 × 2）× 1 500 = 60 000（元）

第一车间本月加工成本 = 辅助生产分配前加工成本 + 辅助生产车间机修、供电转入成本 = 392 425 + 6 375 + 31 200 = 430 000（元）

第一车间加工费用分配率 $=\frac{50\ 000+430\ 000}{100\times2+(20\times50\%+15\times2)}=\frac{480\ 000}{240}=$ 2 000（元/每件半成品）

第一车间加工费用应计入产成品成本的份额 = 100 × 2 × 2 000 = 400 000（元）

第一车间月末在产品加工成本 =（20 × 50% + 15 × 2）× 2 000 = 80 000（元）

（3）编制第二车间产品成本计算单（结果填入下方表格中，不用列出计算过程）。

第二车间产品成本计算单

2022 年 7 月

金额单位：元

项目	产成品产量（件）	直接材料	加工成本	合计
月初在产品	—	27 000	75 000	102 000
本月生产费用	—	88 000	355 000	443 000
合计	—	115 000	430 000	545 000
产成品中本步骤份额	100	100 000	400 000	500 000
月末在产品	—	15 000	30 000	45 000

计算说明：

第二车间直接材料分配率 $=\frac{27\ 000+88\ 000}{100+15}=\frac{115\ 000}{115}=$ 1 000（元/件）

第二车间直接材料应计入产成品成本的份额 = 100 × 1 000 = 100 000（元）

第二车间月末在产品直接材料成本 = 15 × 1 000 = 15 000（元）

第二车间本月加工成本 = 辅助生产分配前加工成本 + 辅助生产车间机修、供电转入成本 = 335 575 + 3 825 + 15 600 = 355 000（元）

第二车间加工费用分配率 $=\frac{75\ 000+355\ 000}{100+15\times50\%}=\frac{430\ 000}{107.5}=$ 4 000（元/件）

第二车间加工费用应计入产成品成本的份额 = 100 × 4 000 = 400 000（元）

第二车间月末在产品加工成本 = 15 × 50% × 4 000 = 30 000（元）

（4）编制产品成本汇总表（结果填入下方表格中，不必列出计算过程）。

产品成本汇总表

2022 年 7 月

金额单位：元

生产车间	产成品产量（件）	直接材料	加工成本	合计
第一车间	—	300 000	400 000	700 000
第二车间	—	100 000	400 000	500 000
总成本	100	400 000	800 000	1 200 000
单位成本（元/件）	—	4 000	8 000	12 000

【例题·多选题】下列各项成本计算方法中，无须进行成本还原的有（　　）。

A. 逐步结转分步法

B. 平行结转分步法

C. 逐步综合结转分步法

D. 逐步分项结转分步法

【答案】BD

【解析】分步法包括逐步结转分步法和平行结转分步法。逐步结转分步法具体又可以分为逐步综合结转分步法和逐步分项结转分步法。其中，逐步综合结转分步法需要进行成本还原，而平行结转分步法和逐步分项结转分步法无须进行成本还原，选项 B、D 当选。

高频考点 10：分步法的特点★★★

（一）逐步结转分步法特点

1. 能够提供各个生产步骤的半成品成本资料；

2. 能够为各生产步骤的在产品实物管理及资金管理提供资料；

3. 能够全面地反映各生产步骤的生产耗费水平，更好地满足各生产步骤成本管理的要求。

（二）平行结转分步法特点

1. 各步骤可以同时计算产品成本，平行汇总计入产成品成本，不必逐步结转半成品成本；

2. 能够直接提供按原始成本项目反映的产成品成本资料，不必进行成本还原，因而能够简化和加速成本计算工作；

3. 不能提供各个步骤的半成品成本资料；

4. 在产品的费用在产品最后完成以前，不随实物转出而转出，即不按其所在的地点登记，而按其发生的地点登记，因而不能为各个生产步骤在产品的实物和资金管理提供资料；

5. 各生产步骤的产品成本不包括所耗半成品费用，因而不能全面地反映各步骤产品的生产耗费水平，不能更好地满足这些步骤成本管理的要求。

经典例题

【真题·多选题】（2020）下列关于产品成本计算逐步结转分步法的说法中，正确的有（　　）。

A. 能够全面反映各步骤的生产耗费水平

B. 半成品成本随半成品实物在各步骤间转移

C. 应进行成本还原

D. 半成品对外销售的企业一般适宜采用逐步结转分步法

【答案】ABD

【解析】逐步结转分步法具体分为逐步综合结转分步法和逐步分项结转分步法。其中，逐步综合结转分步法需要进行成本还原，逐步分项结转分步法无须进行成本还原，选项 C 错误。

【真题·多选题】（2020）企业采用分步法计算产品成本时，可根据生产特点和管理要求选择逐步结转分步法或平行结转分步法。

下列关于这两种方法的说法中，正确的有（　　）。

A. 对外销售半成品的企业应采用逐步结转分步法

B. 逐步分项结转分步法需要进行成本还原

C. 逐步结转分步法能全面反映各生产步骤的生产耗费水平

D. 平行结转分步法能提供各步骤半成品存货资金占用信息

【答案】AC

【解析】逐步分项结转分步法无须进行成本还原，选项 B 错误；平行结转分步法不能提供各步骤半成品存货资金占用信息，选项 D 错误。

高频考点 11：逐步综合结转分步法的成本还原★★★

所谓成本还原就是从最后一个步骤起，把所耗上一步骤半成品的**综合成本**还原成直接材料、直接人工、制造费用等**原始成本项目**，从而求得按原始成本项目反映的产成品成本资料。

成本还原分配率 = 产成品所耗以前生产步骤半成品成本合计/以前生产步骤所产该种半成品成本合计

经典例题

【例题·计算分析题】甲公司采用逐步综合结转分步法计算 A 产品成本，A 产品的生产过程分两个步骤在两个车间内进行，第一车间为第二车间提供半成品。2022 年 5 月，甲公司第一车间和第二车间的成本计算单如下表所示。假设本月第一车间完工转出的半成品全部由第二车间生产领用，请根据给出的产成品成本还原计算表对 A 产品进行成本还原。

A 产品（半成品）成本计算单

第一车间　　　　金额单位：元

项目	产量（件）	直接材料	直接人工	制造费用	合计
月初在产品成本	—	61 000	7 000	5 400	73 400
本月生产费用	—	89 500	12 500	12 500	114 500
合计	—	150 500	19 500	17 900	187 900
完工半成品转出	800	120 000	16 000	15 200	151 200
月末在产品成本	—	30 500	3 500	2 700	36 700

A 产品（产成品）成本计算单

第二车间　　　　金额单位：元

项目	产量（件）	直接材料	直接人工	制造费用	合计
月初在产品	—	55 400	1 000	1 100	57 500
本月费用	—	151 200	19 850	31 450	202 500
合计	—	206 600	20 850	32 550	260 000
产成品转出	500	189 000	19 500	30 000	238 500
月末在产品成本	—	17 600	1 350	2 550	21 500

产成品成本还原计算表

产品名称：A 产品　　　　金额单位：元

项目	还原分配率	半成品	直接材料	直接人工	制造费用	成本合计
还原前产成品成本						
本月所产半成品成本						
成本还原						
还原后产成品成本						
还原后产成品单位成本						

【答案及解析】

产成品成本还原计算表

产品名称：A 产品　　　　金额单位：元

项目	还原分配率	半成品	直接材料	直接人工	制造费用	成本合计
还原前产成品成本		189 000		19 500	30 000	238 500
本月所产半成品成本			120 000	16 000	15 200	151 200
成本还原	1.25	-189 000	150 000	20 000	19 000	0
还原后产成品成本			150 000	39 500	49 000	238 500
还原后产成品单位成本			300	79	98	477

成本还原次数较正常生产步骤少一步，由于本题产品生产由两步完成，因此只需进行一次成本还原。成本还原计算表中“还原前产成品成本”对应的是甲公司第二车间“产成品转出”，即需要还原的是第二车间转出的产成品中直接材料的金额 189 000 元。成本还原计算表中“本月所产半成品成本”对应的是甲公司第一车间“完工半成品转出”，即第二车间转出的产成品成本还原依据是以第一车间转出的完工半成品进行计算的。还原分配率 = 189 000/151 200 = 1.25，成本还原计算表中“成本还原——直接材料”还原金额 = 1.25 × 120 000 = 150 000（元），“成本还原——直接人工”还原金额 = 1.25 × 16 000 = 20 000（元），“成本还原——制造费用”还原金额 = 1.25 × 15 200 = 19 000（元）。成本还原计算表中“还原后产成品成本” = “还原前产成品成本” + “成本还原”。成本还原计算表中“还原后产成品单位成本” = “还原后产成品成本” / 产成品转出产量 500 件。

高频考点 12：分步法中完工产品与在产品的区分★★★

逐步结转分步法 （属于狭义范畴）	某个步骤完工产品：仅指本步骤已完工的产品 某个步骤在产品：仅指本步骤尚在加工的产品 计算公式： 某个步骤完工产品数量 = 本步骤已完工的产品数量 某个步骤在产品数量 = 本步骤尚在加工的产品数量 某个步骤在产品约当产量 = 本步骤尚在加工的产品数量 × 在产品完工程度

续表

平行结转分步法 （属于广义范畴）	某个步骤完工产品：必须是完成全部生产步骤的最终产成品 某个步骤在产品：包括本步骤及后续步骤尚在加工的产品、本步骤及后续步骤已完工但尚未最终完工的半成品 计算公式： 某个步骤完工产品数量＝完成全部生产步骤的最终产成品数量×折算数 某个步骤在产品数量＝本步骤尚在加工的产品数量＋后续各步骤尚在加工的产品数量×折算数 某个步骤在产品约当产量＝本步骤尚在加工的产品数量×在产品完工程度＋后续各步骤尚在加工的产品数量×折算数×100% 折算数＝每一件最终产成品所耗用的某个步骤完工半成品的数量

【注意】采用逐步结转分步法计算某个步骤完工产品或在产品数量时，不存在折算问题。采用平行结转分步法计算某个步骤完工产品数量或在产品数量时，应当考虑折算数的影响，但最后一个步骤除外（不存在折算问题）。

命题点拨

命题角度：辨析平行结转分步法中的广义在产品

在考查理论概念中，平行结转分步法中某个步骤在产品应当包括本步骤及后续步骤尚在加工的产品、本步骤及后续步骤已完工但尚未最终完工的半成品。但在考查计算分析题中，通常已知条件会给出采用平行结转分步法计算产品成本时，上一步骤完工产品将全部直接投入下一步骤生产。因此，在计算这种题目的广义在产品时，无须再考虑某一步骤已完工但尚未最终完工的半成品，即在计算某个步骤在产品数量时，只需要考虑本步骤尚在加工的产品数量和后续各步骤根据耗用情况折算后的尚在加工的产品数量。

名师解惑

问：老师，如何理解平行结转分步法中广义在产品约当产量的公式？

答：在计算广义在产品约当产量时，题目中一般会明确告知公式中的“折算数”，即每一件最终产成品所耗用的某个步骤完工半成品的数量；如果题目中没有说明，默认为耗用1件（折算数为1）。此外，在平行结转分步法中，由于后续各步骤在产品对于本步骤而言都属于已经完工并转出的范畴，因此在计算某一步骤在产品约当产量时，只有该步骤在产品的约当产量需要按照实际完工程度计算，后续各步骤在产品的约当产量均应当按照100%计算。

经典例题

【例题·计算分析题】甲公司主要负责生产和销售A产品。A产品需要经过两个生产步骤在两个基本生产车间进行，第一车间为第二车间提供半成品，第二车间将半成品加工成产成品，每件产成品耗用2件半成品。本月产品投入与产出情况如下表所示，假设上一步骤完工产品全部直接投入下一步骤生产，月末每个生产车间尚未加工完成的在产品相对于其生产步骤完工程度均为60%。请利用平行结转分步法分别计算每个生产车间的完工产品数量、在产品数量以及在产品约当产量。

单位：件

项目	第一车间	第二车间
月初在产品数量	15	10
本月投产数量	85	40

续表

项目	第一车间	第二车间
本月完工数量	80	35
月末在产品数量	20	15
完工产品数量		
在产品数量		
在产品约当产量		

【答案及解析】

单位：件

项目	第一车间	第二车间
月初在产品数量	15	10
本月投产数量	85	40
本月完工数量	80	35
月末在产品数量	20	15
完工产品数量	70（35×2）	35
在产品数量	50（20+15×2）	15
在产品约当产量	42（20×60%+15×2×100%）	9（15×60%）

【真题·单选题】（2020）甲公司生产X产品，需要经过三个步骤，第一步骤半成品直接转入第二步骤，第二步骤半成品直接转入第三步骤，第三步骤生产出产成品。各步骤加工费用随加工进度陆续发生。该公司采用平行结转分步法计算产品成本。月末盘点：第一步骤月末在产品100件，完工程度60%；第二步骤月末在产品150件，完工程度40%；第三步骤完工产品540件，在产品200件，完工程度20%。按照约当产量法（加权平均法），第二步骤加工费用应计入完工产品成本的份额占比是（　　）。

A. 40%　　B. 60%

C. 67.5%　　D. 80%

【答案】C

【解析】本题采用平行结转分步法计算产品成本，由于题目中没有说明“折算数”，默认各步骤均耗用1件。因此，第二步骤完工产品数量=完成全部生产步骤的最终产成品数量×折算数=540×1=540（件）；第二步骤在产品约当产量=本步骤尚在加工的产品数量×在产品完工程度+后续各步骤尚在加工的产品数量×折算数×100%=150×40%+200×1×100%=260（件）；第二步骤加工费用应计入完工产品成本的份额=540/（260+540）=67.5%，选项C正确。

【真题·单选题】（2019）下列关于平行结转分步法的说法中，正确的是（　　）。

A. 平行结转分步法适用于经常对外销售半成品的企业

B. 平行结转分步法有利于考察在产品存货资金占用情况

C. 平行结转分步法有利于各步骤在产品的实物管理和成本管理

D. 平行结转分步法的在产品是尚未最终完成的产品

【答案】D

【解析】平行结转分步法不能提供各个步骤的半成品成本资料，选项A错误；平行结转分步法不能为各个生产步骤在产品的实物和资金管理提供资料，选项 B、C 错误；平行结转分步法中的在产品属于广义范畴，某步骤在产品包括该步骤及后续步骤尚在加工的产品、该步骤及后续步骤已完工但尚未最终完工的半成品，选项 D 正确。

【例题·单选题】某企业只生产一种产品，生产分两个步骤在两个车间进行，第一车间为第二车间提供半成品，第二车间将半成品加工成产成品。月初两个车间均没有在产品。本月第一车间投产 100 件，有 80 件完工并转入第二车间，月末第一车间尚未加工完成的在产品相对于本步骤的完工程度为 60%；第二车间完工 50 件，月末第二车间尚未加工完成的在产品相对于本步骤的完工程度为 50%。该企业按照平行结转分步法计算产品成本，各生产车间按约当产量法在完工产品和在产品之间分配生产费用。月末第一车间的在产品约当产量为（　　）件。

A. 12　　B. 27

C. 42　　D. 50

【答案】C

【解析】本题中没有说明第二车间每件产成品所耗用的第一车间完工半成品的数量，默认耗用 1 件。月末第一车间在产品应当包括本车间尚在加工的产品 20 件，完工程度为 60%；第二车间尚在加工的产品 30 件，相对完工程度为 100%。因此月末第一车间在产品约当产量 =（100 - 80）×60% +（80 - 50）×1 × 100% = 42（件），选项 C 正确。

进阶练习

（一）单选题

1. 企业在生产中为生产工人发放安全头盔所产生的费用，应计入（　　）。

A. 直接材料　　B. 直接人工

C. 制造费用　　D. 管理费用

2. 企业发生的下列各项费用中，应计入制造成本的是（　　）。

A. 企业为行政管理部门职工发放的工资

B. 企业筹建期间发生的开办费

C. 企业专设的销售机构发生的固定资产修理费

D. 企业为生产部门生产工人发放的职工福利

3. 下列关于辅助生产费用分配方法的表述中，错误的是（　　）。

A. 直接分配法不考虑辅助生产内部相互提供的劳务量

B. 在各辅助生产费用只是对外分配的情况下，采用直接分配法的计算工作简便

C. 交互分配法是对各辅助生产车间的成本费用进行两次分配的方法

D. 当辅助生产车间相互提供产品或劳务量差异较大时，交互分配法分配结果往往与实际不符

4. 如果采用交互分配法分配辅助生产费用，在各辅助生产车间之间进行第一次分配后，还需要将各辅助生产车间交互分配后的实际费用在辅助生产车间以外的各受益单位进行第二次分配。上述第一次交互分配后各辅助生产车间应承担的实际费用公式为（　　）。

A. 交互分配前的成本费用 - 交互分配转出的成本费用

B. 交互分配前的成本费用 + 交互分配转入的成本费用 - 交互分配转出的成本费用

C. 交互分配前的成本费用 - 交互分配转入的成本费用 + 交互分配转出的成本费用

D. 交互分配前的成本费用 + 交互分配转入的成本费用

5. 下列有关约当产量法中在产品完工程度的表述中，错误的是（　　）。

A. 如果具备产品工时定额的条件，可按

每道工序累计单位工时定额除以工时总定额计算求得

B. 如果各工序在产品数量和单位工时定额都相差不多，在产品完工程度可按50%确认

C. 如果原材料是在开始时一次性投入的，则每件在产品都应当和每件完工产品负担同样的材料费用

D. 如果原材料是在生产过程中陆续投入的，则每件在产品都应当和每件完工产品负担同样的材料费用

6. 甲公司生产车间生产的某种产品需要经过三道工序最终制成。各工序单位工时分别为25小时、30小时、45小时，甲公司采用约当产量法分配完工产品和在产品成本。各工序月末在产品平均完工程度分别为50%、60%、40%，本月末盘点各工序在产品数量分别为200件、100件、300件。则本月末在产品的约当产量为（　　）件。

A. 287　　B. 267

C. 265　　D. 305

7. 乙公司是一家零部件生产企业，本月生产的X型号零部件产成品数量为340件，在产品100件，完工程度按60%计算。X型号零部件本月生产耗用直接材料费用共计25 080元，直接人工费用10 400元，制造费用9 200元。假设本月月初无在产品，原材料在生产开始阶段一次性投入，乙公司采用约当产量法分配完工产品和在产品的成本。则X型号零部件本月应分担的在产品成本是（　　）元。

A. 6 950　　B. 8 640

C. 6 702　　D. 7 306

8. 在对联产品分离点以前发生的联合成本进行分配时，可以采用的方法不包括（　　）。

A. 可变现净值法

B. 工时耗用法

C. 实物数量法

D. 分离点售价法

9. 甲公司是一家重型机器设备制造企业。为了核算重型机器设备的生产成本，该企业最适合选择的成本核算方法是（　　）。

A. 品种法

B. 平行结转分步法

C. 逐步结转分步法

D. 分批法

10. 下列成本核算方法中，不利于考察企业各类存货资金占用情况的是（　　）。

A. 品种法

B. 分批法

C. 逐步结转分步法

D. 平行结转分步法

11. 甲公司是一家模具生产企业，只生产一种产品。产品分三个生产步骤在三个基本生产车间进行，第一车间为第二车间提供半成品，第二车间将半成品进一步加工后移送至第三车间，由第三车间将半成品生产成产成品。假设产品成本计算采用平行结转分步法，下列说法中正确的是（　　）。

A. 第一车间产品成本计算单中“月末在产品”是指第一车间正在加工的在产品

B. 第一车间产品成本计算单中“月末在产品”包括第一车间正在加工的在产品和第二车间正在加工的在产品

C. 第二车间产品成本计算单中“月末在产品”包括第二车间正在加工的在产品和第三车间正在加工的在产品

D. 第二车间产品成本计算单中“月末在产品”包括第二车间正在加工的在产品、第二车间已经完工的半成品和第三车间正在加工的在产品

12. 甲公司是一家机械制造企业，只生产销售一种产品。生产过程分为三个步骤，每个步骤产出的半成品均直接转入下一步骤继续加工生产。月初三个车间均没有在产品，本月第一车间投产90件，有75件完工并转入第二车间，第二车间完工60件并转入第三车间，第三车间本月生产的产成品共计50件。产品成

本计算采用平行结转分步法，各生产车间按约当产量法在完工产品和在产品之间分配生产费用，第一步骤、第二步骤和第三步骤月末在产品完工程度分别为本步骤的 40%、50% 和 60%。月末第一车间在产品的约当产量为（　　）件。

A. 31　　B. 40

C. 19.5　　D. 23.5

13. 甲公司是一家玩具制造商，其生产的 A 型玩具分为三个步骤进行加工，为了能够全面地反映每个步骤该类型玩具的生产耗费水平，更好地满足各个生产步骤成本管理的要求，该公司对 A 型玩具适宜采用的成本核算方法是（　　）。

A. 品种法　　B. 逐步结转分步法

C. 分批法　　D. 平行结转分步法

（二）多选题

1. 某企业采用制造成本法核算产品成本，下列有关产品成本的说法中正确的有（　　）。

A. 直接为生产产品所消耗的原材料属于制造成本

B. 直接参与生产产品的员工薪酬属于产品成本

C. 企业行政管理部门发生的日常管理性支出属于非制造成本

D. 企业销售部门为销售产品而发生的宣传费用属于期间成本

2. 乙公司设有供电、锅炉两个辅助生产车间，供电车间本月发生费用 89 000 元，供电总计 362 000 度电，其中锅炉车间耗电 6 000 度，公司行政管理部门耗电 15 000 度；锅炉车间本月发生费用 21 000 元，供热总计 5 370 吨热力蒸汽，其中供电车间耗热 120 吨，公司行政管理部门耗热 400 吨。乙公司采用直接分配法分配辅助生产成本。下列说法中，正确的有（　　）。

A. 供电车间分配给锅炉车间的辅助生产费用为 1 475 元

B. 供电车间分配给行政管理部门的辅助生产费用为 3 750 元

C. 锅炉车间分配给供电车间的辅助生产费用为 0 元

D. 锅炉车间分配给行政管理部门的辅助生产费用为 1 564 元

3. 甲公司有供电和供热两个辅助生产车间，本月供电车间归集费用总额为 156 000 元，提供电量总计 624 000 度，其中供热车间耗电 9 000 度，生产车间耗电 72 000 度；本月供热车间归集费用总额为 37 000 元，提供热量总计 7 400 吨，其中供电车间耗热 210 吨，生产车间耗热 2 890 吨。甲公司采用交互分配法分配辅助生产费用，则下列表述中正确的有（　　）。

A. 供电车间分配给供热车间的成本费用为 1 050 元

B. 供热车间对外分配的成本费用为 38 200 元

C. 供热车间分配给生产车间的成本费用为 18 123 元

D. 生产车间本月应分配的辅助生产费用共计 33 477 元

4. 下列关于生产成本在完工产品和在产品之间进行分配的方法中，说法正确的有（　　）。

A. 在产品成本按定额成本计算适用于各月末在产品数量变动较大，但制定了比较准确的消耗定额

B. 如果在产品成本按年初数固定计算，则本月发生的生产费用等于本月完工产品的成本

C. 在产品成本按其所耗用的原材料费用计算时，原材料必须在生产开始时一次全部投入

D. 定额比例法适用于在产品数量稳定或者数量较少，并且制定了比较准确的定额成本

5. 关于联产品和副产品的成本分配过程，

下列说法中错误的有（　　）。

A. 副产品是指使用同种原料，经过同一生产过程同时生产出来的两种或两种以上的主要产品

B. 采用分离点售价法分配联合成本时，是以加工后联产品的最终销售价格为分配依据

C. 在分配主产品和副产品的加工成本时，通常先确定主产品的加工成本，然后确定副产品的加工成本

D. 联产品的总成本包括分摊的联合成本和后续单独加工成本

6. 乙公司生产D和E两种联产品，本月共发生联合成本90万元。联产品D分离后即可直接销售，售价为125万元；联产品E分离后还需进一步加工后才可出售，E在分离时点的销售价格为75万元，本月发生的进一步加工成本为60万元，加工完成后E的售价为175万元。乙公司采用分离点售价法分配联合成本，下列说法中正确的有（　　）。

A. 联产品D应分配的联合成本为37.5万元

B. 联产品E应分配的联合成本为33.75万元

C. 联产品E应分配的联合成本为52.5万元

D. 联产品E的总成本为93.75万元

7. 关于产品成本计算的基本方法中，下列说法中错误的有（　　）。

A. 品种法是最基本的成本计算方法，它适用于单件小批类型的生产

B. 大型纺织企业通常采用分步法核算产品成本

C. 分批法的成本核算期与会计核算周期基本一致

D. 如果企业月末有在产品，品种法需要将生产费用在完工产品和在产品之间进行分配

8. 下列关于成本计算分步法的表述中，正确的有（　　）。

A. 逐步分项结转分步法和平行结转法无须进行成本还原

B. 逐步结转分步法不能为各个生产步骤在产品的实物和资金管理提供资料

C. 平行结转分步法不按其发生的地点登记，而按其所在的地点登记

D. 逐步结转分步法和平行结转分步法均需要将产品生产费用在完工产品和在产品之间进行分配

9. 与平行结转分步法相比，逐步结转分步法的优点有（　　）。

A. 能够提供各个生产步骤的半成品成本资料

B. 能够全面地反映各生产步骤的生产耗费水平

C. 能够直接提供按原始成本项目反映的产成品成本资料

D. 能够简化和加速成本计算工作

10. F公司是一个家具制造企业。该公司按生产步骤的顺序，分别设置加工、装配和油漆三个生产车间。公司的产品成本计算采用平行结转分步法，按车间分别设置成本计算单。装配车间成本计算单中的“月末在产品成本”项目的“月末在产品”范围应包括（　　）。

A. “加工车间”正在加工的在产品

B. “装配车间”正在加工的在产品

C. “装配车间”已经完工的半成品

D. “油漆车间”正在加工的在产品

（三）计算分析题

1. 甲公司有锅炉和供电两个辅助生产车间，分别为基本生产车间和行政管理部门提供蒸汽和电力，两个辅助生产车间之间也相互提供产品。2019年9月份的辅助生产及耗用情况如下：

（1）辅助生产情况。

项目	锅炉车间	供电车间
生产费用	60 000 元	100 000 元
生产数量	15 000 吨	200 000 度

（2）各部门耗用辅助生产产品情况。

耗用部门		锅炉车间	供电车间
辅助生产车间	机修车间		75 000 度
	供电车间	2 500 吨	
基本生产车间		12 000 吨	100 000 度
行政管理部门		500 吨	25 000 度

要求：

（1）分别采用直接分配法和交互分配法对辅助生产费用进行分配（结果填入下方表格中，不用列出计算过程）。

辅助生产费用分配表（直接分配法）

单位：元

项目		锅炉车间	供电车间	合计
待分配费用				
分配	基本生产成本			
	管理费用			

辅助生产费用分配表（交互分配法）

单位：元

项目		锅炉车间	供电车间	合计
待分配费用				
交互分配	锅炉车间			—
	供电车间			—
对外分配辅助生产费用				
对外分配	基本生产成本			
	管理费用			

（2）说明直接分配法和交互分配法各自的优缺点，并指出甲公司适合采用哪种方法对辅助生产费用进行分配。

2. 甲公司是一家制造业企业，只生产和销售一种新型保温容器。产品直接消耗的材料分为主要材料和辅助材料。各月在产品结存数量较多，波动较大。公司在分配当月完工产品与月末在产品的成本时，对辅助材料采用约当产量法，对直接人工和制造费用采用定额比例法。

2019 年 6 月有关成本核算、定额资料如下：

（1）本月生产数量。

单位：只

月初在产品数量	本月投产数量	本月完工产品数量	月末在产品数量
300	3 700	3 500	500

（2）主要材料在生产开始时一次全部投入；辅助材料陆续均衡投入，月末在产品平均完工程度为60%。

（3）本月月初在产品成本和本月发生生产费用。

单位：元

项目	主要材料	辅助材料	人工费用	制造费用	合计
月初在产品成本	32 000	3 160	9 600	1 400	46 160
本月发生生产费用	508 000	34 840	138 400	28 200	709 440
合计	540 000	38 000	148 000	29 600	755 600

（4）单位产品工时定额：

单位：小时/只

项目	产成品	在产品
人工工时定额	2	0. 8
机器工时定额	1	0. 4

要求：

（1）计算本月完工产品和月末在产品的主要材料费用。

（2）按约当产量法计算本月完工产品和月末在产品的辅助材料费用。

（3）按定额人工工时比例计算本月完工产品和月末在产品的人工费用。

（4）按定额机器工时比例计算本月完工产品和月末在产品的制造费用。

（5）计算本月完工产品总成本和单位成本。

3. 甲公司基本生产车间生产X、Y产品，采用品种法核算成本。原材料日常收发按计划成本核算，月末按材料成本差异率对发出材料计划成本进行调整。X、Y产品分别领用直接材料并于开工时一次性投入。其他加工费用随加工进度陆续发生，按实际工时比例在X、Y产品之间分配。月末分配本月完工产品与月末在产品成本时，直接材料按照定额成本比例分配，直接人工和制造费用按定额工时比例分配。

X、Y单位完工产品定额资料如下：

产品	材料单耗定额（元）	工时单耗定额（小时）
X	60	6
Y	40	4

2020年9月，产品成本相关资料如下：

资料一：月初在产品成本。

单位：元

产品	直接材料	直接人工	制造费用	合计
X	25 900	2 850	5 040	33 790
Y	45 000	5 600	7 000	57 600

资料二：本月产量。

单位：件

产品	月初在产品	本月投入	本月完工	月末在产品
X	1 800	4 200	5 000	1 000
Y	100	900	1 000	0

资料三：本月生产与管理费用。

（1）耗用材料的计划成本及材料成本差异率。

单位：元

耗用材料计划成本	X	Y	基本车间一般耗用	行政管理部门
	340 000	400 000	40 000	8 000
本月材料计划价格差异率 +2.5%				

（2）实际工时和工资。

实际工时	X	30 000 小时
	Y	45 000 小时
基本生产车间	生产工人工资	30 000 元
	管理人员工资	5 000 元

（3）本月基本车间折旧费用 10 000 元，其他生产费用 4 000 元。

资料四：月末在产品定额成本

产品	产量	材料定额（元）		工时定额（小时）		
		材料单耗定额	材料定额成本	工时单耗定额	平均完工程度	工时定额总数
X	1 000	60	60 000	6	50%	3 000
Y	0	40	0	4	0	0

要求：

（1）按照 X、Y 产品当月实际工时比例分配基本生产车间本月生产工人工资。

（2）计算本月基本生产车间的制造费用，按照 X、Y 产品当月实际工时比例分配。

（3）编制 X 产品的产品成本计算单（结果填入下方表格中，不用列出计算过程）。

产品成本计算单

产品：X 产品　　　　2020 年 9 月　　　　金额单位：元

项目	直接材料	直接人工	制造费用	合计
月初在产品成本				
本月生产费用				
合计				
分配率				—
完工产品总成本				
完工产品单位成本				
月末在产品成本				

4. 甲公司是一家制造业企业，下设一基本生产车间，生产 A、B 两种产品。A、B 产品分别由不同的班组加工，领用不同的材料。A 产品有 A－1、A－2 和 A－3 三种型号，加

工工艺、耗用材料基本相同；B 产品有 B－1 和 B－2 两种型号，加工工艺、耗用材料基本相同。公司采用品种法计算产品成本，直接材料、直接人工直接计入 A、B 产品，制造费用按当月定额工时在 A、B 产品之间分配。原材料在开工时一次投入，直接人工、制造费用随加工进度陆续发生。公司先分配完工产品与月末在产品成本，再在同一产品不同型号之间分配完工产品成本，均采用定额比例法。

2021 年 7 月相关资料如下：

（1）单位完工产品定额。

产品	型号	材料定额（元/件）	工时定额（小时/件）
A 产品	A－1	1 500	8
	A－2	800	6
	A－3	400	4
B 产品	B－1	500	8
	B－2	1 000	10

（2）月初在产品实际成本。

产品	直接材料（元）	直接人工（元）	制造费用（元）
A 产品	684 500	49 200	30 200
B 产品	428 000	52 000	50 000

（3）本月直接材料、直接人工和定额工时。

产品	直接材料（元）	直接人工（元）	定额工时（小时）
A 产品	4 030 000	570 000	23 000
B 产品	2 020 000	620 000	24 100
合计	6 050 000	1 190 000	47 100

（4）本月基本生产车间发生制造费用 942 000元。

（5）本月完工产品数量。

产品	型号	完工数量（件）
A 产品	A－1	1 000
	A－2	2 000
	A－3	400
B 产品	B－1	1 600
	B－2	800

（6）月末在产品材料定额成本和定额工时。

产品	材料定额成本（元）	定额工时（小时）
A 产品	1 230 000	4 200
B 产品	800 000	5 600

要求：

（1）编制制造费用分配表（结果填入下方表格中，不用列出计算过程）。

制造费用分配表

2021 年 7 月

产品	定额工时（小时）	分配率	制造费用（元）
A 产品		—	
B 产品		—	
合计			

（2）编制 A 产品成本计算单（结果填入下方表格中，不用列出计算过程）。

A 产品成本计算单

2021 年 7 月　　金额单位：元

项目	直接材料		定额工时（小时）	直接人工	制造费用	合计
	定额成本	实际成本				
月初在产品	—		—			
月初在产品	—		—			
合计	—		—			
分配率	—		—			—
完工产品						
月末在产品						

（3）编制 A 产品单位产品成本计算单（分型号）（结果填入下方表格中，不用列出计算过程）。

A 产品单位产品成本计算单（分型号）

2021 年 7 月　　金额单位：元

型号	单位产品定额		单位实际成本			
	材料定额	工时定额（小时）	直接材料	直接人工	制造费用	合计
A－1						
A－2						
A－3						

5. 甲公司是一家机械制造企业，只生产销售一种产品。生产过程分为两个步骤，第一步骤产出的半成品直接转入第二步骤继续加工，每件半成品加工成一件产成品。产品成本计算采用逐步综合结转分步法，月末完工产品和在产品之间采用约当产量法分配生产成本。

第一步骤耗用的原材料在生产开工时一次投入，其他成本费用陆续发生；第二步骤除耗用第一步骤半成品外，还需要追加其他材料，追加材料及其他成本费用陆续发生，第一步骤和第二步骤月末在产品完工程度均为本步骤的50%。

2019年6月的成本核算资料如下：

（1）月初在产品成本。

单位：元

步骤	半成品	直接材料	直接人工	制造费用	合计
第一步骤		3 750	2 800	4 550	11 100
第二步骤	6 000	1 800	780	2 300	10 880

（2）本月生产量。

单位：件

步骤	月初在产品数量	本月投产数量	本月完工数量	月末在产品数量
第一步骤	60	270	280	50
第二步骤	20	280	270	30

（3）本月发生的生产费用。

单位：元

步骤	直接材料	直接人工	制造费用	合计
第一步骤	16 050	24 650	41 200	81 900
第二步骤	40 950	20 595	61 825	123 370

要求：

（1）编制第一、第二步骤成本计算单（结果填入下方表格中，不用列出计算过程）。

第一步骤成本计算单

2019年6月

金额单位：元

项目	直接材料	直接人工	制造费用	合计
月初在产品成本				
本月生产费用				
合计				
分配率				
完工半成品转出				
月末在产品				

第二步骤成本计算单

2019年6月

金额单位：元

项目	半成品	直接材料	直接人工	制造费用	合计
月初在产品成本					
本月生产费用					

续表

项目	半成品	直接材料	直接人工	制造费用	合计
合计					
分配率					
完工产成品转出					
月末在产品					

（2）编制产成品成本还原计算表（结果填入下方表格中，不用列出计算过程）。

产成品成本还原计算表

2019 年 6 月　　单位：元

项目	半成品	直接材料	直接人工	制造费用	合计
还原前产成品成本					
本月所产半成品成本					
成本还原					
还原后产成品成本					
还原后产成品单位成本					

进阶练习答案及解析

（一）单选题

1. 【答案】C

【解析】企业在生产中为生产工人发放的安全头盔属于为组织和管理生产而发生的间接费用，无法直接追溯到每个产品，应计入制造费用。

2. 【答案】D

【解析】企业为行政管理部门职工发放的工资以及企业筹建期间发生的开办费均应计入管理费用，属于非制造成本，选项 A、B 错误；企业专设的销售机构发生的固定资产修理费应计入销售费用，属于非制造成本，选项 C 错误；企业为生产部门生产工人发放的职工福利应计入制造费用，属于制造成本，选项 D 正确。

3. 【答案】D

【解析】直接分配法只适宜在辅助生产内部相互提供产品或劳务不多，不进行费用的交互分配对辅助生产成本和产品制造成本影响不大的情况下使用。当辅助生产车间相互提供产品或劳务量差异较大时，直接分配法的分配结果往往与实际不符，选项 D 表述错误，当选。

4. 【答案】B

【解析】各辅助生产车间应承担的实际费用 = 交互分配前的成本费用 + 交互分配转入的成本费用 − 交互分配转出的成本费用，选项 B 正确。

5. 【答案】D

【解析】如果原材料是在生产过程中陆续投入的，在产品应根据投料程度按照约当产量计算应由其负担的材料费用。

6. 【答案】A

【解析】第一道工序在产品完工程度 = (25 × 50%)/100 = 12.5%，第二道工序在产品完工程度 = (25 + 30 × 60%)/100 = 43%，第三道工序在产品完工程度 = (25 + 30 + 45 × 40%)/100 = 73%，在产品的约当产量 = 200 × 12.5% + 100 × 43% + 300 × 73% = 287（件）。

7. 【答案】B

【解析】在产品应分担的直接材料费用 = 25 080/(340 + 100) × 100 = 5 700（元），在产

品应分担的直接人工费用 = 10 400/(340 + 100 × 60%) × 60 = 1 560（元），在产品应分担的制造费用 = 9 200/(340 + 100 × 60%) × 60 = 1 380（元），本月应分担的在产品成本 = 5 700 + 1 560 + 1 380 = 8 640（元）。

8. 【答案】B

【解析】对联合成本进行分配的方法有：（1）分离点售价法；（2）可变现净值法；（3）实物数量法。

9. 【答案】D

【解析】制造重型机器设备属于单件小批类型的生产，应当采用分批法核算生产成本。

10. 【答案】D

【解析】平行结转分步法的特点是不能为各个生产步骤在产品的实物和资金管理提供资料，因此不利于考察企业各类存货资金占用情况。

11. 【答案】D

【解析】第一车间产品成本计算单中“月末在产品”包括第一车间正在加工的在产品、第一车间已经完工的半成品、第二车间正在加工的在产品、第二车间已经完工的半成品以及第三车间正在加工的在产品。选项 A、B 错误；第二车间产品成本计算单中“月末在产品”包括第二车间正在加工的在产品、第二车间已经完工的半成品和第三车间正在加工的在产品，选项 C 错误，选项 D 正确。

12. 【答案】A

【解析】本题中没有说明每一件产成品所耗用的完工半成品数量，默认折算数为 1，则月末第一车间在产品的约当产量 =（90 − 75）× 40% +（75 − 60）× 1 × 100% +（60 − 50）× 1 × 100% = 31（件）。

13. 【答案】B

【解析】逐步结转分步法是按照产品加工的顺序，逐步计算并结转半成品成本，直到最后加工步骤才能计算出产成品成本的方法。逐步结转分步法能够全面地反映各生产步骤的生产耗费水平，更好地满足各生产步骤成本管理的要求。

（二）多选题

1. 【答案】ABCD

【解析】当产品成本计算方法采用制造成本法时，产品成本与制造成本内容一致，期间成本与非制造成本内容一致。

2. 【答案】BC

【解析】乙公司采用直接分配法分配辅助生产成本，因此各辅助生产车间之间无须交互分配费用，选项 A 错误，选项 C 正确；供电车间分配给行政管理部门的辅助生产费用 = 89 000/（362 000 − 6 000）× 15 000 = 3 750（元），选项 B 正确；锅炉车间分配给行政管理部门的辅助生产费用 = 21 000/（5 370 − 120）× 400 = 1 600（元），选项 D 错误。

3. 【答案】BD

【解析】供电车间分配给供热车间的成本费用 = 156 000/624 000 × 9 000 = 2 250（元），选项 A 错误；供热车间分配给供电车间的成本费用 = 37 000/7 400 × 210 = 1 050（元），供热车间对外分配的成本费用 = 37 000 + 2 250 − 1 050 = 38 200（元），选项 B 正确；供热车间分配给生产车间的成本费用 = 38 200/(7 400 − 210) × 2 890 = 15 354（元），选项 C 错误；供电车间分配给生产车间的成本费用 = 154 800/(624 000 − 9 000) × 72 000 = 18 123（元），生产车间本月应分配的辅助生产费用 = 15 354 + 18 123 = 33 477（元），选项 D 正确。

4. 【答案】BC

【解析】在产品成本按定额成本计算的方法适用于在产品数量稳定或者数量较少，并且制定了比较准确的定额成本，选项 A 错误；定额比例法适用于各月末在产品数量变动较大，但制定了比较准确的消耗定额，选项 D 错误；如果在产品成本按年初数固定计算，则本月末在产品成本 = 年初固定数 = 下月初在产品成本，所以本月发生的生产费用 = 本月完工产品的成本，选项 B 正确；在产品成本按其所耗用的原材料费用计算适用于原材料费用在产品成本中所占比重较大，而且原材料是在生产开始时一次全部投入的情况下使用，选项 C 正确。

5. 【答案】ABC

【解析】副产品是指在同一生产过程中，使用同种原料，在生产主要产品的同时附带生产出来的非主要产品，选项 A 表述错误，当选；采用分离点售价法分配联合成本时应该以分离点每种产品的销售价格作为分配依据，选项 B 表述错误，当选；在分配主产品和副产品的加工成本时，通常先确定副产品的加工成本，然后确定主产品的加工成本，选项 C 表述错误，当选。

6. 【答案】BD

【解析】联产品 D 应分配的联合成本 = 90/(125 + 75) × 125 = 56.25（万元），选项 A 错误；联产品 E 应分配的联合成本 = 90/(125 + 75) × 75 = 33.75（万元），选项 B 正确，选项 C 错误；联产品 E 的总成本 = 33.75 + 60 = 93.75（万元），选项 D 正确。

7. 【答案】AC

【解析】品种法是最基本的成本计算方法，其他成本计算方法都应以品种法为基础，它适用于大量大批的单步骤生产企业以及生产按流水线组织且管理上不要求按照生产步骤计算产品成本的企业，选项 A 表述错误，当选；分批法的成本计算期与产品的生产周期基本一致，一般不会涉及会计核算周期，选项 C 表述错误，当选。

8. 【答案】AD

【解析】分步法中只有逐步综合结转分步法需要进行成本还原，选项 A 正确；逐步结转分步法能够为各生产步骤的在产品实物管理及资金管理提供资料，选项 B 错误；平行结转分步法在产品的费用在产品最后完成以前，不随实物转出而转出，即不按其所在的地点登记，而按其发生的地点登记，选项 C 错误。

9. 【答案】AB

【解析】逐步结转分步法能提供各个生产步骤的半成品成本资料，全面地反映各生产步骤的生产耗费水平，更好地满足各生产步骤成本管理的要求，选项 A、B 正确；平行结转分步法能够直接提供按原始成本项目反映的产成品成本资料，不必进行成本还原，因而能够简化和加速成本计算工作，选项 C、D 错误。

10. 【答案】BCD

【解析】F 公司采用平行结转分步法计算产品成本，因此装配车间的月末在产品属于广义范畴，具体应当包括“装配车间”正在加工的在产品、“装配车间”已经完工的半成品以及“油漆车间”正在加工的在产品。平行结转分步法中某一生产步骤中的完工产品和在产品均不包括其前续生产步骤的产品，选项 A 错误。

（三）计算分析题

1. 【答案及解析】

（1）

辅助生产费用分配表（直接分配法）　　单位：元

项目		锅炉车间	供电车间	合计
待分配费用		60 000	100 000	160 000
分配	基本生产成本	57 600	80 000	137 600
	管理费用	2 400	20 000	22 400

锅炉车间辅助生产的单位成本 = 60 000/(15 000 − 2 500) = 4.8（元/吨）

分配至基本生产成本 = 4.8 × 12 000 = 57 600（元）

分配至管理费用 = 4.8 × 500 = 2 400（元）

供电车间辅助生产的单位成本 = 100 000/(200 000 − 75 000) = 0.8（元/度）

分配至基本生产成本 = 0.8 × 100 000 =

80 000（元）

分配至管理费用 = 0.8 × 25 000 = 20 000（元）

辅助生产费用分配表（交互分配法）

单位：元

项目		锅炉车间	供电车间	合计
待分配费用		60 000	100 000	160 000
交互分配	锅炉车间	37 500	-37 500	—
	供电车间	-10 000	10 000	—
对外分配辅助生产费用		87 500	72 500	160 000
对外分配	基本生产成本	84 000	58 000	142 000
	管理费用	3 500	14 500	18 000

第一次分配：

锅炉车间辅助生产的单位成本 = 60 000/15 000 = 4（元/吨）

分配至供电车间 = 4 × 2 500 = 10 000（元）

供电车间辅助生产的单位成本 = 100 000/200 000 = 0.5（元/度）

分配至锅炉车间 = 0.5 × 75 000 = 37 500（元）

锅炉车间对外分配辅助生产费用 = 60 000 + 37 500 - 10 000 = 87 500（元）

供电车间对外分配辅助生产费用 = 100 000 + 10 000 - 37 500 = 72 500（元）

第二次分配：

锅炉车间辅助生产的单位成本 = 87 500/(15 000 - 2 500) = 7（元/吨）

分配至基本生产成本 = 7 × 12 000 = 84 000（元）

分配至管理费用 = 7 × 500 = 3 500（元）

供电车间辅助生产的单位成本 = 72 500/(200 000 - 75 000) = 0.58（元/度）

分配至基本生产成本 = 0.58 × 100 000 = 58 000（元）

分配至管理费用 = 0.58 × 25 000 = 14 500（元）

（2）直接分配法的优点：各辅助生产费用只对外分配，计算工作简便。

直接分配法的缺点：当辅助生产车间相互提供产品或劳务量差异较大时，分配结果往往与实际不符。

交互分配法的优点：由于进行了辅助生产内部的交互分配，提高了分配结果的正确性。

交互分配法的缺点：由于各辅助生产费用要计算两个单位成本（费用分配率），进行了两次分配，因而增加了计算工作量。

根据上述分析，甲公司适合采用交互分配法进行辅助生产费用分配。

2. 【答案及解析】

（1）本月完工产品主要材料费用 = 540 000/(3 500 + 500) × 3 500 = 472 500（元）

月末在产品主要材料费用 = 540 000/(3 500 + 500) × 500 = 67 500（元）

（2）本月完工产品辅助材料费用 = 38 000/(3 500 + 500 × 60%) × 3 500 = 35 000（元）

月末在产品辅助材料费用 = 38 000/(3 500 + 500 × 60%) × 300 = 3 000（元）

（3）本月完工产品人工费用 = 148 000/(3 500 × 2 + 500 × 0.8) × (3 500 × 2) = 140 000（元）

月末在产品人工费用 = 148 000/(3 500 × 2 + 500 × 0.8) × (500 × 0.8) = 8 000（元）

（4）本月完工产品制造费用 = 29 600/(3 500 × 1 + 500 × 0.4) × 3 500 = 28 000（元）

月末在产品制造费用 = 29 600/(3 500 × 1 + 500 × 0.4) × 200 = 1 600（元）

（5）本月完工产品总成本 = 472 500 +

35 000 + 140 000 + 28 000 = 675 500（元）

单位产品成本 = 675 500/3 500 = 193（元/只）

3.【答案及解析】

（1）X 产品分配基本生产车间本月生产工人工资 = 30 000/(30 000 + 45 000) × 30 000 = 12 000（元）

Y 产品分配基本生产车间本月生产工人工资 = 30 000/(30 000 + 45 000) × 45 000 = 18 000（元）

（2）本月基本生产车间的制造费用 = 40 000 × (1 + 2.5%) + 5 000 + 10 000 + 4 000 = 60 000（元）

X 产品分配制造费用 = 60 000/(30 000 + 45 000) × 30 000 = 24 000（元）

Y 产品分配制造费用 = 60 000/(30 000 + 45 000) × 45 000 = 36 000（元）

（3）

产品成本计算单

产品：X 产品　　2020 年 9 月　　金额单位：元

项目	直接材料	直接人工	制造费用	合计
月初在产品成本	25 900	2 850	5 040	33 790
本月生产费用	348 500	12 000	24 000	384 500
合计	374 400	14 850	29 040	418 290
分配率	1.04	0.45	0.88	—
完工产品总成本	312 000	13 500	26 400	351 900
完工产品单位成本	62.4	2.7	5.28	70.38
月末在产品成本	62 400	1 350	2 640	66 390

X 产品耗用直接材料本月生产费用 = 340 000 × (1 + 2.5%) = 348 500（元）

直接材料分配率 = 374 400/(5 000 × 60 + 60 000) = 1.04

X 产品完工产品直接材料总成本 = 1.04 × 5 000 × 60 = 312 000（元）

X 产品完工产品直接材料单位成本 = 312 000/5 000 = 62.4（元/件）

X 产品月末在产品直接材料总成本 = 374 400 − 312 000 = 62 400（元）

X 产品耗用直接人工本月生产费用 = 12 000 元

直接人工分配率 = 14 850/(5 000 × 6 + 3 000) = 0.45

X 产品完工产品直接人工总成本 = 0.45 × 5 000 × 6 = 13 500（元）

X 产品完工产品直接人工单位成本 = 13 500/5 000 = 2.7（元/件）

X 产品月末在产品直接人工总成本 = 14 850 − 13 500 = 1 350（元）

X 产品耗用制造费用本月生产费用 = 24 000（元）

制造费用分配率 = 29 040/(5 000 × 6 + 3 000) = 0.88

X 产品完工产品制造费用总成本 = 0.88 × 5 000 × 6 = 26 400（元）

X 产品完工产品制造费用单位成本 = 26 400/5 000 = 5.28（元/件）

X 产品月末在产品制造费用总成本 = 29 040 − 26 400 = 2 640（元）

小贴士 基本生产车间的制造费用是指基本生产车间发生的不能直接计入产品成本的各项间接费用。本题基本生产车间的制造费用包括基本车间一般耗用材料 40 000 元（计划成本）、基本车间管理人员工资 5 000 元、基本车间折旧费用 10 000 元、基本车间其他生产费用 4 000 元。

4. 【答案及解析】

（1）

制造费用分配表

2021 年 7 月　　金额单位：元

产品	定额工时（小时）	分配率	制造费用
A 产品	23 000	—	460 000
B 产品	24 100	—	482 000
合计	47 100	20	942 000

制造费用分配率 = 942 000 ÷ 47 100 = 20（元/小时）

A 产品制造费用 = 23 000 × 20 = 460 000（元）

B 产品制造费用 = 24 100 × 20 = 482 000（元）

（2）

A 产品成本计算单

2021 年 7 月　　金额单位：元

项目	直接材料		定额工时（小时）	直接人工	制造费用	合计
	定额成本	实际成本				
月初在产品	—	684 500	—	49 200	30 200	763 900
月初在产品	—	4 030 000	—	570 000	460 000	5 060 000
合计	—	4 714 500	—	619 200	490 200	5 823 900
分配率	—	1. 05	—	24	19	—
完工产品	3 260 000	3 423 000	21 600	518 400	410 400	4 351 800
月末在产品	1 230 000	1 291 500	4 200	100 800	79 800	1 472 100

完工产品直接材料定额成本 = 1 000 × 1 500 + 2 000 × 800 + 400 × 400 = 3 260 000（元）

直接材料成本分配率 = 4 714 500 ÷（3 260 000 + 1 230 000）= 1. 05

完工产品直接材料成本 = 3 260 000 × 1. 05 = 3 423 000（元）

月末在产品直接材料成本 = 1 230 000 × 1. 05 = 1 291 500（元）

完工产品定额工时 = 1 000 × 8 + 2 000 × 6 + 400 × 4 = 21 600（小时）

直接人工成本分配率 = 619 200 ÷（21 600 + 4 200）= 24

完工产品直接人工成本 = 21 600 × 24 = 518 400（元）

月末在产品直接人工成本 = 4 200 × 24 = 100 800（元）

制造费用分配率 = 490 200 ÷（21 600 + 4 200）= 19

完工产品制造费用 = 21 600 × 19 = 410 400（元）

月末在产品制造费用 = 4 200 × 19 = 79 800（元）

A 产品的完工成本 = 3 423 000 + 518 400 + 410 400 = 4 351 800（元）

A 产品的月末在产品成本 = 1 291 500 + 100 800 + 79 800 = 1 472 100（元）

（3）

A 产品单位产品成本计算单（分型号）

2021 年 7 月　　金额单位：元

型号	单位产品定额		单位实际成本			
	材料定额	工时定额（小时）	直接材料	直接人工	制造费用	合计
A－1	1 500	8	1 575	192	152	1 919
A－2	800	6	840	144	114	1 098
A－3	400	4	420	96	76	592

A－1 的单位实际成本＝1 500×1.05＋8×24＋8×19＝1 919（元/件）

A－2 的单位实际成本＝800×1.05＋6×24＋6×19＝1 098（元/件）

A－3 的单位实际成本＝400×1.05＋4×24＋4×19＝592（元/件）

5.【答案及解析】

（1）

第一步骤成本计算单

2019 年 6 月　　金额单位：元

项目	直接材料	直接人工	制造费用	合计
月初在产品成本	3 750	2 800	4 550	11 100
本月生产费用	16 050	24 650	41 200	81 900
合计	19 800	27 450	45 750	93 000
分配率	60	90	150	—
完工半成品转出	16 800	25 200	42 000	84 000
月末在产品	3 000	2 250	3 750	9 000

直接材料分配率＝19 800/(280＋50)＝60

直接人工分配率＝27 450/（280＋50×50%）＝90

制造费用分配率＝45 750/（280＋50×50%）＝150

第二步骤成本计算单

2019 年 6 月　　金额单位：元

项目	半成品	制造费用	直接材料	直接人工	合计
月初在产品成本	6 000	1 800	780	2 300	10 880
本月生产费用	84 000	40 950	20 595	61 825	207 370
合计	90 000	42 750	21 375	64 125	218 250
分配率	300	150	75	225	—
完工产成品转出	81 000	40 500	20 250	60 750	202 500
月末在产品	9 000	2 250	1 125	3 375	15 750

半成品分配率＝90 000/(270＋30)＝300

直接材料分配率＝42 750/(270＋30×50%)＝150

直接人工分配率＝21 375/(270＋30×

50%）=75

制造费用分配率 = 64 125/(270 + 30 × 50%）=225

（2）

产成品成本还原计算表

2019 年 6 月　　单位：元

项目	半成品	直接材料	直接人工	制造费用	合计
还原前产成品成本	81 000	40 500	20 250	60 750	202 500
本月所产半成品成本		16 800	25 200	42 000	84 000
成本还原	－81 000	16 200	24 300	40 500	0
还原后产成品成本		56 700	44 550	101 250	202 500
还原后产成品单位成本		210	165	375	750

成本还原直接材料 = 81 000/84 000 × 16 800 = 16 200（元）

成本还原直接人工 = 81 000/84 000 × 25 200 = 24 300（元）

成本还原制造费用 = 81 000/84 000 × 42 000 = 40 500（元）

还原后产成品成本中消耗直接材料 = 40 500 + 16 200 = 56 700（元）

还原后产成品成本中消耗直接人工 = 20 250 + 24 300 = 44 550（元）

还原后产成品成本中消耗制造费用 = 60 750 + 40 500 = 101 250（元）

还原后产成品单位成本消耗直接材料 = 56 700/270 = 210（元）

还原后产成品单位成本消耗直接人工 = 44 550/270 = 165（元）

还原后产成品单位成本消耗制造费用 = 101 250/270 = 375（元）

小贴士 ①本题第二步骤耗用第一步骤的半成品相当于生产开始时一次性投料。②本题第一步骤完工产品数量等于第二步骤投产数量，因此可以将第一步骤半成品成本直接全部结转到第二步骤。③本题采用逐步综合结转分步法计算产品成本，因此某个步骤完工产品仅指该步骤已完工的产品，某个步骤在产品仅指该步骤尚在加工的产品。

第十三章　标准成本法

2023年教材内容主要变化

2023年第十三章教材仅调整个别文字表述，无实质性变化。

本章近五年考试高频考点分布

本章是第二编成本计算中比较重要的章节。从近五年的考试来看，该章内容主要以客观题形式进行考查，但在2019年的考题中也出现了计算分析题，考生应予以关注。最近五年本章平均考试分值为4分。

高频考点内容	年度及题型分布
标准成本的制定	2020年多选 2019年单选、2019年计算分析
变动成本差异分析	2022年单选、2020年多选、2019年计算分析
变动成本差异的责任归属	2021年多选、2018年多选
固定制造费用差异分析	2022年多选、2021年单选、2020年单选、2019年计算分析、2018年单选

高频考点精讲

本章是第二编成本计算中较为独立的章节，涉及的知识点较少且考题范围相对集中。由于本章计算公式较多且容易混淆，考生应当注意对比学习和反复记忆。本章主要内容包括：标准成本及其制定、标准成本的差异分析。

高频考点1：标准成本的概念★

标准成本是通过精确的调查、分析与技术测定而制定的，用来评价实际成本、衡量工作效率的一种目标成本。标准成本含义界定公式如下：

成本标准 = 单位产品标准成本 = 单位产品标准消耗量 × 标准单价

标准成本（总额）= 实际产量 × 单位产品标准成本

经典例题

【例题·单选题】标准成本是通过精确的调查、分析与技术测定而制定的，用来评价实际成本、衡量工作效率的一种目标成本，通常它又被认为是（　　）。

A. 估计成本

B. 机会成本

C. 应该成本

D. 增量成本

【答案】C

【解析】在标准成本中，基本上排除了不应该发生的“浪费”，因此被认为是一种“应该成本”，选项 C 正确。

高频考点 2：标准成本法的种类★★★

（一）理想标准成本和正常标准成本（依照生产技术和经营管理水平分类）

项目	理想标准成本	正常标准成本
要求条件	在最优的生产条件下	在效率良好的条件下
预期目标	达到最低成本要求	达到标准成本要求
耗费量	毫无技术浪费时的生产要素消耗量（最熟练的工人全力以赴工作、不存在废品损失和停工时间）	应该发生的生产要素消耗量
价格	理想价格（各种生产要素在计划期间最低的价格水平）	预计价格
生产能力	最高生产经营能力利用水平（只扣除不可避免的机器修理、改换品种、调整设备等时间，不考虑产品销路不佳、生产技术故障等影响）	预计生产能力利用程度（将难以避免的损耗和低效率等情况计算在内）
主要用途	提供一个完美无缺的目标，揭示实际成本下降的潜力	是要经过努力才能达到的一种标准，可以调动职工的积极性（实施后实际成本更大的可能是逆差而不是顺差）
适用性	该标准很难成为现实，即使暂时出现也不可能持久。因其提出的要求太高，不宜作为考核依据	在标准成本系统中，广泛使用正常标准成本。它具有客观性和科学性、现实性、激励性、稳定性的特点
两者相关性	理想标准成本 < 正常标准成本 < 历史平均水平	

不同类型损耗的区分：

项目	情形	理想标准成本	正常标准成本
不可避免的损耗	机器修理、改换品种、调整设备	考虑在内	考虑在内
难以避免的损耗	废品损失、停工时间、产品销路不佳、生产技术故障	不应考虑	考虑在内
应该避免的损耗	偶然和意外情况、不应该的浪费	不应考虑	不应考虑

（二）现行标准成本和基本标准成本（依照适用性分类）

项目	现行标准成本	基本标准成本
特点	成本需要根据其适用期间价格、效率和生产经营能力利用程度等因素的变化而加以修订	成本一经制定，只要生产的基本条件无重大变化，就不予变动
适用性	可以成为评价实际成本的依据，也可以用来对存货和销货成本计价	基本标准成本与各期实际成本对比，可反映成本变动趋势。如果基本标准成本不按各期实际进行动态修订，就不宜用来直接评价工作效率和成本控制的有效性

生产基本条件是否发生重大变化的判断：

项目	情形	现行标准成本	基本标准成本
生产基本条件重大变化（重大根本性）	产品物理结构变化、重要原材料和劳动力价格变化、生产技术和工艺的根本变化等	需要修订	需要修订
非生产基本条件重大变化（暂时周期性）	市场供求变化导致的售价变化和生产经营能力利用程度变化、工作方法改变导致效率变化、季节性原因导致原材料价格上涨、生产工人技术操作水平改进等	需要修订	不需要修订

经典例题

【例题·多选题】甲公司制定产品标准成本时采用现行标准成本。下列情况中，需要修订现行标准成本的有（　　）。

A. 季节原因导致材料价格上升

B. 订单增加导致设备利用率提高

C. 采用新工艺导致生产效率提高

D. 工资调整导致人工成本上升

【答案】ABCD

【解析】现行标准成本需要根据适用期间相关因素的变化而加以修订，因此只要相关因素发生变化，无论是生产基本条件重大变化还是非生产基本条件重大变化，均需要修订现行标准成本，选项A、B、C、D均当选。

【例题·单选题】甲公司制定成本标准时采用基本标准成本。出现下列情况时，不需要修订基本标准成本的是（　　）。

A. 主要原材料的价格大幅度上涨

B. 操作技术改进，单位产品的材料消耗大幅度减少

C. 市场需求增加，机器设备的利用程度大幅度提高

D. 技术研发改善了产品性能，产品售价大幅度提高

【答案】C

【解析】基本标准成本只有在生产基本条件发生重大变化时才需要进行修订。生产基本条件重大变化是指产品物理结构变化、重要原材料和劳动力价格变化、生产技术和工艺的根本变化等。选项A、B、D都属于生产基本条件的重大变化。

高频考点3：标准成本的制定★★★

（一）单位产品标准成本的计算原理

制定一个成本项目的标准成本，一般需要分别确定其用量标准和价格标准，两者相乘后得出单位产品该成本项目的标准成本。

单位产品标准成本＝用量标准×价格标准		
用量标准	单位产品材料消耗量	主要由生产技术部门制定
	单位产品直接人工工时	

续表

单位产品标准成本＝用量标准×价格标准		
价格标准	原材料单价	由会计部门和有关其他部门共同研究确定
	小时工资率	
	小时制造费用分配率	

制定标准成本，通常首先确定直接材料和直接人工的标准成本；其次确定制造费用的标准成本；最后汇总确定单位产品的标准成本。

（二）直接材料标准成本的计算

单位产品直接材料标准成本＝单位产品材料标准消耗量×原材料标准单价	
单位产品材料标准消耗量	包括必不可少的消耗以及各种难以避免的损失
原材料标准单价	包括发票价格、运费、检验和正常损耗等成本（不包括非正常损耗成本、入库后发生的成本）

（三）直接人工标准成本的计算

单位产品直接人工标准成本＝单位产品直接人工标准工时×小时标准工资率	
单位产品直接人工标准工时	包括直接加工操作必不可少的时间、必要的间歇和停工（如工间休息、设备调整准备时间）、不可避免的废品耗用工时
小时标准工资率	可以是预定的工资率，也可以是正常的工资率

（四）制造费用标准成本的计算

单位产品制造费用标准成本＝单位产品直接人工标准工时×小时制造费用标准分配率 小时制造费用标准分配率＝制造费用预算总额/直接人工标准总工时	
变动制造费用	变动制造费用需计入产品成本
固定制造费用	如果企业采用变动成本法计算，固定制造费用不计入产品成本； 如果企业采用完全成本法计算，固定制造费用需计入产品成本

【注意】固定制造费用和变动制造费用的用量标准应当相同，并且两者要保持一致，以便进行差异分析。

经典例题

【真题·单选题】（2019）甲企业生产能量1 100件，每件产品标准工时1.1小时，固定制造费用标准分配率8元/小时。本月实际产量1 200件，实际工时1 000小时，固定制造费用12 000元。固定制造费用标准成本是（　　）元。

A. 9 680　　B. 10 560

C. 14 520　　D. 8 000

【答案】B

【解析】固定制造费用标准成本（总额）＝实际产量×单位产品固定制造费用标准成本＝实际产量×单位产品直接人工标准工时×小时固定制造费用标准分配率＝1 200×1.1×8＝10 560（元），选项B正确。

【知识点链接】标准成本总额的计算是针对实际产量而言的，与生产能量无关，即标准成本总额＝实际产量×单位产品标准成本。

【例题·单选题】甲公司是制造业企业，生产W产品。生产工人每月工作22天，每天工作8小时，平均月薪6 600元。该产品的直接加工必要时间每件1.5小时，正常工间休息和设备调整等非生产时间每件0.1小时，正常的废品率4%，单位产品直接人工标准成本是（　　）元。

A. 56.25　　B. 58.5

C. 62.4　　D. 62.5

【答案】D

【解析】单位产品直接人工标准成本＝单位产品直接人工标准工时×小时标准工资率＝[(1.5+0.1)/(1－4%)]×[6600/(22×8)]＝62.5（元），选项D正确。

【例题·单选题】下列关于制定正常标准成本的表述中，正确的是（　　）。

A. 直接材料的价格标准不包括购进材料发生的检验成本

B. 直接人工标准工时包括直接加工操作必不可少的时间，不包括各种原因引起的停工工时

C. 直接人工的价格标准是指标准工资率，它可以是预定的工资率，也可以是正常的工资率

D. 固定制造费用和变动制造费用的用量标准可以相同，也可以不同

【答案】C

【解析】直接材料的价格标准包括发票价格、运费、检验和正常损耗等成本，选项A错误；直接人工标准工时包括直接加工操作必不可少的时间、必要的间歇和停工（如工间休息、设备调整准备时间）、不可避免的废品耗用工时等，选项B错误；固定制造费用和变动制造费用的用量标准应当相同，并且两者要保持一致，以便进行差异分析，选项D错误。

高频考点4：变动成本差异分析★★★

变动成本包括直接材料、直接人工和变动制造费用。标准成本是一种目标成本，由于各种原因，产品的实际成本与目标成本往往不一致。实际成本与标准成本之间的差额，称为成本差异。

直接材料差异分析	①实际数量×实际价格 ↓（先换价格） ②实际数量×标准价格 ↓（后换数量） ③标准数量×标准价格	直接材料价格差异＝①－②＝实际数量×（实际价格－标准价格） 直接材料数量差异＝②－③＝（实际数量－标准数量）×标准价格 直接材料成本差异＝①－③＝实际数量×实际价格－标准数量×标准价格
直接人工差异分析	①实际工时×实际工资率 ↓（先换工资率） ②实际工时×标准工资率 ↓（后换工时） ③标准工时×标准工资率	直接人工工资率差异＝①－②＝实际工时×（实际工资率－标准工资率） 直接人工效率差异＝②－③＝（实际工时－标准工时）×标准工资率 直接人工成本差异＝①－③＝实际工时×实际工资率－标准工时×标准工资率
变动制造费用差异分析	①实际工时×实际分配率 ↓（先换分配率） ②实际工时×标准分配率 ↓（后换工时） ③标准工时×标准分配率	变动制造费用耗费差异＝①－②＝实际工时×（实际分配率－标准分配率） 变动制造费用效率差异＝②－③＝（实际工时－标准工时）×标准分配率 变动制造费用成本差异＝①－③＝实际工时×实际分配率－标准工时×标准分配率
成本差异结果为正数→超支差异（不利差异U） 成本差异结果为负数→节约差异（有利差异F）		

【注意】在对变动成本差异进行分析时，无论是实际成本总额还是标准成本总额，均应当以产品的实际产量为依据计算（与预算产量无关）。

经典例题

【真题·单选题】（2022）甲企业产销X产品，2022年7月计划产量1 000件，单位产品材料消耗标准为5千克。本月实际产量900件，月初车间已领未用材料100千克，本月实际领料4 800千克，月末已领未用材料120千克。本月材料用量差异是（　　）。

A. 有利差异200千克

B. 不利差异280千克

C. 不利差异300千克

D. 不利差异320千克

【答案】B

【解析】用料差异=实际成本-标准成本=（100+4 800-120）-900×5= 4 780-4 500= 280（千克）（不利差异），选项B正确。

【例题·计算分析题】甲企业本月生产A产品800件，耗用直接材料5 000千克，材料单价为2.1元/千克；每件A产品耗用标准材料6千克，每千克材料标准价格为2元。请对本月A产品耗用的直接材料成本进行差异分析。

【答案及解析】

直接材料价格差异=实际数量×（实际价格-标准价格）=5 000×（2.1-2）=500（元）（不利差异U）

直接材料数量差异=（实际数量-标准数量）×标准价格=（5 000-800×6）×2=400（元）（不利差异U）

直接材料成本差异=500+400=900（元）（不利差异U）

【例题·计算分析题】乙企业本月生产B产品300件，实际使用工时590小时，支付工资2 829元；每件B产品标准工时为2小时，标准工资率为4元/小时。请对本月B产品直接人工成本进行差异分析。

【答案及解析】

直接人工工资率差异=实际工时×（实际工资率-标准工资率）=590×（2 829/590-4）= 469（元）（不利差异U）

直接人工效率差异=（实际工时-标准工时）×标准工资率=（590-300×2）×4= -40（元）（有利差异F）

直接人工成本差异=469-40=429（元）（不利差异U）

【例题·计算分析题】丙企业本月生产C产品实际产量500件，使用工时990小时，实际发生变动制造费用2 079元；每件C产品标准工时为2小时，标准变动制造费用分配率为2元/小时。请对本月C产品变动制造费用进行差异分析。

【答案及解析】

变动制造费用耗费差异=实际工时×（实际分配率-标准分配率）=990×（2 079/990-2）=99（元）（不利差异U）

变动制造费用效率差异=（实际工时-标准工时）×标准分配率=（990-500×2）×2= -20（元）（有利差异F）

变动制造费用成本差异=99-20=79（元）（不利差异U）

【例题·单选题】甲公司生产销售乙产品，当月预算产量1 200件，材料标准用量5千克/件，材料标准单价2元/千克，当月实际产量1 100件，购买并耗用材料5 050千克。实际采购价格比标准价格低10%。则当月直接材料数量差异是（　　）元。

A. -900　　B. -1 100

C. -1 060　　D. -1 900

【答案】A

【解析】直接材料数量差异=（实际数量-标准数量）×标准价格=（5 050-1 100×5）×2= -900（元），选项A正确。

【例题·单选题】甲公司采用标准成本法进行成本控制。某种产品的变动制造费用标准分配率为3元/小时，每件产品的标准工时为2小时。2014年9月，该产品的实际产量为100件，实际工时为250小时，实际发生变动制造费用1 000元，变动制造费用耗费差异为（　　）元。

A. 150　　B. 200

C. 250　　D. 400

【答案】C

【解析】变动制造费用耗费差异＝实际工时×（实际分配率－标准分配率）＝250×（1 000/250－3）＝250（元）。

高频考点5：变动成本差异的责任归属问题★★★

成本要素		形成原因	责任归属
直接材料	价格差异	供应厂家调整售价、企业未批量进货、企业未能及时订货造成的紧急订货、采购时舍近求远使运费和途耗增加、使用不必要的快速运输方式、违反合同被罚款、承接紧急订单造成额外采购等	主要由采购部门负责
	数量差异	工人操作疏忽造成废品或废料增加、操作技术改进而节省材料、新工人上岗造成用料增多、机器或工具不适造成用料增加等	主要由生产部门负责
直接人工	工资率差异	直接生产工人升级或降级使用、奖励制度未产生实效、工资率调整、加班或使用临时工、出勤率变化等	主要由人事部门负责
	效率差异	工作环境不良、工人经验不足、劳动情绪不佳、新工人上岗太多、机器或工具选用不当、设备故障较多、生产计划安排不当、产量规模太少而无法发挥经济批量优势等	主要由生产部门负责
变动制造费用	耗费差异	—	主要由生产部门负责
	效率差异	工作环境不良、工人经验不足、劳动情绪不佳、新工人上岗太多、机器或工具选用不当、设备故障较多、生产计划安排不当、产量规模太少而无法发挥经济批量优势等	主要由生产部门负责

命题点拨

命题角度：辨析成本差异的责任归属

不同成本差异之间的责任归属并不是绝对的，例如直接材料数量差异在一般情况下是由生产部门负责，但有时用料量增多也并非是生产部门的责任，可能是由于购入材料质量低劣、规格不符导致用量超过标准；也可能是由于工艺变更、检验过严导致数量差异加大。考生应当认真分析不同成本差异形成的原因，根据差异形成的实质判断责任归属。

经典例题

【真题·多选题】（2021）下列各项材料数量差异中，应由生产部门负责的有（　　）。

A. 工人操作疏忽导致废料增加

B. 工艺流程管理不善造成用料增多

C. 购入材料质量差造成使用量超标

D. 机器设备没有正常操作导致多耗材料

【答案】ABD

【解析】工人操作疏忽造成的废料增加、工艺流程管理不善、机器设备没有正常操作导致的用料增多，由生产部门负责；购入材料质量低劣并非生产部门的责任，应由采购部门负责，选项A、B、D当选。

【真题·多选题】（2020）下列关于直接人工标准成本制定及其差异分析的说法中，正确的有（　　）。

A. 直接人工效率差异受工人经验影响

B. 直接人工标准工时包括调整设备时间

C. 直接人工工资率差异受使用临时工影响

D. 直接人工效率差异＝（实际工时－标准工时）×实际工资率

【答案】ABC

【解析】直接人工效率差异受到工人经验不足的影响，选项A正确；直接人工标准工时包括直接加工操作必不可少的时间，必要的间歇和停工（如工间休息、设备准备调整时间）、不可避免的废品耗用工时等，选项 B 正确；直接人工工资率差异形成原因包括直接生产工人升级或降级使用、奖励制度未产生实效、工资率调整、加班或使用临时工、出勤率变化等，选项 C 正确；直接人工效率差异 =（实际工时 - 标准工时）× 标准工资率，选项 D 错误。

【真题 · 多选题】（2020）下列关于直接材料标准成本制定及其差异分析的说法中，正确的有（　　）。

A. 材料价格差异会受进货批量的影响

B. 直接材料价格标准应考虑运输中的正常损耗

C. 数量差异全部应由生产部门负责

D. 直接材料用量标准应考虑生产中的正常废品损耗

【答案】ABD

【解析】材料数量差异是在材料耗用过程中形成的，但是材料数量差异并非全部都是生产部门的责任，可能是由于购入材料质量低劣、规格不符使用量超过标准；也可能是由于工艺变更、检验过严使数量差异加大。对此，需要进行具体的调查研究才能明确责任归属，选项 C 错误。

【真题 · 多选题】（2018）下列各项中，易造成材料数量差异的情况有（　　）。

A. 材料运输保险费提高

B. 优化操作技术节约材料

C. 机器或工具不适多耗材料

D. 工人操作疏忽导致废品增加

【答案】BCD

【解析】直接材料数量差异形成的原因主要包括：工人操作疏忽造成废品或废料增加、操作技术改进而节省材料、新工人上岗造成用料增多、机器或工具不适造成用料增加等，选项 B、C、D 当选；材料运输保险费提高属于材料价格差异的形成原因。

高频考点 6：固定制造费用差异分析

★★★

固定制造费用的差异分析与各项变动成本差异分析不同，其分析方法有“二因素分析法”和“三因素分析法”两种。二因素分析法将固定制造费用成本差异分为**耗费差异**和**生产能力利用差异**；三因素分析法将固定制造费用成本差异分为**耗费差异**、**闲置能力差异**和**效率差异**。

- 固定制造费用成本差异
  - 耗费差异
  - 生产能力利用差异
    - 闲置能力差异
    - 效率差异

二因素分析法	①实际数 = 实际产量 × 单位实际工时 × 实际分配率 = 实际工时 × 实际分配率 ②预算数 = 产能 × 单位标准工时 × 标准分配率 = 生产能力 × 标准分配率 ③标准数 = 实际产量 × 单位标准工时 × 标准分配率 = 实际产量标准工时 × 标准分配率	固定制造费用耗费差异 = ① - ② 固定制造费用生产能力利用差异 = ② - ③ 固定制造费用成本差异 = ① - ③
三因素分析法	①实际数 = 实际产量 × 单位实际工时 × 实际分配率 = 实际工时 × 实际分配率 ②预算数 = 产能 × 单位标准工时 × 标准分配率 = 生产能力 × 标准分配率 ③中间数 = 实际产量 × 单位实际工时 × 标准分配率 = 实际工时 × 标准分配率 ④标准数 = 实际产量 × 单位标准工时 × 标准分配率 = 实际产量标准工时 × 标准分配率	固定制造费用耗费差异 = ① - ② 固定制造费用闲置能力差异 = ② - ③ 固定制造费用效率差异 = ③ - ④ 固定制造费用成本差异 = ① - ④

【注意】变动成本差异分析均针对实际产量而言，固定成本与变动成本不同，不因业务量而变，故差异分析有别于变动成本。在固定成本差异分析中，会涉及对预算产量的计算分析。

名师解惑

问：老师，固定制造费用差异分析的两种方法应如何对比记忆？

答：固定制造费用差异分析涉及实际数、预算数、中间数和标准数共四个计算公式。其中，实际数、中间数和标准数与变动制造费用差异分析的公式相同。固定制造费用差异分析是在变动制造费用差异分析的基础上引入对预算数的分析，即生产能力×标准分配率。考生可以以变动制造费用差异分析的公式为基础，通过替换或增加预算数来对两种方法分别进行记忆。

经典例题

【真题·多选题】（2022）甲公司月生产能力为10 400件，单位产品标准工时为1.5小时，固定制造费用标准分配率为1 200元/小时。本月实际产量8 000件，实际工时10 000小时，实际发生固定制造费用1 900万元。下列各项表述中，正确的有（　　）。

A. 固定制造费用耗费差异为有利差异28万元

B. 固定制造费用效率差异为有利差异240万元

C. 固定制造费用能力差异为不利差异432万元

D. 固定制造费用成本差异为不利差异460万元

【答案】BCD

【解析】固定制造费用耗费差异＝19 000 000－10 400×1.5×1 200＝280 000（元）（不利差异），选项A错误。固定制造费用效率差异＝（10 000－8 000×1.5）×1 200＝－2 400 000（元）（有利差异），固定制造费用能力差异＝（10 400×1.5－8 000×1.5）×1 200＝4 320 000（元）（不利差异），固定制造费用成本差异＝19 000 000－8 000×1.5×1 200＝4 600 000（元）（不利差异），选项B、C、D正确。

【例题·计算分析题】甲公司是一家化工生产企业，只生产和销售A产品，采用标准成本法进行管理。本月A产品的实际产量为86吨，发生固定制造费用49 250元，实际耗用工时为1 210小时；甲公司生产能力为每月生产A产品90吨，即1 260小时；每吨A产品的标准工时为14小时，固定制造费用标准分配率为40元/小时。请分别用二因素分析法和三因素分析法对本月A产品固定制造费用进行差异分析。

【答案及解析】

（1）二因素分析法：

实际数＝49 250元

预算数＝生产能力×标准分配率＝1 260×40＝50 400（元）

标准数＝实际产量标准工时×标准分配率＝86×14×40＝48 160（元）

固定制造费用耗费差异＝49 250－50 400＝－1 150（元）（有利差异F）

固定制造费用生产能力利用差异＝50 400－48 160＝2 240（元）（不利差异U）

固定制造费用成本差异＝49 250－48 160＝1 090（元）（不利差异U）

（2）三因素分析法：

实际数＝49 250元

预算数＝生产能力×标准分配率＝1 260×40＝50 400（元）

中间数＝实际工时×标准分配率＝1 210×40＝48 400（元）

标准数＝实际产量标准工时×标准分配率＝86×14×40＝48 160（元）

固定制造费用耗费差异＝49 250－50 400＝－1 150（元）（有利差异F）

固定制造费用闲置能力差异＝50 400－48 400＝2 000（元）（不利差异U）

固定制造费用效率差异＝48 400－48 160＝

240（元）（不利差异 U）

固定制造费用成本差异 =49 250 －48 160 =1 090（元）（不利差异 U）

【真题·单选题】（2020）甲企业生产 X 产品，固定制造费用预算 125 000 元。全年生产能力 25 000 工时，单位产品标准工时 10 小时。2019 年实际产量 2 000 件，实际耗用工时 24 000 小时。固定制造费用闲置能力差异是（　　）。

A. 不利差异 5 000 元

B. 有利差异 5 000 元

C. 不利差异 20 000 元

D. 有利差异 20 000 元

【答案】A

【解析】固定制造费用闲置能力差异 =（生产能力 －实际工时）×固定制造费用标准分配率 =（25 000 －24 000）×（125 000/25 000）=5 000（元）（不利差异）。

【真题·单选题】（2020）甲公司生产乙产品，产能 3 000 件，每件产品标准工时 2 小时，固定制造费用标准分配率 10 元/小时。本月实际产量 2 900 件，实际工时 5 858 小时，实际发生固定制造费用 66 000 元。采用三因素分析法分析固定制造费用差异，闲置能力差异是（　　）。

A. 不利差异 1 420 元

B. 不利差异 580 元

C. 不利差异 6 000 元

D. 不利差异 8 000 元

【答案】A

【解析】固定制造费用闲置能力差异 =（产能 ×单位标准工时 －实际工时）×固定制造费用标准分配率 =（3 000 ×2 －5 858）×10 =1 420（元），属于不利差异，选项 A 正确。

【真题·单选题】（2018）使用三因素法分析固定制造费用差异时，固定制造费用闲置能力差异是（　　）。

A. 实际费用与预算费用之间的差异

B. 实际工时偏离生产能力而形成的差异

C. 实际产量标准工时偏离生产能力形成的差异

D. 实际工时脱离实际产量标准工时形成的差异

【答案】B

【解析】固定制造费用闲置能力差异 = 预算数 －中间数 =（生产能力 －实际工时）×固定制造费用标准分配率，选项 B 正确。

【例题·单选题】甲公司本月发生固定制造费用 15 800 元，实际产量 1 000 件，实际工时 1 200 小时。企业生产能力 1 500 小时；每件产品标准工时 1 小时，固定制造费用标准分配率 10 元/小时。固定制造费用耗费差异是（　　）。

A. 不利差异 800 元

B. 不利差异 2 000 元

C. 不利差异 3 000 元

D. 不利差异 5 000 元

【答案】A

【解析】固定制造费用耗费差异 = 实际数 －预算数 = 实际数 －生产能力 ×固定制造费用标准分配率 =15 800 －1 500 ×10 =800（元），属于不利差异，选项 A 正确。

进阶练习

（一）单选题

1. 下列关于理想标准成本和正常标准成本的表述中，错误的是（　　）。

A. 制定理想标准成本时，不应考虑产品销路不佳、生产技术故障造成的影响

B. 理想标准成本揭示了实际成本下降的潜力，但不宜作为考核的依据

C. 制定正常标准成本时，应当将难以避免的损耗和低效率情况考虑在内

D. 正常标准成本应当大于历史平均水平，并且小于理想标准成本

2. 下列关于现行标准成本和基本标准成

本的表述中，正确的是（ ）。

A. 现行标准成本一经制定，只要生产的基本条件无重大变化，就不予变动

B. 正常标准成本需要根据其适用期间相关因素的变化而加以修订

C. 现行标准成本与各期实际成本对比，可以反映成本变动的趋势

D. 基本标准成本不宜用来直接评价工作效率和成本控制的有效性

3. 甲公司是一家制造企业，为其生产的 A 产品制定标准成本。加工一件 A 产品需要支付原材料价格 4 元，装卸检验费 0.28 元，入库后储存成本 0.12 元。则 A 产品的直接材料价格标准是（ ）元。

A. 4　　B. 4.28

C. 4.4　　D. 4.12

4. 乙公司为其生产的 X 型号产品制定标准成本，加工一件 X 型号产品需要的必不可少的加工操作时间为 52 小时，设备调整准备时间 3 小时，工间休息时间 5 小时。正常的废品率为 4%。则 X 型号产品的直接人工标准工时是（ ）小时。

A. 62.5　　B. 60

C. 52　　D. 55

5. 某企业生产一件 A 产品所需直接人工标准工资率为每件 35 元，A 产品直接加工操作必不可少的时间为每件 8 小时，设备调整准备时间为每件 1.5 小时，必要的工间休息时间为每件 2.5 小时，正常的废品率为 4%。则单位 A 产品直接人工标准成本是（ ）元。

A. 420　　B. 427.5

C. 437.5　　D. 430

6. 甲公司是一家模具制造企业，其生产的 A 模具所需的直接材料标准消耗量为每件 12 千克，该材料每千克的发票单价为 5 元，装卸检验费为 0.35 元，入库后储存成本为 0.25 元。则单位 A 模具直接材料标准成本是（ ）元。

A. 63　　B. 64.2

C. 67.2　　D. 60

7. 甲企业生产的 Y 产品采用标准成本法进行成本管理。月标准变动制造费用总额为 5 200 元，月标准固定制造费用总额为 12 000 元，月标准总工时为 4 000 小时。单位 Y 产品标准工时为每件 2 小时。假设甲企业采用完全成本计算，则单位 Y 产品制造费用标准成本为（ ）元。

A. 4.6　　B. 2.6

C. 6　　D. 8.6

8. 甲公司生产销售 W 产品，单位 W 产品的直接材料标准成本为每件 20 元，其中材料标准用量为 5 千克/件，材料标准单价为 4 元/千克。当月实际产量为 520 件，实际耗用原材料 2 700 千克，实际采购价格为 3.6 元/千克。则当月 W 产品直接材料价格差异是（ ）。

A. 有利差异 1 080 元

B. 不利差异 1 080 元

C. 有利差异 1 040 元

D. 不利差异 1 040 元

9. 某企业生产销售 Y 产品，本月预算产量为 450 件，实际产量为 400 件，实际使用工时为 880 小时，支付 5 720 元，单位 Y 产品直接人工标准成本为 15 元/件，其中每件 Y 产品标准工时为 2.5 小时，标准工资率为 6 元/小时。则 Y 产品本月直接人工工资率差异为（ ）元。

A. 440　　B. 460

C. 500　　D. 520

10. 下列各项原因中，属于直接人工效率差异形成原因的是（ ）。

A. 奖励制度未产生实效

B. 供应厂商调整原材料售价

C. 生产计划安排不当

D. 工资率调整

11. 甲企业采用标准成本法进行成本控制。当月产品实际产量大于预算产量，导致的成本差异是（ ）。

A. 直接材料数量差异

B. 直接人工效率差异

C. 变动制造费用效率差异

D. 固定制造费用生产能力利用差异

12. 使用三因素法分析固定制造费用差异时，固定制造费用效率差异是（　　）。

A. 实际费用与预算费用之间的差异

B. 实际工时偏离生产能力而形成的差异

C. 实际产量标准工时偏离生产能力形成的差异

D. 实际工时脱离实际产量标准工时形成的差异

13. 甲企业生产的 Y 产品实行标准成本进行管理。甲企业每月生产 Y 产品的产能为 500 件。单位 Y 产品的标准工时为每件 4 小时，固定制造费用的标准成本为 6 元/件。本月该企业实际生产 Y 产品 450 件，发生固定制造费用 2 850 元，实际工时为 1 900 小时。则本月固定制造费用闲置能力差异为（　　）。

A. 不利差异 120 元

B. 不利差异 150 元

C. 不利差异 200 元

D. 不利差异 300 元

14. 某公司生产单一产品，实行标准成本管理。每件产品的标准工时为 3 小时，固定制造费用的标准成本为 6 元/件，企业生产能力为每月生产产品 400 件，即 1 200 小时。7 月份公司实际生产产品为 350 件，发生固定制造成本 2 250 元，实际工时为 1 100 小时。根据上述数据计算，7 月份该公司固定制造费用效率差异为（　　）元。

A. 100　　B. 150

C. 200　　D. 300

15. 某企业生产的 A 产品本月发生固定制造费用 6 900 元，实际产量 300 件，实际工时 570 小时。A 产品每月的生产能力为 620 小时，每件产品标准工时为 2 小时，固定制造费用标准分配率为 11 元/小时。则固定制造费用生产能力利用差异为（　　）。

A. 有利差异 360 元

B. 有利差异 240 元

C. 不利差异 330 元

D. 不利差异 220 元

（二）多选题

1. 下列关于标准成本法的表述中，正确的有（　　）。

A. 标准成本基本排除了不应该发生的“浪费”，是一种“应该成本”

B. 标准成本可用于衡量产品制造过程的工作效率和控制成本

C. 标准成本可用于存货和销货成本计价

D. 标准成本是一种“估计成本”

2. 在标准成本系统中，正常标准成本的特点有（　　）。

A. 由于其是用科学方法根据客观实验和过去实践经研究后制定的，因此具有客观性和科学性

B. 它排除了偶然性和意外情况，保留了难以避免的损失，代表正常情况下的消耗水平，因此具有现实性

C. 它可以作为评价业绩的尺度，成为督促职工努力争取的目标，具有激励性

D. 它可以在工艺技术水平和管理有效性水平变化不大时持续使用，不需要经常修订，具有稳定性

3. 如果企业制定产品标准成本时采用正常标准成本，则针对生产过程中发生的下列损耗允许计入成本的有（　　）。

A. 偶然性和意外情况

B. 产品销路不佳

C. 生产技术故障

D. 改换品种

4. 下列各项中，需要修订产品基本标准成本的情况有（　　）。

A. 生产技术和工艺发生变化

B. 产品物理结构发生变化

C. 季节性原因导致材料价格发生变化

D. 生产工人技术操作水平发生改进

5. 下列关于制定正常标准成本的表述中，错误的有（　　）。

A. 直接材料的价格标准包括发票价格、运输途中正常损耗以及入库后的储存成本

B. 直接人工标准工时不包括工间休息时间和设备调整准备时间

C. 直接人工的价格标准可以是预定的工资率，也可以是正常的工资率

D. 固定制造费用和变动制造费用的用量标准相同，并且两者要保持一致

6. 下列关于标准成本差异的表述中，正确的有（　　）。

A. 直接材料数量差异通常由生产部门负责

B. 直接人工工资率差异通常由人力资源部门负责

C. 变动制造费用效率差异通常由生产部门负责

D. 直接材料价格差异通常由生产部门负责

7. 下列各项中，容易引起直接材料数量差异的情况有（　　）。

A. 工人操作疏忽造成废品增加

B. 机器或工具不适造成用料增加

C. 采购时舍近求远使运费和途耗增加

D. 新工人上岗造成用料增多

8. 下列各项原因中，属于直接材料价格差异形成原因的有（　　）。

A. 材料运输保险费率提高

B. 运输过程中的损耗增加

C. 加工过程中的损耗增加

D. 储存过程中的损耗增加

9. 下列关于固定制造费用三因素分析法的表述中，正确的有（　　）。

A. 固定制造费用耗费差异 =（实际工时 − 生产能力）× 固定制造费用实际分配率

B. 固定制造费用闲置能力差异 =（生产能力 − 实际工时）× 固定制造费用标准分配率

C. 固定制造费用效率差异 =（实际工时 − 标准产量标准工时）× 固定制造费用标准分配率

D. 固定制造费用成本差异 = 固定制造费用耗费差异 + 固定制造费用闲置能力差异 + 固定制造费用效率差异

（三）计算分析题

1. 某企业生产的 A 产品采用标准成本法进行成本管理。本月实际产量为 200 件，实际工时为 450 小时，实际发生变动制造费用 2 160 元。A 产品单位变动制造费用标准成本为每件 10 元，A 产品标准工时为 2 小时/件。

要求：

（1）计算 A 产品变动制造费用标准分配率。

（2）计算 A 产品变动制造费用实际分配率。

（3）计算 A 产品变动制造费用耗费差异。

（4）计算 A 产品变动制造费用效率差异。

（5）计算 A 产品变动制造费用成本差异。

2. 甲公司只生产和销售一种产品。本月实际生产该产品 200 件，实际使用工时 1 950 小时，支付工资 11 310 元。已知加工一件该产品需要的必不可少的加工操作时间为 8 小时，设备调整准备时间为 0.6 小时，工间休息时间为 1 小时，正常的废品率为 4%。单位产品直接人工标准成本为 56 元/件。

要求：

（1）计算单位产品直接人工标准工时。

（2）计算单位产品直接人工标准工资率。

（3）计算单位产品直接人工实际工资率。

（4）计算本月该产品直接人工工资率差异。

（5）计算本月该产品直接人工效率差异。

（6）计算本月该产品直接人工成本差异。

3. 乙企业生产的 X 产品本月产能为 2 000 件，实际产量为 2 100 件，实际使用工时 5 880 小时，实际发生变动制造费用和固定制造费用分别为 37 044 元和 48 216 元。已知单位 X 产品必不可少的加工操作时间为 2.7 小时，设备调整准备时间为 0.1 小时，工间休息时间为 0.11 小时，正常的废品率为 3%。单位 X 产品变动制造费用标准分配率为 6 元/小时，固定制造费用标准分配率为 7 元/小时。

要求：

（1）计算单位 X 产品变动制造费用标准成本。

（2）计算单位 X 产品固定制造费用标准成本。

（3）计算 X 产品变动制造费用耗费差异。

（4）计算 X 产品变动制造费用效率差异。

（5）计算 X 产品固定制造费用耗费差异。

（6）计算X产品固定制造费用生产能力利用差异。

4. 甲公司是一家制造业企业，只生产和销售防滑瓷砖一种产品。产品生产工艺流程比较成熟，生产工人技术操作比较熟练，生产组织管理水平较高，公司实行标准成本制度，定期进行标准成本差异分析。

甲公司产能为6 000平方米，2019年9月实际生产5 000平方米。其他相关资料如下：

（1）实际消耗量。

项目	直接材料	直接人工	变动制造费用	固定制造费用
实际使用量	24 000千克	5 000人工小时	8 000机器小时	8 000机器小时
实际单价	1.5元/千克	20元/小时	15元/小时	10元/小时

（2）标准成本资料。

项目	用量标准	价格标准
直接材料	5千克/平方米	1.6元/千克
直接人工	1.2小时/平方米	19元/小时
变动制造费用	1.6小时/平方米	12.5元/小时
固定制造费用	1.5小时/平方米	8元/小时

要求：

（1）计算直接材料的价格差异、数量差异和成本差异。

（2）计算直接人工的工资率差异、人工效率差异和成本差异。

（3）计算变动制造费用的耗费差异、效率差异和成本差异。

（4）计算固定制造费用的耗费差异、闲置能力差异、效率差异和成本差异。

（5）计算产品成本差异总额和单位成本差异。

进阶练习答案及解析

（一）单选题

1. 【答案】D

【解析】理想标准成本 < 正常标准成本 < 历史平均水平，选项D表述错误，当选。

2. 【答案】D

【解析】现行标准成本需要根据其适用期间相关因素的变化而加以修订，选项A错误；正常标准成本一经制定，只要生产的基本条件无重大变化，就不予变动，选项B错误；基本标准成本与各期实际成本对比，可以反映成本变动的趋势，选项C错误。

3. 【答案】B

【解析】直接材料价格标准 $=4+0.28=4.28$（元），不包括材料入库后发生的相关成本，选项B正确。

4. 【答案】A

【解析】直接人工标准工时包括直接加工操作必不可少的时间、必要的间歇和停工、工间休息、设备调整准备时间、不可避免的废品耗用工时。直接人工标准工时 $=(52+3+5)/(1-4\%)=62.5$（小时）。

5. 【答案】C

【解析】单位产品直接人工标准成本 $=(8+1.5+2.5)/(1-4\%)\times35=437.5$（元）。

6. 【答案】B

【解析】单位产品直接材料标准成本 $=(5+0.35)\times12=64.2$（元）。

7. 【答案】D

【解析】单位Y产品制造费用标准成本 = (5 200 + 12 000)/4 000 × 2 = 8.6（元）。

8.【答案】A

【解析】直接材料价格差异 = 实际数量 ×（实际价格 - 标准价格）= 2 700 ×（3.6 - 4）= -1 080（元）（F），选项A正确。

9.【答案】A

【解析】直接人工工资率差异 = 实际工时 ×（实际工资率 - 标准工资率）= 880 ×（5 720/880 - 6）= 440（元）（U）。

10.【答案】C

【解析】奖励制度未产生实效、工资率调整属于直接人工工资率差异形成原因，选项A、D错误；供应厂商调整原材料售价属于直接材料价格差异形成原因，选项B错误。

11.【答案】D

【解析】变动成本差异分析均针对实际产量而言，只有固定成本差异分析涉及预算产量。固定制造费用生产能力利用差异 =（生产能力 - 实际产量标准工时）× 固定制造费用标准分配率，选项D正确。

12.【答案】D

【解析】固定制造费用效率差异 =（实际工时 - 实际产量标准工时）× 固定制造费用标准分配率，选项D正确。

13.【答案】B

【解析】固定制造费用闲置能力差异 =（产能 × 单位标准工时 - 实际工时）× 固定制造费用标准分配率 =（500 × 4 - 1 900）×（6/4）= 150（元）（U），选项B正确。

14.【答案】A

【解析】固定制造费用效率差异 =（实际工时 - 实际产量 × 单位标准工时）× 固定制造费用标准分配率 =（1 100 - 350 × 3）×（6/3）= 100（元），选项A正确。

15.【答案】D

【解析】固定制造费用生产能力利用差异 =（生产能力 - 实际产量 × 单位标准工时）× 固定制造费用标准分配率 =（620 - 300 × 2）× 11 = 220（元）（不利差异），选项D正确。

（二）多选题

1.【答案】ABC

【解析】标准成本和估计成本同属于预计成本，但后者不具有衡量工作效率的尺度性，主要体现可能性，供确定产品销售价格使用。选项D错误。

2.【答案】ABCD

【解析】正常标准的四个基本特点：客观性和科学性、现实性、激励性、稳定性。此题是针对四个基本特点的进一步展开说明，希望考生能够加强理解。

3.【答案】BCD

【解析】正常标准成本在制定时，允许计入成本的损耗有：不可避免的损耗（如机器修理、改换品种、调整设备）以及难以避免的损耗（如废品损失、停工时间、产品销路不佳、生产技术故障）。不应计入应该避免的损耗（如偶然和意外情况、不应该的浪费），选项B、C、D当选。

4.【答案】AB

【解析】只有生产基本条件发生重大变化，基本标准成本才需要修订。生产基本条件重大变化主要包括产品物理结构变化、重要原材料和劳动力价格变化、生产技术和工艺的根本变化，选项A、B正确；季节性原因导致材料价格发生变化以及生产工人技术操作水平发生改进属于非生产基本条件的重大变化，因此不需要修订产品基本标准成本，选项C、D错误。

5.【答案】AB

【解析】直接材料的价格标准包括发票价格、运费、检验和正常损耗等成本，但是不包括入库后的储存成本，选项A表述错误，当选；直接人工标准工时包括直接加工操作必不可少的时间、必要的间歇和停工、工间休息、设备调整准备时间、不可避免的废品耗用工时，选项B表述错误，当选。

6.【答案】ABC

【解析】直接材料价格差异通常由采购部门负责，选项D错误。

7.【答案】ABD

【解析】采购时舍近求远使运费和途耗增

加属于直接材料价格差异的形成原因。

8. 【答案】AB

【解析】直接材料价格差异是在采购过程中形成的，而加工和储存过程是在材料采购入库后发生的一系列活动，不应归属于直接材料价格差异形成原因的范畴内，选项A、B当选。

9. 【答案】BD

【解析】固定制造费用耗费差异＝实际工时×固定制造费用实际分配率－生产能力×固定制造费用标准分配率，选项A错误；固定制造费用效率差异＝(实际工时－实际产量标准工时)×固定制造费用标准分配率，选项C错误。

（三）计算分析题

1. 【答案及解析】

（1）A产品变动制造费用标准分配率＝10/2＝5（元/小时）

（2）A产品变动制造费用实际分配率＝2 160/450＝4.8（元/小时）

（3）A产品变动制造费用耗费差异＝450×(4.8－5)＝－90（元）

（4）A产品变动制造费用效率差异＝(450－200×2)×5＝250（元）

（5）A产品变动制造费用成本差异＝－90＋250＝160（元）

2. 【答案及解析】

（1）单位产品直接人工标准工时＝(8＋0.6＋1)/(1－4%)＝10（小时）

（2）单位产品直接人工标准工资率＝56/10＝5.6（元/小时）

（3）单位产品直接人工实际工资率＝11 310/1 950＝5.8（元/小时）

（4）本月该产品直接人工工资率差异＝1 950×(5.8－5.6)＝390（元）

（5）本月该产品直接人工效率差异＝(1 950－200×10)×5.6＝－280（元）

（6）本月该产品直接人工成本差异＝390－280＝110（元）

3. 【答案及解析】

（1）单位X产品变动制造费用标准成本＝(2.7＋0.1＋0.11)/(1－3%)×6＝18（元）

（2）单位X产品固定制造费用标准成本＝(2.7＋0.1＋0.11)/(1－3%)×7＝21（元）

（3）X产品变动制造费用耗费差异＝5 880×(37 044/5 880－6)＝1 764（元）

（4）X产品变动制造费用效率差异＝(5 880－2 100×3)×6＝－2 520（元）

（5）X产品固定制造费用耗费差异＝48 216－2 000×3×7＝6 216（元）

（6）X产品固定制造费用生产能力利用差异＝(2 000－2 100)×3×7＝－2 100（元）

4. 【答案及解析】

（1）直接材料的价格差异＝24 000×(1.5－1.6)＝－2 400（元）

直接材料的数量差异＝(24 000－5 000×5)×1.6＝－1 600（元）

直接材料的成本差异＝－2 400－1 600＝－4 000（元）

（2）直接人工的工资率差异＝5 000×(20－19)＝5 000（元）

直接人工的效率差异＝(5 000－5 000×1.2)×19＝－19 000（元）

直接人工的成本差异＝5 000－19 000＝－14 000（元）

（3）变动制造费用的耗费差异＝8 000×(15－12.5)＝20 000（元）

变动制造费用的效率差异＝12.5×(8 000－5 000×1.6)＝0（元）

变动制造费用的成本差异＝20 000（元）

（4）固定制造费用的耗费差异＝8 000×10－6 000×1.5×8＝8 000（元）

固定制造费用的闲置能力差异＝(6 000×1.5－8 000)×8＝8 000（元）

固定制造费用的效率差异＝(8 000－5 000×1.5)×8＝4 000（元）

固定制造费用的成本差异＝8 000＋8 000＋4 000＝20 000（元）

（5）产品成本差异总额＝－4 000－14 000＋20 000＋20 000＝22 000（元）

单位成本差异＝22 000/5 000＝4.4（元/平方米）

第十四章　作业成本法

2023 年教材内容主要变化

2023 年第十四章教材在以下方面进行了修改和补充：作业成本法的核心概念中增加"资源"。其余仅调整部分文字表述，无实质性变化。

本章近五年考试高频考点分布

本章是第二编成本计算中比较重要的章节。从近五年的考试来看，该章考题类型主要是客观题，但在 2018 年和 2019 年的考试中，该章与第十二章产品成本计算结合出现在计算分析题中，考生应当重视跨章节的链接与学习。最近五年本章平均考试分值为 3.5 分。

高频考点内容	年度及题型分布
作业成本库的设计	2022 年多选 2021 年多选 2020 年多选 2019 年多选
作业成本的计算	2022 年单选、2019 年计算分析、2018 年计算分析

高频考点精讲

本章属于成本计算的基础性章节，涉及的知识点概念性较强，但作业成本法本身计算过程较为简单，近几年的考试趋势是将作业成本法与第十二章产品成本计算的有关内容相结合考查计算分析题。在学习本章内容时，考生应当重点掌握与作业成本法相关的基础性概念以及作业成本法的计算原理。本章主要内容包括：作业成本法的概念与特点、作业成本计算、作业成本管理。

高频考点 1：作业成本法的含义★

作业成本法是将间接成本和辅助费用更准确地分配到产品和服务中的一种成本计算方法。

传统成本计算方法	作业成本法
直接成本直接计入有关产品成本；间接成本先按照部门进行归集，然后各部门按照耗用的直接人工等产量基础分配到有关产品或服务	凡是便于追溯到产品的材料、人工和其他成本都可以直接计入产品或服务等相关成本计算对象；不能直接追溯到特定的成本计算对象的间接成本，则先直接追溯到有关作业或分配到有关作业，计算作业成本，然后再将作业成本按照成本动因分配到产品或服务等相关成本计算对象。
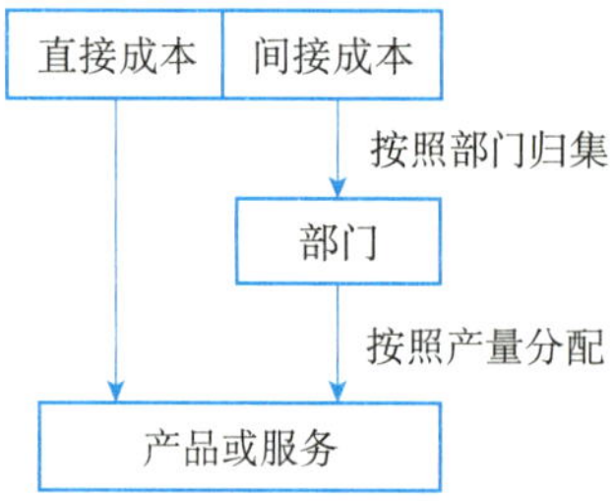	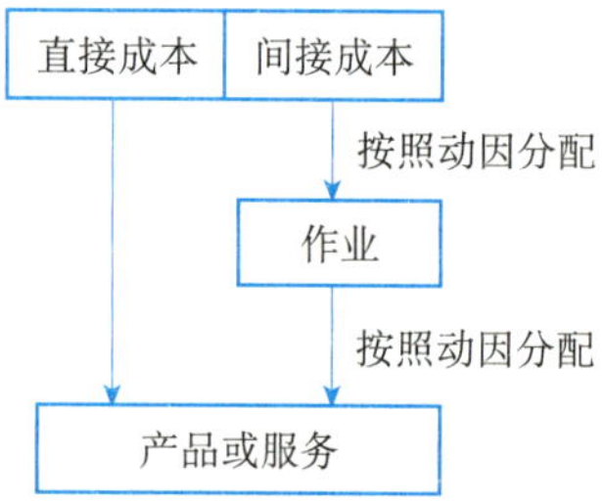

在传统成本计算方法中，将间接成本按照产量基础分配给有关产品的方法可能会产生扭曲的成本信息，误导决策。有许多间接成本不是产量的函数，而是与生产批次等其他变量存在因果关系。因此，传统成本计算法将间接成本全部按照产量基础进行分配的过程缺乏合理性。

作业成本法将成本按照成本动因（即作业成本与成果对象之间的因果关系）分配到产品或服务，克服了传统成本计算方法中有关成本分配不合理的问题，提高了成本分配的准确性。

经典例题

【例题·多选题】下列关于传统成本计算方法和作业成本法的比较中，正确的有（　　）。

A. 传统成本计算方法和作业成本法对直接成本计算的范围相同

B. 传统成本计算方法按照成本动因分配间接成本，作业成本法按照产量基础分配间接成本

C. 与传统成本计算方法相比，使用作业成本法能够提高成本分配的准确性

D. 与作业成本法相比，传统成本计算方法更容易产生误导决策的成本信息

【答案】CD

【解析】作业成本法直接成本的范围要比传统成本计算的范围更大，选项A错误；传统成本计算方法按照产量基础分配间接成本，作业成本法按照成本动因分配间接成本，选项B错误。

高频考点2：作业成本法的三大核心概念★

（一）资源

资源是指作业耗费的人工、能源和实物资产（如，车床和厂房）等。任何一项产品的形成都经由一系列作业完成，完成每一项作业都需要消耗资源。

（二）作业

作业是指企业中特定组织重复执行的任务或活动。一项作业可能是一项非常具体的活动，如车工作业；也可能泛指一类活动，如机加工车间的车、铣、刨、磨等所有作业可以统称为机加工作业；甚至可以将机加工作业、产品组装作业等统称为生产作业。执行或完成任何一项作业都需要耗费一定的资源。完成一项作业所消耗的资源的成本构成该作业的成本。

（三）成本动因

成本动因是指作业成本或产品成本的驱动因素，具体可以分为资源成本动因和作业成本动因两类，都是分配标准。

资源成本动因：是引起作业成本增加的驱动因素，用来衡量一项作业的资源消耗量。依据资源成本动因可以将资源成本分配给各

有关作业。

作业成本动因：是引起产品成本增加的驱动因素，用来衡量一个成本对象的作业耗用情况。依据作业成本动因可以将作业分配给各有关产品或服务。

（四）核心概念示意图

作业成本法指导思想：作业消耗资源，产品或服务消耗作业。

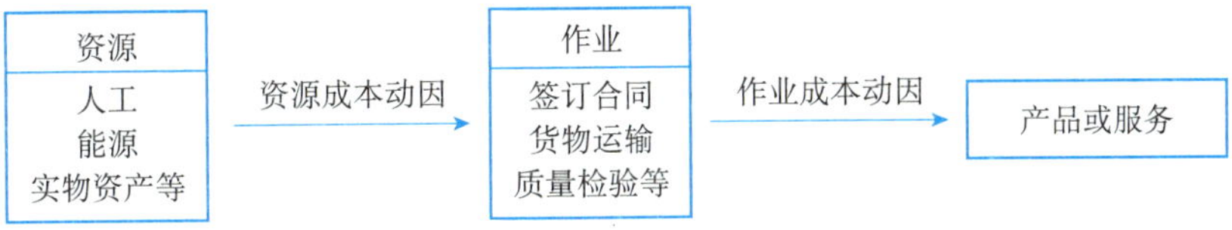

经典例题

【例题·单选题】甲公司某产品质量检验作业需要有检验人员、专用的设备，并耗用一定的能源。其中，设备开动会导致能源成本的发生。甲公司在将能源成本分配给质量检验作业时，最适合采用的资源成本动因是（　　）。

A. 设备的额定功率

B. 设备的开动时间

C. 设备的折旧年限

D. 设备的额定功率乘以开动时间

【答案】D

【解析】设备开动会导致能源成本的发生，设备的额定功率乘以开动时间的数值越大，耗用的能源越多。按“设备的额定功率乘以开动时间”这一动因作为能源成本的分配基础，可以将检验专用设备耗用的能源成本分配到检验作业当中。

【例题·多选题】下列关于“作业成本法”相关概念的表述中，正确的有（　　）。

A. 任何产品的形成都需要消耗作业，执行任何作业都需要耗费资源

B. 一项作业既可能是一项非常具体的活动，也可能泛指一类活动

C. 每一项作业都是针对加工或服务对象重复执行特定的或标准化的活动

D. 作业中心是由若干个相互独立的具体作业组成的作业集合

【答案】ABC

【解析】执行任何一项作业都需要耗费一定的资源，任何一项产品的形成都要消耗一定的作业，作业是连接资源和产品的纽带，它在消耗资源的同时生产出产品，选项A正确；一项作业可能是一项非常具体的活动（如车工作业），也可能泛指一类活动（如机加工车间的车、铣、刨、磨等所有作业可以统称为机加工作业），甚至可以将机加工作业、产品组装作业等统称为生产作业，选项B正确；作业是指企业中特定组织（成本中心、部门或产品线）重复执行的任务或活动，选项C正确；作业中心是指由若干个相互关联的具体作业组成的作业集合，选项D错误。

高频考点3：作业成本法的特点★★

（一）成本计算分为两个阶段

第一阶段：依据资源成本动因将资源成本直接追溯或动因分配给相关作业，计算出作业成本。

第二阶段：依据作业成本动因将作业成本直接追溯或动因分配给相关产品或服务。

传统成本计算方法和作业成本法都是分两步进行，但是中间的成本中心有所不同。传统成本计算方法的成本中心是按部门建立的，分配路径是“资源→部门→产品”；作业成本法的成本中心是按作业建立的，分配路径是“资源→作业→产品”。

（二）成本分配强调因果关系

作业成本法将成本分配到成本对象有三种不同的形式：追溯、动因分配和分摊。

成本分配准确程度

方式	含义	准确程度
成本追溯	把成本直接分配给相关的成本对象	高
动因分配	根据成本动因将成本分配到各成本对象	中
成本分摊	使用产量等设定的分配标准作为分配基础强行分摊给成本对象	低

（三）成本分配使用多维成本动因

作业成本法独特之处在于它把资源的消耗首先追溯或分配到作业，然后使用不同层面和数量众多的作业动因将作业成本分配到产品。采用不同层面的、众多的成本动因进行成本分配，**要比采用单一分配标准更加合理**，更能保证产品成本计算的准确性。

经典例题

【例题·多选题】甲公司为了提高产品成本计算的准确性，决定对其生产的 X 产品采用作业成本法进行管理。下列有关表述中正确的有（　　）。

A. 凡是能够追溯到 X 产品的成本应当直接追溯，而不应进行间接分配

B. 甲公司应当将归集的各项间接费用以产量为基础分配给 X 产品

C. 在对 X 产品进行成本分配时，应当强调采用成本分摊和动因分配方式

D. 甲公司对 X 产品间接成本的分配路径是“资源→作业→产品”

【答案】AD

【解析】作业成本法认为凡是能够追溯到个别产品、个别批次、个别品种的成本，就应追溯，而不要间接分配，选项 A 正确；传统成本计算方法是以产量为基础将间接费用分配到产品，作业成本法是按照作业消耗与产品之间不同的因果关系将作业成本分配到产品，选项 B 错误；作业成本法的成本分配主要使用追溯和动因分配，尽可能减少不准确的分摊，选项 C 错误；传统成本计算法间接成本的分配路径是“资源→部门→产品”，作业成本法间接成本的分配路径是“资源→作业→产品”，选项 D 正确。

【例题·单选题】采用作业成本法将成本分配到成本对象的方式包括追溯、动因分配和分摊。这三种成本分配方式的准确程度由高到低依次是（　　）。

A. 成本追溯 > 成本分摊 > 动因分配

B. 成本追溯 > 动因分配 > 成本分摊

C. 动因分配 > 成本追溯 > 成本分摊

D. 动因分配 > 成本分摊 > 成本追溯

【答案】B

【解析】使用追溯方法得到的产品成本是最准确的；动因分配虽然不像追溯那样准确，但只要因果关系建立恰当，成本分配的结果同样可以达到较高的准确程度；有些成本既不能追溯，也不能合理、方便地找到成本动因，只好使用产量作为分配基础，将其强制分摊给成本对象。

高频考点 4：作业成本库的设计★★★

设计作业成本库的目的是，将认定的各项作业按照类别进行归集。作业成本库按作业成本动因可分为以下四类：

种类	服务范围	特点	分配顺序	举例
单位级作业	每一单位产品至少要执行一次	与**产品数量**呈比例变动	可以直接追溯到每个单位产品，**无须**根据产品数量进行分配	机器加工、组装、包装（成本包括直接材料、直接人工工时、机器成本、直接能源消耗等）
批次级作业	同时服务于每批产品或许多产品	与**产品批次**呈比例变动	先分配给各**批次**；再根据**产品数量**进行分配	生产前机器调试、成批采购、成批产品运输、成批检验、生产准备、订单处理

续表

种类	服务范围	特点	分配顺序	举例
品种级作业（产品级）	服务于某种型号或样式产品	随产品品种数而变化	先分配给各品种；再分配给各批次；最后根据产品数量进行分配	产品设计、产品生产工艺规程制定、工艺改造、产品更新、产品推广
生产维持级作业	服务于整个工厂，维护生产能力	不依赖于产品数量、批次和种类	无法追溯到单位产品，无固定的分配顺序，是一种不准确的成本分摊	工厂保安、维修、行政管理、保险、财产税

经典例题

【真题·多选题】（2022）下列各项作业中，属于品种级作业的有（　　）。

A. 产品设计

B. 产品更新

C. 产品组装

D. 产品生产工艺规程制定

【答案】ABD

【解析】品种级作业（产品级）服务于某种型号或样式产品，其特点是随产品品种数而变化，如产品设计、产品生产工艺规程制定、工艺改造、产品更新、产品推广。选项 A、B、D 正确。

【真题·多选题】（2021 年）甲公司是一家电子产品生产企业，从事电子产品的设计、生产和销售，按照客户订单分批组织生产，间接加工费按照作业成本法分配。下列关于作业成本库设计的说法中，正确的有（　　）。

A. 产品设计作业属于品种级作业

B. 产品订单处理属于批次级作业

C. 产品组装作业属于单位级作业

D. 产品包装作业属于维持级作业

【答案】ABC

【解析】产品包装作业属于单位级作业，选项 D 错误。

【真题·多选题】（2020）甲公司是一家空调生产企业，采用作业成本法核算产品成本，现在正进行作业成本库设计，下列说法正确的有（　　）。

A. 空调加工属于单位级作业

B. 空调成品抽检属于批次级作业

C. 空调工艺流程改进属于生产维持级作业

D. 空调设计属于品种级作业

【答案】ABD

【解析】生产维持级作业是指服务于整个工厂的作业，空调工艺流程改进属于品种级作业，选项 C 错误。

【真题·多选题】（2019）甲公司采用作业成本法，下列选项中属于生产维持级作业的有（　　）。

A. 机器加工　　B. 行政管理

C. 半成品检验　　D. 工厂安保

【答案】BD

【解析】机器加工属于单位级作业，选项 A 错误；半成品检验属于批次级作业，选项 C 错误；行政管理、工厂安保属于生产维持级作业，选项 B、D 正确。

高频考点 5：资源成本分配到作业★

资源成本依据资源成本动因分配到各项作业，资源成本动因和作业成本之间一定要存在因果关系。常用的资源成本动因如下表所示：

作业	资源成本动因
机器运行作业	机器小时
安装作业	安装小时

续表

作业	资源成本动因
清洁作业	平方米
材料移动作业	搬运次数、搬运距离、吨千米
人事管理作业	雇员人数、工作时间
能源消耗	电表、流量表、装机功率和运行时间
制作订单作业	订单数量
顾客服务作业	服务电话次数、服务产品品种数、服务的时间

经典例题

【例题·多选题】甲公司负责生产和销售A产品，采用作业成本法核算产品成本。A产品的生产涉及对原材料的移动作业。下列各项中，适合作为材料移动作业资源成本动因的有（　　）。

A. 搬运次数

B. 搬运距离

C. 材料质量

D. 材料损耗

【答案】AB

【解析】材料移动作业的资源成本动因主要有搬运次数、搬运距离、吨千米，选项A、B正确。

高频考点6：作业成本分配到成本对象★★★

作业成本需要依据作业成本动因分配到各成本计算对象。

作业量的计量单位即作业成本动因有三类：业务动因、持续动因和强度动因。

种类	作业动因	适用前提	适用范围	特点
业务动因	执行作业的次数	每次作业耗用时间相同；单位时间耗用资源相同	质量检验（每次耗时相同）	精确度最差；执行成本最低
持续动因	执行作业所需的时间	每次作业耗用时间不同；单位时间耗用资源相同	质量检验（每次耗时不同）	精确度适中；执行成本适中
强度动因	实际耗用的全部资源	每次作业耗用时间不同；单位时间耗用资源不同	特殊订单、新产品试制或研发	精确度最好；执行成本最高

经典例题

【例题·单选题】下列各项中，应使用强度动因作为作业量计量单位的是（　　）。

A. 产品的生产准备

B. 产品的机器加工

C. 产品的分批质检

D. 产品的研究开发

【答案】D

【解析】强度动因是在某些特殊情况下，将作业执行中实际耗用的全部资源单独归集，并将该项单独归集的作业成本直接计入某一特定的产品。强度动因一般适用于某一特殊订单或某种新产品的试制等，选项D正确。

【例题·单选题】甲企业需要同时检验A和B两种不同产品，如果两种产品单位时间耗用的资源相同，但每次作业耗用的时间长短差别较大时，适宜采用（　　）作为分配成本的基础。

A. 强度动因

B. 持续动因

C. 业务动因

D. 次数动因

【答案】B

【解析】持续动因通常以执行一项作业所需的时间作为作业动因，当不同产品所需作业量差异较大时，应采用持续动因作为分配基础。持续动因的使用前提是每次作业耗用时间不同，单位时间耗用资源相同，选项 B 正确。

高频考点 7：作业成本的计算★★★

单位作业成本 = 归集期内作业总成本/归集期内总作业量

某产品应分配的作业成本 = 单位作业成本 × 该产品耗用的作业量

某产品当期发生的总成本 = 归集期内该产品的直接成本 + 该产品应分配的各项作业成本

经典例题

【真题·单选题】（2022）甲公司生产 X、Y 两种产品，2022 年 7 月 X 产品产量 4 000 件，Y 产品产量 1 000 件。甲公司采用作业成本法分配间接成本，相关数据如下：

作业	间接成本（万元）	作业动因	作业动因数量	
			X 产品	Y 产品
机器调整作业	1 400	机器调整次数	15	13
机加工作业	960	机器工时	40 000	8 000

X 产品的单位间接成本是（　　）元。

A. 810

B. 1 550

C. 3 875

D. 8 100

【答案】C

【解析】机器调整作业成本的分配率 = 1 400 ÷ (15 + 13) = 50（万元/次），机加工作业成本的分配率 = 960 ÷ (40 000 + 8 000) = 0.02（万元/机器工时），X 产品的间接成本 = 15 × 50 + 40 000 × 0.02 = 1 550（万元），X 产品的单位间接成本 = 1 550 ÷ 4 000 = 0.3875（万元）= 3 875 元，选项 C 正确。

【例题·计算分析题】甲公司负责生产和销售 A、B 两种产品，本月两种产品的成本数据如下：

项目	A 产品	B 产品
产量（件）	3 000	5 000
单位产品直接材料成本（元）	60	45
单位产品直接人工成本（元）	20	25

公司将 A、B 两种产品本月发生的制造费用按照作业成本法进行分配，相关的作业成本数据如下：

作业成本库	作业成本（元）	成本动因	作业量		
			A 产品	B 产品	合计
机器运行	540 000	机器工时（小时）	2 000	3 000	5 000
材料切割	144 000	切割次数（次）	7 000	7 400	14 400
产品组装	261 000	人工工时（小时）	820	920	1 740
质量检验	125 000	检验次数（次）	3 800	6 200	10 000

要求：

（1）编制作业成本分配表（结果填入下方表格中，不用列出计算过程）。

作业成本分配表

金额单位：元

作业成本库	作业成本	成本分配率	A 产品		B 产品	
			作业量	分配金额	作业量	分配金额
机器运行						
材料切割						
产品组装						
质量检验						
合计		—	—		—	

（2）分别计算 A、B 两种产品本月发生的总成本。

【答案及解析】

（1）

作业成本分配表

金额单位：元

作业成本库	作业成本	成本分配率	A 产品		B 产品	
			作业量	分配金额	作业量	分配金额
机器运行	540 000	108	2 000	216 000	3 000	324 000
材料切割	144 000	10	7 000	70 000	7 400	74 000
产品组装	261 000	150	820	123 000	920	138 000
质量检验	125 000	12.5	3 800	47 500	6 200	77 500
合计	1 070 000	—	—	456 500	—	613 500

（2）A 产品本月发生的总成本 = 3 000 × (60 + 20) + 456 500 = 696 500（元）

B 产品本月发生的总成本 = 5 000 × (45 + 25) + 613 500 = 963 500（元）

高频考点 8：完全成本法与作业成本法的比较★★★

项目	完全成本法（传统成本计算法）	作业成本法
相同点	都是对全部生产成本进行分配，不区分固定成本和变动成本	
不同点	计算较为简单	计算较为复杂
	成本中心按部门建立	成本中心按作业建立
	分配路径“资源→部门→产品”	分配路径“资源→作业→产品”
	以产量作为分配基础	以成本动因作为分配基础
	间接成本集合缺乏同质性	间接成本集合具有同质性
	分配基础与间接成本之间缺乏因果关系	分配基础与间接成本之间具有因果关系
	扭曲产品成本：夸大高产量产品成本，低估低产量产品成本	成本分配更准确

名师解惑

问：老师，如何辨析变动成本法、完全成本法和作业成本法？

答：制造费用按性态可以分为变动性制造费用和固定性制造费用。从成本归集范围来看，变动成本法只将变动性制造费用计入产品成本；完全成本法和作业成本法是将制造费用全部计入产品成本。从成本分配方法来看，变动成本法和完全成本法是以产量作为成本分配基础；作业成本法是以成本动因作为成本分配基础。考生应当注意对比三者之间的异同之处。

经典例题

【例题·多选题】与作业基础成本计算制度相比，产量基础成本计算制度存在的局限性有（　　）。

A. 成本计算过于复杂

B. 间接成本集合缺乏同质性

C. 容易夸大高产量产品的成本

D. 成本分配基础与间接成本集合之间缺乏因果联系

【答案】BCD

【解析】产量基础成本计算制度（传统成本计算法）计算较为简单，选项 A 错误；间接成本集合缺乏同质性、夸大高产量产品成本、成本分配基础与间接成本集合之间缺乏因果联系均属于传统成本计算法的特点，选项 B、C、D 当选。

高频考点 9：作业成本法的优点、局限性及适用情景条件★★★

优点	（1）成本计算更准确：作业成本法减少了传统成本信息对于决策的误导，准确的成本信息可以提高经营决策质量。 （2）成本控制与成本管理更有效：作业成本法能够使管理人员从成本动因上改进成本控制，有助于持续降低成本和不断消除浪费。 （3）为战略管理提供信息支持：作业成本法能够为战略管理中的价值链分析和成本领先战略提供信息支持
局限性	（1）开发和维护费用较高：作业成本法的成本动因多于传统成本法，成本动因的数量越多，开发和维护费用越高。 （2）不符合对外财务报告的需要：为了使对外财务报表符合会计准则的要求，采用作业成本法的企业需要重新调整成本数据，工作量和技术难度都非常大。 （3）确定成本动因比较困难：有时找不到与成本相关的驱动因素，或者设想的驱动因素与成本的相关程度很低，或者取得驱动因素的数据成本很高。 （4）不利于通过组织控制进行管理控制：完全成本法按部门建立成本中心，为实施责任会计和业绩评价提供了方便。作业成本法不利于提供管理控制信息，减少了会计数据对管理控制的有用性，因此许多管理人员和会计人员持反对态度
适用条件	（1）成本结构角度：公司的制造费用在产品成本中占有较大比重。 （2）产品品种角度：公司的产品多样性程度高。 （3）外部环境角度：公司面临的竞争激烈。 （4）公司规模角度：公司的规模比较大

经典例题

【例题·多选题】某企业生产经营的产品品种繁多，间接成本比重较高，成本会计人员试图推动该企业采用作业成本法计算产品成本，下列理由中适合用于说服管理层的有（　　）。

A. 使用作业成本信息有利于价值链分析

B. 通过作业管理可以提高成本控制水平

C. 使用作业成本法可提高成本分配准确性

D. 使用作业成本信息可以提高经营决策质量

【答案】ABCD

【解析】作业成本法有利于战略管理、成本控制、成本管理、成本分配准确性、经营决策；不利于管理控制、对外财务报告，选项A、B、C、D均当选。

【例题·多选题】如果某企业打算采用作业成本法计算产品成本，则该企业一般应具备的条件有（　　）。

A. 该企业的制造费用在产品成本中占有较大比重

B. 该企业产品多样性程度较高

C. 该企业面临的外部竞争环境非常激烈

D. 该企业的规模不宜过大

【答案】ABC

【解析】作业成本法的适用情景条件包括：从成本结构看，这些公司的制造费用在产品成本中占有较大比重；从产品品种看，这些公司的产品多样性程度高；从外部环境看，这些公司面临的竞争激烈；从公司规模看，这些公司的规模比较大。

高频考点10：作业成本管理★

作业成本管理的核心是分析哪些作业是增值作业，哪些作业是非增值作业。实行基于作业的成本管理，消除转化或降低不增值作业，提高增值作业效率，降低成本，增加价值，创造企业的竞争优势。

增值作业与非增值作业是站在顾客角度划分的。最终增加顾客价值的作业是增值作业，否则就是非增值作业。

一般而言，在一个制造业企业，非增值作业有：等待作业、材料或者在产品堆积作业、产品或者在产品在企业内部迂回运送作业、废品清理作业、次品处理作业、返工作业、无效率重复某工序作业、由于订单信息不准确造成没有准确送达需要再次送达的无效率作业等。

作业成本管理一般包括四个步骤：确认和分析作业、作业链—价值链分析、成本动因分析、业绩评价以及报告非增值作业成本。

经典例题

【例题·多选题】下列有关作业成本管理的说法中，正确的有（　　）。

A. 作业成本管理强调尽可能地增加顾客效用，并对无法增加顾客价值的作业予以改进

B. 作业成本管理主要从收入和成本两方面来优化企业的作业链和价值链

C. 作业成本管理的核心在于消除转化或降低非增值作业，提高增值作业效率

D. 作业成本管理有助于企业在实施成本领先战略中获取竞争优势

【答案】ACD

【解析】作业成本管理主要从成本方面来优化企业的作业链和价值链，是作业管理的中介，也是作业管理的核心方面，选项B错误。

【例题·多选题】甲公司是一家国内知名餐饮企业，由于就餐人数较多，顾客需要经常排队等待餐位。在顾客排队的过程中，属于甲公司增值作业的有（　　）。

A. 顾客长时间排队等待过程

B. 等待期间为顾客免费提供水果

C. 等待期间为顾客免费擦皮鞋

D. 等待期间为顾客免费修指甲

【答案】BCD

【解析】增值作业是指能够最终增加顾客价值的作业。顾客在排队等待餐位的过程中，等待是不增加顾客价值的作业，甲公司为顾客免费提供水果、擦皮鞋、修指甲等服务相当于把不增加顾客价值的作业转变为增加顾客价值的作业。

进阶练习

（一）单选题

1. 利用成本动因将间接成本和辅助费用更准确地分配到相关产品或服务的方法称为（　　）。

A. 完全成本法

B. 标准成本法

C. 作业成本法

D. 变动成本法

2. 采用作业成本法将成本分配到成本对象的不同形式中，成本分配准确程度最差的是（　　）。

A. 成本追溯

B. 按照强度动因分配

C. 按照业务动因分配

D. 成本分摊

3. 下列各项作业中，属于单位级作业成本的是（　　）。

A. 行政管理

B. 机器调试

C. 机器加工

D. 产品更新

4. 下列关于不同类别作业成本库的表述中，正确的是（　　）。

A. 品种级作业成本同时服务于每批产品或许多产品

B. 单位级作业成本是直接成本，无须按照产品数量进行分配

C. 批次级作业成本取决于每批单位产品的数量

D. 生产维持级作业成本是能够追溯到单位产品的成本

5. 甲企业是一家软件生产企业，由于技术的不断进步，现阶段该企业决定对其产品进行更新。在对产品更新的成本进行分配时，最适合采用的作业成本动因是（　　）。

A. 产品数量

B. 产品批次

C. 产品品种

D. 每批产品数量

6. 在作业成本法中，有关作业成本既可以按照“产品品种→产品批次→单位产品”的分配顺序进行分配，又可以直接依据“直接人工或机器工时”分配给成本对象的是（　　）。

A. 单位级作业成本

B. 批次级作业成本

C. 品种级作业成本

D. 生产维持级作业成本

7. 下列作业成本动因中，精确度最好但执行成本最高的是（　　）。

A. 强度动因

B. 持续动因

C. 业务动因

D. 时间动因

8. 采用传统成本计算法分配间接成本时，其存在的缺陷不包括（　　）。

A. 容易产生误导决策的成本信息

B. 可能夸大低产量产品成本，低估高产量产品成本

C. 间接成本集合缺乏同质性

D. 分配基础与间接成本之间缺乏因果关系

9. 下列关于作业成本管理的表述中，正确的是（　　）。

A. 增值作业与非增值作业是站在所有者角度划分的

B. 企业生产过程中的废品清理作业属于增值作业

C. 作业成本管理的核心是识别并改进不增加顾客价值的作业

D. 增值作业是指能够最终增加企业价值的作业

10. 与传统成本计算法相比，作业成本法的优点不包括（　　）。

A. 成本控制与成本管理更有效

B. 成本计算更准确

C. 有利于通过组织控制进行管理控制

D. 为战略管理提供信息支持

（二）多选题

1. 相对于传统成本计算方法而言，作业成本法的特点有（　　）。

A. 成本分配主要以产量作为基础

B. 成本计算分为两个阶段

C. 成本分配使用众多不同层面的成本动因

D. 成本分配强调因果关系

2. 下列有关传统成本计算方法和作业成本法的表述中，错误的有（　　）。

A. 传统成本计算方法和作业成本法都是分两个步骤进行

B. 作业成本法下间接成本的分配路径为“资源→部门→产品”

C. 作业成本法认为，有些“制造费用”项目可以直接归属于成本对象

D. 传统成本计算方法使用产量作为分配基础能够提高成本分配的准确性

3. 在作业成本法中，关于成本动因这一概念，下列说法正确的有（　　）。

A. 资源成本动因是引起产品成本增加的驱动因素

B. 作业成本动因是引起作业成本增加的驱动因素

C. 依据资源成本动因可以将资源成本分配给各有关作业

D. 依据作业成本动因可以将作业成本分配给有关产品或服务

4. 下列各项作业中，属于品种级作业的有（　　）。

A. 产品组装

B. 产品检验

C. 产品生产工艺改造

D. 产品推广方案制定

5. 下列关于作业成本动因的表述中，正确的有（　　）。

A. 业务动因通常以执行的次数作为作业动因

B. 持续动因的假设前提是每次作业耗用的时间是相同的

C. 强度动因适用于某种新产品的试制

D. 三种作业动因中业务动因的精确度最差

6. 与传统成本计算法相比，作业成本法的特点有（　　）。

A. 计算过程较为复杂

B. 以产量或与产量相关的直接人工、直接材料作为分配基础

C. 分配基础与间接成本之间具有因果关系

D. 仅对变动成本进行分配

7. 下列各项作业中，属于非增值作业的有（　　）。

A. 机器运行作业

B. 等待作业

C. 人事管理作业

D. 产品堆积作业

8. 作业成本管理包括的步骤有（　　）。

A. 确认和分析作业

B. 作业链—价值链分析

C. 成本动因分析

D. 业绩评价以及报告非增值作业成本

9. 与传统成本计算法相比，作业成本法的优点有（　　）。

A. 减少了产生误导企业经营决策的成本信息

B. 能够为企业管理者提供了解产品作业过程的途径

C. 有利于实施责任会计和业绩评价

D. 有利于减少对外财务报表相关数据重新调整的工作量

10. 下列关于传统成本计算法和作业成本法的比较中，正确的有（　　）。

A. 传统成本计算法对全部成本进行分配，作业成本法仅对变动成本进行分配

B. 与作业成本法相比，传统成本计算法有利于实施责任会计和业绩评价

C. 与传统成本计算法相比，作业成本法有利于提供管理控制的信息

D. 与传统成本计算法相比，作业成本法有利于为战略管理提供信息支持

（三）计算分析题

1. 甲公司是一家制造企业，生产 A、B 两种产品，按照客户订单分批组织生产，采用分批法核算产品成本。由于产品生产工艺稳定，机械化程度较高，制造费用在总成本中比重较大，公司采用作业成本法按实际分配率分配制造费用。公司设有三个作业成本库：材料切割作业库，以切割次数作为成本动因；机器加工作业库，以机器工时作为成本动因；产品组装作业库，以人工工时作为成本动因。

2019 年 9 月，公司将客户本月订购 A 产品的 18 个订单合并成 901A 批，合计生产 2 000 件产品；本月订购 B 产品的 6 个订单合并成 902B 批，合计生产 8 000 件产品。A、B 产品各自领用 X 材料，共同耗用 Y 材料。X、Y 材料在各批次开工时一次领用，依次经材料切割、机器加工、产品组装三个作业完成生产。其中，材料切割在各批次开工时一次完成，机器加工和产品组装随完工进度陆续均匀发生。

9 月末，901A 批产品全部完工；902B 批产品有 4 000 件完工，4 000 件尚未完工。902B 未完工产品机器加工完工进度为 50%，产品组装尚未开始。902B 生产成本采用约当产量法（假设在产品存货发出采用加权平均法）在完工产品和月末在产品之间进行分配。

其他相关资料如下：

（1）本月直接材料费用。

901A、902B 分别领用 X 材料的成本为 160 000 元、100 000 元；共同耗用 Y 材料 20 000 千克，单价 5 元/千克，本月 901A、902B 的 Y 材料单耗相同，按产品产量进行分配。

（2）本月制造费用。

作业成本库	作业成本（元）	成本动因	作业量		
			901A	902B	合计
材料切割	240 000	切割次数（次）	12 000	12 000	24 000
机器加工	900 000	机器工时（小时）	2 000	1 000	3 000
产品组装	435 000	人工工时（小时）	1 700	1 200	2 900
合计	1 575 000	—	—		—

要求：

（1）编制直接材料费用分配表、作业成本分配表（结果填入下方表格中，不用列出计算过程）。

直接材料费用分配表

金额单位：元

产品批次	共同耗用 Y 材料的分配			X 材料费用	直接材料费用总额
	产量（件）	分配率	应分配材料费用		
901A					
902B					
小计					

作业成本分配表

金额单位：元

作业成本库	作业成本	成本分配率	901A		902B	
			作业量	分配金额	作业量	分配金额
材料切割						
机器加工						
产品组装						
合计		—	—		—	

（2）编制901A、902B的产品成本计算单（结果填入下方表格中，不用列出计算过程）。

产品成本计算单

产品批次：901A　　单位：元

项目	月初在产品成本	本月生产成本	合计	完工产品成本	完工产品单位成本	月末在产品成本
直接材料						
制造费用						
其中：材料切割						
机器加工						
产品组装						
制造费用小计						
合计						

产品成本计算单

产品批次：902B　　单位：元

项目	月初在产品成本	本月生产成本	合计	完工产品成本	完工产品单位成本	月末在产品成本
直接材料						
制造费用						
其中：材料切割						
机器加工						
产品组装						
制造费用小计						
合计						

2. 甲公司是一家制造业企业，生产A、B两种产品。生产车间有两台设备，其中，一台属于高端智能制造设备，另一台属于手动加工设备。A、B产品均需先后经过智能制造和手工加工两道作业工序方可完成。A产品主要由智能制造设备完成，B产品主要由手工加工设备完成。原材料均在开工时一次性投入。公司现采用传统成本计算法计算成本，直接材料、直接人工直接计入产品成本，制造费用先按车间归集，再按直接人工工资比例分配进入产品成本。2019年9月生产成本相关资料如下：

（1）本月生产量。

单位：件

项目	月初在产品	本月投产	本月完工	月末在产品
A 产品	0	120	80	40
B 产品	0	100	50	50

（2）传统成本计算法下 A、B 产品成本计算单。

A 产品成本计算单

2019 年 9 月

单位：元

项目	直接材料	直接人工	制造费用	合计
月初在产品成本	0	0	0	0
本月生产费用	15 000	12 500	62 500	90 000
合计	15 000	12 500	62 500	90 000
完工产品成本（80 件）	10 000	10 000	50 000	70 000
单位成本	125	125	625	875
月末在产品成本（40 件）	5 000	2 500	12 500	20 000

B 产品成本计算单

2019 年 9 月

单位：元

项目	直接材料	直接人工	制造费用	合计
月初在产品成本	0	0	0	0
本月生产费用	40 000	45 000	225 000	310 000
合计	40 000	45 000	225 000	310 000
完工产品成本（50 件）	20 000	30 000	150 000	200 000
单位成本	400	600	3 000	4 000
月末在产品成本（50 件）	20 000	15 000	75 000	110 000

（3）

产品毛利

单位：元

项目	单位成本	单位售价	单位毛利
A 产品	875	1 000	125
B 产品	4 000	3 600	-400

目前，A 产品供不应求，B 产品滞销。公司销售经理建议 A 产品提价，B 产品降价，以提高公司获利能力。生产经理认为制造费用大部分由智能制造设备引起，按直接人工工资比例分配导致 A、B 产品成本计算不准确，应采用作业成本法对制造费用分配进行优化，从而为调价提供可靠的成本数据。公司财务部门和生产技术部门对生产过程进行了分析，识别出

三项作业，分别是设备检修作业、智能制造作业和手工加工作业。设备检修作业负责对智能制造设备、手工加工设备进行检修，作业动因是检修次数；智能制造作业的作业动因是机器工时；手工加工作业的作业动因是人工工时。直接人工成本不再单列成本项目，被归入相应作业库。相关资料如下：

①月末在产品。

A 在产品 40 件，全部处于智能制造阶段，尚未进入手工加工阶段，平均完成智能制造作业的 50%；B 在产品 50 件，智能制造作业全部完成，手工加工作业平均完成 60%。

②作业成本。

作业成本库	作业成本（元）	作业动因	作业量		
			智能制造作业	手工加工作业	合计
设备检修作业	72 000	检修次数（次）	5	1	6
—	—	—	A 产品	B 产品	合计
智能制造作业	53 000	机器工时（小时）	350	150	500
手工加工作业	220 000	人工工时（小时）	20	230	250
合计	345 000		—	—	—

要求：

（1）编制作业成本分配表（结果填入下方表格中，不用列出计算过程）。

作业名称	分配率	作业成本	
		智能制造作业	手工加工作业
设备检修作业			
—	—	A 产品	B 产品
智能制造作业			
手工加工作业			

（2）编制产品成本计算单（结果填入下方表格中，不用列出计算过程）。

A 产品成本计算单

2019 年 9 月　　　　单位：元

项目	直接材料	作业成本		合计
		智能制造作业	手工加工作业	
月初在产品成本				
本月生产费用				
合计				
完工产品成本				
单位成本				
月末在产品成本				

B 产品成本计算单

2019 年 9 月　　　　单位：元

项目	直接材料	作业成本		合计
		智能制造作业	手工加工作业	
月初在产品成本				
本月生产费用				
合计				
完工产品成本				
单位成本				
月末在产品成本				

（3）根据作业成本法计算的单位产品成本，判断 A、B 产品目前定价是否合理，并简要说明理由。

进阶练习答案及解析

（一）单选题

1.【答案】C

【解析】作业成本法是将间接成本和辅助费用利用成本与成本对象之间的因果关系（成本动因）更准确地分配到产品或服务的一种成本计算方法，选项 C 正确。

2.【答案】D

【解析】成本分配准确程度由高到低排列顺序分别为：成本追溯 > 按照强度动因分配 > 按照持续动因分配 > 按照业务动因分配 > 成本分摊，因此成本分配准确程度最差的是成本分摊，选项 D 当选。

3.【答案】C

【解析】行政管理属于生产维持级作业，选项 A 错误；机器调试属于批次级作业，选项 B 错误；产品更新属于品种级作业，选项 D 错误。

4.【答案】B

【解析】品种级作业成本服务于某种型号或样式产品，批次级作业成本同时服务于每批产品或许多产品，选项 A 错误；批次级作业成本取决于批次，而不是每批单位产品的数量，选项 C 错误；生产维持级作业是服务于整个工厂的作业，无法追溯到单位产品，选项 D 错误。

5.【答案】C

【解析】产品更新主要针对不同规格型号的产品，属于品种级（产品级）作业成本，最适合采用的作业成本动因是产品品种，选项 C 正确。

6.【答案】D

【解析】生产维持级作业成本无固定的分配顺序，可依据实际情况进行选择，选项 D 正确。

7.【答案】A

【解析】相比于持续动因和业务动因，强度动因精确度最好但执行成本最高，选项 A 当选。

8.【答案】B

【解析】传统成本计算法以产量作为分配基础，会导致夸大高产量产品成本，低估低产量产品成本，选项 B 表述错误，当选。

9.【答案】C

【解析】增值作业与非增值作业是站在顾客角度划分的，选项 A 错误；企业生产过程中的废品清理作业属于非增值作业，选项 B 错误；增值作业是指能够最终增加顾客价值的作业，选项 D 错误。

10. 【答案】C

【解析】作业成本系统的成本库与企业的组织结构不一致，不利于提供管理控制的信息。

（二）多选题

1. 【答案】BCD

【解析】成本分配主要以产量作为基础，是传统成本计算方法的特点，选项 A 错误。

2. 【答案】BD

【解析】作业成本法下间接成本的分配路径为“资源→作业→产品”，选项 B 表述错误，当选；作业成本法认为，有些“制造费用”项目可以直接归属于成本对象，例如特定产品的专用设备折旧费等，因此作业成本法直接成本的范围要比传统成本计算的范围更大，选项 C 正确；有许多间接成本与产量之间并不存在因果关系，而是与生产批次等其他变量存在因果关系，因此，传统成本计算方法按照产量基础进行分配的过程并不能提高成本分配的准确性，选项 D 表述错误，当选。

3. 【答案】CD

【解析】资源成本动因是引起作业成本增加的驱动因素，用来衡量一项作业的资源消耗量，选项 A 错误；作业成本动因是引起产品成本增加的驱动因素，用来衡量一项产品或服务需要的作业量，选项 B 错误。

4. 【答案】CD

【解析】产品组装属于单位级作业成本，选项 A 错误；产品检验属于批次级作业成本，选项 B 错误；产品生产工艺改造和产品推广方案制定均服务于某种型号或样式产品，属于品种级作业成本，选项 C、D 正确。

5. 【答案】ACD

【解析】持续动因的假设前提是每次作业耗用的时间不同，单位时间耗用的资源相同，选项 B 错误。

6. 【答案】AC

【解析】作业成本法以成本动因作为分配基础，传统成本计算法以产量或与产量相关的直接人工、直接材料作为分配基础，选项 B 错误；无论是传统成本计算法还是作业成本法都是对全部生产成本进行分配，不区分固定成本和变动成本，选项 D 错误。

7. 【答案】BD

【解析】机器运行作业和人事管理作业属于增值作业。非增值作业包括：等待作业、材料或者在产品堆积作业、产品或者在产品在企业内部迂回运送作业、废品清理作业、次品处理作业、返工作业、无效率重复某工序作业、由于订单信息不准确造成没有准确送达需要再次送达的无效率作业等。

8. 【答案】ABCD

【解析】作业成本管理一般包括四个步骤：确认和分析作业、作业链—价值链分析、成本动因分析、业绩评价以及报告非增值作业成本。

9. 【答案】AB

【解析】完全成本法按部门建立成本中心，为实施责任会计和业绩评价提供了方便。作业成本法按作业建立成本中心，不利于实施责任会计和业绩评价，选项 C 错误；为了使对外财务报表符合会计准则的要求，采用作业成本法的企业需要重新调整成本数据，这种调整与变动成本法的调整相比，工作量和技术难度都更大，选项 D 错误。

10. 【答案】BD

【解析】传统成本计算法和作业成本法都是对全部生产成本进行分配，不区分固定成本和变动成本，选项 A 错误；作业成本法的成本库与企业的组织结构不一致，不利于提供管理控制的信息，选项 C 错误。

（三）计算分析题

1. 【答案及解析】

（1）

直接材料费用分配表

金额单位：元

产品批次	共同耗用 Y 材料的分配			X 材料费用	直接材料费用总额
	产量（件）	分配率	应分配材料费用		
901A	2 000	10	20 000	160 000	180 000
902B	8 000	10	80 000	100 000	180 000
小计	10 000	10	100 000	260 000	360 000

Y 材料分配率 = 20 000 × 5/10 000 = 10（元/件）

901A 批产品应分配的 Y 材料费用 = 10 × 2 000 = 20 000（元）

902B 批产品应分配的 Y 材料费用 = 10 × 8 000 = 80 000（元）

901A 批产品应分配直接材料费用总额 = 20 000 + 160 000 = 180 000（元）

902B 批产品应分配直接材料费用总额 = 80 000 + 100 000 = 180 000（元）

作业成本分配表

金额单位：元

作业成本库	作业成本	成本分配率	901A		902B	
			作业量	分配金额	作业量	分配金额
材料切割	240 000	10	12 000	120 000	12 000	120 000
机器加工	900 000	300	2 000	600 000	1 000	300 000
产品组装	435 000	150	1 700	255 000	1 200	180 000
合计	1 575 000	—	—	975 000	—	600 000

材料切割成本分配率 = 240 000/24 000 = 10（元/次）

机器加工成本分配率 = 900 000/3 000 = 300（元/小时）

产品组装成本分配率 = 435 000/2 900 = 150（元/小时）

（2）

产品成本计算单

产品批次：901A　　　　单位：元

项目	月初在产品成本	本月生产成本	合计	完工产品成本	完工产品单位成本	月末在产品成本
直接材料	0	180 000	180 000	180 000	90	0
制造费用						
其中：材料切割	0	120 000	120 000	120 000	60	0
机器加工	0	600 000	600 000	600 000	300	0
产品组装	0	255 000	255 000	255 000	127.5	0
制造费用小计	0	975 000	975 000	975 000	487.5	0
合计	0	1 155 000	1 155 000	1 155 000	577.5	0

产品成本计算单

产品批次：902B　　　　单位：元

项目	月初在产品成本	本月生产成本	合计	完工产品成本	完工产品单位成本	月末在产品成本
直接材料	0	180 000	180 000	90 000	22.5	90 000
制造费用						
其中：材料切割	0	120 000	120 000	60 000	15	60 000
机器加工	0	300 000	300 000	200 000	50	100 000
产品组装	0	180 000	180 000	180 000	45	0
制造费用小计	0	600 000	600 000	440 000	110	160 000
合计	0	780 000	780 000	530 000	132.5	250 000

完工产品直接材料单位成本 = 180 000/(4 000 + 4 000) = 22.5（元）

完工产品直接材料成本 = 22.5 × 4 000 = 90 000（元）

月末在产品直接材料成本 = 22.5 × 4 000 = 90 000（元）

完工产品材料切割单位成本 = 120 000/(4 000 + 4 000) = 15（元）

完工产品材料切割成本 = 15 × 4 000 = 60 000（元）

月末在产品材料切割成本 = 15 × 4 000 = 60 000（元）

完工产品机器加工单位成本 = 300 000/(4 000 + 4 000 × 50%) = 50（元）

完工产品机器加工成本 = 50 × 4 000 = 200 000（元）

月末在产品机器加工成本 = 50 × 4 000 × 50% = 100 000（元）

完工产品组装单位成本 = 180 000/4 000 = 45（元）

完工产品组装成本 = 45 × 4 000 = 180 000（元）

月末在产品组装成本 = 0

小贴士 ①901A 批产品月末全部完工，因此本月生产成本全部计入完工产品成本。②X、Y 材料在各批次开工时一次领用，月末 902B 批在产品需要按照实际数量分配直接材料成本。③材料切割在各批次开工时一次完成，月末 902B 批在产品需要按照实际数量分配材料切割成本。④机器加工随完工进度陆续均匀发生，月末 902B 批在产品需要按照约当产量（50%）分配机器加工成本。⑤月末 902B 批在产品尚未组装，所以产品组装成本全部由完工产品负担。

2.【答案及解析】

（1）

作业名称	分配率	作业成本（元）	
		智能制造作业	手工加工作业
设备检修作业	12 000	60 000	12 000
—	—	A 产品	B 产品
智能制造作业	226	79 100	33 900
手工加工作业	928	18 560	213 440

设备检修作业分配率 = 72 000/6 = 12 000

智能制造作业分配率 =（53 000 + 60 000）/500 = 226

手工加工作业分配率 =（220 000 + 12 000）/250 = 928

（2）

A 产品成本计算单

2019 年 9 月　　单位：元

项目	直接材料	作业成本		合计
		智能制造作业	手工加工作业	
月初在产品成本	0	0	0	0
本月生产费用	15 000	79 100	18 560	112 660
合计	15 000	79 100	18 560	112 660
完工产品成本	10 000	63 280	18 560	91 840
单位成本	125	791	232	1 148
月末在产品成本	5 000	15 820	0	20 820

A 产品直接材料单位成本 = 15 000/（80 + 40） = 125（元/件）

A 产品智能制造作业单位成本 = 79 100/（80 + 40 × 50%） = 791（元/件）

A 产品手工加工作业单位成本 = 18 560/80 = 232（元/件）

B 产品成本计算单

2019 年 9 月　　单位：元

项目	直接材料	作业成本		合计
		智能制造作业	手工加工作业	
月初在产品成本	0	0	0	0
本月生产费用	40 000	33 900	213 440	287 340
合计	40 000	33 900	213 440	287 340
完工产品成本	20 000	16 950	133 400	170 350
单位成本	400	339	2 668	3 407
月末在产品成本	20 000	16 950	80 040	116 990

B 产品直接材料单位成本 = 40 000/(50 + 50) = 400（元/件）

B 产品智能制造作业单位成本 = 33 900/(50 + 50 × 100%) = 339（元/件）

B 产品手工加工作业单位成本 = 213 440/(50 + 50 × 60%) = 2 668（元/件）

（3）A 产品单位成本 1 148 元大于目前的单位售价 1 000 元，所以 A 产品定价不合理；B 产品单位成本 3 407 元低于原来的单位售价 3 600 元，所以 B 产品定价合理。

小贴士 ①计算智能制造作业分配率和手工加工作业分配率时，分配总额还应当考虑设备检修作业成本分配进来的部分。②由于原材料在生产开始一次性投入，因此计算 A 产品和 B 产品直接材料单位成本时，月末在产品需要按照实际数量分配直接材料成本。③由于 A 产品月末在产品尚未进入手工加工阶段，所以 A 产品月末在产品不分配手工加工作业成本。④由于 B 产品的月末在产品智能制造作业全部完成，因此计算 B 产品智能制造作业单位成本时，月末在产品完工程度按照 100% 计算。

第十五章　本量利分析

2023 年教材内容主要变化

2023 年第十五章教材仅调整部分文字表述，无实质性变化。

本章近五年考试高频考点分布

本章属于财务管理的重要基础章节，属于客观题和主观题的高频考点，最近五年平均考试分值为 9.2 分。

高频考点内容	年度及题型分布
成本性态的含义与分类	2022 年单选 2021 年单选、2021 年多选 2020 年单选
产品成本计算的完全成本法与变动成本法	2022 年计算分析
本量利分析模型	2021 年多选 2019 年单选、2019 年计算分析
保本分析	2019 年计算分析 2018 年单选、2018 年多选
利润敏感分析	2019 年计算分析、2018 年单选

高频考点精讲

本章内容为本量利分析的相关内容，属于财务管理的基础章节，主要包括成本性态的含义与分类、混合成本分解的两种方法、本量利分析的假设、本量利关系式、保本分析、保利分析及利润敏感分析等。

高频考点 1：成本性态的含义与分类★★

成本性态，又称成本习性，是指成本总额与业务量（如产品产量、销量等）之间的内在关系。成本按其性态分类，可分为固定成本、变动成本与混合成本三大类。在理解成本性态的时候，一定要记得成本总额与业务量的关系都是存在于一定的相关范围内。

成本性态分类	含义	举例	成本的效用
固定成本	在特定的业务量范围内不受业务量变动影响，一定期间的总额能保持相对稳定的成本	固定月工资、固定资产折旧费、取暖费、财产保险费、职工培训费、科研开发费、广告费等	
约束性固定成本	不能通过当前的管理决策行动加以改变的固定成本	固定资产折旧费、财产保险、管理人员工资、取暖费、照明费	属于“经营能力成本”，是为了维持一定的业务量所必须负担的最低成本。只能通过合理利用经营能力、增加生产规模来加以降低
酌量性固定成本	可以通过管理决策行动而改变数额的固定成本	如科研开发费、广告费、职工培训费	关系到企业的竞争能力，是一种提供生产经营能力的成本，而不是生产产品的成本
变动成本	在特定的业务量范围内其总额随业务量变动而正比例变动的成本	直接材料、直接人工、外部加工费、销售佣金	
约束性变动成本	与产量有明确的生产技术或产品结构设计关系的变动成本，也称为技术性变动成本	一部汽车需装配一套发动机配件、一套传动系配件、一套制动系配件等	是利用生产能力所必须发生的成本
酌量性变动成本	可以通过管理决策行动改变的变动成本	按销售额一定的百分比开支的销售佣金、产品研制费、技术转让费等	效用主要是提高竞争能力或改善企业形象，其最佳的合理支出难以计算，通常要依靠经理人员的综合判断来决定
混合成本	除固定成本和变动成本之外的成本，因业务量变动而变动，但不呈正比例关系		
半变动成本	在初始成本的基础上随业务量正比例增长的成本	电费和电话费等公用事业费、燃料、维护和修理费	
阶梯式成本	总额随业务量呈阶梯式增长的成本，亦称步增成本或半固定成本	受开工班次影响的动力费、整车运输费用、检验人员工资	
延期变动成本	在一定业务量范围内总额保持稳定，超出特定业务量则开始随业务量比例增长的成本	在正常业务量下给员工支付固定月工资，超过正常水平后则需支付加班费	
非线性混合成本	有些成本和业务量有依存关系，但不是直线关系	变化率随用水量递减的自备水源成本；变化率随业务量增加而递增的各种违约金、罚金、累进计件工资等	

经典例题

【真题·单选题】（2022）甲公司机修车间总成本与机修工时呈线性关系：$y=a+bx$，其中 a 为月固定成本，b 为单位变动成本。为构建模型，拟用最近5个月的实际成本数据测算 a 与 b。相关数据如下：

2022 年	机修工时 x（小时）	实际成本 y（元）
8 月	89	645
9 月	105	722
10 月	100	701
11 月	108	742
12 月	110	750
合计	512	3 560

假设全年固定成本是月固定成本的 12 倍。2023 年机修车间预计提供 1 200 小时机修服务，根据该模型测算，最接近预计机修总成本的是（　　）元。

A. 6 200　　B. 7 500

C. 8 500　　D. 9 500

【答案】C

【解析】任选两点或使用高低点法，根据数据计算 a、b。例如，使用高低点法计算得 $b=\frac{750-645}{110-89}=5$，$a=750-5\times110=200$，所以，$y=200+5x$，预计年度机修总成本 $=200\times12+5\times1\ 200=8\ 400$（元），选项 C 最接近。

【真题·单选题】（2021）甲公司销售员月固定工资 5 000 元，在此基础上，每月完成销售额 10 万元后，还可按销售额的 5% 提成。根据成本性态分析，销售员的月工资是（　　）。

A. 半变动成本

B. 阶梯式成本

C. 半固定成本

D. 延期变动成本

【答案】D

【解析】在一定业务量范围内总额保持稳定，超出特定业务量则开始随业务量比例增长的成本为延期变动成本。

【真题·多选题】（2021）下列各项费用中，通常属于酌量性固定成本的有（　　）。

A. 广告宣传费

B. 实习培训费

C. 新品研发费

D. 照明取暖费

【答案】ABC

【解析】酌量性固定成本是指不能通过当前的管理决策行动加以改变的固定成本。例如，科研开发费、广告费、职工培训费等，其发生额由经理人员根据企业的经营方针决定。选项 A、B、C 正确。

【真题·单选题】（2019）电信运营商推出“手机 29 元不限流量，可免费通话 1 000 分钟，超出部分主叫国内通话每分钟 0.1 元”套餐业务，选用该套餐的消费者每月手机费属于（　　）。

A. 固定成本

B. 半变动成本

C. 阶梯式成本

D. 延期变动成本

【答案】D

【解析】延期变动成本，是指在一定业务量范围内总额保持稳定，超过特定业务量则开始随业务量比例增长的成本。

高频考点 2：混合成本分解的两种方法★

混合成本的类型很多，情况也比较复杂。如何用方程式来表示它们与产量的关系，有两种选择：一种选择是，尽可能对混合成本的实际性态进行真实的数学描述，这样得出的方程式不仅种类繁多，而且有的方程式还可能相当复杂。另一种选择是，尽可能使用简单的方程式来描述混合成本，即都用 $y=a+bx$ 来表达。

分解方法	含义	公式或步骤
直线回归法（线性回归分析法）	是根据一系列历史成本资料，用数学上的最小平方法原理，计算能代表平均成本水平的直线截距和斜率，以其作为固定成本 a 和单位变动成本 b 的一种成本估计方法	$a=\dfrac{\sum X_i^2\sum Y_i-\sum X_i\sum X_iY_i}{n\sum X_i^2-(\sum X_i)^2}$ $b=\dfrac{n\sum X_iY_i-\sum X_i\sum Y_i}{n\sum X_i^2-(\sum X_i)^2}$
工业工程法	是指运用工业工程的研究方法，逐项研究确定成本高低的每个因素，在此基础上直接估算固定成本和单位变动成本的一种成本估计方法	（1）选择需要研究的成本项目； （2）观察现行方法并记录全部事实，主要是投入的成本和产出的数量； （3）进行全面的科学分析，研究出最实用、最有效、最经济的新的工作方法； （4）把新的方法确定为标准的方法，并测定新方法的每项投入成本，将与产量有关的部分归集为单位变动成本，将与产量无关的部分汇集为固定成本

经典例题

【例题·多选题】下列关于混合成本分解方法的说法正确的有（　　）。

A. 直线回归法与工业工程法都属于对混合成本关系式的线性描述

B. 直线回归法不适用于阶梯式成本的分解

C. 工业工程法比直线回归法更接近事实

D. 工业工程法不适用于延期变动成本

【答案】AC

【解析】直线回归法与工业工程法都属于对混合成本关系式的线性描述，选项 A 正确；两种方法适用于所有形态混合成本的分解，选项 B、D 不正确；工业工程法观察现行方法并记录全部事实，因此选项 C 正确。

高频考点 3：产品成本计算的完全成本法与变动成本法★★

产品成本计算方法	成本项目构成	期间费用	适用范围
完全成本法（吸收成本法）	直接材料、直接人工和变动制造费用、固定制造费用	管理费用、销售费用	用于企业对外的财务报告
变动成本法	直接材料、直接人工和变动制造费用，即变动生产成本	管理费用、销售费用、固定制造费用	进行内部业绩评价，为内部管理提供有用的管理信息，为预测前景、规划未来和作出正确决策服务；能够揭示利润和业务量之间的正常关系；便于分清各部门经济责任，有利于进行成本控制和业绩评价；可以简化成本计算，便于加强日常管理

名师解惑

问：老师，产量变化是否会影响变动成本法下的经营利润？

答：产量变化不会影响变动成本法下的经营利润，因为变动成本法将固定制造费用与全部销售费用及管理费用一起计入期间成本，在当期损益中全部扣除，无论当期产销量为多少，都不影响当期结转到已销产品成本中的固定制造费用金额。变动成本法的利润只受销售量的影响，销售量越高，变动成本法下的经营利润越高。

经典例题

【真题·计算分析题】（2022）甲公司是一家小家电制造企业，只产销 X 产品。公司采用完全成本法核算产品成本，每年按实际产量分配固定制造费用，采用先进先出法进行存货计价。

2022年末，总经理收到会计部门转来的利润表后，比较了2022年和2021年的税前经营利润，发现了一个奇怪的现象：2022年销量比2021年增加24%，但税前经营利润却大幅下降。公司管理层就此问题进行了讨论，财务经理建议采用变动成本法重新核算产品成本，然后再做分析。

相关资料如下：

2021年和2022年X产品实际数量

单位：件

项目	2021年	2022年
年初存货数量	0	12 000
本年产量	62 000	50 000
本年销量	50 000	62 000
年末存货数量	12 000	0

2021年和2022年X产品生产费用实际数据

项目	金额
单价	58元/件
单位直接材料	6元/件
单位直接人工	7元/件
单位变动制造费用	2元/件
固定制造费用总额	1 860 000元
单位变动销售和管理费用	1元/件
固定销售和管理费用总额	220 000元

要求：

（1）分别计算2021年、2022年X产品在完全成本法下和变动成本法下的单位产品成本。

（2）分别计算2021年、2022年X产品在完全成本法下和变动成本法下的税前经营利润及其差异，并解释差异产生的原因。

（3）简要说明财务经理建议采用变动成本法的理由。

【答案及解析】

（1）2021年：

完全成本法下单位产品成本 = 6 + 7 + 2 + 1 860 000 ÷ 62 000 = 45（元/件）

变动成本法下单位产品成本 = 6 + 7 + 2 = 15（元/件）

2022年：

完全成本法下单位产品成本 = 6 + 7 + 2 + 1 860 000 ÷ 50 000 = 52.2（元/件）

变动成本法下单位产品成本 = 6 + 7 + 2 = 15（元/件）

（2）2021年两种方法下的税前经营利润：

完全成本法下税前经营利润 = (58 − 45) × 50 000 − 50 000 × 1 − 220 000 = 380 000（元）

变动成本法下税前经营利润 = (58 − 15 − 1) × 50 000 − 1 860 000 − 220 000 = 20 000（元）

利润差异：380 000 − 20 000 = 360 000（元）

原因分析：完全成本法下的税前经营利润比变动成本法下的税前经营利润多360 000元，是因为没有年初存货，年末存货吸收了36万元的固定制造费用。具体计算：12 000 ×

(1 860 000 ÷ 50 000) - 0 = 360 000（元）

2022 年两种方法下的税前经营利润：

完全成本法下税前经营利润 = 58 × 62 000 - 12 000 × 45 - 50 000 × 52.2 - 62 000 × 1 - 220 000 = 164 000（元）

变动成本法下税前经营利润 =（58 - 15 - 1）× 62 000 - 1 860 000 - 220 000 = 524 000（元）

利润差异：164 000 - 524 000 = - 360 000（元）

原因分析：完全成本法下的税前经营利润比变动成本法下的税前经营利润少 36 万元，是因为年初存货释放了 36 万元的固定制造费用。具体计算：0 - 12 000 ×（1 860 000 ÷ 62 000）= - 360 000（元）

(3) 理由如下：变动成本法消除了在完全成本法下可通过调节生产和库存来调节利润的问题。可以使企业内部管理者更加注重销售，重视市场。便于公司分清各部门经济责任，进行更为合理的内部业绩评价。能够揭示利润和业务量之间的正常关系，便于规划和决策。有利于进行成本控制。可以简化成本计算，便于加强日常管理。

【例题·单选题】完全成本法与变动成本法最大的区别在于对（　　）处理的不同。

A. 直接人工

B. 直接材料

C. 变动制造费用

D. 固定制造费用

【答案】D

【解析】完全成本法与变动成本法最大的区别在于对固定制造费用处理的不同，完全成本法将其计入产品成本，变动成本法将其计入期间成本。

高频考点 4：本量利分析基本模型的假设★

本量利分析模型有四类假设：相关范围假设、模型线性假设、产销平衡假设与品种结构不变假设。相关范围假设是最基本的假设，是本量利分析的出发点；模型线性假设由相关范围假设派生而来，是相关范围假设的延伸和具体化；产销平衡假设与品种结构不变假设是对模型线性假设的进一步补充；同时，品种结构不变假设又是多品种条件下产销平衡假设的前提条件。它们背后都有一条共同的假设，即企业的全部成本可以合理地或者比较准确地分解为固定成本与变动成本。

假设		含义
相关范围假设	期间假设	无论是固定成本还是变动成本，其固定性与变动性均体现在特定的期间内
	业务量假设	固定成本和变动成本，是在一定业务量范围内分析和计量的结果，业务量发生变化特别是变化较大时，成本性态有可能发生变化
线性假设	固定成本不变假设	在企业经营能力的相关范围内，固定成本是不变的，是一条与横轴平行的直线
	变动成本与业务量呈完全线性关系假设	在相关范围内，变动成本与业务量呈完全线性关系，是一条过原点的直线
	销售收入与销售数量呈完全线性关系	在相关范围内，销售收入与销售量呈完全线性关系，是一条过原点的直线
产销平衡假设		站在销售数量的角度进行本量利分析时，就必须假设产销关系是平衡的；在应用本量利分析时，不必严格遵守此假设
品种结构不变假设		在一个多品种生产和销售的企业中，各种产品的销售收入在总收入中所占的比重不会发生变化

经典例题

【真题·多选题】（2021）下列关于本量利分析基本模型假设的说法中，正确的有（　　）。

A. 企业的总成本按其性态可以近似地描述为线性模型

B. 本量利分析的“量”指的是销售数量，并假设产销平衡

C. 在多品种生产和销售的企业中，各产品销售收入在总收入中占比不变

D. 区分一项成本是变动成本还是固定成本，需限定在一定的相关范围内

【答案】ABCD

【解析】选项A、B、C、D分别对应线性假设、产销平衡假设、品种结构不变假设和相关范围假设。

【例题·多选题】本量利分析模型的假设包括（　　）。

A. 相关范围假设

B. 模型线性假设

C. 产销平衡假设

D. 品种结构不变假设

【答案】ABCD

【解析】本量利分析模型的假设包含四个选项所有的内容。

高频考点5：本量利分析基本模型

★★★

本量利关系式包括损益方程式与边际贡献方程式。虽然表现为多种形式，但是都是以基本损益关系式推衍而来。本量利关系式也是第九章杠杆分析的基础。

关系式		内容
损益方程式	基本的损益方程式	利润 = 单价 × 销量 − 单位变动成本 × 销量 − 固定成本
	包含期间成本的损益方程式	税前利润 = 单价 × 销量 −（单位变动生产成本 + 单位变动销售及管理费）× 销量 −（固定制造费用 + 固定销售及管理费）
	计算税后利润的损益方程式	税后利润 =（单价 × 销量 − 单位变动成本 × 销量 − 固定成本）×（1 − 所得税税率）
边际贡献方程式	边际贡献	制造边际贡献 = 销售收入 − 产品变动成本 产品边际贡献 = 制造边际贡献 − 变动销售及管理费 = 销售收入 − 变动成本 单位边际贡献 = 单价 − 单位变动成本
	边际贡献率	$边际贡献率 = \frac{边际贡献}{销售收入} \times 100\%$ $= \frac{单位边际贡献}{单价} \times 100\% = 1 - 变动成本率$ $加权平均边际贡献率 = \frac{\sum 各产品边际贡献}{\sum 各产品销售收入}$ $= \sum (各产品边际贡献率 \times 各产品占总销售收入比重)$
	边际贡献方程式	利润 = 边际贡献 − 固定成本 = 销量 × 单位边际贡献 − 固定成本
	边际贡献率方程式	利润 = 销售收入 × 边际贡献率 − 固定成本

经典例题

【真题·单选题】（2020）甲公司生产X产品，产量处于100 000～120 000件范围内时，固定成本总额为220 000元，单位变动成本不变，目前，X产品产量为110 000件，总成本为440 000元，预计下年总量115 000件，总成本是（　　）元。

A. 450 000　　B. 440 000

C. 不能确定　　D. 460 000

【答案】A

【解析】根据本量利关系式，总成本 = 固定成本 + 产量 × 单位变动成本，X 产品单位变动成本 = (440 000 − 220 000)/110 000 = 2（元），当产量为 115 000 件时，总成本 = 2 × 115 000 + 220 000 = 450 000（元），选项 A 正确。

【真题·单选题】（2019）甲公司销售收入为 50 万元，边际贡献率为 40%。该公司仅设 M 和 N 两个部门，其中 M 部门的变动成本为 26 万元，边际贡献率为 35%。下列说法中，错误的是（　　）。

A. M 部门边际贡献 14 万元

B. M 部门销售收入 40 万元

C. N 部门销售收入 10 万元

D. N 部门变动成本 6 万元

【答案】D

【解析】M 部门销售收入 = 26/(1 − 35%) = 40（万元），选项 B 正确；M 部门边际贡献 = 40 − 26 = 14（万元），选项 A 正确；N 部门销售收入 = 50 − 40 = 10（万元），选项 C 正确；N 部门变动成本 = 50 × (1 − 40%) − 26 = 4（万元），选项 D 错误。

高频考点 6：保本分析★★★

保本点有两种表现形式：保本量与保本额。在单一品种条件下，可以利用本量利关系式，假设利润为零，计算出保本量与保本额。但在多品种条件下，只能先计算综合保本额（加权平均保本额），在此基础上乘以各种产品销售额占总销售额的比重，来计算各种产品的保本额。

保本分析下的相关指标		计算公式
单一品种情况下的保本点	保本量	$保本量=\dfrac{固定成本}{单价-单位变动成本}=\dfrac{固定成本}{单位边际贡献}$
	保本额	$保本额=\dfrac{固定成本}{边际贡献率}=保本量\times 销售单价$
多品种情况下的保本点	保本总额	$保本总额=\dfrac{固定成本}{加权平均边际贡献率}$
	某种产品的保本额与保本量	某种产品的保本额 = 保本总额 × 某种产品的销售百分比 $某种产品的保本量=\dfrac{该产品的保本额}{该产品的销售单价}$
与保本点相关的指标	盈亏临界点作业率	$盈亏临界点作业率=\dfrac{盈亏临界点销售量}{实际或预计销售量}\times 100\%$
	安全边际量	安全边际量 = 实际或预计销售量 − 盈亏临界点销售量
	安全边际额	安全边际额 = 实际或预计销售额 − 盈亏临界点销售额 = 安全边际量 × 销售单价
	安全边际率	$安全边际率=\dfrac{安全边际量(额)}{实际或预计销售量(额)}$ = 1 − 盈亏临界点作业率
	息税前利润	息税前利润 = 安全边际额 × 边际贡献率 = 安全边际量 × 单位边际贡献
	息税前利润率	息税前利润率 = 安全边际率 × 边际贡献率

名师解惑

问：老师，盈亏临界点作业率等同于生产能力利用率吗？

答：盈亏临界点作业率不等于生产能力利用率，因为盈亏临界点是保本销售量或保本销售额，与销售活动有关，生产能力利用率与生产活动中的产量有关。同时盈亏临界点作业率越低对企业越有利，而生产能力利用率在其他因素不变的情况下，越高越不容易造成企业资源的浪费。

经典例题

【例题·多选题】在本量利分析中，假设其他因素不变，单位产品变动成本上升时，下列说法中正确的有（　　）。

A. 安全边际下降

B. 盈亏临界点作业率下降

C. 息税前利润率下降

D. 单位边际贡献下降

【答案】ACD

【解析】盈亏临界点销售量 = 固定成本/(单价 - 单位变动成本)，单位产品变动成本提高会导致单位变动成本提高、盈亏临界点销售量提高、盈亏临界点作业率提高，所以，选项 B 不是答案；盈亏临界点提高，则安全边际下降，所以选项 A 是答案；单位变动成本提高导致息税前利润下降，但营业收入不变，所以息税前利润率下降，选项 C 是答案；单位边际贡献 = 单价 - 单位变动成本，单位变动成本提高会导致单位边际贡献下降，选项 D 是答案。

【真题·单选题】（2020）甲公司销售一种产品，相关信息如下：

单位售价	30 元
单位变动制造成本	7 元
固定制造费用	95 000 元
固定管理费用	65 000 元
销售佣金	售价的 10%

该产品的盈亏临界点销售量是（　　）件。

A. 3 250　　B. 4 000

C. 4 750　　D. 8 000

【答案】D

【解析】盈亏临界点销售量 = 固定成本总额/(单位产品售价 - 单位变动成本) = (固定制造费用 + 固定管理费用)/(单位售价 - 单位变动制造成本 - 单位销售费用) = (95 000 + 65 000)/(30 - 7 - 30 × 10%) = 8 000（件），选项 D 正确。

【真题·计算分析题】（2019）甲公司乙部门只生产一种产品，投资额 25 000 万元，2019 年销售 500 万件。该产品单价 25 元，单位变动成本资料如下：

项目	单位变动成本（元）
直接材料	3
直接人工	4
变动制造费用	2
变动销售费用	1
合计	10

该产品目前盈亏临界点作业率 20%，现有产能已满负荷运转。因产品供不应求，为提高销量，公司经可行性研究，2020 年拟增加 50 000 万元投资。新产能投入运营后，每年增加 2 700 万元固定成本。假设公司产销平衡，不考虑企业所得税。

要求：

（1）计算乙部门 2019 年税前投资报酬率；假设产能扩张不影响产品单位边际贡献，为达到 2019 年税前投资报酬率水平，计算 2020 年应实现的销量。

（2）计算乙部门2019年经营杠杆系数；假设产能扩张不影响产品单位边际贡献，为达到2019年经营杠杆水平，计算2020年应实现的销量。

【答案及解析】

（1）

目前盈亏临界点销售量 = 500 × 20% = 100（万件）

乙部门2019年固定成本 = 100 ×（25 − 10）= 1 500（万元）

乙部门2019年税前经营利润 =（25 − 10）× 500 − 1 500 = 6 000（万元）

乙部门2019年税前投资报酬率 = 6 000/25 000 × 100% = 24%

乙部门2020年税前经营利润 =（25 000 + 50 000）× 24% = 18 000（万元）

2020年应实现的销售量 =（1 500 + 2 700 + 18 000）/（25 − 10）= 1 480（万件）

（2）

2019年经营杠杆系数 =（25 − 10）× 500/［（25 − 10）× 500 − 1 500］= 1.25

设2020年应实现的销量为Q，

经营杠杆系数 =（25 − 10）× Q/［（25 − 10）× Q − 1 500 − 2 700］= 1.25

2020年应实现的销量 Q = 1 400万件。

【真题·多选题】（2018）甲公司的经营处于盈亏临界点，下列表述正确的有（　　）。

A. 经营杠杆系数等于零

B. 安全边际等于零

C. 销售额等于销售收入线与总成本线交点处销售额

D. 边际贡献等于固定成本

【答案】BCD

【解析】甲公司的经营处于盈亏临界点，息税前利润为0，经营杠杆系数 = 边际贡献/息税前利润，分母为0，经营杠杆系数趋于无穷大，选项A错误。甲公司的经营处于盈亏临界点，因此实际销售额 = 盈亏临界点销售额，安全边际等于零，此时息税前利润 = 销售收入 − 总成本 = 销售收入 − 变动成本 − 固定成本 = 边际贡献 − 固定成本 = 0，选项B、C、D正确。

【真题·单选题】（2018）根据本量利分析原理，只能提高安全边际量而不会降低保本点销售量的措施是（　　）。

A. 提高单价

B. 增加产销量

C. 降低单位变动成本

D. 压缩固定成本

【答案】B

【解析】保本量 = 固定成本/（单价 − 单位变动成本），安全边际量 = 正常销售量 − 保本量，由公式可以看出，只有选项B符合题意。

【真题·单选题】（2018）甲公司只生产销售一种产品，变动成本率30%，盈亏临界点作业率40%，甲公司销售息税前利润率是（　　）。

A. 18%　　　　B. 42%

C. 12%　　　　D. 28%

【答案】B

【解析】销售息税前利润率 =（1 − 30%）×（1 − 40%）= 42%。

高频考点7：保利分析★★★

保利分析的所有公式是在保本分析公式的基础上，把所有的分子由固定成本调整为固定成本与目标利润之和。

保利分析下的相关指标		计算公式
单一品种情况下的保利点	保利量	保利量 $= \frac{固定成本 + 目标利润}{单价 - 单位变动成本} = \frac{固定成本 + 目标利润}{单位边际贡献}$
	保利额	保利额 $= \frac{固定成本 + 目标利润}{边际贡献率}$ = 保利量 × 销售单价

续表

<table>
<tr><th colspan="2">保利分析下的相关指标</th><th>计算公式</th></tr>
<tr><td rowspan="2">多品种情况下的保利点</td><td>保利额</td><td>$保利额=\frac{固定成本+目标利润}{加权平均边际贡献率}$</td></tr>
<tr><td>某种产品的保利额与保利量</td><td>某种产品的保利额 = 保利额 × 某种产品的销售百分比
$某种产品的保利量=\frac{该产品的保利额}{该产品的销售单价}$</td></tr>
</table>

如果目标利润口径是税后目标利润，则公式中凡是目标利润都要以税后目标利润还原为税前目标利润，即目标利润 = 税后目标利润/(1 – 所得税税率)。

经典例题

【真题·单选题】（2021）甲便利店销售一种新产品，销售单价为 10 元，单位变动成本为 2 元，年固定成本总额为 1 000 万元，企业所得税税率为 25%，全年税后目标利润为 5 250 万元。该产品全年的保利额是（　　）万元。

A. 10 000　　B. 7 812.5

C. 6 250　　D. 5 375

【答案】A

【解析】单位边际贡献 = 10 – 2 = 8（元），保利量 = [1 000 + 5 250/(1 – 25%)]/8 = 1 000（万件），保利额 = 1 000 × 10 = 10 000（万元）。

高频考点 8：利润敏感分析★★★

基于本量利关系的利润敏感分析，主要研究分析有关参数发生多大变化会使盈利转为亏损、各参数变化对利润变化的影响程度，以及各因素变动时如何调整应对，以保证原目标利润的实现。

利润敏感分析目的之一就是提供能引起目标发生质变的各参数变化的界限，其方法称为最大最小法。也就是求企业利润为零时可以接受的最小单价、最低销量、最小销售额、最大固定成本、最大单位变动成本。对于正向影响利润的参数，求的是能够接受的最小值；对于反向影响利润的参数，求的是能够接受的最大值。其实保本量就是企业能够接受的最小销量，是最大最小法的一个特例。

利润敏感分析的第二种方法是看各参数变化对利润变化的影响程度，即敏感系数。如果利润对这些参数的敏感系数绝对值大于 1，我们称这类参数为敏感因素。如果利润对这些参数的敏感系数绝对值小于 1，则我们称这类参数为不敏感因素。实际上经营杠杆系数就是利润对销售量或销售额变动的敏感系数，越大代表风险越高。敏感系数计算的一般公式为：

$$敏感系数=\frac{目标值变动百分比}{参数值变动百分比}$$

利润的敏感分析表的局限是不能提供表示变量之间关系的连续变化。为此，人们又设计了利润的敏感分析图。以横轴代表单位变动成本、固定成本、销量、销售单价等各因素变动百分比；纵轴代表利润。根据原来的目标利润点和某参数变化后的利润点画出参数变动线。与利润线的夹角越小，利润的敏感程度越高。敏感系数大于 1，就有了杠杆效应，就可以称之为敏感因素。

经典例题

【真题·计算分析题】（2020）甲公司拟承包乙集团投资开发的主题公园中的游乐场，承包期限 5 年，承包时一次性支付经营权使用费 25 000 万元，按承包年限平均分摊；承包期内每年上交 5 000 万元承包费，并且每年按其年收入的 10% 向乙集团支付管理费。甲公司目前正在进行 2021 年盈亏平衡分析。相关资料如下：

（1）游乐场售卖两种门票，均当日当次有效。票价如下：

单位：元

项目	游乐场门票	公园观光和游乐场联票（联票）
成人普通票（普通票）	60	80
儿童及60岁以上老人优惠票（优惠票）	30	40

（2）2021年预计门票售卖情况：游乐场门票500万张，联票400万张。假设各类已售门票中，普通票和优惠票的比例均为40%：60%。

（3）联票收入由甲、乙分享，各占50%。

（4）物业费为固定费用，2021年甲公司支付游乐场物业费10 286万元。

（5）假设不考虑企业所得税。

要求：

（1）分别计算游乐场2021年边际贡献总额、固定成本总额、营业利润。

（2）分别计算游乐场2021年平均每人次边际贡献、盈亏临界点游客人次、安全边际率。

（3）如果甲公司计划2021年实现营业利润10 000万元，拟将游乐场普通票提价至70元，其他票价不变，联票销售预计增长50%。假设其他条件不变，计算至少需要售卖多少万张游乐场门票才能实现目标利润。

【答案及解析】

（1）2021年游乐场：

游乐场门票收入＝500×（60×40%＋30×60%）＝21 000（万元）

联票收入＝400×（80×40%＋40×60%）＝22 400（万元）

收入总额＝游乐场门票收入＋50%联票收入＝21 000＋50%×22 400＝32 200（万元）

边际贡献总额＝32 200×（1－10%）＝28 980(万元)

固定成本总额＝25 000÷5＋5 000＋10 286＝20 286（万元）

营业利润＝28 980－20 286＝8 694（万元）

（2）游客人次＝500＋400＝900（万次）

平均每人次边际贡献＝28 980÷900＝32.20（元）

盈亏临界点游客人次＝20 286÷32.20＝630（万次）

安全边际率＝（900－630）÷900＝30%

（3）新的联票销售量＝400×（1＋50%）＝600（万张）

假设至少需要售卖X万张游乐场门票才能实现目标利润：

50%联票收入＝600×（80×40%＋40×60%）×50%＝16 800（万元）

游乐场门票收入＝X（70×40%＋30×60%）＝46X（万元）

（1－10%）×（16 800＋46X）＝10 000＋20 286

X＝366.33（万张）

或，$X=\frac{20\ 286+10\ 000-16\ 800\times(1-10\%)}{(70\times40\%+30\times60\%)\times(1-10\%)}=366.33$（万张）

【真题·计算分析题】（2019）甲公司生产A、B两种产品。A产品是传统产品，造价高、定价低、多年亏损，但市场仍有少量需求，公司一直坚持生产。B产品是最近几年新开发的产品，由于技术性能好、质量高，颇受用户欢迎，目前市场供不应求。2019年末，公司计划、销售和财务部门一起编制下一年的生产计划，在该计划基础上，财务部门预测收入、成本和利润。相关信息如下：

预计利润表

2020年　　单位：万元

项目	A	B	合计
营业收入	1 220	560	1 780
营业成本	1 260	440	1 700
税前营业利润	－40	120	80

经财务部门测算，A、B产品的变动成本率分别为70%和40%。

公司领导根据财务部门预测，提出如下几个问题：

（1）2020 年公司税前营业利润能否达到 100 万元？

（2）A 产品亏损 40 万元，可否考虑停产？

（3）若能添置设备，扩大生产能力，增产能否增利？

根据公司领导提出的问题，财务部门和相关部门共同研究，提出如下三个方案：

方案一：停止生产 A 产品，按原计划生产 B 产品。

方案二：停止生产 A 产品，调整生产计划，平衡生产能力，使 B 产品增产 80%。

方案三：在 2020 年原生产计划基础上，投资 50 万元购置一台设备，用于生产 B 产品，B 产品增产 10%。预计该设备使用年限为 5 年，按直线法计提折旧，无残值。

要求：

（1）分别计算 A、B 产品的变动成本和边际贡献。

（2）分别计算三个方案的税前营业利润，并据以选择最优方案。

【答案及解析】

（1）A 产品的变动成本 = 1 220 × 70% = 854（万元）

A 产品的边际贡献 = 1 220 − 854 = 366（万元）

B 产品的变动成本 = 560 × 40% = 224（万元）

B 产品的边际贡献 = 560 − 224 = 336（万元）

（2）企业总固定成本 = (1 260 − 854) + (440 − 224) = 622（万元）

方案一的税前营业利润 = 336 − 622 = −286（万元）

方案二的税前营业利润 = 560 × (1 + 80%) × (1 − 40%) − 622 = −17.2（万元）

方案三的税前营业利润 = 80 + 560 × 10% × (1 − 40%) − 50/5 = 103.6（万元）

方案三的税前营业利润最高，应选择方案三。

【真题·单选题】（2018）甲公司只生产一种产品，目前处于盈利状态，单位变动成本为 10 元，息税前利润对变动成本敏感系数为 −4。假定其他条件不变，甲公司盈亏平衡点时的单位变动成本为（　　）元。

A. 7.5　　B. 9.6

C. 10.4　　D. 12.5

【答案】D

【解析】甲公司盈亏平衡点时，息税前利润变动率 = −100%，变动成本变动率 = (−100%)/(−4) = 25%，单位变动成本 = 10 × (1 + 25%) = 12.5（元）。

进阶练习

（一）单选题

1. 息税前利润率等于（　　）。

A. 安全边际率乘变动成本率

B. 盈亏临界点作业率乘安全边际率

C. 安全边际率乘边际贡献率

D. 边际贡献率乘变动成本率

2. 假设某企业只生产销售一种产品，单价 50 元，边际贡献率 40%，每年固定成本 300 万元，预计来年产销量 20 万件，则价格对息税前利润影响的敏感系数为（　　）。

A. 10　　B. 8

C. 4　　D. 40

3. 某企业只生产一种产品，单价 20 元，单位变动成本 12 元，固定成本为 2 400 元，满负荷运转下的正常销售量为 400 件。以下说法中，正确的是（　　）。

A. 正常销售 400 件时的息税前利润率为 15%

B. 在保本状态下，该企业生产经营能力的利用程度为 75%

C. 安全边际中的边际贡献等于 800 元

D. 销售 400 件时，该企业的营业杠杆系数为 2

4. 下列关于多种产品加权平均边际贡献率的计算公式中，错误的是（ ）。

A. 加权平均边际贡献率 = $\sum$ 各产品边际贡献 / $\sum$ 各产品销售收入

B. 加权平均边际贡献率 = $\sum$（各产品安全边际率 × 各产品息税前利润率）

C. 加权平均边际贡献率 = $\sum$［（1 − 各产品变动成本率）× 各产品占总销售比重］

D. 加权平均边际贡献率 = $\sum$（各产品边际贡献率 × 各产品占总销售比重）

5. C 公司的固定成本（包括利息费用）为 600 万元，资产总额为 10 000 万元，资产负债率为 50%，负债平均利息率为 8%，净利润为 800 万元，该公司适用的所得税税率为 20%，则息税前利润对销量的敏感系数是（ ）。

A. 1.43　　B. 1.2

C. 1.14　　D. 1.08

6. 某企业只生产一种产品，销售单价为 120 元，单位变动成本为 90 元，每个月的固定成本为 9 000 元。下个月要求达到的税后目标利润为 18 000 元，假设企业所得税税率为 25%，则该企业为了实现目标利润，下个月所需完成的最低业务额为（ ）元。

A. 102 000　　B. 108 000

C. 128 000　　D. 132 000

7. 下列关于混合成本性态分析的说法中，错误的是（ ）。

A. 半变动成本可分解为固定成本和变动成本

B. 延期变动成本在一定业务量范围内为固定成本，超过该业务量可分解为固定成本和变动成本

C. 阶梯式成本在一定业务量范围内为固定成本，当业务量超过一定限度，成本跳跃到新的水平时，以新的成本作为固定成本

D. 为简化数据处理，在相关范围内曲线成本可以近似看成变动成本或半变动成本

8. 甲公司只生产一种产品，变动成本率为 40%，盈亏临界点作业率为 70%。甲公司的息税前利润率是（ ）。

A. 12%　　B. 18%

C. 28%　　D. 42%

9. 下列各项中，属于酌量性变动成本的是（ ）。

A. 直接人工成本

B. 直接材料成本

C. 税金及附加

D. 按销售额一定比例支付的销售代理费

10. 甲公司只生产一种产品，每件产品的单价为 5 元，单价敏感系数为 5。假设其他条件不变，甲公司盈亏平衡时的产品单价是（ ）元。

A. 3　　B. 3.5

C. 4　　D. 4.5

11. 甲企业仅产销一种产品，该产品的销售单价为 2 元，单位变动成本为 1.5 元，固定成本为 1 800 元/月。企业预计本月销售额为 8 000 元，则本月盈亏临界点作业率为（ ）。

A. 60%　　B. 70%

C. 80%　　D. 90%

12. 甲公司销售收入为 50 万元，边际贡献率为 30%。该公司仅设 K 和 W 两个部门，其中 K 部门的变动成本为 30 万元，边际贡献率为 25%。下列说法中，错误的是（ ）。

A. K 部门边际贡献为 10 万元

B. W 部门边际贡献率为 50%

C. W 部门销售收入为 10 万元

D. K 部门变动成本率为 70%

13. 甲保险公司的推销员每月固定工资 3 600 元，在此基础上，推销员还可按推销保险金额的 3% 领取奖金，那么推销员的工资费用属于（ ）。

A. 半固定成本　　B. 半变动成本

第十五章

C. 变动成本　　D. 固定成本

14. 设某企业有固定搬运工 10 名，工资总额 30 000 元；当业务量超过 5 000 件时，就需雇用临时工。临时工采用计件工资制，单件工资为 2 元，则该企业搬运工工资属于（　　）。

A. 阶梯式成本　　B. 半变动成本

C. 延期变动成本　　D. 非线性成本

15. 根据本量利分析原理，下列计算息税前利润的公式中，正确的是（　　）。

A. 息税前利润 =（销售收入 − 盈亏临界点销售额）× 边际贡献率

B. 息税前利润 = 盈亏临界点销售量 × 边际贡献率

C. 息税前利润 = 销售收入 ×（1 − 边际贡献率）− 固定成本

D. 息税前利润 = 销售收入 × 变动成本率 − 固定成本

16. 甲产品实际销售量为 8 000 件，单价为 30 元，单位变动成本为 12 元，固定成本总额为 36 000 元，则该产品的安全边际率为（　　）。

A. 25%　　B. 60%

C. 40%　　D. 75%

17. 公司生产和销售单一产品，该产品单位边际贡献为 2 元，2020 年销售量为 40 万件，息税前利润为 50 万元。假设单价、成本性态保持不变，则息税前利润对销售量的敏感系数是（　　）。

A. 0.60　　B. 0.80

C. 1.25　　D. 1.60

18. 甲消费者每月购买的某移动通信公司 58 元套餐，含主叫长市话 450 分钟，超出后主叫国内长市话每分钟 0.15 元。该通信费是（　　）。

A. 变动成本

B. 延期变动成本

C. 阶梯式成本

D. 半变动成本

19. 下列各项成本费用中，属于酌量性固定成本的是（　　）。

A. 运输车辆保险费

B. 广告费

C. 生产部门管理人员工资

D. 行政部门耗用的水电费

（二）多选题

1. 下列各项中，属于约束性固定成本的有（　　）。

A. 管理人员薪酬　　B. 折旧费

C. 职工培训费　　D. 研究开发支出

2. 某企业只生产一种产品，当年的息税前利润为 20 000 元。运用本量利关系对影响税前利润的各因素进行敏感分析后得出，单价的敏感系数为 4，单位变动成本的敏感系数为 −2.5，销售量的敏感系数为 1.5，固定成本的敏感系数为 −0.5。下列说法中，正确的有（　　）。

A. 上述影响税前利润的因素中，单价是最敏感的，固定成本是最不敏感的

B. 当单价提高 10% 时，息税前利润将增长 8 000 元

C. 当单位变动成本的上升幅度超过 40% 时，企业将转为亏损

D. 企业的安全边际率为 66.67%

3. 下列关于完全成本法和变动成本法的表述中，正确的有（　　）。

A. 采用完全成本法计算的产品成本不包括各项期间费用

B. 采用变动成本法计算的产品成本不包括固定制造费用

C. 两种方法的核心差别在于对变动制造费用的处理不同

D. 按照变动成本法计算的产品成本高于按照完全成本法计算的产品成本

4. 与完全成本法相比，变动成本法的优点有（　　）。

A. 能够揭示收入与业务量之间的正常关系

B. 有利于企业各部门进行成本控制和业绩评价

C. 可以通过增加生产、调节库存来调节利润

D. 能够简化成本计算，便于加强日常管理

5. 假设其他因素不变，下列各项中，能够提高产品边际贡献的有（　　）。

A. 提高销售收入

B. 降低产品变动成本

C. 降低变动销售费用

D. 降低固定制造费用

6. 下列关于盈亏临界点的表述中，正确的有（　　）。

A. 盈亏临界点的息税前利润等于零

B. 盈亏临界点的边际贡献等于固定成本

C. 盈亏临界点的销售收入等于总成本

D. 盈亏临界点的息税前利润变动百分比为 -100%

7. 下列关于本量利分析的计算公式中，正确的有（　　）。

A. 变动成本率 + 边际贡献率 = 1

B. 安全边际率 + 盈亏临界点作业率 = 1

C. 息税前利润 = 安全边际率 × 单位边际贡献

D. 息税前利润率 = 安全边际率 × 边际贡献率

8. 下列各项指标中，与盈亏临界点销售量呈同向变化关系的有（　　）。

A. 单位售价

B. 预计销量

C. 固定成本总额

D. 单位变动成本

9. 甲企业只生产一种产品，单价为 50 元，单位变动成本为 30 元，固定成本为 5 000 元，满负荷运转下的正常销售量为 500 件，下列说法中正确的有（　　）。

A. 在保本状态下，该企业生产经营能力的利用程度为 50%

B. 在销售量以金额表示的边际贡献式本量利图中，该企业的变动成本线斜率为 60%

C. 安全边际中的边际贡献等于 5 000 元

D. 息税前利润对销量的敏感系数为 2

10. M 城出版社与一畅销书作者正在洽谈新作出版的事宜，预计出版该书的固定成本总额为 70 万元，单位变动成本为 10 元/册；同时与作者约定，一次性支付稿酬 100 万元，另按销售量给予售价 10% 的提成。若该书的售价定为 20 元/册，预计该书的销售量为 40 万册，企业适用的所得税税率为 25%，则下列表述正确的有（　　）。

A. 保本量为 21.25 万册

B. 企业预计实现的营业净利率为 14.06%

C. 企业产品安全边际率为 53.12%

D. 单价的敏感系数为 4

11. 甲产品的单价为 1 000 元，单位变动成本为 600 元，年销售量为 500 件，年固定成本为 80 000 元。下列本量利分析的结果中，正确的有（　　）。

A. 盈亏临界点销售量为 200 件

B. 盈亏临界点作业率为 40%

C. 安全边际额为 300 000 元

D. 边际贡献总额为 200 000 元

12. 甲产品的销售单价为 250 元，单位变动成本为 150 元，年销售量为 2 000 件，年固定成本为 50 000 元。下列说法中，正确的有（　　）。

A. 边际贡献率为 40%

B. 盈亏临界点作业率为 25%

C. 利润对销售量的敏感系数为 1.33

D. 销售息税前利润率为 35%

（三）计算分析题

1. 某公司下一年度部分预算资料如下：

单位：元

预算资料	总成本	单位成本
直接材料	160 000	2
直接人工	320 000	4
变动制造费用	80 000	1
固定制造费用	400 000	5
销售费用（全部为变动费用）	240 000	3
管理费用（全部为固定费用）	600 000	7.5
合计	1 800 000	22.5

该公司的产品生产和销售平衡，适用的所得税税率为40%。

要求：（计算结果取整数）

（1）若下一年产品售价定为22元，计算保本量。

（2）若下一年销售100 000件产品，计算使税后销售利润率为12%的产品售价和安全边际率。

2. D物业公司在服务住宅区内开设了一家家政服务中心，为住宅区内住户提供钟点家政服务。家政服务中心将物业公司现有办公用房作为办公场所，每月固定分摊物业公司折旧费、水电费、电话费等共计4 000元。此外，家政服务中心每月发生其他固定费用900元。

家政服务中心现有2名管理人员，负责接听顾客电话、安排调度家政工人以及其他管理工作，每人每月固定工资2 000元；招聘家政工人50名，家政工人工资采取底薪加计时工资制，每人除每月固定工资350元外，每提供1小时家政服务还可获得6元。

家政服务中心按提供家政服务小时数向顾客收取费用，目前每小时收费10元，每天平均有250小时的家政服务需求，每月按30天计算。

根据目前家政工人的数量，家政服务中心每天可提供360小时的家政服务。为了充分利用现有服务能力，家政服务中心拟采取降价10%的促销措施。预计降价后每天的家政服务需求小时数将大幅提高。

要求：

（1）计算采取降价措施前家政服务中心每月的边际贡献和息税前利润。

（2）计算采取降价措施前家政服务中心每月的保本量和安全边际率。

（3）降价后每月家政服务需求至少应达到多少小时，降价措施才是可行的？此时的安全边际额是多少？

3. 某企业生产A、B、C三种产品，销售单价分别为500元、800元和1 000元；预计销售量分别为4 000件、1 500件和1 800件；单位变动成本分别为300元、650元和700元；固定成本总额为626 000元。

要求：

（1）计算A、B、C三种产品的边际贡献率；

（2）计算加权平均边际贡献率；

（3）计算A、B、C三种产品的保本销售额；

（4）计算A、B、C三种产品的保本销售量；

（5）计算A产品的安全边际率。

4. 甲公司拟加盟乙快餐集团，乙集团对加盟企业采取不从零开始的加盟政策，将已运营2年以上、达到盈亏平衡条件的自营门店整体转让给符合条件的加盟商，加盟经营协议期限15年，加盟时一次性支付450万元加盟费，加盟期内，每年按年营业额的10%向乙集团支付特许经营权使用费和广告费，甲公司预计将于2016年12月31日正式加盟，目前正进行加盟店2017年度的盈亏平衡分析。其他相关资料如下：

（1）餐厅面积400平方米，仓库面积100平方米，每平方米年租金2 400元。

（2）为扩大营业规模，新增一项固定资产，该资产原值300万元，按直线法计提折旧，折旧年限10年（不考虑残值）。

（3）快餐每份售价40元，变动制造成本率50%，每年正常销售量15万份。假设固定成本、变动成本率保持不变。

要求：

（1）计算加盟店年固定成本总额、单位变动成本、盈亏临界点销售额及正常销售量时的安全边际率。

（2）如果计划目标税前利润达到100万元，计算快餐销售量；假设其他因素不变，如果快餐销售价格上浮5%，以目标税前利润100万元为基数，计算目标税前利润变动的百分比及目标税前利润对单价的敏感系数。

（3）如果计划目标税前利润达到100万元且快餐销售量达到20万份，计算加盟店可接受的快餐最低销售价格。

5. 甲公司是一家生物制药企业，研发出一种专利产品，该产品投资项目已进行可行性分析，厂房建造和设备购置安装工作也已完成，新产品将于2016年开始生产并销售，目前，公司正对该项目进行盈亏平衡分析，相关资料如下：

（1）专利研发支出资本化金额为150万元，专利有效期为10年，预计无残值；建造厂房使用的土地使用权，取得成本为500万元，使用年限为50年，预计无残值，两种资产均采用直线法计提摊销。

厂房建造成本为400万元，折旧年限为30年，预计净残值率为10%，设备购置成本为200万元，折旧年限为10年，预计净残值率为5%，两种资产均采用直线法计提折旧。

（2）新产品销售价格为每瓶80元，每年销售可达10万瓶，每瓶材料成本为20元，变动制造费用为10元，包装成本为3元。

公司管理人员实行固定工资制，生产工人和销售人员实行基本工资加提成制，预计新增管理人员2人，每人每年固定工资为7.5万元，新增生产工人25人，人均月基本工资为1 500元，生产计件工资为每瓶2元；新增销售人员5人，人均月基本工资为1 500元，销售提成每瓶5元。

每年新增其他费用包括财产保险费4万元，广告费50万元，职工培训费10万元，其他固定费用11万元。

（3）假设年生产量等于年销售量。

要求：

（1）计算新产品的年固定成本总额和单位变动成本。

（2）计算新产品的盈亏平衡点年销售量、安全边际率和年息税前利润。

（3）计算该项目的经营杠杆系数。

进阶练习答案及解析

（一）单选题

1.【答案】C

【解析】息税前利润率等于安全边际率乘以边际贡献率，因为安全边际提供的边际是企业的利润。

2.【答案】A

【解析】来年预计利润 = 收入 − 变动成本 − 固定成本 = 20 × 50 − 20 × 50 × (1 − 40%) − 300 = 100（万元）。假设价格增长10%，达到55元；预计利润增加 = 20 × 55 − 20 × 30 − 300 = 200（万元）；利润变动率 = (200 − 100)/100 = 100%；单价的敏感系数 = 100%/10% = 10。

3.【答案】C

【解析】保本量 = 2 400/(20 − 12) = 300（件）。安全边际量 = 400 − 300 = 100（件）。单位边际贡献为20 − 12 = 8（元），边际贡献率 = 8/20 = 40%。安全边际率 = 100/400 = 25%。400件的息税前利润率 = 40% × 25% = 10%，选项A错误；在保本状态下，该企业生产经营能力的利用程度的计算必须知道生产量，75%是盈亏临界点作业率，选项B错误；安全边际中的边际贡献 = 安全边际量 × 单位边际贡献 = 100 × 8 = 800，选项C正确；销售400件时，营业杠杆系数 = 边际贡献/息税前利润 = (400 × 8)/800 = 4，选项D错误。

4.【答案】B

【解析】根据教材内容可知，选项A、D的表达式正确；由于安全边际率 × 边际贡献率 = 息税前利润率，所以，选项B的表达式不正确；同时，由于总的边际贡献 = 利润 + 固定成本，所以，选项C的表达式也正确，因为边际贡献率 = 1 − 变动成本率。

5.【答案】C

【解析】目前的息税前利润 = 800/(1 − 20%) + 10 000 × 50% × 8% = 1 400（万元），

息税前利润对销量的敏感系数 = 息税前利润变动率/销量变动率 = 经营杠杆系数 = 目前的边际贡献/目前的息税前利润 = [800/(1 − 20%) + 600]/1 400 = 1.14。

6. 【答案】D

【解析】保利额 = [固定成本 + 税后目标利润/(1 − 所得税税率)]/边际贡献率 = [9 000 + 18 000/(1 − 25%)]/[(120 − 90)/120] = 132 000（元）。

7. 【答案】B

【解析】延期变动成本在一定业务量范围内为固定成本，超过特定业务量则成为变动成本，所以，选项 B 错误。

8. 【答案】B

【解析】变动成本率为 40%，则边际贡献率 = 1 − 40% = 60%；盈亏临界点作业率为 70%，则安全边际率 = 1 − 70% = 30%；息税前利润率 = 边际贡献率 × 安全边际率 = 60% × 30% = 18%。

9. 【答案】D

【解析】直接材料成本、直接人工成本属于技术变动成本；按销售额一定比例支付的销售代理费属于酌量性变动成本；税金及附加属于混合成本。

10. 【答案】C

【解析】单价敏感系数 = 利润变动百分比/单价变动百分比 = 5，由于达到盈亏平衡时的利润变动百分比为 − 100%，所以单价变动百分比 = − 100%/5 = − 20%，单价 = 4 元。

11. 【答案】D

【解析】保本额 = 固定成本/边际贡献率 = 1 800/[(2 − 1.5)/2] = 7 200（元），盈亏临界点作业率 = 保本额/预计销售额 = 7 200/8 000 = 90%。

12. 【答案】D

【解析】K 部门销售收入 = 30/(1 − 25%) = 40（万元），K 部门边际贡献 = 40 − 30 = 10（万元），选项 A 表述正确，不选；K 部门变动成本率 = 1 − 25% = 75%，选项 D 表述错误，当选；W 部门销售收入 = 50 − 40 = 10（万元），选项 C 表述正确，不选；W 部门边际贡献率 = (50 × 30% − 10)/10 = 50%，选项 B 表述正确，不选。

13. 【答案】B

【解析】半变动成本，它通常有一个初始成本，类似于固定成本，在这个初始成本的基础上随业务量的增长而增长，又类似于变动成本。

14. 【答案】C

【解析】延期变动成本的主要特点：在某一业务量以内表现为固定成本，超过这一业务量即成为变动成本。

15. 【答案】A

【解析】息税前利润 = 安全边际量 × 单位边际贡献 = 安全边际额 × 边际贡献率。因此选项 A 正确。

16. 【答案】D

【解析】盈亏临界点销售量 = 36 000/(30 − 12) = 2 000（件），安全边际量 = 8 000 − 2 000 = 6 000（件），安全边际率 = 6 000/8 000 = 75%。

17. 【答案】D

【解析】息税前利润 = (单价 − 单位变动成本) × 销售量 − 固定成本 = 单位边际贡献 × 销售量 − 固定成本，固定成本 = 单位边际贡献 × 销售量 − 息税前利润 = 40 × 2 − 50 = 30（万元）。假设销售量上升 10%，变化后的销售量 = 40 × (1 + 10%) = 44（万件），变化后的息税前利润 = 44 × 2 − 30 = 58（万元），息税前利润变化的百分比 = (58 − 50)/50 = 16%，息税前利润对销售量的敏感系数 = 16%/10% = 1.6，所以，选项 D 正确。

18. 【答案】B

【解析】延期变动成本，是指在一定业务量范围内总额保持稳定，超过特定业务量则开始随业务量比例增长的成本。该通信费在 450 分钟内总额保持稳定，超过 450 分钟则开始随通话量正比例增长，因此选择选项 B。

19. 【答案】B

【解析】酌量性固定成本是可以通过管理决策行动而改变数额的固定成本，例如，科研开发费、广告费、职工培训费等。选项 B 正确。运输车辆保险费、生产部门管理人员工资、行政部门耗用的水电费属于不能通过当前的管理决策行动加以改变的约束性固定成本。

（二）多选题

1.【答案】AB

【解析】管理人员薪酬与折旧费是不能通过当前的管理决策行动加以改变的约束性固定成本；职工培训费与研究开发支出是可以通过管理决策行动而改变数额的酌量性固定成本。

2.【答案】ABCD

【解析】影响税前利润的诸因素中，最敏感的是单价（敏感系数为 4），其次是单位变动成本（敏感系数为 -2.5），再次是销售量（敏感系数为 1.5），最不敏感的是固定成本（敏感系数为 -0.5），所以选项 A 正确；当单价提高 10% 时，税前利润提高 40%（10% × 4），税前利润增长 = 20 000 × 40% = 8 000（元），选项 B 是正确的；假设单位变动成本的上升幅度为 40%，税前利润变动幅度为 -100% [40% × (-2.5)]，即企业转为亏损，所以选项 C 是正确的；根据安全边际率 = 1 - 盈亏临界点作业率 = 1 - 盈亏临界点销售量/正常销售量 = 1 - {[盈亏临界点边际贡献/(单价 - 单位变动成本)] × [(单价 - 单位变动成本)/正常销量边际贡献]}，因为固定成本的敏感系数为 -0.5，所以固定成本提高 200%（-100%/-0.5 = 200%）时，税前利润降低 100%（即降低 20 000 元），而固定成本的提高额 = 税前利润的降低额 = 20 000 元，盈亏临界点的边际贡献 = 盈亏临界点固定成本 = 20 000/200% = 10 000（元），正常销量边际贡献 = 20 000 + 10 000 = 30 000（元），所以安全边际率 = 1 - [10 000/(单价 - 单位变动成本)]/[30 000/(单价 - 单位变动成本)] = 1 - 10 000/30 000 = 66.67%，所以选项 D 是正确的。

3.【答案】AB

【解析】在完全成本法下，产品成本包括直接材料、直接人工、变动制造费用和固定制造费用，不包括各项期间费用（销售费用和管理费用等），选项 A 正确；在变动成本法下，产品成本包括直接材料、直接人工和变动制造费用，不包括固定制造费用和各项期间费用，选项 B 正确；完全成本法和变动成本法的核心差别在于对固定制造费用的处理不同，选项 C 错误；由于变动成本法的产品成本不包括固定制造费用，因此，按照变动成本法计算的产品成本低于按照完全成本法计算的产品成本，选项 D 错误。

4.【答案】ABD

【解析】变动成本法消除了在完全成本法下销售不变但可通过增加生产、调节库存来调节利润的问题，可以使企业内部管理者更加注重销售，更加注重市场；能够揭示利润和业务量之间的正常关系；便于分清各部门经济责任，有利于进行成本控制和业绩评价；可以简化成本计算，便于加强日常管理。

5.【答案】ABC

【解析】产品边际贡献 = 销售收入 - 产品变动成本 - 变动销售和管理费用，固定制造费用在计算边际贡献时不予考虑，选项 D 错误。

6.【答案】ABCD

【解析】盈亏临界点又称保本点，是指企业收入和成本相等的经营状态，即销售收入 - 变动成本 - 固定成本 = 0 的状态，此时边际贡献等于固定成本，选项 A、B、C 均正确；假设未处于盈亏临界点的息税前利润为 X，则盈亏临界点的息税前利润变动百分比 = $(0 - X)/X = -100\%$，选项 D 正确。

7.【答案】ABD

【解析】息税前利润 = 安全边际额 × 边际贡献率；对于单一产品，息税前利润 = 安全边际量 × 单位边际贡献，选项 C 错误。

8.【答案】CD

【解析】盈亏临界点销售量 = 固定成本/(单价 - 单位变动成本)，由此可以看出，固定成本总额和单位变动成本与盈亏临界点销售量同向变化，单价与盈亏临界点销售量反方向变化，预计销售量与盈亏临界点销售量无关，选项 C、D 正确。

9.【答案】ABCD

【解析】在保本状态下（即盈亏临界点下）息税前利润 = 0，盈亏临界点销量 = 固定成本/(单价 - 单位变动成本) = 5 000/(50 - 30) = 250（件），盈亏临界点的作业率 = 250/500 × 100% = 50%，因此，选项 A 的说法正确；变动成本 = 销售额 × 变动成本率，在边际贡献式本量利图中，如果自变量是销售额，则变动成本线的斜率 = 变动成本率 = 30/50 × 100% = 60%，因此，选项 B 的说法正确；安全边际中的边际贡献等于企业息税前利润，而息税前利润 = 500 × 50 - 500 × 30 - 5 000 = 5 000（元），所以选项 C 的说法正确；息税前利润对销量的敏感系数为经营杠杆系数，经营杠杆系数 = 1/安全边际率 = 1/50% = 2，所以选项 D 的说法正确。

10.【答案】AB

【解析】选项 A：单价 = 20 元/册，总单位变动成本 = 10 + 10% × 20 = 12（元/册），总固定成本 = 70 + 100 = 170（万元），保本量 = 170/(20 - 12) = 21.25（万册），因此，选项 A 正确。选项 B：息税前利润 = 20 × 40 - 12 × 40 - 170 = 150（万元），税后利润 = 150 × (1 - 25%) = 112.5（万元），营业净利率 = 112.5/(20 × 40) = 14.06%，因此，选项 B 正确。选项 C：安全边际率 = (40 - 21.25)/40 = 46.88%，因此，选项 C 错误。选项 D：设单价上涨 10%，息税前利润 = 20 × 1.1 × 40 - (10 + 10% × 20 × 1.1) × 40 - 170 = 222（万元），单价敏感系数 = [(222 - 150)/150]/10% = 4.8。因此，选项 D 错误。

11.【答案】ABCD

【解析】盈亏临界点销售量 = 80 000/(1 000 - 600) = 200（件），选项 A 正确；盈亏临界点作业率 = 200/500 = 40%，选项 B 正确；安全边际额 = 安全边际量 × 销售单价 = (500 - 200) × 1 000 = 300 000（元），选项 C 正确；边际贡献总额 = 单位边际贡献 × 销售量 = (1 000 - 600) × 500 = 200 000（元），选项 D 正确。

12.【答案】ABC

【解析】边际贡献率 = (250 - 150)/250 = 40%，选项 A 正确；盈亏临界点销售量 = 50 000/(250 - 150) = 500（件），盈亏临界点作业率 = 500/2 000 = 25%，选项 B 正确；利润对销售量的敏感系数即为经营杠杆系数，经营杠杆系数 = 边际贡献/息税前利润 = [(250 - 150) × 2 000]/[(250 - 150) × 2 000 - 50 000] = 1.33，选项 C 正确；销售息税前利润率 = 边际贡献率 × 安全边际率 = 40% × (1 - 25%) = 30%，选项 D 错误。

（三）计算分析题

1.【答案及解析】

（1）设保本量为 Q，则有：

单位变动成本 = 2 + 4 + 1 + 3 = 10（元）

Q = (400 000 + 600 000)/(22 - 10) = 83 333（件）

（2）令产品售价为 P，则有：

[100 000 × P - (2 + 4 + 1 + 3) × 100 000 - 400 000 - 600 000] × (1 - 40%)/(100 000 × P) × 100% = 12%

解得：P = 25 元

保本量 = (400 000 + 600 000)/[25 - (2 + 4 + 1 + 3)] = 66 667（件）

安全边际率 = (100 000 - 66 667)/100 000 × 100% = 33%

2.【答案及解析】

（1）边际贡献 = 250 × 30 × 10 - 250 × 30 × 6 = 30 000（元）

固定成本 = 4 000 + 900 + 2 000 × 2 + 350 × 50 = 26 400（元）

息税前利润 = 30 000 - 26 400 = 3 600（元）

（2）保本量 = 26 400/(10 - 6) = 6 600（小时）

安全边际率 = (250 × 30 - 6 600)/(250 × 30) = 12%

（3）假设最低销售量为 X 小时，最低销售量应使得降价但不降低息税前利润，在固定成本不变的情况下，也就是不降低原有的边际贡献水平，因此：

等式 X［10×（1－10%）－6］=30 000 成立，解得最低销售量 X 为 10 000 小时。

安全边际额 =（最低销售量 – 保本销售量）× 单价 =［10 000 – 26 400/(9 – 6)］×9 = 10 800（元）

3. 【答案及解析】

（1）

项目	销售量（件）	单价（元）	单位变动成本（元）	销售收入（元）	边际贡献（元）	边际贡献率
A 产品	4 000	500	300	2 000 000	800 000	40%
B 产品	1 500	800	650	1 200 000	225 000	18.75%
C 产品	1 800	1 000	700	1 800 000	540 000	30%
合计	—	—	—	5 000 000	1 565 000	—

（2）A 产品的销售比重 = 2 000 000/5 000 000×100% =40%

B 乙产品的销售比重 = 1 200 000/5 000 000×100% =24%

C 产品的销售比重 =1 800 000/5 000 000×100% =36%

加权平均边际贡献率 = 40% ×40% + 18.75% ×24% +30% ×36% =31.3%

（3）加权平均保本销售额 = 626 000/31.3% =2 000 000（元）

A 产品保本销售额 =2 000 000 ×40% = 800 000（元）

B 产品保本销售额 =2 000 000 ×24% = 480 000（元）

C 产品保本销售额 =2 000 000 ×36% = 720 000（元）

（4）A 产品保本销售量 = 800 000/500 = 1 600（件）

B 产品保本销售量 = 480 000/800 = 600（件）

C 产品保本销售量 =720 000/1 000 = 720（件）

（5）A 产品的安全边际率 =（4 000 – 1 600）/4 000 =60%

4. 【答案及解析】

（1）

①年固定成本总额 = 450/15 +（400 + 100）×2400/10 000 +300/10 =180（万元）

②单位变动成本 =40×50% +40×10% = 24（元）

③盈亏临界点的销售额 = 固定成本/边际贡献率

边际贡献率 =（40 – 24）/40 =40%

所以盈亏临界点的销售额 =180/40% = 450（万元）

④正常销售量时的安全边际率 =1 – 盈亏临界点的销售额/正常销售额 =1 –450/（40×15）=25%

（2）

①（单价 – 单位变动成本）× 销售量 – 固定成本 = 利润

则（40 – 24）× 销售量 – 180 =100，销售量 =17.5（万份）

②单价上升 5%，利润 =40×(1 +5%)×(1 –50% –10%)×17.5 –180 =114（万元）

利润变化率 =（114 – 100）/100 = 14%，利润对单价的敏感系数 =14%/5% =2.8

（3）单价×(1 – 50% – 10%)×20 – 180 = 100，可以接受的最低单价为 35 元。

5. 【答案及解析】

（1）专利每年摊销金额 = 150/10 = 15（万元）

土地使用权每年摊销金额 = 500/50 = 10（万元）

厂房每年折旧金额 = 400 × (1 - 10%)/30 = 12（万元）

设备每年折旧金额 = 200 × (1 - 5%)/10 = 19（万元）

新增人员固定工资 = 7.5 × 2 + 1 500 × 12/10 000 × (25 + 5) = 69（万元）

新产品的年固定成本总额 = 15 + 10 + 12 + 19 + 69 + 4 + 50 + 10 + 11 = 200（万元）

单位变动成本 = 20 + 10 + 3 + 2 + 5 = 40（元）

（2）盈亏平衡点全年销售量 = 200/(80 - 40) = 5（万瓶）

安全边际率 = (10 - 5)/10 = 50%

年息税前利润 = 10 × (80 - 40) - 200 = 200（万元）

（3）经营杠杆系数 = 边际贡献/息税前利润 = 10 × (80 - 40)/200 = 2

第十六章　短期经营决策

2023 年教材内容主要变化

2023 年第十六章教材在以下方面进行了修改和补充：

“亏损产品是否停产的决策”修改为“保留或关闭生产线或其他分部决策”。“产品是否进一步深加工的决策”修改为“出售或深加工的决策”。其余内容无变化。

本章近五年考试高频考点分布

本章是第三编管理会计中较为重要的章节。从近五年的考试来看，该章既会以客观题形式考查，也会以计算分析题形式与其他章节知识点结合进行出题。最近五年本章平均考试分值为 5.4 分。

高频考点内容	年度及题型分布
相关成本与不相关成本	2022 年多选、2020 年单选、2020 年多选
保留或关闭生产线或其他分部决策	2022 年单选、2021 年单选、2019 年计算分析、2018 年单选
零部件自制与外购的决策	2020 年多选、2019 年单选、2018 年多选
特殊订单是否接受的决策	2020 年单选、2018 年综合
约束资源最优利用决策	2021 年计算分析、2020 年计算分析、2018 年综合
产品是否进一步深加工的决策	2020 年计算分析

高频考点精讲

本章分别从产品生产和销售定价两个角度介绍企业的短期经营决策。短期经营决策的基本思路是在明确决策原理的基础上，结合实例进行决策分析。在学习本章内容时，考生应当重点掌握不同类型生产决策的分析依据以及不同产品销售定价方法的适用情形。本章主要内容包括：短期经营决策概述、生产决策、定价决策。

高频考点1：短期经营决策的含义★

短期经营决策是指对企业一年以内或者维持当前经营规模的条件下所进行的经营活动决策。短期经营决策的主要特点是在既定的规模条件下决定如何有效配置资源，以获得最大的经济效益。

【注意】短期经营决策通常不涉及固定资产投资和经营规模的改变，是在成本性态分析时提到的“相关范围”内所进行的决策，一般不涉及折现的计算。

经典例题

【例题·单选题】下列有关企业短期经营决策的说法中，错误的是（　　）。

A. 短期经营决策的前提是企业经营规模未发生重大变化

B. 固定资产投资属于企业短期经营决策范畴

C. 短期经营决策通常不涉及折现的计算

D. 成本和经济效益是判断短期经营决策方案优劣的经济标准

【答案】B

【解析】短期经营决策是指对企业一年以内或者维持当前经营规模条件下所进行的决策，因此，通常不涉及折现的计算，选项A、C正确；短期经营决策通常不涉及固定资产投资和经营规模的改变，选项B表述错误，当选；企业决策在于从各个备选方案中选出最优方案，判断方案优劣的经济标准有两个，分别是成本和经济效益，选项D正确。

高频考点2：相关成本与不相关成本★★

（一）相关信息与不相关信息（区分相关成本和不相关成本的标准）

决策的相关信息必须同时具备两个特点：首先，相关信息是面向未来的；其次，相关信息在各个备选方案之间应该有所差异。

对于不相关信息，在进行决策时不予考虑。

（二）相关成本

相关成本是指与决策方案相关的、有差别的未来成本，它随着决策的改变而改变，在分析评价时必须加以考虑。

相关成本类型	含义	举例
边际成本	是指产量增加或减少一个单位所引起的成本变动	某企业生产的某产品最优生产规模为300件/月，当月产量未超过300件时，边际成本随产量的扩大而递减；但当产量超过300件时，边际成本就会转而递增
机会成本	是指实行本方案的一种代价，即失去所放弃方案的潜在收益	有A和B两个方案可供选择，现在选择了B方案。如果选择A方案可以获利1万元，则该1万元潜在收益就是选择方案B的机会成本
重置成本	是指目前从市场上购置一项原有资产所需支付的成本	某企业有库存商品A账面单位成本200元，重置成本250元，售价定为230元。若按历史成本考虑，认为每件可获利30元；若按重置成本考虑，反而每件亏损20元
付现成本	是指需要在将来或最近期间支付现金的成本	企业需要更新设备一台，但目前资金紧张，银行存款余额为6 000元。有A和B两家工厂可提供设备。A厂售价5万元，一次付清货款；B厂售价6万元，最初预付4000元，其余10个月内付清。这种情况下，企业选择B厂设备最优，它可以使企业迅速恢复生产，多付总成本可以从提早恢复生产所获取的利润中得到补偿
可避免成本	是指当方案或者决策改变时，这项成本可以避免或其数额发生变化	酌量性固定成本；利用挖掘潜力、改进劳动组织的方法去代替原先增加人员的方案节省下来的人工支出；几个方案在决策时与落选方案关联的成本

续表

相关成本类型	含义	举例
可延缓成本	是指同已经选定、但可以延期实施而不会影响大局的某方案相关联的成本	企业原定在计划年度新建办公大楼，预计共需资金3亿元，现因资金紧张而决定推迟该计划的实施，因此3亿元的基建成本就是可延缓成本
专属成本	是指可以明确归属于某种、某批或某个部门的固定成本	专门生产某种零件或某批产品而专用的厂房；机器的折旧费；某种物资的商品保险费
差量成本	是指两个备选方案的预期成本之间的差异数	某公司的甲零件如果自制，预期自制单位成本为48元；而如果外购，预期单位购价为52元，后者与前者相比，有差量成本4元，说明自制方案较外购方案优越

（三）不相关成本

不相关成本是指与决策没有关联的成本，它不随决策的改变而改变，在分析评价时不应予以考虑。

不相关成本类型	含义	举例
沉没成本	是指过去已经发生、现在和未来的决策无法改变的成本	企业有一台生产设备，原价2万元，累计折旧1.8万元，则其账面价值（净值）0.2万元就是沉没成本
不可避免成本	是指不能通过管理决策行动而改变数额的成本	约束性固定成本；企业现有厂房、建筑物等固定资产的年折旧费
不可延缓成本	是指即使财力有限也必须在企业计划期间发生，否则就会影响企业大局的已选定方案的成本	某企业的旧厂房因暴雨冲击而发生较大裂痕，必须在计划期内大修，否则会造成严重后果，那么大修费用属于不可延缓成本
无差别成本	是指两个或两个以上方案之间没有差别的成本	某企业到某高校招聘大学生，该校同班同学甲和乙都去应聘，甲和乙花费的岗前培训费相同，就是该企业无论选甲还是乙的无差别成本
共同成本	是指那些由几种、几批或有关部门共同分担的固定成本	企业的管理人员工资；车间照明费；由各种产品共同负担的联合成本；共享企业的共同基础设施平台

命题点拨

命题角度：辨析相关成本与不相关成本

在短期经营决策中，区分相关成本与不相关成本是决策分析的重要内容。相关成本具有相关性、差别性和未来性的特点，不相关成本具有无关性、相同性或过去性的特点。对于相关成本应当在决策时予以考虑，对于不相关成本应当在决策时予以剔除。考生应认真理解相关成本与不相关成本的含义与举例，为后续学习生产决策奠定基础。

经典例题

【真题·多选题】（2022）甲企业计划生产M产品。现有旧设备一台，原值5 000万元，已提折旧3 500万元，账面价值1 500万元。如使用旧设备生产M产品，需对其进行技术改造，追加支出1 000万元。企业也可购入新设备生产M产品，新设备市价2 000万元，可将旧设备作价1 200万元以旧换新。假设不考虑所得税等相关税费的影响，下列关于企业改造旧设备或购买新设备的决策中，正确的有（　　）。

A. 旧设备的已提折旧与决策无关
B. 旧设备的账面价值属无关成本
C. 旧设备的以旧换新作价与决策无关
D. 改造旧设备比购买新设备多支出 200 万元

【答案】ABD

【解析】不相关成本是指与决策没有关联的成本，或者说不相关成本不随决策的改变而改变，具体包括沉没成本、不可避免成本、不可延缓成本、无差别成本、共同成本等。旧设备的已提折旧、账面价值均不随决策的改变而改变，属于不相关成本，选项 A、B 正确。改造旧设备需支出 1 000 万元，购买新设备需支出 800 万元（2 000 - 1 200），因此改造旧设备比购买新设备多支出 200 万元，选项 C 错误，选项 D 正确。

【真题·单选题】（2020）甲公司拟投资某项目，一年前花费 10 万元做过市场调查，后因故中止。现重启该项目，拟使用闲置的一间厂房，厂房购入时价格 2 000 万元，当前市价 2 500 万元，项目还需要投资 500 万元购入新设备，在进行该项目投资决策时，初始投资是（　　）万元。

A. 2 510　　B. 2 500
C. 3 000　　D. 3 010

【答案】C

【解析】市场调查费用和厂房的购置成本都属于沉没成本，属于非相关成本，因此，项目初始投资额 = 2 500 + 500 = 3 000（万元）。

【真题·多选题】（2020）因大米的市场需求增长，南方某农场在决定是否生产双季稻时，下列各项需考虑的有（　　）。

A. 生产双季稻使用现有耕地的年固定租金成本
B. 生产双季稻增加的农场人工支出
C. 生产双季稻放弃的其他经济作物的收益
D. 生产双季稻增加的种子购买成本

【答案】BCD

【解析】生产双季稻使用现有耕地的年固定租金成本，是固定的数值，无论是否生产双季稻，现有耕地的年固定租金成本都不会发生变化，选项 A 属于不相关成本，在决策时无须考虑。

【例题·多选题】在短期经营决策分析中，应当予以考虑的成本有（　　）。

A. 机会成本　　B. 可延缓成本
C. 不可避免成本　　D. 专属成本

【答案】ABD

【解析】在短期经营决策分析中，应当予以考虑的成本有边际成本、机会成本、重置成本、付现成本、可避免成本、可延缓成本、专属成本、差量成本；不应予以考虑的成本有沉没成本、不可避免成本、不可延缓成本、无差别成本、共同成本。

高频考点 3：生产决策的主要方法★

主要方法	分析过程
差量分析法	差额收入 = 方案 1 相关收入 - 方案 2 相关收入； 差额成本 = 方案 1 相关成本 - 方案 2 相关成本； 差额利润 = 差额收入 - 差额成本。 如果差额利润 >0，则方案 1 优于方案 2； 如果差额利润 <0，则方案 2 优于方案 1
边际贡献分析法	方案 1 边际贡献 = 方案 1 销售收入 - 方案 1 变动成本； 方案 2 边际贡献 = 方案 2 销售收入 - 方案 2 变动成本。 如果方案 1 边际贡献 > 方案 2 边际贡献，则方案 1 优于方案 2； 如果方案 1 边际贡献 < 方案 2 边际贡献，则方案 2 优于方案 1

续表

主要方法	分析过程
剩余边际贡献分析法	方案 1 相关损益 = 方案 1 销售收入 − 方案 1 变动成本 − 方案 1 专属成本； 方案 2 相关损益 = 方案 2 销售收入 − 方案 2 变动成本 − 方案 2 专属成本。 如果方案 1 相关损益 > 方案 2 相关损益，则方案 1 优于方案 2； 如果方案 1 相关损益 < 方案 2 相关损益，则方案 2 优于方案 1
本量利分析法	方案 1 利润 = （单价$_1$ − 单位变动成本$_1$）× 销量$_1$ − 固定成本$_1$； 方案 2 利润 = （单价$_2$ − 单位变动成本$_2$）× 销量$_2$ − 固定成本$_2$。 如果方案 1 利润 > 方案 2 利润，则方案 1 优于方案 2； 如果方案 1 利润 < 方案 2 利润，则方案 2 优于方案 1

经典例题

【例题·多选题】企业在进行生产决策分析时，有多种分析方法可供选择。下列关于不同生产决策分析方法的表述中，正确的有（　　）。

A. 差量分析法在对两个以上备选方案进行决策时会显得比较烦琐

B. 边际贡献分析法适用于相关成本全部为变动成本的情形

C. 边际贡献分析法不适用于决策中涉及追加专属成本的情形

D. 本量利分析法适用于变动成本和固定成本均为相关成本的情形

【答案】ABCD

【解析】差量分析法对于两个以上的备选方案，只能两两进行比较，逐次筛选，故比较烦琐，选项 A 正确；边际贡献分析法是在相关成本全部表现为变动成本时，通过对比各个备选方案边际贡献额的大小来确定最优方案的决策方法，选项 B 正确；当决策中涉及追加专属成本时，无法直接使用边际贡献大小进行比较，应当采用剩余边际贡献分析法比较不同方案边际贡献额与专属成本之差，选项 C 正确；采用本量利分析法进行决策时，要求变动成本与固定成本均为相关成本，选项 D 正确。

高频考点 4：保留或关闭生产线或其他分部决策★★★

决策依据：关键是看该产品或者部门能否给企业带来正的边际贡献。

如果亏损产品边际贡献 > 0，则应当继续生产；

如果亏损产品边际贡献 < 0，则应当停止生产。

经典例题

【真题·单选题】（2022）甲公司产销多种产品，其中 M 产品发生亏损 3 000 万元。经了解 M 产品全年销售收入 9 000 万元，变动成本 8 000 万元，折旧等固定成本 4 000 万元。若停止生产 M 产品，相关设备可用于生产 N 产品。根据市场预测，N 产品全年可实现销售收入 8 000 万元，需耗用材料、人工等变动成本 6 000 万元。假设第二年其他条件不变，甲公司应采取的决策是（　　）。

A. 继续生产 M 产品

B. 停产 M 产品并生产 N 产品

C. 停产 M 产品但不生产 N 产品

D. 停产 M 产品与继续生产 M 产品无差别

【答案】B

【解析】亏损产品是否停产，从短期经营决策的角度，关键是看该产品能否给企业带来正的边际贡献。M 产品边际贡献为负，N 产品的边际贡献为正，因此应当停产 M 产品并生产 N 产品，选项 B 正确。

【例题·计算分析题】甲企业生产 A 和 B 两种产品，B 产品目前息税前利润处于亏损状态，请分析甲企业是否应当停止生产 B 产品。

相关数据资料　　单位：元

项目	A 产品	B 产品
销售收入	1 000	5 000
变动成本	600	3 000
边际贡献	400	2 000
固定成本	200	2 500
息税前利润	200	－500

【答案及解析】在短期内，即使甲企业停止生产 B 产品，固定成本也仍保持不变。如果停产 B 产品，则甲企业的息税前利润＝200－2 500＝－2 300（元）；如果不停产 B 产品，则甲企业的息税前利润＝200－500＝－300（元）。因此，在短期内，如果企业的亏损产品能够提供正的边际贡献，就不应该立即停产。本题中，B 产品的边际贡献＞0，因此，不应当停止生产 B 产品。

【真题·单选题】（2021）甲公司生产和销售多种产品，其中，X 产品单价 300 元，单位变动成本 220 元，专属固定成本总额 950 000 元。预计 2021 年可销售 X 产品 1 万台，若 X 产品停产，甲公司息税前利润的变化是（　　）。

A. 上升 15 万元　　B. 下降 15 万元

C. 上升 80 万元　　D. 下降 80 万元

【答案】A

【解析】X 产品给甲公司带来的息税前利润变化＝（300－220）×10 000－950 000＝－150 000（元），若 X 产品停产，则甲公司息税前利润上升 15 万元。

【真题·单选题】（2018）甲公司生产销售乙、丙、丁三种产品，固定成本为 50 000 元。除乙产品外，其余两种产品均盈利。乙产品销售量为 2 000 件，单价为 105 元，单位成本为 110 元（其中，单位直接材料成本为 20 元，单位直接人工成本为 35 元，单位变动制造费用为 45 元，单位固定制造费用为 10 元）。假设生产能力无法转移，在短期经营决策时，决定继续生产乙产品的理由是（　　）。

A. 乙产品单价大于 55 元

B. 乙产品单价大于 20 元

C. 乙产品单价大于 100 元

D. 乙产品单价大于 80 元

【答案】C

【解析】在短期内，如果企业亏损产品边际贡献＞0，就应该继续生产。本题中，乙产品的单位变动成本＝单位直接材料成本＋单位直接人工成本＋单位变动制造费用＝20＋35＋45＝100（元），所以，乙产品单价大于 100 元，就应该继续生产乙产品。

高频考点 5：零部件自制或外购的决策★★★

决策依据：比较自制与外购方案的相关成本，选择成本较低的方案。

如果外购方案相关总成本＞自制方案相关总成本，则应当自制；

如果外购方案相关总成本＜自制方案相关总成本，则应当外购。

经典例题

【例题·计算分析题】甲企业生产的 X 产品，每年产销量为 2 000 件。外购成本每件 85 元；自制 X 产品每件需要耗费直接材料 55 元，直接人工 15 元，变动制造费用 10 元，固定制造费用 12 元。

要求：根据以下不同情况，请分别判断甲企业的 X 产品应当自制还是外购。

（1）如果甲企业现在具有足够的剩余生产能力，且剩余生产能力无法转移。

（2）如果甲企业现在具有足够的剩余生产能力，但剩余生产能力可以转移用于加工 Y 产品，每年可以节约 Y 产品外购成本 5 000 元。

（3）如果甲企业目前只有生产 X 产品 1 000 件的生产能力，且无法转移，若自制 2 000 件 X 产品，则需要租入设备一台，月租金 1 200 元。

【答案及解析】

（1）外购方案相关总成本＝2 000×85＝170 000（元）

自制方案相关总成本 = 自制变动总成本 = (55 + 15 + 10) × 2 000 = 160 000（元）

由于外购方案相关总成本 > 自制方案相关总成本，因此甲企业应当选择自制 X 产品。

（2）外购方案相关总成本 = 2 000 × 85 = 170 000（元）

自制方案相关总成本 = 自制变动总成本 + 机会成本 = (55 + 15 + 10) × 2 000 + 5 000 = 165 000（元）

由于外购方案相关总成本 > 自制方案相关总成本，因此甲企业应当选择自制 X 产品。

（3）外购方案相关总成本 = 2 000 × 85 = 170 000（元）

自制方案相关总成本 = 自制变动总成本 + 专属成本 = (55 + 15 + 10) × 2 000 + 1 200 × 12 = 174 400（元）

由于外购方案相关总成本 < 自制方案相关总成本，因此甲企业应当选择外购 X 产品。

【真题·多选题】（2020）甲公司是一家电子计算器制造商，计算器外壳可以自制或外购。如果自制，需为此购置一台专用设备，购价 7 500 元（使用 1 年，无残值，最大产能 20 000 件），单位变动成本 2 元。如果外购，采购量 10 000 件以内，单位报价 3.2 元；采购量 10 000 件及以上，单位报价可优惠至 2.6 元。下列关于自制或外购决策的说法中，正确的有（　　）。

A. 预计采购量为 4 000 件时应外购

B. 预计采购量为 8 000 件时应自制

C. 预计采购量为 12 000 件时应外购

D. 预计采购量为 16 000 件时应外购

【答案】ABC

【解析】当采购量 < 10 000 件时，外购方案相关总成本 = 采购量 × 3.2；自制方案相关总成本 = 采购量 × 2 + 7 500；令外购方案相关总成本 = 自制方案相关总成本，解得临界值 = 6 250 件，即采购量 < 6 250 件时应当外购；6 250 < 采购量 < 10 000 件时应当自制。当采购量 > 10 000 件时，外购方案相关总成本 = 采购量 × 2.6；自制方案相关总成本 = 采购量 × 2 + 7 500；令外购方案相关总成本 = 自制方案相关总成本，解得临界值 = 12 500 件，即 10 000 < 采购量 < 12 500 件时应当外购；采购量 > 12 500 件时应当自制。因此，选项 D 错误。

【真题·单选题】（2019）甲公司是一家汽车制造企业，每年需要 M 零部件 20 000 个，可以自制或外购。自制时直接材料费用为 400 元/个，直接人工费用为 100 元/个，变动制造费用为 200 元/个，固定制造费用为 150 元/个。甲公司有足够的生产能力，如不自制，设备出租可获得年租金 40 万元。甲公司选择外购的条件是单价小于（　　）元。

A. 720

B. 680

C. 830

D. 870

【答案】A

【解析】自制方案相关总成本 = 自制变动总成本 + 机会成本 = (400 + 100 + 200) × 2 + 40 = 1 440（万元）。当外购方案相关总成本 < 自制方案相关总成本时，应当选择外购，即外购方案相关总成本 < 1 440 万元，单价 < 1 440 ÷ 2 = 720（元）。

【真题·多选题】（2018）零部件自制或外购决策中，如果有剩余产能，需要考虑的因素有（　　）。

A. 专属成本

B. 变动成本

C. 沉没成本

D. 机会成本

【答案】ABD

【解析】专属成本、变动成本和机会成本都属于决策的相关成本；沉没成本属于不相关成本。

高频考点 6：特殊订单是否接受的决策★★★

决策依据：比较该订单所提供的边际贡献是否大于该订单所增加的相关成本。

如果该订单提供的边际贡献 > 该订单增加的相关成本，则应当接受；

如果该订单提供的边际贡献 < 该订单增加的相关成本，则应当拒绝。

经典例题

【例题·计算分析题】甲企业A产品的生产能力为1 000件，正常订货量为700件，A产品销售单价为30元，单位产品成本为25元，其中，直接材料16元，直接人工4元，变动制造费用3元，固定制造费用2元。现有客户愿意以每件28元的价格向该企业追加订购A产品。

要求：根据以下不同情况，请分别判断甲企业是否应当接受客户追加的订单。

（1）如果订货300件，剩余生产能力无法转移，且追加订货不需要追加专属成本。

（2）如果订货300件，剩余生产能力无法转移，但需要追加一台专用设备，全年需要支付专属成本1 000元。

（3）如果订货400件，剩余生产能力无法转移，且追加订货不需要追加专属成本。

（4）如果订货400件，剩余生产能力可以对外出租，可获租金1500元，此外追加订货需要追加专属成本1 000元。

【答案及解析】

（1）追加订单提供的边际贡献 = 300 × (28 - 16 - 4 - 3) = 1 500（元）

追加订单增加的相关成本 = 0元

由于追加订单提供的边际贡献 > 追加订单增加的相关成本，因此应当接受该订单。

（2）追加订单提供的边际贡献 = 300 × (28 - 16 - 4 - 3) = 1 500（元）

追加订单增加的相关成本 = 专属成本 = 1 000（元）

由于追加订单提供的边际贡献 > 追加订单增加的相关成本，因此应当接受该订单。

（3）追加订单提供的边际贡献 = 400 × (28 - 16 - 4 - 3) = 2 000（元）

追加订单增加的相关成本 = 机会成本（100件A产品正常销售的边际贡献）= 100 × (30 - 16 - 4 - 3) = 700（元）

由于追加订单提供的边际贡献 > 追加订单增加的相关成本，因此应当接受该订单。

（4）追加订单提供的边际贡献 = 400 × (28 - 16 - 4 - 3) = 2 000（元）

追加订单增加的相关成本 = 专属成本 + 机会成本 = 1 000 + 100 × (30 - 16 - 4 - 3) + 1 500 = 3 200（元）

由于追加订单提供的边际贡献 < 追加订单增加的相关成本，因此应当拒绝该订单。

【真题·单选题】（2020）甲公司生产乙产品，最大产能90 000小时，单位产品加工工时6小时。目前订货量13 000件，剩余生产能力无法转移。乙产品销售单价150元，单位成本100元，单位变动成本70元。现有客户追加订货2 000件，单件报价90元，接受这笔订单，公司营业利润（　　）。

A. 增加40 000元

B. 增加100 000元

C. 增加160 000元

D. 增加180 000元

【答案】A

【解析】现有订单加工时间 = 13 000 × 6 = 78 000（小时），剩余产能 = 90 000 - 78 000 = 12 000（小时），新订单需要的加工时间 = 2 000 × 6 = 12 000（小时），等于剩余产能，由于剩余生产能力无法转移，不用考虑机会成本，因此，公司增加的营业利润 = 2 000 × (90 - 70) = 40 000（元），选项A正确。

【例题·单选题】甲公司生产乙产品，生产能力为500件，目前正常订货量为400件，剩余生产能力无法转移。正常销售单价80元，单位产品成本50元，其中，变动成本40元。现有客户追加订货100件，报价70元，甲公司如果接受这笔订货，需要追加专属成本1 200元。甲公司若接受这笔订货，将增加利润（　　）元。

A. 800　　B. 2 000

C. 1 800　　D. 3 000

【答案】C

【解析】增加利润 = 100 ×（70 - 40）- 1 200 = 1 800（元）。本题中增加利润不应考虑固定成本，因为它是决策不相关成本。

高频考点7：约束资源最优利用决策★★★

决策依据：主要考虑如何安排生产才能**最大化企业的总边际贡献**。

优先选择**单位约束资源边际贡献最大**的产品进行生产。

单位约束资源边际贡献 = 单位产品边际贡献/该单位产品耗用的约束资源量

经典例题

【例题·计算分析题】甲企业负责生产A、B两种产品。这两种产品需要用同一个机器设备进行加工，每月该机器设备能够提供的最大加工工时为4 500分钟。根据目前市场情况，甲企业生产需要该设备每月加工时间共计5 700分钟，其中，A产品每月需要生产销售900件，每件需要该设备加工3分钟；B产品每月需要生产销售1 500件，每件需要该设备加工2分钟。由于该设备每月提供的最大加工工时无法满足A、B两种产品共同生产需要，请问该企业应如何安排生产，才能最有效地利用该项机器设备。

A、B产品相关数据

项目	A产品	B产品
销售单价（元）	35	30
单位变动成本（元）	20	18
单位边际贡献（元）	15	12

【答案及解析】

项目	A产品	B产品
单位边际贡献（元）	15	12
单位产品加工时间（分钟）	3	2
单位约束资源边际贡献（元/分钟）	5	6

从上表计算结果可以看出，A产品单位约束资源边际贡献为5元/分钟，B产品单位约束资源边际贡献为6元/分钟。从最有效利用约束资源的角度看，同样的时间，优先用来生产B产品的效益更高。因此，甲企业可以优先安排生产B产品，剩余的机器加工资源再来安排生产A产品，以此获得最大经济效益。即优先生产B产品1 500件，再生产A产品500件[（4 500 - 1 500 × 2）÷ 3]。

高频考点8：出售或深加工的决策★★★

决策依据：比较产品进一步深加工所增加的边际贡献是否大于所增加的相关成本。

如果产品进一步深加工**增加的边际贡献 > 增加的相关成本**，则应当**进一步深加工**；

如果产品进一步深加工**增加的边际贡献 < 增加的相关成本**，则应当**直接出售**。

名师解惑

问：老师，如何理解产品进一步深加工增加的边际贡献？

答：产品进一步深加工增加的边际贡献是相较于产品直接出售而言的，也就是指产品进一步深加工后所提供的边际贡献与产品直接出售所提供的边际贡献的差额。由于进一步深加工前所发生的成本均为沉没成本（不相关成本），在决策时不应予以考虑，因此，**增加的边际贡献 = 产品进一步深加工后的销售收入 - 产品直接出售的销售收入 - 产品进一步深加工所增加的变动成本**。

经典例题

【例题·计算分析题】甲企业生产A半成品1 000件，销售单价为150元，单位变动成本为90元，单位固定成本为10元。如果把A半成品进一步加工成产成品，则每件需要追加变动成本30元，产成品A的销售单价为190元。

要求：根据以下不同情况，请分别判断甲企业是否应当进一步深加工A产品。

（1）甲企业已经具备进一步深加工 1 000 件 A 半成品的能力，该生产能力无法转移，且需要追加专属固定成本 7 000 元。

（2）甲企业只具备进一步深加工 800 件 A 半成品的能力，该能力可用于对外承揽加工业务，预计可获得边际贡献 9 000 元。

【答案及解析】

（1）进一步深加工增加的边际贡献 = 1 000 ×（190 – 150 – 30）= 10 000（元）

进一步深加工增加的相关成本 = 专属成本 = 7 000（元）

由于进一步深加工增加的边际贡献 > 增加的相关成本，因此甲企业应当进一步深加工 A 产品。

（2）进一步深加工增加的边际贡献 = 800 ×（190 – 150 – 30）= 8 000（元）

进一步深加工增加的相关成本 = 机会成本 = 9 000 元

由于进一步深加工增加的边际贡献 < 增加的相关成本，因此甲企业不应当进一步深加工 A 产品。

高频考点 9：产品销售定价决策原理★

市场结构	产品销售定价特征
完全竞争市场	单个厂商无法左右市场价格，每个厂商只是均衡价格的被动接受者
垄断竞争市场	厂商可以对价格有一定的影响力
寡头垄断市场	
完全垄断市场	企业可以自主决定产品的价格

经典例题

【例题·单选题】在不同的市场结构中，关于产品销售价格的表述中，正确的是（　　）。

A. 在完全竞争市场中，企业可以自主决定产品的价格

B. 在垄断竞争市场中，厂商只能成为均衡价格的被动接受者

C. 在寡头垄断市场中，厂商可以对价格有一定的影响力

D. 在完全垄断市场中，企业无法左右市场价格

【答案】C

【解析】在完全竞争市场中，单个厂商无法左右市场价格，每个厂商只是均衡价格的被动接受者，选项 A 错误；在垄断竞争市场和寡头垄断市场中，厂商可以对价格有一定的影响力，选项 B 错误，选项 C 正确；在完全垄断市场中，企业可以自主决定产品的价格，选项 D 错误。

高频考点 10：产品销售定价的方法★★

成本加成定价法	基本思路：产品目标价格 = 成本基数 + 成数 一般模型：目标价格 = 成本 ×（1 + 加成率） （1）完全成本加成法。 成本基数 = 单位产品的制造成本（包括直接材料、直接人工、制造费用） 成数 = 非制造成本 + 合理利润 （2）变动成本加成法。 成本基数 = 单位产品的变动成本（包括直接材料、直接人工、变动制造费用、变动销售和管理费用） 成数 = 固定成本 + 合理利润

续表

市场定价法	适用前提：产品有活跃的市场，可以根据市场价格来定价，或者根据市场上同类或者相似产品的价格来定价。 优点：有利于时刻保持对市场的敏感性、对同行的敏锐性
新产品销售定价策略	（1）撇脂性定价。 含义：在新产品试销初期定较高的价格；后期逐渐把价格降低。 特征：产品销售初期能够获得较高利润，但会引来大量竞争者，导致后期高价格很难维持。 适用范围：是一种短期性策略，适用于产品生命周期较短的产品。 （2）渗透性定价。 含义：在新产品试销初期定较低的价格；后期逐渐把价格提高。 特征：通过在销售初期减少一部分利润来排除其他竞争者，以便建立长期的市场地位。 适用范围：是一种长期性策略
有闲置能力条件下定价方法	当企业存在剩余生产能力时，企业通常以增量成本即产品的变动成本作为定价基础，企业产品的价格应该在变动成本与目标价格之间进行选择。这种定价方法虽然定价较低，但是短期内可以维持企业的正常运营，并维持员工的稳定，还可以抵补一部分固定成本。 定价区间范围：变动成本 < 产品定价 < 目标价格。 变动成本 = 直接材料 + 直接人工 + 变动制造费用 + 变动销售和行政管理费用。 目标价格 = 变动成本 + 成本加成

经典例题

【例题·单选题】下列各项经营活动中，通常不适用资本成本的是（　　）。

A. 产品定价决策　　B. 营运资本管理

C. 存货采购决策　　D. 企业价值评估

【答案】A

【解析】产品定价决策属于短期经营决策，不使用资本成本，选项 A 当选；营运资本管理中应收账款占用资金应计利息等计算会使用资本成本，选项 B 错误；存货采购决策中存货占用资金应计利息等计算会使用资本成本，选项 C 错误；企业价值评估中企业价值等计算会使用资本成本，选项 D 错误。

【例题·单选题】甲公司近期将要推出一种新产品，正在研究该产品的定价问题。经过研究，甲公司决定采用变动成本加成法，在变动成本的基础上，加成 80% 作为新产品的销售价格。已知该单位产品直接材料成本为 18 元，直接人工成本为 11 元，变动制造费用为 8 元，固定制造费用为 17 元，变动销售和管理费用为 5 元，固定销售和管理费用为 3 元。则该单位产品的目标销售价格为（　　）元。

A. 81　　B. 66.6

C. 75.6　　D. 97.2

【答案】C

【解析】采用变动成本加成法的单位产品目标价格 = 单位产品变动成本 ×（1 + 加成率）=（直接材料成本 + 直接人工成本 + 变动制造费用 + 变动销售和管理费用）×（1 + 加成率）=（18 + 11 + 8 + 5）×（1 + 80%）= 75.6（元），选项 C 正确。

进阶练习

（一）单选题

1. 区分相关成本与不相关成本是短期经营决策的重要内容。下列各项中，不属于相关成本特点的是（　　）。

A. 差异性　　B. 过去性

C. 相关性　　D. 未来性

2. 在短期经营决策中，决定亏损产品是否停产的决策依据关键是看该产品或者部门能否给企业带来正的（　　）。

A. 销售收入　　B. 边际贡献

C. 营业利润　　D. 净利润

3. 乙企业是一家零部件制造企业，每年X型号零部件的产销量为2万件。X型号零部件可外购也可自制。自制X型号零部件的单位变动成本为60元，单位固定成本为12元。目前乙企业具备足够的剩余生产能力，但剩余生产能力可以转移用于加工其他型号零部件，每年可以节省成本7万元。则当外购相关总成本大于（　　）万元时，乙企业应当选择自制X型号零部件。

A. 120　　B. 127

C. 144　　D. 151

4. 甲企业生产的乙产品全年正常生产能力为2万件，目前订货量为1.6万件，销售单价为35元。乙产品单位变动成本为15元，单位固定成本为10元。现有客户想要向甲企业追加订购乙产品5 000件，假设甲企业剩余生产能力无法转移，但订货需要追加专属成本6.5万元，则客户追加订购乙产品的每件出价大于（　　）元时，甲企业才应当接受该订单。

A. 32　　B. 31

C. 38　　D. 40

5. 甲企业需要用同一个机器设备生产A、B、C三种产品。A产品单位售价为35元，单位变动成本为15元，生产一件A产品需要设备加工4分钟；B产品单位售价为30元，单位变动成本为18元，生产一件B产品需要设备加工3分钟；C产品单位售价为27元，单位变动成本为15元，生产一件C产品需要设备加工2分钟。目前，该台机器设备生产能力有限，无法完全满足生产需要。从最有效利用约束资源的角度来看，A、B、C三种产品生产顺序分别是（　　）。

A. 优先生产A产品，其次生产B产品，最后生产C产品

B. 优先生产A产品，其次生产C产品，最后生产B产品

C. 优先生产C产品，其次生产A产品，最后生产B产品

D. 优先生产B产品，其次生产A产品，最后生产C产品

6. 企业在对产品是否应该进一步深加工进行决策时，不应考虑的因素是（　　）。

A. 进一步深加工前半成品所发生的成本

B. 进一步深加工所需的追加成本

C. 进一步深加工前半成品直接出售的收入

D. 进一步深加工后产成品出售的收入

7. 在有闲置能力条件下的定价方法中，企业为了确保投标产品能够中标，往往以该投标产品的（　　）作为定价基础。

A. 变动成本

B. 固定成本

C. 变动成本和固定成本之和

D. 固定成本和预期利润之和

8. 某企业决定采用完全成本加成法确定其新产品的目标销售价格。已知新产品的单位直接材料成本为6元；直接人工成本为5元；制造费用为9元，其中，变动制造费用2元，固定制造费用7元；销售和管理费用为3元。新产品定价的成本加成率为60%。则该产品的目标销售价格为（　　）元。

A. 25.6　　B. 36.8

C. 33.6　　D. 32

9. 甲公司是一家自行车制造商，每年制造自行车需要外胎20 000个，可以自制或外购。企业自制该种外胎每条需要耗费直接材料35元，直接人工14元，变动制造费用9元，固定制造费用10元。如果甲公司现在具备足够的剩余生产能力，但剩余生产能力可以转移用于加工自行车内胎，每年可以节省内胎的外购成本40 000元。则甲公司选择自制外胎的条件是外购单价大于（　　）元。

A. 85　　B. 75

C. 70　　D. 60

10. 甲企业A产品的生产能力为3 500件，正常订货量为3 000件。A产品销售单价为

180 元，单位产品成本为 140 元，其中，直接材料 80 元，直接人工 25 元，变动制造费用 20 元，固定制造费用 15 元。现有客户愿意以每件 165 元向该企业追加订购 A 产品 500 件。假设剩余生产能力无法转移，但追加订购需要追加一台专用设备，当专用设备价值小于（　　）元时，企业可以接受该追加订单。

A. 12 500　　B. 20 000

C. 22 500　　D. 27 500

（二）多选题

1. 下列各项中，属于与企业短期经营决策相关的成本有（　　）。

A. 专属成本　　B. 机会成本

C. 差量成本　　D. 不可延缓成本

2. 在短期经营决策分析中，不应予以考虑的成本有（　　）。

A. 重置成本

B. 不可避免成本

C. 不可延缓成本

D. 无差别成本

3. 下列关于相关成本和不相关成本的表述中，正确的有（　　）。

A. 相关成本的一个特点是在不同决策方案之间存在差异

B. 相关成本考虑的是与企业未来有关的成本

C. 如果某项成本是过去已经发生的成本，则该项成本属于不相关成本

D. 不相关成本不影响决策的过程，因此，应当在决策时予以剔除

4. 甲企业负责生产 A、B 两种产品。目前，A 产品处于盈利状态，B 产品处于亏损状态。B 产品当前销售量为 5 000 件，单位直接材料成本为 25 元，单位直接人工成本为 10 元，单位变动制造费用为 15 元，单位固定制造费用为 10 元。假设甲企业生产能力无法转移，在短期经营决策中，下列说法正确的有（　　）。

A. 当 B 产品单位售价为 45 元时，甲企业应当继续生产 B 产品

B. 当 B 产品单位售价为 45 元时，甲企业应当停止生产 B 产品

C. 当 B 产品单位售价为 55 元时，甲企业应当继续生产 B 产品

D. 当 B 产品单位售价为 55 元时，甲企业应当停止生产 B 产品

5. 企业在对零部件自制与外购进行决策时，应当考虑的指标有（　　）。

A. 自制变动成本

B. 自制固定成本

C. 专属成本

D. 机会成本

6. 采用变动成本加成法制定产品目标价格时，成本基数通常包括（　　）。

A. 直接材料和直接人工

B. 变动制造费用

C. 固定制造费用

D. 变动性销售和管理费用

7. 在新产品的销售定价方法中，有关撇脂性定价策略的说法，正确的有（　　）。

A. 撇脂性定价法在新产品试销初期价格较低，后期价格逐渐提高

B. 撇脂性定价法在新产品试销初期价格较高，后期价格逐渐降低

C. 撇脂性定价法适用于产品生命周期较短的产品

D. 撇脂性定价法能够使企业在市场中建立长期稳定的市场地位

8. 某市政府计划建造一座游船停泊港，拟向社会公开招标。甲公司是一家船舶运输企业，其下属的港口建设部准备参与该项目的竞标。面对市场中众多的竞争对手，为了确保中标，甲公司管理层正在对该项目的报价进行讨论。已知目前甲公司有大量闲置的施工能力，并且该项目不会妨碍该部门承接其他工程项目。以下讨论结果中，可行的有（　　）。

A. 只要报价超过该项目的增量成本，甲公司就可以承接

B. 只要报价超过该项目的固定成本，甲公司就可以承接

C. 报价必须超过该项目的变动成本，否则甲公司就不应承接

D. 报价必须超过该项目的变动成本和固定成本之和，否则甲公司就不应承接

9. 甲公司是一家传统汽车制造企业，近年来，随着国家对节能减排的深入推进，新能源汽车市场需求不断增长，甲企业在决定是否转型生产新能源汽车时，下列各项需考虑的有（　　）。

A. 生产新能源汽车增加的生产设备购买成本

B. 生产新能源汽车使用现有厂房的年折旧费

C. 生产新能源汽车增加的技术研发支出

D. 生产新能源汽车放弃的原有传统汽车制造的收益

10. 下列各种市场结构中，适用于产品定价决策的有（　　）。

A. 垄断竞争市场

B. 完全垄断市场

C. 完全竞争市场

D. 寡头垄断市场

（三）计算分析题

甲公司目前生产A、B两种产品，需要使用同一台机器设备，该设备每月提供的最大加工时间10 000分钟，固定制造费用总额140 000元。相关资料如下：

项目	A产品	B产品
售价（元/件）	3 000	2 500
直接材料（元/件）	1 000	600
直接人工（元/件）	500	300
变动制造费用（元/件）	500	100
机器工时（分钟/件）	10	12

2021年8月末，甲公司预计未来每月正常市场需求可达A产品900件、B产品350件。

要求：

（1）为最优利用该机器设备获得最大利润，甲公司每月应生产A、B产品各多少件?

（2）为满足正常市场需求，在充分利用现有机器设备产能的基础上，甲公司追加一台机器设备，每月可增加机器工时7 000分钟。若追加设备的相关成本为120 000元，剩余生产能力无法转移，计算追加设备对公司税前经营利润的影响。

（3）在甲公司追加产能的前提下，如果在正常市场需求外客户乙提出新增A产品订单400件，不可拆单（即若接受该订单，则必须全部接受，不可部分接受），1个月内交货，每件2 100元。若机器设备剩余生产能力无法转移，原正常市场需求可以部分放弃，计算接受该订单对公司税前经营利润的影响，并判断是否应接受该订单。

（4）在甲公司追加产能的前提下，如果在正常市场需求外甲公司拟参加客户丙的一项招标：丙订购A产品360件，1个月交货。甲公司使用成本加成定价法制定投标价格，在成本基础上的总加成额72 000元。若机器设备剩余生产能力无法转移，计算甲公司投标的最低单价。

进阶练习答案及解析

（一）单选题

1. 【答案】B

【解析】相关成本是指与决策方案相关的、有差别的未来成本。在短期内经营决策

中，相关信息是面向未来的，决策影响的是未来，不是过去，选项 B 不属于相关成本的特点，当选。

2.【答案】B

【解析】从短期经营决策的角度看，边际贡献是衡量亏损产品是否停产的决定性因素，选项 B 正确。

3.【答案】B

【解析】在零部件自制与外购的决策中，当外购方案相关总成本 > 自制方案相关总成本时，企业应当选择自制。本题中，自制方案相关总成本 = 自制变动总成本 + 机会成本 = 2 × 60 + 7 = 127（万元），因此，当外购方案相关总成本 > 127 万元，乙企业应当选择自制 X 型号零部件。

4.【答案】A

【解析】在特殊订单是否接受的决策中，如果该订单提供的边际贡献 > 该订单增加的相关成本，则应当接受；否则应当拒绝。本题中，假设客户追加订购乙产品每件出价 P 元，追加订单提供的边际贡献 = 5 000 × (P − 15)；追加订单增加的相关成本 = 专属成本 + 机会成本（1 000 件乙产品正常销售所带来的边际贡献）= 65 000 + 1 000 × (35 − 15) = 85 000（元）。因此，当 P > 32 元，甲企业才应当接受该订单。

5.【答案】C

【解析】约束资源最优利用决策依据是优先选择单位约束资源边际贡献最大的产品进行生产。A 产品单位约束资源边际贡献 = (35 − 15) ÷ 4 = 5（元/分钟）；B 产品单位约束资源边际贡献 = (30 − 18) ÷ 3 = 4（元/分钟）；C 产品单位约束资源边际贡献 = (27 − 15) ÷ 2 = 6（元/分钟）。因此，应当优先生产 C 产品，其次生产 A 产品，最后生产 B 产品，选项 C 正确。

6.【答案】A

【解析】进一步深加工前半成品所发生的成本是无关的沉没成本，企业在进行决策时不应予以考虑。

7.【答案】A

【解析】企业管理者为了确保中标，往往以该投标产品的增量成本作为定价基础。当公司存在剩余生产能力时，增量成本即为该批产品的变动成本，选项 A 正确。

8.【答案】D

【解析】采用完全成本加成法的单位产品目标价格 = 单位产品制造成本 ×（1 + 加成率）=（直接材料成本 + 直接人工成本 + 制造费用）×（1 + 加成率）=（6 + 5 + 9）×（1 + 60%）= 32（元），选项 D 正确。

9.【答案】D

【解析】在零部件自制与外购的决策中，当外购方案相关总成本 > 自制方案相关总成本时，企业应当选择自制。本题中，假设外胎的外购单价为 P 元，则外购方案相关总成本 = 20 000 × P；自制方案相关总成本 = 自制变动总成本 + 机会成本 = 20 000 × (35 + 14 + 9) + 40 000 = 1 200 000（元），令外购方案相关总成本 > 自制方案相关总成本，解得 P > 60 元，选项 D 正确。

10.【答案】B

【解析】在特殊订单是否接受的决策中，如果该订单提供的边际贡献 > 该订单增加的相关成本，则应当接受；否则应当拒绝。本题中，假设专用设备价值为 P 元，追加订单提供的边际贡献 = 500 × (165 − 80 − 25 − 20) = 20 000（元），追加订单增加的相关成本 = 专属成本 = P，因此当 P < 20 000 元，企业可以接受该追加订单，选项 B 正确。

（二）多选题

1.【答案】ABC

【解析】与企业短期经营决策相关的成本包括边际成本、机会成本、重置成本、付现成本、可避免成本、可延缓成本、专属成本、差量成本；与企业短期经营决策不相关的成本包括沉没成本、不可避免成本、不可延缓成本、共同成本。

2.【答案】BCD

【解析】在短期经营决策分析中，不应予

以考虑的成本属于不相关成本，包括沉没成本、不可避免成本、不可延缓成本、无差别成本。

3. 【答案】ABCD

【解析】与决策相关的信息必须具备两个特点：(1) 相关信息是面向未来的；(2) 相关信息在各个备选方案之间应该有所差异。选项 A、B 正确；过去已经发生的成本属于沉没成本，它是与决策不相关的成本。不相关成本不随决策的改变而改变，在分析评价时不应予以考虑。选项 C、D 正确。

4. 【答案】BC

【解析】如果 B 产品边际贡献 >0，应该继续生产；否则应该停止生产。本题中，B 产品单位变动成本 = 25 + 10 + 15 = 50（元），因此，当 B 产品单价 >50 元，就应该继续生产；当 B 产品单价 <50 元，就应该停止生产。选项 B、C 正确。

5. 【答案】ACD

【解析】固定成本在短期经营决策中属于不相关成本，企业决策时不应予以考虑，选项 B 错误。

6. 【答案】ABD

【解析】企业采用变动成本加成，成本基数为单位产品的变动成本，包括直接材料、直接人工、变动制造费用、变动性销售和管理费用，选项 A、B、D 正确。

7. 【答案】BC

【解析】撇脂性定价法在新产品试销初期先定出较高的价格，以后随着市场的逐步扩大，再逐步把价格降低。这种策略可以使产品的销售初期获得较高的利润，但是销售初期的暴利往往会引来大量的竞争者，引起后期的竞争异常激烈，高价格很难维持。因此，这是一种短期性的策略，往往适用于产品生命周期较短的产品。选项 B、C 正确。

8. 【答案】AC

【解析】当企业存在剩余生产能力时，企业通常以增量成本即产品的变动成本作为定价基础，企业产品的价格应该在变动成本与目标价格之间进行选择。本题中，该港口建设部有剩余施工能力，因此，只要价格超过该工程的增量成本（变动成本），就能弥补一些固定制造费用，并提供正的边际贡献，选项 A、C 当选。

9. 【答案】ACD

【解析】生产新能源汽车使用现有厂房的年折旧费属于不可避免成本，企业通过管理决策行动不能改变其数额，因此，现有厂房的年折旧费属于不相关成本，在决策时无须考虑，除此之外均需考虑，选项 A、C、D 当选。

10. 【答案】ABD

【解析】在完全竞争市场中，产品市场价格是单个厂商无法左右的，每个厂商只是均衡价格的被动接受者，因此完全竞争市场不适用于产品定价决策，选项 C 不选。

（三）计算分析题

【答案及解析】

(1) A 产品单位约束资源边际贡献 =（3 000 - 1 000 - 500 - 500）÷ 10 = 100（元）

B 产品单位约束资源边际贡献 =（2 500 - 600 - 300 - 100）÷ 12 = 125（元）

由于 B 产品单位约束资源边际贡献高，因此优先安排生产 B 产品 350 件。

再安排生产 A 产品的数量 =（10 000 - 12 × 350）÷ 10 = 580（件）

(2) A 产品剩余市场需求的生产时间 =（900 - 580）× 10 = 3 200（分钟）< 7 000（分钟）

追加设备对公司税前经营利润的影响 =（900 - 580）×（3 000 - 1 000 - 500 - 500）- 120 000 = 200 000（元）

(3) 剩余机器工时 = 7 000 - 3 200 = 3 800（分钟）

接受客户乙新订单需机器工时 = 400 × 10 = 4 000（分钟）> 3 800（分钟）

追加的设备生产能力不够满足该订单。

缺口数量 =（4 000 - 3 800）÷ 10 = 20（件）

接受该订单的机会成本 =（3 000 − 1 000 − 500 − 500）× 20 = 20 000（元）

对甲公司税前经营利润的影响 = 400 ×（2 100 − 1 000 − 500 − 500）− 20 000 = 20 000（元）

由于税前经营利润 > 0，即该订单提供的边际贡献 > 该订单增加的相关成本，因此应接受该订单。

（4）投标丙所需机器工时 = 360 × 10 = 3 600（分钟）< 3 800（分钟）

甲公司投标最低单价 = 1 000 + 500 + 500 + 72 000 ÷ 360 = 2 200（元/件）

第十七章　全面预算

2023 年教材内容主要变化

2023 年第十七章教材在以下方面进行了修改和补充：

第二节固定预算法与弹性预算法部分进行重大修改，增加“（三）弹性预算差异”部分，将预算数额与实际数额之间的差异分解为作业量差异及收入和支出差异。其余内容无变化。

本章近五年考试高频考点分布

本章是第三编管理会计中较为重要的章节。从近五年的考试来看，该章考题类型主要以客观题为主，在个别年度也会以计算分析题形式进行考查，考查内容都是对现金预算的编制。最近五年本章平均考试分值为 3.9 分。

高频考点内容	年度及题型分布
全面预算的编制方法	2021 年多选
直接材料预算的编制	2021 年单选、2020 年多选、2019 年单选
直接人工预算的编制	2019 年多选
现金预算的编制	2022 年单选、2021 年多选、2020 年单选、2018 年计算分析

高频考点精讲

本章介绍了与企业生产经营活动有关的一系列预算，涉及的知识点较多但难度不大。由于本章涵盖的具体预算类别较多，因此构建企业全面预算体系框架是学习本章的关键。在学习本章内容时，考生应重点关注全面预算的各个流程以及不同预算之间的逻辑关联性，在此基础上掌握相关预算的编制方法。本章的主要内容包括：全面预算概述、全面预算的编制方法、营业预算的编制、财务预算的编制。

高频考点1：全面预算体系与分类★

下图以制造业企业为例，介绍了全面预算体系中各项预算之间的关系。在全面预算体系中，是以长期销售预算为基础，确定企业销售预算和资本预算；销售预算是年度预算的编制起点，根据“以销定产”原则确定生产预算，同时确定所需要的销售费用预算、管理费用预算；在编制生产预算的同时要考虑存货预算情况；根据生产预算来确定直接材料预算、直接人工预算和制造费用预算；产品成本预算和现金预算是有关预算的汇总；利润表预算和资产负债表预算是全部预算的综合。

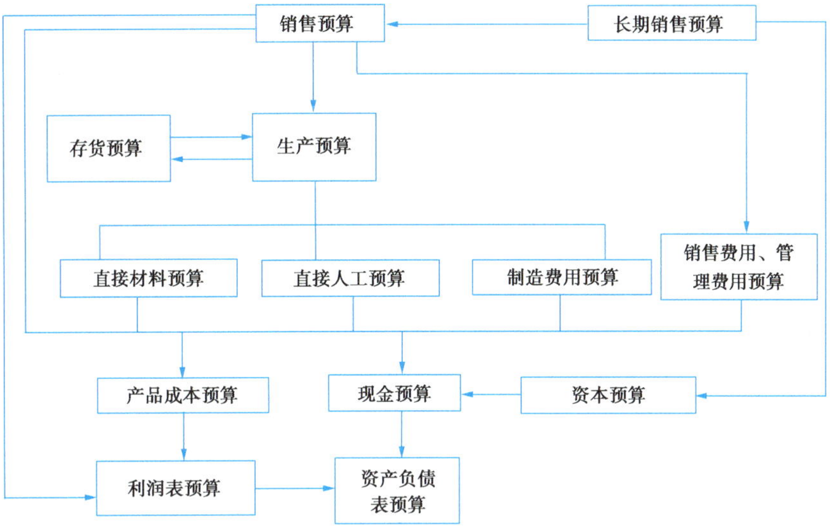

划分标准	具体涵盖范围
按照预算期	长期预算：是指预算期超过一年的预算。如长期销售预算、资本预算、长期资本筹措预算、研究与开发预算等。 短期预算：是指年度预算，或者季度或月度预算。如直接材料预算、现金预算等
按照内容	专门预算：是指反映企业某一方面经济活动的预算。如直接材料预算、制造费用预算等。 综合预算：是指反映企业的总体状况，是各种专门预算的综合。包括资产负债表预算、利润表预算
按照业务活动领域	投资预算：是指企业在资本支出方面的预算。如资本预算等。 营业预算（经营预算）：是指关于采购、生产、销售业务的预算。如销售预算、生产预算、成本预算等。 财务预算：是指关于利润、现金和财务状况的预算。如现金预算、资产负债表预算、利润表预算等

经典例题

【例题·单选题】下列预算中，属于财务预算的是（　　）。

A. 销售预算

B. 生产预算

C. 产品成本预算

D. 利润表预算

【答案】D

【解析】财务预算包括现金预算、资产负债表预算、利润表预算等。

高频考点2：全面预算的编制方法★★

（一）增量预算与零基预算（按出发点的特征划分）

类别	含义	优缺点	适用范围
增量预算法（调整预算法）	是指以历史期预算为基础，结合预算期有关情况的变化，对历史期预算基础进行调整的方法	优点：编制工作量小。 缺点：预算数额会受到基期不合理因素的干扰，可能导致预算不准确，不利于调动各部门达成预算目标的积极性	适用的前提条件：一是现有的业务活动是企业所必需的；二是原有的各项业务都是合理的
零基预算法	是指不考虑历史期预算情况，以零为起点，从实际需要出发分析预算期经济活动的合理性，从而形成预算	优点：不受前期费用项目和费用水平的制约，能够调动各部门降低费用的积极性。 缺点：编制工作量大	适用于企业各项预算的编制，特别是不经常发生的预算项目或预算编制基础变化较大的预算项目

（二）固定预算与弹性预算（按业务量基础的数量特征划分）

类别	含义	优缺点	适用范围
固定预算法（静态预算法）	是指在编制预算时，只以预算期内正常、可实现的某一固定的业务量水平为唯一基础来编制预算的方法	缺点：适应性和可比性差	适用于经营业务稳定，生产产品产销量稳定，能准确预测产品需求及产品成本的企业，也可用于编制固定费用预算
弹性预算法（动态预算法）	是指在成本性态分析的基础上，依据业务量、成本和利润之间的联动关系，按照预算期内一系列业务量水平编制预算的方法	优点：扩大了预算的适用范围；便于预算执行的评价和考核	理论上适用于编制全面预算中所有与业务量有关的预算，实务中主要用于编制成本费用预算和利润预算

弹性预算法又分为公式法和列表法两种具体方法。

类别	含义	优缺点
公式法	运用总成本性态模型（$y=a+bx$），测算预算期的成本费用数额，并编制成本费用预算的方法	优点：便于计算任何业务量的预算成本。 缺点：阶梯成本和曲线成本只能用数学方法修正为直线，才能应用公式法
列表法	在预计的业务量范围内将业务量分为若干个水平，然后按不同的业务量水平编制预算	优点：不管实际业务量多少，不必经过计算即可找到与业务量相近的预算成本；阶梯成本和曲线成本不必用数学方法修正为近似的直线成本。 缺点：在评价和考核实际成本时，往往需要使用插补法计算，比较麻烦

编制弹性预算，要选用一个最能代表生产经营活动水平的业务量计量单位。例如，以手工操作为主的车间，就应选用人工工时；制造单一产品或零件的部门，可以选用实物数量；修理部门可以选用直接修理工时。

弹性预算法所采用的业务量范围，视具体情况而定，务必使实际业务量不至于超出相关的业务量范围。一般来说，业务量范围可定在正常生产能力的70%～110%，或以历史上最高业务量和最低业务量为其上下限。

弹性预算考虑了业务量变化对成本和收入的影响。预算数额和实际数额之间的差异可以分解为两类差异：作业量差异及收入和支出差异。

弹性预算反映的是在实际业务量水平下应发生的金额，而固定预算反映的是在预算业务量水平下应发生的金额。两者之间的差异完全是由于实际业务量水平和预算业务量水平不同而导致的，所以被称为作业量差异。**收入和支出差异分为收入差异和支出差异，是实际收入（支出）与当期实际业务量水平下应实现收入（支出）的差额。**

相对于简单的比较实际结果与固定预算，基于作业量、收入和支出差异的业绩报告为管理者提供了更多有用的信息。它区分了业务量变动产生的影响与价格控制、经营管理所产生的影响，使得管理者能够采取更加具有针对性的方法来评估经营活动。

（三）定期预算与滚动预算（按预算期的时间特征划分）

类别	含义	优缺点
定期预算法	以固定不变的会计期间作为预算期间编制预算的方法	优点：保证预算期间与会计期间在时期上配比，便于依据会计报告的数据与预算的比较，考核和评价预算的执行结果。 缺点：不利于前后各个期间的预算衔接，不能适应连续不断的业务活动过程的预算管理
滚动预算法（连续预算法）	是在上期预算完成情况的基础上，调整和编制下期预算，并将预算期间逐期连续向后滚动推移，使预算期间保持一定的时期跨度	优点：能够保持预算的持续性，有利于结合企业近期目标和长期目标考虑未来业务活动；使预算随时间的推进不断加以调整和修订，能使预算与实际情况更相适应，有利于充分发挥预算的指导和控制作用。 缺点：编制工作量相对较大

滚动预算法按照滚动的时间单位不同可分为逐月滚动、逐季滚动和混合滚动。

类别	含义	优缺点
逐月滚动方式	以月份为预算的编制和滚动单位，每个月调整一次预算的方法	优点：预算比较精确； 缺点：工作量较大
逐季滚动方式	以季度为预算的编制和滚动单位，每个季度调整一次预算的方法	优点：比逐月滚动方式工作量小； 缺点：精确度较差
混合滚动方式	同时以月份和季度作为预算的编制和滚动单位的方法	理论依据：人们具有对近期的预计把握较大，对远期的预计把握较小的特征

经典例题

【真题·多选题】（2021）下列关于零基预算法的说法中，正确的有（　　）。

A. 零基预算法的主要缺点是编制工作量大

B. 零基预算法假设原有各项业务及金额都合理

C. 不经常发生的预算项目适合用零基预算法编制

D. 不受前期费用项目和费用水平的制约是零基预算法的优点之一

【答案】ACD

【解析】零基预算法的优点是不受前期费用项目和费用水平的制约，能够调动各部门降低费用的积极性，缺点是编制工作量大，选项A、D正确；零基预算法适用于企业各项预算的编制，特别是不经常发生的预算项目或预算编制基础变化较大的预算项目，选项C正确；增量预算法适用的前提条件：一是现有的业务活动是企业所必需的；二是原有的各项业务都是合理的，选项B错误。

【真题·单选题】（2020）甲公司生产X产品，产量处于100 000～120 000件范围内时，固定成本总额220 000元，单位变动成本不变。目前，X产品产量110 000件，总成本440 000元。预计下年总产量115 000件，总成本是（　　）元。

A. 440 000　　B. 450 000

C. 460 000　　D. 不能确定

【答案】B

【解析】单位变动成本＝（总成本－固定成本）/产量＝（440 000－220 000）/110 000＝2（元/件），当产量为115 000件时，总成本＝115 000×2＋220 000＝450 000（元），选项B正确。

【例题·单选题】甲公司机床维修费为半变动成本，机床运行100小时的维修费为250元，运行150小时的维修费为300元，机床运行时间为80小时，维修费为（　　）元。

A. 220　　B. 230

C. 250　　D. 200

【答案】B

【解析】本题考查弹性预算法中公式法的预算编制。总成本性态模型为$y=a+bx$，根据题中已知数据，可以列出方程组$250=a+100\times b$，$300=a+150\times b$，联立方程求得$a=150$，$b=1$。当机床运行时间为80小时，即$x=80$时，维修费$y=150+1\times 80=230$（元）。

【例题·多选题】短期预算可采用定期预算法编制，该方法（　　）。

A. 使预算期间与会计期间在时期上配比

B. 有利于前后各个期间的预算衔接

C. 可以适应连续不断的业务活动过程的预算管理

D. 有利于按财务报告数据考核和评价预算的执行结果

【答案】AD

【解析】采用定期预算法编制预算，保证预算期间与会计期间在时期上配比，便于依据会计报告的数据与预算的比较，考核和评价预算的执行结果。但不利于前后各个期间的预算衔接，不能适应连续不断的业务活动过程的预算管理。

高频考点3：营业预算的编制★★★

营业预算是企业日常营业活动的预算，包括销售预算、生产预算、直接材料预算、直接人工预算、制造费用预算、产品成本预算、销售费用和管理费用预算等，下面逐一展开介绍。

（一）销售预算的编制

销售预算是整个预算编制的**起点**，其他预算的编制都以销售预算为基础。

销售预算的主要内容有**预计销售量**、**预计单位售价**、**预计销售收入**和**预计现金收入**。涉及的计算公式有：

预计销售收入＝预计销售量×预计单位售价

预计现金收入＝当期现销收入＋当期收回的前期赊销收入

（二）生产预算的编制

生产预算是在**销售预算**的基础上编制的（以销定产）。该预算**只涉及实物量指标，不涉及价值量指标**。

生产预算的主要内容有**预计销售量**、**预计期末产成品存货**、**预计期初产成品存货**和**预计生产量**。涉及的计算公式有：

预计期末产成品存货＝下期预计销售量×一定百分比

预计期初产成品存货＝上期期末产成品存货

预计生产量＝（预计销售量＋预计期末产成品存货）－预计期初产成品存货

经典例题

【例题·多选题】编制生产预算中的“预计生产量”项目时，需要考虑的因素有（　　）。

A. 预计销售量

B. 预计期初产成品存货

C. 预计材料采购量

D. 预计期末产成品存货

【答案】ABD

【解析】预计生产量 = 预计销售量 + 预计期末产成品存货 - 预计期初产成品存货，选项 A、B、D 正确。

【例题·单选题】甲公司正在编制下一年度的生产预算，期末产成品存货按照下季度销量的 10% 安排。预计第一季度和第二季度的销售量分别为 150 件和 200 件，第一季度的预计生产量是（　　）件。

A. 145　　B. 150

C. 155　　D. 170

【答案】C

【解析】预计生产量 = 预计销售量 + 预计期末产成品存货 - 预计期初产成品存货 = 150 + 200 × 10% - 150 × 10% = 155（件）。

（三）直接材料预算的编制

直接材料预算是以生产预算为基础编制的，同时要考虑材料存货水平。

直接材料预算的主要内容有预计生产需用量、预计期末材料存量、预计期初材料存量、预计材料采购量、预计采购金额和预计现金支出。涉及的计算公式有：

预计生产需用量 = 预计生产量 × 单位产品材料用量

预计期末材料存量 = 下期生产需用量 × 一定百分比

预计期初材料存量 = 上期期末材料存量

预计材料采购量 = (预计生产需用量 + 预计期末材料存量) - 预计期初材料存量

预计采购金额 = 预计材料采购量 × 单价

预计现金支出 = 当期应付采购款 + 支付上期应付账款

经典例题

【真题·单选题】（2021）甲公司正在编制 2022 年度预算。在直接材料预算中，第三、第四季度直接材料的预计生产需用量分别为 1.5 吨和 2 吨，价格 100 万元/吨，每季度末材料存量为下季度生产需用量的 10%，年末材料留存 0.5 吨，则 2022 年第四季度采购金额为（　　）万元。

A. 170　　B. 180

C. 230　　D. 250

【答案】C

【解析】第四季度采购金额 =（预计第四季度生产需用量 + 预计第四季度期末材料存量 - 预计第四季度期初材料存量）× 单价 =（2 + 0.5 - 2 × 10%）× 100 = 230（万元），选项 C 正确。

【真题·多选题】（2020）企业在编制直接材料预算时，需预计各季度材料采购的现金支出额，影响该金额的因素有（　　）。

A. 预计产量

B. 材料采购单价

C. 预计材料库存量

D. 供应商提供的信用政策

【答案】ABCD

【解析】预计材料采购金额 = 预计材料采购量 × 材料采购单价，其中：预计材料采购量 = 预计生产需用量 + 预计期末材料存量 - 预计期初材料存量，预计生产需用量 = 预计生产量 × 单位产品材料用量。供货商提供的信用政策影响当期付款的比例，从而影响当期材料采购的现金支出额。选项 A、B、C、D 均当选。

【真题·单选题】（2019）甲公司正在编制直接材料预算，预计单位产成品材料消耗量 10 千克；材料价格 50 元/千克，第一季度期初、期末材料存货分别为 500 千克和 550 千克；第一季度、第二季度产成品销量分别为 200 件和 250 件；期末产品存货按下季度销量 10% 安排。预计第一季度材料采购金额是（　　）元。

A. 102 500　　B. 105 000

C. 130 000　　D. 100 000

【答案】B

【解析】第一季度生产量 = 250 × 10% + 200 - 200 × 10% = 205（件）；第一季度材料采购量 = 205 × 10 + 550 - 500 = 2 100（千克）；预计第一季度材料采购金额 = 2 100 × 50 = 105 000（元）。本题将生产预算和直接材料预

算结合出题，考生需要注意两类预算之间的勾稽关系。

（四）直接人工预算的编制

直接人工预算是以生产预算为基础编制的。

直接人工预算的主要内容有预计产量、单位产品工时、人工总工时、每小时人工成本和人工总成本。涉及的计算公式有：

人工总工时＝预计产量×单位产品工时

人工总成本＝人工总工时×每小时人工成本

【提示】“预计产量”的数据来自生产预算；“单位产品工时”和“每小时人工成本”的数据按照标准成本法确定。

经典例题

【真题·多选题】（2019）编制直接人工预算时，影响直接人工总成本的因素有（　　）。

A. 预计直接人工工资率

B. 预计产量

C. 预计车间辅助人员工资

D. 预计单位产品直接人工工时

【答案】 ABD

【解析】 直接人工预算是以生产预算为基础编制的。其主要内容有预计产量、单位产品工时、人工总工时、每小时人工成本和人工总成本，车间辅助人员工资不属于直接人工成本，应计入制造费用。

（五）制造费用预算的编制

制造费用预算分为变动制造费用预算和固定制造费用预算。变动制造费用预算是以生产预算为基础编制的；固定制造费用预算需要逐项进行预计，通常与本期产量无关，按各期实际需要的支付额预计。

制造费用预算的主要内容有制造费用合计、折旧费、现金支出费用。涉及的计算公式有：

制造费用合计＝变动制造费用＋固定制造费用

现金支出费用＝制造费用合计－折旧费

【提示】为了便于编制现金预算，制造费用预算需要预计现金支出。制造费用中，除折旧费外都须支付现金。

（六）产品成本预算的编制

产品成本预算，是销售预算、生产预算、直接材料预算、直接人工预算、制造费用预算的汇总。

产品成本预算的主要内容有产品的单位成本和总成本。单位产品成本的数据来自直接材料预算、直接人工预算和制造费用预算；生产量、期末存货量的数据来自生产预算；销售量的数据来自销售预算。涉及的计算公式有：

单位产品成本＝单位产品直接材料成本＋单位产品直接人工成本＋单位产品变动制造费用＋单位产品固定制造费用

期初存货成本＋生产成本＝期末存货成本＋销货成本

期初存货成本＝期初存货量×单位产品成本

生产成本＝生产量×单位产品成本

期末存货成本＝期末存货量×单位产品成本

销货成本＝销售量×单位产品成本

（七）销售费用和管理费用预算的编制

销售费用预算是以销售预算为基础编制的，销售费用主要包括销售人员工资、广告费、包装费、运输费、保管费等；管理费用多属于固定成本，一般是以过去的实际开支为基础，按预算期的可预见变化予以调整，管理费用主要包括管理人员薪金、福利费、保险费、办公费等。

命题点拨

命题角度：具体营业预算之间的关系

在营业预算中，销售预算是整个预算编制的起点；生产预算是在销售预算的基础上编制的；直接材料预算、直接人工预算和变动制造费用预算都是以生产预算为基础编制的；产品成本预算是销售预算、生产预算、直接材料预算、直接人工预算和制造费用预算的汇总；销售费用预算是以销售预算为基础编制的；固定制造费用预算和管理费用预算是根据实际需要或开支情况为基础编制的。

经典例题

【例题·多选题】下列各项预算中，以生产预算为基础编制的有（　　）。

A. 直接材料预算

B. 直接人工预算

C. 销售费用预算

D. 固定制造费用预算

【答案】AB

【解析】直接材料预算和直接人工预算均以生产预算为基础编制，选项 A、B 正确；销售费用预算以销售预算为基础编制，选项 C 错误；固定制造费用需要逐项进行预计，通常与产量无关，不以生产预算为基础编制，选项 D 错误。

高频考点 4：财务预算的编制★★★

财务预算是企业的综合性预算，包括现金预算、利润表预算和资产负债表预算，下面逐一展开介绍。

（一）现金预算

现金预算是以营业预算和资本预算为基础编制的。

现金预算由四个部分组成：可供使用现金、现金支出、现金多余或不足、现金的筹措和运用。涉及的计算公式有：

可供使用现金 = 期初现金余额 + 现金收入

现金多余或不足 = 可供使用现金 − 现金支出

期末现金余额 = 现金多余或不足 + 借款金额 − 还款金额 − 借款利息

本期期末现金余额 = 下期期初现金余额

命题点拨

命题角度：现金预算编制的注意事项

（1）由于营业预算中的生产预算和产品成本预算不直接涉及现金支出，因此编制现金预算不涉及从生产预算和产品成本预算获取数据。（2）计算公式中的现金支出包括预算期的各项现金支出，但不包括相关资产计提的折旧或摊销（属于非付现成本）。（3）现金净需求额 = 现金支出 − 现金收入。

经典例题

【真题·单选题】（2022）2022 年 10 月底，甲企业短期借款余额 8 000 万元，月利率为 1%，企业没有长期负债。该企业正编制 11 月份的现金预算，在确保月末保留最低现金余额 1 000 万元但未考虑借款利息的情况下，预计 11 月现金短缺 6 000 万元。现金不足时，通过向银行借款解决，银行借款金额要求是 100 万元的整数倍；借款本金在借款当月月初借入、在还款当月月末归还，利息每月月末支付一次。该企业 11 月向银行借款的最低金额是（　　）万元。

A. 6 000

B. 6 200

C. 6 900

D. 7 000

【答案】B

【解析】假设借入 X 万元，则 11 月支付的利息 =（8 000 + X）× 1%，则 X −（6 000 − 1 000）−（8 000 + X）× 1% ≥ 1 000，X ≥ 6 141.41 万元，因为 X 为 100 万元的整数倍数，所以 X 最小为 6 200 万元，即向银行借款最低金额为 6 200 万元，选项 B 正确。

【真题·单选题】（2020）甲公司正在编制现金预算，预计采购货款第一季度 5 000 元，第二季度 8 000 元，第三季度 9 000 元，第四季度 10 000 元。采购货款的 60% 在本季度内付清，另外 40% 在下季度付清。假设年初应付账款 2 000 元，预计全年现金支出是（　　）元。

A. 30 000　　B. 28 000

C. 32 000　　D. 34 000

【答案】A

【解析】本年采购货款只有第四季度的 40% 在年末尚未支付现金，其余采购货款全部支付现金，年初应付账款 2 000 元在本年第一季度已全部支付。因此，预计全年现金支出 = 5 000 + 8 000 +

9 000 + 10 000 × 60% + 2 000 = 30 000（元）。

【例题·多选题】下列营业预算中，通常需要预计现金支出的有（　　）。

A. 生产预算

B. 销售费用预算

C. 制造费用预算

D. 直接材料预算

【答案】BCD

【解析】编制现金预算不涉及从生产预算中获取有关数据，生产预算只涉及实物量指标，不涉及价值量指标，不直接涉及现金支出。

（二）利润表预算

利润表预算与会计的利润表的内容、格式相同，只不过数据是面向未来预算期的。编制利润表预算可以了解企业预期的盈利水平。

利润表预算的主要内容有：销售收入、销货成本、毛利、销售费用和管理费用、借款利息、利润总额、所得税费用、净利润。

"销售收入"项目的数据取自销售预算；"销货成本"项目的数据取自产品成本预算；"销售费用和管理费用"项目的数据取自销售费用和管理费用预算；"借款利息"项目的数据取自现金预算；"所得税费用"项目的数据取自现金预算（该项目是估计数，并非根据利润总额和所得税税率计算得出）。涉及的计算公式有：

毛利 = 销售收入 - 销货成本

利润总额 = 毛利 - 销售费用和管理费用 - 借款利息

净利润 = 利润总额 - 所得税费用

经典例题

【例题·多选题】下列关于全面预算中的利润表预算编制的说法中，正确的有（　　）。

A. "销售收入"项目的数据，来自销售预算

B. "销货成本"项目的数据，来自生产预算

C. "销售及管理费用"项目的数据，来自销售及管理费用预算

D. "所得税费用"项目的数据，通常是根据利润表预算中的"利润"项目金额和本企业适用的法定所得税税率计算出来的

【答案】AC

【解析】"销货成本"项目的数据，来自产品成本预算，选项B错误；"所得税费用"项目是在利润预测时估计的，并已列入现金预算。它通常不是根据利润总额和所得税税率计算出来的，选项D错误。

（三）资产负债表预算

资产负债表预算反映预算期末的财务状况。该预算是利用预算期期初预计的资产负债表，根据有关营业和财务等预算的有关数据加以调整编制的。涉及的计算公式有：

期末未分配利润 = 期初未分配利润 + 本期利润 - 本期股利

期末应收账款 = 本期销售额 ×（1 - 本期收现率）

期末应付账款 = 本期采购金额 ×（1 - 本期付现率）

编制资产负债表预算的目的，在于判断预算反映的财务状况的稳定性和流动性。

经典例题

【例题·单选题】某企业正在编制第四季度的直接材料消耗与采购预算，预计直接材料的期初存量为1 000千克，本期生产消耗量为3 500千克，期末存量为800千克；材料采购单价为每千克25元，材料采购货款有30%当季付清，其余70%在下季付清。该企业第四季度采购材料形成的"应付账款"期末余额预计为（　　）元。

A. 3 300　　B. 24 750

C. 57 750　　D. 82 500

【答案】C

【解析】第四季度材料采购量 = 3 500 + 800 - 1 000 = 3 300（千克）；材料采购总额 = 3 300 × 25 = 82 500（元）；应付账款期末余额 = 82 500 × 70% = 57 750（元）。

进阶练习

（一）单选题

1. 下列预算中，不属于营业预算的是（　　）。

A. 生产预算　　B. 销售预算

C. 成本预算　　D. 现金预算

2. 下列预算编制方法中，无须考虑以往期间的费用项目和费用数额，主要根据预算期的需要和可能分析费用合理性的是（　　）。

A. 固定预算法　　B. 增量预算法

C. 零基预算法　　D. 弹性预算法

3. 企业在采用弹性预算法编制营业预算时，对于以手工操作为主的车间，应选用（　　）作为业务量计量单位。

A. 人工工时　　B. 实物数量

C. 机器工时　　D. 修理工时

4. 弹性预算法中关于业务量范围的确定，下列说法错误的是（　　）。

A. 不同部门之间确定的业务量范围应当相同

B. 实际业务量不应超出需要确定的业务量范围

C. 业务量范围可确定在正常生产能力的70%～110%之间

D. 业务量范围可以历史最高业务量和最低业务量为上下限

5. 下列各项中，不受会计年度制约，预算期始终保持在一定时间跨度的预算方法是（　　）。

A. 固定预算法　　B. 弹性预算法

C. 定期预算法　　D. 滚动预算法

6. 甲公司正在编制下一年的销售预算，预计第一季度和第二季度的产品销售量分别为15万件和20万件，产品销售单价为400元/件。假设每季度销售收入中，本季度收到现金60%，另外40%现金需要下一季度才能收到。则甲公司预计明年第二季度能够收到现金（　　）万元。

A. 6 900　　B. 6 800

C. 7 100　　D. 7 200

7. 甲公司正在编制生产预算。预计第一季度和第二季度销售量分别为3 000件和4 000件。假设各季度期末产成品存货按下季度销售量的12%确定，则第一季度预计生产量为（　　）件。

A. 3 120　　B. 3 200

C. 3 250　　D. 3 480

8. 乙企业预计本年第一季度和第二季度材料生产需用量分别为8 200千克和8 500千克。第一季度初材料库存量为1 500千克，各季度期末材料存量按照下季度生产需用量的20%计算，预计材料采购价格为15元/千克，则该企业第一季度材料采购的金额为（　　）元。

A. 124 500　　B. 123 000

C. 126 000　　D. 127 500

9. 企业在编制产品成本预算时，不需要从（　　）获取有关数据。

A. 销售预算　　B. 生产预算

C. 制造费用预算　　D. 销售费用预算

10. 下列各项预算中，不需要以生产预算为基础编制的是（　　）。

A. 直接材料预算

B. 产品成本预算

C. 销售费用预算

D. 变动制造费用预算

11. 下列关于利润表预算编制的表述中，错误的是（　　）。

A. “毛利”是“销售收入”与“销货成本”的差额

B. “所得税费用”是根据“利润总额”和“所得税税率”计算得出的

C. 现金预算和利润表预算均涉及“所得税费用”项目

D. 利润表预算与会计的利润表内容、格

式相同

12. 甲企业生产的A产品每件需要消耗直接材料15千克。该企业预计A产品本年第一季度产量为160件，第二季度产量为185件，第一季度期初直接材料为650千克，期末直接材料按下期产量用料的20%确定。则甲企业本年第一季度预计材料采购量为（　　）千克。

A. 2 305　　B. 2 495

C. 2 680　　D. 2 870

（二）多选题

1. 下列关于全面预算的表述中，正确的有（　　）。

A. 全面预算是各级各部门工作考核的依据

B. 营业预算与业务各环节有关，因此属于综合预算

C. 全面预算中长期预算和短期预算的划分以2年为界限

D. 在全面预算中，生产预算是唯一没有按货币计量的预算

2. 全面预算按其涉及的业务活动领域可以分为（　　）。

A. 投资预算　　B. 综合预算

C. 营业预算　　D. 财务预算

3. 下列各项预算中，属于财务预算的有（　　）。

A. 销售预算　　B. 利润表预算

C. 产品成本预算　　D. 现金预算

4. 营业预算的编制方法按照出发点的特征不同可以分为增量预算法与零基预算法两大类。下列关于这两类预算编制方法的表述中，正确的有（　　）。

A. 增量预算法不以历史期经济活动及其预算为基础

B. 增量预算法的预算数可能会受到基期不合理因素的干扰，导致预算不准确

C. 零基预算法无须考虑以往期间的费用项目和费用数额

D. 零基预算法不利于调动各部门降低费用的积极性

5. 采用滚动预算法编制预算，按照滚动的时间单位不同可以分为（　　）。

A. 逐月滚动方式　　B. 逐季滚动方式

C. 逐年滚动方式　　D. 混合滚动方式

6. 与定期预算法相比，滚动预算法的特点有（　　）。

A. 有利于前后各个期间的预算衔接

B. 能够保证预算期间与会计期间在时期上配比

C. 有利于结合企业近期目标和远期目标考虑未来业务活动

D. 便于依据会计报告数据与预算的比较，考核和评价预算的执行结果

7. 在生产预算中，下列各要素之间的关系正确的有（　　）。

A. 预计期初产成品存货 = 上季度期末产成品存货

B. 预计期初产成品存货 = 下季度期末产成品存货

C. 预计生产量 = 预计销售量 + 预计期末产成品存货 − 预计期初产成品存货

D. 预计生产量 = 预计销售量 + 预计期初产成品存货 − 预计期末产成品存货

8. 甲企业销售A产品，第三季度各月预计的销售量分别为1 400件、1 500件和1 600件，甲企业每月末商品存货量为下月预计销售量的10%。下列各项预计中，正确的有（　　）。

A. 8月份期初存货为150件

B. 8月份采购量为1 510件

C. 8月份期末存货为160件

D. 第三季度采购量为4 530件

9. 甲公司正在编制直接材料预算。预计四个季度产成品销量分别为300件、250件、280件和320件；期末产成品存货按下季度销量10%安排。预计单位产成品材料消耗量为10千克，期末材料存量按下季度生产需用量20%安排。下列说法中正确的有（　　）。

A. 第二季度期末产成品存货为25件

B. 第二季度产成品预计生产量为253件

C. 第三季度产成品材料生产需用量为2 840千克

D. 第二季度预计材料采购量为 2 592 千克

10. 下列关于各种营业预算的编制中，说法正确的有（　　）。

A. 销售预算是整个营业预算的编制起点

B. 生产预算中既包含实物量指标，也包含价值量指标

C. 制造费用预算是以生产预算为基础编制的

D. 销售费用预算是以销售预算为基础编制的

11. 在编制现金预算时，不涉及从（　　）获取“预计现金收入或支出”的有关数据。

A. 生产预算　　B. 销售预算

C. 销售费用预算　　D. 产品成本预算

12. 下列各项中，属于现金预算中“现金支出”范畴的有（　　）。

A. 制造费用

B. 销售费用

C. 固定资产计提的折旧费用

D. 所得税费用

13. 下列各项预算中，需要以生产预算为基础编制的有（　　）。

A. 直接材料预算

B. 变动制造费用预算

C. 固定制造费用预算

D. 销售费用预算

14. 营业预算的编制方法按预算期的时间特征不同，可分为定期预算法和滚动预算法。下列关于这两种编制方法的表述中，正确的有（　　）。

A. 采用滚动预算法有利于前后各个期间的预算衔接，从而适应连续不断的业务活动过程

B. 采用滚动预算法能够将预算期间逐期连续向后滚动推移，使预算期间保持一定的时期跨度

C. 采用定期预算法能够保证预算期间与会计期间在时期上配比，便于依据会计报告数据与预算进行比较

D. 采用定期预算法能够使预算随时间的推进不断加以调整和修订，使预算与实际情况更相适应

（三）计算分析题

1. 甲公司 2019 年 11 月现金收支的预计资料如下：

（1）11 月 1 日的现金（包括银行存款）余额为 13 700 元，已收到未入账支票 40 400 元。

（2）产品售价 8 元/件，9 月销售 20 000 件，10 月销售 30 000 件，11 月预计销售 40 000 件，12 月预计销售 25 000 件。根据经验，商品售出后当月可收回货款的60%，次月收回30%，再次月收回 8%，另外 2% 为坏账。

（3）进货成本为 5 元/件，平均在 15 天后付款。编制预算时月底存货为次月销售的 10% 加 1 000 件。10 月末的实际存货为 4 000 件，应付账款余额为 77 500 元。

（4）11 月的费用预算为 85 000 元，其中折旧为 12 000 元，其余费用须当月用现金支付。

（5）预计 11 月将购置设备一台，支出 150 000 元，须当月付款。

（6）11 月预交所得税 20 000 元。

（7）现金不足时可从银行借入，借款额为 10 000 元的倍数，利息在还款时支付。借款在期初，还款在期末，期末现金余额不少于 5 000 元。

要求：请根据上述资料，为甲公司编制 11 月的现金预算。（在下方给定的表格基础上编制，不必列出计算过程，根据具体需要可适当增加空白处表格）

11 月现金预算　　单位：元

项目	金额
期初现金余额	
现金收入：	
可供使用现金	
现金支出：	

续表

项目	金额
现金支出合计	
现金多余或不足	
向银行借款	
期末现金余额	

2. 甲公司是一家生产番茄酱的公司。该公司每年都要在12月编制下一年度的分季度现金预算。有关资料如下：

（1）该公司只生产一种50千克桶装番茄酱。由于原料采购的季节性，只在第二季度进行生产，而销售全年都会发生。

（2）每季度的销售收入预计如下：第一季度750万元，第二季度1 800万元，第三季度750万元，第四季度750万元。

（3）所有销售均为赊销。应收账款期初余额为250万元，预计可以在第一季度收回。每个季度的销售有2/3在本季度内收到现金，另外1/3于下一个季度收回。

（4）采购番茄原料预计支出912万元，第一季度需要预付50%，第二季度支付剩余的款项。

（5）直接人工费用预计发生880万元，于第二季度支付。

（6）付现的制造费用第二季度发生850万元，其他季度均发生150万元。付现制造费用均在发生的季度支付。

（7）每季度发生并支付销售和管理费用100万元。

（8）全年预计所得税160万元，分4个季度预交，每季度支付40万元。

（9）公司计划在下半年安装一条新的生产线，第三季度、第四季度各支付设备款200万元。

（10）期初现金余额为15万元，没有银行借款和其他负债。公司需要保留的最低现金余额为10万元。现金不足最低现金余额时需向银行借款，超过最低现金余额时需偿还借款，借款和还款数额均为5万元的倍数。借款年利率为8%，每季度支付一次利息，计算借款利息时，假定借款均在季度初发生，还款均在季度末发生。

要求：请根据上述资料，为甲公司编制现金预算。编制结果填入下方给定的表格中，不必列出计算过程。

现金预算

单位：万元

项目	第一季度	第二季度	第三季度	第四季度	合计
期初现金余额					
现金收入：					
本期销售本期收款					
上期销售本期收款					
现金收入合计					
现金支出：					
直接材料					
直接人工					
制造费用					
销售和管理费用					
所得税费用					

续表

项目	第一季度	第二季度	第三季度	第四季度	合计
购买设备支出					
现金支出合计					
现金多余或不足					
向银行借款					
归还银行借款					
支付借款利息					
期末现金余额					

3. 甲公司是一家制造企业，主要生产和销售 A 产品。目前，该公司正在编制 2021 年第一、第二季度现金预算。有关资料如下：

（1）预计 A 产品第一季度销量 40 万件，单位售价 85 元；第二季度销量 50 万件，单位售价 92 元；第三季度销量 60 万件，单位售价 90 元。

（2）所有销售均为赊销。2021 年初应收账款余额 900 万元，预计在第一季度收回。每个季度的销售有 60% 当季收现，40% 下季收现。

（3）2021 年初 A 产品存货 6 万件，每季末产品存货为下季销量的 10%。

（4）每件 A 产品需要消耗直接材料 8 千克，单价 5 元/千克。当季所购材料当季全部耗用，季初季末无材料存货。每季度材料采购货款 50% 当季付现，50% 下季付现。2021 年初应付账款余额 580 万元，于第一季度偿付。

（5）每件 A 产品需要消耗直接人工 20 元，制造费用 15 元。销售和管理费用每季度 85 万元。人工成本、制造费用、销售和管理费用全部当季付现。

（6）全年所得税费用预计 120 万元，每季度预缴 30 万元。

（7）公司计划在上半年安装一条新的生产线，第一、第二季度各支付设备购置款 255 万元。

（8）年初现金余额为 64 万元，没有银行借款和其他负债。每季末现金余额不能低于 60 万元。现金不足最低现金余额时需向银行借入短期借款，超过最低现金余额时需偿还短期借款，借款和还款金额均为 10 万元的整数倍。短期借款年利率为 8%，每季末支付当季利息，计算借款利息时，假设借款均在季初取得，还款均在季末偿还。

要求：根据上述资料，为甲公司编制 2021 年第一、第二季度现金预算，结果填入下方表格中。

现金预算

单位：万元

项目	第一季度	第二季度
期初现金余额		
加：销货现金收入		
可供使用的现金合计		
减：各项支出		
材料采购		
人工成本		
制造费用		
销售和管理费用		

续表

项目	第一季度	第二季度
所得税费用		
购买设备支出		
现金支出合计		
现金多余或不足		
加：短期借款		
减：归还短期借款		
减：支付短期借款利息		
期末现金余额		

进阶练习答案及解析

（一）单选题

1. 【答案】D

【解析】营业预算包括销售预算、生产预算、成本预算等。现金预算属于财务预算范畴，选项D当选。

2. 【答案】C

【解析】零基预算法不考虑以往期间的费用项目和费用数额，主要根据预算期的需要和可能分析费用项目和费用数额的合理性，综合平衡编制费用预算。

3. 【答案】A

【解析】编制弹性预算，要选用一个最能代表生产经营活动水平的业务量计量单位。以手工操作为主的车间，就应选用人工工时；制造单一产品或零件的部门，可以选用实物数量；修理部门可以选用直接修理工时。

4. 【答案】A

【解析】弹性预算法所采用的业务量范围，视企业或部门的业务量变化情况而定，不同部门之间确定的业务量范围是不相同的，选项A表述错误，当选。

5. 【答案】D

【解析】滚动预算法是在上期预算完成情况的基础上，调整和编制下期预算，并将预算期间逐期连续向后滚动推移，使预算期间保持一定的时期跨度。

6. 【答案】D

【解析】第二季度现金收入 = 当期收回的前期赊销收入 + 当期现销收入 = 15 × 400 × 40% + 20 × 400 × 60% = 7 200（万元）。

7. 【答案】A

【解析】预计生产量 = 预计销售量 + 预计期末产成品存货 − 预计期初产成品存货 = 3 000 + 4 000 × 12% − 3 000 × 12% = 3 120（件）。

8. 【答案】C

【解析】第一季度材料采购金额 =（生产需用量 + 预计期末存量 − 预计期初存量）× 单价 =（8 200 + 8 500 × 20% − 1 500）× 15 = 126 000（元）。

9. 【答案】D

【解析】产品成本预算是销售预算、生产预算、直接材料预算、直接人工预算、制造费用预算的汇总。产品成本不包括销售费用，因此不需要从销售费用预算中获取有关数据。

10. 【答案】C

【解析】销售费用预算是以销售预算为基础编制的；直接材料预算、直接人工预算、变动制造费用预算、产品成本预算均需要以生产预算为基础编制。

11. 【答案】B

【解析】利润表预算中“所得税费用”项目是在利润预测时估计的，它通常不是根据“利润总额”和“所得税税率”计算得出的，选项 B 表述错误，当选。

12.【答案】A

【解析】预计材料采购量 = 生产需用量 + 预计期末存量 - 预计期初存量 = 160 × 15 + 185 × 15 × 20% - 650 = 2 305（千克）。

（二）多选题

1.【答案】ABD

【解析】全面预算按其涉及的预算期长短分为长期预算和短期预算，长期和短期的划分以 1 年为界限，选项 C 错误。

2.【答案】ACD

【解析】全面预算按其涉及的预算期长短分为长期预算和短期预算；按其涉及的内容分为专门预算和综合预算；按其涉及的业务活动领域分为投资预算、营业预算和财务预算，选项 A、C、D 正确。

3.【答案】BD

【解析】财务预算是关于利润、现金和财务状况的预算，包括利润表预算、现金预算和资产负债表预算等，选项 B、D 正确；销售预算和产品预算均属于营业预算，选项 A、C 错误。

4.【答案】BC

【解析】增量预算法是以历史期实际经济活动及其预算为基础，结合预算期经济活动及相关影响因素的变动情况，通过调整历史期经济活动项目及金额形成预算的预算编制方法，选项 A 错误；当预算期的情况发生变化时，采用增量预算法的预算数会受到基期不合理因素的干扰，导致预算不准确，选项 B 正确；零基预算法不以历史期经济活动及其预算为基础，以零为起点，不考虑以往期间的费用项目和费用数额，选项 C 正确；零基预算法不受前期费用项目和费用水平的制约，能够调动各部门降低费用的积极性，选项 D 错误。

5.【答案】ABD

【解析】采用滚动预算法编制预算，按照滚动的时间单位不同可以分为逐月滚动方式、逐季滚动方式和混合滚动方式，选项 A、B、D 正确。

6.【答案】AC

【解析】运用滚动预算法编制预算，使预算期间依时间顺序向后滚动，能够保持预算的持续性，有利于结合企业近期目标和长期目标考虑未来业务活动，使预算随时间的推进不断加以调整和修订，能使预算与实际情况更相适应，有利于充分发挥预算的指导和控制作用，选项 A、C 正确；选项 B、D 是定期预算法的特点。

7.【答案】AC

【解析】预计期初产成品存货 = 上季度期末产成品存货；预计生产量 = 预计销售量 + 预计期末产成品存货 - 预计期初产成品存货。

8.【答案】ABC

【解析】8 月份期初存货 = 1 500 × 10% = 150（件），选项 A 正确；8 月份采购量 = 1 500 + 1 600 × 10% - 150 = 1 510（件），选项 B 正确；8 月份期末存货 = 1 600 × 10% = 160（件），选项 C 正确；因为无法预计第三季度末产品存量，所以无法计算第三季度的采购量，选项 D 错误。

9.【答案】BCD

【解析】第二季度期末产成品存货 = 280 × 10% = 28（件），选项 A 错误；第二季度产成品预计生产量 = 250 + 28 - 250 × 10% = 253（件），选项 B 正确；第三季度产成品材料生产需用量 =（280 + 320 × 10% - 280 × 10%）× 10 = 2 840（千克），选项 C 正确；第二季度预计材料采购量 = 253 × 10 + 2 840 × 20% - 2 530 × 20% = 2 592（千克），选项 D 正确。

10.【答案】AD

【解析】生产预算仅涉及实物量指标，不涉及价值量指标，选项 B 错误；制造费用预算中变动制造费用预算是以生产预算为基础编制的，但是固定制造费用需要逐项进行预计，通常与本期产量无关，因此不以生产预算为基础进行编制，选项 C 错误。

11. 【答案】AD

【解析】现金预算中“预计现金收入”的数据来自销售预算；“预计现金支出”的数据来自直接材料预算、直接人工预算、制造费用预算、销售费用和管理费用预算以及资本支出预算等。只有生产预算和产品成本预算不涉及现金收支。

12. 【答案】ABD

【解析】现金预算中预计现金支出的项目主要有：直接材料、直接人工、制造费用、销售及管理费用、所得税费用、资本支出、股利分配等，但不包括相关资产计提的折旧或摊销以及筹资发生的财务利息费用。

13. 【答案】AB

【解析】直接材料预算是以生产预算为基础编制的，同时要考虑材料存货水平，选项A当选；制造费用预算分为变动制造费用预算和固定制造费用预算。变动制造费用预算是以生产预算为基础编制的，固定制造费用预算需要逐项进行预计，通常与本期产量无关，选项B当选，选项C不选；销售费用预算是以销售预算为基础编制的，选项D不选。

14. 【答案】ABC

【解析】滚动预算法的优点包括：①使预算期间依时间顺序向后滚动，能够保持预算的持续性，有利于结合企业近期目标和长期目标考虑未来业务活动；②使预算随时间的推进不断加以调整和修订，能使预算与实际情况更相适应，有利于充分发挥预算的指导和控制作用，所以，选项A、B、C正确。

（三）计算分析题

1. 【答案及解析】

11月现金预算

单位：元

项目	金额
期初现金余额	13 700
现金收入：	
支票收款	40 400
9月销售收款	12 800（20 000×8×8%）
10月销售收款	72 000（30 000×8×30%）
11月销售收款	192 000（40 000×8×60%）
可供使用现金	330 900
现金支出：	
上月应付账款本月付现	77 500
本月进货现金支出	98 750［（40 000+25 000×10%+1 000－4 000）×5×50%］
付现费用	73 000（85 000－12 000）
购置设备	150 000
预交所得税	20 000
现金支出合计	419 250
现金多余或不足	－88 350
向银行借款	100 000（10 000×10）
期末现金余额	11 650

小贴士 （1）收到未入账支票应当作为现金收入（收付实现制）。（2）折旧属于非付现成本，计算现金支出时需扣除。（3）平均15天后付款，说明每月30天中，最后15天货

款在下月付现，当月付现率 = 15/30 × 100% = 50%，下月付现率 = 15/30 × 100% = 50%；若平均 10 天后付款，说明每月 30 天中只有最后 10 天货款在下月支付，当月付现率 = 20/30，下月付现率 = 10/30。

2. 【答案及解析】

现金预算

单位：万元

项目	第一季度	第二季度	第三季度	第四季度	合计
期初现金余额	15	19	10.3	12.6	15
现金收入：					
本期销售本期收款	500	1 200	500	500	2 700
上期销售本期收款	250	250	600	250	1 350
现金收入合计	750	1 450	1 100	750	4 050
现金支出：					
直接材料	456	456	0	0	912
直接人工	0	880	0	0	880
制造费用	150	850	150	150	1 300
销售和管理费用	100	100	100	100	400
所得税费用	40	40	40	40	160
购买设备支出	0	0	200	200	400
现金支出合计	746	2 326	490	490	4 052
现金多余或不足	19	-857	620.3	272.6	13
向银行借款	0	885	0	0	885
归还银行借款	0	0	590	255	845
支付借款利息	0	17.7	17.7	5.9	41.3
期末现金余额	19	10.3	12.6	11.7	11.7

第一季度现金收入合计 = 250 + 750 × 2/3 = 750（万元）

第一季度期末现金余额 = 15 + 750 − 746 = 19（万元）

第二季度现金收入合计 = 1 800 × 2/3 + 750 × 1/3 = 1 450（万元）

第二季度现金余缺 = 19 + 1 450 − 2 326 = −857（万元），即第二季度现金不足，考虑从银行借款：设第二季度期初借款金额为 X，则要满足：$-857 + X - X \times 2\% \geq 10$，解得：$X \geq 884.69$ 万元，由于 X 必须是 5 万元的整数倍，所以，$X = 885$ 万元，即第二季度向银行借款 885 万元。

第二季度末支付借款利息 = 885 × 2% = 17.7（万元）

第二季度期末现金余额 = −857 + 885 − 17.7 = 10.3（万元）

第三季度现金收入合计 = 750 × 2/3 + 1 800 × 1/3 = 1 100（万元）

第三季度现金余缺 = 10.3 + 1 100 − 490 = 620.3（万元），即第三季度现金多余，考虑归还银行借款：设第三季度期末归还银行借款金额为 Y，则要满足：$620.3 - Y - 17.7 \geq 10$，解得：$Y \leq 592.6$ 万元，由于 Y 必须是 5 万元的整数倍，所以，$Y = 590$ 万元，即第三季度归还银行借款 590 万元。

第三季度支付借款利息 = 885 × 2% = 17.7（万元）

第三季度期末现金余额 = 620.3 - 590 - 17.7 = 12.6（万元）

第四季度现金收入合计 = 750 × 2/3 + 750 × 1/3 = 750（万元）

第四季度现金余缺 = 12.6 + 750 - 490 = 272.6（万元），即第四季度现金多余，考虑归还银行借款：设第四季度期末归还银行借款金额为 Z，则要满足：$272.6 - Z - 5.9 \geq 10$，解得：$Z \leq 256.7$ 万元，由于 Z 必须是 5 万元的整数倍，所以，$Z = 255$ 万元，即第四季度归还银行借款 255 万元。

第四季度支付借款利息 = (885 - 590) × 2% = 5.9（万元）

第四季度期末现金余额 = 272.6 - 255 - 5.9 = 11.7（万元）

现金多余或不足合计 = 15 + 4 050 - 4 052 = 13（万元）

3. 【答案及解析】

现金预算

单位：万元

项目	第一季度	第二季度
期初现金余额	64	65.8
加：销货现金收入	2 940	4 120
可供使用的现金合计	3 004	4 185.8
减：各项支出		
材料采购	1 360	1 800
人工成本	780	1 020
制造费用	585	765
销售和管理费用	85	85
所得税费用	30	30
购买设备支出	255	255
现金支出合计	3 095	3 955
现金多余或不足	-91	230.8
加：短期借款	160	0
减：归还短期借款	0	160
支付短期借款利息	3.2	3.2
期末现金余额	65.8	67.6

第一季度销货现金收入 = 900 + 40 × 85 × 60% = 2 940（万元）

第二季度销货现金收入 = 40 × 85 × 40% + 50 × 92 × 60% = 4 120（万元）

第一季度产量 = 40 + 50 × 10% - 6 = 39（万件）

第二季度产量 = 50 + 60 × 10% - 50 × 10% = 51（万件）

第一季度材料采购 = 580 + 39 × 8 × 5 × 50% = 1 360（万元）

第二季度材料采购 = 39 × 8 × 5 × 50% + 51 × 8 × 5 × 50% = 1 800（万元）

第一季度人工成本 = 39 × 20 = 780（万元）

第二季度人工成本 = 51 × 20 = 1 020（万元）

第一季度制造费用 = 39 × 15 = 585（万元）

第二季度制造费用 = 51 × 15 = 765（万元）

设第一季度借入短期借款 Y 万元，则 $-91 + Y - Y \times 2\% \geq 60$，解得 $Y \geq 154.08$，由于借款金额为 10 万元的整数倍，因此，Y 取 160 万元。

第一季度支付的短期借款利息 = 160 × 2% = 3.2（万元）

第一季度期末现金余额 = −91 + 160 − 3.2 = 65.8（万元）

设第二季度归还短期借款 Z 万元，则 230.8 − Z − 160 × 2% ≥ 60，解得 Z ≤ 167.6，由于高出部分按 10 万元的整数倍偿还借款，因此，Z 取 160 万元。

第二季度支付的短期借款利息 = 160 × 2% = 3.2（万元）

第二季度期末现金余额 = 230.8 − 160 − 3.2 = 67.6（万元）

第十八章 责任会计

2023 年教材内容主要变化

2023 年第十八章教材在以下方面进行了修改和补充：

本章对章节结构进行调整，新增“内部转移价格的国际视角”部分，修改业绩报告部分文字表述。其余无实质性变化。

本章近五年考试高频考点分布

本章是第三编管理会计的一般性章节。从近五年的考试来看，该章主要以客观题形式考核，有时也会在计算分析题中出现，考查内容主要集中于责任中心的考核指标。最近五年本章平均考试分值为 2.4 分。

高频考点内容	年度及题型分布
责任成本	2020 年单选、2020 年多选
成本中心的考核指标	2021 年多选
利润中心的考核指标	2019 年计算分析、2018 年单选
投资中心的考核指标	2022 年多选、2020 年计算分析
内部转移价格	2021 年计算分析

高频考点精讲

业绩评价层次可分为企业层面、部门层面和个人层面。本章从部门层面介绍企业不同责任主体的业绩评价及其报告，涉及的知识点较为细碎但难度不大。在学习本章内容时，考生应重点掌握不同责任中心的业绩考核指标以及内部转移价格的制定。本章的主要内容包括：企业组织结构与责任中心划分、成本中心、利润中心、投资中心、内部转移价格。

高频考点1：责任会计与责任中心划分★

责任会计是指为适应企业内部经济责任制的要求，对企业内部各责任中心的经济业务进行规划与控制，以实现业绩考核与评价的一种内部会计控制制度。

根据内部单位职责范围和权限大小，可以将责任中心分为成本中心、收入中心、利润中心和投资中心。

【提示】由于收入中心比较简单，实务中也不多见，本章主要介绍成本中心、利润中心和投资中心。

经典例题

【例题·多选题】根据内部单位职责范围和权限大小，责任中心可以分为（　　）。

A. 投资中心　　B. 收入中心

C. 利润中心　　D. 成本中心

【答案】ABCD

【解析】根据内部单位职责范围和权限大小，责任中心可以分为成本中心、收入中心、利润中心和投资中心。

高频考点2：企业组织结构划分★

（一）企业的集权与分权

组织结构	含义	优点	缺点
集权	把企业经营管理权较多集中在企业上层	（1）便于提高决策效率，对市场作出迅速反应； （2）容易实现目标的一致性； （3）可以避免重复和资源浪费	容易形成对高层管理者的个人崇拜，形成独裁，导致高管更替困难，影响企业长远发展
分权	把企业经营管理权适当分散给企业中下层	（1）高管可以将主要精力集中于重要事务； （2）充分发挥下属的积极性和主动性，增加下属工作满足感，便于发现和培养人才； （3）减少不必要的上下沟通，对权限内事情迅速作出反应	可能产生与企业整体目标不一致的委托代理问题

（二）科层组织结构

组织结构	管理机构	管理人员	特点	优点	缺点
科层组织	直线指挥机构（主体）	直线人员	企业生产经营决策权力主要集中在最高层直线领导手中；生产经营活动主要由直线人员统一领导和指挥；直线人员负全面领导责任	（1）各个职能部门目标明确，部门主管容易控制和规划； （2）同类专业的员工一起共事，易于相互学习，提高技能； （3）内部资源较为集中，由同一部门员工分享，可减少不必要的重复和浪费	（1）部门之间工作协调常会出现困难，导致不同部门各自为政，甚至争夺公司内部资源； （2）整个企业对外在环境的反应比较迟钝； （3）员工眼光较狭隘，只能看到本部门目标和利益，缺乏整体意识和创新精神
	参谋职能机构（辅助）	参谋人员	职能部门设置在直线领导之下，需要听从直线领导命令和指示；职能部门无权直接下达命令或进行指挥，只能提供建议、咨询和业务指导		

（三）事业部制组织结构

事业部制是一种分权的组织结构。这种组织结构的管理原则可以概括为：集中决策、分散经营、协调控制。

事业部制的主要特点包括：

（1）在总公司之下，企业按照产品类别、地区类别或者顾客类别设置生产经营事业部；

（2）每个事业部设置各自的执行总经理，每位执行总经理都有权进行采购、生产和销售，对其事业部的生产经营，包括收入、成本和利润的实现负全部责任；

（3）总公司在重大问题上集中决策，各个事业部独立经营、独立核算、自负盈亏，是一个利润中心；

（4）各个事业部的盈亏直接影响总公司的盈亏，总公司的利润是各个事业部利润之和，总公司对各个事业部下达利润指标，各个事业部必须保证实现总公司下达的利润指标。

（四）网络组织结构

网络组织形式又称为扁平化网络组织（N形组织）。从总体上看，它是一个由众多独立的创新经营单位组成的彼此有紧密联系的网络。

网络组织结构的主要特点包括：

（1）分散性。它不是几个或几十个大的战略经营单位的结合，而是由为数众多的小规模经营单位构成的企业联合体，这些经营单位具有很大的独立性。

（2）创新性。最高管理层的权力主要集中在驱动创新过程，创新活动已由过去少数高层管理人员推动转变为企业基层人员的重要职责。

（3）高效性。在这种组织形式下，行政管理和辅助职能部门被精简。基层企业可以自主地根据具体的市场情况组织生产经营活动，快速对市场作出反应。

（4）协作性。在这种组织形式下，独立的小规模经营单位的资源是有限的，在生产经营中必须大量依赖与其他单位的广泛合作。

经典例题

【例题·多选题】企业经营管理权限的分配包括集权和分权两种方式，与分权方式相比，集权方式的优点有（　　）。

A. 能够提高决策效率，对市场作出迅速反应

B. 高层管理者可以将主要精力集中于重要事务

C. 能够充分发挥下属人员的积极性和主动性

D. 可以避免重复和资源浪费现象的发生

【答案】AD

【解析】集权的优点是便于提高决策效率，对市场作出迅速反应；容易实现目标的一致性；可以避免重复和资源浪费。分权的优点是可以让高管将主要精力集中于重要事务；权力下放，可以充分发挥下属的积极性和主动性，增加下属工作满足感，便于发现和培养人才；下属拥有一定的决策权，可以减少不必要的上下沟通，并可以对下属权限内的事情迅速作出反应。

【例题·多选题】下列有关企业组织结构的表述中，正确的有（　　）。

A. 采用科层组织结构，有利于集中内部资源，减少不必要的重复和浪费

B. 采用科层组织结构，易于协调各职能部门之间的工作，防止不同部门各自为政

C. 采用网络组织结构，能够充分调动基层员工的积极性，减少基层单位对总公司的依赖

D. 采用网络组织结构，能够使基层单位自主地组织生产经营活动，快速对市场作出反应

【答案】ACD

【解析】科层组织结构的内部资源较为集中，由同一部门员工分享，可减少不必要的重复和浪费，选项A正确；科层组织结构的缺点是部门之间的工作协调常会出现困难，导致不同部门各自为政，甚至争夺公司内部资源，选项B错误；网络组织结构具有分散性特点，这种模式减少了基层单位对企业或总公司在技术、财务和人力等方面的依赖，基层单位的权力和责任大大增强，充分调动和发挥了基层员工的主动性、积极性和创造性，选项C正确；网络组织结构具有高效性特点，基层企业可以自主地根据具体的市场情况组

织生产经营活动，快速对市场作出反应，选项 D 正确。

高频考点 3：成本中心的划分和类型 ★★

（一）成本中心的划分

成本中心是指只对其成本或费用承担经济责任并负责控制和报告成本或费用的责任中心。

成本中心往往是没有收入的。有的成本中心可能有少量收入，但不成为主要的考核内容。

任何发生成本的责任领域，都可以确定为成本中心。

成本中心的职责是用一定的成本去完成规定的具体任务。

（二）成本中心的类型

分类	投入或产出特点	投入与产出关系	典型代表
标准成本中心	所需投入量已知，且产出产品稳定而明确	投入与产出之间存在密切关系	制造业工厂、车间、工段、班组
费用中心	产出量不能用财务指标来衡量	投入与产出之间无密切关系	财务、人事、劳资、计划等行政管理部门、研发部门、销售部门

【注意】（1）任何一种重复性的活动都可以建立标准成本中心，只要这种活动能够计量产出的实际数量，并且投入与产出之间存在函数关系。例如银行业根据经手支票的多少，医院根据接受检查或放射治疗的人数，快餐业根据售出的盒饭多少，都可建立标准成本中心。（2）费用中心唯一可以准确计量的是实际费用，但不能通过投入和产出的比较来评价其效果和效率，因此，费用中心无法限制无效费用的支出。

经典例题

【例题·单选题】下列各项中，适合建立标准成本中心的单位或部门是（　　）。

A. 行政管理部门

B. 医院放射科

C. 企业研究开发部门

D. 企业广告宣传部门

【答案】B

【解析】企业行政管理部门、研发部门以及广告宣传部门，这些部门有的产出量难以度量，有的投入量与产出量之间无密切关系，因此应当划分为费用中心。医院放射科可以根据放射治疗的人数建立标准成本中心，选项 B 正确。

高频考点 4：成本中心的考核指标★★★

项目	标准成本中心	费用中心
考核指标	既定产品质量和数量条件下可控的标准成本	使用可控费用预算来评价控制业绩
特殊说明	（1）标准成本中心不对生产能力的利用程度负责（如固定制造费用闲置能力差异），只对既定产量的投入量负责； （2）定价决策、产量决策、产品结构决策、设备和技术决策不是标准成本中心的责任范畴； （3）标准成本中心必须按规定的质量、时间标准和计划产量来进行生产	（1）费用中心的业绩涉及预算、工作质量和服务水平； （2）费用中心的业绩考核往往比较困难，解决办法主要有：考察同行业类似职能的支出水平、使用零基预算法确定预算标准、根据历史经验编制费用预算、利用有经验的专业人员作出判断

命题点拨

命题角度：成本中心责任归属

成本中心经常与第十三章标准成本法中成本差异的责任归属相结合考查客观题。在判断某项成本差异是应由标准成本中心还是费用中心承担责任时，首先要看该项成本差异的责任归属部门。一般情况下，生产部门属于标准成本中心，采购部门和人事部门属于费用中心。

经典例题

【真题·多选题】（2021）甲生产车间是一个标准成本中心，下列考核指标中应由甲车间负责的有（　　）。

A. 设备利用程度

B. 计划产量完成情况

C. 生产工艺标准的执行情况

D. 产品工时标准的执行情况

【答案】BCD

【解析】标准成本中心不对生产能力的利用程度负责，选项 A 错误；标准成本中心必须按规定的质量、时间标准和计划产量来进行生产，选项 B、C、D 正确。

【例题·多选题】甲部门是一个标准成本中心，下列成本差异中，属于甲部门责任的有（　　）。

A. 操作失误造成的材料数量差异

B. 生产设备闲置造成的固定制造费用闲置能力差异

C. 作业计划不当造成的人工效率差异

D. 由于采购材料质量缺陷导致工人多用工时造成的变动制造费用效率差异

【答案】AC

【解析】直接材料数量差异和直接人工效率差异一般是由生产部门负责，因此属于标准成本中心责任范畴，选项 A、C 当选；标准成本中心不对生产能力的利用程度负责，因此固定制造费用闲置能力差异不属于标准成本中心责任范畴，选项 B 不选；由于采购材料质量缺陷导致工人多用工时造成的变动制造费用效率差异属于采购部门责任，采购部门属于费用中心，选项 D 不选。

高频考点 5：责任成本★★★

责任成本是以具体的责任单位为对象，以其承担的责任为范围所归集的成本，也就是特定责任中心的全部可控成本。

（一）可控成本与不可控成本

可控成本是指在特定时期内、特定责任中心能够直接控制其发生的成本。

可控成本应同时符合以下三个条件：

（1）成本中心有办法知道将发生什么性质的耗费（可预知）；

（2）成本中心有办法计量它的耗费（可计量）；

（3）成本中心有办法控制并调节它的耗费（可控制、可调节）。

凡是不符合上述三个条件的，即为不可控成本。

经典例题

【真题·单选题】（2020）下列选项中，不属于责任中心判断成本是否可控的条件是（　　）。

A. 可预知性　　B. 可计量性

C. 可调控性　　D. 可追溯性

【答案】D

【解析】可控成本通常应符合以下三个条件：（1）成本中心有办法知道将发生什么样性质的耗费；（2）成本中心有办法计量它的耗费；（3）成本中心有办法控制并调节的耗费。不符合上述三个条件的，属于不可控成本。

【例题·单选题】下列各项中，不属于划分成本中心可控成本的条件是（　　）。

A. 成本中心有办法弥补该成本的耗费

B. 成本中心有办法控制并调节该成本的耗费

C. 成本中心有办法计量该成本的耗费

D. 成本中心有办法知道将发生什么样性质的耗费

【答案】A

【解析】可控成本通常应符合以下三个条件：(1) 成本中心有办法知道将发生什么样性质的耗费；(2) 成本中心有办法计量它的耗费；(3) 成本中心有办法控制并调节它的耗费。

(二) 责任成本与其他成本的区分

1. 直接成本与间接成本都既可能是可控成本，也可能是不可控成本。

2. 变动成本与固定成本都既可能是可控成本，也可能是不可控成本。

3. 标准成本与目标成本主要强调事先的成本计算；责任成本重点是事后的计算、评价和考核。不管使用目标成本还是标准成本作为控制依据，事后的评价与考核都要求核算责任成本。

4. 不同成本计算方法的比较。

项目	责任成本计算方法	变动成本计算方法	制造成本计算方法
成本计算目的	评价成本控制业绩	进行经营决策	确定产品存货成本和销货成本
成本计算对象	责任中心	产品	产品
成本计算范围	各责任中心的可控成本	变动成本（直接材料、直接人工、变动制造费用、变动销售费用和管理费用）	全部制造成本（直接材料、直接人工、全部制造费用）
共同费用分摊原则	按可控原则将可控的间接费用分配给责任中心	按受益原则分摊变动制造费用，不分摊固定制造费用	按受益原则分摊全部制造费用

经典例题

【例题·单选题】某生产车间是一个标准成本中心。为了对该车间进行业绩评价，需要计算的责任成本范围是（　　）。

A. 该车间的直接材料、直接人工和全部制造费用

B. 该车间的直接材料、直接人工和变动制造费用

C. 该车间的直接材料、直接人工和可控制造费用

D. 该车间的全部可控成本

【答案】D

【解析】责任成本的计算范围是各责任中心的全部可控成本，选项D正确。

【例题·多选题】下列关于责任成本计算的表述中，错误的有（　　）。

A. 责任成本计算的目的是为了评价成本控制业绩

B. 责任成本计算以产品为成本计算对象

C. 责任成本计算的范围是各责任中心的可控成本

D. 责任成本需要按照受益原则把成本归属于不同的责任中心

【答案】BD

【解析】责任成本计算以责任中心为成本计算对象，选项B错误；责任成本按可控原则把成本归属于不同的责任中心，谁能控制谁负责，不仅可控的变动间接费用要分配给责任中心，可控的固定间接费用也要分配给责任中心，选项D错误。

(三) 责任中心可控成本的确定原则

责任中心的可控成本可以按以下原则确定：

(1) 假如某责任中心通过自己的行动能有效地影响一项成本的数额，那么该中心就要对这项成本负责。

(2) 假如某责任中心有权决定是否使用某种资产或劳务，它就应对这些资产或劳务的

成本负责。

（3）某管理人员虽然不直接决定某项成本，但是上级要求他参与有关事项，从而对该项成本的支出施加了重要影响，则他对该成本也要承担责任。

经典例题

【例题·多选题】判别一项成本是否归属责任中心的原则有（　　）。

A. 责任中心是否使用了引起该项成本发生的资产或劳务

B. 责任中心能否通过行动有效影响该项成本的数额

C. 责任中心是否有权决定使用引起该项成本发生的资产或劳务

D. 责任中心能否参与决策并对该项成本的发生施加重大影响

【答案】BCD

【解析】假如某责任中心有权决定是否使用某种资产或劳务，它就应对这些资产或劳务的成本负责，与是否使用了引起成本发生的资产或劳务无关，选项A不选。

（四）制造费用的归属和分摊方法

将发生的直接材料和人工费用归属于不同的责任中心通常比较容易，而制造费用的归属则比较困难。一般依次按照下述五个步骤来处理：

步骤	处理方法	举例
直接计入责任中心	将可以直接判别责任归属的费用项目，直接列入应负责的成本中心，不需要采用其他标准进行分配	机物料消耗、低值易耗品的领用
按责任基础分配	将不能直接归属于个别责任中心的费用，优先采用责任基础分配，分配时要使用固定的内部结算价格	动力费、维修费
按受益基础分配	有些费用不专属于某个责任中心，也不宜用责任基础分配，但与各中心的受益多少有关，可按受益基础分配	按装机功率分配电费
归入某一个特定的责任中心	有些费用既不能用责任基础分配，也不能用受益基础分配，则考虑有无可能将其归属于一个特定的责任中心	车间的运输费用和试验检验费用
不进行分摊	不能归属于任何责任中心的固定成本，不进行分摊	车间厂房的折旧

经典例题

【例题·多选题】甲公司将某生产车间设为成本责任中心，该车间使用材料型号为GB007；另外还发生机器维修费、试验检验费以及车间折旧费。下列关于成本费用责任归属的表述中，正确的有（　　）。

A. 型号为GB007的材料费用直接计入该成本责任中心

B. 车间折旧费按照受益基础分配计入该成本责任中心

C. 机器维修费按照责任基础分配计入该成本责任中心

D. 试验检验费归入另一个特定的成本中心

【答案】ACD

【解析】车间厂房的折旧不能归属于任何责任中心的固定成本，不进行分摊，选项B错误。

高频考点6：利润中心的划分和类型★★

（一）利润中心的划分

利润中心是指对利润负责的责任中心。由于利润等于收入减去成本或费用，所以利润中心是对收入、成本和费用都要承担责任的责任中心。

并非所有可以计量利润的组织单位都是利润中心。利润中心需要具有采购、生产和销售的自主权或独立性，仅仅规定一个组织单位的产品价格并把投入的成本归集到该单位，即使可以计量利润，也并不能使该组织单位具有自主权或独立性。

并非任何企业都存在利润中心。利润中心存在于大型分散式经营的组织中，小公司或集权式管理公司一般不存在利润中心。

（二）利润中心的类型

利润中心包括两种类型：自然的利润中心和人为的利润中心。

类型	产品出售方式	举例
自然的利润中心	直接向公司外部出售产品，在市场上进行购销业务	具有销售、生产、采购职能的事业部
人为的利润中心	在公司内部按照内部转移价格出售产品	大型钢铁公司内部不同的生产部门；公司内部的辅助部门

经典例题

【例题·单选题】下列关于利润中心的表述中，说法错误的是（　　）。

A. 利润中心既要对收入负责，也要对成本和费用负责

B. 自然的利润中心主要在公司内部按照内部转移价格出售产品

C. 利润中心没有权利决定该中心资产投资的水平

D. 利润中心大多出现在大型分散式经营的组织中

【答案】B

【解析】利润中心包括自然的利润中心和人为的利润中心两种类型。自然的利润中心直接向公司外部出售产品，在市场上进行购销业务；人为的利润中心主要在公司内部按照内部转移价格出售产品，选项 B 表述错误，当选。

高频考点 7：利润中心的考核指标★★★

对利润中心进行考核的指标主要是利润，同时需要一些非货币的衡量方法作为补充，包括生产率、市场地位、产品质量、职工态度、社会责任、短期目标和长期目标的平衡等。

在评价利润中心业绩时，有三种指标可供选择：部门边际贡献、部门可控边际贡献、部门税前经营利润。

项目	评价部门经理业绩	评价部门对公司的贡献
部门边际贡献 = 部门销售收入 − 部门变动成本总额	不适用	不适用
部门可控边际贡献 = 部门边际贡献 − 部门可控固定成本	适用	不适用
部门税前经营利润 = 部门可控边际贡献 − 部门不可控固定成本	不适用	适用

经典例题

【真题·单选题】（2021）甲公司是一家家电制造企业，下设 M 事业部为利润中心，7 月份销售收入 2 500 万元，变动成本 1 200 万元，部门可控固定成本 400 万元，不可控固定成本 200 万元。甲公司分配给 M 事业部的管理费用为 100 万元。评价 M 事业部经理业绩的部门可控边际贡献的金额是（　　）万元。

A. 1 200　　B. 1 300

C. 800　　D. 900

【答案】D

【解析】部门经理无法控制部门不可控固定成本以及公司分配的管理费用，因此，部门可控边际贡献 = 2 500 − 1 200 − 400 = 900（万元），选项 D 正确。

【真题·单选题】（2018）在下列业绩评价指标中，最适合评价利润中心部门经理的是（　　）。

A. 部门可控边际贡献

B. 部门边际贡献

C. 部门税后经营利润

D. 部门税前经营利润

【答案】A

【解析】部门可控边际贡献反映了部门经理在其权限和控制范围内有效使用资源的能力，最适合评价利润中心部门经理的业绩。本题考点在往年考试中频繁出现，考生必须掌握。

高频考点8：内部转移价格★★★

内部转移价格，是指企业内部分公司、分厂、车间、分部等责任中心之间相互提供产品（或服务）、资金等内部交易时所采用的计价标准。

制定内部转移价格的目的有两个：一是防止成本转移带来的部门间责任转嫁；二是作为一种价格机制引导下级部门采取明智的决策。

内部转移价格分为三种，分别是市场型内部转移价格、成本型内部转移价格、协商型内部转移价格。

类型	含义	价格确定原则	适用情况
市场型内部转移价格	是指以市场价格为基础、由成本和毛利构成的内部转移价格	(1) 经常外销且外销比例较大，或有外部活跃市场可靠报价：可以外销价格或活跃市场报价作为内部转移价格。 (2) 不对外销售且外部市场没有可靠报价，或有关方认为不需要频繁变动价格：可参照外部市场或预测价格制定模拟市场价作为内部转移价格。 (3) 责任中心没有外部市场但出于管理需要设置为模拟人为的利润中心：可在生产成本基础上加一定比例毛利作为内部转移价格	一般适用于利润中心
成本型内部转移价格	是指以企业制造产品的成本数据为基础制定的内部转移价格	以产品的完全成本或变动成本等相对稳定的成本数据为基础制定内部转移价格	一般适用于成本中心
协商型内部转移价格	是指企业内部供求双方通过协商机制制定的内部转移价格	协商价格的取值范围通常较宽，一般不高于市场价，不低于单位变动成本	主要适用于分权程度较高的企业

经典例题

【例题·单选题】下列关于内部转移价格的说法中，正确的是（　　）。

A. 内部转移价格是各企业对外提供产品或服务时所采用的计价标准

B. 经常外销且外销比例较大的产品或服务可以以外销价格作为内部转移价格

C. 成本型内部转移价格一般适用于利润中心

D. 协商型内部转移价格一般不低于单位变动成本和固定成本之和

【答案】B

【解析】内部转移价格是指企业内部各责任中心之间相互提供产品（或服务）、资金等内部交易时所采用的计价标准，选项A错误；成本型内部转移价格是指以企业制造产品的完全成本或变动成本等相对稳定的成本数据为基础制定的内部转移价格，一般适用于成本中心，选项C错误；协商型内部转移价格一般不高于市场价，不低于单位变动成本，选项D错误。

高频考点9：投资中心的划分★

投资中心是指某些分散经营的单位和部门，其经理所拥有的自主权不仅包括制定价格、确定产品和生产方法等经营决策权，而且还包括投资规模和投资类型等长期投资决策权。

投资中心的经理不仅能控制除公司分摊管理费用外的全部成本和收入，而且能控制占用的资产。

经典例题

【例题·多选题】下列各项指标中，属于投资中心责任范畴的有（　　）。

A. 投资中心发生的成本

B. 投资中心实现的利润

C. 投资中心资产的投资

D. 公司总部分摊给投资中心的管理费用

【答案】ABC

【解析】投资中心有权控制其发生的收入、成本、利润以及资产的占用，但无须对公司总部分摊的管理费用负责，选项A、B、C正确。

高频考点10：投资中心的考核指标★★★

投资中心业绩的考核指标有两种：投资报酬率和剩余收益。

投资报酬率	公式	部门投资报酬率＝部门税前经营利润÷部门平均净经营资产 部门平均净经营资产＝（期初净经营资产＋期末净经营资产）÷2
	优点	（1）根据现有的责任会计资料计算的，比较客观，可用于部门之间和不同行业之间的比较； （2）部门投资报酬率可以分解为投资周转率和部门经营利润率两者的乘积，并可进一步分解为资产的明细项目和收支的明细项目，从而对整个部门的经营状况作出评价
	缺点	部门经理会产生“次优化”行为，即放弃高于公司要求的报酬率而低于目前部门投资报酬率的机会，或者减少现有投资报酬率较低但高于公司要求的报酬率的某些资产，使部门的业绩获得较好评价，但却伤害了公司整体利益
剩余收益	公式	部门剩余收益＝部门税前经营利润－部门平均净经营资产应计报酬 ＝部门税前经营利润－部门平均净经营资产×要求的税前投资报酬率
	优点	（1）克服了由于使用比率来衡量部门业绩带来的次优化问题，使业绩评价与公司的目标协调一致，引导部门经理采纳高于公司要求的税前投资报酬率的决策； （2）允许使用不同的风险调整资本成本，可以对不同部门或不同资产规定不同的资本成本百分数，使该指标更加灵活
	缺点	（1）剩余收益是一个绝对数指标，不便于不同规模的公司和部门的业绩比较； （2）该指标依赖于会计数据的质量，如果会计信息质量低劣，会导致低质量的剩余收益和业绩评价

命题点拨

命题角度：投资中心业绩考核指标

本知识点的出题侧重点包括两个方面：一是两种业绩考核指标的具体计算公式，主要以选择题和计算分析题形式出现；二是两种业绩考核指标的优缺点，主要以选择题形式出现。考生应注重对这两种业绩考核指标的对比学习。

经典例题

【真题·单选题】（2018）甲公司下属投资中心本期部门税前经营利润15万元，部门平均资产100万元（其中平均非经营资产20万元），部门平均经营负债30万元，该部门要求的税前投资报酬率为10%，该中心的剩余收益（　　）万元。

A. 5　　　　B. 8

C. 7　　　　D. 10

【答案】D

【解析】部门平均净经营资产 = 部门平均经营资产 - 部门平均经营负债 = 100 - 20 - 30 = 50（万元）；剩余收益 = 部门税前经营利润 - 部门平均净经营资产 × 要求的税前投资报酬率 = 15 - 50 × 10% = 10（万元）。

【真题·多选题】（2018）用部门投资报酬率来评价投资中心业绩，优点包括（　　）。

A. 可用于部门之间的比较

B. 可以分解为投资周转率和部门经营利润率两者的乘积，对整个部门经营状况作出评价

C. 利用现有会计资料计算

D. 可以使业绩评价与企业目标协调一致

【答案】ABC

【解析】采用部门投资报酬率作为投资中心业绩考核指标会导致部门经理产生"次优化"行为，使部门的业绩获得较好评价，但却伤害了公司整体利益。部门剩余收益克服了由于使用比率来衡量部门业绩带来的次优化问题，使业绩评价与公司的目标协调一致，选项D是部门剩余收益指标的优点。

【例题·多选题】剩余收益是评价投资中心业绩的指标之一。下列关于剩余收益指标的说法中，正确的有（　　）。

A. 剩余收益可以根据现有财务报表资料直接计算

B. 剩余收益可以引导部门经理采取与企业总体利益一致的决策

C. 计算剩余收益时，对不同部门可以使用不同的资本成本

D. 剩余收益指标可以直接用于不同部门之间的业绩比较

【答案】BC

【解析】本题考查剩余收益指标的优缺点。部门剩余收益 = 部门税前经营利润 - 部门平均净经营资产 × 要求的税前投资报酬率，税前投资报酬率不能从财务报表资料中直接获取，选项A错误；剩余收益是绝对数指标，不便于不同部门之间的业绩比较，选项D错误。

高频考点11：三大责任中心特征对比★★★

项目	应用范围	权利	考核范围	考核指标
成本中心	最广	可控成本的控制权	可控的成本、费用	标准成本中心：既定产品质量和数量条件下的可控标准成本； 费用中心：可控费用预算
利润中心	较窄	有权对其供货的来源和市场的选择进行决策（经营决策权）	成本（费用）、收入、利润	部门边际贡献； 部门可控边际贡献； 部门税前经营利润
投资中心	最小	经营决策权、投资决策权	成本（费用）、收入、利润、投资效果（率）	部门投资报酬率； 部门剩余收益

经典例题

【例题·多选题】下列有关不同责任中心特征的比较中，说法正确的有（　　）。

A. 与投资中心相比，成本中心缺少对部门投资的决策权利

B. 与成本中心相比，利润中心的应用范围相对更广泛

C. 与成本中心相比，投资中心有权对其供货的来源和市场的选择进行决策

D. 与利润中心相比，投资中心的考核范围还应包括对投资效果的考量

【答案】ACD

【解析】三个责任中心的应用范围从大到

小依次是：成本中心 > 利润中心 > 投资中心，选项 B 错误。

【例题·多选题】下列各项中，属于利润中心考核指标的有（　　）。

A. 部门投资报酬率

B. 部门边际贡献

C. 部门剩余收益

D. 部门税前经营利润

【答案】BD

【解析】利润中心的考核指标包括：部门边际贡献、部门可控边际贡献、部门税前经营利润，选项 B、D 正确；部门投资报酬率和部门剩余收益属于投资中心的考核指标，选项 A、C 错误。

高频考点 12：责任中心业绩报告★★

内部责任中心的业绩评价和考核应该通过编制业绩报告来完成。

业绩报告是反映责任预算实际执行情况，揭示责任预算与实际结果之间差异的内部管理会计报告。

业绩报告中应当传递三种信息：关于实际业绩的信息；关于预期业绩的信息；关于实际业绩与预期业绩之间差异的信息。

业绩报告的三个主要特征：报告应当与个人责任相联系；实际业绩应该与最佳标准相比较；重要信息应当予以突出显示。

类型	考核指标	报告格式	编制原则
成本中心业绩报告	通常为该成本中心的所有可控成本，即责任成本	各列：按照可控成本明细项目列示其预算数、实际数和差异数。 各行：包括本身的可控成本和下属部门转来的责任成本	业绩报告应自下而上，从最基层的成本中心逐级向上汇编，直至最高层次的成本中心。级别越低的成本中心，其业绩报告涉及的成本项目分类越详细
利润中心业绩报告	通常为该利润中心的部门边际贡献、部门可控边际贡献和部门税前经营利润	各列：按照特定项目列示其预算数、实际数和差异数。 各行：包括销售收入、变动成本、边际贡献、可控固定成本、可控边际贡献、不可控固定成本、税前经营利润	业绩报告是自下而上逐级汇编的，直至整个企业的息税前利润
投资中心业绩报告	主要考核指标是投资报酬率和剩余收益，补充指标是现金回收率和剩余现金流量	各列：按照特定项目列示其预算数、实际数和差异数。 各行：在利润中心业绩报告特定项目的基础上增设部门平均净经营资产、部门投资报酬率、要求的税前投资报酬率、要求的税前投资收益、部门剩余收益	投资中心不仅需要对成本、收入和利润负责，而且还要对所占用的全部资产（包括固定资产和营运资金）的经营效益承担责任

经典例题

【例题·单选题】甲企业制造部是一个成本中心，下设 A、B 两个分厂。A 分厂包括 A1 和 A2 两个车间，B 分厂包括 B1、B2、B3 三个车间。下列关于各部门业绩报告中的可控成本范围，说法正确的是（　　）。

A. A 分厂的可控成本 = A1 车间的责任成本 + A2 车间的责任成本 + A 分厂本身的可控成本

B. B 分厂的可控成本 = 制造部本身的可控成本 + B 分厂本身的可控成本

C. 制造部的可控成本 = A 分厂的责任成本 + B 分厂的责任成本

D. A1 车间的可控成本 = A1 车间本身的可控成本 + A 分厂分配给 A1 车间的成本

【答案】A

【解析】每一级的业绩报告，除最基层只有本身的可控成本外，都应包括本身的可控成本和下属部门转来的责任成本。A 分厂的可控成本 = A1 车间的责任成本 + A2 车间的责任成本 + A 分厂本身的可控成本，选项 A 正确；B 分厂的可控成本 = B1 车间的责任成本 + B2 车间的责任成本 + B3 车间的责任成本 + B 分厂本身的可控成本，选项 B 错误；制造部的可控成本 = A 分厂的责任成本 + B 分厂的责任成本 + 制造部本身的可控成本，选项 C 错误；A1 车间的可控成本 = A1 车间本身的可控成本，选项 D 错误。

进阶练习

（一）单选题

1. 下列关于科层组织结构的表述中，正确的是（　　）。

A. 企业生产经营的决策权力主要集中在参谋人员手中

B. 参谋职能机构有权对下级直接下达命令或进行指挥

C. 科层组织结构是由直线人员负全面领导责任

D. 实行科层组织结构的企业对外在环境的反应比较迅速

2. 下列各项中，不属于划分成本中心可控成本的条件是（　　）。

A. 成本耗费可调节

B. 成本耗费可计量

C. 成本耗费可弥补

D. 成本耗费可控制

3. 下列关于利润中心的表述中，正确的是（　　）。

A. 所有采用利润指标来计算经营成果的组织单位都是利润中心

B. 只有能够直接向公司外部出售产品的部门才能成为利润中心

C. 利润中心大多出现在集权式组织结构中

D. 利润中心需要具有采购、生产和销售的自主权或独立性

4. 甲部门是一个利润中心。下列财务指标中，最适合用来评价该部门对公司利润和管理费用贡献的是（　　）。

A. 边际贡献

B. 部门可控边际贡献

C. 部门税前经营利润

D. 部门投资报酬率

5. 甲企业的某部门是一个利润中心，本月该部门销售收入为 10 000 元，已销商品的变动成本为 6 000 元，变动销售费用和管理费用合计 1 500 元，部门可控固定成本为 500 元，部门不可控固定成本为 800 元。则本月该部门可控边际贡献是（　　）元。

A. 1 200　　B. 2 000

C. 2 500　　D. 4 000

6. 下列内部转移价格制定方法中，适合分权程度较高的企业采用的是（　　）。

A. 价格型内部转移价格

B. 协商型内部转移价格

C. 市场型内部转移价格

D. 成本型内部转移价格

7. 下列关于利润中心的说法中，错误的是（　　）。

A. 拥有供货来源和市场选择决策权的责任中心，才能成为利润中心

B. 考核利润中心的业绩，除了使用利润指标外，还需使用一些非财务指标

C. 为了便于不同规模的利润中心业绩比较，应以利润中心实现的利润与所占用资产相联系的相对指标作为其业绩考核的依据

D. 为防止责任转嫁，正确考核利润中心业绩，需要制定合理的内部转移价格

8. 如果企业的管理层和有关各方认为不需要对提供的相关产品频繁变动价格，则业绩

评价适合采用的内部转移价格是（　　）。

A. 外销价格

B. 活跃市场价格

C. 参照外部市场或预测价格制定的模拟市场价格

D. 在生产成本基础上加一定比例毛利计算的价格

9. 甲企业是一家分权程度较高的企业，其下设的利润中心采用协商机制制定内部转移价格。一般情况下，协商价格的取值范围（　　）。

A. 不高于完全成本，不低于变动成本

B. 不高于完全成本，不低于标准成本

C. 不高于市场价格，不低于标准成本

D. 不高于市场价格，不低于变动成本

10. 甲企业下属的投资中心本年税前经营利润 36 万元，本年初该中心平均经营资产 90 万元，平均经营负债 10 万元；截至本年末，平均经营资产 120 万元，平均经营负债 20 万元。则该中心本年的投资报酬率为（　　）。

A. 45%　　B. 36%

C. 40%　　D. 42%

11. 内部责任中心在编制业绩报告时，应当传达的信息不包括（　　）。

A. 关于实际业绩的信息

B. 关于预期业绩的信息

C. 关于责任中心职权范围的信息

D. 关于实际业绩与预期业绩之间差异的信息

12. 下列各项中，通常作为成本中心业绩考核指标的是（　　）。

A. 全部可控成本

B. 直接材料、直接人工和全部制造费用

C. 直接材料、直接人工和变动制造费用

D. 直接材料、直接人工和可控制造费用

13. 下列关于利润中心业绩报告的表述中，正确的是（　　）。

A. 利润中心业绩报告是由最高层利润中心统一编制的

B. 利润中心业绩报告是自下而上逐级汇编的

C. 利润中心业绩报告是自上而下逐级汇编的

D. 利润中心业绩报告是由指定的利润中心统一编制的

14. 下列各项中，适合建立标准成本中心的单位或部门是（　　）。

A. 企业财务部门

B. 企业生产车间

C. 企业研发部门

D. 企业人事部门

（二）多选题

1. 下列关于事业部制组织结构的表述中，正确的有（　　）。

A. 事业部制是一种集权的组织结构

B. 在总公司领导下的各个事业部均实行相对独立的经营和核算

C. 每个事业部都是总公司控制下的一个利润中心

D. 总公司与事业部之间相互独立，各个事业部的盈亏不会影响总公司的盈亏

2. 在企业组织结构中，网络组织结构的特点有（　　）。

A. 分散性　　B. 创新性

C. 高效性　　D. 协作性

3. 下列关于成本中心的表述中，正确的有（　　）。

A. 一个成本中心可以由若干个更小的成本中心所组成

B. 任何发生成本的责任领域，都可以确定为标准成本中心

C. 成本中心取得的收入是其考核的主要内容

D. 成本中心的职责是用一定的成本去完成规定的具体任务

4. 与标准成本中心相比，费用中心的特征包括（　　）。

A. 产出的实际数量能够可靠计量

B. 产出不能用财务指标来衡量

C. 投入与产出之间存在密切关系

D. 投入与产出之间无密切关系

5. 下列各项中，适于划分为费用中心的部门或单位有（　　）。

A. 生产车间　　B. 行政管理部门

C. 制造业工厂　　D. 企业销售部门

6. 在完全成本法下，由标准成本中心承担责任的成本差异有（　　）。

A. 变动制造费用效率差异

B. 固定制造费用耗费差异

C. 固定制造费用闲置能力差异

D. 固定制造费用效率差异

7. 下列有关标准成本中心的说法中，正确的有（　　）。

A. 标准成本中心不对生产能力的利用程度负责

B. 标准成本中心不进行设备购置决策

C. 标准成本中心不对既定产量的投入量负责

D. 标准成本中心应严格执行产量计划，不应超产或减产

8. 下列关于成本中心可控成本和不可控成本的表述中，正确的有（　　）。

A. 一项成本，对某个责任中心是可控的，对另外的责任中心则是不可控的

B. 有些成本，对于下级单位是不可控的，对于上级单位则是可控的

C. 成本在消耗或支付当期是可控的，一旦消耗或支付就不再可控

D. 从整个公司的空间范围和很长的时间范围来观察，所有成本都是可控的

9. 根据不同情况将制造费用分摊到各责任中心的方法有（　　）。

A. 直接计入责任中心

B. 按责任基础进行分配

C. 按受益基础进行分配

D. 按承受能力基础进行分配

10. 甲公司的生产车间是一个成本责任中心，下列关于该生产车间日常工作过程中发生的成本费用归属和分摊的方法，正确的有（　　）。

A. 车间的机物料消耗应直接计入该责任中心

B. 车间消耗的动力费应按照责任基础进行分配

C. 车间厂房的折旧费用不应进行分摊

D. 车间的运输费用应按照受益基础进行分配

11. 甲公司采用事业部制组织形式，并将每个事业部划分为一个利润中心。这些利润中心在日常经营过程中，需要对其（　　）承担责任。

A. 收入　　B. 成本

C. 费用　　D. 资产投资

12. 利润中心的考核指标除了利润以外，还需要一些非货币的衡量方法作为补充。下列各项中，属于非货币的衡量方法的有（　　）。

A. 市场地位　　B. 产品质量

C. 职工态度　　D. 社会责任

13. 以下关于责任中心的表述中，正确的有（　　）。

A. 任何发生成本的责任领域都可以确定为成本中心

B. 任何可以计量利润的组织单位都可以确定为利润中心

C. 与利润中心相比，标准成本中心仅缺少销售权

D. 投资中心不仅能够控制生产和销售，还能控制占用的资产

14. 以部门剩余收益作为投资中心业绩评价指标的优点有（　　）。

A. 便于按部门资产的风险不同，调整部门的资本成本

B. 计算数据可直接来自现有责任会计资料

C. 可以用于不同规模的公司和部门的业绩比较

D. 能促使部门经理的决策与企业总目标一致

15. 责任中心的业绩评价和考核通过编制业绩报告来完成，关于业绩报告的特征，下列说法正确的有（　　）。

A. 报告内容应当与企业目标相一致
B. 业绩报告应当与个人责任相联系
C. 实际业绩应当与一般标准相比较
D. 重要信息应当予以突出显示

16. 下列关于成本中心业绩报告的表述中，错误的有（　　）。
A. 成本中心应当由各级经理人就其权责范围编制业绩报告
B. 最基层的业绩报告只包括可控成本，不包括上级部门发生的责任成本
C. 成本中心业绩报告应自上而下编制，从最高层的成本中心逐级向下汇编
D. 级别越高的成本中心，业绩报告涉及的成本项目分类越详细

17. 考核投资中心业绩情况的指标有（　　）。
A. 投资报酬率　　B. 剩余收益
C. 现金回收率　　D. 剩余现金流量

18. 下列关于成本中心、利润中心和投资中心各自特征的表述中，说法错误的有（　　）。
A. 成本中心的考核指标包括部门边际贡献和部门税前经营利润
B. 利润中心的考核范围包括成本、收入、利润和投资效果
C. 投资中心不仅享有经营决策权，而且享有投资决策权
D. 与利润中心和投资中心相比，成本中心的应用范围最广

19. 内部转移价格具体可分为市场型、成本型和协商型。下列关于这三种内部转移价格的表述中，正确的有（　　）。
A. 市场型内部转移价格一般适用于利润中心
B. 成本型内部转移价格一般适用于成本中心
C. 协商型内部转移价格是供求双方通过协商机制制定的价格，主要适用于集权程度较高的企业
D. 协商型内部转移价格的取值范围一般不高于市场价，不低于单位变动成本

（三）计算分析题

1. 资料一：甲公司下设 A、B 两个投资中心。A 投资中心本年税前经营利润为 280 万元，部门平均经营资产 2 000 万元，平均经营负债 400 万元；B 投资中心本年部门投资报酬率为 16%，部门剩余收益为 120 万元。甲公司对 A 投资中心要求的税前投资报酬率为 12%，对 B 投资中心要求的税前投资报酬率为 14%，该公司平均资本成本为 10%。

资料二：现在甲公司决定向 A 或 B 投资中心追加净投资 500 万元，若投向 A 投资中心，每年可增加部门税前经营利润 70 万元；若投向 B 投资中心，每年可增加部门税前经营利润 106 万元。假设追加投资前后对 A、B 投资中心要求的税前投资报酬率保持不变。

要求：

（1）计算追加投资前 A 投资中心的部门剩余收益。

（2）计算追加投资前 B 投资中心的部门平均净经营资产。

（3）如果向 A 投资中心追加投资，计算其追加投资后的部门剩余收益。

（4）如果向 B 投资中心追加投资，计算其追加投资后的部门投资报酬率。

2. 甲公司是一家上市公司，正在对内部 A、B 投资中心进行业绩考核。2019 年相关资料如下：

2019 年相关资料

金额单位：元

投资中心	税前经营利润	平均经营资产	平均经营负债	要求的税前投资报酬率
A 投资中心	153 000	1 350 000	75 000	10%
B 投资中心	134 400	900 000	60 000	12%

要求：

（1）分别计算 A、B 两个投资中心的部门投资报酬率和部门剩余收益（结果填入下方表格中，不用列出计算过程）。

指标		A 投资中心	B 投资中心
目前状态	部门投资报酬率（%）		
	部门剩余收益（元）		

（2）假定公司现有一个投资机会，投资额 21 万元，每年可创造税前经营利润 26 000 元，如果 A、B 投资中心都可进行该投资，且投资前后各自要求的税前投资报酬率保持不变，计算 A、B 投资中心分别投资后的部门投资报酬率和部门剩余收益；分析如果公司分别采用投资报酬率和剩余收益对 A、B 投资中心进行业绩考核，A、B 投资中心是否愿意进行该投资（结果填入下方表格中，不用列出计算过程）。

指标			A 投资中心	B 投资中心
投资后	部门投资报酬率	计算结果（%）		
		是否投资		
	部门剩余收益	计算结果（元）		
		是否投资		

（3）综合上述计算，分析部门投资报酬率和部门剩余收益作为投资中心业绩评价指标的优缺点。

3. 甲公司是一家大型生产企业，其下设乙部门负责生产 A、B、C 三种产品。目前，甲公司正在对乙部门进行业绩考核。2020 年相关资料如下：

项目	A 产品	B 产品	C 产品
销量（件）	96 000	51 200	37 500
销售单价（元）	40	58	63
单位变动成本（元）	28	37	38
生产单位产品所需机器工时（小时）	2	3	5

其他资料：

（1）乙部门生产 A、B、C 三种产品共用一条生产线，该生产线最大年生产能力为 750 000 机器小时。

（2）乙部门年固定制造费用 42.3 万元，年固定销售费用 21.07 万元，年固定管理费用 33.1 万元。

（3）乙部门年均净经营资产 800 万元，公司要求的税前投资报酬率为 12%。

要求：

（1）计算乙部门的投资报酬率和剩余收益。

（2）乙部门现有一个投资机会，投资额 1 600 万元，每年可创造税前经营利润 340 万元。假设甲公司按投资报酬率考核，乙部门是否愿意接受该投资？假设甲公司按剩余收益考核，乙部门是否愿意接受该投资？哪种考核指标更符合甲公司利益？简要说明理由。

（3）预测 2021 年 A、B、C 三种产品市场需求均增长 15%，假设乙部门可以在最大产能范围内灵活安排生产。为有效利用产能，确定 2021 年 A、B、C 三种产品生产的优先顺序和产量。

进阶练习答案及解析

（一）单选题

1.【答案】C

【解析】科层组织结构企业生产经营的决策权力主要集中在最高层的直线领导手中，选项 A 错误。科层组织结构中，存在两类管理结构，分别为直线指挥机构和参谋职能机构，前者是主体，后者是辅助，职能部门对下级无权直接下达命令或进行指挥，只能提供建议、咨询以及业务指导，选项 B 错误。科层组织结构的缺点是，部门之间工作协调常会出现困难，导致不同部门各自为政，甚至争夺公司内部资源；整个企业对外在环境的反应会比较迟钝；员工较长时间在一个部门工作，往往眼光会变得狭隘，只看到本部门的目标和利益，缺乏整体意识和创新精神，选项 D 错误。

2.【答案】C

【解析】可控成本通常应同时符合以下三个条件：（1）成本中心有办法知道将发生什么样性质的耗费；（2）成本中心有办法计量它的耗费；（3）成本中心有办法控制并调节它的耗费。

3.【答案】D

【解析】利润中心需要具有采购、生产和销售的自主权或独立性，仅仅规定一个组织单位的产品价格并把投入的成本归集到该单位，即使可以计量利润，也并不能使该组织单位具有自主权或独立性，选项 A 错误，选项 D 正确；利润中心包括自然的利润中心和人为的利润中心两种类型，人为的利润中心主要在公司内部按照内部转移价格出售产品，选项 B 错误；利润中心存在于大型分散式经营的组织中，小公司或集权式管理公司一般不存在利润中心，选项 C 错误。

4.【答案】C

【解析】部门税前经营利润扣除了部门可控固定成本和部门不可控固定成本，所以，适合用来评价部门对公司利润和管理费用的贡献。

5.【答案】B

【解析】部门可控边际贡献 = 部门销售收入 - 部门已销商品变动成本 - 部门变动销售费用和管理费用 - 部门可控固定成本 = 10 000 - 6 000 - 1 500 - 500 = 2 000（元）。

6.【答案】B

【解析】协商型内部转移价格是指企业内部供求双方通过协商机制制定的内部转移价格，主要适用于分权程度较高的企业。

7.【答案】C

【解析】从根本目的上看，利润中心是指管理人员有权对其供货的来源和市场的选择进行决策的单位，选项 A 正确；对于利润中心进行考核的指标主要是利润，除了使用利润指标外，还需要使用一些非财务指标，如生产率、市场地位等，选项 B 正确；利润中心没有权力决定该中心资产的投资水平，不能控制占用的资产，选项 C 表述错误，当选；制定内部转移价格的一个目的是防止成本转移带来的部门间责任转嫁，选项 D 正确。

8.【答案】C

【解析】企业的管理层和有关各方认为不需要频繁变动价格，可参照外部市场或预测价格制定模拟市场价作为内部转移价格。

9.【答案】D

【解析】通过协商机制制定的内部转移价格，协商价格的取值范围通常较宽，一般不高于市场价格，不低于变动成本。

10.【答案】C

【解析】部门平均净经营资产 =（期初净经营资产 + 期末净经营资产）/2 = [（90 - 10）+（120 - 20）]/2 = 90（万元）；部门投资报酬率 =

部门税前经营利润/部门平均净经营资产 = 36/90 × 100% = 40%，选项 C 正确。

11. 【答案】C

【解析】业绩报告中应当传递三种信息：关于实际业绩的信息；关于预期业绩的信息；关于实际业绩与预期业绩之间差异的信息。

12. 【答案】A

【解析】成本中心的业绩考核指标通常为该成本中心的所有可控成本，即责任成本，选项 A 正确。

13. 【答案】B

【解析】利润中心的业绩报告是自下而上逐级汇编的，直至整个企业的息税前利润。

14 【答案】B

【解析】标准成本中心必须是所生产的产品稳定而明确，并且已经知道单位产品所需要的投入量的责任中心。通常，标准成本中心的典型代表是制造业工厂、车间、工段、班组等，选项 B 当选；对于那些产出不能用财务指标来衡量，或者投入和产出之间没有密切关系的部门或单位，适于划分为费用中心。这些部门或单位包括财务、会计、人事、劳资、计划等行政管理部门、研究开发部门、销售部门。

（二）多选题

1. 【答案】BC

【解析】事业部制是一种分权的组织结构，选项 A 错误；各个事业部实行相对独立的经营和核算，具有从生产到销售的全部职能，选项 B 正确；事业部是在总公司控制下的利润中心，总公司以各事业部为单位制定利润预算，选项 C 正确；事业部制的主要特点之一是各个事业部的盈亏直接影响总公司的盈亏，总公司的利润是各个事业部利润之和，总公司对各个事业部下达利润指标，各个事业部必须保证对总公司下达的利润指标的实现，选项 D 错误。

2. 【答案】ABCD

【解析】网络组织结构的主要特点是：分散性、创新性、高效性、协作性。

3. 【答案】AD

【解析】任何发生成本的责任领域，都可以确定为成本中心，但并非都可以确定为标准成本中心。标准成本中心必须是所生产的产品稳定而明确，并且已经知道单位产品所需要的投入量的责任中心，对于不能同时满足上述条件的成本中心，应当划分为费用中心，选项 B 错误；成本中心往往是没有收入的，有的成本中心可能有少量收入，但不成为其主要的考核内容，选项 C 错误。

4. 【答案】BD

【解析】费用中心的产出不能用财务指标来衡量，或者投入和产出之间没有密切关系，选项 B、D 正确；产出的实际数量能够可靠计量、投入与产出之间存在密切关系属于标准成本中心的特征。

5. 【答案】BD

【解析】对于那些产出不能用财务指标来衡量，或者投入与产出之间没有密切关系的部门或单位，适于划分为费用中心。这些部门或单位包括财务、会计、人事、劳资、计划等行政管理部门、研究开发部门、销售部门等，选项 B、D 正确；标准成本中心必须是所生产的产品稳定而明确，并且已经知道单位产品所需要的投入量的责任中心。通常，标准成本中心的典型代表是制造业工厂、车间、工段、班组等，选项 A、C 错误。

6. 【答案】ABD

【解析】标准成本中心不对生产能力的利用程度负责，因此固定制造费用闲置能力差异不属于标准成本中心责任范畴，选项 C 不选；变动制造费用效率差异、固定制造费用耗费差异和固定制造费用效率差异一般是由生产部门负责，因此属于标准成本中心责任范畴，选项 A、B、D 当选。

7. 【答案】ABD

【解析】标准成本中心不需要作出定价决策、产量决策或产品结构决策，这些决策由上级管理部门作出，或授权给销售部门。标准成本中心的设备和技术决策，通常由职能管理部门作出，而不是由成本中心的管理人员自己决定，选项 B 正确；标准成本中心不对生产能力的利用程度负责，只对既定产量的投入量承担责任，选项 A 正确，选项 C 错误；标准成本中心必须按规定的质量、时间标准和计划产量进行生产，选项 D 正确。

8.【答案】ABCD

【解析】可控成本总是针对特定责任中心来说的。一项成本，对某个责任中心来说是可控的，对另外的责任中心来说则是不可控的，选项 A 正确；有些成本，对于下级单位来说是不可控的，而对于上级单位来说则是可控的，选项 B 正确；区分可控成本和不可控成本，还要考虑成本发生的时间范围。一般来说，在消耗或支付的当期成本是可控的，一旦消耗或支付就不再可控，选项 C 正确；从整个公司的空间范围和很长的时间范围来观察，所有成本都是可控的，选项 D 正确。

9.【答案】ABC

【解析】制造费用的归属和分摊方法包括：（1）直接计入责任中心；（2）按责任基础分配；（3）按受益基础分配；（4）归入某一个特定的责任中心；（5）不能归属于任何责任中心的固定成本，不进行分摊。

10.【答案】ABC

【解析】车间的运输费用应当归入某一个特定的责任中心，由其控制此项成本，选项 D 错误。

11.【答案】ABC

【解析】利润中心是指对利润负责的责任中心，由于利润等于收入减去成本或费用，所以利润中心是对收入、成本或费用都要承担责任的责任中心，选项 A、B、C 正确；利润中心没有责任或权利决定该中心资产投资的水平，选项 D 错误。

12.【答案】ABCD

【解析】非货币的衡量方法包括生产率、市场地位、产品质量、职工态度、社会责任、短期目标和长期目标的平衡等。

13.【答案】AD

【解析】任何发生成本的责任领域都可以确定为成本中心，选项 A 正确；利润中心需要具有采购、生产和销售的自主权或独立性，仅仅规定一个组织单位的产品价格并把投入的成本归集到该单位，即使可以计量利润，也并不能使该组织单位具有自主权或独立性，选项 B 错误；标准成本中心的管理人员不仅缺少销售权，而且对产品的品种结构和产量也无权决策，选项 C 错误；投资中心不仅能够控制生产和销售（即具有经营决策权），还能控制占用的资产（即具有投资决策权），选项 D 正确。

14.【答案】AD

【解析】部门剩余收益 = 部门税前经营利润 − 部门平均净经营资产 × 要求的税前投资报酬率，税前投资报酬率不能从现有会计资料中获得，选项 B 错误；剩余收益是绝对数指标，不便于不同规模的公司和部门的业绩比较，选项 C 错误。

15.【答案】BD

【解析】业绩报告的三个主要特征：报告应当与个人责任相联系；实际业绩应该与最佳标准相比较；重要信息应当予以突出显示。

16.【答案】CD

【解析】成本中心的各级经理人，就其权责范围编制业绩报告并对其负责部门的成本差异负责，选项 A 正确；每一级的业绩报告，除最基层只有本身的可控成本外，都应包括本身的可控成本和下属部门转来的责任成本，选项 B 正确；成本中心业绩报告应自下而上，从最基层的成本中心逐级向上汇编，直至最高层次的成本中心，选项 C 表述错误，当选；级别越低的成本中心，从事的经营活动越具体，其业绩报告涉及的成本项目分类也越详细，选项 D 表述错误，当选。

17.【答案】ABCD

【解析】投资中心的主要考核指标是投资报酬率和剩余收益，补充的指标是现金回收率和剩余现金流量。

18.【答案】AB

【解析】成本中心的考核指标包括标准成本中心（既定产品质量和数量条件下的标准成本）和费用中心（费用预算）；利润中心的考

核指标包括部门边际贡献、部门可控边际贡献和部门税前经营利润；投资中心的考核指标包括部门投资报酬率和部门剩余收益，选项A表述错误，当选；成本中心的考核范围包括可控的成本和费用；利润中心的考核范围包括成本（费用）、收入和利润；投资中心的考核范围包括成本（费用）、收入、利润和投资效果（率），选项B错误，当选。

19.【答案】ABD

【解析】协商型内部转移价格指企业内部供求双方通过协商机制制定的内部转移价格，主要适用于分权程度较高的企业。选项C错误。

（三）计算分析题

1.【答案及解析】

（1）追加投资前A投资中心的部门剩余收益 = 280 − (2 000 − 400) × 12% = 88（万元）

（2）设B投资中心的部门税前经营利润为X万元，部门平均净经营资产为Y万元。则：16% = X/Y；120 = X − Y × 14%，解得：X = 960，Y = 6 000。

追加投资前B投资中心的部门平均净经营资产 = 6 000万元

（3）追加投资后A投资中心的部门剩余收益 = (280 + 70) − (2 000 + 500 − 400) × 12% = 98（万元）

（4）追加投资后B投资中心的部门投资报酬率 = (960 + 106)/(6 000 + 500) × 100% = 16.4%

2.【答案及解析】

（1）

指标		A投资中心	B投资中心
目前状态	部门投资报酬率（%）	12	16
	部门剩余收益（元）	25 500	33 600

A投资中心部门投资报酬率 = 153 000/(1 350 000 − 75 000) = 12%

A投资中心部门剩余收益 = 153 000 − (1 350 000 − 75 000) × 10% = 25 500（元）

B投资中心部门投资报酬率 = 134 400/(900 000 − 60 000) × 100% = 16%

B投资中心部门剩余收益 = 134 400 − (900 000 − 60 000) × 12% = 33 600（元）

（2）

指标			A投资中心	B投资中心
投资后	部门投资报酬率	计算结果（%）	12.05	15.28
		是否投资	投资	不投资
	部门剩余收益	计算结果（元）	30 500	34 400
		是否投资	投资	投资

A投资中心部门投资报酬率 = (153 000 + 26 000)/(210 000 + 1 350 000 − 75 000) × 100% = 12.05%

A投资中心部门剩余收益 = (153 000 + 26 000) − (210 000 + 1 350 000 − 75 000) × 10% = 30 500（元）

B投资中心部门投资报酬率 = (134 400 + 26 000)/(210 000 + 900 000 − 60 000) × 100% = 15.28%

B投资中心部门剩余收益 = (134 400 + 26 000) − (210 000 + 900 000 − 60 000) × 12% = 34 400（元）

（3）①以部门投资报酬率作为投资中心业绩评价指标的优点：根据现有的责任会计资

料计算的，比较客观，可用于部门之间以及不同行业之间的比较；部门投资报酬率可以分解为投资周转率和部门经营利润率两者的乘积，并可进一步分解为资产的明细项目和收支的明细项目，从而对整个部门经营状况作出评价。

②以部门投资报酬率作为投资中心业绩评价指标的缺点：部门经理会产生“次优化”行为，使部门业绩获得好评，但是损害公司整体利益。比如B部门增加投资后，投资报酬率降低，但是依然高于资本成本，站在B部门的角度，部门经理会为了部门业绩而放弃这个投资。

③以部门剩余收益作为投资中心业绩评价指标的优点：可以使业绩评价与公司的目标协调一致，引导部门经理采纳高于公司要求的税前投资报酬率的决策；允许使用不同的风险调整资本成本。

④以部门剩余收益作为投资中心业绩评价指标的缺点：不便于不同规模的公司和部门的业绩比较；依赖会计数据的质量，如果会计数据质量低劣，必然会导致低质量的剩余收益和业绩评价。

3. 【答案及解析】

（1）乙部门税前经营利润 = 96 000 ×（40 - 28）+ 51 200 ×（58 - 37）+ 37 500 ×（63 - 38）- 423 000 - 210 700 - 331 000 = 220（万元）

乙部门投资报酬率 = 220/800 × 100% = 27.5%

乙部门剩余收益 = 220 - 800 × 12% = 124（万元）

（2）①新的投资机会的投资报酬率 = 340/1 600 × 100% = 21.25%

新的投资机会的投资报酬率低于原来的投资报酬率，投资后会降低总的投资报酬率，因此，乙部门不愿意接受该投资。

②新的投资机会的剩余收益 = 340 - 1 600 × 12% = 148（万元）

新的投资机会的剩余收益大于0，接受投资后会增加剩余收益，因此，乙部门愿意接受该投资。

③使用投资报酬率作为业绩评价标准时，部门经理可以通过加大公式分子或减少公式的分母来提高这个比率。从引导部门经理采取与公司总体利益一致的决策来看，投资报酬率并不是一个很好的指标。而剩余收益的主要优点是可以使业绩评价与公司的目标协调一致，引导部门经理采纳高于公司要求的税前投资报酬率的决策。因此，剩余收益指标更符合甲公司利益。

（3）A产品单位约束资源边际贡献 =（40 - 28）/2 = 6（元）

B产品单位约束资源边际贡献 =（58 - 37）/3 = 7（元）

C产品单位约束资源边际贡献 =（63 - 38）/5 = 5（元）

因此，应优先安排生产B产品，其次是A产品，最后是C产品。

A产品产量 = 96 000 ×（1 + 15%）= 110 400（件）

B产品产量 = 51 200 ×（1 + 15%）= 58 880（件）

C产品产量 =（750 000 - 110 400 × 2 - 58 880 × 3）/5 = 70 512（件）

第十九章　业绩评价

2023 年教材内容主要变化

2023 年第十九章教材内容无变化。

本章近五年考试高频考点分布

本章是第三编管理会计的一般性章节。从近五年的考试来看，该章主要以客观题形式考核，个别年份也在综合题中出现，考点为关键绩效指标法的应用及优缺点。最近五年本章平均考试分值为 3.7 分。

高频考点内容	年度及题型分布
关键绩效指标法	2022 年综合、2021 年单选、2021 年综合
经济增加值概述	2019 年多选
不同类型经济增加值的计算	2020 年多选
简化的经济增加值的计算	2021 年单选、2020 年单选
平衡计分卡的四个维度	2022 年多选、2018 年多选

高频考点精讲

本章介绍的是企业层面的业绩评价方法，包括关键绩效指标法、经济增加值和平衡计分卡，涉及的知识点难度不大且考题范围相对集中。在学习本章内容时，考生应重点掌握各种业绩评价方法的基本概念和计算应用。本章的主要内容包括：财务业绩评价与非财务业绩评价、关键绩效指标法、经济增加值、平衡计分卡。

高频考点 1：财务业绩评价与非财务业绩评价★

项目	财务业绩评价	非财务业绩评价
含义	根据财务信息评价管理者业绩	根据非财务信息评价管理者业绩
优点	（1）可以反映企业的综合经营成果； （2）容易从会计系统中获取数据，操作简便，易于理解	（1）避免财务业绩评价只侧重过去、比较短视的不足； （2）体现长远业绩和外部对企业的整体评价
缺点	（1）只能反映企业短期业绩，无法反映长期业绩改善情况； （2）属于结果导向，只注重财务结果，而对结果的改善过程欠考虑； （3）会计数据受到有偏估计的影响，无法公允反映管理层的真正业绩	（1）一些关键的非财务业绩指标往往比较主观； （2）数据的收集比较困难； （3）评价指标数据的可靠性难以保证
指标举例	净利润、资产报酬率、经济增加值等	与顾客相关的指标：市场份额、关键客户订货量、顾客满意度、顾客忠诚度等； 与企业内部营运相关的指标：及时送货率、存货周转率、产品或服务质量、周转时间等； 反映员工学习与成长的指标：员工满意度、员工建议次数、员工流动率等

经典例题

【例题·多选题】使用财务指标进行业绩评价的主要缺点有（　　）。

A. 不能计量公司的长期业绩

B. 只注重最终的财务结果而不注重结果的改善过程

C. 容易受到会计数据有偏估计的影响

D. 数据收集难度较大

【答案】ABC

【解析】使用财务指标进行业绩评价的优点是容易从会计系统中获得相应的数据，操作简便，易于理解。数据收集难度较大是使用非财务指标进行业绩评价的缺点，选项 D 不选。

高频考点 2：关键绩效指标法（KPI）★★

（一）关键绩效指标法的含义

关键绩效指标法是指基于企业战略目标，通过建立关键绩效指标体系，将价值创造活动与战略规划目标有效联系，并据此进行绩效管理的方法。

关键绩效指标法可以单独使用，也可以与经济增加值法、平衡计分卡等其他方法结合使用。

关键绩效指标法的应用对象可以是企业，也可以是企业所属的单位（部门）和员工。

（二）应用关键绩效指标法的程序

企业应用关键绩效指标法的程序包括：

（1）制定以关键绩效指标为核心的绩效计划；

（2）制定激励计划；

（3）执行绩效计划与激励计划；

（4）实施绩效评价与激励；

（5）编制绩效评价报告与激励管理报告等。

上述程序中，与其他业绩评价方法的关键不同是制定和实施以关键绩效指标为核心的绩效计划。

（三）制定绩效计划

制定绩效计划包括构建关键绩效指标体系、分配指标权重、确定绩效目标值等。

1. 构建关键绩效指标体系。

对于一个企业，可以分为三个层次来制定关键绩效指标体系。

级别层次	指标设定依据
企业级关键绩效指标	根据战略目标，结合价值创造模式，综合考虑企业内外部经营环境等因素设定
所属单位（部门）级关键绩效指标	根据企业级关键绩效指标，结合所属单位（部门）关键业务流程，按照上下结合、分级编制、逐级分解的程序，在沟通反馈的基础上设定
岗位（员工）级关键绩效指标	根据所属单位（部门）级关键绩效指标，结合员工岗位职责和关键工作价值贡献设定

企业的关键绩效指标一般可分为结果类和动因类两类指标。结果类指标是反映企业绩效的价值指标，主要包括投资报酬率、权益净利率、经济增加值、息税前利润、自由现金流量等；动因类指标是反映企业价值关键驱动因素的指标，主要包括资本性支出、单位生产成本、产量、销量、客户满意度、员工满意度等。

关键绩效指标应含义明确、可度量、与战略目标高度相关。指标的数量不宜过多，每一层级关键绩效指标一般不超过 10 个。

2. 分配指标权重。

关键绩效指标的权重分配应以企业战略目标为导向，反映被评价对象对企业价值贡献或支持的程度，以及各指标之间的重要性水平。

单项关键绩效指标权重一般设定在 5% ~ 30% 之间，对特别重要的指标可适当提高权重。对特别关键、影响企业整体价值的指标可设立“一票否决”制度，即如果某项关键绩效指标未完成，无论其他指标是否完成，均视为未完成绩效目标。

3. 确定绩效目标值。

企业确定关键绩效指标目标值，一般参考如下标准：

（1）参考国家有关部门或权威机构发布的行业标准或参考竞争对手标准；

（2）参照企业内部标准；

（3）根据企业历史经验值确定（前提是前两种方法都不可行）。

（四）关键绩效指标法的优点和缺点

优点	（1）使企业业绩评价与战略目标密切相关，有利于企业战略目标的实现； （2）通过识别价值创造模式把握关键价值驱动因素，能够更有效地实现企业价值增值目标； （3）评价指标数量相对较少，易于理解和使用，实施成本相对较低，有利于推广实施
缺点	关键绩效指标的选取需要透彻理解企业价值创造模式和战略目标，有效识别核心业务流程和关键价值驱动因素，指标体系设计不当将导致错误的价值导向和管理缺失

经典例题

【例题·单选题】企业关键绩效指标分为结果导向和过程导向，下列属于结果导向指标的是（　　）。

A. 单位生产成本

B. 资本性支出

C. 客户满意度

D. 自由现金流量

【答案】D

【解析】结果类指标是反映企业绩效的价值指标，主要包括投资报酬率、权益净利率、经济增加值、息税前利润、自由现金流量等综合指标，选项 D 当选。

【例题·多选题】下列关于关键绩效指标的表述中，正确的有（　　）。

A. 关键绩效指标法的评价对象可以是企业所属的单位和员工

B. 关键绩效指标需要与其他业绩评价方法结合使用

C. 岗位级关键绩效指标应当根据企业级关键绩效指标设定

D. 企业级关键绩效指标数量一般不超过10个

【答案】AD

【解析】关键绩效指标法的应用对象可以是企业，也可以是企业所属的单位（部门）和员工，选项A正确；关键绩效指标法可以单独使用，也可以与经济增加值法、平衡计分卡等其他方法结合使用，选项B错误；岗位（员工）级关键绩效指标根据所属单位（部门）级关键绩效指标，结合员工岗位职责和关键工作价值贡献设定，选项C错误；关键绩效指标的数量不宜过多，每一层级关键绩效指标一般不超过10个，选项D正确。

高频考点3：经济增加值概述（EVA）★★

（一）经济增加值的概念

经济增加值指从税后净营业利润中扣除全部投入资本的资本成本后的剩余收益。计算公式如下：

经济增加值＝调整后税后净营业利润－调整后平均资本占用×加权平均资本成本

经济增加值为正，表明经营者在为企业创造价值；

经济增加值为负，表明经营者在损毁企业价值。

【注意】公式中“税后净营业利润”与教材第二章管理用财务报表体系中的“税后经营净利润”相同。

（二）经济增加值与剩余收益的区别和联系

（1）计算经济增加值需要对会计数据进行一系列调整，包括税后净营业利润和资本占用；剩余收益可直接根据会计数据进行计算，包括税前经营利润和净经营资产。

（2）计算经济增加值需要根据资本市场的机会成本计算资本成本，资本成本需要随资本市场变化而调整；剩余收益根据投资要求的报酬率计算，该投资报酬率可根据管理要求以及部门个别风险的高低作出不同选择，带有一定主观性。

（3）经济增加值旨在使经理人员赚取超过资本成本的报酬，促进股东财富最大化；剩余收益业绩评价旨在设定部门投资的最低报酬率，防止部门利益伤害整体利益。

（4）经济增加值的计算反映的是税后口径；剩余收益的计算反映的是税前口径。当税金是重要因素时，经济增加值比剩余收益可以更好地反映部门盈利能力。

（5）经济增加值和剩余收益都是绝对数指标，因此不便于不同规模公司之间的业绩比较。

【知识点链接】部门剩余收益＝部门税前经营利润－部门平均净经营资产×要求的税前投资报酬率

经典例题

【真题·多选题】（2019）下列各项关于经济增加值的说法中，正确的有（　　）。

A. 经济增加值为正表明经营者为股东创造了价值

B. 经济增加值便于不同规模公司的业绩比较

C. 计算经济增加值使用的资本成本应随资本市场变化而调整

D. 经济增加值是税后净营业利润扣除全部投入资本的成本后的剩余收益

【答案】ACD

【解析】由于经济增加值是绝对数指标，不便于比较不同规模公司的业绩，选项B错误。

高频考点4：不同类型经济增加值的计算★★★

根据计量方法的不同，经济增加值可以分为基本的经济增加值和披露的经济增加值。

（一）基本的经济增加值

含义	基本的经济增加值是根据未经调整的经营利润和总资产计算的经济增加值
公式	基本的经济增加值 = 税后净营业利润 − 报表平均总资产 × 加权平均资本成本
评价	基本的经济增加值计算很容易，并且它承认了股权资金的成本。但是，由于“经营利润”和“总资产”是按照会计准则计算的，因此歪曲了公司的真实业绩

（二）披露的经济增加值

含义	披露的经济增加值是利用公开会计数据进行调整计算出来的
公式	披露的经济增加值 = 调整后税后净营业利润 − 调整后平均资本占用 × 加权平均资本成本
调整	（1）研究与开发费用：会计作为费用立即将其从利润中扣除，经济增加值要求将其作为投资并在一个合理的期限内摊销。 （2）战略性投资：会计将投资的利息（或部分利息）计入当期财务费用，经济增加值要求将其在一个专门账户中资本化并在开始生产时逐步摊销。 （3）为建立品牌、进入新市场或扩大市场份额发生的费用：会计作为费用立即从利润中扣除，经济增加值要求把争取客户的营销费用资本化并在适当的期限内摊销。 （4）折旧费用：会计大多使用直线法进行折旧处理，经济增加值要求对某些大量使用长期设备的公司，按照更接近经济现实的“沉淀资金折旧法”处理（沉淀资金折旧法前几年折旧较少，后几年折旧较多）

经典例题

【例题·单选题】根据公司公开的财务报告计算披露的经济增加值时，不需纳入调整的事项是（　　）。

A. 计入当期损益的品牌推广费

B. 计入当期损益的研发支出

C. 计入当期损益的商誉减值

D. 计入当期损益的战略性投资利息

【答案】C

【解析】披露的经济增加值是利用公开会计数据进行调整计算出来的，具体包括：研究与开发费用的调整；战略性投资的调整；为建立品牌、进入新市场或扩大市场份额发生的费用的调整；折旧费用的调整。对于收购形成的商誉，经济增加值要求其保留在资产负债表上，不进行摊销，除非有证据表明它的价值的确下降了，这与现行会计准则的要求是一致的，因此商誉不需要进行调整。

【例题·多选题】在计算披露的经济增加值时，下列各项中需要进行调整的有（　　）。

A. 研究费用

B. 争取客户的营销费用

C. 费用化利息支出

D. 资本化利息支出

【答案】ABC

【解析】披露的经济增加值涉及数据调整的原则是：将会计上费用化处理的项目调整为资本化处理；将资产的折旧方法调整为更适当的形式。研究费用、争取客户的营销费用、费用化利息支出都是会计上费用化处理的项目，因此计算经济增加值时应当将其进行资本化处理，选项A、B、C当选；资本化利息支出本身已经符合经济增加值的计算要求，因此无须再进行调整，选项D不选。

高频考点5：简化的经济增加值的计算（国资委考核办法）★★★

定义	经济增加值是指经核定的企业税后净营业利润减去资本成本后的余额
计算公式	经济增加值 = 税后净营业利润 − 资本成本 = 税后净营业利润 − 调整后资本 × 平均资本成本率 税后净营业利润 = 净利润 +（利息支出 + 研究开发费用调整项）×（1 − 25%） 调整后资本 = 平均所有者权益 + 平均带息负债 − 平均在建工程 平均资本成本率 = 债权资本成本率 ×［平均带息负债/（平均带息负债 + 平均所有者权益）］×（1 − 25%）+ 股权资本成本率 ×［平均所有者权益/（平均带息负债 + 平均所有者权益）］

续表

会计调整项目说明	(1) 研究开发费用调整项是指企业财务报表中"期间费用"项下的"研发费用"和当期确认为无形资产的开发支出。 (2) 对于承担关键核心技术攻关任务而影响当期损益的研发投入，可以按照100%的比例，在计算税后净营业利润时予以加回。 (3) 对于勘探投入费用较大的企业，经国资委认定后，可将其成本费用情况表中的"勘探费用"视同研究开发费用调整项予以加回。 (4) 在建工程是指企业财务报表中的符合主业规定的"在建工程"。 (5) 对从事银行、保险和证券业务且纳入合并报表的企业，将负债中金融企业专用科目从资本占用中予以扣除。基金、融资租赁等金融业务纳入国资委核定主业范围的企业，可约定将相关带息负债从资本占用中予以扣除。 (6) 利息支出是指企业财务报表中"财务费用"项下的"利息支出"(不包括资本化利息支出)。带息负债是指企业带息负债情况表中带息负债合计。 (7) 企业经营业务主要在国(境)外的，25%的企业所得税税率可予以调整
差异化资本成本率的确定	(1) 股权资本成本率。 ①主业处于充分竞争行业和领域的商业类企业：6.5%； ②主业处于关系国家安全、国民经济命脉的重要行业和关键领域、主要承担重大专项任务的商业类企业：5.5%； ③公益类企业：4.5%； ④军工、电力、农业等资产通用性较差的企业：下浮0.5个百分点。 (2) 债权资本成本率。 公式：债权资本成本率＝利息支出总额/平均带息负债 说明：利息支出总额是指带息负债情况表中"利息支出总额"，包括费用化利息和资本化利息。 (3) 平均资本成本率。 ①资产负债率高于上年且在65%(含)至70%的科研技术企业、70%(含)至75%的工业企业或75%(含)至80%的非工业企业：上浮0.2个百分点； ②资产负债率高于上年且在70%(含)以上的科研技术企业、75%(含)以上的工业企业或80%(含)以上的非工业企业：上浮0.5个百分点
其他重大调整事项	发生下列情形之一，对企业经济增加值考核产生重大影响的，国资委酌情予以调整： (1) 重大政策变化； (2) 严重自然灾害等不可抗力因素； (3) 企业重组、上市及会计准则调整等不可比因素； (4) 国资委认可的企业结构调整等其他事项

经典例题

【例题·计算分析题】甲公司是一家中央电力企业，采用经济增加值业绩考核办法进行业绩计量和评价，有关资料如下：

(1) 甲公司2020年实现净利润25亿元，费用化利息支出为9亿元，资本化利息支出为7亿元。本年共发生研发支出14亿元，其中，研发费用为8亿元，确认为无形资产的开发支出为6亿元。

(2) 甲公司2020年初所有者权益为500亿元，年末所有者权益为700亿元；年初带息负债为420亿元，年末带息负债为380亿元；年初无息负债为130亿元，年末无息负债为170亿元；年初在建工程为140亿元，年末在建工程为180亿元。

要求：根据上述资料计算甲公司2020年简化的经济增加值(按国资委施行的《中央企业负责人经营业绩考核办法》的相关规定计算)。

【答案及解析】

税后净营业利润＝净利润＋(利息支出＋研究开发费用调整项)×(1－25%)＝25＋(9＋14)×(1－25%)＝42.25(亿元)

调整后资本＝平均所有者权益＋平均带息负债－平均在建工程＝(500＋700)/2＋(420＋380)/2－(140＋180)/2＝840(亿元)

债权资本成本率＝利息支出总额/平均带息负债＝(9＋7)/400＝4%

因甲公司是电力企业，其主业处于关系国家安全、国民经济命脉的重要行业和关键领域，且电力行业资产通用性较差，因此，股权资本成本率＝5.5%－0.5%＝5%。

平均资本成本率＝债权资本成本率×[平均带息负债/(平均带息负债＋平均所有者权益)]×(1－25%)＋股权资本成本率×[平均所有者权益/(平均带息负债＋平均所有者权益)]＝4%×[400/(400＋600)]×(1－25%)＋5%×[600/(400＋600)]＝4.2%

年初资产负债率＝(420＋130)/(420＋130＋500)×100%＝52.38%

年末资产负债率＝(380＋170)/(380＋170＋700)×100%＝44%

资产负债率低于上年资产负债率，因此，不需要调整平均资本成本率。

经济增加值＝税后净营业利润－调整后资本×平均资本成本率＝42.25－840×4.2%＝6.97（亿元）

【真题·单选题】（2021）甲公司是一家中央企业，采用国资委经济增加值考核办法进行业绩评价。2020年公司净利润9.5亿元；利息支出5亿元，其中资本化利息支出2亿元；研发支出3亿元，全部费用化；调整后资本120亿元，资本成本率6%；企业所得税税率25%。2020年甲公司经济增加值是（　　）亿元。

A. 6.05　　B. 6.8

C. 7.55　　D. 8.3

【答案】 B

【解析】 调整后税后净营业利润＝9.5＋(5－2＋3)×(1－25%)＝14（亿元）；经济增加值＝14－120×6%＝6.8（亿元）。

【真题·单选题】（2020）甲公司是一家中央企业上市公司，依据国资委《中央企业负责人经营业绩考核办法》采用经济增加值进行业绩考核。2020年公司净利润10亿元，利息支出3亿元、研发支出2亿元全部计入损益，调整后资本100亿元，资本成本率6%。企业所得税税率25%。公司2020年经济增加值是（　　）亿元。

A. 7　　B. 7.75

C. 9　　D. 9.5

【答案】 B

【解析】 税后净营业利润＝净利润＋(利息支出＋研究开发费用调整项)×(1－25%)＝10＋(3＋2)×(1－25%)＝13.75（亿元），经济增加值＝税后净营业利润－调整后资本×平均资本成本＝13.75－100×6%＝7.75（亿元），选项B正确。

高频考点6：经济增加值评价的优点和缺点★★

优点	（1）考虑了所有资本的成本，更真实地反映了企业的价值创造能力； （2）实现了企业利益、经营者利益和员工利益的统一，激励经营者和所有员工为企业创造更多价值； （3）能有效遏制企业盲目扩张规模以追求利润总量和增长率的倾向，引导企业注重价值创造； （4）经济增加值把资本预算、业绩评价和激励报酬结合起来，是一种全面财务管理和薪酬激励框架； （5）经济增加值可以被公司、投资者、股票分析家作为分析评价的工具
缺点	（1）仅对企业当期或未来1～3年价值创造情况进行衡量和预判，无法衡量企业长远发展战略的价值创造情况； （2）经济增加值计算主要基于财务指标，无法对企业的营运效率与效果进行综合评价； （3）不同行业、不同发展阶段、不同规模等的企业，其会计调整项和加权平均资本成本各不相同，计算比较复杂，影响指标的可比性； （4）经济增加值是绝对数指标，不便于比较不同规模公司的业绩； （5）不便于比较不同生命周期的公司的业绩（例如处于成长阶段的公司经济增加值较少，而处于衰退阶段的公司经济增加值可能较高）； （6）经济增加值的计算方法尚存在争议，这些争议不利于建立一个统一的规范

经典例题

【例题·多选题】经济增加值作为业绩评价指标，其优点包括（ ）。

A. 可以用来衡量企业长远发展战略的价值创造情况

B. 实现了企业利益、经营者利益和员工利益的统一

C. 有效遏制了企业盲目扩张规模以追求利润总量和增长率的倾向

D. 可用于比较处于不同生命周期的公司的业绩

【答案】BC

【解析】经济增加值仅对企业当期或未来1～3年价值创造情况进行衡量和预判，无法衡量企业长远发展战略的价值创造情况，选项A错误；经济增加值不便于比较处于不同生命周期的公司的业绩（例如处于成长阶段的公司经济增加值较少，而处于衰退阶段的公司经济增加值可能较高），选项D错误。

高频考点7：平衡计分卡的四个维度★★★

平衡计分卡从四个维度考查企业的业绩，即财务、顾客、内部业务流程、学习与成长（下述展开讲解）。

维度	主要解决的问题	相关维度指标
财务维度	“股东如何看待我们?”	投资报酬率、权益净利率、经济增加值、息税前利润、自由现金流量、资产负债率、总资产周转率等
顾客维度	“顾客如何看待我们?”	市场份额、客户满意度、客户获得率、客户保持率、客户获利率、客户获得率、战略客户数量等
内部业务流程维度	“我们的优势是什么?”（着眼于企业核心竞争力）	交货及时率、生产负荷率、产品合格率等
学习和成长维度	“我们是否能继续提高并创造价值?”	新产品开发周期、员工满意度、员工保持率、员工生产率、培训计划完成率等

经典例题

【真题·多选题】（2022）下列各项中，属于战略地图内部业务流程维度的有（ ）。

A. 营运管理流程

B. 顾客管理流程

C. 创新管理流程

D. 法规与社会流程

【答案】ABCD

【解析】战略地图架构包括财务、顾客、内部业务流程、学习和成长4个维度，其中内部业务流程由营运管理流程、顾客管理流程、创新管理流程和法规与社会流程4个流程组成。

【真题·多选题】（2018）下列各项中，属于平衡计分卡内部业务流程维度的业绩评价指标有（ ）。

A. 资产负债率

B. 息税前利润

C. 存货周转率

D. 生产负荷率

【答案】CD

【解析】反映内部业务流程维度的常用指标有交货及时率、生产负荷率、产品合格率、存货周转率、单位生产成本等，选项C、D正确；资产负债率和息税前利润属于财务维度的业绩评价指标，选项A、B错误。

【例题·多选题】甲公司用平衡计分卡进行业绩考评。下列各种维度中，平衡计分卡需要考虑的有（ ）。

A. 顾客维度

B. 债权人维度

C. 股东维度

D. 学习与成长维度

【答案】AD

【解析】平衡计分卡的四个维度包括：财务维度、顾客维度、内部业务流程维度、学习与成长维度，选项 A、D 正确。

高频考点 8：平衡计分卡的四个平衡 ★★

（1）外部评价指标（如股东和客户对企业的评价）和内部评价指标（如内部经营过程、新技术学习）的平衡；

（2）成果评价指标（如利润、市场占有率等）和导致成果出现的驱动因素评价指标（如新产品投资开发等）的平衡；

（3）财务评价指标（如利润等）和非财务评价指标（如员工忠诚度、客户满意程度等）的平衡；

（4）短期评价指标（如利润指标等）和长期评价指标（如员工培训成本、研发费用等）的平衡。

经典例题

【例题·多选题】在使用平衡计分卡进行企业业绩评价时，需要处理几个平衡，下列各项中，正确的有（　　）。

A. 外部评价指标与内部评价指标的平衡

B. 定期评价指标与非定期评价指标的平衡

C. 财务评价指标与非财务评价指标的平衡

D. 成果评价指标与驱动因素评价指标的平衡

【答案】ACD

【解析】平衡计分卡中的"平衡"包括外部评价指标和内部评价指标的平衡；成果评价指标和导致成果出现的驱动因素评价指标的平衡；财务评价指标和非财务评价指标的平衡；短期评价指标和长期评价指标的平衡，选项 A、C、D 正确。

高频考点 9：平衡计分卡与企业战略管理★

（一）平衡计分卡和战略管理的关系

一方面，战略规划中所制定的目标是平衡计分卡考核的一个基准；另一方面，平衡计分卡又是一个有效的战略执行系统，它通过引入四个程序使得管理者能够把长期行为与短期行为联系在一起，具体的程序包括：

（1）阐述并诠释愿景与战略；

（2）沟通与联系；

（3）计划与制定目标值；

（4）战略反馈与学习。

（二）平衡计分卡的要求

为了使平衡计分卡同企业战略更好地结合，必须做到以下几点：

（1）平衡计分卡的四个方面具有因果关系，最终结果是实现企业的战略。

（2）平衡计分卡中不能只有具体的业绩衡量指标，还应包括这些具体衡量指标的驱动因素。

（3）平衡计分卡应该最终和财务指标联系起来。平衡计分卡必须强调经营成果，这关系到企业未来的生存与发展。

经典例题

【例题·多选题】为了使平衡计分卡同企业战略更好地结合，平衡计分卡应当满足的要求有（　　）。

A. 平衡计分卡的四个方面应互为因果，最终结果是实现企业的战略

B. 平衡计分卡需要有具体的业绩衡量指标，但无须包括这些指标的驱动因素

C. 平衡计分卡应该最终和非财务指标联系起来

D. 平衡计分卡必须强调经营成果，这关系到企业未来的生存与发展

【答案】AD

【解析】平衡计分卡中不能只有具体的业绩衡量指标，还应包括这些具体衡量指标的驱动因素，否则无法说明怎样行动才能实现这些目标，也不能及时显示战略是否顺利实施，选项 B 错误；平衡计分卡应该最终和财务指标联系起来，因为企业的最终目标是实现良好的经济利润，选项 C 错误。

高频考点 10：战略地图架构★

维度	战略核心内容
财务维度	长短期对立力量的战略平衡
顾客维度	战略是基于差异化的价值主张
内部业务流程维度	价值是由内部流程（包括营运管理流程、顾客管理流程、创新管理流程、法规与社会流程）创造的
学习和成长维度	无形资产（包括人力资本、信息资本、组织资本）的战略性整合

经典例题

【例题·多选题】战略地图的学习与成长维度，主要说明组织的无形资产及它们在战略中扮演的角色。其中，无形资产可以具体归纳为（　　）。

A. 组织资本　　B. 人力资本
C. 营运资本　　D. 信息资本

【答案】ABD

【解析】无形资产可以具体归纳为人力资本、信息资本和组织资本三类，选项 A、B、D 正确。

高频考点 11：平衡计分卡与传统业绩评价系统的区别★

角度	传统业绩评价系统	平衡计分卡
员工层面	注重对员工执行过程的控制	强调目标制定的环节（不在于控制员工的行为，而在于使其能够理解企业的战略使命并为之付出努力）
战略层面	与企业的战略执行相脱节	把企业战略和业绩管理系统联系起来，是企业战略执行的基础框架

经典例题

【例题·多选题】与传统业绩评价系统相比，平衡计分卡（　　）。

A. 强调目标制定的环节
B. 注重对员工执行过程的控制
C. 把企业战略和业绩管理系统联系起来
D. 与企业的战略执行相脱节

【答案】AC

【解析】传统的业绩考核注重对员工执行过程的控制，平衡计分卡则强调目标制定的环节（不在于控制员工的行为，而在于使其能够理解企业的战略使命并为之付出努力），选项 A 正确，选项 B 错误；传统的业绩评价与企业的战略执行脱节，平衡计分卡把企业战略和业绩管理系统联系起来，是企业战略执行的基础架构，选项 C 正确，选项 D 错误。

高频考点 12：平衡计分卡的优点和缺点★★

优点	（1）战略目标逐层分解并转化为评价对象的绩效指标和行动方案，使整个组织行动协调一致； （2）从财务、客户、内部业务流程、学习与成长四个维度确定绩效指标，使绩效评价更为全面完整； （3）将学习与成长作为一个维度，注重员工的发展要求和组织资本、信息资本等无形资产的开发利用，有利于增强企业可持续发展的动力

续表

缺点	（1）专业技术要求高，工作量比较大，操作难度也较大，需要持续的沟通和反馈，实施比较复杂，实施成本高； （2）各指标权重在不同层级及各层级不同指标之间的分配比较困难，且部分非财务指标的量化工作难以落实； （3）系统性强，涉及面广，需要专业人员的指导、企业全员的参与和长期持续的修正完善，对信息系统、管理能力的要求较高

经典例题

【例题·多选题】采用平衡计分卡进行业绩评价的优点有（　　）。

A. 平衡计分卡能够帮助公司及时考评战略执行的情况

B. 专业技术要求程度低，企业实施比较容易

C. 平衡计分卡能够帮助公司有效地建立跨部门团队合作

D. 注重员工的发展要求和无形资产的开发利用

【答案】ACD

【解析】平衡计分卡专业技术要求高，工作量比较大，操作难度也较大，需要持续地沟通和反馈，实施比较复杂，实施成本高，选项B错误。

进阶练习

（一）单选题

1. 下列关于财务业绩评价和非财务业绩评价的表述中，说法正确的是（　　）。

A. 与企业内部营运相关的存货周转率评价指标属于财务业绩评价

B. 投资中心使用的投资报酬率评价指标属于非财务业绩评价

C. 财务业绩评价能够反映企业长期的财务状况和经营成果

D. 非财务业绩评价可以体现企业长期业绩的改善过程

2. 关键绩效指标法与其他业绩评价方法的关键不同是（　　）。

A. 制定以关键绩效指标为核心的绩效计划

B. 制定激励计划

C. 实施绩效评价与激励

D. 编制绩效评价报告与激励管理报告

3. 企业在设定岗位（员工）级关键绩效指标时，应当参考的依据不包括（　　）。

A. 企业级关键绩效指标

B. 单位（部门）级关键绩效指标

C. 员工岗位职责

D. 员工关键工作价值贡献

4. 下列关于关键绩效指标的说法中，错误的是（　　）。

A. 关键绩效指标是最能有效驱动企业价值创造的指标

B. 关键绩效指标法既可以单独使用，也可以与其他业绩评价方法结合使用

C. 关键绩效指标应含义明确、可度量、与战略目标高度相关

D. 关键绩效指标的数量越多，越有利于企业战略目标的实现

5. 如果税金与部门的业绩相关时，经济增加值和剩余收益的比较结果是（　　）。

A. 经济增加值可以更好地反映部门盈利能力

B. 剩余收益可以更好地反映部门盈利能力

C. 经济增加值与剩余收益的效果相同

D. 剩余收益比经济增加值计算更复杂

6. 下列关于计算披露的经济增加值需要调整的事项的表述中，错误的是（　　）。

A. 对于研究与开发费用，应当将其作为投资并在一个合理的期限内摊销

B. 对于某些大量使用长期设备的公司，应当将设备按照“沉淀资金折旧法”进行处理

C. 采用“沉淀资金折旧法”计提折旧的资产，前几年折旧计提较多，后几年折旧计提较少

D. 对于计入财务费用的战略性投资利息，应当将其资本化并在开始生产时逐步摊销

7. 根据我国国资委发布的《中央企业负责人经营业绩考核办法》中有关差异化资本成本率的确定，下列选项正确的是（　　）。

A. 对主业处于充分竞争行业和领域的商业类企业，股权资本成本率原则上定为5.5%

B. 对军工、电力、农业等资产通用性较差的企业，股权资本成本率下浮0.5个百分点

C. 债权资本成本率计算公式中利息支出总额只包括费用化利息，不包括资本化利息

D. 对于资产负债率在75%（含）以上的非工业企业，平均资本成本率上浮0.5个百分点

8. 下列各项中，属于平衡计分卡内部业务流程维度业绩评价指标的是（　　）。

A. 投资报酬率　　B. 生产负荷率

C. 客户保持率　　D. 培训计划完成率

9. 采用平衡计分卡进行业绩评价时，为了解决“我们的优势是什么”的问题，可以使用的指标是（　　）。

A. 客户满意度　　B. 投资报酬率

C. 交货及时率　　D. 产品开发周期

10. 甲公司是一家央企军工企业，依据国资委《中央企业负责人经营业绩考核暂行办法》采用经济增加值进行业绩考核。甲公司2020年实现净利润5.88亿元，费用化利息支出0.2亿元。本年共发生研发支出4.8亿元，其中，确认为无形资产的研发支出为2亿元，计入当期损益的研发支出为2.8亿元。调整后资本为160亿元，资本成本率为4.1%。企业所得税税率为25%。则甲公司2020年经济增加值是（　　）亿元。

A. 0.97　　B. 1.57

C. 2.92　　D. 3.07

（二）多选题

1. 下列各项中，属于财务业绩评价指标的有（　　）。

A. 资产报酬率　　B. 存货周转率

C. 市场份额　　D. 经济增加值

2. 与财务指标相比，使用非财务指标进行业绩评价的主要优点有（　　）。

A. 评价指标数据的可靠性程度高

B. 能够反映企业的长期业绩

C. 注重体现业绩成果的改善过程

D. 数据收集过程比较容易

3. 企业的关键绩效指标可分为结果类和动因类两类指标。下列各项中，属于结果类关键绩效指标的有（　　）。

A. 息税前利润　　B. 资本性支出

C. 自由现金流量　　D. 客户满意度

4. 企业在确定关键绩效指标的目标值时，一般可以参考的标准包括（　　）。

A. 行业标准

B. 竞争对手标准

C. 企业内部标准

D. 根据企业历史经验值确定

5. 下列各项中，属于关键绩效指标法优点的有（　　）。

A. 有利于企业战略目标的实现

B. 能够有效地实现企业价值增值目标

C. 实施成本相对较低，有利于推广实施

D. 评价指标数量相对较少，易于理解和使用

6. 下列关于经济增加值的表述中，正确的有（　　）。

A. 计算经济增加值时，无须对会计数据进行调整

B. 经济增加值为负，表明经营者在损毁企业价值

C. 使用经济增加值进行业绩评价能够促进股东财富最大化

D. 计算经济增加值使用的资本成本可根据管理要求进行不同的选择

7. 在计算披露的经济增加值时，下列各项中不需要进行调整的有（　　）。

A. 进入新市场发生的费用

B. 资本化利息支出

C. 产品研究阶段支出

D. 收购形成的商誉

8. 根据《中央企业负责人经营业绩考核办法》中关于经济增加值的相关规定，在计算简化的经济增加值时，下列关于会计调整项目的说法中，正确的有（　　）。

A. 研究开发费用调整项既包括研发费用，也包括当期确认为无形资产的开发支出

B. 利息支出既包括企业财务报表中资本化利息支出，也包括费用化利息支出

C. 对于勘探投入费用较大的企业，经国资委认定后，可将勘探费用视同研究开发费用调整项予以加回

D. 对于承担关键核心技术攻关任务而影响当期损益的研发投入，可按照50%的比例在计算税后净营业利润时予以加回

9. 下列各项情形中，如果对企业经济增加值考核产生重大影响，国资委可酌情予以调整的有（　　）。

A. 重大政策变化

B. 企业重组

C. 企业发生严重自然灾害

D. 会计准则调整

10. 下列各项中，能够反映平衡计分卡学习和成长维度的业绩评价指标有（　　）。

A. 自由现金流量

B. 市场份额

C. 新产品开发周期

D. 培训计划完成率

11. 下列关于平衡计分卡四个维度的表述中，正确的有（　　）。

A. 财务维度的目标是解决“股东如何看待我们”的问题

B. 学习和成长维度着眼于企业的核心竞争力

C. 顾客维度解决“顾客如何看待我们”的问题

D. 内部业务流程维度解决“我们的优势是什么”的问题

12. 平衡计分卡中的“平衡”包括（　　）。

A. 成果评价指标和驱动因素评价指标的平衡

B. 财务评价指标和非财务评价指标的平衡

C. 短期评价指标和长期评价指标的平衡

D. 外部评价指标和内部评价指标的平衡

13. 平衡计分卡中的“平衡”包括短期评价指标和长期评价指标的平衡，下列各项中，属于长期评价指标的有（　　）。

A. 研发费用　　B. 资产报酬率

C. 员工培训成本　　D. 净利润

14. 为了使管理者能够把长期行为与短期行为联系在一起，平衡计分卡需要引入的程序包括（　　）。

A. 阐述并诠释愿景与战略

B. 沟通与联系

C. 计划与制定目标值

D. 战略反馈与学习

（三）计算分析题

1. A公司是一家处于成长阶段的上市公司，正在对2019年的业绩进行计量和评价，有关资料如下：

（1）A公司2019年的销售收入为2 500万元，营业成本为1 340万元，销售及管理费用为500万元，利息费用为236万元。

（2）A公司2019年的平均总资产为5 200万元，平均金融资产为100万元，平均经营负债为100万元，平均股东权益为2 000万元。

（3）目前资本市场上等风险投资的权益成本为12%，税前净负债成本为8%；2019年A公司董事会对A公司要求的目标权益净利率为15%，要求的目标税前净负债成本为8%。

（4）A公司适用的企业所得税税率为25%。

要求：

（1）计算A公司的净经营资产净利率、权益净利率。

（2）计算A公司的披露的经济增加值。计算时需要调整的事项如下：为扩大市场份额，A公司2019年末发生营销支出200万元，全部计入销售及管理费用，计算披露的经济增加值时要求将该营销费用资本化（提示：调整时按照复式记账原理，同时调整税后经营净利润和净经营资产）。

2. 甲公司是一家国有控股上市公司，采用经济增加值作为业绩评价指标，目前，控股股东正对甲公司2019年度的经营业绩进行评价，相关资料如下：

（1）甲公司2018年末和2019年末资产负债表如下：

单位：万元

项目	2019年末	2018年末	项目	2019年末	2018年末
货币资金	405	420	应付账款	1 350	1 165
应收票据	100	95	应付职工薪酬	35	30
应收账款	2 050	2 040	应交税费	100	140
其他应收款	330	325	其他应付款	140	95
存货	2 300	2 550	长期借款	2 500	2 500
固定资产	4 600	4 250	优先股	1 200	1 200
在建工程	2 240	1 350	普通股	5 000	5 000
			留存收益	1 700	900
合计	12 025	11 030	合计	12 025	11 030

（2）甲公司2019年度利润相关资料如下：

单位：万元

项目	2019年度
管理费用	1 950
其中：研究与开发费用	360
财务费用	220
其中：利息支出	200
营业外收入	400
净利润	1 155

（3）甲公司所有负债中只有长期借款为带息负债，其他负债均为无息负债。

（4）甲公司长期借款还有3年到期，年利率8%，优先股12万股，每股面额100元，票面股息率10%，普通股β值1.2。

（5）无风险报酬率3%，市场组合的必要报酬率13%，公司所得税税率25%。

要求：

（1）以账面价值平均值为权数计算甲公司的加权平均资本成本（假设各项长期资本的市场价值等于账面价值）。

（2）计算2019年甲公司税后净营业利润、

调整后资本和经济增加值（注：除平均资本成本率按要求（1）计算的加权平均资本成本确定外，其余按国务院国有资产监督管理委员会发布的《中央企业负责人经营业绩考核办法》的相关规定计算）。

（3）回答经济增加值作为业绩评价指标的优点和缺点。

进阶练习答案及解析

（一）单选题

1.【答案】D

【解析】与企业内部营运相关的存货周转率评价指标属于非财务业绩评价，选项A错误；投资中心使用的投资报酬率评价指标属于财务业绩评价，选项B错误；财务业绩评价体现的是企业当期的财务成果，反映的是企业的短期业绩，选项C错误；非财务业绩评价能够反映管理者在企业长期业绩改善方面所作的努力，注重体现企业长期业绩的改善过程，选项D正确。

2.【答案】A

【解析】企业应用关键绩效指标法的程序包括：（1）制定以关键绩效指标为核心的绩效计划；（2）制定激励计划；（3）执行绩效计划与激励计划；（4）实施绩效评价与激励；（5）编制绩效评价报告与激励管理报告等。其中，与其他业绩评价方法的关键不同是制定和实施以关键绩效指标为核心的绩效计划。

3.【答案】A

【解析】企业应根据所属单位（部门）级关键绩效指标，结合员工岗位职责和关键工作价值贡献，设定岗位（员工）级关键绩效指标。

4.【答案】D

【解析】关键绩效指标数量不宜过多，每一层次关键绩效指标一般不超过10个，选项D表述错误，当选。

5.【答案】A

【解析】部门剩余收益通常使用税前部门营业利润和税前投资报酬率计算，而部门经济增加值使用部门税后净营业利润和加权平均税后资本成本计算。当税金是重要因素时，经济增加值比剩余收益可以更好地反映部门盈利能力，选项A正确，选项B错误；如果税金与部门业绩无关时，经济增加值与剩余收益的效果相同，只是计算更复杂，选项C、D错误。

6.【答案】C

【解析】"沉淀资金折旧法"是一种类似租赁资产的费用分摊方法，在前几年折旧较少，而后几年由于技术老化和物理损耗同时发挥作用需提取较多折旧，选项C表述错误，当选。

7.【答案】B

【解析】对主业处于充分竞争行业和领域的商业类企业，股权资本成本率原则上定为6.5%，选项A错误；债权资本成本率＝利息支出总额/平均带息负债，其中，利息支出总额是指带息负债情况表中"利息支出总额"，包括费用化利息和资本化利息，选项C错误；资产负债率高于上年且在70%（含）以上的科研技术企业、75%（含）以上的工业企业或80%（含）以上的非工业企业，平均资本成本率上浮0.5个百分点，选项D错误。

8.【答案】B

【解析】反映内部业务流程维度的常用指标有交货及时率、生产负荷率、产品合格率等，选项B正确；投资报酬率属于财务维度业绩评价指标，选项A错误；客户保持率属于顾客维度业绩评价指标，选项C错误；培训计划完成率属于学习和成长维度业绩评价指标，选项D错误。

9.【答案】C

【解析】内部业务流程维度着眼于企业的核心竞争力，解决"我们的优势是什么"的问题。反映内部业务流程维度的常用指标有交货及时率、生产负荷率、产品合格率等，选项

C 正确。

10. 【答案】D

【解析】税后净营业利润 = 净利润 +（利息支出 + 研究开发费用调整项）×（1 − 25%）= 5.88 +（0.2 + 4.8）×（1 − 25%）= 9.63（亿元），经济增加值 = 税后净营业利润 − 资本成本 = 9.63 − 160 × 4.1% = 3.07（亿元），选项 D 正确。

（二）多选题

1. 【答案】AD

【解析】常见的财务业绩评价指标包括净利润、资产报酬率、经济增加值等，选项 A、D 正确；存货周转率是与企业内部营运相关的非财务业绩评价指标，选项 B 错误；市场份额是与客户相关的非财务业绩评价指标，选项 C 错误。

2. 【答案】BC

【解析】使用非财务指标进行业绩评价的优点有：（1）避免财务业绩评价只侧重过去，比较短视的不足；（2）体现长远业绩和外部对企业的整体评价。使用非财务指标进行业绩评价的缺点有：（1）某些关键的非财务业绩指标往往比较主观；（2）数据的收集比较困难；（3）评价指标数据的可靠性难以保证。

3. 【答案】AC

【解析】结果类指标是反映企业绩效的价值指标，主要包括投资报酬率、权益净利率、经济增加值、息税前利润、自由现金流量等，选项 A、C 正确；动因类指标是反映企业价值关键驱动因素的指标，主要包括资本性支出、单位生产成本、产量、销量、客户满意度、员工满意度等，选项 B、D 错误。

4. 【答案】ABCD

【解析】企业确定关键绩效指标目标值，一般参考如下标准：一是参考国家有关部门或权威机构发布的行业标准或参考竞争对手标准；二是参照企业内部标准；三是如果不能按照前面两种方法确定的，可以根据企业历史经验值确定。

5. 【答案】ABCD

【解析】关键绩效指标法的主要优点：一是使企业业绩评价与战略目标密切相关，有利于企业战略目标的实现；二是通过识别价值创造模式把握关键价值驱动因素，能够更有效地实现企业价值增值目标；三是评价指标数量相对较少，易于理解和使用，实施成本相对较低，有利于推广实施。

6. 【答案】BC

【解析】计算经济增加值时，需要对财务会计数据进行一系列调整，包括税后净营业利润和资本占用，选项 A 错误；经济增加值为正，表明经营者在为企业创造价值；经济增加值为负，表明经营者在损毁企业价值，选项 B 正确；经济增加值旨在使经理人员赚取超过资本成本的报酬，促进股东财富最大化，选项 C 正确；计算经济增加值时，需要根据资本市场的机会成本计算资本成本，并且资本成本需要随资本市场变化而调整，其本身不能根据管理要求进行人为的主观选择，选项 D 错误。

7. 【答案】BD

【解析】资本化利息支出本身已经符合经济增加值的计算要求，因此无须再进行调整，选项 B 当选；对于收购形成的商誉，经济增加值要求其保留在资产负债表上，不进行摊销，除非有证据表明它的价值的确下降了，这与现行会计准则的要求是一致的，因此商誉不需要进行调整，选项 D 当选。

8. 【答案】AC

【解析】研究开发费用调整项是指企业财务报表中“期间费用”项下的“研发费用”和当期确认为无形资产的开发支出，选项 A 正确；在计算税后净营业利润时，公式中的利息支出是指企业财务报表中“财务费用”项下的“利息支出”，即利息支出仅包括费用化利息支出，不包括资本化利息支出，选项 B 错误；对于勘探投入费用较大的企业，经国资委认定后，可将其成本费用情况表中的“勘探费用”视同研究开发费用调整项予以加回，选项 C 正确；对于承担关键核心技术攻关任务而影响当期损益的研发投入，可以按照 100% 的比例，在计算税后净营业利润时予以加回，选项 D 错误。

9. 【答案】ABCD

【解析】发生下列情形之一，对企业经济增加值考核产生重大影响的，国资委酌情予以调整：（1）重大政策变化；（2）严重自然灾害等不可抗力因素；（3）企业重组、上市及会计准则调整等不可比因素；（4）国资委认可的企业结构调整等其他事项。

10. 【答案】CD

【解析】反映学习和成长维度的常用指标有新产品开发周期、员工满意度、员工保持率、员工生产率、培训计划完成率等，选项 C、D 正确；自由现金流量属于财务维度业绩评价指标，选项 A 错误；市场份额属于顾客维度业绩评价指标，选项 B 错误。

11. 【答案】ACD

【解析】学习和成长维度解决"我们是否能继续提高并创造价值"的问题，选项 B 错误。

12. 【答案】ABCD

【解析】平衡计分卡中的"平衡"包括外部评价指标和内部评价指标的平衡；成果评价指标和导致成果出现的驱动因素评价指标的平衡；财务评价指标和非财务评价指标的平衡；短期评价指标和长期评价指标的平衡。

13. 【答案】AC

【解析】研发费用、员工培训成本属于长期评价指标，资产报酬率和净利润属于短期评价指标。

14. 【答案】ABCD

【解析】平衡计分卡是一个有效的战略执行系统，它通过引入四个程序使得管理者能够把长期行为与短期行为联系在一起，具体的程序包括：（1）阐述并诠释愿景与战略；（2）沟通与联系；（3）计划与制定目标值；（4）战略反馈与学习。

（三）计算分析题

1. 【答案及解析】

（1）税后经营净利润 =（2 500 − 1 340 − 500）×（1 − 25%）= 495（万元）

税后利息费用 = 236 ×（1 − 25%）= 177（万元）

净利润 = 495 − 177 = 318（万元）

平均净经营资产 = 5 200 − 100 − 100 = 5 000（万元）

净经营资产净利率 = 495/5 000 × 100% = 9.9%

权益净利率 = 318/2 000 × 100% = 15.9%

（2）加权平均资本成本 = 12% ×（2 000/5 000）+ 8% ×（1 − 25%）×（3 000/5 000）= 8.4%

调整后税后净营业利润 = 495 + 200 ×（1 − 25%）= 645（万元）

调整后平均资本占用 = 5 000 + 200 ×（1 − 25%）= 5 150（万元）

披露的经济增加值 = 645 − 5 150 × 8.4% = 212.4（万元）

小贴士 ①本题给定的公司要求的目标权益资本成本和目标债务资本成本是无用的，计算披露的经济增加值应当使用市场加权平均资本成本。②计算披露的经济增加值时，调整前的平均资本占用 = 平均净经营资产 = 平均经营资产 − 平均经营负债，不包括金融资产或金融负债。

2. 【答案及解析】

（1）债务资本成本 = 8% ×（1 − 25%）= 6%

普通股资本成本 = 3% + 1.2 ×（13% − 3%）= 15%

长期借款所占比重 = [（2 500 + 2 500）/2]/[（2 500 + 2 500）/2 +（1 200 + 1 200）/2 +（5 000 + 5 000）/2 +（1 700 + 900）/2] = 25%

优先股所占比重 = [（1 200 + 1 200）/2]/[（2 500 + 2 500）/2 +（1 200 + 1 200）/2 +（5 000 + 5 000）/2 +（1 700 + 900）/2] = 12%

普通股及留存收益所占比重 = [（5 000 + 5 000）/2 +（1 700 + 900）/2]/[（2 500 + 2 500）/2 +（1 200 + 1 200）/2 +（5 000 + 5 000）/2 +（1 700 + 900）/2] = 63%

加权平均资本成本 = 6% × 25% + 10% × 12% + 15% × 63% = 12.15%

（2）税后净营业利润 = 1 155 +（200 + 360）×（1 − 25%）= 1 575（万元）

平均所有者权益 =（1 200 + 1 200）/2 +（5 000 + 5 000）/2 +（1 700 + 900）/2 = 7 500（万元）

平均带息负债 =（2 500 + 2 500）/2 = 2 500（万元）

平均在建工程 =（2 240 + 1 350）/2 = 1 795（万元）

调整后资本 = 7 500 + 2 500 − 1 795 = 8 205（万元）

经济增加值 = 1 575 − 8 205 × 12.15% = 578.09（万元）

（3）经济增加值优点：

①考虑了所有资本的成本，更真实地反映了企业的价值创造能力。

②实现了企业利益、经营者利益和员工利益的统一，激励经营者和所有员工为企业创造更多价值。

③能有效遏制企业盲目扩张规模以追求利润总量和增长率的倾向，引导企业注重长期价值创造。

④经济增加值把资本预算、业绩评价和激励报酬结合起来，是一种全面财务管理和薪酬激励框架。

⑤经济增加值可以被公司、投资者、股票分析家作为分析评价的工具。

经济增加值缺点：

①仅对企业当期或未来 1 ~ 3 年价值创造情况进行衡量和预判，无法衡量企业长远发展战略的价值创造情况。

②经济增加值计算主要基于财务指标，无法对企业的营运效率与效果进行综合评价。

③不同行业、不同发展阶段、不同规模等的企业，其会计调整项和加权平均资本成本各不相同，计算比较复杂，影响指标的可比性。

④经济增加值是绝对数指标，不便于比较不同规模公司的业绩。

⑤不便于比较不同生命周期的公司的业绩（例如处于成长阶段的公司经济增加值较少，而处于衰退阶段的公司经济增加值可能较高）。

⑥经济增加值的计算方法尚存在争议，这些争议不利于建立一个统一的规范。

小贴士 ①计算加权平均资本成本时如果有优先股筹资，应当予以考虑。②计算经济增加值中某个项目的平均值时，应当用（期初数 + 期末数）/2。

第三部分

跨章节
综合题演练

跨章节综合练习题

1. 甲公司是一家制造业企业，信用级别为A级，目前没有上市的债券，为投资新产品项目，公司拟通过发行面值1 000元的5年期债券进行筹资，公司采用风险调整法估计拟发行债券的税前债务资本成本，并以此确定该债券的票面利率。

2017年1月1日，公司收集了当时上市交易的3种A级公司债券及与这些上市债券到期日接近的政府债券的相关信息如下：

A级公司			政府债券	
出售公司	到期日	到期收益率	到期日	到期收益率
X公司	2021年5月1日	7.50%	2021年6月8日	4.50%
Y公司	2022年1月5日	7.90%	2022年1月10日	5%
Z公司	2023年1月3日	8.30%	2023年2月20日	5.20%

2017年7月1日，公司发行该债券，该债券每年6月30日付息一次，2022年6月30日到期，发行当天的风险投资市场报酬率为10%。

要求：

（1）计算2017年1月1日，A级公司债券的平均信用风险补偿率，并确定甲公司拟发行债券的票面利率。

（2）计算2017年7月1日，甲公司债券的发行价格。

（3）2019年7月1日，A投资者在二级市场上以970元的价格购买了甲公司债券，并计划持有至到期。投资当天等风险投资市场报酬率为9%，计算A投资者的到期收益率，并据此判断该债券价格是否合理。

2. 甲公司是一家上市公司，最近刚发放上年现金股利每股2.5元，目前每股市价60元。证券分析师预测，甲公司未来股利增长率8%，等风险投资的必要报酬率12%。市场上有两种以甲公司股票为标的资产的期权：欧式看涨期权和欧式看跌期权。每份看涨期权可买入1股股票，每份看跌期权可卖出1股股票，看涨期权价格每份5元，看跌期权价格每份2.5元。两种期权的执行价格均为60元，期限均为1年。

投资者小刘和小马都认为市场低估了甲公司股票，预测1年后股票价格将回归内在价值，于是每人投资62 500元。小刘的投资是：买入1 000股甲公司股票，同时买入1 000份甲公司股票的看跌期权。小马的投资是：买入甲公司股票的看涨期权12 500份。（注：计算投资净损益时不考虑货币时间价值）

要求：

（1）采用股利折现模型，估计1年后甲公司股票的内在价值。

（2）如果预测正确，分别计算小刘和小马1年后的净损益。

（3）假如1年后甲公司股票下跌到每股40元，分别计算小刘和小马的投资净损益。

3. 甲公司是一家制造业上市公司，乙公司是一家制造业非上市公司，两家公司生产产品不同，且非关联方关系。甲公司发现乙公司的目标客户多是小微企业，与甲公司的市场能有效互补，拟于2020年通过对乙公司原始股东非公开增发新股的方式换取乙公司100%的股权，以实现对其的收购。目前，甲公司已完成该项目的可行性分析，拟采用实体现金流量折现法估计乙公司价值。相关资料如下：

（1）乙公司成立于2017年初，截至目前仅运行4年，但客户数量增长较快。乙公司

2017～2020 年主要财务报表数据如下：

单位：万元

资产负债表项目	2017 年末	2018 年末	2019 年末	2020 年末
货币资金	80	120	160	250
应收账款	120	180	240	260
存货	240	290	320	400
固定资产	540	610	710	827.5
资产总计	980	1 200	1 430	1 737.5
应付账款	180	200	280	300
长期借款	220	300	420	600
股东权益	580	700	730	837.5
负债和股东权益合计	980	1 200	1 430	1 737.5

单位：万元

利润表项目	2017 年	2018 年	2019 年	2020 年
营业收入	2 000	2 300	2 760	3 450
减：营业成本	1 000	1 100	1 200	1 600
税金及附加	14	16	22	30
销售和管理费用	186	356	250	348
财务费用	16	20	28	40
利润总额	784	808	1 260	1 432
减：所得税费用	196	202	315	358
净利润	588	606	945	1 074

乙公司货币资金均为经营活动所需，财务费用均为利息支出。

（2）甲公司预测，乙公司从 2021 年、2022 年营业收入增长率分别为 20% 和 12%，自 2023 年开始进入增长率为 4% 的稳定增长状态。假设收购不影响乙公司的正常运营，收购后乙公司净经营资产周转率、税后经营利润率按 2017～2020 年的算数平均值估计。假设所有现金流量均发生在年末，资产负债表期末余额代表全年平均水平。

（3）乙公司目标资本结构（净负债/股东权益）为 2/3，等风险债券税前资本成本为 8%，普通股 β 系数 1.4，无风险报酬率 4%，市场组合的投资报酬率 9%，企业所得税税率 25%。

（4）甲公司非公开新增发股的发行价格按照定价基准日前 20 个交易日公司股票价格均价的 80% 确定。定价基准日前 20 个交易日相关交易信息如下：

	累计交易金额（亿元）	累计交易数量（亿股）	平均收盘价（元/股）
定价基准日前 20 个交易日	4 000	160	24

已知：$(P/F, 9\%, 1)=0.9174$，$(P/F, 9\%, 2)=0.8417$，$(P/F, 9\%, 3)=0.7722$

要求：

（1）要求编制公司 2017～2020 年管理用资产负债表和利润表。

单位：万元

管理用财务报表项目	2017 年	2018 年	2019 年	2020 年
净经营资产				
净负债				
股东权益				
税后经营净利润				
税后利息费用				
净利润				

（2）预测 2021 年及以后年度净经营资产周转率、税后经营净利率。

（3）采用资本资产定价模型，估计乙公司的股权资本成本。按照目标资本结构，估计乙公司的加权平均资本成本。

（4）基于上述结果，计算 2021 ~ 2023 年乙公司实体现金净流量，并采用实体现金流量折算法，估计 2020 年末乙公司实体价值。

金额单位：万元

项目	2020 年	2021 年	2022 年	2023 年
实体现金流量				
折现系数				
现值				
预测期价值				
实体价值				

（5）假设乙公司净负债按 2020 年末账面价值计算，估计 2020 年末乙公司股权价值。

（6）计算甲公司非公开增发新股的发行价格和发行数量。

4. 甲公司是一家医疗行业投资机构，拟对乙医院进行投资。乙医院是一家营利性门诊医院，其营业收入为门诊收入，营业成本包括医生及护士薪酬、药品材料成本等。近年来乙医院发展态势良好，甲公司拟于2020年末收购其100%股权，目前甲公司已完成该项目的可行性分析，拟采用实体现金流量折现法估计乙医院价值。

相关资料如下：

（1）乙医院2018～2020年主要财务报表数据如下：

金额单位：万元

项目	2018年	2019年	2020年
营业收入	26 600	30 000	33 600
门诊量（万人次）	140	150	160
单位门诊费（元/人次）	190	200	210
营业成本	19 000	21 000	24 000
管理费用	2 280	2 700	3 216
财务费用	480	480	480
利润总额	4 840	5 820	5 904
所得税费用	1 210	1 455	1 476
净利润	3 630	4 365	4 428

乙医院近三年的经营营运资本及净经营性长期资产周转率情况如下：

项目	2018年	2019年	2020年
经营营运资本周转率（次）	9	11	10
净经营性长期资产周转率（次）	1.9	2.0	2.1

2020年12月31日，乙医院长期借款账面价值8 000万元，合同年利率6%，每年末付息，无金融资产和其他金融负债。

（2）甲公司预测，乙医院2021～2022年门诊量将在2020年基础上每年增长6%，2023年以及以后年度门诊量保持2022年水平不变；2021～2022年单位门诊费将在2020年基础上每年增长5%，2023年及以后年度将按照3%稳定增长。营业成本及管理费用占营业收入的比例、经营营运资本周转率、净经营长期资产周转率将保持2018～2020年算术平均水平不变。所有现金流量均发生在年末。

（3）2020年资本市场相关信息如下：

国债品种	发行日期	期限	票面利率	到期收益率
国债1	2020年10月12日	3年	3.9%	4.0%
国债2	2019年11月9日	5年	3.8%	4.1%
国债3	2018年12月21日	10年	4.0%	4.4%

乙医院可比上市公司信息如下：

财务指标	$\beta_{资产}$	净负债/股东权益	市盈率
平均值	1.00	80%	15

（4）假设长期借款市场利率等于合同利率。平均风险股票报酬率10.65%。企业所得税税率25%。

已知：（P/F，10%，1）=0.9091；（P/F，10%，2）=0.8264；（P/F，10%，3）=0.7513

要求：

（1）假设以可比上市公司$\beta_{资产}$的平均值作为乙医院的$\beta_{资产}$，以可比上市公司资本结构的平均值作为乙医院的目标资本结构（净负债/股东权益），计算乙医院的股权资本成本、加权平均资本成本。

（2）预测2021年及以后年度乙医院净经营资产占营业收入的比例、税后经营净利率。

（3）基于上述结果，计算2021～2023年乙医院实体现金流量，并采用实体现金流量折现法，估计2020年末乙医院实体价值。

单位：万元

项目	2020年末	2021年末	2022年末	2023年末
实体现金流量				
折现系数				
预测期价值				
后续期价值				
实体价值				

（4）假设乙医院净负债按2020年末账面价值计算，估计2020年末乙医院股权价值。

（5）采用市盈率法，计算2020年末乙医院股权价值。

（6）简要说明在企业价值评估中市盈率法与现金流量折现法的主要区别。

5. 甲公司是一家制造业上市公司，目前公司股票每股38元，预计股价未来增长率为7%；长期借款合同中保护性条款约定甲公司长期资本负债率不可高于50%、利息保障倍数不可低于5倍。为占领市场并优化资本结构，公司拟于2019年末发行可转换债券筹资20 000万元。为确定筹资方案是否可行，收集资料如下：

资料一：甲公司2020年预计财务报表主要数据：

单位：万元

资产负债表项目	2020年末
资产总计	85 000
流动负债	5 000
长期借款	20 000
股东权益	60 000
负债和股东权益合计	85 000
营业收入	187 500

续表

利润表项目	2020 年度
财务费用	1 000
利润总额	10 000
所得税费用	2 500
净利润	7 500

甲公司 2020 年财务费用均为利息费用，资本化利息 250 万元。

资料二：筹资方案。甲公司拟平价发行可转换债券，面值 1 000 元，票面利率 6%，期限 10 年，每年末付息一次，到期还本。每份债券可转换 20 股普通股，不可赎回期 5 年，5 年后赎回价格 1 030 元，此后每年递减 6 元。不考虑发行成本等其他费用。

资料三：甲公司尚无上市债券，也找不到合适的可比公司，评级机构评定甲公司的信用级别为 AA 级。目前上市交易的 AA 级公司债券与之到期日相近的政府债券如下：

公司债券			政府债券	
发行公司	到期日	到期收益率	到期日	到期收益率
乙	2023 年 11 月 30 日	5.69%	2023 年 12 月 10 日	4.42%
丙	2026 年 1 月 1 日	6.64%	2025 年 11 月 15 日	5.15%
甲	2030 年 11 月 30 日	7.84%	2030 年 12 月 10 日	5.95%

甲公司股票目前 β 系数 1.25，市场风险溢价 5%，企业所得税税率 25%。假设公司所筹资金全部用于购置资产，资本结构以长期资本账面价值计算权重。

资料四：如果甲公司按筹资方案发债，预计 2021 年营业收入比 2020 年增长 25%，财务费用在 2020 年财务费用基础上增加新发债券利息，资本化利息保持不变，企业应纳税所得额为利润总额，营业净利率保持 2020 年水平不变，不分配现金股利。

要求：

（1）根据资料一，计算筹资前长期资本负债率、利息保障倍数。

（2）根据资料二，计算发行可转换债券的资本成本。

（3）为判断筹资方案是否可行，根据资料三，利用风险调整法，计算甲公司税前债务资本成本；假设无风险利率参考 10 年期政府债券到期收益率，计算筹资后股权资本成本。

（4）为判断是否符合借款合同中保护性条款的要求，根据资料四，计算筹资方案执行后 2021 年末长期资本负债率、利息保障倍数。

（5）基于上述结果，判断筹资方案是否可行，并简要说明理由。

6. 甲公司是一家移动通信产品制造企业，主营业务是移动通信产品的生产和销售，为扩大市场份额，准备投产智能型手机产品（以下简称智能产品），目前，相关技术研发已经完成，正在进行该项目的可行性研究，相关资料如下：

（1）如果可行，该项目拟在 2016 年初投产，预计该智能产品 3 年后（即 2018 年末）停产，即项目预期持续 3 年，智能产品单位售价 3 000 元，2016 年销售 10 万部，销量以后每年按 10% 增长，单位变动制造成本 2 000 元；每年付现固定制造费用 400 万元，每年付现销售和管理费用占营业收入的 10%。

（2）为生产该智能产品，需要添置一条生产线，预计购置成本 12 000 万元，该生产线可在 2015 年末前安装完毕，按税法规定，该生产线折旧年限4年，预计净残值率5%，采用直线法计提折旧，预计2018年末该生产线的变现价值为2 400万元。

（3）公司现有一闲置厂房对外出租，每年末收取租金80万元，该厂房可用于生产该智能产品，因生产线安装期较短，安装期间租金不受影响，由于智能产品对当前的替代效应，当产品2016年销量下降1.5万部，下降的销量以后每年按10%增长，2018年末智能产品停产，替代效应消失，2019年当前产品销量恢复至智能产品项目投产前的水平，当前产品的单位售价1 600元，单位变动成本1 200元。

（4）营运资本为营业收入的20%，智能产品项目垫支的营运资本在各年初投入，在项目结束时全部收回，减少的当前产品垫支的营运资本在各年初收回，在智能产品项目结束时重新投入。

（5）项目加权平均资本成本9%，公司所得税税率25%，假设该项目的初始现金流量发生在2015年末，营业现金毛流量均发生在以后各年末。

要求：

（1）计算项目的初始现金净流量（2015年末增量现金净流量）、2016～2018年的增量现金净流量及项目的净现值、折现回收期和现值指数，并判断项目是否可行。

金额单位：万元

项目	2015年末	2016年末	2017年末	2018年末
现金净流量				
折现系数（9%）				
折现值				
净现值				
折现回收期（年）				
现值指数				

（2）为分析未来不确定性对该项目净现值的影响，应用最大最小法计算单位变动制造成本的最大值，应用敏感程度法计算当单位变动制造成本上升5%时净现值对单位变动制造成本的敏感系数。

7. 甲公司为扩大产能，拟平价发行分离型附认股权证债券进行筹资，方案如下：债券每份面值1 000元，期限5年，票面利率5%。每年付息一次。同时附送20份认股权证。认股权证在债券发行3年后到期，到期时每份认股权证可按11元的价格购买1股甲公司普通股股票。

甲公司目前有发行在外的普通债券，5年后到期，每份面值1 000元，票面利率6%，每年付息一次，每份市价1 020元（刚刚支付过最近一期利息）。

公司目前处于生产的稳定增长期，可持续增长率5%。普通股每股市价10元。公司企业所得税税率25%。

要求：

（1）计算公司普通债券的税前资本成本。

（2）计算分离型附认股权证债券的税前资本成本。

（3）判断筹资方案是否合理，并说明理由，如果不合理，给出调整建议。

8. E公司是一家民营医药企业，专门从事药品的研发、生产和销售。公司自主研发并申请发明专利的BJ注射液自上市后销量快速增长，目前生产已达到满负荷状态。E公司正在研究是否扩充BJ注射液的生产能力，有关资料如下：

BJ注射液目前的生产能力为400万支/年。E公司经过市场分析认为，BJ注射液具有广阔的市场空间，拟将其生产能力提高到1 200万支/年。由于公司目前没有可用的厂房和土地用来增加新的生产线，只能拆除当前生产线，新建一条生产能力为1 200万支/年的生产线。

当前的BJ注射液生产线于2018年初投产使用，现已使用2.5年，目前的变现价值为1 127万元。生产线的原值为1 800万元，税法规定的折旧年限为10年，残值率为5%，按照直线法计提折旧。公司建造该条生产线时计划使用10年，项目结束时的变现价值预计为115万元。

新建生产线的预计支出为5 000万元，税法规定的折旧年限为10年，残值率为5%，按照直线法计提折旧。新生产线计划使用7年，项目结束时的变现价值预计为1 200万元。

BJ注射液目前的年销售量为400万支，销售价格为每支10元，单位变动成本为每支6元，每年的固定付现成本为100万元。扩建完成后，第1年的销量预计为700万支，第2年的销量预计为1 000万支，第3年的销量预计为1 200万支，以后每年稳定在1 200万支。由于产品质量稳定、市场需求巨大，扩产不会对产品的销售价格、单位变动成本产生影响。扩产后，每年的固定付现成本将增加到220万元。

项目扩建需用半年时间，停产期间预计减少200万支BJ注射液的生产和销售，固定付现成本照常发生。

生产BJ注射液需要的营运资本随销售额的变化而变化，预计为销售额的10%。

扩建项目预计能在2020年末完成并投入使用。为简化计算，假设扩建项目的初始现金流量均发生在2020年末（零时点），营业现金流量均发生在以后各年年末，垫支的营运资本在各年年初投入，在项目结束时全部收回。

E公司目前的资本结构（负债/权益）为1/1，税前债务成本为9%，$\beta_{权益}$为1.5，当前市场的无风险报酬率为6.25%，权益市场的平均风险溢价为6%。公司拟采用目前的资本结构为扩建项目筹资，税前债务成本仍维持9%不变。

E公司适用的企业所得税税率为25%。

要求：

（1）计算公司当前的加权平均资本成本。公司能否使用当前的加权平均资本成本作为扩建项目的折现率？请说明原因。

（2）计算扩建项目的初始现金流量（零时点的增量现金净流量）、第1年至第7年的增量现金净流量、扩建项目的净现值（计算过程和结果填入答题卷中给定的表格中），判断扩建项目是否可行并说明原因。（假设扩建期间丧失的现金流量发生在旧设备使用的第3年末，旧设备初始的变现流量也发生在同一时点）

金额单位：万元

项目	零时点	第1年	第2年	第3年	第4年	第5年	第6年	第7年
旧设备初始的变现流量								
新增设备投资								
扩建期间丧失的流量								

续表

项目	零时点	第1年	第2年	第3年	第4年	第5年	第6年	第7年
营运资本投资								
营业现金流量								
回收残值增量流量								
回收营运资本								
增量现金流量								
折现系数								
现值								
净现值合计								

（3）计算扩建项目的静态回收期。如果类似项目的静态回收期通常为3年，E公司是否应当采纳该扩建项目？请说明原因。

9. 假设你是F公司的财务顾问。该公司是目前国内最大的家电生产企业，已经在上海证券交易所上市多年。该公司正在考虑在北京建立一个工厂，生产某一新型产品，公司管理层要求你为其进行项目评价。

F公司在两年前曾在北京以500万元购买了一块土地，原打算建立北方区配送中心，后来由于收购了一个物流企业，解决了北方地区产品配送问题，便取消了配送中心的建设项目。公司现计划在这块土地上兴建新的工厂，目前该土地的评估价值为800万元。

预计建设工厂的固定资产投资成本为1 000万元。该工程将承包给另外的公司，工程款在完工投产时一次付清，即可以将建设期视为零。另外，工厂投产时需要营运资本750万元。

该工厂投入运营后，每年生产和销售30万台产品，售价为200元/台，单位产品变动成本160元；预计每年发生固定成本（含制造费用、经营费用和管理费用）400万元。

由于该项目的风险比目前公司的平均风险高，管理当局要求项目的报酬率比公司当前的加权平均税后资本成本高出2个百分点。

该公司目前的资本来源状况如下：负债的主要项目是公司债券，该债券的票面利率为6%，每年付息，5年后到期，面值1 000元/张，共100万张，每张债券的当前市价959元；所有者权益的主要项目是普通股，流通在外的普通股共10 000万股，市价22.38元/股，β系数0.875。其他资本来源项目可以忽略不计。

当前的无风险收益率为5%，预期市场风险溢价为8%。该项目所需资金按公司当前的资本结构筹集，并可以忽略债券和股票的发行费用。公司平均所得税税率为24%。新工厂固定资产折旧年限平均为8年（净残值为零）。土地不提取折旧。

该工厂（包括土地）在运营5年后将整体出售，预计出售价格为600万元。假设投入的营运资本在工厂出售时可全部收回。

要求：

（1）计算该公司当前的加权平均税后资本成本（资本结构权数按市价计算，计算结果取整数）。

（2）计算项目评价使用的含有风险的折现率。

（3）计算项目的初始投资（零时点现金流出）。

（4）计算项目的年经营现金净流量。

（5）计算该工厂在5年后处置时的税后现金净流量。

（6）计算项目的净现值。

10. 甲公司是一家设备制造企业，常年大量使用某种零部件。该零部件既可以外购，也可以自制。如果外购，零部件单价为100元/

件，每次订货的变动成本为 20 元，订货的固定成本较小，可以忽略不计。如果自制，有关资料如下：

（1）需要购买一套价值为 100 000 元的加工设备，该设备可以使用 5 年，使用期满无残值。

（2）需要额外聘用 4 名操作设备的工人，工人采用固定年薪制，每个工人的年薪为 25 000 元。

（3）每次生产准备成本为 400 元，每日产量为 15 件。

（4）生产该零部件需要使用加工其他产品剩下的一种边角料，每个零部件耗用边角料 0.1 千克。公司每年产生该种边角料 1 000 千克，如果对外销售，单价为 100 元/千克。

（5）除上述成本外，自制零部件还需发生单位变动成本 50 元。

该零部件的全年需求量为 3 600 件，每年按 360 天计算。公司的资金成本为 10%，除资金成本外，不考虑其他储存成本。

要求：

（1）计算甲公司外购零部件的经济订货量、与批量有关的总成本、外购零部件的全年总成本。

（2）计算甲公司自制零部件的经济生产批量、与批量有关的总成本、自制零部件的全年总成本。（提示：加工设备在设备使用期内按平均年成本法分摊设备成本）

（3）判断甲公司应该选择外购方案还是自制方案，并说明原因。

11. 资料：A 公司 2020 年度的主要财务数据如下：

单位：万元

项目	金额
营业收入	10 000
营业利润	750
利息支出	125
税前利润	625
所得税（税率 20%）	125
税后利润	500
分出股利（股利支付率 50%）	250
留存收益	250
期末股东权益（1 000 万股）	1 250
期末负债	1 250
期末总资产	2 500

要求：

（1）假设 A 公司在今后可以维持 2020 年的经营效率和财务政策，不断增长的产品能为市场所接受，不变的营业净利率可以涵盖不断增加的利息，请依次回答下列问题：

①2021 年的预期销售增长率是多少？

②今后的预期股利增长率是多少？

③假设 A 公司 2020 年末的股价是 30 元，股东预期的报酬率是多少？

④假设 A 公司可以按 2020 年的平均利率水平在需要时取得借款，其加权平均资本成本是多少（资本结构权数以账面价值为基础）？

（2）假设 A 公司 2021 年的计划销售增长率为 35%，请回答下列互不关联的问题：

①如果不打算从外部筹集权益资金，并保持 2020 年的财务政策和资产周转率，营业净利率应达到多少？

②如果想保持 2020 年的经营效率和财务政策不变，需要从外部筹集多少股权资金？

12. E 公司的 2022 年度财务报表主要数据如下（单位：万元）：

单位：万元

项目	金额
收入	1 000
税后利润	100
股利	40
留存收益	60
负债	1 000
股东权益（200 万股，每股面值 1 元）	1 000
负债及所有者权益总计	2 000

要求：

（1）计算该公司的可持续增长率。

（2）假设该公司 2023 年度计划销售增长率是 10%。公司拟通过提高销售净利率或提高资产负债率来解决资金不足问题。请分别计算销售净利率、资产负债率达到多少时可以满足销售增长所需资金，计算分析时假设除正在考察的财务比率之外其他财务比率不变，销售不受市场限制，销售净利率涵盖了负债的利息，并且公司不打算发行新的股份。

（3）如果公司计划 2023 年销售增长率为 15%，它应当筹集多少股权资本？计算时假设不变的营业净利率可以涵盖负债的利息，销售不受市场限制，并且不打算改变当前的资本结构、利润留存率和经营效率。

（4）假设公司为了扩大业务，需要增加资金 200 万元。这些资金有两种筹集方式：全部通过增加借款取得，或者全部通过增发股份取得。如果通过借款补充资金，由于资产负债率提高，新增借款的利息率为 6.5%，而 2022 年负债的平均利息率是 5%；如果通过增发股份补充资金，预计发行价格为 10 元/股。假设公司的所得税税率为 20%，固定的成本和费用（包括管理费用和营业费用）可以维持在 2022 年 125 万元/年的水平，变动成本率也可以维持 2022 年的水平，请计算两种筹资方式的每股收益无差别点（销售额）。

13. F 公司是一个生产和销售抗生素的医疗企业。2020 年度的主要财务数据如下：

单位：万元

项目	金额
营业收入	70 000
税前经营利润	5 075
利息支出	700
税前利润	4 375
所得税	875
税后利润	3 500
股利分配	1 750
本期收益留存	1 750
期末股东权益	28 000
期末净负债	28 000
净经营资产（投资资本）总计	56 000

其他有关资料：2020 年末流通在外普通股 1 000 万股，每股市价 30 元；所得税税率 20%；公司的负债均为金融负债，资产均为经营性资产。

要求：

（1）假设该公司 2021 年可以维持 2020 年的经营效率和财务政策，并且不准备增发股票；不断增长的产品能为市场所接受，不变的营业净利率可以涵盖不断增加的利息；可以按 2020 年的平均利率水平在需要时取得借款，所得税税率不变。请确定 2021 年的预期销售增长率、可持续增长率以及加权平均资本成本（计算加权平均资本成本时，假设目标资本结构为股东权益和净负债各占 50%）。

（2）假设公司打算保持第（1）问的营业净利率（可以涵盖增加的利息）、资产周转率和股利支付率，并且不增发股份；2021 年预期销售增长率为 8%，公司拟通过增加负债筹集增长所需的资金，请问 2021 年末净负债金额和期末权益乘数各是多少？

（3）假设公司打算保持第（1）问的总资产周转次数、权益乘数、股利支付率并且不增发股份；2021 年的预期销售增长率为 10%，公司拟通过提高营业净利率获取增长所需的资金，请问营业净利率（可以涵盖增加的利息）应提高到多少？

14. 甲公司是一家制造业上市公司，生产 A、B、C 三种产品。最近几年，市场需求旺盛，公司正在考虑通过筹资扩大产能。2018 年，公司长期债务 10 000 万元，年利率 6%，流通在外普通股 1 000 万股，每股面值 1 元，无优先股。

资料一：A、B、C 三种产品需要通过一台关键设备加工，该设备是公司的关键限制资源。年加工能力 2 500 小时。假设 A、B、C 三种产品当年生产当年销售。年初年末无存货，预计 2019 年 A、B、C 三种产品的市场正常销量及相关资料如下：

项目	A 产品	B 产品	C 产品
市场正常销量（件）	400	600	1 000
单位售价（万元）	2	4	6
单位变动成本（万元）	1.2	1.6	3.5
单位约束资源消耗（小时）	1	2	2.5
固定成本总额（万元）	1 000		

资料二：为满足市场需求，公司 2019 年初拟新增一台与关键限制资源相同的设备，需要筹集 10 000 万元。该设备新增年固定成本 600 万元，原固定成本总额 1 000 万元照常发生，现有两种筹资方案可供选择。

方案 1：平价发行优先股筹资 6 000 万元，面值 100 元，票面股息率 10%；按每份市价 1 250 元发行债券筹资 4 000 万元，期限 10 年，面值 1 000 元，票面利率 9%。

方案 2：平价发行优先股筹资 6 000 万元，面值 100 元，票面股息率 10%；按每份市价 10 元发行普通股筹资 4 000 万元。

资料三：新增关键设备到位后，假设 A 产品尚有市场空间，其他条件不变，且剩余产能不能转移，公司拟花费 200 万元进行广告宣传，通过扩大 A 产品的销量实现剩余产能的充分利用。

公司的企业所得税税率为 25%。

要求：

（1）根据资料一，为有效利用现有的一台关键设备，计算公司 A、B、C 三种产品的生产安排优先顺序和产量，在该生产安排下，公司的经营杠杆和财务杠杆各是多少？

（2）根据资料二，采用每股收益无差别点法，计算两种筹资方案每股收益无差别点的息税前利润，并判断公司应选择哪一种筹资方案。在该筹资方案下，公司的经营杠杆、财务杠杆、每股收益各是多少？

（3）结合要求（1）、（2）的结果，需要说明经营杠杆、财务杠杆发生变化的主要原因。

（4）根据资料三，计算并判断公司是否应利用该剩余产能。

15. 甲公司下属乙部门生产A产品，全年生产能量为1 200 000机器工时，单位产品标准机器工时120小时。2019年实际产量为11 000件，实际耗用机器工时1 331 000小时。

2019年标准成本资料如下：

（1）直接材料标准消耗10千克/件，标准价格22元/千克；

（2）变动制造费用预算额为3 600 000元；

（3）固定制造费用预算额为2 160 000元。

2019年完全成本法下的实际成本资料如下：

（1）直接材料实际耗用121 000千克，实际价格24元/千克；

（2）变动制造费用实际额为4 126 100元；

（3）固定制造费用实际额为2 528 900元。

该部门作为成本中心，一直采用标准成本法控制成本和考核业绩。最近，新任部门经理提出，按完全成本法下的标准成本考核业绩不合理，建议公司调整组织结构，将销售部门和生产部门合并为事业部，采用部门可控边际贡献考核经理业绩。目前，该产品年销售10 000件，每件售价1 000元。经分析，40%的固定制造费用为部门可控成本，60%的固定制造费用为部门不可控成本。

要求：

（1）计算A产品的单位标准成本和单位实际成本。

（2）分别计算A产品直接材料的价格差异和数量差异、变动制造费用的价格差异和数量差异，用三因素分析法计算固定制造费用的耗费差异、闲置能力差异和效率差异，并指出各项差异是有利差异还是不利差异。

（3）计算乙部门实际的部门可控边际贡献。

16. 甲公司是一家制造业上市公司，主营业务是易拉罐的生产和销售。为进一步满足市场需求，公司准备新增一条智能化易拉罐生产线。目前，正在进行该项目的可行性研究。相关资料如下：

（1）该项目如果可行，拟在2016年12月31日开始投资建设生产线，预计建设期1年，即项目将在2017年12月31日建设完成，2018年1月1日投入使用，该生产线预计成本为4 000万元，项目预期持续3年，按税法规定，该生产线折旧年限4年，残值率5%。按直线法计提折旧，预计2020年12月31日项目结束时，该生产线变现价值1 800万元。

（2）公司有一闲置厂房拟对外出租，每年租金60万元，在出租年度的上年末收取。该厂房可用于安装该生产线，安装期间及投资后，该厂房均无法对外出租。

（3）该项目预计2018年生产并销售12 000万罐，产销量以后每年按5%增长，预计易拉罐单位售价0.5元，单位变动制造成本0.3元，每年付现销售和管理费用占销售收入的10%，2018年、2019年、2020年每年固定付现成本分别为200万元、250万元、300万元。

（4）该项目预计营运资本占销售收入的20%，垫支的营运资本在运营年度的上年末投入，在项目结束时全部收回。

（5）为筹资所需资金，该项目拟通过发行债券和留存收益进行筹资。发行期限5年、面值1 000元，票面利率6%的债券，每年末付息一次，发行价格960元。发行费用率为发行价格的2%，公司普通股β系数1.5，无风险报酬率3.4%，市场组合必要报酬率7.4%。当前公司资本结构（负债/权益）为2/3，目标资本结构（负债/权益）为1/1。

（6）公司所得税税率25%。

假设该项目的初始现金流量发生在2016年末，营业现金流量均发生在投产后各年末。

要求：

（1）计算债务税后资本成本、股权资本

成本和项目加权平均资本成本。

（2）计算项目 2016 年及以后各年末现金净流量及项目净现值，并判断该项目是否可行。

（3）假设其他条件不变，利用最大最小法计算生产线可接受的最高购置价格。

17. 甲上市公司是一家电气设备制造企业，目前正处在高速增长期。为判断公司股票是否被低估，正进行价值评估。相关资料如下：

（1）甲公司 2021 年末发行在外普通股 5 亿股，每股市价 100 元，没有优先股。未来不打算增发和回购股票。2021 年相关报表项目如下：

单位：万元

资产负债表项目	2021 年末
货币资金	7 500
交易性金融资产	600
应收账款	7 500
预付款项	400
其他应收款	900
存货	5 100
流动资产合计	22 000
固定资产	3 200
无形资产	1 600
非流动资产合计	4 800
短期借款	400
应付账款	13 400
其他应付款	1 200
流动负债合计	15 000
长期借款	2 000
负债合计	17 000
所有者权益	9 800
利润表项目	**2021 年度**
营业收入	20 000
营业成本	14 000
税金及附加	420
销售费用	1 000
管理费用	400
财务费用	200
公允价值变动收益	20
所得税费用	1 000
净利润	3 000

货币资金全部为经营活动所需，其他应收款、其他应付款均为经营活动产生，财务费用均为利息费用，2021 年没有资本化利息支出。企业所得税税率 25%。

（2）甲公司预测 2022 年、2023 年营业收入增长率 20%，2024 年及以后保持 6% 的永续增长；税后经营净利率、净经营资产周转次数、净财务杠杆和净负债利息率一直维持 2021 年水平不变。

（3）甲公司普通股资本成本 12%。

（4）可比公司乙公司 2021 年每股收益 1 元，2021 年末每股市价 15 元。

为简化计算，财务指标涉及平均值的，均以年末余额替代全年平均水平。

要求：

（1）计算甲公司 2021 年每股收益，用市盈率模型估算 2021 年末甲公司股权价值，并判断甲公司股价是否被低估。

（2）编制甲公司 2021 年管理用资产负债表和利润表（结果填入下方表格中，不用列出计算过程）。

单位：百万元

管理用资产负债表	2021 年末
净经营资产	
净负债	
股东权益	
管理用利润表	**2021 年度**
税后经营净利润	
税后利息费用	
净利润	

（3）预测甲公司 2022 年、2023 年和 2024 年的实体现金流量和股权现金流量（结果填入下方表格中，不用列出计算过程）。

单位：百万元

项目	2022 年	2023 年	2024 年
实体现金流量			

续表

项目	2022 年	2023 年	2024 年
股权现金流量			

(4) 用股权现金流量折现模型估算 2021 年末甲公司每股股权价值，并判断甲公司股价是否被低估。

(5) 与现金流量折现模型相比，市盈率模型有哪些优点和局限性?

跨章节综合练习题答案及解析

1. 【答案及解析】

本题涉及第三章价值评估基础和第四章资本成本的内容。

(1) 平均信用风险补偿率 = [(7.5% - 4.5%) + (7.9% - 5%) + (8.3% - 5.2%)]/3 = 3%

无风险报酬率应当选择与甲公司债券到期日最为接近的政府债券的利率，即 2022 年 1 月 10 日到期的政府债券的利率 5%，则:

拟发行债券的票面利率 = 5% + 3% = 8%

(2) 发行价格 = 1 000 × 8% × (P/A, 10%, 5) + 1 000 × (P/F, 10%, 5) = 80 × 3.7908 + 1 000 × 0.6209 = 924.16 (元)

(3) 假设 A 投资者的到期收益率为 i，则:

1 000 × 8% × (P/A, i, 3) + 1 000 × (P/F, i, 3) = 970

i = 10%，80 × 2.4869 + 1 000 × 0.7513 = 950.252

i = 9%，80 × 2.5313 + 1 000 × 0.7722 = 974.704

由内插法得 i = 9% + (10% - 9%) × (974.704 - 970)/(974.704 - 950.252) = 9.19%

到期收益率 9.19% 大于等风险投资市场报酬率 9%，因此该债券价格合理。

2. 【答案及解析】

本题涉及第三章价值评估基础和第六章期权价值评估的内容。

(1) 1 年后甲公司股票的内在价值 = $\dfrac{2.5 \times (1+8\%)^2}{12\% - 8\%}$ = 72.9 (元)

(2) 小刘 1 年后的净损益 = (每股市价 - 执行价格 - 期权费用) × 股数 = (72.9 - 60 - 2.5) × 1 000 = 10 400 (元)

小马 1 年后的净损益 = (72.9 - 60 - 5) × 12 500 = 98 750 (元)

(3) 小刘的投资净损益 = [60 - (60 + 2.5)] × 1 000 = -2 500 (元)

小马的投资净损益 = 0 - 5 × 12 500 = -62 500 (元)

3. 【答案及解析】

本题考查的是第二章财务报表分析和财务预测、第三章价值评估基础中的资本资产定价模型、第四章资本成本、第七章企业价值评估与第九章长期筹资的内容。

(1)

单位：万元

管理用财务报表项目	2017 年	2018 年	2019 年	2020 年
净经营资产	800	1 000	1 150	1 437.5

续表

管理用财务报表项目	2017 年	2018 年	2019 年	2020 年
净负债	220	300	420	600
股东权益	580	700	730	837.5
税后经营净利润	600	621	966	1 104
税后利息费用	12	15	21	30
净利润	588	606	945	1 074

（2）

金额单位：万元

相关项目	2017 年	2018 年	2019 年	2020 年
营业收入	2 000	2 300	2 760	3 450
净经营资产	800	1 000	1 150	1 437.5
净经营资产周转率	2.5	2.3	2.4	2.4
税后经营净利润	600	621	966	1 104
税后经营净利率	30%	27%	35%	32%

2021 年及以后年度净经营资产周转率 =（2.5 + 2.3 + 2.4 + 2.4）/4 = 2.4（次）

2021 年及以后年度税后经营净利率 =（30% + 27% + 35% + 32%）/4 = 31%

（3）乙公司的股权资本成本 = 4% + 1.4 ×（9% − 4%）= 11%

净负债/股东权益 = 2/3，所以净负债/净经营资产 = 2/5，股东权益/净经营资产 = 3/5

乙公司的加权平均资本成本 = 8% ×（1 − 25%）× 2/5 + 11% × 3/5 = 9%

（4）

金额单位：万元

项目	2020 年	2021 年	2022 年	2023 年
营业收入增长率		20%	12%	4%
营业收入	3 450	4 140	4 636.8	4 822.27
税后经营净利率		31%	31%	31%
税后经营净利润		1 283.4	1 437.41	1 494.90
净经营资产周转率		2.4	2.4	2.4
净经营资产	1 437.5	1 725	1 932	2 009.28
净经营资产增加		287.5	207	77.28
实体现金流量		995.9	1 230.41	1 417.62
折现系数		0.9174	0.8417	0.7722
现值		913.639	1 035.636	1 094.686
预测期价值	3 034.961			
实体价值	3 034.961 + 1 417.62 ×（1 + 4%）/（9% − 4%）× 0.7722 = 25 813.43			

（5）2020 年末乙公司股权价值 = 25 813.43 - 600 = 25 213.43（万元）

（6）甲公司非公开增发新股的发行价格 = 4 000/160 × 80% = 20（元）

发行数量 = 25 213.43/20 = 1 260.67（万股）

4. **【答案及解析】**

本题涉及第二章财务报表分析和财务预测、第四章资本成本、第七章企业价值评估、第八章资本结构的内容。

（1）$\beta_{权益}$ = 1 × [1 + 80% × (1 - 25%)] = 1.6

利用资本资产定价模型估计股权资本成本时，对于无风险利率的估计最常见的做法是选用 10 年期的政府债券的到期收益率作为无风险利率的代表，即无风险利率 = 4.4%。

乙医院的股权资本成本 = 4.4% + 1.6 × (10.65% - 4.4%) = 14.4%

净负债/股东权益 = 80%，则净负债：股东权益 = 4：5

加权平均资本成本 = 6% × (1 - 25%) × 4/(4 + 5) + 14.4% × 5/(4 + 5) = 10%

（2）2021 年及以后年度经营营运资本周转率 = (9 + 11 + 10)/3 = 10（次）

2021 年及以后年度净经营长期资产周转率 = (1.9 + 2 + 2.1)/3 = 2（次）

2021 年及以后年度净经营资产占营业收入的比例 = (经营营运资本 + 净经营长期资产)/营业收入 = 经营营运资本/营业收入 + 净经营长期资产/营业收入 = 1/经营营运资本周转率 + 1/净经营长期资产周转率 = 1/10 + 1/2 = 60%

2021 年及以后年度营业成本及管理费用占营业收入的比例 = [(19 000 + 2 280)/26 600 + (21 000 + 2 700)/30 000 + (24 000 + 3 216)/33 600]/3 = 80%

2021 年及以后年度税后经营净利率 = (1 - 80%) × (1 - 25%) = 15%

（3）

单位：万元

项目	2020 年末	2021 年末	2022 年末	2023 年末
营业收入	33 600	37 396.8	41 622.64	42 871.32
税后经营净利润		5 609.52	6 243.396	6 430.698
净经营资产	19 360	22 438.08	24 973.584	25 722.792
净经营资产增加		3 078.08	2 535.50	749.21
实体现金流量		2 531.44	3 707.896	5 681.488
折现系数	1	0.9091	0.8264	0.7513
预测期价值	9 634.04	2 301.332	3 064.205	4 268.502
后续期价值	62 807.96			
实体价值	72 442.00			

计算过程：

2021～2022 年每年营业收入增长率 = (1 + 6%) × (1 + 5%) - 1 = 11.3%

2023 年以后每年营业收入增长率为 3%。

税后经营净利润 = 营业收入 × 15%

2020 年末净经营资产 = 经营营运资本 + 净经营长期资产 = 营业收入/经营营运资本周转率 + 营业收入/净经营长期资产周转率 = 33 600/10 + 33 600/2.1 = 19 360（万元）

预测期价值 = 2 301.332 + 3 064.205 + 4 268.502 = 9 634.04（万元）

后续期价值 = 5 681.488 × (1 + 3%)/(10% - 3%) × 0.7513 = 62 807.96（万元）

（4）2020 年乙医院股权价值 = 2020 年末

乙医院实体价值－2020年末乙医院净债务价值＝72 442.00－8 000＝64 442.00（万元）

（5）2020年末乙医院股权价值＝股价×普通股股数＝每股净利润×市盈率×普通股股数＝净利润总额×市盈率＝4 428×15＝66 420（万元）

（6）市盈率法属于相对价值法，是将目标与可比企业对比，用可比企业的价值衡量目标企业的价值。所得结论是相对于可比企业来说的，以可比企业价值为基准，是一种相对价值，而非目标企业的内在价值。

现金流量折现模型的基本思想是增量现金流量原则和时间价值原则，也就是任何资产的价值是其产生的未来现金流量按照含有风险的折现率计算的现值。它依据目标公司预测的未来的现金流量的数据估计目标公司的股权价值，计算出来的是一种内在价值。

5. **【答案及解析】**

本题考查的是第二章财务报表分析和财务预测、第三章价值评估基础中的资本资产定价模型、第四章资本成本与第九章长期筹资的内容。

（1）长期资本负债率＝20 000/（20 000＋60 000）×100%＝25%

利息保障倍数＝（10 000＋1 000）/（1 000＋250）＝3.8

（2）转换价值＝20×38×（1＋7%）＝1 065.94（元）

拟平价发行可转换债券，因为可转换债券包含期权价值，平价发行就意味着纯债券部分是以低于面值的价格来发行，即票面利率低于等风险普通债券市场利率，所以纯债券价值小于1 000元，因此底线价值＝转换价值＝1 065.94元。

在5年末，底线价值大于赎回价格1 030元，所以应选择进行转股。

1 000＝1 000×6%×（P/A，r，5）＋1 065.94×（P/F，r，5）

当r＝7%时，1 000×6%×（P/A，7%，5）＋1 065.94×（P/F，7%，5）＝1 006.03（元）

当r＝8%时，1 000×6%×（P/A，8%，5）＋1 065.94×（P/F，8%，5）＝965.04（元）

（r－7%）/（8%－7%）＝（1 000－1 006.03）/（965.04－1 006.03）

解得：r＝7.15%

（3）甲公司税前债务资本成本＝[（5.69%－4.42%）＋（6.64%－5.15%）＋（7.84%－5.95%）]/3＋5.95%＝7.5%

根据资本资产定价模型，筹资后股权资本成本＝1.25×5%＋5.95%＝12.2%。

（4）营业净利率不变的情况下，净利润的增长率与营业收入的增长率相同，均为25%，又不发放股利，所以2021年预期股东权益增加额＝净利润＝7 500×（1＋25%）＝9 375（万元）。

长期资本负债率＝（20 000＋20 000）/（20 000＋20 000＋60 000＋9 375）×100%＝36.57%

2021年的预计利润总额＝净利润/（1－25%）＝9 375/75%＝12 500（万元）

利息保障倍数＝（12 500＋1 000＋20 000×6%）/（1 000＋20 000×6%＋250）＝6

长期资本负债率低于50%，利息保障倍数高于5倍，符合借款合同中保护性条款的要求。

（5）可转换债券风险高于纯债券，投资者要求得到的收益率应高于纯债券，即对公司而言，可转换债券的资本成本应高于纯债券的资本成本。该公司可转换债券的资本成本为7.15%，小于税前债务资本成本7.5%，不符合风险与收益相对等原则，筹资方案不可行。

6. **【答案及解析】**

本题考查的是第五章投资项目资本预算、第十五章本量利分析的内容。

（1）

金额单位：万元

项目	2015 年末	2016 年末	2017 年末	2018 年末
智能产品税后营业收入		3 000×10×(1−25%)=22 500	22 500×(1+10%)=24 750	24 750×(1+10%)=27 225
智能产品税后付现变动制造成本		−2 000×10×(1−25%)=−15 000	−15 000×(1+10%)=−16 500	−16 500×(1+10%)=−18 150
税后付现固定制造成本		−400×(1−25%)=−300	−300	−300
税后付现销售和管理费用		−22 500×10%=−2 250	−24 700×10%=−2 475	−27 225×10%=−2 722.5
生产线购置成本	−12 000			
年折旧额		12 000×(1−5%)/4=2 850	2 850	2 850
年折旧额抵税		2 850×25%=712.5	712.5	712.5
生产线变现相关现金流量				2 400+(12 000−2 850×3−2 400)×25%=2 662.5
减少的税后租金收入		−80×(1−25%)=−60	−60	−60
当前产品减少的税后营业收入		−1.5×1 600×(1−25%)=−1 800	−1 800×(1+10%)=−1 980	−1 980×(1+10%)=−2 178
当前产品减少的税后变动成本		1.5×1 200×(1−25%)=1 350	1 350×(1+10%)=1 485	1 485×(1+10%)=1 633.5
智能产品营运资本垫支	−30 000×20%=−6 000	−(33 000−30 000)×20%=−600	−(36 300−33 000)×20%=−660	
减少当前产品营运资本垫支	2 400×20%=480	(2 640−2 400)×20%=48	(2 904−2 640)×20%=52.8	
产品营运资本收回				(36 300−2 904)×20%=6 679.2
现金净流量	−17 520	4 600.5	5 025.3	15 502.2
折现系数（9%）	1	0.9174	0.8417	0.7722
折现值	−17 520	4 200.50	4 229.80	11 970.80
净现值	2 901.10			
折现回收期（年）	2+(17 250−4 220.50−4 229.80)/11 970.8=2.76			
现值指数	(2 901.10+18 537.49)/18 537.49=1.16			

由以上计算可知：净现值大于0，现值指数大于1，因此该项目可行。

小贴士 原始投资额现值 = 17 520 + (600 − 48) × 0.9174 + (660 − 52.8) × 0.8417 =

18 537.49（万元）

（2）①最大最小法：

假设单位变动制造成本需要增加 ΔV 元：

2016 年增加的税后变动付现营业费用 $= \Delta V \times 10 \times (1-25\%) = 7.5\Delta V$（万元）

2017 年增加的税后变动付现营业费用 $=$ 2016 年增加的税后变动付现营业费用 $\times (1+10\%) = 7.5\Delta V \times (1+10\%) = 8.25\Delta V$（万元）

2018 年增加的税后变动付现营业费用 $=$ 2017 年增加的税后变动付现营业费用 $\times (1+10\%) = 8.25\Delta V \times (1+10\%) = 9.075\Delta V$（万元）

令增加的税后付现营业费用的现值 = 原有净现值

$7.5\Delta V \times (P/F, 9\%, 1) + 8.25\Delta V \times (P/F, 9\%, 2) + 9.075\Delta V \times (P/F, 9\%, 3) = 2\,901.1$

$\Delta V = 139.26$ 元

即单位变动制造成本如果达到 2 139.26 元（2 000 + 139.26），净现值为零。

②敏感系数：

单位变动制造成本上升 5%，净现值的变化值 $= -2\,000 \times 5\% \times 10 \times (1-25\%) \times (P/F, 9\%, 1) - 2\,000 \times 5\% \times 10 \times (1+10\%) \times (1-25\%) \times (P/F, 9\%, 2) - 2\,000 \times 5\% \times 10 \times (1+10\%) \times (1+10\%) \times (1-25\%) \times (P/F, 9\%, 3) = -2\,083.22$（万元）

净现值的变化程度 $= -2\,083.22/2\,901.10 = -71.81\%$

净现值对单位变动制造成本的敏感系数 $= -71.81\%/5\% = -14.36$

7. 【答案及解析】

本题涉及第四章资本成本、第七章企业价值评估的内容。

（1）设公司普通债券的税前资本成本为 i，则有：

$1\,020 = 1\,000 \times 6\% \times (P/A, i, 5) + 1\,000 \times (P/F, i, 5)$

$i = 4\%$ 时，等式右边 $= 1\,000 \times 6\% \times 4.4518 + 1\,000 \times 0.8219 = 1\,089$

$i = 6\%$ 时，等式右边 $= 1\,000 \times 6\% \times 4.2124 + 1\,000 \times 0.7473 = 1\,000$

由内插法可得：$(i-4\%)/(6\%-4\%) = (1\,020-1\,089)/(1\,000-1\,089)$

$i = 4\% + [(1\,020-1\,089)/(1\,000-1\,089)] \times (6\%-4\%) = 5.55\%$

（2）第 3 年末行权支出 $= 11 \times 20 = 220$（元）

取得股票的市价 $= 10 \times (F/P, 5\%, 3) \times 20 = 231.52$（元）

行权现金净流入 $= 231.52 - 220 = 11.52$（元）

设该分离型附认股权证债券的税前资本成本为 r，

$1\,000 = 1\,000 \times 5\% \times (P/A, r, 5) + 11.52 \times (P/F, r, 3) + 1\,000 \times (P/F, r, 5)$

$r = 5\%$ 时，等式右边 $= 1\,000 \times 5\% \times 4.3295 + 11.52 \times 0.8638 + 1\,000 \times 0.7835 = 1\,009.93$（元）

$r = 6\%$ 时，等式右边 $= 1\,000 \times 5\% \times 4.2124 + 11.52 \times 0.8396 + 1\,000 \times 0.7473 = 967.59$（元）

由内插法可得：$(r-5\%)/(6\%-5\%) = (1\,000-1\,009.93)/(967.59-1\,009.93)$

$r = 5\% + [(1\,000-1\,009.93)/(967.59-1\,009.93)] \times (6\%-5\%) = 5.23\%$

（3）筹资方案不合理，因为附认股权证债券的税前资本成本低于普通债券的税前资本成本。可以通过降低执行价格或提高票面利率等方式，使得附认股权证债券的税前资本成本大于普通债券的税前资本成本。

8. 【答案及解析】

本题考查的是第三章价值评估基础中的资本资产定价模型、第四章资本成本、第五章投资项目资本预算的内容。

（1）股权资本成本 $= 6.25\% + 1.5 \times 6\% = 15.25\%$

加权资本成本 $= 15.25\% \times 50\% + 9\% \times (1-25\%) \times 50\% = 11\%$

可以使用当前的加权平均资本成本作为新项目的资本成本，因为新项目投资没有改变原有的风险，也没有改变资本结构。

（2）

金额单位：万元

项目	零时点	第1年	第2年	第3年	第4年	第5年	第6年	第7年
旧设备初始的变现流量	1 188.38							
新增设备投资	-5 000							
扩建期间丧失的流量	-621.38							
营运资本投资	-300	-300	-200	0	0	0	0	
营业现金流量		886	1 786	2 386	2 386	2 386	2 386	2 386
回收残值增量流量								1 210
回收营运资本								800
增量现金流量	-4 733	586	1 586	2 386	2 386	2 386	2 386	4 396
折现系数	1	0.900 9	0.811 6	0.731 2	0.658 7	0.593 5	0.534 6	0.481 7
现值	-4 733	527.93	1 287.2	1 744.64	1 571.66	1 416.09	1 275.56	2 117.55
净现值合计	5 207.63							

①旧生产线目前账面净值＝1 800－[1 800×(1－5%)/10]×2.5＝1 372.5（万元）

旧生产线变现损失＝1 372.5－1 127＝245.5（万元）

旧设备初始的变现流量＝1 127＋245.5×25%＝1 188.38（万元）

②扩建丧失的200万支的相关营业现金流量＝－[(200×10－200×6)×(1－25%)＋171×0.5×25%]＝－621.38（万元）

新设备折旧＝5 000×(1－5%)/10＝475（万元）

③营运资本投资估算：

单位：万元

项目	零时点	第1年	第2年	第3～7年
增加的营业收入		300×10＝3 000	600×10＝6 000	800×10＝8 000
营运资本	300	600	800	800
营运资本投资	300	300	200	0

④投产后的营业现金流量估算：

项目	第1年	第2年	第3～7年
增加的销量（万支）	700－400＝300	1 000－400＝600	1 200－400＝800
单价（元）	10	10	10
单位变动成本（元）	6	6	6
增加的固定付现成本（万元）	120	120	120
增加的折旧（万元）	475－171＝304	304	304
营业现金流量＝税后收入－税后付现成本＋折旧抵税（万元）	[300×(10－6)－120]×(1－25%)＋304×25%＝886	1 786	成2 386

⑤预计项目结束时旧生产线的变现流量 = 115 − （115 − 1 800 × 5%） × 25% = 108.75（万元）

新生产线结束时账面净值 = 5 000 − 475 × 7 = 1 675（万元）

变现损失 = 1 675 − 1 200 = 475（万元）

预计项目结束时新生产线的变现流量 = 1 200 + 475 × 25% = 1 318.75（万元）

预计项目结束时新生产线相比旧生产线回收的增量现金流量 = 1 318.75 − 108.75 = 1 210（万元）

（3）

单位：万元

项目	第0年	第1年	第2年	第3年	第4年	第5年	第6年	第7年
增量现金流量	−4 733	586	1 586	2 386	2 386	2 386	2 386	4 396
累计现金流量	−4 733	−4 147	−2 561	−175	2 211	4 597	6 983	11 379

静态投资回收期 = 3 + 175/2 386 = 3.07（年）

由于扩建项目的静态回收期 3.07 年大于类似项目的静态回收期 3 年，所以，E 公司不应当采纳该扩建项目。

9. 【答案及解析】

本题考查的是第三章价值评估基础中的资本资产定价模型、第四章资本成本、第五章投资项目资本预算的内容。

（1）计算加权平均税后资本成本

①计算债券税后资本成本：

959 = 1 000 × 6% × (1 − 24%) × (P/A, i, 5) + 1 000 × (P/F, i, 5)

当 i = 5% 时，1 000 × 6% × (1 − 24%) × (P/A, i, 5) + 1 000 × (P/F, i, 5) = 980.93

当 i = 6% 时，1 000 × 6% × (1 − 24%) × (P/A, i, 5) + 1 000 × (P/F, i, 5) = 939.39

利用内插法可知：

(959 − 980.93)/(939.39 − 980.93) = (i − 5%)/(6% − 5%)

解得：税后债券资本成本 = 5.53%

②股权成本 = 5% + 0.875 × 8% = 12%

③债券权数 = (959 × 100)/(959 × 100 + 22.38 × 10 000) = 0.3

④股权权数 = 1 − 0.3 = 0.7

加权平均税后资本成本 = 5.53% × 30% + 12% × 70% = 10%

（2）项目风险折现率 = 10% + 2% = 12%

（3）初始投资 = 土地评估价值 + 固定资产价值 + 流动资金投入 = [800 − (800 − 500) × 24%] + 1 000 + 750 = 2 478（万元）

（4）年营业现金净流量 = [30 × (200 − 160) − (400 − 1 000/8)] × (1 − 24%) + 1 000/8 × 24% = 733（万元）

（5）处置时的税后现金净流量 = 600 + 750 − (600 − 500 − 3 × 1 000/8) × 24% = 1 416（万元）

（6）项目的净现值 = 733 × (P/A, 12%, 5) + 1 416 × (P/F, 12%, 5) − 2 478 = 967.76（万元）

10. 【答案及解析】

本题涉及第十一章营运资本管理、第十六章短期经营决策的内容。

（1）外购零部件的单位储存变动成本 = 100 × 10% = 10（元）

外购零部件的经济订货批量 = $\sqrt{2 \times 3\ 600 \times 20/10}$ = 120（件）

外购零部件与批量有关的总成本 = $\sqrt{2 \times 3\ 600 \times 20 \times 10}$ = 1 200（元）

外购零部件的全年总成本 = 100 × 3 600 + 1 200 = 361 200（元）

（2）自制零部件的单位成本 = 50 + 100 × 0.1 = 60（元）

自制零部件的单位储存变动成本 = 60 × 10% = 6（元）

每日耗用量 = 3 600 ÷ 360 = 10（件）

自制零部件的经济生产批量 Q^* = $\sqrt{2 \times 3\ 600 \times 400/[6 \times (1 - 10/15)]}$ = 1 200

（件）

自制零部件与批量有关的总成本：

$TC(Q^*)=\sqrt{2\times3\,600\times400\times6\times(1-10/15)}=2\,400$（元）

设备使用期内的平均年成本 = 100 000 ÷ (P/A，10%，5) = 26 379.66（元）

自制零部件的全年总成本 = 60 × 3 600 + 2 400 + 25 000 × 4 + 26 379.66 = 344 779.66（元）

（3）由于自制零部件的全年总成本比外购零部件的全年总成本低，甲公司应该选择自制方案。

11. **【答案及解析】**

本题考查的是第二章财务报表分析和财务预测中可持续增长率与外部筹资额的计算，第三章价值评估基础中股东预期报酬率的计算与第四章资本成本的计算。

（1）①下年预期增长率（可持续增长率）计算：

营业净利率 = 净利润/营业收入 = 500/10 000 × 100% = 5%

总资产周转次数 = 营业收入/总资产 = 10 000/2 500 = 4（次）

权益乘数 = 总资产/期末股东权益 = 2 500/1 250 = 2

期初股东权益 = 1 250 − 250 = 1 000（万元）

利润留存率 = 50%

可持续增长率 = 期初权益净利率 × 利润留存率 = [500/1 000] × 50% = 25%

或者：可持续增长率 = (5% × 4 × 2 × 50%)/(1 − 5% × 4 × 2 × 50%) = 25%

②股利增长率等于可持续增长率即25%

③股东的预期报酬率 = 下期股利/当前股价 + 股利增长率 = (250/1 000 × 1.25)/30 + 25% = 26.04%

④资本成本 = 税后负债成本 × 负债比率 + 权益成本 × 权益/资产

= (125/1 250) × (1 − 20%) × (1/2) + 26.04% × (1/2)

= 17.02%

（2）①营业净利率计算

设营业净利率为 r，则：35% = r × 0.5 × 2 × 4/(1 − r × 0.5 × 2 × 4)

r = 6.48%

②筹集外部权益资金计算

下期预计营业收入 = 营业收入 × (1 + 计划销售增长率)

= 10 000 × (1 + 35%) = 13 500（万元）

期末总资产 = 营业收入/总资产周转次数 = 13 500/4 = 3 375（万元）

期末股东权益 = 期末总资产 ÷ 期末总资产期末股东权益乘数 = 3 375 ÷ 2 = 1 687.5（万元）

期初股东权益 = 1 250 万元

本期收益留存 = 计划营业收入 × 营业净利率 × 利润留存率

= 13 500 × 5% × 0.5 = 337.5（万元）

需要筹集外部权益 = 期末股东权益 − 期初股东权益 − 本期收益留存

= 1 687.5 − 1 250 − 337.5 = 100（万元）

12. **【答案及解析】**

本题考查的是第二章财务报表分析和财务预测中可持续增长率的计算、第八章资本结构中每股收益无差别点的计算及十五章本量利分析。

（1）公司的可持续增长率。

可持续增长率 = (期末权益净利率 × 利润留存率)/(1 − 期末权益净利率 × 利润留存率) = [(100/1 000) × (60/100)]/[1 − (100/1 000) × (60/100)] = (0.1 × 0.6)/(1 − 0.1 × 0.6) = 6.38%

（2）①提高销售净利率：

当营业收入增加10%，即由1 000万元变为1 100万元，且总资产周转次数、利润留存率与权益乘数不变时：

总资产周转次数 = 营业收入/总资产 = 1 000/2 000 = 0.5

权益乘数 = 总资产/股东权益 = 2 000/1 000 = 2

需要总资产 = 营业收入/总资产周转次数 = 1 100/0.5 = 2 200（万元）

需要权益资金 = 总资产/权益乘数 = 2 200/2 = 1 100（万元）

需要留存收益 = 期末股东权益 − 期初股东权益 = 1 100 − 1 000 = 100（万元）

需要净利润 = 留存收益/利润留存率 = 100/0.6 = 166.67（万元）

营业净利率 = 净利润/营业收入 = 166.67/1 100 × 100% = 15.15%

②提高资产负债率：

当营业收入增加 10%，即由 1 000 万元变为 1 100 万元，且总资产周转次数、利润留存率与营业净利率不变时：

净利润 = 营业收入 × 营业净利率 = 1 100 × 10% = 110（万元）

收益留存 = 净利润 × 利润留存率 = 110 × 0.6 = 66（万元）

股东权益 = 1 000 + 66 = 1 066（万元）

总资产 = 2 000 ×（1 + 10%）= 2 200（万元）

负债 = 总资产 − 股东权益 = 2 200 − 1 066 = 1 134（万元）

资产负债率 = 负债/总资产 = 1 134/2 200 × 100% = 51.55%

（3）销售增加 15%，即增加到 1 150 万元，保持目前经营效率和财务政策，需要筹集股权资本：

需要总资产 = 2 000 ×（1 + 15%）= 2 300（万元）

资金需要额 = 资产增加额 = 2 300 − 2 000 = 300（万元）

保持权益乘数不变，需要权益资金 = 资金需要额/权益乘数 = 300/2 = 150（万元）

留存收益提供权益资金 = 营业收入 × 营业净利率 × 利润留存率 = 1 150 × 10% × 0.6 = 69（万元）

外部筹集权益资金 = 150 − 69 = 81（万元）

（4）每股收益无差别点。

当前的税前利润 = 净利润/（1 − 所得税税率）= 100/（1 − 20%）= 125（万元）

当前利息 = 负债 × 利率 = 1 000 × 5% = 50（万元）

息税前利润 = 税前利润 + 利息 = 125 + 50 = 175（万元）

固定成本 = 125 万元

变动成本率 =（销售额 − 固定成本 − 息税前利润）/销售额 =（1 000 − 125 − 175）/1 000 × 100% = 70%

需要增加资金 = 200 万元

增发股份 = 需要增加资金/股价 = 200/10 = 20（万股）

设每股收益无差别点为 S：

$(S-0.7S-125-1\ 000\times5\%)\times(1-20\%)/(200+20)=(S-0.7S-125-50-200\times6.5\%)\times(1-20\%)/200$

解方程：S = 1 060 万元

13. **【答案及解析】**

本题考查的是第二章财务报表分析和财务预测中可持续增长率与财务比率的计算与第四章资本成本的计算。

（1）权益净利率 = 税后利润/期初股东权益 × 100% = 3 500/28 000 × 100% = 12.5%

利润留存率 = 1 750/3 500 × 100% = 50%

2021 年维持 2019 年的经营效率和财务政策不变，且不增发新股，所以：

2021 年的预期销售增长率 = 2020 年可持续增长率 = 12.5% × 50%/（1 − 12.5% × 50%）= 6.67%

负债资本成本 = 700/28 000 ×（1 − 20%）× 100% = 2%

2020 年每股股利 = 1 750/1 000 = 1.75（元）

权益资本成本 = 1.75 ×（1 + 6.67%）/30 × 100% + 6.67% = 12.89%

加权平均资本成本 = 2% × 50% + 12.89% × 50% = 7.45%

（2）营业净利率和资产周转率不变，所以资产增长率等于营业收入增长率。

2021 年资产 = 56 000 ×（1 + 8%）= 60 480（万元）

股利支付率不变且不增发新股，留存收益增长率等于销售增长率。

营业净利率 = 3 500/70 000 × 100% = 5%

2021年股东权益 = 28 000 + 1 750 × (1 + 8%) = 29 890 (万元)

2021年净负债 = 60 480 − 29 890 = 30 590 (万元)

权益乘数 = 60 480/29 890 = 2.02

(3) 总资产周转次数 = 70 000/56 000 = 1.25

权益乘数 = 56 000/28 000 = 2

利润留存率 = 1 750/3 500 × 100% = 50%

10% = (营业净利率 × 1.25 × 2 × 50%)/(1 − 营业净利率 × 1.25 × 2 × 50%)

营业净利率 = 7.27%

14. **【答案及解析】**

该题知识点涉及第八章资本结构和第十六章短期经营决策。

(1) ①A产品单位约束资源边际贡献 = (2 − 1.2)/1 = 0.8 (万元/小时)

B产品单位约束资源边际贡献 = (4 − 1.6)/2 = 1.2 (万元/小时)

C产品单位约束资源边际贡献 = (6 − 3.5)/2.5 = 1 (万元/小时)

为有效利用关键设备，甲公司应该首先安排生产B产品；然后安排生产C产品；最后安排生产A产品。因此，应当生产A产品0件，生产B产品600件，生产C产品520件[(2 500 − 600 × 2)/2.5]。

②边际贡献 = (4 − 1.6) × 600 + (6 − 3.5) × 520 = 2 740 (万元)

息税前利润 = 2 740 − 1 000 = 1 740 (万元)

税前利润 = 1 740 − 10 000 × 6% = 1 140 (万元)

经营杠杆系数 = 2 740/1 740 = 1.57

财务杠杆系数 = 1 740/1 140 = 1.53

(2) ① [(*EBIT* − 10 000 × 6% − 4 000/1 250 × 1 000 × 9%) × (1 − 25%) − 6 000 × 10%]/1 000 = [(*EBIT* − 10 000 × 6%) × (1 − 25%) − 6 000 × 10%]/(1 000 + 4 000/10)

解得：*EBIT* = 2 408 万元

预计息税前利润 = (2 − 1.2) × 400 + (4 − 1.6) × 600 + (6 − 3.5) × 1 000 − 1 000 − 600 = 2 660 (万元)

由于预计息税前利润2 660万元大于每股收益无差别点的息税前利润2 408万元，因此，应该选择财务杠杆大的方案1进行筹资。

②边际贡献 = 预计息税前利润 + 固定成本 = 2 660 + 1 000 + 600 = 4 260 (万元)

归属于普通股的税前利润 = 2 660 − 10 000 × 6% − 4 000/1 250 × 1 000 × 9% − 6 000 × 10%/(1 − 25%) = 972 (万元)

经营杠杆系数 = 4 260/2 660 = 1.6

财务杠杆系数 = 2 660/972 = 2.74

每股收益 = [(2 660 − 10 000 × 6% − 4 000/1 250 × 1 000 × 9%) × (1 − 25%) − 6 000 × 10%]/1 000 = 0.73 (元)

(3) 固定经营成本是引发经营杠杆效应的根源，经营杠杆的大小是由固定经营成本和息税前利润共同决定的。本题中主要是因为固定成本增加，导致经营杠杆变大。

固定融资成本是引发财务杠杆效应的根源，财务杠杆的大小是由固定融资成本和息税前利润共同决定的。本题中主要是因为财务费用增加，导致财务杠杆变大。

(4) 剩余产能 = 2 500 × 2 − 400 × 1 − 600 × 2 − 1 000 × 2.5 = 900 (小时)

扩大A产品销量增加的边际贡献 = (2 − 1.2) × 900/1 − 200 = 520 (万元)

因为增加的边际贡献 > 0，故应利用该剩余产能。

15. **【答案及解析】**

该题知识点涉及第十三章标准成本法和第十八章责任会计。

(1) 变动制造费用标准分配率 = 3 600 000/1 200 000 = 3 (元/小时)

固定制造费用标准分配率 = 2 160 000/1 200 000 = 1.8 (元/小时)

A产品单位标准成本 = 22 × 10 + 3 × 120 + 1.8 × 120 = 796 (元)

A产品单位实际成本 = (121 000/11 000) × 24 + (4 126 100 + 2 528 900)/11 000 = 869 (元)

(2) 直接材料的价格差异 = 121 000 × (24 − 22) = 242 000 (元) (不利差异)

直接材料的数量差异 =(121 000 - 11 000 × 10) × 22 = 242 000（元）（不利差异）

变动制造费用的价格差异（耗费差异）= 4 126 100 - 1 331 000 × 3 = 133 100（元）（不利差异）

变动制造费用的数量差异（效率差异）=(1 331 000 - 11 000 × 120) × 3 = 33 000（元）（不利差异）

固定制造费用的耗费差异 = 2 528 900 - 2 160 000 = 368 900（元）（不利差异）

固定制造费用的闲置能量差异 =(1 200 000 - 1 331 000) × 1.8 = -235 800（元）（有利差异）

固定制造费用的效率差异 =(1 331 000 - 11 000 × 120) × 1.8 = 19 800（元）（不利差异）

（3）单位变动成本 =(121 000 × 24 + 4 126 100)/11 000 = 639.1（元）

部门可控边际贡献 =(1 000 - 639.1) × 10 000 - 2 528 900 × 40% = 2 597 440（元）

16. **【答案及解析】**

本题涉及资本成本、投资项目评价方法和敏感分析法等知识点。

（1）到期收益率法：$960 \times (1 - 2\%) = 1\ 000 \times 6\% \times (P/A, r, 5) + 1\ 000 \times (P/F, r, 5)$

内插法求利率：

当利率 $r = 7\%$ 时，净现值 = 959.01

当利率 $r = 8\%$ 时，净现值 = 920.16

$(r - 7\%)/(8\% - 7\%) = (940.8 - 959.01)/(920.16 - 959.01)$

$r = 7.47\%$

税后债务资本成本 = 7.47% ×(1 - 25%) = 5.6%

$\beta_{资产} = 1.5/[1 + (1 - 25\%) \times 2/3] = 1$

$\beta_{权益} = 1 \times [1 + (1 - 25\%) \times 1/1] = 1.75$

股权资本成本 = 3.4% + 1.75 ×(7.4% - 3.4%) = 10.4%

加权资本成本 = 5.6% × 50% + 10.4% × 50% = 8%

（2）年折旧额 = 4 000 ×(1 - 5%)/4 = 950（万元）

项目终结点的账面价值 = 4 000 - 950 × 3 = 1 150（万元）

金额单位：万元

项目	2016 年末	2017 年末	2018 年末	2019 年末	2020 年末
设备购置支出	-4 000				
税后收入			120 00 × 0.5 ×(1 - 25%) = 4 500	4 725	4 961.25
税后变动制造成本			12 000 × 0.3 ×(1 - 25%) = -2 700	-2 835	-2 976.75
付现销售管理费用			12 000 × 0.5 × 10% ×(1 - 25%) = -450	-472.5	-496.125
付现固定成本			200 ×(1 - 25%) = -150	250 ×(1 - 25%) = -187.5	300 ×(1 - 25%) = -225
折旧抵税			950 × 25% = 237.5	237.5	237.5
变现收入					1 800
变现收益纳税					-(1 800 - 1 150) × 25% = -162.5
营运资本		12 000 × 0.5 × 20% = -1 200	-60	-63	

续表

项目	2016 年末	2017 年末	2018 年末	2019 年末	2020 年末
营运资本收回					1 323
丧失税后租金收入	-60×(1-25%)=-45	-45	-45	-45	
现金净流量	-4 045	-1 245	1 332.5	1 359.5	4 461.375
折现系数 8%	1	0.9259	0.8573	0.7938	0.7350
现金流量现值	-4 045	-1 152.75	-1 142.35	1 079.17	3 279.11
净现值	302.88				

项目净现值大于零，所以项目可行。

（3）设增加的购置成本为 X 万元。

①折旧 =（4 000 + X）×（1 -5%）/4 =950 + X×（1 -5%）/4 =950 +0.2375X

折旧抵税 =（950 +0.2375X）×25% =237.5 +0.059375X

增加的折旧抵税 =0.059375X

②变现时账面价值 =（4 000 + X）-（950 +0.2375X）×3 =1 150 +0.2875X

变现价值 =1 800 万元

变现相关现金流量 =1 800 -（1 800 -1 150 -0.2875X）×25% =1 637.5 +0.071875X

增加的变现相关现金流量 =0.071875X

-X +0.059375X×（P/A，8%，3）×（P/F，8%，1）+0.071875X×（P/F，8%，4）= -302.88

解得：X =376.03 万元

能够接受的最高购置价格 =4 000 +376.03 =4 376.03（万元）

17.【答案及解析】

（1）计算甲公司 2021 年每股收益，用市盈率模型估算 2021 年末甲公司股权价值，并判断甲公司股价是否被低估。

2021 年每股收益 =3 000 ÷500 =6（元/股）

每股价值 =15 ÷1 ×6 =90（元/股）

甲公司股票价值未被低估（或，甲公司股票价值被高估）。

（2）编制甲公司 2021 年管理用资产负债表和利润表。

单位：百万元

管理用资产负债表	2021 年末
净经营资产	11 600
净负债	1 800
股东权益	9 800
管理用利润表	**2021 年度**
税后经营净利润	3 135
税后利息费用	135
净利润	3 000

（3）预测甲公司 2022 年、2023 年和 2024 年的实体现金流量和股权现金流量。

单位：百万元

项目	2022 年	2023 年	2024 年
税后经营净利润	3 762	4 514.40	4 785.26
净经营资产	13 920	16 704	17 706.24
净经营资产增加	2 320	2 784	1 002.24
实体现金流量	1 442	1 730.40	3 783.02
减：税后利息费用	162	194.40	206.06
净负债	2 160	2 592	2 747.52
加：净负债增加	360	432	155.52
股权现金流量	1 640	1 968	3 732.48

（4）用股权现金流量折现模型估算 2021 年末甲公司每股股权价值，并判断甲公司股价是否被低估。

股权价值 = 1 640 ×（P/F，12%，1）+ 1 968 ×（P/F，12%，2）+ 3 732.48 ÷（12% − 6%）×（P/F，12%，2）= 1 640 × 0.8929 + 1 968 × 0.7972 + 62 208 × 0.7972 = 52 625.46（百万元）= 526.25（亿元）

每股价值 = 526.25 ÷ 5 = 105.25（元/股）

甲公司股票价值被低估（或，甲公司股票价值未被高估）。

（5）与现金流量折现模型相比，市盈率模型有哪些优点和局限性？

市盈率模型的优点：计算数据容易取得，计算简单；价格和收益相联系，直观反映投入和产出的关系；市盈率涵盖了风险、增长率、股利支付率的影响，具有综合性。

市盈率法的局限性：用相对价值对企业估值，如果可比企业的价值被高估（或低估）了，目标企业的价值也会被高估（或低估）；如果收益是 0 或负值，市盈率就失去了意义。